Illustrierte Geschichte des Zweiten Weltkriegs

Christian Zentner

Illustrierte Geschichte des Zweiten Weltkriegs

Südwest Verlag München

BILDQUELLEN

Andres, Bundesarchiv, Coast Guard, Cremer, Dönitz, DPA,
Hielscher, Hubert, Hubmann, Kurth, Nebelspalter, Pabel,
Punch, Rapho, Rübelt, Saint Paul, Schaller, Schröter, Stampa,
von Tiesenhausen, Weltkriegsbücherei, Archiv des Verfassers.
»Adler«, »Wehrmacht«, »Kriegsmarine«, »Signal« und andere
zeitgenössische Publikationen.

Karten: Wagner, Wien

Umschlag: Design-Team, München

ISBN 3-517-00762-5

Völlig neu bearbeitete Ausgabe

Inhalt

Vorwort 6

Der Feldzug in Polen 9

Friedenshoffnungen und Angriffspläne 21

Dänemark und Norwegen 31

Die große Offensive im Westen 43

Zwischenspiel 85

Balkanfeldzug 91

Rußland bis Stalingrad 109

Der Krieg in Nordafrika 139

Der Krieg zur See 169

Wende in Rußland 195

Bombenkrieg 217

Kriegsschauplatz Italien 239

Die Invasion 251

Die Heimatfront 271

»Endlösung« 291

Der 20. Juli 303

Krieg in Deutschland 317

Der Krieg im Pazifik 357

Flucht und Vertreibung 371

Der Nürnberger Prozeß 381

Die Kriegsgefangenen 387

Karten 392

Register 409

Vorwort

»Sie haben durch die Ernennung Hitlers zum Reichskanzler unser heiliges deutsches Vaterland einem der größten Demagogen aller Zeiten ausgeliefert. Ich prophezeie Ihnen feierlich, daß dieser unselige Mann unser Reich in den Abgrund stürzen und unsere Nation in unfaßbares Elend bringen wird. Kommende Geschlechter werden Sie wegen dieser Handlung in Ihrem Grabe verfluchen.«

Dieses Telegramm erhielt Reichspräsident von Hindenburg am 30. Januar 1933, am Tage, da mit der Machtübertragung an Hitler das »Dritte Reich« begann. Es war abgeschickt von Hindenburgs Kriegskameraden Ludendorff, und es gehört zu den großen Ironien der Geschichte, daß ausgerechnet der alte Putschist, der mit Hitler noch 1923 gegen die Republik marschiert war, nun die klarste Prophezeiung aussprach. Sie wurde nicht gehört, genausowenig wie die Warnung der Sozialdemokratie: »Wer Hitler wählt, wählt den Krieg!«

Krieg? Das war damals ein fast lächerlicher Gedanke. Wie wollte jemand mit einem entwaffneten, von aufmerksamen Großmächten umgebenen, wirtschaftlich fast völlig ruinierten Volk jemals Krieg führen? Auch das Ausland sah lange keinen Anlaß, den Friedensbeteuerungen Hitlers zu mißtrauen. Er verlangte Revision des Versailler Vertrages; das war nicht unbillig. Man sah inzwischen auch in London und Paris ein, daß das Diktat von Versailles den Deutschen unrecht getan hatte. Und: Lieber ein nationalsozialistisches Deutschland als eines, das den Kommunisten in die Hände fiel. Daher hielten die Westmächte auch still, als Hitler im März 1935 die allgemeine Wehrpflicht wieder einführte, als seine Truppen 1936 ins entmilitarisierte Rheinland einrückten, als 1938 der »Anschluß« Österreichs vollzogen wurde, als das Sudetenland an Deutschland fiel.

Parallel dazu lief eine gewaltige Aufrüstung. Mußte im ersten Vierjahresplan noch alle Kraft der Überwindung der Wirtschaftskrise gewidmet werden, so wurde 1936 für den zweiten bereits die Erringung völliger Rohstoffunabhängigkeit gefordert. Und in einer geheimen Denkschrift dazu verlangte Hitler darüber hinaus

»Maßnahmen für eine endgültige Lösung«. Die sah er »in einer Erweiterung des Lebensraumes bzw. der Rohstoff- und Ernährungsbasis unseres Volkes ... Ich stelle damit folgende Aufgaben: 1. Die deutsche Armee muß in vier Jahren einsatzfähig sein; 2. die deutsche Wirtschaft muß in vier Jahren kriegsfähig sein.«

Die Produkte deutschen Rüstungsfleißes erwiesen sich als erstaunlich brauchbar. Das ergab ihr Test im Spanischen Bürgerkrieg. Hitler zeigte hier für alle Welt sichtbar, daß er seine neuen Waffen, die er durch die Revision des Vertrages von Versailles schmieden konnte, auch zu nutzen gedachte. Der Sieg der Faschisten unter Franco war nicht zuletzt sein Sieg. Was von Hitlers Friedensbeteuerungen zu halten war, erfuhren die Oberbefehlshaber der drei Waffengattungen und Außenminister Neurath im Herbst 1937. Nach einer Niederschrift vom 10. Oktober 1937 des Obersten Hoßbach führte Hitler aus, daß er spätestens 1943/45 »die deutsche Raumfrage« lösen werde. Für die Lösung könne es »nur den Weg der Gewalt« geben.

Erst im Frühjahr 1939, als die Wehrmacht auf fingiertes Hilfeersuchen hin die »Resttschechei« besetzte, erwachten die Westmächte. Erstmals war nichtdeutsches Gebiet annektiert worden. Die Errichtung des »Reichsprotektorats Böhmen und Mähren« führte am 31. März 1939 zum britischen Garantieversprechen an Polen, in dem man zu Recht Hitlers nächstes Opfer sah. Die Friedensmaske war gefallen. Doch die Reaktion aus London kam zu spät. Zu gründlich hatten die »verweichlichten Demokratien« Hitler davon überzeugt, daß sie doch nichts Entscheidendes tun würden. Als ihm dann das Bündnis mit Stalin am 23. August 1939 den Rücken frei machte, hatte er »Polen in der Lage, in der ich es haben wollte«. In einer Rede vor den Befehlshabern der Wehrmacht kam der wahre Hitler zu Wort: »Ich habe nur Angst, daß mir noch im letzten Moment irgendein Schweinehund einen Vermittlungsplan vorlegt.« Doch das blieb ihm erspart. Am 31. August ließ er als Polen verkleidete SS-Männer den Sender Gleiwitz in Oberschlesien überfallen. Am Morgen drauf marschierte die Wehrmacht.

Der Feldzug in Polen

Am Freitag, dem 1. September 1939, erklärt Hitler vor dem hastig einberufenen Reichstag: »Ich habe mich nun entschlossen, mit Polen in der gleichen Sprache zu reden, die Polen uns gegenüber seit Monaten anwendet... Seit 5.45 Uhr wird zurückgeschossen!« *Zurück* geschossen? Am Abend zuvor haben SD-Leute den deutschen Sender Gleiwitz überfallen – in polnischen Uniformen. *Sie* haben geschossen, um Hitler ein weiteres Argument für den Angriff auf Polen zu liefern, das Argument, dessen Wortlaut heute jeder kennt, weil diese Worte das Ende des Friedens brachten:
»Seit 5.45 Uhr wird zurückgeschossen!«
Am 3. September erklären England und Frankreich Deutschland den Krieg. Deutschlands Verbündeter Italien aber hält sich heraus.
Anders sieht der Beginn dieses Krieges aus, anders als der des Jahres 1914. Ob in London, Paris, Moskau, Berlin – damals gab es patriotische Begeisterung. Mit Musikbegleitung ziehen die französischen, britischen, russischen und deutschen Regimenter zu den Bahnhöfen. Enthusiastische Lieder erklingen in den Eisenbahnzügen, die dem Völkergemetzel entgegenfahren. Nichts von alledem diesmal. Nur Bedrückung und Ernst liegen auf den Gesichtern der Menschen in den nun miteinander kriegführenden Ländern. Wenn sie es nicht wissen, so ahnen sie doch, daß die Zeiten ein für allemal vorbei sind, da nur zwei feindliche Heere miteinander kämpfen, daß der Krieg zwischen Soldaten auf dem Schlachtfeld ausgetragen wird. Der Krieg dieser Zeit macht keinen Unterschied zwischen Front und Heimat, zwischen Soldaten und Zivilisten. Dieser Krieg wird nicht Krankenhäuser und Kindergärten, nicht Kirchen und Schulen verschonen.

Deutsche Truppen haben die polnische Grenze überschritten. Die Grenzmarkierung, der polnische Hoheitsadler, wird mitgeführt. Trotz großer Tapferkeit war die polnische Armee der deutschen Wehrmacht hoffnungslos unterlegen. Nach achtzehn Tagen war der Krieg entschieden, auch wenn Warschau sich noch bis zum 27. September hielt.

Nein, wissen kann das noch niemand, aber das Ahnen um all das Grausame, das die Zukunft noch birgt, hat die Menschen schon erfaßt.
Nur in einer europäischen Hauptstadt herrscht eine andere Stimmung. Schreckliche Ironie der Geschichte. Es ist die Stadt, die als erste alle Schrecken des Krieges zu spüren bekommen wird. Wenn es darin einen tieferen Sinn gibt, dann liegt er wohl darin, daß diese Stadt auch die einzige war, in der Monate vor dem Krieg Plakate an den Wänden hingen, die zum kriegerischen Marsch nach der Hauptstadt des Nachbarlandes aufgerufen haben, die Stadt, in der besonders chauvinistische Politiker Reden hielten, in denen die Einverleibung riesiger Gebietsteile des gleichen Nachbarlandes gefordert worden ist. So ist nur hier bei Kriegsausbruch eine begeisterte Menge auf den Straßen und Plätzen, überzeugt vom schnellen Sieg – in Warschau, der Hauptstadt Polens.
Das Erwachen für Warschau, für Polen, ist schrecklich, und es kommt schnell.
Die Zeitungen schreiben noch, die polnischen Truppen befänden sich bereits auf dem Marsch nach Berlin, da stehen in Wahrheit deutsche Soldaten schon vor Bromberg. In Polen berichten Presse und Rundfunk vom siegreichen Vormarsch der Franzosen, dem Durchbruch durch den Westwall und der Eroberung von Karlsruhe – in Wahrheit steht die deutsche 10. Armee schon zwischen Tomaszow und Lodz, ganze 60 Kilometer von Warschau entfernt. In den Zeitungen steht, der polnische Vormarsch in Ostpreußen sei erfolgreich – tatsächlich hat kein polnischer Soldat je Ostpreußen betreten, aber die polnischen Truppen in der Tucheler Heide sind völlig vernichtet, und schon am 4. September ist die Verbindung zwischen Deutschland und seiner ostpreußischen Provinz hergestellt worden.
Die polnische »Regierung der Obersten« hat Warschau schon am 5. September fluchtartig verlassen. Von Lublin aus begibt sie sich direkt an die rumänische Grenze, um jederzeit ins Ausland entweichen zu können. Soll das Volk allein weiterkämpfen!

Die polnische Armee kämpft weiter, im Stich gelassen schon bei den ersten Anzeichen der Gefahr von der eigenen Regierung, im Stich gelassen auch von den Verbündeten, die dem unglücklichen Land erst vor einem halben Jahr feierlich versprochen haben, Polen »sofort alle in ihrer Macht stehende Unterstützung angedeihen zu lassen«. Diese Unterstützung besteht bis jetzt aus einigen lustlos geführten Stoßtruppunternehmen der Franzosen im Vorfeld des Westwalls und einigen englischen Bombenangriffen, die jedoch schon an der deutschen Küste abgeschlagen werden.

Die deutsche Wehrmacht erringt in Polen einen Sieg nach dem anderen. »Feldzug der 18 Tage« wird dieser Feldzug bald genannt werden. Der deutsche Siegeszug hat mehrere Gründe, von denen der erste heute gern verschwiegen wird. Er besteht in der Planung der polnischen Führung. Die Hauptmasse der polnischen Armee steht nicht zur Verteidigung, sondern zum Angriff bereit, getreu den Parolen der Vorkriegswochen bereit zum Angriff auf Ostpreußen. Und er besteht darin, daß die polnische Regierung das Garantieversprechen der Westmächte besitzt und deshalb mit einem Angriff gegen Westdeutschland rechnet, der dort die deutschen Hauptkräfte binden soll. Aber die Westmächte greifen nicht an, die Wehrmacht kann fast ausschließlich gegen Polen eingesetzt werden.

Die anderen Gründe sind die völlig neue Strategie der deutschen Wehrmacht und die modernen Waffen, auf denen diese Strategie beruht.

Die Luftwaffe – insbesondere die Sturzkampfflugzeuge vom Typ Junkers Ju 87, bald unter dem Kurznamen »Stuka« in aller Welt berühmt – zerschmettert schon in den ersten beiden Tagen die veraltete polnische Luftwaffe; der Himmel Polens gehört den Deutschen. Die Luftwaffe arbeitet eng mit den Heeresverbänden zusammen und bahnt den Panzern dort den Weg, wo sie allein die polnischen Befestigungsanlagen nicht überwinden können.

Die Panzer stürmen unentwegt vor, mitten durch den Gegner, kreisen ihn ein. Der Begriff der »Kesselschlacht« entsteht. Die Infanterie aber marschiert und marschiert, in einem Tempo, in dem noch keine Armee der Welt je marschierte.

Während die Hauptkräfte der polnischen Armeen bereits vernichtet sind, »spielen« – anders kann man es kaum bezeichnen – die politischen und militärischen Führer Polens in dem kleinen Städtchen Krzemieniec noch immer Regierung und Oberkommando. Pressekonferenzen werden abgehalten, bei denen den Auslandskorrespondenten die Lage Polens in den rosigsten Farben geschildert wird.

Heeresberichte werden verfaßt, in denen siegreiche polnische Schlachten geschildert werden, die nie stattgefunden haben.

Ganze vier Tage dauert der Spuk, dann, am 14. September, gibt der Pressechef der polnischen Regierung, nachdem er eben noch Siegesmeldungen fabriziert hat, die Parole aus: »Rette sich wer kann.«

Wer da »kann«, das sind die ebenfalls hier versammelten Diplomaten, die auf Weisung ihrer Regierungen der polnischen Regierung gefolgt sind. Das sind die Journalisten, und das sind die Männer der polnischen Führung. Das polnische Volk aber und seine Soldaten, sie können sich nicht retten.

Die ersten, die in ihren Wagen zur nahen rumänischen Grenze rasen, sind die polnischen Heerführer und Staatsmänner, Präsident Moscicki und Außenminister Oberst Beck an der Spitze. Drei Tage später greifen in Ostpolen die sowjetischen Truppen an. An diesem 17. September ist das Schicksal Polens endgültig besiegelt.

Die polnischen Führer überschreiten die rumänische Grenze in der Hoffnung, von dort den längst verlorenen Krieg weiterführen zu können. Aber die rumänische Regierung verlangt von den Polen Erklärungen, daß sie sich als Privatleute betrachten und sich jeder politischen Tätigkeit enthalten wollen. Als diese Erklärungen verweigert werden, verhaften die Rumänen die polnischen Führer und bringen sie in streng bewachte Internierungslager.

Es gibt keine polnische Regierung mehr.

Die Reste der polnischen Armee aber kämpfen noch immer. Warschau hat sich noch nicht ergeben, auf der Halbinsel Hela wehrt sich die Besatzung, die Festung Modlin macht den deutschen Belagerern schwer zu schaffen. Aber dieser Kampf ist sinnlos geworden. Längst haben die deutschen Truppen schon die im Geheimprotokoll des deutsch-sowjetischen Vertrages vereinbarte Linie überschritten, der größte Teil des polnischen Staatsgebietes ist damit in deutscher Hand. Die in dem verbleibenden Teil Polens noch vorhandenen Truppen sind völlig demoralisiert.

Die den Deutschen entgegenmarschierenden Sowjettruppen finden kaum nennenswerten Widerstand. Die polnischen Verbände strömen, wo sie nur irgend können, nach Westen. Lieber in deutsche Gefangenschaft, als in die der Roten Armee! Die Wehrmacht tritt langsamer. Die über die deutsch-sowjetische Demarkationslinie hinaus vorgestoßenen Truppen werden, soweit es die militärische Lage im Kampf gegen die polnischen Resttruppen zuläßt, zurückgenommen. Hitler selbst befiehlt diesen Rückzug. Ein Divisionskommandeur meldet daraufhin, ein Rückzugsbefehl an seine im zügigen Vorgehen begriffenen Einheiten sei der Kampfmoral und dem Prestige abträglich. Hitler kritisiert diese Meldung scharf:

»Prestige, Prestige!« sagt er. »Was ist damit schon 1914–1918 für ein Unfug getrieben worden. Wie viele Zehntausende deutscher und französischer Soldaten

Entscheidend für den raschen deutschen Sieg über Polen war der schlagartige Einsatz der Luftwaffe und überaus beweglicher Panzerverbände. Sturzkampfbomber (*Bild oben:* Stukas beim Auftanken) unterstützten die Bodentruppen. Ihre Bomben trafen kleine und kleinste Ziele und bahnten so den angreifenden Panzern den Weg.

Bild rechts: Panzer II in Bereitstellung. Den modernen Waffen der Deutschen – Stuka, Panzer und schwere Artillerie – hatten die Polen nichts Gleichwertiges entgegenzusetzen.

Nebenstehende Bilder, vom Beobachter eines deutschen Kampfflugzeuges aufgenommen, zeigen einen Bombenangriff auf den polnischen Bahnhof Kutno am 6. September 1939.

Bild oben: Das Bahnhofsgelände liegt unter der angreifenden Kampfstaffel (Do 17). Deutlich erkennbar sind Bombenkrater von vorangegangenen Angriffen, Splittergräben und (oben links im Bild) rechts und links der Straße die niedrig fliegenden Jagdflugzeuge des Begleitschutzes.

Bild Mitte: Die ersten Bomben sind gefallen. Sie haben in unmittelbarer Nähe des Bahnhofs eingeschlagen. Sprengwolken steigen auf und werfen ihre Schatten auf das Gelände.

Bild unten: Wenige Augenblicke später. Ein Hagel von Bomben ist niedergeprasselt, Sprengwolken hüllen das ganze Bahnhofsviertel ein.

mußten überflüssigerweise verbluten, nur weil es dem Ehrgeiz irgendeines Generals gefiel, einen lächerlichen Hügelrücken zu halten oder zurückzuerobern, dessen Besitz ohne jede militärische Bedeutung war!«

Er befiehlt nochmals die sofortige Zurücknahme der Division. Als zur gleichen Zeit die englische und französische Presse vom Heldenkampf der Besatzung der Halbinsel Hela schreibt und äußert, die Polen seien doch bessere Soldaten und die Besatzung von Hela unüberwindbar, fragt Hitler die Militärs nach den Verlusten, die ein forcierter Angriff auf die polnischen Stellungen kosten würde. Als er hört, daß mit Verlusten von zehn Prozent der eingesetzten Truppen gerechnet werden müsse, verbietet Hitler einen Angriff ausdrücklich mit dem Hinweis, das Leben deutscher Soldaten ginge einer Prestigefrage vor. Er befiehlt zu warten, bis die Polen sich selbst ergeben.

Derselbe Hitler, der später in Stalingrad, bei El Alamein, bei Tunis, in Minsk, Budapest und Berlin längst unhaltbar gewordene Stellungen verteidigen und damit deutsche Soldaten sinnlos sterben läßt! Es ist eben ein Unterschied, ob man sich in der Lage des sicheren Siegers befindet oder aber schon die Niederlage vor Augen sieht und deshalb Verzweiflungsschritte unternimmt.

So wie später Hitler mag es in diesen Tagen schon dem Kommandanten von Warschau ergehen. Außer Modlin und dem kleinen Trüppchen Tapferer auf Hela gibt es nur noch Warschau als Kampfgebiet. Der Kampf um Warschau ist völlig sinnlos, denn Polen ist verloren. Oder hofft der Warschauer Kommandant, so wie viele Deutsche fünfeinhalb Jahre später in verzweifelter Lage noch auf die Entzweiung der Alliierten, auf die versprochenen Wunderwaffen oder auf sonst ein Wunder hoffen, hofft dieser Mann vielleicht noch auf das längst versprochene Eingreifen der westlichen Verbündeten? Dann hofft er vergebens. Die Opfer Warschaus sind darum auch vergebens.

Die deutsche Führung hat Warschau aufgefordert, sich zur Offenen Stadt zu erklären, um die bei einem Kampf unvermeidlichen schweren Opfer für die Zivilbevölkerung zu vermeiden. Statt dessen wird die militärisch nicht befestigte Großstadt zur Festung erklärt. Dennoch begnügt sich die deutsche Führung zunächst damit, militärisch wichtige Punkte vor der Stadt, Eisenbahnlinien, Verkehrsknotenpunkte unter Artilleriefeuer zu nehmen und zu bombardieren. Die Stadt wird eingeschlossen, aber nicht angegriffen. Noch einmal will man an die Vernunft des polnischen Befehlshabers appellieren, um die Zivilbevölkerung zu schonen. Der deutsche Wehrmachtsbericht vom 17. September, dem Tag, an dem Polens Führung die rumänische und die Rote Armee die sowjetisch-polnische Grenze überschreiten, meldet: »Um die Bevölkerung der polnischen Hauptstadt vor schwerstem Leid und Schrecken zu bewahren, hat die deutsche Wehrmacht den Versuch unternommen, durch einen Offizier den polnischen Militärbefehlshaber von Warschau zur Aufgabe seines zwecklosen Widerstandes in einer offenen Millionenstadt zu veranlassen. Der polnische Militärbefehlshaber hat es abgelehnt, den deutschen Offizier zu empfangen...«

Der deutsche Offizier ist von Beruf Diplomat, im Range eines Gesandten. Kein Wunder, daß ihn seine Kameraden nun spöttisch einen »Rückgesandten« nennen, nachdem er einen ganzen Tag vergebens vor den polnischen Linien zugebracht hat und schließlich nicht einmal empfangen wurde. Aber beinahe wie ein Wunder mutet es – angesichts späterer Ereignisse – an, daß trotz dieser schroffen Brüskierung die deutsche Führung vor Warschau nun nicht etwa die zur Festung erklärte Stadt angreift, sondern abermals einen Versuch macht, die Zivilbevölkerung vor den Kriegsfolgen zu bewahren. General Johannes Blaskowitz, der Oberbefehlshaber der deutschen Truppen vor Warschau, läßt durch Flugblätter, durch an der Front aufgefahrene Lautsprecherwagen dem polnischen Kommandanten vorschlagen, wenn Warschau schon »Festung« bleiben soll, dann wenigstens die Zivilbevölkerung in die auf dem östlichen Weichselufer gelegene Vorstadt Praga zu evakuieren. Der Warschauer Kommandant denkt gar nicht daran, auch nur zu antworten.

Aber die noch in Warschau verbliebenen ausländischen Diplomaten hören das deutsche Angebot ebenso wie die anderen Ausländer in der Stadt und wie die Warschauer selbst. Die Diplomaten setzen ihren und der anderen Ausländer Abzug aus der »Festung« durch.

Die deutschen Waffen schweigen. Die Ausländer passieren die Frontlinie. Selbst die französischen Staatsangehörigen, die ja nach allen gültigen internationalen Regeln feindliche Staatsangehörige sind, werden trotz des von Frankreich gegen Deutschland geführten Krieges nicht interniert. Die deutsche Reichsregierung erlaubt ihnen, über Dänemark nach Hause zu reisen. Am 22. September meldet dies der deutsche Wehrmachtsbericht unter anderen Nachrichten: »Mehrere polnische Ausbruchsversuche aus (der östlichen Vorstadt Warschaus) Praga wurden abgewiesen...

178 Angehörige des diplomatischen Korps und 1200 sonstige Ausländer konnten gestern Warschau auf dem von den deutschen Kommandobehörden bestimmten Weg verlassen. Sie wurden von deutschen Offizieren empfangen und in bereitgestellten Zügen noch in der Nacht nach Königsberg befördert. Sämtliche Ausländer sind wohlbehalten und unverletzt.

Im Westen nur vereinzelte Stoßtruppunternehmen. Ein französisches Jagdflugzeug wurde im Luftkampf abgeschossen.«

Am 23. September meldet der Wehrmachtsbericht unter anderem:

»Lemberg ergab sich gestern den bereits im *Abmarsch* befindlichen deutschen Truppen.« Verständlich, die Polen wollen nicht in die Hände der Sowjets fallen, sondern lieber in deutsche Gefangenschaft. Es nützt ihnen nicht viel. Schon der nächste Satz des deutschen Wehrmachtsberichtes lautet:

»Übergabeverhandlungen sind mit den am Ostrand der Stadt stehenden sowjetrussischen Truppen im Gange.« Noch immer hat die militärische Führung vor Warschau nicht zum Großangriff auf die Stadt angesetzt, noch immer hofft sie auf die Vernunft und Einsicht des polnischen Kommandanten, der Millionenstadt das Schlimmste zu ersparen. Aber der Kommandant scheint noch immer auf die Rettung durch ein Wunder zu warten.

Am 25. September meldet der Wehrmachtsbericht erstmalig:

»Im Osten vollzogen sich die Bewegungen auf die Demarkationslinie . . . überall reibungslos und im Einvernehmen mit den russischen Verbänden.

Im wiederholten Einsatz haben *Sturzkampfflieger militärisch wichtige Ziele in Warschau* mit Erfolg angegriffen . . .«

Am nächsten Tag heißt es:

»Nachdem es trotz aller Bemühungen nicht gelungen ist, den polnischen Kommandanten von der Grausamkeit und Nutzlosigkeit eines Widerstandes in *Warschau* zu überzeugen, wurde gestern mit den *Kampfhandlungen gegen die Stadt* begonnen. Im kühnen Handstreich wurde das Fort Mokotowski und anschließend ein Teil der Vorstadt Mokotow genommen . . .«

Am 27. September endlich bietet der polnische Kommandant die Kapitulation von Warschau an. Die – von deutscher Seite sehr großzügigen – Bedingungen sind rasch ausgehandelt, und am 29. September meldet das OKW: »Im Verlauf der planmäßigen Bewegung über die Demarkationslinie wurde am 28. 9. Przemysl-Süd durch den deutschen Kommandanten in feierlicher Form an die russischen Truppen übergeben.

Der Ausmarsch der entwaffneten Besatzung von Warschau beginnt heute abend und wird sich auf 2 bis 3 Tage erstrecken.

Der Einmarsch der deutschen Truppen ist daher erst für den 2. 10. vorgesehen. Hilfsmaßnahmen für die Verpflegung und sanitäre Versorgung der Zivilbevölkerung sind eingeleitet.«

Mittlerweile hat auch die Festung Modlin – im Gegensatz zu Warschau eine echte Festung – kapituliert. Am 2. Oktober strecken die letzten polnischen Soldaten auf der Halbinsel Hela die Waffen, am gleichen Tag, da die deutschen Truppen in Warschau einziehen. Die allerletzten Kämpfe fanden vom 3. bis 6. Oktober bei Kock statt.

Siebenhunderttausend polnische Soldaten sind in deutsche Gefangenschaft geraten, einhunderttausend haben sich über die Grenzen ins Ausland gerettet. Rund zweihunderttausend fallen in Ostpolen in die Hand der Roten Armee, unter ihnen die Tausende von Offizieren, die später in den Massengräbern von Katyn wiedergefunden werden.

Über zehntausend deutsche Soldaten sind gefallen, dreißigtausend verwundet. Der erste große deutsche Sieg ist errungen, der den noch folgenden schon jetzt seinen Namen geben soll: Blitzkrieg, Blitzsieg.

In Warschau findet die Siegesparade statt. Hitler nimmt an ihr nicht teil. Er will, so erklärt er jedenfalls, die Gefühle des Gegners, der so tapfer gekämpft habe, nicht verletzen. Man darf ihm sogar glauben, denn später, als die deutschen Truppen Paris erobert haben, verbietet er sogar jede Siegesparade in Paris überhaupt und gestattet nur den Vorbeimarsch der durchmarschierenden Truppen vor ihren Kommandierenden Generalen.

Statt dessen fährt er nach Danzig, um in feierlicher Form die Rückkehr der alten deutschen Stadt zu Deutschland zu vollziehen. Die Vororte und die Innenbezirke der Hansestadt schwimmen in einem Meer von Blumen und Fahnen. Die Begeisterung der jubelnden, vom Druck der vergangenen Jahre befreiten Menschen kennt keine Grenzen, als Hitlers Wagenkolonne durch die Straßen der Stadt zum historischen Wahrzeichen der Danziger Stadtfreiheit, dem Artushof, fährt.

Am nächsten Tag, dem 6. Oktober, spricht Hitler in Berlin vor dem Reichstag. Es ist die Rede, die als sein Friedensangebot an die beiden Westmächte England und Frankreich bekanntgeworden ist. Er gibt zunächst noch einmal einen Rechenschaftsbericht über die vergangenen Ereignisse, die zum Krieg führten. Dann heißt es in seiner Rede:

»... Ich habe es aber vor allem unternommen, das Verhältnis zu Frankreich zu entgiften und für beide Nationen tragbar zu gestalten. Ich habe hier in äußerster Klarheit einst die deutschen Forderungen präzisiert, und ich bin von dieser Erklärung niemals abgewichen. Die Rückgabe des Saargebietes war die einzige Forderung, die ich als unabdingbare Voraussetzung einer deutsch-französischen Verständigung ansah. Nachdem Frankreich selbst dieses Problem loyal gelöst hat, fiel jede weitere deutsche Forderung an Frankreich fort; es existiert keine solche Forderung mehr, und es wird auch nie eine solche Forderung erhoben werden. Das heißt: ich habe es abgelehnt, das Problem Elsaß-Lothringen überhaupt auch nur zur Sprache zu bringen, nicht, weil ich dazu gezwungen gewesen wäre, sondern weil diese Angelegenheit überhaupt kein Problem ist, das jemals zwischen dem deutsch-französischen Verhältnis stehen könnte. Ich habe die Entscheidung des

Jahres 1919 akzeptiert und es abgelehnt, früher oder später für eine Frage wieder in einen blutigen Krieg einzutreten, die in keinem Verhältnis zu den deutschen Lebensnotwendigkeiten steht, aber wohl geeignet ist, jede zweite Generation in einen unseligen Kampf zu stürzen. Frankreich weiß dies.

Es ist unmöglich, daß irgendein französischer Staatsmann aufsteht und erklärt, ich hätte jemals eine Forderung an Frankreich gestellt, die zu erfüllen mit der französischen Ehre oder mit den französischen Interessen unvereinbar gewesen wäre. Wohl aber habe ich statt einer Forderung an Frankreich immer nur einen Wunsch gerichtet, die alte Feindschaft für immer zu begraben und die beiden Nationen mit ihrer großen geschichtlichen Vergangenheit den Weg zueinander finden zu lassen.

Ich habe im deutschen Volk alles getan, um den Gedanken einer unabänderlichen Erbfeindschaft auszurotten und anstelle dessen die Achtung einzupflanzen vor den großen Leistungen des französischen Volkes, seiner Geschichte . . .

Nicht geringer waren meine Bemühungen für eine deutsch-englische Verständigung, ja darüber hinaus für eine deutsch-englische Freundschaft. Niemals und an keiner Stelle bin ich wirklich den britischen Interessen entgegengetreten. Leider mußte ich mich nur zu oft britischer Eingriffe deutscher Interessen gegenüber erwehren, auch dort, wo sie England nicht im geringsten berührten.

Ich habe es geradezu als ein Ziel meines Lebens empfunden, die beiden Völker nicht nur verstandes-, sondern auch gefühlsmäßig einander näher zu bringen. Das deutsche Volk ist mir auf diesem Wege willig gefolgt. Wenn mein Bestreben mißlang, dann nur, weil eine mich persönlich geradezu erschütternde Feindseligkeit bei einem Teil britischer Staatsmänner und Journalisten vorhanden war, die kein Hehl daraus machten, daß es ihr einziges Ziel wäre, aus Gründen, die uns unerklärlich sind, gegen Deutschland bei der ersten sich bietenden Gelegenheit wieder den Kampf zu eröffnen . . .

Ich glaube aber heute noch, daß es eine wirkliche Befriedung in Europa und in der Welt nur geben kann, wenn sich Deutschland und England verständigen. Ich bin aus dieser Überzeugung heraus sehr oft den Weg zu einer Verständigung gegangen. Wenn dies am Ende doch nicht zum gewünschten Ergebnis führte, dann war es wirklich nicht meine Schuld.

Als letztes habe ich nun auch versucht, die Beziehungen des Reiches zu Sowjetrußland zu normalisieren und endlich auf eine freundschaftliche Basis zu bringen. Dank gleicher Gedankengänge Stalins ist nun auch dies gelungen. Auch mit diesem Staat ist nunmehr ein dauerndes freundschaftliches Verhältnis hergestellt, dessen Auswirkung für beide Völker segensreich sein wird.

Abzüge vom Wehrsold

bei selbstverschuldeter Krankheit, Untersuchungshaft, Dienstenthebung und bei Freiheitsstrafen.
Es sind für jeden Tag einzubehalten:

Wehrsold-gruppe	Vom Wehrsolde des	RM
2	Generals usw.	5,33
3	Generalleutnants usw.	4,56
4	Generalmajors usw.	4,—
5	Obersten usw.	3,33
6	Oberstleutnants usw.	2,66
7	Majors usw.	2,40
8	Hauptmanns usw.	2,—
9	Oberleutnants usw.	1,80
10	Leutnants usw.	1,60
11	Oberfeldwebels usw.	1,33
12	Feldwebels usw.	1,20
13	Unterfeldwebels usw.	1,20
14	Unteroffiziers usw.	0,93
15	Stabsgefreiten usw.	0,80
16	Schützen usw.	0,66

So hat im gesamten die von mir durchgeführte Revision des Versailler Vertrages in Europa kein Chaos geschaffen, sondern im Gegenteil die Voraussetzung für klare, stabile und vor allem tragbare Verhältnisse. Nur derjenige, der diese Ordnung der europäischen Zustände haßt und die Unordnung wünscht, kann ein Feind dieser Handlungen sein . . .

Wenn man aber mit scheinheiliger Miene glaubt, die Methoden ablehnen zu müssen, durch die im mitteleuropäischen Raum eine tragbare Ordnung entstanden ist, dann kann ich darauf nur antworten, daß letzten Endes nicht so sehr die Methode entscheidend ist als der nützliche Erfolg . . .

Weshalb soll nun der Krieg im Westen stattfinden? Für die Wiederherstellung Polens? Das Polen des Versailler Vertrages wird niemals wiedererstehen.

Dafür garantieren zwei der größten Staaten der Erde. Die endgültige Gestaltung dieses Raumes, die Frage der Wiedererrichtung eines polnischen Staates sind Probleme, die nicht durch den Krieg im Westen gelöst werden, sondern ausschließlich durch Rußland im einen Fall, und durch Deutschland im anderen . . .

Was soll also der Grund sein? Hat Deutschland an England irgendeine Forderung gestellt, die etwa das britische Weltreich bedroht oder seine Existenz in Frage stellt? Nein, im Gegenteil. Weder an Frankreich

Bild oben: Polnische Infanterie durchquert auf dem Weg in die Gefangenschaft die Straßen der Stadt Graudenz.

Bild unten: Das Pferd spielte im polnischen Feldzug noch eine relativ große Rolle. Die polnischen Versorgungseinheiten waren sämtlich nicht motorisiert, und polnische Ulanen der Kavalleriebrigade Pomorska attackierten mit blanker Waffe deutsche Panzer . . . ein phantastisches, fast unwirkliches Bild im Jahre 1939, in dem Panzer und motorisierte Einheiten das Kriegsgeschehen beherrschten.

Nach der Kapitulation Warschaus: Eine der Waffensammel-stellen auf einem großen Platz in der polnischen Hauptstadt, aus der bereits am 5. September die polnische Regierung an die Südostgrenze und dann am 17. September nach Rumänien geflohen war.

Bild unten: Schon beginnt die Einmauerung des Ghettos, in das die jüdische Einwohnerschaft Warschaus eingepfercht wurde. Die Kosten der Mauer mußte der Judenrat aufbringen. Als ihre Lage unerträglich wurde, kam es im April 1943 zum verzweifelten Aufstand der jüdischen Ghettobewohner.

POLEN

StN

BERLIN
Oder-Neisse-Linie
Stettin
Königsb.
OSTPREUSSEN
Kowno
Wilna
Grodno
Minsk
Bromberg
Bialystok
Posen
WARSCHAU
← Unter poln.Verwaltung
Von der UdSSR annektiert →
Brest
Lodz
Breslau
Czenstochowa
Lublin
Luck
Kiew
Kattowitz
Przemysl
Krakau
Lemberg
Tarnopol
U d S S R
TSCHECHOSLOWAKEI
Die polnische
Grenze von 1939
UNGARN
RUMÄNIEN

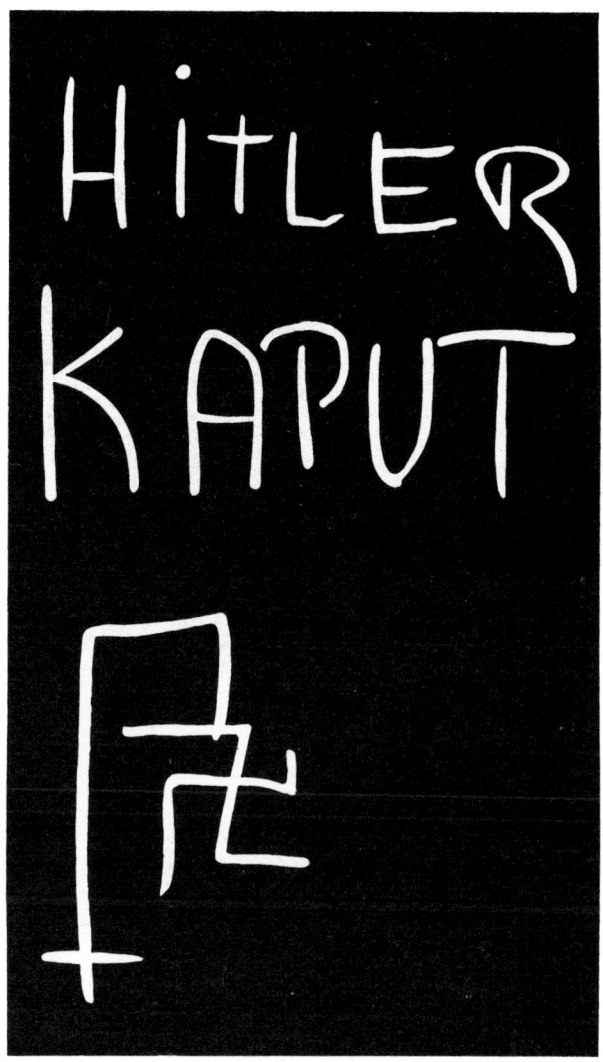

Bild oben: Gegen die Politik des Generalgouverneurs Hans Frank erhob sich der polnische Widerstand. »Hitler kaputt«, das Hakenkreuz am Galgen (polnische Wandzeitung) entsprach dem Wunschdenken aller Polen.

Linke Seite oben: »Der Bevollmächtigte der Roten Armee Borowenskij traf am 20. September 1939 in diesem sowjetischen Panzerspähwagen in Brest-Litowsk ein, wo er von dem Kommandierenden General eines deutschen Armeekorps zur Besprechung der Einzelheiten der zu besetzenden Demarkationslinie empfangen wurde. Auf beiden Seiten wurden kameradschaftliche Grüße ausgetauscht.« (Originalunterschrift)

Linke Seite unten: An der Zerschlagung Polens hatte sich auch die Sowjetunion beteiligt und den östlichen Teil Polens annektiert. Als Entschädigung erhielt Polen dafür nach dem Krieg die deutschen Ostgebiete zugesprochen. Mit den Ostverträgen der Bundesrepublik wurde die Oder-Neiße-Linie als polnische Westgrenze anerkannt.

noch an England hat Deutschland eine solche Forderung gerichtet...

Nein, dieser Krieg im Westen regelt überhaupt kein Problem, es sei denn die kaputten Finanzen einiger Rüstungsindustrieller und Zeitungsbesitzer oder sonstiger internationaler Kriegsgewinnler.

Welches sind nun die Ziele der Reichsregierung in bezug auf die Ordnung der Verhältnisse in dem Raum, der westlich der deutsch-sowjetrussischen Demarkationslinie als deutsche Einflußsphäre anerkannt ist?

1. Die Schaffung einer Reichsgrenze, die – wie schon betont – den historischen, ethnographischen und wirtschaftlichen Bedingungen entspricht.

2. Die Ordnung des gesamten Lebensraumes nach Nationalitäten, das heißt: eine Lösung jener Minoritätenfragen, die nicht nur diesen Raum berühren, sondern die darüber hinaus fast alle süd- und südosteuropäischen Staaten betreffen...

Darüber hinaus muß sofort versucht werden, die Wirkungen des Krieges zu beseitigen oder wenigstens zu lindern, d.h. durch eine praktische Hilfstätigkeit das vorhandene übergroße Leid zu mildern...

Ich glaube, es gibt keinen verantwortlichen europäischen Staatsmann, der nicht im tiefsten Grund seines Herzens die Blüte seines Volkes wünscht. Eine Realisierung dieses Wunsches ist aber nur denkbar im Rahmen einer allgemeinen Zusammenarbeit der Nationen.

...Herr Churchill mag der Überzeugung sein, daß Großbritannien siegen wird. Ich aber zweifle keine Sekunde, daß Deutschland siegt.

Das Schicksal wird entscheiden, wer recht hat. Nur eines ist sicher: es hat in der Weltgeschichte noch niemals zwei Sieger gegeben, aber oft nur Besiegte. Schon im letzten Krieg scheint mir dies der Fall gewesen zu sein.

Mögen diejenigen Völker und ihre Führer nun das Wort ergreifen, die der gleichen Auffassung sind. Und mögen diejenigen meine Hand zurückstoßen, die im Krieg die bessere Lösung sehen zu müssen glauben.«

Wer jedoch darf diesem Friedensangebot noch trauen? Hat nicht Hitler auch nach dem Einmarsch ins Sudetenland der Welt versichert, daß dies seine letzte territoriale Forderung sei?

Verstießen nicht auch die Vorgänge um die Röhm-Affäre, die Nürnberger Gesetze und die »Kristallnacht« gegen jede Rechtsüberlieferung der Kulturnationen?

Hat er nicht selbst in »Mein Kampf« der Welt seine letzten Ziele offenbart: »Lebensraum im Osten«, radikale Germanisierung, Weltherrschaft?

Und gibt die Geschichte heute nicht doch dem Generaloberst Ritter von Leeb recht, der schon damals in sein Tagebuch schreibt: »...daß Hitlers Rede im Reichstag nur ein Belügen des deutschen Volkes war«?

Friedenshoffnungen und Angriffspläne

Die deutschen Zeitungen erscheinen mit großen Schlagzeilen:

»Friedensangebot des Führers«

»Keine Kriegsabsicht gegen Frankreich und England!«

»Rüstungsbeschränkung. Konferenzvorschlag.«

Der Menschen bemächtigt sich wieder Hoffnung. Wirklich, für einen Krieg gegen England und Frankreich gibt es keinen Grund, so denken die Deutschen. Die Franzosen, die in der Maginot-Linie in ihrem Vorfeld den deutschen Landsern gegenüberliegen, denken genauso. Manche der französischen Soldaten, die schon den vergangenen Weltkrieg mitgemacht haben, erinnern sich des internationalen Frontkämpfertreffens vom Juli 1936 auf dem Schlachtfeld von Verdun. Franzosen, Engländer, Amerikaner und Deutsche waren in einem nächtlichen Schweigemarsch über das Trichterfeld gezogen. Auf diesem größten Massengrab der Welt, in dem 700 000 Gefallene ruhen, darunter 400 000 unbekannte, schworen die überlebenden Frontkämpfer in den verschiedenen Sprachen, Frieden miteinander zu halten, zu verhindern, daß es je wieder einen Krieg gäbe. Hunderttausend aus vier Nationen leisteten mit erhobener Hand diesen mitternächtlichen Schwur vor dem Beinhaus des Forts Douaumont.

Zur gleichen Zeit war es die französische Delegation, die bei den Olympischen Spielen in Berlin in der deutschen Reichshauptstadt vor allen anderen stürmisch begrüßt wurde.

Ein Jahr später wurde der deutsche Pavillon auf der Pariser Weltausstellung am stärksten besucht, die deutschen Gäste mit ausgesuchter Freundlichkeit empfangen.

Hitler hatte immer wieder betont, daß er an Frankreich keine Forderungen habe und auch keinen Anspruch auf

Nach dem Sieg über Polen schien Hitler – hier im Gespräch mit seinem Außenminister Joachim von Ribbentrop – eine politische Lösung des Konflikts zu suchen. Doch die Adressaten seiner Friedensbotschaften, London und Paris, blieben hart. Mit Hitler wollten sie nicht mehr verhandeln.

die alten deutschen Reichslande Elsaß-Lothringen. Die deutsch-französische Grenze sei für ihn unantastbar, die angebliche Erbfeindschaft der beiden Völker müsse endlich freundschaftlichen Beziehungen Platz machen. Als Frankreich dann den Krieg an Deutschland erklärt hat, befiehlt Hitler, im Westen keinerlei Angriffshandlungen vorzunehmen, jede Kriegshandlung den Westmächten zu überlassen. Deutschen Kampf- und Jagdflugzeugen wird strikt verboten – außer im Fall der Verfolgung eines über Deutschland vorgedrungenen Feindflugzeuges –, die französische Grenze zu überfliegen.

Und nun warten die Menschen diesseits und jenseits der Grenzen auf den Frieden. Daß Frankreich Deutschland den Krieg erklärte – nun ja, die französische Regierung hatte der polnischen Regierung eine entsprechende Garantie gegeben und wollte wohl nicht wortbrüchig werden. Was aber gibt es jetzt noch für einen Kriegsgrund, nachdem Polen besiegt ist? Danzig ist wieder deutsch, Deutschland ist wieder mit Ostpreußen verbunden. Soll der Krieg dafür geführt werden, das rückgängig zu machen? Schon die Politiker der Weimarer Republik haben die Aufhebung dieser schlimmsten Bestimmung des Versailler Vertrages gefordert. Soll also der Krieg Frankreichs gegen Deutschland für die Wiederherstellung eines offensichtlichen Unrechts geführt werden?

Das deutsche Volk glaubt nicht daran. Die einfachen Menschen in Frankreich geben England die Schuld, daß es zum Krieg kommen mußte.

Deutsche und französische Soldaten liegen einander wie vor zwanzig Jahren an den Fronten gegenüber. Doch die Fronten bleiben starr. Außer einigen nicht sehr ernstgemeinten französischen Vorstößen in der zweiten Kriegswoche, die nur der Beruhigung des polnischen Bundesgenossen galten, beschränkte sich der Krieg auf kleine Spähtruppunternehmen, hin und wieder einem Artillerieüberfall. Die Feindseligkeiten bestehen aus gegenseitiger »Bombardierung« mit Propaganda.

»Franzosen, wollt ihr für Danzig sterben?« fragte ein deutsches Flugblatt. »Wir wollen keinen Krieg gegen

euch. Bleibt in eurer Maginot-Linie, wir bleiben im Westwall!«

Weithin sichtbar stehen auch große Plakate mit solchen Propagandalosungen an der Grenze und am rechten Rheinufer. Lautsprecher dröhnen bis in die französischen Panzerwerke hinüber: »Die Engländer werden kämpfen bis zum letzten« – eine kleine Pause – »Franzosen!«

Schlagermusik ertönt, deutsche und französische Volkslieder erklingen über den Rhein, durch den Pfälzer Wald.

Der französische Oberbefehlshaber, General Gamelin, zieht die drei bis fünf Kilometer im Pfälzer Wald auf deutsches Gebiet fast kampflos vorgedrungenen Truppen nach dem Ende des Krieges in Polen wieder in die Befestigungsanlagen der Maginot-Linie zurück. Die Verbrüderungsszenen sind ihm unheimlich geworden, sie zersetzen die Moral und Kampfkraft seiner Armee. Die deutschen Landser, die den abziehenden Franzosen bis zur Grenze folgen, sehen die Inschriften an den Häusern und Mauern der verlassenen Grenzdörfer. Überall haben die Franzosen ihren »Feinden« – bei den deutschen Landsern kommt um jene Zeit der versöhnliche Ausdruck »Die Kameraden von der anderen Feldpostnummer« auf – diesen Satz hinterlassen: »Nieder mit dem Krieg, es lebe der Frieden!«

Am Rhein, im Hafen von Breisach, haben Landser eine Puppe aus Stroh an einem Kran hochgewunden. Ein langes, hageres Geschöpf, eine »Melone« auf dem Kopf, einen Regenschirm unter den Stroharm geklemmt. Eine unmißverständliche Karikatur des britischen Premierministers Chamberlain. Ein böser Spott, den gerade dieser Staatsmann, der sich so lange ernsthaft um den Frieden bemüht hat, nicht verdient. Aber die Soldaten meinen: England ist schuld, und Chamberlain ist nun mal der augenblickliche Führer Englands. Diese Meinung wird auch von den französischen Soldaten auf dem anderen Rheinufer geteilt.

An jenem Tag fallen die einzigen Schüsse an der Rheinfront hier in Breisach. Ein französisches Maschinengewehr tackt über den Fluß. Deutsche Karabiner fallen ein. Aber das Feuer gilt nicht dem jeweiligen Gegner auf dem anderen Ufer, es gilt jener Strohpuppe. Deutsche und französische Soldaten veranstalten gemeinsam ein Wettschießen auf die Karikatur dessen, den sie für den Kriegsschuldigen halten.

In der französischen Hauptstadt verläuft das Leben wieder völlig normal, wie im Frieden. Die Panik der ersten Kriegstage ist vorüber. Die mit Furcht und Schrecken erwarteten deutschen Bombenangriffe erfolgen nicht.

Die einzige deutsche Bombe, die um jene Zeit auf Paris fällt, ist nicht mit Sprengstoff gefüllt. Allenfalls, wenn man so will, mit moralischem Sprengstoff. Ein deut-

Linke Seite oben: Kartenspielende Franzosen – bezeichnendes Symbol für den »Sitzkrieg« an der Westfront. »Die Propaganda am Oberrhein hat doch gute Erfolge. Selbst Offiziere winken herüber. Plakate auf französischer Seite etwa: ›Bitte nicht schießen. Wir schießen nicht‹, beantworteten wir mit: ›Wenn ihr nicht schießt, schießen wir auch nicht.‹« (Tagebuch-

notiz Ritter von Leebs vom 6. September 1939). Bis auf kleinere Gefechte blieb es an der Westfront bis zum Frühjahr 1940 noch ruhig.
Bild oben: Ein deutscher Spähtrupp bahnt sich im Niemandsland durch verschneites Gestrüpp und Stacheldrahthindernisse den Weg.

sches Flugzeug erscheint nachts in großer Höhe über Paris, unbemerkt und ungestört von der französischen Fliegerabwehr. Das Flugzeug wirft Flugblätter ab, eine von der deutschen Propaganda in ihrem Sinn veränderte Ausgabe der bekannten Pariser Zeitung »Paris-Soir«. Einer der Packen löst sich nicht, wie vorgesehen, bereits in der Luft auf, sondern rast wie eine Bombe auf das nächtliche Paris zu. Die »Bombe« trifft mit Wucht einen Nachtbummler, der gar nicht weiß, wie ihm geschieht. Als er aus seiner Betäubung erwacht, sieht er neugierig nach, wer oder was ihn da so heimtückisch niedergeschlagen hat. Während er noch interessiert ein Zeitungsexemplar aus dem nun doch geplatzten Paket betrachtet, kommt eine Polizeistreife vorbei. Wegen Verbreitung feindlicher Druckschriften wird der unglückselige nächtliche Spaziergänger verhaftet. Die Geschichte macht, viel belacht, die Runde durch alle Pariser Zeitungen.
Um diese Zeit kommt, kein Wunder, in Frankreich das Wort auf: »*Quelle drôle de guerre*« – Welch komischer

Krieg! Wirklich, wogegen oder wofür soll man eigentlich kämpfen? Dieser Krieg scheint wirklich ein »Komischer Krieg«, »*Drôle de guerre!*«
Natürlich wird dennoch gekämpft. Bei Spähtruppunternehmen wird geschossen, es gibt Tote und Verwundete. Am 19. Oktober gibt das Oberkommando der Wehrmacht erstmalig eine zusammenfassende Übersicht über die Kämpfe an der Westfront, nachdem zu diesem Zeitpunkt der erste Abschnitt der Kampfhandlungen als abgeschlossen gelten kann:
»Mit dem Beginn der Operationen in Polen war der Westwall durch stärkere Kräfte besetzt worden. Die ersten Zusammenstöße erfolgten am 9. September – also 6 Tage nach Beginn des englisch-französischen Krieges gegen Deutschland –, als französische Spähtrupps an verschiedenen Stellen zwischen Luxemburg und dem Rhein westlich Karlsruhe, d. i. in der Luftlinie eine Front von etwa 150–160 Kilometer, die deutsche Grenze überschritten. Seit diesem Tage haben an der ganzen Westfront ernsthafte Kampfhandlungen an kei-

ner Stelle stattgefunden. Die Zusammenstöße beschränkten sich vielmehr überwiegend auf Spähtrupptätigkeit, gewaltsame Erkundungen und Verpostenscharmützel. Alle diese Kämpfe spielten sich in einem flachen, unmittelbar an der Grenze gelegenen Streifen im Vorfeld des deutschen Westwalls ab. Von einer einzigen Ausnahme abgesehen fanden diese örtlichen Zusammenstöße zwischen kleinen und kleinsten Verbänden unter Kompaniestärke statt. Nur einmal griff ein ganzes französisches Regiment in die Kämpfe ein.

Die Fortschritte und der Geländegewinn, den die Franzosen in diesen Wochen gemacht haben, läßt sich nach Schritten abzählen. An der Kampffront zwischen der luxemburgischen Grenze und Saarlautern (nordwestlich von Saarbrücken) konnte der Feind lediglich einige deutsche Grenzdörfer besetzen. Ferner konnte er südwestlich von Saarbrücken in dem Waldgebiet des Warndt Fuß fassen, das wie ein Keil in französisches Gebiet hineinstößt. Desgleichen war es ihm möglich, sich südostwärts von Saarbrücken zwischen der Saar und dem Pfälzer Wald in dem balkonartig nach Frankreich hineinragenden Gebietsteil festzusetzen. Nur im Warndt und dem zuletzt erwähnten Gebietsteil gelang es den französischen Steitkräften, ihre Linien drei bis fünf Kilometer auf deutsches Gebiet vorzuschieben. Das ganze übrige deutsche Gebiet vor dem Westwall hat noch keinen Feind zu Gesicht bekommen.

Nur dort, wo der Westwall – wie bei Saarbrücken – sich unmittelbar an der deutsch-französischen Grenze entlangzieht, stehen die Franzosen in Gefechtsberührung mit den deutschen Befestigungen; sonst gelang es ihnen an keiner einzigen Stelle, auch nur in die Nähe des Westwalls zu gelangen.

In den gleichen engen Grenzen wie die infanteristische Kampftätigkeit hielt sich auch das Artilleriefeuer. Es beschränkte sich im wesentlichen auf Störungsschießen und auf Vorbereitungsfeuer bei gewaltsamen Erkundungen. Ein einziger deutscher Bunker wurde mit 80 Schuß mittleren Kalibers belegt, ohne daß das feindliche Feuer Wirkungen erzielte.

Die Eigenart dieses Krieges im Westen kann durch nichts treffender gekennzeichnet werden als durch die Tatsache, daß an der 170 Kilometer langen Oberrheinfront zwischen Karlsruhe und Basel seit Kriegsbeginn völlige, fast friedensmäßige Ruhe herrscht. An dieser Front wurde nur ein Mann verwundet, und zwar nicht bei einer infanteristischen Kampfhandlung, sondern durch einen Granatsplitter bei Flakbeschuß.

In den französischen Heeresberichten, die von ihren Verfassern allerdings ein außergewöhnliches Maß von Erfindungsgabe erforderten, wurde dieser kaum sichtbare Geländegewinn zu einem großen Erfolg abgestempelt und als wirksame Unterstützung der Polen hinge-

stellt. Inzwischen hat der Feind – wie in den Wehrmachtsberichten vom 17. und 18. Oktober zu lesen ist – zwischen der luxemburgischen Grenze und dem Waldgebiet des Warndt sowie zwischen der Saar und dem Pfälzer Wald am äußersten Ostrand der bisherigen Kampffront das genommene Gelände freiwillig wieder aufgegeben. Er ging, von unseren tatkräftig nachstoßenden Truppen gedrängt, bis dicht an und über die französische Grenze zurück. Es handelte sich bei diesen letzten Kampfhandlungen also nicht – wie die Franzosen behaupten – um einen planmäßigen deutschen Angriff, sondern vielmehr um das freiwillige Räumen deutschen Gebietes durch die Franzosen, dem dann die deutschen Truppen in einem den Franzosen vielleicht ungewöhnlich raschen Tempo folgten . . . Seit Kriegsbeginn betrugen die deutschen Gesamtverluste an der Westfront bis zum 17. Oktober: 196 Tote, 356 Verwundete und 114 Vermißte. Über die Höhe der französischen Verluste sind keine Angaben möglich. Daß sie aber das Mehrfache der deutschen Ausfälle betragen, beweist, daß allein an Gefangenen 25 Offiziere und 664 Unteroffiziere und Mannschaften eingebracht wurden. – Britische Truppen konnten bisher in der vorderen Linie der Westfront nirgends festgestellt werden. Hieraus geht einwandfrei hervor, daß sich die Engländer bisher an irgendwelchen Kampfhandlungen nicht beteiligten.«

Schon bevor dieser zusammenfassende Wehrmachtbericht erscheint, haben die französische und britische Regierung auf die Rede Hitlers und sein Friedensangebot geantwortet. Die überall mit Spannung erwartete Antwort lautet »Nein«. Der Krieg soll weitergehen.

Die Feststellung Hitlers in seiner Rede, daß es nunmehr weder für Deutschland noch für England oder Frankreich ein vernünftiges Kriegsziel gebe, nachdem Danzig und Westpreußen wieder deutsch sind und die westliche Garantie für Polen, nicht zuletzt durch das sowjetische Eingreifen, gegenstandslos geworden sei, wird mit der Bekanntgabe des neuen alliierten Kriegszieles beantwortet: »Vernichtung des Hitlerismus.«

Der greise Weltkriegspremier Lloyd George hat die britische Regierung vorher aufgefordert, diese Gelegenheit zu einer internationalen Friedenskonferenz nicht vorübergehen zu lassen. Der Dichter George Bernard Shaw meint zu dem nun verkündeten Kriegsziel, ob man nicht lieber mit der »Vernichtung des Churchillismus« beginnen solle. Die Mcinungen auch in England sind also durchaus noch geteilt.

Trotz des »Nein« scheint in der Erklärung des französischen Ministerpräsidenten Daladier, die am 10. Oktober noch vor der britischen Erklärung abgegeben wird, ein Körnchen Friedenshoffnung zu stecken. In Daladiers Rede findet sich eine Stelle, in der er deutsche Garantien fordert, damit nach sechs Monaten nicht

Beginn des Kriegszustandes mit Deutschland

1939:

1. September: Polen; 3. September: Großbritannien, Australien, Indien, Neuseeland, Frankreich; 6. September: Südafrikanische Union; 10. September: Kanada

1940:

9. April: Norwegen; 10. Mai: Belgien, Niederlande

1941: 6. April: Jugoslawien, Griechenland; 22. Juni: Sowjetunion; 8. Dezember: China (Regierungssitz: Tschungking), »Freies Frankreich« (Regierung de Gaulle); 11. Dezember: Vereinigte Staaten, Kuba, Dominikanische Republik, Guatemala, Nicaragua; 12. Dezember: El Salvador, Haiti, Honduras; 16. Dezember: Tschechoslowakei (durch die Exilregierung in London).

1942:

13. Januar: Panama; 15. Januar: Luxemburg (Exilregierung); 28. Mai: Mexiko; 22. August: Brasilien; 9. Oktober: Abessinien.

1943:

16. Januar: Irak; 7. April: Bolivien; 9. September: Iran; 13. Oktober: Italien (Regierung Badoglio); 27. November: Kolumbien.

1944:

26. Januar: Liberia; 25. August: Rumänien; 8. September: Bulgarien; 21. September: San Marino; 31. Dezember: Ungarn.

1945:

2. Februar: Ecuador; 8. Februar: Paraguay; 12. Februar: Peru; 14. Februar: Chile; 15. Februar: Uruguay; 16. Februar: Venezuela; 23. Februar: Türkei; 24. Februar: Ägypten; 26. Februar: Syrien; 27. Februar: Libanon; 1. März: Saudi-Arabien; 3. März: Finnland; 27. März: Argentinien.

In der ganzen Welt nahmen nur folgende zehn Staaten nicht am Krieg teil: Afghanistan, Irland, Jemen, Liechtenstein, Nepal, Schweden, Schweiz, Spanien, Tanger, Vatikanstadt.

---

wieder alles umgestoßen werde. Die deutsche Regierung fragt sofort nach der Art der gewünschten Garantie. Als einzige Antwort folgt nach zwei Tagen die von Chamberlain abgegebene britische Regierungserklärung mit dem ganz unmißverständlichen »Nein« und der Bekanntgabe des neuen Kriegszieles.

Vielfach taucht zu jener Zeit schon die Frage auf, die auch in unseren Tagen noch viel gestellt wird: Hat Hitler sein Friedensangebot ehrlich gemeint? Der erbittertste Gegner Hitlers zu jener Zeit, Winston Churchill, der England schon 1938 mehrmals zum kriegerischen Einschreiten gegen Deutschland veranlassen wollte – deshalb Shaws ironische Bemerkung über die »Vernichtung des Churchillismus« –, schreibt dazu in seinen nach dem Krieg erschienenen Memoiren:

Hitler »rechnet mit Sicherheit darauf, daß die Regierung Seiner Majestät die von ihm in Polen erreichte Entscheidung bereitwillig hinnehmen würde und daß sein Friedensangebot Herrn Chamberlain und seine Kollegen in die Lage versetzen würde, nachdem sie ihre Ehre durch eine Kriegserklärung gerettet hatten, aus der Klemme, in die sie durch die kriegstreiberischen Elemente im Parlament hineingeraten waren, wieder herauszukommen.

Er war sich auch nicht im geringsten darüber klar, daß Chamberlain und das ganze übrige britische Weltreich jetzt darauf aus waren, ihn blutig zu vernichten, auch wenn sie selbst dabei zugrunde gingen ...«

Am 21. Oktober antwortet der deutsche Außenminister von Ribbentrop den beiden Westmächten: »Die Lage bedarf keiner Klärung mehr. England und Frankreich haben die Friedenshand des Führers zurückgewiesen. Sie haben den Fehdehandschuh hingeworfen und Deutschland hat ihn aufgenommen!«

Der Krieg wird also weitergehen. Zunächst bleibt es zwar an der einzigen Front dieses Krieges, der deutsch-französischen, beim *Drôle de guerre*, den andere den »Sitzkrieg« nennen, zunächst werden noch immer mehr Flugblätter als Granaten zum Gegner hinübergeschickt – aber die Stimmung auf beiden Seiten hat sich verdüstert. Wo es kleine Gefechte gibt, wird mit größerer Erbitterung als bisher gekämpft.

Hitler selbst hat bisher gezaudert, den Befehl zum Großangriff zu geben, obwohl er genau weiß, daß die Zeit gegen ihn arbeitet. Die Westmächte können nur immer stärker werden. Wenn er den Krieg gegen Frankreich offensiv führen will, dann muß er das möglichst schnell tun. Am 9. Oktober 1939 erläßt er – noch vor Chamberlains Erklärung – seine Führerweisung Nr. 6, in der er auch noch vorsichtig formuliert:

»Sollte in der nächsten Zeit zu erkennen sein, daß England und unter dessen Führung auch Frankreich nicht gewillt sind, den Krieg zu beenden, so bin ich entschlossen, ohne lange Zeit verstreichen zu lassen, aktiv und offensiv zu handeln.«

Nun war »zu erkennen«, daß England und Frankreich den Krieg fortführen wollten. Hitler bestimmt den 12. November zum »A«-Tag, zum Angriffstag. Die führenden Generale widersprechen. Die Verluste aus dem Polenfeldzug seien noch nicht aufgefüllt, beschädigte Panzer und Geschütze seien noch längst nicht alle repariert, die Munition reiche höchstens für ein Drittel der zum Angriff vorgesehenen Divisionen.

Hitler bleibt bei seiner Anweisung und begründet sie mit der wachsenden Stärke der Westmächte, mit der zweifelhaften Neutralität manchen Landes, mit der schmalen Rohstoffbasis Deutschlands, die eine viel größere Rüstungsproduktion als bisher nicht zulasse, mit der gefährdeten Lage des Ruhrgebietes, das unmittelbar an der Westgrenze liege und somit einem Überraschungsangriff der Gegner ausgesetzt sei.

So gibt es in den ersten Novembertagen die ersten Vorbereitungen für einen baldigen Angriff im Westen. Jeglicher Urlaub wird gesperrt, alle Kommandierungen werden aufgehoben. Panzereinheiten versammeln sich am rechten Rheinufer.

Zur gleichen Zeit aber kommt die »Verschwörung von Zossen« zustande. In Zossen, südlich von Berlin, befinden sich das Oberkommando des Heeres und der deutsche Generalstab. Die führenden deutschen Militärs, die schon vor einem Jahr Hitler stürzen wollten, wollen den Putsch nun nocheinmal versuchen.

Schon in der ersten Kriegswoche hat der aus dem Ruhestand zurückgerufene und mit einem Truppenkommando betraute frühere Chef der deutschen Heeresleitung, Generaloberst von Hammerstein-Equord, Hitler bedrängt, seiner im Westen stehenden Armee einen Besuch abzustatten. Er wolle, so hat Hammerstein erkärt, dem Führer die Stärke der Westfront demonstrieren. Was er in Wirklichkeit vorhat, ist natürlich etwas ganz anderes. Er will Hitler festnehmen und gefangensetzen. Der junge Rechtsanwalt Fabian von Schlabrendorff, der über viele Beziehungen ins Ausland und insbesondere zur deutschen Abwehr – der Spionageabwehr und aktiven Spionage der Wehrmacht – verfügt, verständigt schon am 3. September den britischen Secret-Service-Beauftragten in Deutschland, George Ogilvie Forbes, von Hammersteins Vorhaben. Forbes sitzt zu jener Zeit als Botschaftsrat in der britischen Botschaft in Berlin. Dieser 3. September, an dem England den Krieg gegen Deutschland erklärt, ist sein letzter Tag als immuner Diplomat in Deutschlands Hauptstadt. Schlabrendorff genügt das. Bei einem kurzen »Treff« im Hotel »Adlon« weiht er, selbst Mitarbei-

ter der deutschen Gegenspionage, den britischen Geheimdienstmann in Hammersteins Pläne ein.

Vergebens. Hitler denkt gar nicht daran, in den entscheidenden Tagen des Polenfeldzuges die Westfront und damit Generaloberst Hammerstein zu besuchen. Dies ist die Zeit, da er tatsächlich noch Frontbesuche macht, neben den einfachen Landsern steht und durch seinen Feldstecher die Feindbewegungen beobachtet. Und sein stets waches Mißtrauen sagt ihm, daß etwas nicht stimmen kann, wenn ihn in dieser Situation ein ihm ohnehin längst verdächtiger General – Hammerstein wird schon in der Zeit der Weimarer Republik als der »rote Hammerstein« bezeichnet – von der Front wegholen will. Dieser Putschversuch also unterbleibt, da Hitler partout nicht in die Falle gehen will. Aber nun finden sich die anderen, die Verschwörer vom vergangenen Jahr, wieder zusammen, als Hitler den Befehl zum Angriff im Westen für den 12. November gegeben hat. Wieder ist der deutsche Generalstabschef Halder die Schlüsselfigur. Aber er, das entscheidende Mitglied der »Zossener Verschwörung«, zögert jetzt noch mehr als im vergangenen Jahr, als der britische Premierminister Chamberlain ihm mit seiner Reise zur Münchner Konferenz »dazwischenkam«.

Er sieht ganz richtig, daß mitten im siegreichen Vormarsch das Heer keinen Putsch mitmachen oder auch nur verstehen wird, zumindestens das im Kampf stehende Feldheer nicht. Halder wendet sich deshalb an General Fromm, den Befehlshaber des in der Heimat stehenden »Ersatzheeres«. Fromm erwidert dem Generalstabschef diplomatisch, er würde *jeden* Befehl ausführen, der vom Oberbefehlshaber des Heeres, Generaloberst von Brauchitsch, käme. Doch Brauchitsch ist noch unschlüssiger als sein Generalstabschef. So versucht jeder der Verschwörer, die Verantwortung auf den anderen abzuschieben. General Thomas, Chef des Wehrwirtschafts- und Rüstungsamtes, und Oberst Oster, Chef der Zentralabteilung der deutschen Spionageabwehr, bearbeiten immer noch Generalstabschef Halder. Schließlich willigt Halder ein, den Befehl zum Putsch zu erteilen, sobald Hitler den endgültigen Befehl zum Angriff im Westen gibt. Am 3. November teilt Halder den beiden Exponenten der Militärs und der Zivilisten in der Verschwörergruppe, Generaloberst Beck und Oberbürgermeister a. D. Carl Goerdeler, mit, sie möchten sich ab 5. November bereithalten. Am 5. November will Oberbefehlshaber von Brauchitsch mit einer Denkschrift gegen den geplanten Westfeldzug zu Hitler fahren und im Falle einer Ablehnung dieser Denkschrift sich – so jedenfalls haben Halder und die anderen ihren Oberbefehlshaber verstanden – der Verschwörung zur Verfügung stellen. Die Verschwörer sind daraufhin äußerst optimistisch. Goerdeler stellt bereits eine Ministerliste für die neue Regierung auf.

Bei der Feier zur Erinnerung an den Marsch auf die Feldherrnhalle von 1923 detonierte am 8. November 1939 im Münchner »Bürgerbräukeller«, nachdem Hitler den Raum vorzeitig verlassen hatte, die Zeitbombe des Möbelschreiners Georg Elser. Sieben »Alte Kämpfer« wurden getötet, 63 verletzt. Alleintäter Elser wurde zunächst ins Konzentrationslager gebracht und 20 Tage vor der Befreiung 1945 ermordet.

Die Verschwörer irren sich wieder einmal. Brauchitsch kann seine Argumente gegen Hitler nicht durchsetzen. Als er vom schlechten Wetter spricht, das die Operationen an der Westfront behindern könne, sagt Hitler: »Ausgezeichnet, dann behindert das Wetter auch den Gegner!« Kein Argument Brauchitschs verfängt bei Hitler, so daß Brauchitsch in seiner Verzweiflung anfängt, ein Argument einfach zu erfinden. Die Moral der Truppen im Westen, sagt er, sei nicht anders als die der deutschen Truppen 1917/18, also miserabel. Auf diesen Vorwand nagelt ihn Hitler, voll Entrüstung sofort fest.

Halder hält das mit Stichworten in seinem Tagebuch fest: »Führer will Unterlagen. Bei welchen Truppenteilen Disziplinlosigkeiten, was geschehen? Will morgen hinfliegen.« Es gibt keine Unterlagen, es gibt keine irgendwie nennenswerte Disziplinlosigkeiten. Brauchitsch hat das alles ja nur schnell erfunden, nachdem Hitler ihm eines seiner Argumente nach dem anderen widerlegt hat. Als Hitler den Schwindel bemerkt, ist er maßlos wütend. Halder vermerkt in seinem Tagebuch: »Ein Sprechen mit ihm überhaupt nicht möglich.« Hitler hat also Brauchitschs Argumente abgelehnt. Der Oberbefehlshaber des Heeres müßte nun also, wie zuvor angekündigt, an die Spitze der Verschwörer treten. Aber er kehrt, wie später Zeugen berichten, nach Zossen zurück, derart über seine Unterredung mit Hitler erschüttert, daß er zunächst nicht einmal imstande ist, seinen Freunden zusammenhängend über das Vorgefallene zu berichten. Auch die »Zossener Verschwörung« ist damit zuende, bevor sie richtig begonnen hat. In aller Hast werden belastende Dokumente verbrannt

und Spuren verwischt. Abwehroberst Oster läßt schnell noch der belgischen und holländischen diplomatischen Mission in Berlin die Nachricht zukommen, daß die Wehrmacht am 12. November im Westen zum Angriff antrete.

Osters Meldung ist, was er nicht wissen kann, falsch. Hitler bläst den Angriff ab. Ob ihn das eine oder andere Argument Brauchitschs doch überzeugt hat, ob er immer noch hofft, die Westmächte zum Frieden zu bewegen, das bleibt bis heute unklar. Immerhin haben am 7. November, dem Tag, an dem Hitler den Angriff zunächst auf drei Tage später verschiebt, die holländische Königin und der belgische König einen Friedensappell an die kriegführenden Mächte gerichtet, den Krieg zu beenden.

Am 9. November verschiebt Hitler den Angriffsbeginn abermals. Am Abend zuvor ist auf ihn ein Attentat verübt worden.

Jedes Jahr am 8. November findet im Münchener »Bürgerbräukeller« die Feier zum Gedenken an den 1923 von Hitler organisierten »Marsch auf die Feldherrnhalle«, der ihn schon damals zur Macht bringen sollte, statt. Wie immer an diesem Gedenkabend, hält Hitler eine Rede an seine alten Mitkämpfer von damals. Zwanzig Minuten eher als vorgesehen verläßt er den Bürgerbräukeller. Genau zwölf Minuten danach explodiert eine Sprengbombe, die in der Säule eingebaut war, neben der das Rednerpult steht. Von den noch fröhlich beisammensitzenden biertrinkenden alten Kampfgefährten Hitlers werden durch die Explosion sieben getötet und 63 zum Teil schwer verletzt.

Hitler selbst erklärt danach seiner Umgebung, ein

merkwürdiges Gefühl der Unruhe habe ihn veranlaßt, seine Rede eher als vorgesehen abzubrechen. Wenig später wird der Attentäter, der Tischler Georg Elser, beim Versuch, die Schweizer Grenze zu überschreiten, gefaßt. Ob das Attentat der Grund für die abermalige Verschiebung der Westoffensive ist, wird nie ganz klar. Die nächste Verschiebung jedenfalls erfolgt der schlechten Wetterlage wegen. Insgesamt befiehlt Hitler im Herbst und Winter vierzehnmal den Angriff und verschiebt ihn ebensooft wieder. Im Januar verschiebt er ihn das vorletzte Mal, weil Mussolini, der aus Gründen der eigenen Schwäche für den Frieden ist, ihm nahelegt, nochmals die Einberufung einer Friedenskonferenz zu versuchen und sich selbst dafür als Vermittler anbietet.

Alle bis dahin vorgesehenen Angriffstermine hat der Chef der Zentralabteilung der deutschen Abwehr, Oberst Hans Oster, dem Gegner mitgeteilt. Nie hat er, so müssen seine Freunde im Ausland annehmen, richtig gemeldet, denn der deutsche Angriff ist trotz Osters vieler Meldungen nie zu einem der gemeldeten Zeitpunkte erfolgt. Das wird sich noch verhängnisvoll auswirken. Zum vorletzten Mal meldet Oster den deutschen Angriffsbeginn im Westen für den 17. Januar 1940. Wieder bekommt er unrecht, diesmal durch einen unglücklichen Zufall, bei dem Leichtsinn eine große Rolle spielt.

Hitler verschiebt auch diesen Termin, weil ein deutscher Kurieroffizier, der Luftwaffenmajor Helmut Reinberger, statt wie befohlen, mit der Bahn zu fahren, von Münster nach Köln fliegt. Er hat sich durch einen feuchtfröhlichen Abend verspätet, fürchtet, mit der Eisenbahn nicht mehr rechtzeitig nach Köln zu kommen und bittet daher einen befreundeten Piloten, ihn von Münster nach Köln zu fliegen. Die Maschine kommt jedoch, entweder wegen des vergangenen feuchten Abends oder wegen der feuchten und somit nebligen Witterung, vom richtigen Kurs ab und landet nach einem Irrflug bei Mecheln in Belgien.

Major Reinberger hat die deutschen Operationspläne mitsamt des zugehörigen Kartenmaterials bei sich, sie sollte er pünktlich nach Köln bringen! Er versucht noch, sie zu verbrennen, als sich belgische Soldaten nähern. Aber die belgischen Soldaten sind schneller und retten die nur angesengten Papiere.

Im nächsten Wachlokal packt Major Reinberger der Mut der Verzweiflung. Er nimmt den Belgiern die angesengten Papiere wieder ab und wirft sie in den Ofen. Der belgische Wachoffizier reißt sie geistesgegenwärtig wieder aus dem Feuer.

Die deutsche Führung rätselt: Hat der Kurieroffizier die Papiere restlos vernichten können oder sind sie in die Hand der Belgier gefallen? Wenn das letztere zutrifft, dann ist der deutsche Operationsplan in die Hand des Feindes gefallen. Denn daß Belgien insgeheim mit

Frankreich zusammenarbeitet, trotz erklärter Neutralität, daran besteht bei der deutschen Führung kein Zweifel. Besser, man nimmt das Schlimmste an, und so wird der deutsche Angrifftermin im Westen zum letzten Male verschoben.

Die Verschiebung aus diesem Grund wäre unnötig gewesen. Zwar treffen die deutschen Befürchtungen zu – die Operationspläne sind nicht nur in der Hand der Belgier, sondern werden tatsächlich auch an Deutschlands Kriegsgegner weitergegeben –, aber niemand glaubt, daß die Pläne echt sind. Niemand glaubt dem deutschen Kurieroffizier den feuchtfröhlichen Abend und den Irrflug nach Belgien. Da muß Absicht dahinterstecken, so dumm und leichtsinnig kann kein Kurier sein, ein preußisch-deutscher schon gar nicht. Also sind die vorgefundenen Operationspläne falsch und bewußt den Belgiern in die Hände gespielt worden, um die französische Heeresleitung in die Irre zu führen.

Hitler legt zunächst jedenfalls keinen neuen Angriffstermin fest. Mittlerweile sind in Europa Ereignisse eingetreten, die ohnehin die ganze internationale Lage verändern. Im November 1939 schon hat die nun mit dem nationalsozialistischen Deutschland verbündete Sowjetunion an Finnland eine Reihe von Gebietsforderungen gestellt, nachdem sie schon die baltischen Staaten Estland, Lettland und Litauen zur Hergabe militärischer Stützpunkte erpreßt hat.

Die finnische Regierung hat zwar mit den Sowjets über diese Forderungen verhandelt, sie aber abgelehnt. Am 26. November beschuldigt die Sowjetunion Finnland, »Grenzverletzungen« begangen zu haben. Am 30. November bombardiert die sowjetische Luftwaffe, buchstäblich in jeder Bedeutung des Wortes, aus heiterem Himmel heraus die finnische Hauptstadt Helsinki. Ohne Kriegserklärung, ohne jede vorherige Warnung. Ein erbitterter Krieg zwischen dem Zwerg Finnland und dem riesigen russischen Bären ist seitdem im Gange. Die ganze Welt verwundert sich, daß Finnland nicht binnen weniger Tage kapituliert. Die kleine finnische Armee kämpft mit einer solchen Tapferkeit gegen den unermeßlich überlegenen Gegner, daß ihr überall in der Welt anerkennendes Urteil zuteil wird. Nur in einem Land nicht – in Deutschland. Nicht deswegen, weil das deutsche Volk die Tapferkeit der Finnen nicht zu schätzen wüßte, sondern ganz allein deshalb, weil Deutschland eben der Verbündete des Angreifers, der Sowjetunion, ist. Die deutsche Führung, Hitler selbst durchaus nicht ausgenommen, befindet sich in einer moralischen Zwangslage. Auch Deutschlands Sympathie ist auf der Seite des überfallenen Finnlands. Aber alle Vernunftgründe sprechen nun einmal dafür, sich neutral zu verhalten. Der Nichtangriffspakt mit der Sowjetunion ist für Deutschland wichtiger, mag die Zuneigung zu dem tapfer kämpfenden Finnland noch so groß sein.

Finnland, seit 1918 ein selbständiger skandinavischer Staat,
wurde am 30. November 1939 von der Sowjetunion überfallen.
Nach tapferem Widerstand mußte das kleine Land (Verluste
24 923 Tote, 43 577 Verwundete = 20 Prozent der gesamten
Streitkräfte) am 12. März 1940 Frieden schließen. Die karelische Landenge und Teile der Fischerhalbinsel gingen verloren.
Hangö mußte an die UdSSR »verpachtet« werden.

Dänemark und Norwegen

Im Januar 1940, zu jenem Zeitpunkt, da der Major Reinberger mit den deutschen Operationsplänen nach Belgien fliegt, statt auf Schienen nach Köln zu fahren, beraten die britische und französische Regierung über eine Unterstützung Finnlands gegen den sowjetischen Aggressor. Wesentlich dabei ist einmal, daß es den beiden Westmächten natürlich nicht um das Schicksal Finnlands geht, sondern um den Vorwand, Militär nach den neutralen skandinavischen Ländern Norwegen und Schweden zu schicken. Denn wie anders sollen britische oder französische Truppen sonst nach Finnland gelangen, wenn nicht über Norwegen oder Schweden? Zum anderen aber erfährt die deutsche Regierung von diesen Plänen, nicht zuletzt dadurch, daß diese Pläne in der Presse der beiden Länder offen diskutiert werden. Hitler wird mißtrauisch und befürchtet nicht zu Unrecht, daß mit solchen Plänen Deutschlands strategische Nordflanke und zugleich die kriegswirtschaftlich entscheidende Erzzufuhr aus Schweden über den norwegischen Hafen Narvik bedroht sein könnten. Deshalb, und nicht nur wegen des unfreiwilligen Feindfluges des Majors Reinberger, verschiebt er jetzt den Angriff im Westen abermals, ohne diesmal jedoch einen neuen Termin zu stellen. Er fragt sich, wie die skandinavischen Länder, insbesondere Norwegen, sich wohl zu diesen alliierten Vorhaben stellen werden. Norwegen hat zu Beginn des europäischen Krieges seine strikte Neutralität erklärt. Wird es sich daran halten?

Hitler ist mißtrauisch, und am 12. Februar 1940 erhält sein Mißtrauen neue Nahrung. Das deutsche Schiff »Altmark«, das im Südatlantik vom deutschen Panzerschiff »Admiral Graf Spee« die geretteten Seeleute versenkter feindlicher Handelsschiffe übernommen hat, ist unbehelligt über das Nordmeer bis in norwegische Gewässer gelangt. Im Jössingfjord, in norwegischem Hoheitsgebiet, wird die »Altmark« von dem britischen Zerstörer »Cossack« gestellt. Zwei norwegische Torpedoboote, die eigentlich die Aufgabe hätten, das Gebiet ihres Landes vor fremden Übergriffen zu schützen, liegen ebenfalls im Jössingfjord. Dorthin sind sie der zivilen »Altmark«, nicht etwa dem Kriegsschiff »Cossack« gefolgt. Die »Altmark« legt im Jössingfjord an, sich innerhalb Norwegens, begleitet von zwei norwegischen Kriegsschiffen, sicher fühlend.

Da rauscht, in fremdem Hoheitsgebiet, das zu befahren nur ein unbewaffnetes Schiff wie die »Altmark« das Recht hat, der britische Zerstörer »Cossack« heran. Mit hoher Fahrstufe prescht er an den deutschen Dampfer heran. Aus nächster Entfernung eröffnet er das Feuer auf das deutsche Handelsschiff.

Die »Cossack« gleitet dicht an die Bordwand der »Altmark«. Wie in alten Zeiten, da noch Piraten die Meere unsicher machten, wird die »Altmark« geentert. Die sich nicht wehrende Besatzung des deutschen Schiffes wird beschossen. Es gibt Tote und Verwundete unter den deutschen Seeleuten. Die Engländer befreien die von der »Graf Spee« geborgenen Überlebenden, nehmen sie auf den Zerstörer über. Die »Cossack« nimmt wieder Fahrt auf und verschwindet nach Westen.

Dieser Vorfall verstärkt Hitlers Mißtrauen gegenüber der Ehrlichkeit der norwegischen Regierung. Schon im September 1939 hat Admiral Canaris, der Chef der Abwehr, den Oberbefehlshaber der Kriegsmarine, Großadmiral Dr. h. c. Raeder, auf Anzeichen aufmerksam gemacht, die auf eine Besetzung Norwegens durch England schließen lassen. Admiral Carls, Oberbefehlshaber der »Marinegruppe Ost«, schlägt zur gleichen Zeit vor, zu überlegen, ob Deutschland einer solchen Besetzung nicht zuvorkommen und seinerseits Stützpunkte in Norwegen schaffen solle.

Hitler hat damals solche Pläne abgelehnt. Ein neutrales Norwegen ist ihm lieber. Die der deutschen weit überle-

Mit der Besetzung Dänemarks und Norwegens sollte in erster Linie die Erzversorgung aus Schweden sichergestellt werden. Des weiteren aber wurde damit auch die Ausgangsstellung für Kriegsmarine und Luftwaffe gegen England vergrößert. Das Bild zeigt die Erzbahn am Eingang zum Rombaken-Fjord.

31

gene britische Flotte hat Deutschland vom ersten Tag des Krieges an vom Überseehandel abgeschnürt. Nur zwei Seewege gibt es für Deutschland, die dringend benötigten Importe an Lebensmitteln und Rohstoffen ins Land zu bringen. Einmal der Weg über die Ostsee, über die die Schiffsladungen aus der nun befreundeten Sowjetunion eintreffen. Zum anderen aber der Weg aus dem Norden, entlang der norwegischen Küste. Hier entlang laufen die Zufuhren aus dem sowjetischen Eismeerhafen Murmansk und die noch wichtigeren schwedischen Eisenerzlieferungen aus den Gruben von Kiruna und Gällivara über den das ganze Jahr hindurch eisfreien nordnorwegischen Hafen Narvik. Solange Norwegen neutral ist, können die deutschen Handelsschiffe durch die neutralen Küstengewässer ungehindert nach Deutschland fahren. Ist Norwegen aber entweder kriegführend – und sei es auf der Seite Deutschlands – oder von deutschen Truppen besetzt, dann sind die deutschen Schiffe dem Zugriff der britischen Flotte ausgesetzt. Die deutsche Flotte ist so schwach, daß sie nicht in der Lage wäre, die deutschen Handelsschiffe wirksam zu schützen. Deshalb ist Hitler lange Zeit dagegen, eine Besetzung Norwegens auch nur als Eventualität zu erwägen.

Winston Churchill dagegen, der das Problem genauso klar wie Hitler sieht, schlägt gerade deshalb schon in der ersten Kriegswoche seiner Regierung die Einrichtung von Stützpunkten in Norwegen vor, um Deutschland von den schwedischen Erzlieferungen – die 10 Millionen Tonnen im Jahr betragen! – und die kleine deutsche Marine vom Weg in den Atlantik abzuschneiden.

Aber Churchills Plan stößt auf Widerspruch. Das ändert sich erst nach dem sowjetischen Überfall auf Finnland. Der Völkerbund in Genf, der noch immer existiert, hat die sowjetische Aggression verurteilt und die Sowjetunion aus dem Völkerbund ausgeschlossen. Das ist allerdings auch die einzige – und außerdem letzte – Handlung des Völkerbundes. Andere Maßnahmen gegen den Angreifer werden nicht unternommen. Hier sieht die britische Regierung die große Chance, unter einem plausiblen Vorwand Stützpunkte in Norwegen zu errichten. Großbritannien und Frankreich werden dem bedrängten Finnland zu Hilfe eilen. Das aber ist schon aus rein geographischen Gründen nur über Norwegen und Schweden möglich.

Nun bedarf es nicht mehr der geheimen Ermittlungen durch die deutsche Abwehr, um die alliierten Pläne aufzudecken, Truppen nach Norwegen und Schweden zu schicken, denn sie werden in England und Frankreich offen in der Presse diskutiert. Jetzt ändert sich zwangsläufig auch Hitlers Meinung. Er gibt Befehl zur Ausarbeitung einer »Studie Nord«. Bevor es jedoch zu der schon gründlich vorbereiteten alliierten Truppen-

landung in Skandinavien kommt, wird am 13. März zwischen Finnland und der Sowjetunion der Friede geschlossen. Der Vorwand der Hilfe für Finnland entfällt nun.

Churchill, mittlerweile Kriegsminister und Erster Lord der Admiralität in der Regierung Chamberlain, läßt trotzdem nicht locker.

Am 21. Februar fordert der französische Ministerpräsident Daladier England auf, in Norwegen einzugreifen. Ursache für diese Forderung ist noch einmal der unglückselige deutsche Luftwaffenmajor Helmut Reinberger. Die bei ihm gefundenen Operationspläne werden von den Westmächten – denen die Pläne von der neutralen belgischen Regierung sofort zugestellt worden sind – zwar für gefälscht gehalten, aber man kann nie wissen! Und so erwartet die französische Führung trotz aller Zweifel täglich einen deutschen Großangriff, den sie nun durch eine militärische Aktion in Norwegen ablenken will. In England laufen die entsprechenden Vorbereitungen an.

Am 5. April soll die Transportflotte mit dem britischen Expeditionskorps in See gehen, um die wichtigsten norwegischen Häfen zu besetzen, insbesondere den Hafen von Narvik. Aber der Termin wird von der Marine nicht eingehalten. Die Kriegsschiffe zum Schutz der Transporter sind schon auf dem Weg zu den Treffpunkten, die Transporter haben sich wegen organisatorischer Schwierigkeiten noch nicht alle versammelt. Am 8. April werden von britischen Einheiten die norwegischen Territorialgewässer vermint.

Eben an diesem Tage läuft unabhängig davon das deutsche »Unternehmen Weserübung« an, die Besetzung Dänemarks und Norwegens. Die Besetzung Dänemarks geht reibungslos und nahezu ohne dänischen Widerstand vor sich. Als die Kopenhagener Bevölkerung am frühen Morgen zu ihren Arbeitsstätten eilt, sehen die Menschen zu ihrer Verwunderung deutsche Soldaten in der Stadt, neben den dänischen Polizisten regeln deutsche Soldaten den Verkehr.

In Norwegen stößt die Besetzung auf teilweise hartnäckigen Widerstand. Im Oslofjord wird der deutsche Schwere Kreuzer »Blücher« versenkt, vor Kristiansund wird der Leichte Kreuzer »Karlsruhe« durch Torpedos so schwer getroffen, daß er sich selbst versenken muß. Vor Bergen wird der Leichte Kreuzer »Königsberg« von britischen Bombern versenkt. Dennoch gelingen die Landungen überall, und die deutschen Truppen treten den Weg ins Landesinnere an. Zum erstenmal werden auch Panzer im Gebirge eingesetzt. Ein deutscher Kriegsberichterstatter schreibt damals über den Vormarsch durch Mittelnorwegen:

»Frühnebel und Regenwolken hüllen die Gipfel der südnorwegischen Berge ein. Die Sicht ist schlecht. Auf der verschneiten Straße – fast der einzigen, die in den

Raum nördlich von Oslo hineinstößt – marschieren deutsche Infanterietruppen unaufhörlich vorwärts. Dreihundert Meter steigen die Berge rechts der Straße an. Zackige Felsgrate überbrücken oft drohend den Weg. An der Spitze der vorstoßenden Truppen marschiert eine Infanteriekompanie, die die Marschsicherung übernommen hat. Zahlreiche Wegsperren lassen erkennen, daß der Gegner hier den Vormarsch aufzuhalten versucht. Frische Schispuren, die oft den Weg kreuzen oder an den Hängen mit ihm parallel laufen, lassen darauf schließen, daß hier feindliche Spähtrupps gewesen sind. Größte Vorsicht ist also am Platze. Die Spitzenkompanie schickt je eine Schützengruppe links und rechts des Weges als Seitensicherung aus. Nur mühevoll können die Männer sich in dem tiefen Schnee den Weg bahnen.

Gefällte Tannen versperren die Straße. Gerade hat die Spitzentruppe die Sperre erreicht, da setzt plötzlich aus dem dichten Tannenwald des rechten Hanges feindliches MG-Feuer ein. Kurze Feuerstöße folgen schnell hintereinander. Die Schüsse liegen zu kurz. Ein SMG ist inzwischen von der Spitzengruppe, die schnell Deckung genommen hat, in Stellung gebracht worden. Das gegnerische Feuer wird erwidert. Das feindliche MG verstummt bald. Die als rechte Seitendeckung ausgeschickte Schützengruppe arbeitet sich schnell vorwärts. Nur noch etwa zweihundert Meter ist sie von der Stelle entfernt, wo das feindliche MG schoß. Wie ein Pfeil jagen plötzlich drei Gestalten auf Schneeschuhen den steilen Hang hinunter, eine Schneewolke hinter sich lassend. Schüsse jagen hinter ihnen drein. Getroffen! Einer fällt, die beiden ersten entwischen.

Die Straßensperre ist bald beseitigt. Sägen und Äxte treten in Tätigkeit und zerlegen die dicken Baumstämme. Viele Hände packen zu, rollen die Stämme zur Seite und räumen die Zweige fort. Nach wenigen Minuten Aufenthalt geht der Vormarsch weiter.

Stunden vergehen. Der Himmel hat sich bezogen, leichter Schneefall hat eingesetzt. Dann und wann tauchen links und rechts der Straße einzelne Häuser auf, die aber alle von den Bewohnern verlassen sind.

Gegen Mittag erreicht die Spitze ein Dorf, das von den Einwohnern geräumt ist. Eine am Ortsausgang gesprengte Flußbrücke macht ein weiteres Vorrücken unmöglich. Wenn auch die Landser selbst die Brücke umgehen können, so bildet sie für Wagen und Geschütze ein unumgängliches Hindernis, das erst beseitigt werden muß. Da außerdem von den Bergen wieder Feindbewegung gemeldet wird, befiehlt der Kommandeur Halt. Sicherungen werden aufgestellt, Spähtrupps losgeschickt, ein Kradmelder benachrichtigt Pioniere zum Wiederaufbau der Brücke. Am Nachmittag trifft der angeforderte Pioniertrupp ein. Bäume werden gefällt, Bohlen und Bretter angefahren. Fieberhaft wird an der Wiederherstellung der gesprengten Brücke gearbeitet. Denn sie muß fertig werden, muß bis zum Einbruch der Dunkelheit selbst für schwere Lastwagen passierbar sein. Und es wird geschafft. Bereits abends rollen die ersten Wagen hinüber.

Die Nacht verläuft ruhig. Nirgends wird Feindberührung gemeldet. Beim ersten Tageslicht geht der Vormarsch weiter. Links und rechts steigen die Berge fast senkrecht an. Die Straße ist wie am Vortag wiederum durch Baumsperren verriegelt. Sie zu beseitigen sind die Soldaten allmählich gewöhnt. Sie halten den Vormarsch nicht sonderlich auf.

Da öffnet sich der Weg. Die Felsen treten zu beiden Seiten zurück. Ein Rundtal macht die Aussicht frei. Nichts Verdächtiges ist zu erkennen. Drei- bis vierhundert Meter entfernt, da, wo die Berge wieder zusammenstoßen, links und rechts der Straße ein Haus. Vorsichtig pirscht sich der Spitzentrupp heran. Nur wenige Meter hat er zurückgelegt, da setzt, wie auf ein Zeichen, von vier bis fünf Stellen gleichzeitig Feuer ein. Aus dem Haus links der Straße schießt ein feindliches MG. Aus einem wenige Zentimeter breiten Spalt des Stalldaches kommen die Geschoßgarben. Aus dem Wald halbrechts voraus fallen Gewehrschüsse. Hier also will der Gegner den deutschen Vormarsch aufhalten! Drei MG sind blitzschnell im Straßengraben und hinter einem Felsvorsprung in Stellung gebracht. Wenige Sekunden später richten sie ihre Laufmündung auf den versteckten Feind. Wie lange wird er sich halten? Das ist die Frage, die alle im Augenblick bewegt. Auch aus dem Wald wird heftig geschossen. Selbst aus den Baumspitzen scheint man zu schießen. Langsam schiebt sich ein Schützentrupp unter Ausnutzung jeder Deckung an den Waldrand heran, gewinnt in einer Mulde etwas Höhe und ist in der Lage, Flankenfeuer zu geben. Inzwischen haben die drei MG ihre Wirkung nicht verfehlt. Das feindliche MG ist verstummt. Jetzt kann auch der Wald unter Feuer genommen werden. Sofort ist ein Nachlassen des feindlichen Gewehrfeuers festzustellen, bald hört es gänzlich auf.

Linker Hand ragen majestätisch die in der Nähe dunkelgrün, in der Ferne blau schimmernden Bergkuppen über den Randsfjord empor, der sich in unendlicher Weite nahezu 100 Kilometer lang erstreckt. Stumpf und weißlich-grau bedeckt eine starke Eisfläche seine bis zu 5 Kilometer ausgedehnte Breite. Rechts von der Straße, die in zahlreichen Windungen und Kurven immer dem Fjordufer folgt, fallen schneebedeckte und bemooste Granitfelsen unter dichten Tannenwäldern steil ab. Hier marschiert der linke Flügel der deutschen Vormarschkolonne dieses Frontabschnitts, während in einem Zwischenraum von mehr als 50 Kilometer ostwärts auf gleichartiger Straße am Mjössasee entlang, Norwegens Binnengewässer, eine zweite Kolonne ihren

Im Schutz eines Panzers gehen Infanteristen gegen ein norwegisches Dorf vor. »Pausenloser Vormarsch deutscher Truppen in Norwegen bis zum Endsieg« stand seinerzeit unter diesem Propagandabild. In Wirklichkeit gab es bis zum Abschluß der Operationen zahlreiche Stockungen und manchen Rückzug.

Weg nimmt. Fluberg, Gjövik, Hamar und später Lillehammer ist ihr Ziel.

Der Marsch ist ein Weg ins Ungewisse. Vor der Truppe liegt ständig ein unbekanntes, schwer zu übersehendes Gelände, das die unheimliche Ruhe des Niemandslandes ausströmt. Die wenigen Häuser am Weg sind ausgestorben, hinter jedem Felsvorsprung lauert Gefahr. In weit auseinandergezogener Marschsicherung, doch so, daß die Verbindung niemals abreißt, wird Kilometer um Kilometer an Boden gewonnen. Am Ende der Kolonne zieht der Gefechtstroß nach. Artillerie folgt in größerem Abstand.

Ein vorausgeschickter Späher kommt zurück und meldet dem Kompanieführer: ›Etwa 1300 Meter vor uns eine gesprengte Straßenbrücke!‹

Die Infanterie überwindet die Sperre mit Leichtigkeit. Gleich darauf machen sich die Pioniere ans Werk, um den Übergang für die bespannten und motorisierten Fahrzeuge wiederherzustellen. Die kleine Brücke, die dort in sich zusammengebrochen liegt, überspannte einst einen wasserfallartig herabstürzenden Wildbach. Das Gewässer ist weit und breit das einzige schon vom Eis gelöste Flußbett. Seine eigene innere Kraft und die Sonne haben den Strom befreit. Wildschäumend stürzen die Wasser über Felsen und Baumstämme talwärts. Im eiskalten Strudel richten die Pioniere aus dicken Kloben neue Stützen auf, spannen Verstrebungen dazwischen, legen steinerne Barrikaden zur Abschwächung des Gefälles davor und überbrücken die Lücke mit Bohlen und Balken. So wird in einstündiger Arbeit der Bach gezähmt und der neue Weg gebahnt. Sicher rollen die Lastfahrzeuge, Kanonen und Panzer hinüber. Weit vorn hört man eine mächtige Detonation. Anscheinend hat der Gegner dort Felsen abgesprengt, und die Pioniere müssen sich zu neuem Einsatz rüsten. Während des weiteren Vormarsches meldet eine Seitensicherung Beunruhigung von rechts. Mit der Infanterie die ausgedehnten Waldstücke durchzukämmen, würde eine zu große Zersplitterung der Kräfte bedeuten. Da übernehmen die Panzer die kühne Aufgabe, die Höhen zu erklimmen und die Flanke frei zu machen. Schließ-

lich ist auch der Gegner im Gebirge an bestimmte Wege und ihre nähere Umgebung gebunden. So schlagen denn die wenigen Fahrzeuge ihren Weg abseits der Vormarschstraße ein, nehmen in einem schneidigen Anlauf die glatte und steile Schneise und brechen über Gestein und durch Gehölz feindwärts vor. Rasselnd knirschen die Raupenketten über den Boden, Granitsplitter spritzen zur Seite, armdicke Bäume bleiben wie Streichhölzer geknickt am Wege liegen. Der Fahrer laviert sich geschickt durch Hindernisse, über Steigungen und Gefälle hinweg. Aus einer kleinen Hütte, die eine kleine Lichtung beherrscht, erhalten die Kampfwagen offensichtlich Feuer, denn ein paarmal klatscht es gegen den Stahlmantel. Da jagt der Panzerschütze eine Salve Leuchtspurgeschosse hinüber, und schon erkennt er durch den Sehschlitz, wie sich eilends und panikartig vier, fünf graugrüne Soldaten auf und davon machen. Aus dem First der Hütte aber dringt blaues Rauchgekräusel hoch. Die Munition hat gezündet, und in einer halben Stunde liegt an der Stelle ein schwelender Trüm-

merhaufen. Weiter nördlich kommt es dann bei Asmarka erneut zu einem Gefecht, und als die Truppen schließlich vor Lillehammer eintreffen, stellen sich ihnen auch Engländer entgegen. Das erstemal in diesem Krieg kämpfen englische und deutsche Truppen gegeneinander.

Mit einem kühnen Vorstoß gelingt es einem Oberleutnant und zehn Mann, in die eigentliche Stadt einzudringen. Plötzlich sieht sich dieser Stoßtrupp einem Haufen fremdartig uniformierter Menschen gegenüber. Den flachen Stahlhelm ins Auge fassend und seinen Leuten laut zurufend: ›Engländer vor uns!‹ ist für den Oberleutnant, zusammen mit dem blitzschnellen Gedanken, sie möglichst gefangenzunehmen, Entschluß und Handlung eines Augenblicks. Gelähmt und überrascht folgt der Gegner dem unmißverständlich vorgebrachten Willen der Deutschen. Aufgeregt lassen die Tommies sich entwaffnen.

Inzwischen ist auch das deutsche Gros in Lillehammer eingedrungen. Im Postamt werden die Engländer unter einer Gefangenenwache festgesetzt. Über hundert zählt man, noch dazu Norweger. Währenddessen jagen mit rasendem Motor zum Nordausgang der Stadt drängend und sich überstürzend die anderen englisch-norwegischen Bundesgenossen hinaus. Die Engländer offensichtlich voran. Denn als die deutschen Truppen unverzüglich zur Verfolgung ansetzen und am Weg die zusammengeschossenen Wagen der Fluchtkolonne mustern, die vom Feuer der deutschen Artillerie und Panzer erfaßt worden sind, ist das erste Fahrzeug – also in der Kolonne das letzte –, das sie antreffen, ein norwegisches. Und das zweite und das dritte und noch einige auch. Erst auf gut halbem Wege nach Tretten, dem nächsten Ort der Vormarschstraße, finden sie beladene englische Wagen. Die deutschen Granaten und Geschosse waren schneller gewesen als die flüchtigen Tommies.

In Lillehammer, zwischen dem schönen Gudbrandsdal und dem Mjössasee, endet das erste Hilfs-Unternehmen der Briten für Norwegen mit der Zurücklassung eines Haufens entmutigter Gefangener, und im Straßengraben nach Tretten liegen mit zerbrochenen Achsen die Fahrzeuge des Expeditionskorps. Die gefangenen Engländer – darunter mehrere Offiziere – machen einen deprimierten Eindruck. Die Mannschaften sind meistens blutjunge Burschen aus der englischen Provinz, vor allem Handwerker und Arbeiter.«

So wie es hier geschildert wird, ist es überall in Norwegen. Die Besetzung des ganzen Landes durch die deutschen Truppen ist nicht aufzuhalten. Nur an einem Ort kommt es zu wirklich schweren, lange andauernden Kämpfen – in Narvik.

Die zehn Zerstörer, die Gebirgstruppen unter Führung des Generals Eduard Dietl zu diesem nördlichen Hafen bringen, sind wegen des weiten Anmarschweges schon Tage vor den anderen Schiffsgruppen aufgebrochen.

Die Strapazen während der langen Fahrt sind für die unter Deck eingeschlossenen, seeunerfahrenen Gebirgsjäger ungewöhnlich schwer. Dazu herrscht während der ganzen Fahrt unsichtiges, stürmisches Wetter. Fast scheitert das ganze Narvikunternehmen am Einschreiten des Wettergottes, denn die leichten Zerstörer sind für einen Einsatz in derartigem Sturm nicht gebaut. Die Schiffe ächzen in allen Fugen, aber der Verband beißt sich trotz aller Strapazen bis Narvik durch.

Die Zerstörer steuern den breiten Westfjord und den langen, schmalen Ostfjord hinauf, an dessen Ende der berühmte Erzhafen liegt.

Schon auf dieser Fahrtstrecke wird ein Teil der Gebirgstruppen und Marineartillerie ausgeschifft. Die Soldaten sollen von Land her die vermuteten norwegischen Küstenbatterien außer Gefecht setzen und sofort wieder zur eigenen Verteidigung einrichten.

Vor dem Hafen selbst stoßen die deutschen Zerstörer auf das Küstenpanzerschiff »Eidsvold«. Der norwegische Kommandant weigert sich, die deutschen Einheiten passieren zu lassen. Das Panzerschiff wird versenkt. Das gleiche Schicksal trifft den anderen im Hafen selbst auf Lauer liegenden Küstenpanzer »Norge«. Die Anlandung der Truppen geschieht reibungslos. Die entscheidenden Punkte der Stadt und des Hafens Narvik werden kampflos besetzt. Die Garnison unter Führung des Obersten Sundlo ergibt sich, nur ein gerade zu einer Übung ausgerücktes Bataillon zieht sich in die Berge zurück und bildet so den Kern des späteren norwegischen Widerstandes.

In Narvik ist von allen Häfen Norwegens der geringste Widerstand geleistet worden – sieht man von dem tapferen, aber unglücklichen Einsatz der beiden Panzerschiffe ab –, und doch entbrennt um diesen Hafen noch der schwerste Kampf im Norwegenfeldzug. Es wird ein Kampf, in dem Hitler zum erstenmal bereit ist, zu kapitulieren. Zu kapitulieren sogar trotz der Auffassung vieler Militärs, die ein Aufgeben des Widerstandes in Narvik für unnötig halten. Später wird es fast stets umgekehrt sein – die Militärs wollen nachgeben, aber Hitler verlangt Widerstand auch in den aussichtslosesten Lagen, das »Halten um jeden Preis!«. Narvik ist der Beginn jener Sinneswandlung Hitlers, die noch einmal Hunderttausenden in späteren Jahren das Leben kosten soll.

Bereits am Tag nach der kampflosen Besetzung des Erzhafens zeichnet sich der Umschwung ab. In England hat sich etwas Überraschendes ereignet. Als am 7. April die ersten Nachrichten vom Marsch deutscher Seestreitkräfte durch die Nordsee in Richtung Norden eintrafen – es waren die für Narvik bestimmten Zerstörer, die wegen des langen Marsches von rund 3000 Kilometern so frühzeitig ausliefen –, wurden die schon zur Besetzung Norwegens eingeschifften britischen Truppen wieder ausgeladen! Die Briten wollen nun nicht mit Heerestruppen in Norwegen an Land gehen und die ihnen zuvorgekommenen deutschen Heerestruppen zum Kampf stellen, sondern mit der überlegenen Macht der Flotte die deutschen Kriegsschiffe vernichten. Die von den Landungstruppen geräumten Kriegsschiffe laufen gefechtsklar aus.

Nach den bis zum 9. April eingegangenen Meldungen befinden sich zwischen der mittelnorwegischen Stadt Drontheim und dem nördlich des Polarkreises gelegenen Narvik keine deutschen Truppen. Offensichtlich wollen die Deutschen erst von Trondheim nach Narvik auf dem beschwerlichen Landweg über Fjorde und Gebirge nach Norden vordringen. Narvik ist also isoliert und deshalb der beste Angriffspunkt für die britische Flotte.

Genau das aber hat auch schon bei der Planung des »Unternehmens Weserübung« die deutsche Seekriegsleitung vorausgesehen. Die Narvik-Zerstörer haben deshalb den strikten Befehl mit auf den langen Weg bekommen, sofort nach der Ausladung der Gebirgsjäger Treibstoff zu ergänzen und wieder auszulaufen, um den voraussichtlich eingreifenden britischen Einheiten zu entkommen. Deutschland besitzt nur wenige Zerstörer, ganze 22, die zehn in Narvik sind also fast die Hälfte der deutschen Zerstörerflotte – und sie sind die modernsten. Die dürfen nicht vernichtet werden! Deshalb also: Schnell wieder raus aus der Falle Narvik!

Brennende Schiffe im Hafen von Narvik. Zahlreiche Nachschubtransporter und zehn Zerstörer der Narvik-Gruppe gingen in Gefechten mit der britischen Marine verloren.

Doch am 10. April liegen die Zerstörer noch im Erzhafen. Denn nur das frühere Walfangmutterschiff »Jan Wellem« liegt als Treibstoffversorger bereit, die anderen Versorgungsschiffe sind unterwegs von britischen Seestreitkräften versenkt worden. So dauert die Ölübernahme viel zu lange, da immer nur zwei Zerstörer gleichzeitig bei der »Jan Wellem« anlegen können.

Zur gleichen Zeit dampft eine englische Zerstörerflotte, begleitet von dem Schlachtschiff »Warspite«, bereits den vor dem Narviker Hafen liegenden Fjord hinauf. Der massive Feuerüberfall durch die britischen Einheiten trifft die Deutschen in Narvik völlig überraschend. Der deutsche Wachzerstörer ist gerade eine halbe Stunde zuvor von seiner Sicherungsposition zum Ölen eingelaufen, ohne die Wachablösung abzuwarten, die sich verspätet hat.

Fünf der britischen Zerstörer laufen direkt in den Hafen ein. So werden auf Anhieb 27 Schiffe aller Nationen im Narviker Hafen vernichtet, darunter die zwei gerade beim Tanker liegenden beiden Zerstörer und der Tanker selbst. Unter den Gefallenen ist der deutsche Flottenchef, Kommodore Bonte. Für eben diese Stunde hat er den Kommandeur der Gebirgsjäger zu sich an Bord geladen, aber General Dietl hat abgelehnt, da er an Land noch viel zu tun hatte. Diese Ablehnung rettet ihm *diesmal* das Leben.

Aber auch die Engländer kommen nicht ungeschoren davon. Nachdem der erste Schock überwunden ist, greifen die in einem Nebenfjord liegenden fünf deutschen Zerstörer ein. Zwei von ihnen gehen im Kampf unter, aber zwei britische Zerstörer werden ebenfalls versenkt, zwei weitere so schwer beschädigt, daß sie mit dem einzigen heilgebliebenen den Rückzug antreten müssen. Auch der britische Chef, Captain Warburton-Lee, fällt bei diesem Kampf.

Die übriggebliebenen, zum Teil schwer mitgenommenen deutschen Zerstörer stehen vor einer unlösbaren Aufgabe. Ihre Treibstoffvorräte sind nahezu erschöpft, die Munition geht zu Ende, ein Ausbruch aus Narvik ist also in jeder Hinsicht unmöglich. Churchill, zu der Zeit noch immer Erster Lord der Britischen Admiralität, hat inzwischen weitere Einheiten nach Narvik entsandt. Flugzeuge des Flugzeugträgers »Furious«, Sturzkampfbomber, greifen die deutschen Schiffe und die Landstellungen der Gebirgsjäger an. Vergeblich. Am nächsten Tag läuft, außer dem Flugzeugträger, der gesamte britische Verband den Fjord nach Narvik hinauf. Das ist am 13. April, vier Tage nach der deutschen Landung. Am Mittag dieses Tages bricht das Unheil über die deutschen Zerstörer herein.

Die anlaufenden Feindschiffe werden von einem Aufklärungsflugzeug gemeldet. Dabei tritt eine fast unglaubliche Verzögerung ein. Der Spruch des Aufklärers wird in Narvik selbst nicht aufgenommen. Um

Bild oben: Als »Held von Narvik« wurde der bayerische Gebirgsjägergeneral Eduard Dietl eine der populärsten Figuren des Zweiten Weltkrieges. Unter seinem Befehl konnten sich die deutschen Truppen gegen einen numerisch überlegenen Gegner behaupten.
Linke Seite: Der Führer eines Fallschirmjäger-Bataillons bei der Befehlsausgabe.
Bild unten: Auf einer schwankenden Brücke überqueren Gebirgsjäger einen der reißenden Flüsse Nordnorwegens.

13.44 erfährt der Nachfolger des gefallenen Kommodores Bonte, Fregattenkapitän Bey, die Aufklärermeldung vom Marinegruppenkommando West aus... Deutschland! Die Engländer stehen nun schon dicht vor Narvik.

Sofort laufen sieben deutsche Zerstörer ihnen entgegen, darunter auch die schwerbeschädigten. Der achte liegt im Hafen an der Postpier fest und ist nur noch ein Wrack. Alle haben über die Hälfte der Munition bereits am 10. April verschossen, von den Torpedos noch mehr. Aber sie greifen ohne Rücksicht auf die hohe Überlegenheit der gegnerischen Flotte an. Das berühmte Angriffssignal aus der Skagerrakschlacht im Ersten Weltkrieg, der rote Doppelstander Z: »Ran an den Feind!«, weht von den Rahen.

Sie wehren sich verzweifelt und tapfer. Aber einer nach dem anderen wird vernichtet. Das wichtigste Element der Zerstörer fehlt ihnen – die weite See, die ihnen das Ausnutzen ihrer Beweglichkeit, ihrer hohen Geschwindigkeit erlaubt. In den engen Binnengewässern, umgeben von hohen Felswänden, sind sie insbesondere dem Feuer der schweren 38-cm-Geschütze des Schlachtschiffes »Warspite« fast hilflos ausgeliefert. Die schweren Granaten wirken auf die leichten, ungepanzerten Zerstörer wie schwere Fliegerbomben. Der als Wrack an der Postpier im Hafen liegende Zerstörer feuert aus seinen noch intakten beiden Buggeschützen und wird dann, als die Munition zu Ende geht, von der Besatzung gesprengt.

Drei der letzten vier deutschen Zerstörer weichen in den nördlich von Narvik gelegenen Rombakenfjord aus, der vierte, »Georg Thiele«, deckt ihren Rückzug. Der Kommandant will aus eigenem Entschluß den drei Kameradenbooten die Selbstversenkung und die Rettung der Überlebenden ermöglichen. Es gelingt. Die Engländer drängen durch die Strömmenenge in den Rombakenfjord nach. »Georg Thiele«, der »Winkelried‹ der Narvikzerstörer«, wie er später genannt wird, verschießt den Rest seiner Munition. Mit dem buchstäblich letzten Torpedo wartet er dann unter schwerstem Beschuß, bis der erste Feindzerstörer, die »Eskimo«, in ganz sicherer Nähe ist. Dieser letzte Torpedo reißt der »Eskimo« das Vorschiff weg, der schwerverwundete britische Zerstörer versperrt damit den anderen Engländern den Weg. »Georg Thiele« wird von dem Kommandanten trotz seiner schweren Verwundung selbst auf einen Uferfelsen gesteuert.

2100 Mann der deutschen Zerstörer überleben und retten sich an Land. Sie verstärken nun an Land die Gebirgsjäger General Dietls. Das frühere Witzwort von der »Gebirgsmarine zu Fuß« ist Wahrheit geworden.

Am gleichen Tag fällt noch eine weitere Entscheidung gegen die Deutschen in Narvik. Starke britische Seestreitkräfte landen in Harstad auf den Narvik vorgelagerten Lofoten-Inseln. Der einzige brauchbare Flugplatz in der Nähe Narviks, Bardufoß, ist von den Deutschen nicht besetzt worden, da sich dort die Norweger verteidigen. Die Entfernung von Narvik, 60 Kilometer, ist für die schwachen deutschen Kräfte zu weit. Der Versuch einer Eroberung des Flugplatzes muß bald aufgegeben werden. Nachschub für die Narvikbesatzung aber muß heran. Zur See ist er wegen der britischen »Herrschaft über die Meere« völlig aussichtslos. Also bleibt nur der Lufttransport.

Am gleichen 13. April, da sämtliche deutschen Zerstörer in Narvik vernichtet sind und die Engländer mit der Landung in Harstad Narvik bedrohen, fliegt auf persönlichen Befehl Hitlers unter Führung seines eigenen Piloten, des Flugkapitäns Baur, ein Verband von Ju-52-Transportflugzeugen nach Narvik. Die Maschinen werden von ausgesuchten Besatzungen der Verkehrsfliegerschule Sorau geflogen. Die Piloten vollbringen eine fliegerische Meisterleistung. Sie landen auf einem von hohen Bergen umgebenen, mit metertiefem, halbgetautem Schnee bedeckten See.

Die mitgebrachte Verpflegung, die Infanteriemunition und vor allem die Gebirgsgeschütze bedeuten eine wertvolle Hilfe, aber die zwölf Ju 52 sind verloren. Zum Teil sind sie bei der Landung zu Bruch gegangen, die noch einsatzfähigen können wegen des Schnees und der Berge ringsum nicht wieder starten. Kapitän Baur meldet an Hitler:

»12 Transport-Ju und eine Nachrichten-Ju nördlich Narvik gelandet. Wiederstart und weitere Landungen unmöglich!«

Damit ist Narvik von der Welt abgeschlossen. Hitler wird nervös. Drei Hiobsbotschaften aus Narvik an einem Tag sind zuviel. Er erwägt mit General Jodl, dem Chef des Wehrmachtführungsstabes, ob er Dietl befehlen soll, Narvik aufzugeben und nach Süden durchzubrechen. Seine Sorgen sind nicht unbegründet, denn die Zerstörer haben nicht Dietls ganze Division, sondern nur ein verstärktes Regiment befördern können. Nur zwei Gebirgsbatterien waren auf den Zerstörern verladen, und nun kamen noch die von den Ju's gebrachten Gebirgsgeschütze hinzu. Das ist, zusammen mit einigen von den Zerstörerwracks demontierten Schiffsgeschützen, alles an schweren Waffen.

Jodl aber überzeugt Hitler, noch abzuwarten. Noch sind die Engländer ja nicht in Narvik gelandet. Sie sind übrigens, was weder Hitler noch Jodl wissen können, selbst noch im Zweifel, ob sie in Narvik landen sollen. Wie früher und auch später noch oft, überschätzen sie die deutsche Stärke bei weitem. Der Chef der Seestreitkräfte vor Narvik, Admiral Lord Cork, versucht, den General der Heerestruppen zur Landung zu bewegen. Der lehnt ab, auch noch am 17. April, als London die Landung befiehlt. Daraufhin erhält Lord Cork den

Eine der nördlichsten Stellungen des Kampfes um Narvik, hoch auf einem Berg über dem Jernsee. Nach der achtwöchigen Schlacht um den wichtigen Erzhafen zogen sich die Alliierten zurück.

Oberbefehl auch über die Heerestruppen. Doch als er nun selbst am 20. April einen Erkundungsflug über Narvik unternimmt, kommen ihm auch wieder Bedenken. Der hohe Schnee, die für einen Winterkrieg nicht vorgesehene Ausrüstung der britischen Soldaten – Lord Cork zögert nun ebenfalls.

Churchill erklärt am gleichen Tag in London: »Wenn es uns nicht gelingt, Narvik zu nehmen, bedeutet das eine große Katastrophe, da Deutschland dann das Erzgebiet in der Hand behält.«

Mittlerweile sind Engländer und Franzosen in Mittelnorwegen, in Andalsnes und Namsos, gelandet. Sie versuchen von Norden und Süden das von den Deutschen besetzte Drontheim zu erobern. Über 13 000 Mann sind dazu eingesetzt. Sie erringen Anfangserfolge, aber bald werfen die deutschen Truppen sie trotz zahlenmäßiger Unterlegenheit zurück. Der Grund dafür liegt nicht nur in der kämpferischen Überlegenheit des deutschen Infanteristen, der ja schon aus dem Polenfeldzug Kampferfahrung mitbringt, sondern in dem Faktor, der später einmal den Krieg entscheiden

soll: in der Luftherrschaft, die hier in Norwegen den Deutschen gehört.

Die Engländer werden geschlagen, am 28. April beginnen sie mit der Räumung von Namsos, am 30. April mit der von Andalsnes. Zugleich zerbricht bei Drontheim der letzte Widerstand norwegischer Truppen.

Der Gedanke, Narvik zu erobern, wird jedoch vom alliierten Oberkommando nicht aufgegeben. Am 12. Mai sind mittlerweile soviel Truppen vor Narvik versammelt, daß der Angriff nun gewagt wird. Eine britische Brigade, drei französische Alpenjägerbataillone – unter Führung des späteren Generals und Oberbefehlshabers der französischen Besatzungsmacht in Deutschland, König –, zwei Bataillone der französischen Fremdenlegion – darunter zahlreiche deutsche Legionäre –, vier der deutschen Gefangenschaft entkommene polnische Bataillone und ein 3500 Mann starker norwegischer Verband. Nördlich von Narvik landen diese Truppen. Am 28. Mai müssen Dietls Gebirgsjäger und die Seeleute Narvik räumen. Nach dem Rückzug des Gegners ist der Fall »Weserübung« am 10. Juni beendet.

Die große Offensive im Westen

Mittlerweile aber ist etwas anderes, viel Entscheidenderes geschehen. Die deutsche Wehrmacht ist an der Westfront zum Großangriff angetreten. Das Geschehen in Narvik tritt in den Hintergrund, Norwegen ist im wesentlichen besetzt, Narvik wird zum Nebenschauplatz. Für die Wehrmacht steht der Hauptfeind nicht im Norden, sondern an der Westgrenze.

Der bisher letzte Aufschub für diesen Feldzug war der längste gewesen. Neue Operationspläne mußten ausgearbeitet werden, da die bisherigen in die Hand des Gegners gefallen waren. Die britisch-französischen Angriffsabsichten auf Norwegen und Schweden waren dazwischengekommen und hatten zum eigenen Eingreifen geführt. Vorher noch hat Mussolini abermals einen Friedensfühler ausgestreckt und Hitler damit wieder mit dem Angriff im Westen zögern lassen. In Frankreich schien man geneigt, diesen Friedensfühler nicht strikt zurückzuweisen, aber die britische Regierung hat abgelehnt. Was Hitler ebenfalls zum Zögern veranlaßt hat, ist Mussolinis Hinweis gewesen, Deutschland solle versuchen, mit den Westmächten einen Kompromiß zu schließen und gegen die Sowjetunion kämpfen. Zwei Monate hat Hitler gezögert, Mussolini auf diesen Rat zu antworten!

Er ist sich unschlüssig gewesen, ob Mussolini nicht vielleicht recht hat und die Sowjets nicht doch unzuverlässige Bundesgenossen sind. Fallen sie Deutschland vielleicht in den Rücken, wenn die Wehrmacht im Westen gebunden ist?

Immerhin ist die Freundschaft noch recht neu, erst etwas mehr als ein halbes Jahr alt. Dabei tun die Sowjets alles, um derartige Befürchtungen zu zerstreuen. Sie liefern pünktlich Lebensmittel, und sie liefern vor allem Rohstoffe für Deutschlands Rüstung, ohne die an eine Fortsetzung des Krieges für das durch die britische Blockade vom Weltmarkt abgeschnittene Deutschland gar nicht zu denken wäre.

Auch politisch steht die Sowjetregierung auf der Seite Deutschlands. Nach dem Polenfeldzug hat Molotow in einem Glückwunschschreiben zum Geburtstag Ribbentrops von der nun »mit Blut besiegelten deutsch-sowjetischen Freundschaft« gesprochen. Antifaschistische Filme und Theaterstücke sind in der Sowjetunion verboten worden.

In der von den Sowjets so genannten »Kampagne für sofortigen Frieden« nach dem Feldzug gegen Polen hat die sowjetische Regierung genauso wie Hitler die Westmächte zum Friedensschluß aufgefordert und gemeinsam mit der deutschen Regierung erklärt, wenn England und Frankreich sich dazu nicht bereit fänden, so würden sie allein »die Verantwortung für die Fortsetzung des Krieges tragen«. Die Moskauer »Prawda«, das offizielle Organ der Kommunistischen Partei, hat zur »Kampagne für sofortigen Frieden« geschrieben: »Nichts kann einen Krieg zwischen Frankreich und England einerseits und Deutschland andererseits, einen sinnlosen Krieg, rechtfertigen... Es hängt nur von Frankreich und England ab, diesen gegen den Willen ihrer Völker angezettelten Krieg zu beenden...« Wenn die deutsch-sowjetischen Friedensbemühungen keinen Erfolg haben sollten, seien »Frankreich und England, ihre Regierungen sowie ihre herrschenden Klassen dafür verantwortlich«.

Der frühere französische Ministerpräsident und Führer der französischen sozialistischen Partei, Léon Blum, wird von der Sowjetpresse und den kommunistischen Zeitungen in aller Welt als »Kriegshetzer« angegriffen. Stalin gibt der »Prawda« am 30. November 1939 ein Interview, in dem er wörtlich folgende Feststellungen trifft:

»Erstens: England und Frankreich haben Deutschland angegriffen. Zweitens: Nach Eröffnung der militärischen Operationen hat sich Deutschland an die franzö-

»Flieger und Panzer begegnen sich.« Wie im Polenfeldzug bewährte sich auch im Westen der kombinierte Einsatz der Panzer- und Luftwaffe. Auch beim Überfall auf die neutralen Staaten Holland und Belgien sicherten sie den deutschen Vormarsch.

sische und englische Regierung gewandt und vorgeschlagen, Frieden zu schließen. Die Sowjetunion hat diese Friedensbestrebungen unterstützt. Drittens: Die französische und englische Regierung haben die Angebote Deutschlands und die Bemühungen der UdSSR schroff abgelehnt. So sieht die Wahrheit aus!«

Radio Moskau sagt in dem Bericht über das Stalininterview:

»Die Verantwortung für den Krieg fällt vollständig auf Großbritannien und Frankreich zurück . . .«

Am 26. Januar schreibt die »Prawda« über den »drôle de guerre«, den »komischen Krieg« an Deutschlands Westgrenze:

»England und Frankreich haben den Krieg erklärt. Nicht Deutschland, sondern Frankreich und England haben die Friedensvorschläge zurückgewiesen und nicht nur auf der Fortsetzung, sondern auch auf seiner Ausweitung bestanden . . . Die englischen und französischen Imperialisten wollen diesen Krieg in einen Weltkrieg verwandeln. Sie wollen die gesamte Menschheit in einem Meer von Leid und Entbehrungen ertränken.«

Zwei Monate später spricht Molotow vor dem Obersten Sowjet:

»Man weiß, daß der von Deutschland . . . zum Ausdruck gebrachte Friedenswille von den Regierungen Englands und Frankreichs durchkreuzt worden ist . . . Offensichtlich ist Deutschland ein gefährlicher Konkurrent für die imperialistischen Großmächte Europas, nämlich England und Frankreich, geworden. Aus diesem Grund haben die beiden Länder . . . Deutschland den Krieg erklärt!«

Der Gesandte der Tschechoslowakei in Moskau, der die nun in London sitzende Exilregierung vertritt, wird ausgewiesen und statt dessen ein Bevollmächtigter der neuen slowakischen Regierung empfangen. Die deutschen Operationen in Norwegen werden von der Sowjetregierung gutgeheißen. Molotow wünscht dem deutschen Botschafter einen »vollen Erfolg für die Truppen des Reiches«. Die Regierungszeitung »Iswestija«, viele Jahre später von Chruschtschows Schwiegersohn Adschubej geleitet, schreibt: »Es ist kein Zweifel, daß die deutschen Aktionen in Dänemark und Norwegen aus den vorangegangenen Entschlüssen Englands und Frankreichs resultieren. Es ist lächerlich, ein Geschrei über die Legitimität der deutschen Initiative zu erheben, nachdem England und Frankreich die Souveränität der skandinavischen Länder bereits angetastet haben . . . Sie wollten diese Länder in den Krieg hineinziehen und eine neue Front gegen Deutschland errichten . . .«

Nicht nur propagandistisch, auch wirtschaftlich durch die kriegswichtigen Rohstofflieferungen und sogar militärisch hat die Sowjetunion Deutschland bisher unterstützt, ganz im Gegensatz zum »Achsenpartner« Italien.

Die Sowjetunion erklärt sich sofort nach Kriegsbeginn bereit, deutsche Hilfskreuzer auf ihren Werften auszurüsten. Die Sowjetunion überläßt der deutschen Kriegsmarine bei dem Eismeerhafen Murmansk einen »Seekriegsstützpunkt Nord«. Als das Flaggschiff des »Norddeutschen Lloyd«, der berühmte Passagierdampfer »Bremen«, nach dem Durchbrechen der britischen Blockade im Atlantik den rettenden Hafen Murmansk verläßt, halten die Sowjets alle anderen ausländischen Schiffe im Hafen von Murmansk drei Tage fest, um eine Benachrichtigung der Engländer zu verhindern und dem deutschen Schiff ein sicheres Entkommen zu ermöglichen. Die Sowjets gestatten dem deutschen Hilfskreuzer »Komet«, offizielle Bezeichnung »Schiff 45«, die sonst jedem ausländischen Schiff verbotene Nordostpassage nach dem Fernen Osten durch die Sibirische Meerenge und leisten ihm Lotsendienste. Nur durch diese sowjetische Hilfe ist der deutsche Hilfskreuzer in der Lage, im Pazifik den Kaperkrieg gegen England aufzunehmen.

Die politische Unterstützung für Deutschland ist dennoch viel wichtiger. Moskau ist ja die Zentrale der Komintern, der Kommunistischen Internationale. Die kommunistischen Parteien in anderen Ländern, ganz gleich, ob sie legal arbeiten oder im verborgenen, befolgen die Weisungen der Komintern aus Moskau. Und diese Weisungen sehen im ersten Kriegsjahr eine Unterstützung Deutschlands vor.

In Moskau sitzt auch der Mann, der nach der Verhaftung Ernst Thälmanns durch die Gestapo als Generalsekretär der KPD 1935 Thälmanns Nachfolger geworden ist. Er ist das farbigste Chamäleon unter den kommunistischen Führern, stets von heute auf morgen bereit, seine Ansichten zu ändern, je nachdem, wie sich Stalins Ansichten ändern. Stalin, »der weise Vater der Völker«, »der geniale Führer der Werktätigen der ganzen Welt«, wie der rote Zar von jenem Funktionär immer wieder genannt wird, hat sich zur Unterstützung Hitlers entschlossen, also muß auch der Generalsekretär der KPD diese Politik verfolgen. Er beginnt mit einer heftigen Polemik gegen den sozialdemokratischen Funktionär und weltberühmten Wissenschaftler Rudolf Hilferding. Er beschimpft ihn, weil Hilferding den deutschen Sozialisten zur Pflicht gemacht hat, mit den westlichen Demokratien gegen Hitlers totalitären Staat zu kämpfen.

Jener Funktionär heißt Walter Ulbricht. Es ist derselbe, der sich später zum Herrscher der deutschen Sowjetzone macht. Er wird auch dann jede Schwenkung der sowjetischen Politik ergeben mitmachen, ganz gleich, welcher Art sie ist. Der einzige Unterschied zwischen dem früheren und späteren Ulbricht besteht darin, daß er zu der Zeit, da er Hitler unterstützt, noch keinen Spitzbart trägt.

Am 9. Februar 1940 veröffentlicht Walter Ulbricht im Organ der Komintern einen Artikel, in dem es heißt: »Die deutsche Regierung hat ihren Willen kundgetan, friedliche Beziehungen zur UdSSR zu unterhalten, während der englisch-französische Kriegstreiberblock den Krieg mit ihr wollte. Das sowjetische Volk und die deutschen Arbeiter sind daran interessiert, die Verwirklichung der britischen Pläne zu verhindern. Sie haben nur einen einzigen Wunsch: die schnelle Beendigung des Krieges. Sie sind gegen seine Verlängerung.«

Die deutschen Kommunisten, die in die Sowjetunion emigrierten, sind von Stalin längst verhaftet und zum Teil »liquidiert« worden – wenn sie innerparteiliche Gegner seines treuen Dieners Ulbricht waren. Wenige Tage nach Ulbrichts Artikel im Kominternorgan gibt die Sowjetregierung Hitler einen neuen Beweis ihrer Freundschaft.

In Brest-Litowsk, der Grenzstadt an der deutsch-sowjetischen Demarkationslinie in Polen, trifft ein Eisenbahnzug mit Häftlingen aus sibirischen Konzentrationslagern ein. Die Häftlinge sind deutsche und österreichische Kommunisten, die einst vor Hitler in das »Vaterland der Werktätigen« flüchteten, in die Sowjetunion. Sie sind schon vor langem von der sowjetischen Geheimpolizei, der Tscheka und ihrer Nachfolgeorganisation GPU, verhaftet worden, weil sie Gegner Ulbrichts sind. Nun werden sie, als Zeichen der deutsch-sowjetischen Freundschaft, von der GPU Stalins an die Gestapo Hitlers ausgeliefert. Nach den sibirischen Lagern und den Foltern in Stalins Kerkern sollen sie nun deutsche Konzentrationslager kennenlernen. Margarete Buber-Neumann, die Frau des von Stalin liquidierten kommunistischen Spitzenfunktionärs Heinz Neumann – der nach Stalins Tod von Chruschtschow rehabilitiert wird, natürlich ohne daß sich für den jedem Moskauer Regime immer treu ergebenen Ulbricht irgendwelche Konsequenzen ergeben – ist unter diesen bisherigen GPU-Häftlingen. Sie berichtet in ihrem Buch: »Als Gefangene bei Stalin und Hitler« über den ersten Tag in deutscher Haft:

»Es ist der erste Abend. Wir teilten redlich unsere Vorräte, und angeregt durch die Wärme, begann man zu erzählen. Den meisten Männern war es (in der Sowjetunion) viel schlimmer ergangen als mir. Bei den Verhören der NKWD (Nachfolgeorganisation der GPU) hatte man sie geprügelt, oft bis zur Bewußtlosigkeit, wenn sie sich geweigert hatten, erfundene Verbrechen einzugestehen. Einer berichtete von seinem Freund, den man so lange gequält hatte, bis er sich aus dem Fenster stürzte. Einige kamen aus dem Zuchthaus Solowki, einem alten Kloster auf einer Insel im Weißen Meer. Die meisten hatten Urteile von zehn oder fünfzehn Jahren gehabt... Aber schon am ersten Abend wollte ich meinen Ohren nicht trauen, als man das

Thema Nationalsozialismus anschnitt. Viele begannen positive Seiten am Hitlerregime zu entdecken, Progressives an dessen Staatsführung und sozialistische Züge in der Wirtschaft und Arbeitsgesetzgebung. Ja, und fast alle waren vom deutschen Sieg und von einer langen Dauer der Naziherrschaft überzeugt... Sie waren verzweifelt, sie hatten gelitten, man hatte sie betrogen, aber war das eine Entschuldigung für eine solche Haltung?... Dieser Aufenthalt... ließ bei vielen neue Illusionen aufkommen! ›Sie behandeln uns doch eigentlich ganz anständig!‹ – ›Vielleicht gibt es eine Amnestie für aus der Emigration zurückgekehrte Politische?‹ ...›Ganz gleich, was kommen mag, besser als russisches Zuchthaus, besser als Sibirien ist es sicher!‹«

Die anderen kommunistischen Führer handeln nicht viel anders als Ulbricht. Der britische KP-Führer Gallagher beruft im Januar 1940 einen »Volkskongreß« ein, der sich gegen den »imperialistischen Krieg« Englands wendet.

In den USA protestiert die KP zugunsten Deutschlands gegen die – allerdings nicht mit der amerikanischen Neutralität zu vereinbarende – Aufhebung des Verbots von Waffenlieferungen an England und Frankreich. Als die polnischen Exilführer Sikorski und Mikolajczyik nach Washington kommen und um die Hilfe der USA für die geplante polnische Befreiungsarmee bitten, werden sie von der kommunistischen Presse bezeichnet als »Agenten des englischen Imperialismus, die die Vereinigten Staaten in den Krieg hineinzuziehen versuchen«.

Die belgischen Kommunisten protestierten schon seit Ende 1939 immer wieder gegen die »verbissenen Versuche der englischen Regierung, Belgien in den Krieg hineinzuziehen«.

Die illegale tschechische KP im nunmehrigen deutschen »Reichsprotektorat Böhmen und Mähren« sabotiert die in den Anfängen ihrer Entwicklung befindliche Widerstandsbewegung und klagt Benesch und seine Freunde an, »Agenten der englisch-französischen Imperialisten« zu sein.

Am nachhaltigsten und energischsten unterstützt die französische Kommunistische Partei, die stärkste außerhalb der Sowjetunion, Deutschland. »Die Kriegstreiber von London haben sich auf den bewaffneten Konflikt mit Deutschland gestürzt!« Die Kommunisten tun alles, um eine Antikriegsstimmung zu verbreiten. Schon am 30. November drohen sie unmißverständlich mit einer Revolution, wenn die deutschen Friedensbemühungen weiter abgelehnt werden sollten: Die anglo-französischen Imperialisten seien für den Krieg verantwortlich, »weil sie Polen veranlaßt haben, eine freundschaftliche Neuregelung des Danziger Statuts abzulehnen«. Die französischen Abgeordneten werden für den Krieg verantwortlich gemacht, weil sie, statt Hitlers Friedensvorschläge zu prüfen, zuließen, »daß eine Kriegspolitik gepriesen und fortgesetzt wird, die den Interessen des französischen Volkes widerspricht, das entschlossen ist, bald ein Ende zu machen«!

Illegale Zeitungen der wegen ihrer prodeutschen Propaganda mittlerweile verbotenen KPF erscheinen speziell für die Frontsoldaten. Die Poilus werden aufgefordert, »so schnell wie möglich Schluß zu machen«, »das Gemetzel zu beenden« und mit den deutschen Soldaten zu »fraternisieren«.

In einem Brief an die französischen Frontsoldaten erklärt die kommunistische Parteiführung:

»Liebe Freunde, liebe Soldaten!

Ihr müßt alle gemeinsam den Verbrechern in den Arm fallen, die von mörderischen Angriffen träumen; ihr müßt euch vereinigen, um die Regierung davonzujagen...!«

Hitler weiß, daß diese für Deutschland unermeßlich wertvolle Arbeit der französischen Kommunisten auf Befehl Moskaus zurückgeht. Die »Prawda« lobt die französische Partei auch ganz offiziell. Die KP und ihre Zeitung »Humanité« seien nur deshalb verboten worden, weil sie »dem Volk die Wahrheit über... die verbrecherische Politik der Kriegshetzer gesagt« habe. Und bald darauf schreibt die »Prawda«:

»Keine der finsteren reaktionären Mächte kann die Ausbreitung des antimilitaristischen Geistes und des Hasses gegen die Unterdrücker des französischen Volkes aufhalten!«

Ribbentrop verrät Mussolini, als er diesem im März 1940 Hitlers Antwortbrief auf die vor zwei Monaten gemachten Vorschläge eines Kampfes gegen die Sowjetunion überbringt, ein Geheimnis der deutsch-sowjetischen Zusammenarbeit. Mussolini wundert sich, weshalb trotz des Verbots der wegen ihrer Deutschfreundlichkeit verfolgten KPF noch immer deren Zeitungen, wenn auch illegal, in großer Zahl erscheinen. Der Reichsaußenminister lächelt zu Mussolinis Verwunderung und erklärt dem italienischen Diktator, daß eine ganze Anzahl der französischen kommunistischen Zeitungen in Deutschland gedruckt würden. Es ist kein Wunder, daß Hitler nach langem Überlegen Mussolinis Vorschlag ablehnt. Nein, er ist nun überzeugt davon, daß ihm die Sowjetunion nicht in den Rücken fällt, daß er keinen Zweifrontenkrieg wird führen müssen. Im Gegenteil, die Sowjetunion ist der einzige wahre Verbündete Deutschlands in dieser Periode des Krieges.

So wie Stalins Unterstützung Hitler vor einem Dreivierteljahr erst dazu veranlaßt hat, den Angriffsbefehl gegen Polen zu geben, so ist es nun die sowjetische Unterstützung, die ihn dazu bewegt, nunmehr, nachdem alle Friedensbemühungen gescheitert sind, auch den Befehl zum Angriff im Westen zu erteilen.

Am 27. April entschließt Hitler sich, den Angriff zwischen dem ersten und siebenten Mai zu beginnen. Aber das Wetter macht abermals einen nassen Strich durch die Rechnung. Hitler wird unruhig. Jeder Tag Verzögerung macht die Westmächte stärker. Außerdem erhält er am 8. Mai alarmierende Nachrichten aus Holland. Für die holländische Armee ist eine Urlaubssperre verfügt worden, in verschiedenen Städten soll mit der Evakuierung der Bevölkerung begonnen worden sein, die bereits begonnene Mobilmachung wird hastig beendet. Ist der deutsche Angriffstermin verraten worden? Er ist es. Zum werweißwievielten Male hat der Chef der Zentralabteilung der deutschen Abwehr, Oberst Oster, den Westmächten den Angriffstermin verraten. Auch diesmal stimmt der Termin nicht, weil er zum allerletztenmal des Wetters wegen verschoben wird. Die Operationspläne hat Oberst Oster den Westmächten auch mitgeteilt, aber nur zu dem Teil, zu dem sie ihm bekannt sind. Die entscheidende Änderung, die nach dem mißglückten Kurierflug Major Reinbergers vorgenommen worden ist, kennt er selbst nicht. General Manstein hat den neuen Plan ausgearbeitet, der ihm später von mancher Seite den Namen »Schlieffen des Zweiten Weltkrieges« einbringt.

Der schon 1905 ausgearbeitete Plan des damaligen Chefs des kaiserlichen Großen Generalstabs, Schlieffen, ist auch für diesen Krieg mit kleinen Abänderungen vom OKH, dem Oberkommando des Heeres, zur Grundlage eines Westfeldzuges gemacht worden. Dieser Plan sieht vor, durch Holland mit der Hauptmasse der Streitkräfte – der Heeresgruppe B – in Richtung Belgien und von dort aus nach Nordfrankreich vorzustoßen. Die weiter südlich liegende Heeresgruppe A hat nur die Aufgabe, die linke Flanke der Heeresgruppe B zu schützen, die nach der Linksschwenkung in Holland und Belgien frontal von Norden kommend Frankreich überrennen soll.

Mansteins Plan dagegen, der »Sichelschnitt«-Plan, ist viel kühner. Sein Schwerpunkt liegt bei der Heeresgruppe A. Ziel des Mansteinschen Planes ist, durch das unwegsame Gebiet der Ardennen zu stoßen – mit Panzern, wie überhaupt Mansteins Plan auf dem massierten Einsatz der Panzerwaffe beruht. Den Ardennen gegenüber liegt die »verlängerte« Maginot-Linie, längst nicht so ausgebaut wie die übrigen gigantischen Befestigungsanlagen am Rhein und gegenüber dem Pfälzer Wald, eben weil die französische Führung glaubt, daß ein massiver Angriff aus den unwegsamen Ardennen heraus unmöglich ist. Die Panzer sollen dann nach Mansteins Plan in nordwestlicher Richtung – nicht wie bei Schlieffen in südlicher Richtung nach Frankreich hinein – bis zur Kanalküste vorstoßen. Dadurch wird das Gros der gegnerischen Truppen – die bestimmt mit einer Neuauflage des alten Schlieffenplanes rechnen und den in Holland und Belgien einrückenden deutschen Heeresteilen entgegenziehen werden – von Frankreich, von seiner Basis, abgeschnitten. Um diesen Plan gibt es zunächst viel Streit. Das OKH lehnt diesen Plan ab, auch dem Generalstab, vor allem dem Generalstabschef Halder, ist er zu kühn, zu leichtsinnig.

Am 17. Februar muß Manstein anläßlich seiner Ernennung zum Kommandierenden General protokollgemäß bei Hitler erscheinen, der als Oberbefehlshaber der Wehrmacht solche Ernennungen selbst ausspricht. Bisher ist Manstein Stabschef der Heeresgruppe A unter Generaloberst von Rundstedt gewesen. Daß er nun versetzt wird, nachdem er seinen »verrückten« Plan durchzusetzen versucht hat, ist auf eben diesen Plan zurückzuführen. Er hat sich damit den Unwillen des OKH in so hohem Maße zugezogen, daß man ihm nicht einmal auf seine Bitten ein Panzerkorps überträgt, sondern ein Infanteriekorps.

Manstein macht nun bei Hitler einen letzten Versuch und spricht mit ihm über seinen »Sichelschnitt«-Plan. Im Gegensatz zu den führenden Militärs gibt Hitler dem General von Manstein recht. Hitler hat etwas für Kühnheit, für revolutionäre, neue Ideen übrig. So wie er vor seiner Machtergreifung als erster Politiker das Flugzeug einsetzte, um im Wahlkampf quer durch Deutschland von einer Versammlung zur anderen zu rasen, wie er als erster Politiker die neue Erfindung des Rundfunks in den Dienst seiner Propaganda stellte, so hat er auf militärischem Gebiet schon vor dem Krieg als erster Politiker die Bedeutung der Panzerwaffe erkannt, hat später die Entwicklung des revolutionären Sturzkampfflugzeuges und der Luftlandetruppen gefördert.

Daß – außer Daladier – keiner der westlichen Politiker auch nur annähernd militärisch so fortschrittlich denkt wie Hitler, wird den Westmächten, vor allem Frankreich, bald zum Verhängnis werden. Schon vor Jahren hat in Frankreich ein gewisser Hauptmann Charles de Gaulle ähnlich revolutionäre Gedanken über den Einsatz der Panzerwaffe entwickelt, wie in Deutschland zur gleichen Zeit der Major Heinz Guderian. In Frankreich haben die führenden Militärs die Ideen des Hauptmanns de Gaulle, die Panzerwaffe als selbständige, schnelle bewegliche Waffe zu entwickeln, statt als bloße lahme Hilfswaffe der langsamen Infanterie, abgelehnt. In Deutschland hat Guderian die gleichen Schwierigkeiten, die ihm insbesondere von dem noch in den Vorstellungen des vergangenen Jahrhunderts, bestenfalls des Ersten Weltkrieges mit seinen Stellungskämpfen, lebenden Generalstabschef Beck gemacht werden. Das ändert erst Hitler ab 1933, soweit er das gegen die damals noch relativ unabhängige militärische Führung vermag.

So befiehlt Hitler nun die Ausarbeitung von Studien nach Mansteins Plan. Guderian, mittlerweile General der Panzertruppen, beweist in einem Kriegsspiel, daß seine Panzer tatsächlich durch die Ardennen vorstoßen,

die belgischen Grenzbefestigungen durchbrechen können. Generalstabschef Halder schüttelt wieder einmal den Kopf. »Sinnlos!« sagt er. Eine weitere Besprechung wenige Tage später verläuft für Guderian und General Wietersheim, der mit seinem motorisierten Armeekorps Guderians Panzern folgen soll, so deprimierend, daß sie beide formell erklären, kein Vertrauen in die Führung des Unternehmens mehr zu haben. Guderian schreibt in seinen Erinnerungen, daß das Durchsetzen von Mansteins Idee, die er sich zu eigen gemacht hatte, recht aufreibend war. »Außer Hitler, Manstein und mir« glaubt niemand an das Gelingen des Panzerangriffs durch die Ardennen und einen von Panzertruppen durchgeführten Maasübergang.

Trotz aller Schwierigkeiten ist der Operationsplan entsprechend Mansteins Ideen nun fertig. Der 10. Mai ist der endgültige Termin für den Angriff. Dann wird sich die deutsche Wehrmacht in Marsch setzen.

Die Wehrmacht hat dafür 71 Divisionen zur Verfügung, 47 Divisionen verbleiben in Deutschland als Reserve.

Die französische Armee hat entlang der französischdeutschen Grenze und an der belgischen Grenze allein 82 Divisionen stehen, dazu 9 Divisionen des britischen Expeditionskorps unter Lord Gort. In Belgien, das längst gemeinsame Operationspläne mit den Franzosen und Engländern ausgearbeitet hat, stehen 16 Divisionen bereit, in Holland 9. Dazu kommt in Frankreich noch eine polnische Division. Insgesamt also stehen den 71 angreifenden deutschen Divisionen 117 feindliche gegenüber. 28 stehen in Reserve, wozu natürlich noch das gesamte in England befindliche britische Heer kommt und die an der französisch-italienischen Grenze und in Nordafrika stehenden französischen Divisionen. Noch krasser ist die zahlenmäßige Überlegenheit der Westmächte bei den Panzern. Frankreich hat nicht nur – von Rußland abgesehen – seit langem das größte Heer des europäischen Festlandes, es hat auch die meisten Panzer. Etwa 4800 Panzerkampfwagen stehen allein in Frankreich den 2200 deutschen Panzern – bei denen die Spähwagen mitgezählt sind – gegenüber. Dazu kommt, daß die französischen Panzer den deutschen an Bewaffnung mit weit stärkeren Geschützen ebenso überlegen sind wie durch die viel stärkere Panzerung. Unterlegen allerdings sind sie in der Beweglichkeit. Das den Krieg im Westen mitentscheidende Manko aber ist die schlechte Führung der Panzerwaffe. Die französischen Panzer werden nur zur Unterstützung der Infanterie eingesetzt, nicht als selbständige Waffengattung, sie verfügen deshalb auch nicht über solch hervorragende Nachrichtenmittel wie die deutschen Panzer, die ja eine unabhängige Bewegung ganzer Panzerdivisionen erst ermöglichen.

So stehen sich nun die Millionen Soldaten, vor wenigen Monaten noch nichts als Arbeiter, Bauern, Angestellte,

Beamte, Künstler, die ihr privates Leben lebten, gegenüber. Bereit, aufeinander zu schießen.

Die Westmächte sind von diesem Angriff unterrichtet worden, wieder durch Oberst Oster. Oster hat am 9. Mai den holländischen Militärattaché in Berlin, Oberst Sas, bei einem gemeinsamen Abendessen davon informiert. Vorsichtshalber begibt er sich noch einmal zum OKH in die Bendlerstraße, um zu erkunden, ob sich nicht vielleicht etwas geändert habe. Danach berichtet er Sas, um seine Mitteilung vom deutschen Angriff am nächsten Tag nochmals zu bestätigen. »Das Schwein ist zur Westfront«, sagt Oster. »Das Schwein« ist Hitler.

Der Morgen des 10. Mai 1940 dämmert herauf. Noch liegt feuchte Nachtkühle auf dem Grün der Gräser und Bäume, auf der Erde an der langen Front, die gleich zu brüllendem Leben erwachen wird. Eine noch leblose Riesenschlange, wie die Welt sie noch nie gesehen hat, liegt erstarrt quer über dem Land: Die zum Angriff bereiten deutschen Panzer stehen in einer Länge von 160 Kilometern hintereinander, allein 80 Kilometer davon ostwärts des Rheins.

Noch ist alles still, von den sprungbereit liegenden Truppen ist nichts zu hören. Nur weiter hinten klirren Geschützverschlüsse, und noch weiter im Hinterland, auf den Flugplätzen, ist Lärm. Flugzeugmotoren donnern im Warmlaufen, motorisierte Bombenlafetten brummen hin und her. Anderswo besteigen Fallschirmjäger die mit laufenden Motoren wartenden Junkers-Transportflugzeuge.

Für 5.30 ist der Angriffsbeginn festgesetzt. Vorher schon starten die langsamsten Flugzeuge, Ju 52 mit je einem Segelflugzeug im Schlepp. Wenn die Uhren 5.30 zeigen, müssen sie schon über der Grenze sein.

Danach starten die Fallschirmjäger. Ihre Maschinen sind ohne angehängte Segelflugzeuge etwas schneller. Über dem Zielraum werden sie die Segelflugzeuge, in deren jedem neun Infanteristen sitzen, eingeholt haben. Alles ist genau ausgerechnet.

Andere Luftlandetruppen sollen nicht mit Segelflugzeugen landen, sondern direkt mit den Transportmaschinen. Sie sind für den Raum Rotterdam–Den Haag bestimmt. Auf der Autostraße, die beide Städte miteinander verbindet, sollen sie landen. In drei Wellen hintereinander. Wenn diese Luftlandetruppen erst einmal Fuß gefaßt haben, sollen immer mehr Truppen in diesen »Igel« hineingeflogen werden. Es ist das erste derartige Unternehmen in der Kriegsgeschichte.

Nun starten auch die Bombenflugzeuge, die Stukas, die Messerschmittjäger. Sie rasen über die Rollbahnen, schwingen sich in die Luft, formieren sich zu Ketten, Staffeln, Gruppen, zu Geschwadern.

Die im kalten Morgennebel an den Grenzen fröstelnden Landser hören hinter sich im Osten das Motorengeräusch herankommen. Es ist ein Ton, wie ihn noch keiner der Soldaten vernommen hat, wie ihn überhaupt noch nie jemand vernommen hat. Denn so viele Flugzeuge sind noch niemals zur gleichen Zeit in der Luft gewesen. Es ist ein einziges, durch Mark und Bein gehendes Dröhnen und Wummern, gefährlich und drohend.

Die Landser unten auf der Erde fröstelt es noch mehr. Ein Blick auf die Uhr. Gleich ist es 5.30 Uhr, gleich ist die X-Zeit heran. Während hoch am Morgenhimmel die Kondensstreifen der unzähligen Flugzeuge ihre Spuren ziehen, werden unten auf der Erde die Panzermotoren angeworfen, die Kanoniere der leichten und schweren Geschütze greifen zu den Abzügen, die Infanteristen erheben sich aus ihren Stellungen. 5.30 Uhr!! X-Zeit!

Das Wummern am Himmel hört niemand mehr. Die Erde brüllt nun auf. Detonationen des mit einem Schlag einsetzenden Geschützfeuers, Dröhnen der Panzermotoren und lautes Klirren und Rasseln der Panzerketten, Poltern schwerer Geschützräder, dazwischen das Rattern von Maschinengewehren, das helle Bersten von Handgranaten – eine höllische Symphonie, gespielt vom Orchester des Todes.

»Drôle de guerre« ist tot, der »komische Krieg« ist dem wahren Krieg gewichen. Und dieser Krieg verläuft so, wie der deutsche Operationsplan es vorsah. Ein Sieg nach dem anderen wird errungen.

Der erste Sieg ist der ungewöhnlichste der Kriegsgeschichte. In Belgien, am Albert-Kanal, liegt das modernste Fort der Welt, kurz vor dem Krieg erst fertig geworden, das Fort Eben Emael, das zum Festungsbereich Lüttich gehört. Es gilt als uneinnehmbar.

Die oberste Panzerkuppel ragt 90 Meter hoch über die Umgebung, die gepanzerte Plattform der Festung ist allein tausend Quadratmeter groß. 1200 Mann Besatzung liegen hinter den Schießscharten, in den gepanzerten Geschütztürmen. 42 Geschütze, 20 schwere Zwillings-MG und zahllose leichte Maschinengewehre sind die Bewaffnung, eine Bewaffnung, die durch unüberwindbare Panzerung geschützt wird wie die Soldaten, die diese Waffen bedienen. Jeder Punkt des Festungswerkes kann von einem anderen Punkt unter Feuer genommen werden, die Außenwerke des Forts nehmen eine Fläche von fünfzig Hektar ein.

Vom Albert-Kanal her ist das Fort ohnehin unangreifbar. Der Kanal kann überall unter Feuer genommen werden, und er hat Steilufer, die auch ohne bewaffneten Widerstand niemand erklimmen kann. Und der Angriff von der Landseite ist genauso unmöglich, denn das ganze Gelände kann im Bedarfsfall sofort unter Wasser gesetzt werden.

Deutsche Landser machen das Unmögliche möglich, Fort Eben Emael muß erobert werden, wenn der deutsche Vormarsch nicht gleich zu Beginn steckenbleiben soll. Und deshalb wird das Fort erobert.

Deutsche Sturmtruppen überqueren den belgischen Albert-
Kanal unweit von Hasselt.

Bild rechts: »Der Führer und
die Helden von Eben Emael«.
Im Zusammenwirken von Stukas, Lastenseglern und Luftlandetruppen wurde das stark
befestigte belgische Sperrfort
in einem kühnen Handstreich
bereits im Morgengrauen des
11. Mai 1940 genommen.

Die Segelflugzeuge, die an den Ju-52-Transportflugzeugen hängen, klinken längst vor dem Fort die Schleppseile aus. Die dreimotorigen Junkersmaschinen drehen ab, Richtung Heimat. Die Lastensegler mit ihren Soldaten an Bord schweben einsam am Himmel Belgiens der tödlichen Auseinandersetzung zu, dem Fort Eben Emael, in beängstigender Lautlosigkeit.

Bald kreisen die riesigen Vögel über den Panzerwerken. Im Osten steigt glühendrot die Sonne empor. In ihrem blutigen Schein suchen die Piloten der Lastensegler ihre Landungspunkte, die sie von langen Übungen an einem Modell der Festung längst kennen.

Der erste Segler landet auf der stählernen Landefläche. Ein leichtes Knirschen und Quietschen der Kufen, neun Infanteristen springen mit ihren Waffen heraus. Die andern folgen, ein Segler nach dem anderen.

Dann sind alle Infanteristen sicher vom Himmel zur Erde, die hier aus Stahl ist, gelangt. Es sind nicht viel, ganze 78 Mann. Unter ihnen aber, von einem mächtigen Panzer geschützt, schwer bewaffnet, warten 1200 Mann auf den Feind.

Ja, sie warten noch. Sie haben noch nicht bemerkt, daß der Feind bereits da ist, daß der Feind schon über ihnen lauert.

Die Uhren zeigen 5.32 Uhr, X-Zeit plus zwei Minuten. Die deutschen Panzer sind auf dem Marsch. Sie müssen, wenn der Operationsplan eingehalten werden soll, zwischen Maastricht und Lüttich die Maas überwinden. Genau dort, wo Eben Emael, das modernste Fort der Welt, liegt.

Der französische Oberkommandierende, General Gamelin, hat die Meldung vom deutschen Angriff erhalten. Um 6.45 setzen sich die französischen Truppen entsprechend dem schon am 17. November 1939 mit der belgischen Regierung vereinbarten gemeinsamen Operationsplan nach Norden über die belgische Grenze in Bewegung. Die britischen Divisionen rollen los, um einen Schutzschild um Belgiens Hauptstadt Brüssel zu legen.

Die siebente französische Armee rollt durch Flandern. Noch an diesem Abend wird sie am Albert-Kanal sein, so will es der gemeinsame französisch-belgische Operationsplan.

Im gleichen Augenblick, da General Gamelin daran denkt, daß seine Truppen zusammen mit der belgischen Festung Eben Emael die Deutschen aufhalten werden, krachen in dem Fort die ersten geballten Ladungen. Die 78 deutschen Soldaten haben zum Angriff auf den übermächtigen Gegner angesetzt.

Sie werden das Fort nicht allein erobern, aber sie müssen die Besatzung niederhalten, bis die ersten eigenen Truppen eintreffen. Dann wird das Fort geknackt werden. Sie sitzen dem Gegner, der mit so etwas nie gerechnet hat, im Nacken.

Im Laufe des Nachmittags hat die deutsche Panzerspitze, gefolgt von Pionieren, die letzten Hindernisse auf dem Weg nach Lüttich überwunden, die Grenzbefestigungen sind durchbrochen. Eben Emael taucht vor den deutschen Panzern auf. Der Albert-Kanal mit seinen Steilufern!

Die 78 im Nacken des Forts bemühen sich, durch gezieltes Feuer auf die Schießscharten den zu Land herankommenden Kameraden Schutz zu geben.

Der Fortkommandant läßt die ganze Umgebung unter Wasser setzen. Die Deutschen schicken ihre Pioniere vor. Mit Schlauchbooten geht es über die weite Wasserfläche und über den Albert-Kanal. Mit Sturmleitern sollen die Steilufer erklommen werden. Die ersten Versuche scheitern.

Nach Einbruch der Dunkelheit flammen überall an den Panzerwänden des Forts Scheinwerfer auf und erhellen die Umgebung. Ungesehen kann niemand heran. Aber das Entscheidende ist ja eben, daß schon Deutsche da sind, oben auf den riesigen Panzerflächen mit ihren von den Scheinwerfern nicht bestrichenen Winkeln und Ecken.

Geballte Ladungen fliegen durch die Schießscharten, löschen in mancher Panzerkuppel jedes Leben aus.

Als am Morgen des 11. Mai die Scheinwerfer ausgehen, feuern nicht mehr alle Bunker. Eine kleine deutsche Kampfgruppe kann, während die auf dem Fort befindlichen Kameraden die für die Angreifer gefährlichsten Schießscharten unter Feuer nehmen, das Überschwemmungsgebiet überqueren.

Die Verbindung mit den Männern aus den Lastenseglern, jener neuen, unheimlich lautlosen Waffe, ist hergestellt. Nun ist der Fall des Forts nur noch eine Frage der Zeit.

Am gleichen Morgen sind andere deutsche Truppen schon weit im Inneren Hollands. Die am Vortag zur gleichen Zeit wie die Lastensegler gestarteten Luftlandetruppen liegen noch in der Nähe des Landeplatzes. Die erste Welle ist bei der Landung verunglückt. Die Holländer, die durch Oberst Oster über den Angriffstermin unterrichtet waren, haben noch in der Nacht längst der Autobahn Rotterdam–Den Haag, wo allein Flugzeuge landen können, Stahlstangen eingerammt. Ein Flugzeug nach dem anderen geht zu Bruch, Stichflammen schlagen hoch, Soldaten an Bord verbrennen bei lebendigem Leib.

Die zweite Welle, deren Piloten das Desaster aus der Luft beobachten, wagt nicht zu landen. Sie sehen, daß holländische Truppen, die wohl auf diese Gelegenheit gewartet haben, von beiden Seiten der Autobahn die überlebenden deutschen Landser unter Feuer nehmen. So landet die zweite Welle improvisiert auf einem holländischen Flugplatz in der Nähe. Und diese Landung, die bei der Planung ausgeschlossen wurde, weil sie wegen des auf einem Flugplatz zu erwartenden Widerstandes zu gefährlich schien, diese Landung glückt.

Die dritte Welle wird daraufhin noch rechtzeitig vor dem Start zurückgehalten. Die wenigen gelandeten Soldaten aber fühlen sich zunächst als verlorener Haufen. Erst am nächsten Tag, am 11. Mai, zu jener Stunde, da der Todeskampf von Eben Emael beginnt, wird Verstärkung nach dem von der zweiten Welle so unplanmäßig besetzten und 24 Stunden lang verteidigten Flugplatz geflogen.

Mittlerweile haben auch die am Vortag gestarteten Fallschirmjäger ihre erste Aufgabe erfüllt. Zwei Kompanien sind über Rotterdam vom Himmel gefallen. Die Landung in den frühen Morgenstunden des 10. Mai ist ohne Gegenwehr vonstatten gegangen. Niemand hat die lautlos vom Himmel zur Erde schwebenden Soldaten bemerkt.

Die Aufgabe dieser beiden Fallschirmjägerkompanien besteht darin, die wichtige Straßen- und Eisenbahnbrücke über die Nieuwe Maas, die Rotterdam mit seinen südlichen Vorstädten verbindet, im Handstreich zu nehmen. Die Brücke muß so lange gehalten werden, bis die durch Holland vorstoßenden eigenen Truppen heran sind. Dies ist der Befehl.

Die Elitesoldaten der Fallschirmtruppe werden alles daransetzen, diesen Befehl auszuführen. Dabei wissen sie nicht, daß von ihnen, ebenso wie von den 78 von Eben Emael, das ganze Gelingen des deutschen Operationsplanes überhaupt entscheidend abhängt. Nur wenn die deutschen Truppen gleich in den ersten Tagen möglichst weit nach Holland hineinstoßen, kann der erwartete Zusammenstoß mit der nordwärts drückenden Hauptmasse des Gegners weit genug von Deutschlands Grenzen und damit vom Machtzentrum Ruhrgebiet entfernt erfolgen. Der Gegner muß in Holland und Belgien zum Entscheidungskampf gestellt werden, damit die Panzergruppe Kleist, zu der Guderians Panzer gehören, südlich davon so weit wie möglich in den Rücken des Gegners in Richtung Kanalküste vorstoßen kann. Dazu gehört die schnelle Eroberung Rotterdams, die wiederum nur dadurch erreicht werden kann, daß die Nieuwe-Maas-Brücke unversehrt bleibt. Die Fallschirmjäger gehen in Richtung Brücke vor. Sie stoßen vorher auf eine Reihe langgestreckter Gebäude, Schuppen und Hallen. Die Endstation einer Straßenbahnlinie! Eben verläßt ein Straßenbahnzug unter funkensprühender Oberleitung, wohl die erste fahrplanmäßige Bahn dieses frühen Morgens, den Bahnhof.

Der Kompanieführer der Fallschirmjäger hat eine Idee. Wie wäre es, wenn man mit der Straßenbahn zur Brücke fahren würde? Eine bessere Tarnung gibt es gar nicht. So kann man ungefährdet das jenseitige Ende der Brücke erreichen! Kurz entschlossen gibt er den Befehl: »Los! Die Straßenbahn anhalten, wir fahren mit!«

Er hat Glück, daß unter seinen Fallschirmjägern einige aus dem niederrheinischen Grenzgebiet stammen. Sie sprechen niederländisch. Der Straßenbahnfahrer wundert sich zwar etwas über die Uniformierten, die da so früh auf den Beinen sind, aber er hält an.

»Können wir mitfahren?« fragt ihn einer der Soldaten in seiner Sprache.

»Na klar, ich fahre ja sowieso über die Brücke. Ihr werdet verdammt müde sein, was? Werdet euch freuen, wenn ihr bald im Bett liegen könnt.«

Im Bett liegen? Das wird für viele Tage nicht der Fall sein. Aber das wissen im Augenblick weder der freundliche Straßenbahner noch die Fallschirmjäger.

Die Kompanie besteigt die beiden noch leeren Straßenbahnwagen. Der Fahrer löst die Kurbelbremse, die Bahn rattert los. Die Stahlräder dröhnen über die endlos lange Brücke. Drüben angekommen, bremst der Fahrer wieder.

Die Fallschirmjäger bedanken sich, steigen aus. Der Fahrer und die beiden Schaffner haben immer noch nicht gemerkt, wen sie da fuhren. Die Uniform ist ihnen zwar fremd vorgekommen, aber daß es deutsche Uniformen sind, ist ihnen nicht im Traum eingefallen. Denn die Fallschirmjäger mit ihrem Springerhelm, den gesprenkelten Tarnjacken und dem »Knochensack«, wie sie selbst ihren Kampfanzug nennen, sehen anders aus als die deutschen Soldaten, die die Straßenbahner sicher schon einmal auf Fotografien oder im Kino gesehen haben.

Der Führer der zweiten Fallschirmjägerkompanie hat die Kameraden der ersten Kompanie im Straßenbahnzug verschwinden sehen. Ausgezeichnete Idee. Er wird es genauso machen. Und während drüben am anderen Brückenende die Fallschirmjäger einen Brückenkopf bilden, ihre Maschinengewehre in Richtung Rotterdam in Stellung bringen, besteigt die andere Fallschirmjägerkompanie zwanzig Minuten später den zweiten fahrplanmäßigen Straßenbahnzug.

Zwanzig Minuten später! Und in dieser Zeit geschieht sehr viel. Inzwischen ist Tag geworden, Arbeiter und Angestellte strömen über die Brücke zu ihren Arbeitsstellen. Sie wundern sich über die auf der Rotterdamer Seite in Stellung gegangenen Soldaten in den merkwürdigen Uniformen. Eine Übung?

Eine Polizeistreife wird aufmerksam. Keiner der Beamten weiß etwas von einer Übung in ihrem Revier. Merkwürdig! Der Streifenführer geht zum Telefon.

Mittlerweile ist allen holländischen Behörden bekannt, daß Krieg ist, daß die deutsche Wehrmacht in Holland eingefallen ist, daß im Raum Den Haag Fallschirmjäger gelandet sind. Der Militärkommandant von Rotterdam, Oberst Scharroo, gibt Alarm. Eine motorisierte Abteilung mit schweren Waffen rückt zur Nieuwe-Maas-Brücke vor, von Süden her, im Rücken der zweiten

Fallschirmjägerkompanie. Der Fahrer dieses Straßenbahnzuges weiß im Gegensatz zu seinem Kollegen, wer da in seiner Bahn mitfährt. Natürlich widersetzt er sich den Bewaffneten nicht. Als er aber im gleichen Moment, da sich die von ihm geführte Bahn der Brückenauffahrt nähert, die heranrückende holländische Abteilung bemerkt, stoppt er.

Er macht den deutschen Fallschirmjägeroffizier darauf aufmerksam, daß die holländischen Soldaten von ihren Fahrzeugen springen und einige Häuser neben der Brücke besetzen.

Der deutsche Kompanieführer läßt seine Jäger aussteigen und sich links und rechts der Straße verteilen. Die holländische Abteilung eröffnet gegen die deckungslosen Deutschen das Feuer mit Maschinengewehren. Sofort gibt es unter den Fallschirmjägern eine Anzahl Toter und Verwundeter.

Nirgendwo ist eine Deckungsmöglichkeit zu sehen. Doch, dort! Ein weit geöffnetes Haustor. Schnell hin, um erst einmal vor dem rasenden Feuerüberfall in Sicherheit zu sein. Während die Fallschirmjäger durch dieses Tor rennen, läutet im Haus eine Glocke.

Sie läutet zur Frühmesse, denn das Haus mit dem weit geöffneten Tor ist ein Kloster. Die selbst noch erregten Fallschirmjäger versuchen die erschrockenen Mönche und Kirchgänger zu beruhigen, was ihnen auch gelingt. Bald darauf versuchen einige der Fallschirmjäger hinauszugelangen, um ihre verwundeten Kameraden auf der Straße aus dem Beschuß herauszuholen, um sie in Sicherheit zu bringen. Der Versuch mißlingt in dem rasenden Feuer der Holländer. Es gibt neue Verwundete und Tote unter denen, die ihre Kameraden retten wollten.

Die Mönche bieten sich als Sanitäter an, ihre Pflicht der Barmherzigkeit, der christlichen Nächstenliebe, zu erfüllen. Auf sie wird man nicht schießen, wenn sie Verwundete bergen, man muß sie ja erkennen.

Aber auch die Mönche werden von Maschinengewehrfeuer empfangen, auch sie können unter dem Beschuß durch ihre Landsleute den auf der Straße in ihrem Blut liegenden Verwundeten nicht helfen.

Der Kompanieführer der deutschen Fallschirmjäger ruft seine Männer zusammen.

»Alle mal herhören«, sagt er und gebraucht damit die Worte, die bei »Preußens« üblich sind, wenn ein Vorgesetzter seinen Untergebenen etwas verkündet, »alle mal herhören! Wir sind in ein Kloster geraten. Das haut natürlich nicht hin! Klöster stehen wie Kirchen und Krankenhäuser unter dem Schutz der Genfer Konvention. Hier können wir nicht bleiben, sonst sagt man uns nach, wir Fallschirmjäger hätten uns hinter Mönchskutten verkrochen. Wenn's auch noch so schwierig ist – wir müssen hier 'raus! Ich zähle bis drei, dann geht's im Laufschritt 'rüber auf die andere Straßenseite in das

Um den Zusammenbruch Hollands zu beschleunigen, wurden am 13. Mai 1940 Fallschirmjäger und Luftlandetruppen an Brücken bei und in Rotterdam abgesetzt. Die Stadt wurde Opfer eines verheerenden deutschen Bombenangriffs.

Bild oben: Sprung in die Tiefe.

Rechte Seite oben: Fallschirmjäger und Luftlandetruppen beim Sammeln zum Vorgehen auf Rotterdam.

Rechte Seite unten: Gleich nach der Landung wird ein schweres MG in Stellung gebracht.

BRIELLE 24
PERNIS 5.6
CHARLOIS 2.
ROTTERDAM 3.5
WAALHAVEN 0.4
IJSSELMONDE 8.
KRALINGSCHEVEER 8.
DORDRECHT 20

Bild oben: General der Panzertruppen Heinz Guderian war einer der eifrigsten Befürworter des massiven Einsatzes der Panzerwaffe. Sein markiges Wort »Klotzen, nicht kleckern!« ging in die deutsche Umgangssprache ein.

Rechts: Aus einem Hohlweg heraus erfolgt der geschlossene Einsatz einer Panzereinheit.

große Haus da, seht ihr? Wer fällt, fällt. Hier jedenfalls dürfen wir nicht bleiben! Also: Eins – zwo – drei!«
Die Fallschirmjäger stürmen aus der weit geöffneten Klostertür. Einige bleiben im holländischen Feuer liegen, die Mehrheit aber gelangt in das gegenüberliegende große Gebäude, in dem sich Büros und Lagerräume einer Lebensmittelgroßhandlung befinden. Sofort richten sie sich zur Verteidigung ein.
Dem Kompanieführer kommt eine Idee, als er auf einem Schreibtisch den Telefonapparat sieht. Er schaut

nach der Nummer des Oberbürgermeisters von Rotterdam und wählt sie. Es ist 6.30 Uhr, so früh arbeitet noch kein Beamter, auch nicht in Holland. Nur der Hausmeister des Rathauses meldet sich. Er versteht nicht, was der fremde Anrufer eigentlich will. Ein hinzukommender Polizist versteht Deutsch.
Der deutsche Offizier blufft und erklärt, eine ganze deutsche Panzerabteilung werde sofort eintreffen. Man solle sofort einen Parlamentär schicken. Der holländische Polizist ist verblüfft. Was soll er tun? Am besten,

den Stadtkommandanten von diesem Telefongespräch verständigen. Er legt auf, nachdem er sich noch erkundigt hat, von woher dieser Anruf eigentlich kommt.

Schon wenig später klingelt das Telefon im Büro der Lebensmittelgroßhandlung. Der deutsche Kompanieführer erfährt nun im Auftrag des Kommandanten von Rotterdam, der genau darüber informiert ist, wie schwach die paar Dutzend deutschen Fallschirmjäger sind und deshalb über die Forderung nach einem Parlamentär geradezu beleidigt ist:

»Sie haben sich innerhalb von zehn Minuten zu ergeben. Hängen Sie ein weißes Tuch aus einem Fenster heraus. Tun Sie das innerhalb von zehn Minuten nicht, werden Sie rücksichtslos angegriffen. Sie sind ja bereits eingeschlossen. Es ist jetzt 6.45 Uhr, um 6.55 Uhr ist die Wartezeit vorbei!«

Draußen sind die Schüsse zu hören, die der auf der anderen Brückenseite liegenden Kompanie gelten. Zehn Minuten später prasseln MG-Garben und Werfergranaten auch auf das Gebäude der Lebensmittelgroßhandlung. Ziegel poltern vom Dach, Fensterscheiben zerklirren. Wieder gibt es Tote und Verwundete.

»Haltet die Brücke, damit die Panzer ungehindert nach Rotterdam hinüberkommen! Bis zum Abend müßt ihr aushalten. Dann sind die Panzer da.« Das hat man den Fallschirmjägern noch auf dem Flugplatz vor dem Start gesagt. Das Versprechen wird nicht eingehalten, es kann nicht eingehalten werden.

Von Süden her stößt die französische 7. Armee herauf. Ungehindert. Alle Wege werden ihr frei gemacht, alle Brücken sind unzerstört und stehen ihr offen. Die deutsche 9. Panzerdivision aber muß sich durch die Befestigungen hindurchkämpfen. Sie hat eine lange, hindernisreiche Strecke zu überwinden. Am Abend des 10. Mai, während die Fallschirmjäger an der Maasbrücke von Rotterdam sehnsüchtig auf das Geräusch von Panzerketten und -motoren lauschen, hat die Panzerdivision noch nicht einmal die Peel-Linie überwinden können. Und von da aus sind es noch an die hundert Kilometer bis zu den ringsum von Feinden umgebenen Fallschirmjägern. Erst vier Tage später sollten die Panzer an der Nieuwe-Maas-Brücke von Rotterdam sein! Am 13. Mai. Aber die Fallschirmjäger waren auch an diesem Tag noch da, nicht mehr zu beiden Seiten der Brücke, sondern auf der Brücke, unter der Brücke, zwischen den Stahlträgern, furchtbar dezimiert. Doch ihren Auftrag hatten sie erfüllt – die Brücke war nicht zerstört, sie stand den Panzern für die Überfahrt nach Rotterdam noch immer offen.

Im Süden eilen vom ersten Tag an die Panzer der Panzertruppe Kleist erst südwestwärts, dann westwärts. Das alliierte Oberkommando »schaltet« noch tagelang nicht richtig und erkennt die Hauptgefahr nicht, die im Vordringen dieser Panzergruppe besteht. Noch immer streben die französischen Divisionen und die des britischen Expeditionskorps unter Lord Gort von Nordfrankreich nach Norden. Genau wie Mansteins Plan es vorausgesehen hat. Dort, wohin die Kleistsche Panzerarmee vorstößt, werden die alliierten Truppen immer weniger.

Der deutsche Generalstabschef und mit ihm das OKH haben sich wieder einmal verrechnet. Als Hitler die Annahme des Mansteinschen Planes durchsetzte, hat man den Generalobersten Ewald von Kleist – ein Vorfahr war Feldmarschall unter Friedrich II., dem »Großen«, gewesen, viele der anderen Vorfahren waren ebenfalls berühmt als Soldaten und, wie Heinrich von Kleist, als Dichter – zum Oberkommandierenden der Panzerarmee gemacht, die den entscheidenden »Sichelschnitt« führen sollte. Deshalb, weil Kleist nicht nur als Zauderer, sondern auch als Gegner der Panzer als selbständiger Waffe bekannt war.

Halder und das OKH verrechneten sich deshalb, weil sie weder mit dem Ungestüm ihres Widersachers Gude-

rian rechneten, noch mit einem eben erst beförderten General, der die 7. Panzerdivision befehligt und ihr den Namen »Gespensterdivision«, vom Gegner gegeben, einbringen soll. Und Ewald von Kleist, der eigentlich nach dem Willen Halders und des OKH die »Bremse« für Guderians Ungestüm sein soll, dieser »Zauderer« wird von Guderian und den Erfolgen des jungen Panzergenerals mitgerissen.

Der junge Panzergeneral hat sich schon im Ersten Weltkrieg ausgezeichnet und sich an der Isonzofront gegen die Italiener die damals höchste Auszeichnung, den Orden Pour le mérite, erworben. Er ist kein Mitglied der NSDAP, aber er ist Hitler schon vor Jahren durch eine Arbeit mit dem Titel »Infanterie greift an!« aufgefallen. So wird er zunächst Verbindungsoffizier zur Reichsjugendführung, wobei er sich allerdings bald mit dem obersten Chef der Hitlerjugend, Baldur von Schirach, überwirft. Hitler macht ihn zum Chef des »Führerbegleitbataillons« aus Anlaß des Einmarsches in das Sudetenland. Bis zum Ende des Polenfeldzuges bleibt der kurz zuvor zum Generalmajor ernannte Offizier in dieser Stellung, bei der er Hitler oft vor Wagnissen bei Frontbesichtigungen zurückhalten muß.

Der Generalmajor heißt Rommel, Erwin Rommel. Den »Wüstenfuchs« werden seine Gegner ihn später ehrend nennen, Hitler wird ihn zum jüngsten Generalfeldmarschall Deutschlands machen – und ihn noch später ermorden lassen. Das alles steht in diesen Maitagen des Jahres 1940 noch in den Sternen. Jetzt jedenfalls ist dieser junge Generalmajor Kommandeur der 7. Panzerdivision.

40 Kilometer südlich von Lüttich, vom Fort Eben Emael, stößt seine Division ungestüm durch die feindlichen Linien, läßt bald die rechts von ihr vorrückende 5. Panzerdivision zurück. In einem für Panzer bisher für unmöglich gehaltenen Nachtangriff bezwingt Rommel mit seinen Panzern die Nordausläufer der berühmten Maginot-Linie. Aber Rommel greift nicht nur bei Nacht an, er führt diesen ohnehin völlig regelwidrigen Nachtangriff auch noch ganz besonders »verrückt« durch. Es ist eine feste Regel – auch von Guderian bisher noch anerkannt, der sich dann allerdings sofort zu Rommel bekennt –, daß Panzer während der Fahrt nicht schießen dürfen. Die Treffsicherheit leidet darunter.

Generalmajor Rommel denkt gar nicht daran, in der gegebenen Situation diesen Befehl zu befolgen.

»Drauf und dran!« gibt er den Panzerbesatzungen während des Vorwärtsstürmens über Funk durch.

»Machen wir's wie die Marine – Salven nach Backbord und Steuerbord!«

Die fehlende Treffsicherheit, meint Rommel, werde durch die moralische Wirkung mehr als wettgemacht. Der Erfolg gibt ihm recht. Rommels Panzer stoßen vor, mitten durch einen völlig verwirrten Gegner, ihn hinter sich lassend, ohne sich um sein weiteres Schicksal zu kümmern. Französische Panzer tauchen in der Nacht auf. Los! Immer mitten durch!

Flankensicherung? Natürlich, im Manöver, wenn der Herr Armeekommandeur zusieht. Hier nicht. Der Feind muß demoralisiert werden. Wenn wir in seinem Rücken stehen, dann denkt er gar nicht daran, unsere Flanken zu bedrohen. Dann denkt er nur noch daran, entweder möglichst ehrenvoll in Gefangenschaft zu gehen oder möglichst ungeschoren aus unserer Schlinge herauszukommen!

Rommel behält recht. Seine Division, die an den unmöglichsten Stellen auftaucht, erhält jetzt vom Gegner den furchteinflößenden Namen »Gespensterdivision«. Ganze Divisionen des Gegners läßt Rommel hinter sich, Schrecken und Verwirrung verbreitend.

Dieser Nachtangriff auf die Ausläufer der Maginot-Linie erfolgt vierundzwanzig Stunden später, nachdem Rotterdam kapituliert hat.

Von den Fallschirmjägern, die da tagelang neben, vor, hinter, auf und unter der Maasbrücke gekämpft haben, leben nicht mehr viele. Aber sie haben ihren Auftrag erfüllt, die Maasbrücke ist noch immer intakt. Die endlich, endlich am 13. Mai anrückende deutsche Panzerspitze kann über die Brücke zum jenseitigen Flußufer vorstoßen. Sie steht nun am Rande der Innenstadt von Rotterdam.

Die deutsche Führung hat die Stadtverwaltung und den Militärkommandanten von Rotterdam aufgefordert, die Stadt zu einer »Offenen Stadt« zu erklären. Aber auf diese Forderung ist nicht eingegangen worden. Rotterdam soll wie Warschau eine Festung sein.

Die deutschen Truppen kommen vor Rotterdam nicht weiter, obwohl sie schon jenseits der Nieuwen Maas stehen, vor der Innenstadt. General Student, der Befehlshaber aller deutschen Luftlandetruppen, hat Rotterdam zur Übergabe aufgefordert. Kurz danach wird er, der entgegen ausdrücklichen Befehlen sich ständig in der vordersten Linie aufhält, schwer verwundet. General der Panzertruppen Schmidt übernimmt daraufhin das Kommando über die deutschen Truppen vor Rotterdam. Am Abend des 13. Mai stellt Schmidt für den nächsten Tag den Angriffsplan auf.

13.05 Beginn des Artilleriefeuers auf die erkannten militärischen Ziele.
13.20 Bombenangriff auf die militärischen Ziele.
13.50 Beginn des Infanterieangriffs.

Am 14. Mai früh um zehn Uhr marschieren drei deutsche Parlamentäre über die Maasbrücke bis zum Ende des deutschen Brückenkopfes, weiße Fahnen schwenkend. Sie bleiben vor den holländischen Linien, bis drüben die Bereitschaft erkennbar wird, sie zu empfangen. Der Empfang bei den Holländern entspricht nicht ganz den Regeln. Die Parlamentäre müssen die Hände hochnehmen, man nimmt ihnen die Pistolentaschen ab und wirft sie in den Fluß.

Als sie endlich beim Stadtkommandanten Oberst Scharroo ankommen, lehnt dieser die Übergabe der Stadt ab, weil unter der Aufforderung dazu nur »Der Kommandeur der deutschen Truppen« steht und nicht der Name dieses Kommandeurs. Der Oberbefehlshaber der holländischen Armee, General Winkelman, wird von Scharroo angerufen. Scharroo sagt seinem Oberbefehlshaber, er hätte nicht die Absicht, auf diese Aufforderung ohne Absender einzugehen. Außerdem seien keine Deutschen in Rotterdam, er brauche also schon deshalb nicht zu kapitulieren.

Wieso Oberst Scharroo zu dieser Auffassung kam, ist bis heute noch nicht geklärt. Denn es befanden sich deutsche Truppen in Rotterdam, was Scharroo selbst am besten wußte. Und die Aufforderung zur Übergabe enthält die Bemerkung: »Der Widerstand, der in der Offenen Stadt Rotterdam... geleistet wird, zwingt mich,... die nötigen und zweckmäßigen Maßnahmen zu ergreifen. Das kann die vollständige Zerstörung der Stadt zur Folge haben. Ich ersuche Sie als einen Mann, der Verantwortungsgefühl besitzt, darauf zu dringen, daß der Stadt dieser schwere Verlust erspart bleibt... Falls ich innerhalb zwei Stunden nach der Überreichung dieser Mitteilung keine Antwort erhalte, bin ich gezwungen, schärfste Zerstörungsmaßnahmen anzuordnen.«

Die »schärfsten Zerstörungsmaßnahmen«. Das kann nur ein Luftangriff sein. Oberst Scharroo weiß das. Dennoch schiebt er alles auf die Lappalie der fehlenden Unterschrift, obwohl er wissen muß, daß ein solches Ultimatum keine namentliche Unterschrift haben muß, ja nicht einmal haben darf, da ja der Absender sonst seine eigene Einheit und damit ihre Stärke und Zusammensetzung bekanntgibt.

Auf zwei Stunden nach der Übergabe ist das Ultimatum befristet. Um 10.30 Uhr wird es übergeben. Demnach ist es um 12.30 Uhr abgelaufen. Eine Viertelstunde vor Ablauf des Ultimatums trifft Hauptmann Bakker bei den Deutschen ein. Im Auftrag Oberst Scharroos teilt er mit, daß man das Ultimatum wegen der immer noch fehlenden Unterschrift nicht annehmen könne und um ein neues Ultimatum, diesmal mit Unterschrift, bitten möchte.

Mittlerweile ist in Bremen, und zwar um 11.45 Uhr, das Kampfgeschwader 54 aufgestiegen und fliegt nach Rotterdam. 100 Minuten Flugzeit braucht es für diese Strecke. 13.25 Uhr muß es über den holländischen Stellungen von Rotterdam sein, fast eine Stunde nach Ablauf des Ultimatums. Diese Sicherheitsspanne ist eingeplant worden, um auch ja nicht die Bevölkerung unnötigen Repressalien auszusetzen, die nicht sie, sondern die Militärs zu verantworten haben.

General Schmidt ist wegen der Ausrede mit der fehlenden Unterschrift zunächst wütend. Aber das Verhalten des Obersten Scharroo darf man nicht die unschuldige Zivilbevölkerung entgelten lassen. Deshalb stellt er ein neues Ultimatum und befiehlt zugleich den Truppen auf der Maasinsel, bei der Annäherung des deutschen Kampfgeschwaders rote Leuchtkugeln zu schießen. Dieses Signal ist schon vorher ausgemacht worden, für den Fall, daß Ereignisse eintreten, die eine Bombardierung der militärischen Stellungen in Rotterdam unnötig machen – rote Leuchtkugeln bedeuten für das Kampfgeschwader 54, nicht anzugreifen, sondern die Bomben auf ein schon bestimmtes Ersatzziel zu werfen.

Eben verläßt General Schmidt die kleine Eisdiele, in der er das neue Ultimatum unterzeichnet hat, da sind in der Ferne die Motoren des deutschen Bomberverbandes zu hören. Die Bomber teilen sich in zwei Gruppen. Die eine fliegt den Zielraum von rechts, die andere von links der Maasbrücke an. Die Flieger sind ausdrücklich angewiesen worden, unbedingt nur den Zielraum, in dem sich die holländischen militärischen Stellungen befinden, anzugreifen. Die Maschinen fliegen wegen des über Rotterdam liegenden starken Dunstes deshalb sehr niedrig.

Die linke Bombergruppe muß die Maasinsel umfliegen. Die Piloten sehen rote Leuchtkugeln aufsteigen. Der Gruppenkommandeur gibt Befehl, abzudrehen und das Ersatzziel anzufliegen. Die rechte Gruppe jedoch sieht in dem starken Dunst die Leuchtzeichen nicht und greift das Zielgebiet an.

Es gibt über 800 Tote, darunter viele Zivilisten. Gegenüber der Maasbrücke liegt die Altstadt von Rotterdam. Und genau dort haben sich die holländischen Verteidungsstellungen befunden.

Später wird von rund 30 000 Toten dieses Luftangriffs geschrieben. Das ehrwürdigste wissenschaftliche Nachschlagewerk, die »Encyclopaedia Britannica«, widerlegt noch in der letzten Ausgabe das Gerücht, Rotterdam sei am 14. Mai 1940 durch die deutsche Luftwaffe zerstört worden und der Angriff habe 30 000 Menschen das Leben gekostet: »Rotterdam wurde in Wirklichkeit auf Grund eines Fehlers in der Signalübermittlung bombardiert, nachdem die Holländer sich der Drohung gefügt hatten. Das Ausmaß des hervorgerufenen Entsetzens läßt sich am besten daraus ermessen, daß die Behauptung, dieser Bombenangriff durch ganze 30 Flugzeuge habe 30 000 Menschen getötet, geglaubt wurde und noch immer Glauben fand, nachdem sich längst erwiesen hatte, daß selbst zehnmal stärkere Bombenangriffe nur einen Bruchteil dieser Zahl von Menschen töteten.«

Der irrtümlich von der einen deutschen Kampfgruppe geflogene Angriff bringt Rotterdam zur Kapitulation. Die Altstadt brennt bis zum Hafen. Niemand denkt in der entsetzlichen Panik des aus der Luft herabheulenden Todes an Löscharbeiten. Wohnhäuser, Getreidesilos, Lagerhäuser, Kirchen werden ein Raub der Flammen.

Schon am Tag vorher sind die Königin und die Regierung nach England geflüchtet. Die Königin erklärt, daß ungeachtet der Ereignisse in Holland der Krieg fortgesetzt werde. Auch die fernen Kolonien seien Teil der Niederlande, von dort aus werde der Kampf weitergeführt.

Am gleichen Tag, da Rotterdam fällt, kapituliert auch der holländische Oberbefehlshaber, General Winkelman. Der Krieg in Holland ist zu Ende, nach nur fünf Tagen.

Zur gleichen Stunde hat sich weiter südwärts die Masse des belgischen Heeres hinter den Fluß Dyle zurückgezogen, um hinter diesem natürlichen Schutzwall die belgische Hauptstadt Brüssel zu verteidigen. Die französische Heeresgruppe 1 ist mit dem britischen Expeditionskorps mittlerweile im vorgesehenen Operationsgebiet zwischen Antwerpen, Löwen und Namur eingetroffen. Gemeinsam mit dem belgischen Heer wollen sich die Engländer nun den Deutschen zur Entscheidungsschlacht stellen.

Noch immer ahnt keiner der alliierten Führer, daß die Deutschen die Entscheidungsschlacht in ihrem Plan an ganz anderer Stelle vorgesehen haben: im Rücken der nordwärts nach Belgien vorgestoßenen Alliierten. Und noch weniger ahnen sie, daß diese Entscheidung auch wirklich dort fällt, wo die Deutschen es wollen.

Guderian mit seinen Panzerdivisionen stößt inzwischen immer weiter nach Westen vor, zerschneidet die französischen Armeen. Zwischen Namur und Sedan wird die französische 9. Armee völlig zerschlagen und flutet nach Westen und Süden auseinander.

Da erst, am Abend des 15. Mai, erkennt die französische Führung die ungeheure Gefahr. Der deutsche Durchbruch beiderseits Sedan muß aufgefangen werden, koste es, was es wolle!

Aber die deutschen Divisionen marschieren viel zu ungestüm vorwärts. Ehe die französischen Truppen sich wieder gesammelt und eine neue Abwehrfront aufgebaut haben, sind die deutschen Einheiten schon längst wieder weiter und stoßen mitten in die noch in der Aufstellung befindlichen Franzosen hinein. Ein neuer deutscher Sieg, neue Panik beim Gegner.

Der französische Oberbefehlshaber erläßt einen flammenden Aufruf an seine Truppen, um den Widerstandswillen noch einmal aufzurichten. Darin heißt es: »Die Truppen, die nicht vorrücken können, müssen sich eher auf der Stelle töten lassen, an der sie stehen, als einen Fußbreit französischen Bodens aufgeben, dessen Ver

Wegen der zahlreichen Kanäle und Flußläufe in Holland und Belgien wurde das Schlauchboot zum wichtigen Requisit für das rasche Vorgehen der Infanterie. *Bild oben:* Pioniere unter schwerem Artilleriefeuer. *Bild unten:* Der La-Bassée-Kanal ist erreicht. Unter MG-Feuerschutz setzt das erste Boot über, um einen Brückenkopf zu bilden.

teidigung ihnen anvertraut ist! In dieser Stunde . . . lautet die Parole: Siegen oder sterben. Wir müssen siegen!«

Worte nützen nichts mehr, zu sehr ist die Moral der meisten französischen Soldaten schon jetzt angeschlagen. Die wenigsten von ihnen sehen einen Sinn in diesem Krieg. Wofür kämpfen sie eigentlich? Sie wissen, daß nicht Deutschland, sondern ihre eigene Regierung den Krieg erklärt hat. Wegen des deutschen Einmarsches in Polen, hieß es. Aber was geht den einfachen Mann Danzig, was geht ihn eine Verbindungsstraße zwischen Deutschland und seiner Provinz Ostpreußen an! Dafür sterben? *Non!*

Nur ein Argument spricht für Gamelins Aufruf: Die Deutschen sind wirklich dabei, ganz Frankreich zu überrennen. Und so sagen noch viele Franzosen – gleich, wer nun am Krieg schuld hat –: Frankreich darf nicht in die Hände der Deutschen fallen. Deshalb gibt es neben den vielen Soldaten, die keinen Sinn mehr in diesem Kampf sehen, auch noch manche Truppenteile, die sich nach wie vor mit großer Tapferkeit schlagen.

Ein großer französischer Sieg, der noch manches hätte entscheiden können, wird in diesen Tagen errungen – beinahe! Er wäre möglich gewesen, wenn es eben nicht nur ein einziger französischer Oberst wäre, der diese Chance erkennt, der Panzeroberst Charles de Gaulle.

Guderians Panzer sind so ungestüm vorgeprescht, daß der Troß nicht mehr nachkommen kann. Die schweren Tankfahrzeuge sind so lange den Panzern gefolgt, bis sie auch nicht einen Tropfen Sprit mehr haben. Jetzt

Mit erhobenen Händen ergeben sich französische Soldaten dem Feind. Nicht nur von der Taktik und der Strategie her gesehen, auch was die Kampfmoral anbelangte, waren die deutschen Soldaten den Franzosen überlegen.

befinden sie sich auf dem mühsamen Weg zurück, um aufzutanken. Aber es werden Tage vergehen, bis sie wieder bei den Panzern sein werden. Ihnen entgegen flutet das in Bewegung befindliche nachsetzende deutsche Heer.

Im Tiefflug huschen nun die schwerfälligen Ju-52-Transportmaschinen über Bäume und Häuser nach vorn, zu Guderians Panzern. Bis an die Grenze der Tragfähigkeit sind sie vollbeladen mit Benzinkanistern. Alle paar Minuten starten die Maschinen auf deutschen Flugplätzen, landen irgendwo in der Nähe der deutschen Panzerspitzen, werfen auch, wenn es gar nicht anders geht, die Benzinkanister bei möglichst langsamem Tiefflug in der Nähe der Panzer auf freies Feld. Auch die Munition und Verpflegung wird auf diesem ungewöhnlichen Weg nach vorn gebracht. Dieser Nachschub deckt keinesfalls den Bedarf der Panzer.

Das Entscheidende aber: Die deutschen Panzerdivisionen stehen so weit im Feindgebiet, daß ein einziger kräftiger Stoß in ihren Rücken sie von den eigenen, langsamer folgenden Hauptverbänden abschneiden muß. Die Vernichtung der deutschen Panzerstreitmacht ist dann nicht mehr schwer.

Doch für einen solchen kräftigen Stoß braucht man eine starke und zugleich sehr bewegliche Waffe – eben auch Panzer. Über doppelt soviel Panzer wie die deutsche Wehrmacht verfügt die französische Armee. Also los, her damit, noch ist hier, und nur hier, der Sieg zu erringen! Nun rächt sich bitter, daß sich damals der Hauptmann de Gaulle nicht mit seinen Gedanken, die Panzer zur selbständigen Waffe zu machen, durchsetzen konnte. Die vielen französischen Panzer sind überall hingekleckert worden, sie sind Bestandteile der Infanterieverbände, sollen diese im Kampf schützen, nichts weiter. Als selbständige, schlagkräftige Streitmacht gibt es die Panzer nicht.

Ein Glücksumstand aber kann die Franzosen dennoch retten. Ganze drei Panzerdivisionen gibt es, also Panzereinheiten, die entgegen der von der französischen Führung vertretenen Theorie stark genug sind, selbständige Einsätze durchzuführen. Wenn eine dieser drei selbständigen Panzerdivisionen jetzt hier wäre, an jener Stelle, wo man den deutschen Panzerkeil durchstoßen und damit abschneiden könnte!

Diese eine Panzerdivision ist da, zufällig, an der entscheidenden Stelle. Nun gehört noch ein entschlossener Kommandeur dazu, einer, der sofort die große, einmalige Chance erkennt, der zupackt und dreinschlägt. Auch dieser entschlossene Kommandeur ist da, denn jene französische Panzerdivision, die eine von den nur vorhandenen drei, ist die Division des früheren Hauptmanns und jetzigen Obersten de Gaulle.

Er stößt nach Norden vor, der Panzerstraße Guderians entgegen. Er will die deutsche Panzerschlange zerschneiden und dann sofort Front in Richtung Osten gegen die nachfolgende deutsche Infanterie machen. Die abgeschnittenen deutschen Panzertruppen, ohne Nachschub völlig hilflos, kann man später zwischen Cambrai – dem Ort der ersten Panzerschlacht im vergangenen Ersten Weltkrieg – und Arras vernichten. Gleichzeitig schafft de Gaulle der französischen Führung die notwendige Atempause zum Aufbau einer neuen Verteidigungslinie.

Bei Montcornet, an der Straße nach Laon, stoßen die gepanzerten Gegner aufeinander. Lange wogt der Kampf hin und her. Ein Panzer nach dem anderen birst auseinander. Ein Höllenkonzert brüllender Motoren und berstender Granaten, detonierender Stahlkolosse und belfernder Maschinenwaffen.

Das schrecklichste an dieser wütenden Schlacht zweier gleichwertiger Gegner: Zwischen den kämpfenden Stahlgiganten, auf der Landstraße nach Laon, ziehen lange Flüchtlingskolonnen südwestwärts. Sie werden von der Schlacht überrascht und geraten in ihren Strudel.

Die Menschen mit ihren Karren, Handwagen, Rucksäcken, Kinderwagen können nicht ausweichen, nicht fliehen. Nirgendwo außer im Straßengraben ist Deckung zu finden. Der Flüchtlingstreck wird am Rande der Straße zermahlen, zerstampft. Die Granaten beider Seiten schlagen in die Wagen, in die Menschen, zerreißen die Pferde.

Der Sieg in der Schlacht scheint sich den Franzosen zuzuneigen. Die deutschen Panzer haben nicht mehr viel Munition, der Kraftstoff geht zu Ende. Da stürzen vom Himmel die über Funk zu Hilfe gerufenen Stukas. Die langsamen und schwerfälligen französischen Panzer werden ihre leichte Beute. Eine schwere Stukabombe – dagegen hilft auch die stärkste Panzerung nicht. Und auch die Voraustruppen der deutschen Infanterie sind auf dem Schlachtfeld erschienen. Ihre Panzerabwehrgeschütze tun ein übriges. Geschlagen ziehen sich die übriggebliebenen Panzer der Division de Gaulles zurück. Die letzte Chance der Franzosen ist vertan. Oder doch nicht?

Am 18. Mai – auch Belgiens Hauptstadt Brüssel ist schon gefallen – wird General Gamelin von seiner Regierung abgesetzt. General Weygand ist aus Syrien geholt und mit dem Oberbefehl betraut worden. Er erkennt tatsächlich auf den ersten Blick den Fehler seines Vorgängers, die Hauptstreitmacht nach Norden, nach Belgien zu schicken. Nein, die Deutschen handeln nicht nach dem alten Schlieffenplan! Weygand erkennt als erster das wahre deutsche Operationsziel – Durchbruch zum Kanal und Zerteilung der alliierten Truppen. Sofort befiehlt er den in Belgien noch kämpfenden

Armeen eine Kehrtwendung. Kampfrichtung Süden, gegen die immer weiter vorstoßenden deutschen Panzertruppen. Was bis jetzt Troß gewesen ist, rückwärtiger Dienst, Nachschubeinheit, das ist plötzlich kämpfende Truppe und steht an der vordersten Front. Weygands Befehl zur Kehrtwendung nützt nichts, denn die Soldaten, die dadurch nun an der Front stehen, sind ältere Landsturmleute, Reservisten, kaum ausgebildet, kampfunerfahren. Mit einer Feldküche kann man nun mal nicht auf Panzer schießen, mit einer Schreibmaschine nicht auf Stukas.

So ist der Krieg im Westen, der »Feldzug der sechs Wochen«, wie er später genannt wird, in Wahrheit schon entschieden, als Weygand das Kommando übernimmt, nach acht Tagen schon.

Rückschauend darf man das sagen, den damals Beteiligten ist das zu diesem Zeitpunkt längst nicht klar. Hitler bekommt sogar plötzlich Bedenken, daß seine Panzer zu weit vorgestoßen sein könnten. Die linke, die Südflanke der Panzer, ist tatsächlich völlig ungeschützt. Wenn nun die Franzosen hier hineinstoßen, wie das die Division de Gaulles bei Montcornet versucht hat, dann kann das die Vernichtung der Guderianschen Panzerarmee und damit die Niederlage in der Schlacht um Frankreich sein. Die beiden Panzerkorps sollen angehalten werden.

Guderian braust trotzdem weiter, Richtung Kanal. Kleist, der jetzt wieder zum Zauderer geworden ist, wirft ihm Befehlsverweigerung vor. Guderian bittet sofort um seine Entlassung. Kleist, dem Guderians Ungestüm nun doch unheimlich geworden ist, stimmt zu. Aber Generaloberst von Rundstedt, Oberbefehlshaber der Heeresgruppe, der von dem Streit erfährt, erlaubt Guderian, mit »kampfkräftigen Aufklärungsverbänden« weiter nach Westen zu stoßen.

Ob das ein »Wink mit dem Zaunpfahl« war oder nicht – Guderian betrachtet alle seine Panzer als »kampfkräftigen Aufklärungsverband« und macht weiter wie bisher. Am 20. Mai wird bei Abbéville die Sommemündung erreicht. Vor den deutschen Panzergeschützen liegt der Kanal. Drüben, über dem Wasser, liegt die britische Insel.

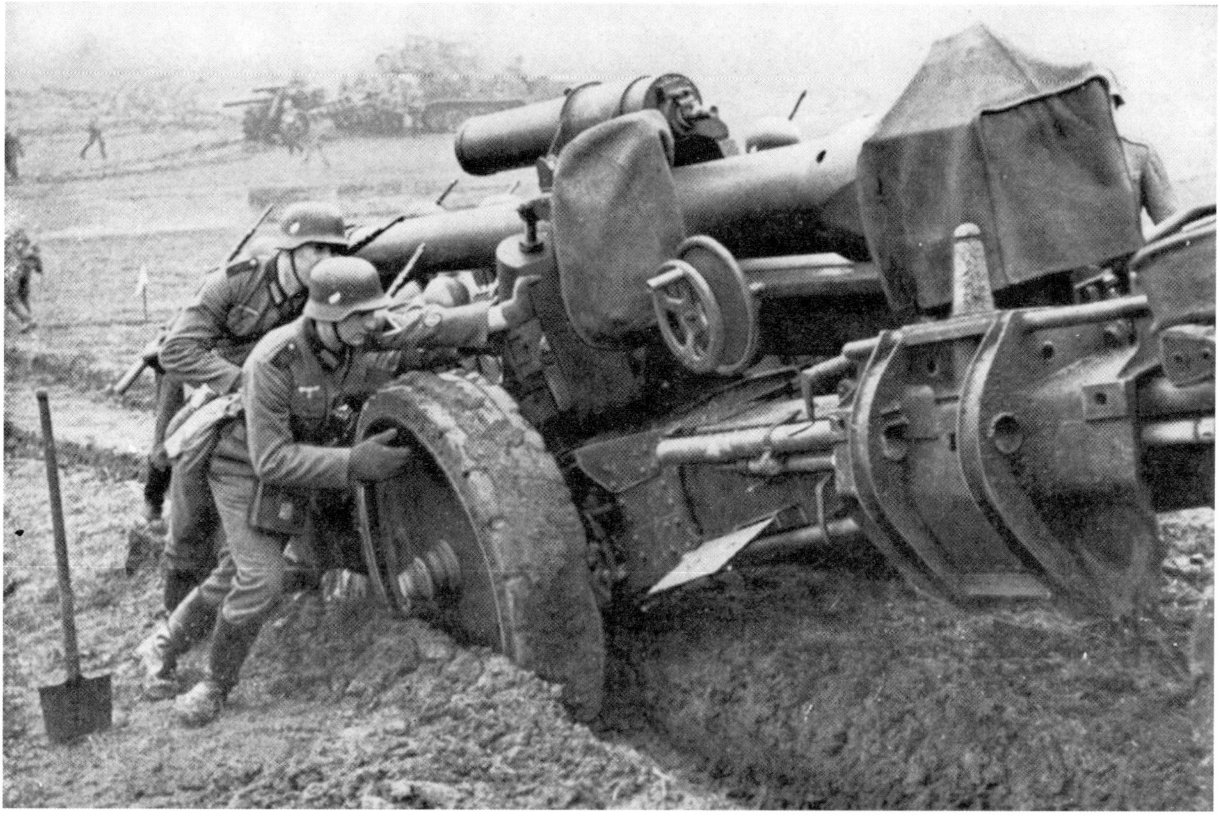

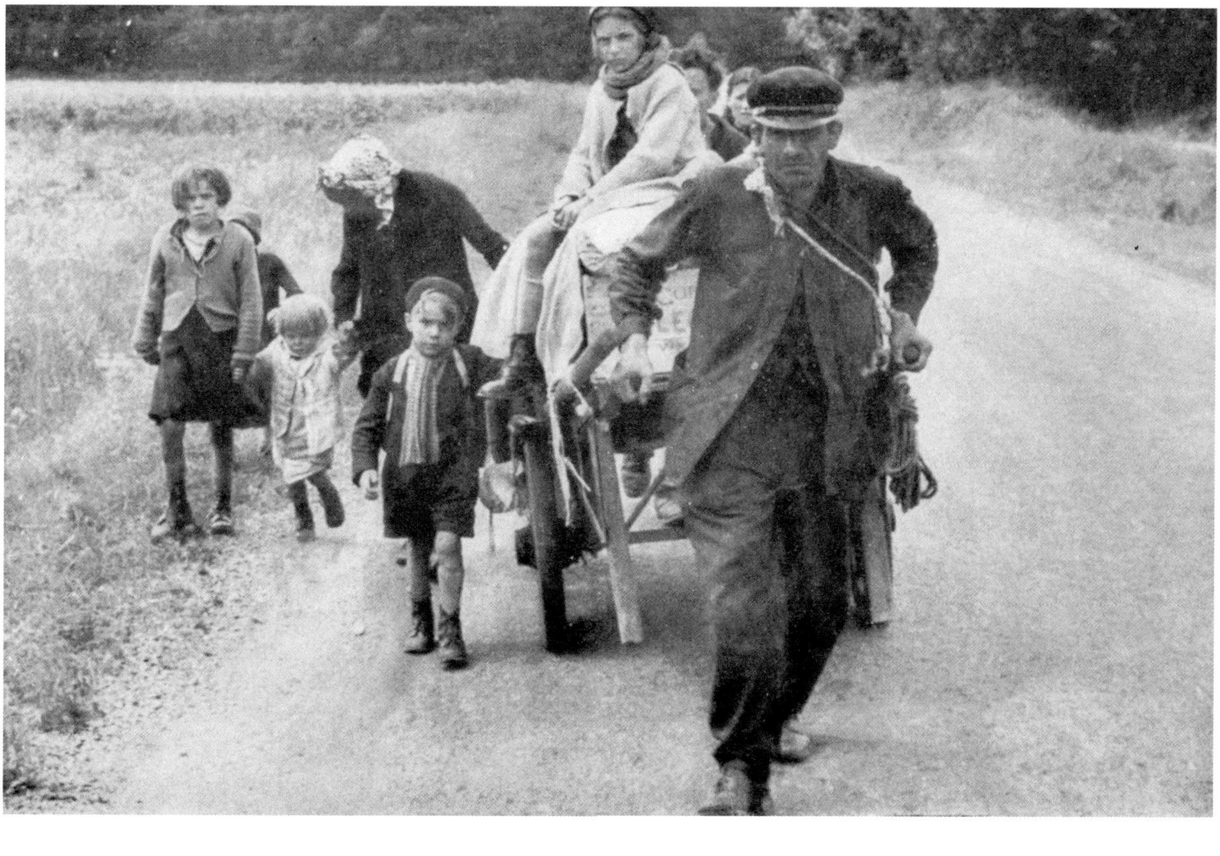

Die Hauptstreitkräfte der Alliierten aber sind nun endgültig eingekesselt, von ihrem Hinterland abgeschnitten. Jetzt müßte schon ein Wunder geschehen, um Frankreich noch zu retten.

Viele Menschen warten noch auf dieses Wunder. In ganz Frankreich ist eine Panik ausgebrochen. Von Norden her flüchten die Menschen in sinnloser Angst nach Süden. Viele von ihnen wissen noch zu gut, wie es vor mehr als zwei Jahrzehnten war, als die Front in Nordfrankreich und Flandern erstarrte, wie jahrelang der Krieg auf der Stelle trat und alles Leben zermalmte. Nein, nie wieder! Lieber fort von daheim! Das Chaos wird durch die Flüchtlinge noch vollkommener. Sie ziehen nach Süden, die im Inneren Frankreichs aufgebotenen Truppen der Reserve nach Norden. Niemand mehr ist in der Lage, dieses Durcheinander zu entwirren. Die Flüche, die über Frankreichs Straßen hallen, gelten in diesen Tagen zuerst der eigenen Regierung, die für nichts vorgesorgt hat, dann den Engländern und erst dann den Deutschen.

Inzwischen sind nicht nur die militärischen Fronten der Alliierten zerbrochen, jetzt beginnt auch die politische Front zu zerbrechen. General Weygand ist empört, als er erfahren muß, daß das britische Expeditionskorps den Befehl erhalten hat, sich möglichst kampflos aus Belgien und Nordfrankreich zurückzuziehen und im Notfall nach England zurückzukehren. Churchill, der am 10. Mai die britische Regierung übernommen hat, befindet sich in Frankreich. Weygand stellt ihn wegen des Rückzuges der Briten zur Rede und fordert vor allem mehr britische Luftwaffenunterstützung gegen die deutschen Panzer. Churchill lehnt ab. Der Weg von England nach Frankreich sei zu weit, die britischen Jäger könnten dann wegen Treibstoffmangels nur kurze Zeit im Einsatz sein. Weygand sagt, dann müßten die britischen Jäger eben nach Frankreich verlegt werden. Churchill lehnt auch das ab.

An der flandrischen Küste ist es mittlerweile zu ernsten Zwischenfällen gekommen. Die belgischen Soldaten fühlen sich von den Engländern, die sich zurückziehen, verraten und verkauft. Die Engländer wiederum machen den Belgiern zum Vorwurf, sie hätten nicht energisch genug gekämpft und der belgische König Leopold wolle auf eigene Faust kapitulieren, um sein Land vor der weiteren Zerstörung zu retten. Dieser Streit wird nicht nur von den Soldaten, sondern auch von den beiderseitigen Heerführern ausgetragen. In Frankreich selbst bezichtigen die Zeitungen die Engländer des Verrats. Zivilisten machen die eigenen Flugplätze unbrauchbar, damit keine britischen Jäger hierher verlegt werden und damit die deutsche Luftwaffe anziehen.

Noch immer verstopfen Flüchtlingstrecks die französischen Straßen. An verschiedenen Stellen fahren zwischen den deutschen Panzern Lautsprecherwagen. Dolmetscher fordern die Flüchtlinge – die nun, da die Deutschen sie doch eingeholt haben, völlig in Panik verfallen – auf, nach Hause zurückzukehren:

»... macht vor allem die Straßen frei. Nirgends seid ihr so gefährdet wie auf der Straße. Niemand wird gegen euch Krieg führen, aber ihr drängt euch ja selbst zum Krieg hin. Am sichersten seid ihr zu Haus, in euren vier Wänden. Euer Vieh daheim ist hilflos, wird nicht gefüttert, zertritt Gärten und Äcker – seid vernünftig und kehrt zurück!«

Die von Angst gejagten Flüchtlinge beruhigen sich nur langsam. Immerhin, es scheint, als ob diese Deutschen doch keine Wilden sind. Vielleicht sind sie doch nur Menschen, wie wir auch?

Dort, wo die Deutschen einmal sind, erlischt die Panik sofort, wenn die Menschen erkennen, daß alles, was sie bis jetzt Schreckliches über diese Deutschen in der Zeitung gelesen und im Radio gehört haben, Kriegspropaganda war. Weiter im Süden aber wird die Panik mit den zunehmenden deutschen Erfolgen nur schlimmer.

Inzwischen haben die deutschen Panzerdivisionen am Kanal nach Norden gedreht und gehen am Meer vor. Am 23. Mai werden Boulogne und Calais eingeschlossen. Für die in dem riesigen Kessel eingeschlossenen französischen und britischen Truppen gibt es nur noch eine Chance der Rettung – Flucht über den Kanal nach England. Der einzige Hafen, der dafür in Frage kommt, ist Dünkirchen.

Im Norden fliehen daher die alliierten Truppen in aller Hast. Im Süden, gegenüber Guderians Panzern, werden am La-Bassée-Kanal hastig Stellungen aufgebaut. Die Deutschen müssen wenigstens so lange Dünkirchen ferngehalten werden, bis das britische Expeditionskorps den rettenden Hafen erreicht hat.

Wirklich gelingt es den Engländern, vom Festland zu entkommen. Der ihnen die Flucht ermöglicht, ist niemand anders als Hitler selbst. Am 24. Mai befiehlt Hitler, die deutschen Panzer anzuhalten. Die Panzer dürfen nicht weiter nach Dünkirchen vorstoßen.

Die Panzergenerale sind verzweifelt. Was soll dieser Befehl?

Jedem, der ihn fragt, gibt Hitler eine andere Begründung für seinen Befehl. »Ich kenne das Gelände aus dem Weltkrieg«, sagt Hitler zu den einen, »es ist von Wasserläufen durchzogen und für einen Panzereinsatz völlig ungeeignet.«

»Wir haben im Moment genug erreicht«, sagt er zu anderen. »Die Panzerdivisionen müssen sich erst einmal erholen, sonst sind sie bei einem eventuellen Vorstoß von Süden aus Frankreich her zu schwach.« Wieder

Sturzkampfbomber JU 87 vor dem Start

Die NS-Propagandaillustrierte »Signal« schildert eine Berlin-Fremdenrundfahrt im Jahre 1941: »Die ›Fremden‹ sind deutsche Soldaten, die Berlin nicht kennen. Der Kremserwagen macht mit ihnen eine Rundfahrt durch die Stadt, alle möglichen Sehenswürdigkeiten werden fachkundig gezeigt und erklärt. Daß sich die Landser dabei natürlich auch für die Berlinerinnen höchlichst interessieren, ist klar! Scherzworte fallen, lachendes Grüßen – die gute Urlaubslaune hilft nach, und mit großem Hallo werden einige Mädels in den Wagen hereingeholt. Vor dem Brandenburger Tor hält man dann an, um sich zum Andenken fotografieren zu lassen, aber hernach geht es weiter zu einer kleinen Rast...

im Berliner Tiergarten. Und hier, im Grünen, formt sich ein kleines Urlaubserlebnis, das sich so richtig für eine großartige Geschichte eignet, die man später, bei der Rückkehr, den Kameraden erzählen kann! Am Schluß der Kremserfahrt aber kauft man bei einer Blumenfrau am Potsdamer Platz den lustigen Begleiterinnen einige Blumen zum Dank und Abschied.«

anderen erklärt er, daß er das Leben der Panzersoldaten schonen wolle. Das Entkommen der Engländer verhindert die Luftwaffe allein.

Den wahren Grund gibt Hitler nur im vertrautan Kreis bekannt. Er will die Briten ganz bewußt entkommen lassen. Er hält das für richtig, weil er nach dem Sieg in Frankreich England abermals ein Friedensangebot unterbreiten will. Deshalb will er sich schon jetzt großzügig zeigen und die Engländer nicht unnötig verbittern. Ohnehin hat der deutsche Operationsplan nicht vorgesehen, Frankreich ganz zu besetzen. Es sollte nur eine Lage geschaffen werden, die den Gegner endlich friedenswillig macht.

Hitler hat in seiner fast schon krankhaften Vorliebe für die Engländer noch immer nicht gemerkt, daß keine britische Regierung mit ihm – und nicht nur mit ihm, sondern auch mit sonst keiner deutschen Regierung – Frieden schließen wird, bevor nicht Deutschland am Boden liegt. In diesem Nichtverstehen der britischen Politik befindet er sich allerdings in Gesellschaft der gegen ihn vereinten Verschwörer.

Auch die deutsche Opposition erkennt nicht, daß die englische Politik schon immer gegen den jeweils stärksten Staat auf dem Kontinent gerichtet ist. Früher war das Frankreich, und während der letzten beiden Generationen Deutschland. Die »Vernichtung des Totalitarismus« ist ein Vorwand für die Ausschaltung Deutschlands als dominierende Großmacht Europas.

Längst vor Hitler hat es in Europa faschistische, totalitäre Staaten gegeben. Hat Hitler, haben die Verschwörer gegen ihn jemals vernommen, daß die britische Regierung sich die Vernichtung dieser totalitären Regierungen zum Ziel gesetzt hätte? Totalitäre Regierungen gibt es seit 1912 in Tirana, seit 1918 in Ankara, seit 1920 in Budapest, seit 1922 in Rom, seit 1923 – mit der kurzen Unterbrechung durch die Republik von 1931 bis 1936 – in Madrid, seit 1926 in Warschau, seit 1930 in Bukarest, seit 1933 in Lissabon, seit 1934 in Sofia und in Belgrad, seit 1935 in Athen, und auch die drei baltischen Staaten Estland, Lettland und Litauen werden autoriär regiert. Politische Gegner der Regierung werden dort genauso verfolgt wie unter Hitler, die Pressefreiheit gibt es ebensowenig wie eine Rede- und Meinungsfreiheit, und ebensowenig ist eine Versammlungsfreiheit bekannt wie etwa das Streikrecht der Arbeiter. Aber gegen diese totalitären Staaten hat die britische Regierung nichts gehabt, mit manchen verbündet sie sich sogar. Es geht eben nicht gegen Hitler, sondern gegen Deutschland.

Eben, während Hitler sich einbildet, die britische Regierung durch das Entkommenlassen des Expeditionskorps versöhnlicher zu stimmen, gehen im Auswärtigen Amt Meldungen ein, wonach auf Vorschlag des amerikanischen Präsidenten Roosevelt die britische und französische Regierung übereingekommen seien, Frieden nur unter folgenden Bedingungen zu schließen:

1. Hitler und sein Regime müßten verschwinden.
2. Deutschland habe den Versailler Vertrag neu anzuerkennen.
3. Die deutsche Wehrmacht muß aufgelöst werden, jede Bewaffnung wird Deutschland verboten.
4. Deutschland muß 50 Jahre von alliierten Truppen besetzt werden.

Jedenfalls führt Hitlers Fehleinschätzung der englischen Politik dazu, daß die deutschen Panzer so lange untätig herumstehen, bis in der britischen Aktion »Dynamo« sämtliche Truppen des Expeditionskorps, über zweihunderttausend Mann und über hunderttausend Mann der anderen Alliierten, insbesondere Franzosen, sich in Dünkirchen nach der englischen Insel einschiffen können.

Waffen und Geräte müssen zurückgelassen werden, aber die Menschen werden gerettet – der unentbehrliche Kern der späteren Invasionsarmee.

In der Nacht vom 3. zum 4. Juni 1940 verläßt der letzte englische Soldat das Festland, um fast auf den Tag genau vier Jahre später, am 6. Juni 1944, mit der gewaltigen alliierten Invasionsstreitmacht zurückzukommen. Dann aber besser ausgerüstet und bewaffnet, voller Siegeszuversicht.

Inzwischen hat am 28. Mai König Leopold von Belgien kapituliert, für sein Land ist der Krieg nach 18 Tagen zu Ende.

Am gleichen 28. Mai erhalten die noch immer vor Narvik liegenden alliierten Truppen den Befehl, den Kampf aufzugeben, da die Lage in Frankreich dazu zwingt. Noch hat Narviks deutsche Besatzung unter Dietl trotz aller gegnerischen Überlegenheit den so wichtigen Erzhafen halten können.

Aber an diesem 28. Mai wird der Druck zu übermächtig. Die alliierten Truppen setzen mit einem Schlag alle Kräfte ein, Narvik zu erobern – um es leichter, möglichst ungestört von den Deutschen, wieder verlassen zu können. Solange die Deutschen in Narvik sind, ist eine Einschiffung der Truppen viel zu gefährlich.

Die deutschen Gebirgsjäger und Matrosen müssen Narvik verlassen und ziehen sich entlang der Erzbahn bis nahe an die schwedische Grenze zurück. Hitler wird darüber wieder einmal nervös. Wie er zu Beginn der alliierten Landung in Harstad Dietl den Durchbruch nach Süden befehlen wollte, so meint er nun, daß Dietl sich über die schwedische Grenze zurückziehen und sich dort internieren lassen solle. Auf keinen Fall in Gefangenschaft gehen!

Führende Offiziere meinen jedoch, die Tage der westlichen Truppen in Narvik seien ohnehin gezählt, Dietl

Am 4. Juni 1940 war die Operation »Dynamo«, die Einschiffung der bei Dünkirchen eingeschlossenen englischen und französischen Streitkräfte, beendet. Deutsche Truppen rückten in die völlig zerbombte Stadt ein. Der Strand war kilometerweit mit zerstörtem Kriegsgerät bedeckt *(Bild links).*

Rechte Seite: Britische Soldaten, die nicht mehr evakuiert werden konnten, gehen in Gefangenschaft.

solle aushalten. Zum zweitenmal muß Hitler sich wegen Narvik überzeugen lassen, daß er unrecht hat. Daß er ausgerechnet unrecht hat, wenn er einer Gefahr nachgibt! Er wird diese Lektion, zum Unglück für Deutschland nie wieder vergessen.

Er wird es in Zukunft sein, der das Ausharren um jeden Preis befehlen wird!

Am 8. Juni sind die alliierten Truppen ungehindert von den abgekämpften Deutschen in Narvik eingeschifft und fahren mit vier Geleitzügen nach England. Am gleichen Tag steigen der König von Norwegen und Mitglieder seiner Regierung in Tromsö an Bord eines britischen Kreuzers. Der Krieg in Norwegen ist nun ebenfalls beendet.

Churchill schreibt in seinen Memoiren unter anderem über diesen Krieg:

»Die Überlegenheit der Deutschen in der Planung, Führung und Tatkraft war offensichtlich ... Zudem war ihre Überlegenheit als Einzelkämpfer ... augenfällig. In Narvik hielt eine bunt zusammengewürfelte, improvisierte Schar von knapp 6000 Mann sechs Wochen hindurch mehr als 20 000 Mann verbündeter Truppen in Schach ... In diesem norwegischen Kampf wurden unsere besten Truppen, die schottische und irische Garde, durch die Tatkraft, den Unternehmungsgeist und die Ausbildung von Hitlers jungen Leuten kaltgestellt.«

Der Feldzug in Frankreich ist noch nicht zu Ende, aber es gibt nur noch wenig über ihn zu berichten. Dazu genügen einige Streiflichter.

Die deutschen Truppen haben sich nach der Auflösung des Kessels von Dünkirchen nach Süden gewandt, dem Herzen Frankreichs zu. In Belgien und Holland, in Nordfrankreich ist ja der Kampf zu Ende, alle Kraft kann nun nach Süden gerichtet werden. So kommt es, daß der Krieg nun noch schneller voranschreitet als zuvor.

Die deutschen Panzertruppen stehen vor Reims. Die Stadt ist zur Offenen Stadt erklärt worden, dort ist also kein Widerstand zu erwarten. Die französische Regierung hat sogar ein übriges getan. Sie hat Reims völlig von der Zivilbevölkerung räumen lassen. Merkwürdig. Wenn Reims Offene Stadt ist, hat die Bevölkerung ja ohnehin nichts zu befürchten.

Das Rätsel löst sich bald. Um eines letztlich fehlgeschlagenen Propagandatricks willen hat man die Menschen von zu Haus weggeführt.

Nach dem Abzug der Bevölkerung haben Sonderkommandos die Straßen sorgfältig gereinigt, das Stadtbild gesäubert. Die Haustüren werden verschlossen, vor den Schaufenstern der Geschäfte und Gaststätten die Rollläden heruntergelassen. Und dann wird Reims – fotografiert! Straße für Straße, die bedeutendsten Gebäude werden noch einmal extra aufgenommen.

Die Fotografen verlassen Reims als letzte. Ihre Aufnahmen sollen später einmal beweisen, wie das weltberühmte Reims aussah, bevor die deutschen Hunnen es zerstörten. Dann, nach dem Sieg, werden die Fotografen die Stadt aufnehmen, wie sie nach der Plünderung durch die Deutschen aussieht.

Das faschistische Italien hatte sich nach Kriegsausbruch zunächst passiv verhalten und sich als »nichtkriegführend« bezeichnet. Erst nachdem der Zusammenbruch Frankreichs offenkundig war, erfolgte am 10. Juni 1940 die italienische Kriegserklärung an Frankreich und England. Von dem »historischen« kleinen Balkon des Palazzo Venezia in Rom gibt Mussolini Italiens Kriegseintritt bekannt.

Daraus wird nichts. Da Reims von allen Einwohnern verlassen ist, erhalten die deutschen Truppen Befehl, Reims zu umgehen. Nur ein Kommando der Feldgendarmerie betritt die Stadt und verwehrt jedem Soldaten den Zutritt.

Unheimlich ist es in der Stadt. Die berühmte Kathedrale ist von Sandsäcken umgeben. Eine ehrwürdige Stätte. Was mögen sich die Propagandisten gedacht haben, als sie das alles fotografierten, »vor der Plünderung durch die Deutschen«? Hier an dieser Stelle stand einst die Jungrau von Orléans, als der König gekrönt wurde, dem sie gegen die Engländer zu Hilfe eilte. Noch früher erfüllte hier der Frankenkönig Chlodwig sein Versprechen, sich taufen zu lassen, wenn der Christengott ihn über die Alemannen siegen ließe. Das Versprechen gab er in Deutschland, in Zülpich im Rheinland, hier in Reims erfüllte er es. Und diese, französische und deutsche Geschichte verbindende, ehrwürdige Stätte sollten deutsche Soldaten »plündern«?

Eine durch die leeren Straßen patrouilliernde Streife der Feldgendarmerie wird plötzlich von einer ängstlichen Stimme angerufen. Eine uralte Frau, in deren Augen Furcht und Entsetzen stehen, fleht die deutschen Soldaten an, sie nicht zu erschießen.

Die Landser schütteln den Kopf, halb mitleidig und halb ärgerlich. Es dauert ein Weilchen, bis sie der hilflosen Greisin, die von allen vergessen und zurückgelassen wurde, klargemacht haben, daß sie nichts zu fürchten hat.

Die alte Frau wird zutraulicher. Ob die Soldaten kein Brot haben, sie hat schon lange nichts mehr gegessen. Brot haben die Landser, aber das dunkle Kommißbrot wird die Frau nicht essen wollen.

Einer besorgt rasch einen Beutel mit Keksen aus dem Kübelwagen, ein paar Büchsen Milch und Fleischkonserven. Dann wird der Frau das Hotel gezeigt, in der sich die deutsche Kommandantur niedergelassen hat. Dort soll sie sich jeden Tag Verpflegung holen, alles, was sie braucht, die einzige Einwohnerin von Reims.

Sie schüttelt verwundert den Kopf. Dann sagt sie schwerfällig:

»Ja, ja, man muß immer beide Seiten hören. Wer immer nur eine einzige Glocke hört, der kennt auch nur einen einzigen Klang.«

Am selben 11. Juni ist Churchill, der britische Premierminister, nach Orléans gekommen. Dorthin hat sich die französische Regierung begeben, die Paris verlassen hat. Churchill fordert die Bundesgenossen zum Durchhalten auf.

Aber die Franzosen können nicht mehr und wollen nicht mehr. »Wir haben den Deutschen nichts mehr entgegenzusetzen«, sagt General Weygand dem britischen Premierminister. »Wir müssen jetzt versuchen, zu retten, was noch zu retten ist. Weiterer Widerstand verschlimmert nur unsere Lage.«

Churchill sieht ein, daß er die Franzosen nicht überzeugen kann. So sagt er ihnen, sie sollten ihre Armee auflösen, aber den Soldaten alle Waffen belassen und sie ins Gebirge schicken. Von dort soll ein gnadenloser Partisanenkrieg gegen die Deutschen entfacht werden. Ein halbes Jahr, vielleicht ein ganzes Jahr könnten sich diese Partisanentruppen halten. Bis dahin, so verspricht Churchill, wird er ein Landungskorps aufgestellt haben. Die Vereinigten Staaten werden eingreifen mit ihrer gewaltigen Materialüberlegenheit.

Churchill kommt mit seinen Argumenten nicht durch. Der greise Marschall Pétain und General Weygand glauben zwar an amerikanische Hilfe, aber wann kann sie geleistet werden! Und bis dahin Partisanenkrieg in Frankreich? Das wäre das Ende des Vaterlands, das Ende seiner Städte, die gegenseitige Vernichtung der Bevölkerung in einem Bürgerkrieg – die einen auf der Seite der Deutschen, die anderen auf der Seite der Alliierten. Nein!

Einer aber ist mit Churchill einverstanden – Charles de Gaulle, zum General befördert und in der neuen Regierung Reynaud nach der Panzerschlacht von Montcornet zum Unterstaatssekretär im Verteidigungsministerium ernannt. Er gibt als einziger Churchill recht. Aber das hat nichts zu sagen. Wer ist er schon, dieser frisch gebackene General, dieses neue Regierungsmitglied, ein Mann, der noch nie Politik gemacht hat!

Am gleichen 11. Juni hat Italien Frankreich den Krieg erklärt. Mussolini, der noch vor Monaten so ängstlich war, daß er in seiner Angst trotz aufrichtiger Friedensabsichten entscheidend zur englisch-französischen Kriegserklärung an Deutschland beigetragen hat, ist nun besorgt, zu kurz zu kommen.

Wie war das im vergangenen Jahr? Im französischen Kabinett hatte sich zunächst keine Mehrheit gefunden, Deutschland den Krieg zu erklären. Denn der »Stahlpakt« zwischen Deutschland und Italien verpflichtet die beiden Länder zu sofortigem militärischem Beistand. Mit England gemeinsam gegen Deutschland, das wäre wohl zu schaffen, meinen die französischen Politiker. Aber England ist selbst weit vom Schuß, und dann steht Frankreich allein gegen Deutschland und Italien. Das ist nicht zu schaffen.

Aber Mussolini hat noch mehr Angst als die französischen Regierungsmitglieder. Besorgt um einen französischen Angriff übt er an seinem deutschen Verbündeten – und am Frieden, den er selbst will – doppelten Verrat. Er steht nicht nur nicht an Deutschlands Seite, wie er sich verpflichtet hat, sondern läßt durch seinen Schwiegersohn und Außenminister Graf Ciano dem französischen Botschafter in Rom heimlich mitteilen, Italien werde nicht an Deutschlands Seite stehen, wenn es zum Krieg käme.

Nun hat die Kriegspartei im französischen Kabinett Oberhand. Wenn Italien keinen Krieg führt, dann kann man zusammen mit England einen Krieg gegen Deutschland gewinnen. So wird der Verrat Mussolinis und Cianos zu einem der Bausteine des Kriegsgebäudes.

Nun also hat Italien Frankreich und England doch den Krieg erklärt. Mussolini ist entsetzt gewesen über die raschen Erfolge seines Freund-Feindes Hitler. Er sieht seinen eigenen Nimbus schwinden. Sein früherer »Imitator« wird immer mächtiger. Jetzt, am 11. Juni, liegt Frankreich schon am Boden, Gefahr für Italien besteht nicht mehr.

Die italienische Kriegserklärung hat in Frankreich ungewöhnliche Folgen. Der Widerstandswille der Franzosen wird noch einmal angefacht. »Seht diesen Schakal Mussolini«, schreibt die Presse, »jetzt, da wir am Boden liegen, schleicht er herbei, um seinen Beutefraß nicht zu versäumen. Lange genug hat er gedroht, hat Tunis, Korsika und Nizza verlangt. Jetzt, im Schatten der deutschen Panzer, wagt er sich aus dem Hinterhalt hervor!«

Neuer Kampfwille erfaßt die noch übriggebliebenen französischen Divisionen. Unter den Soldaten herrscht nur eine Meinung: Schnell Waffenstillstand mit den Deutschen schließen, und dann Gnade Gott den Faschisten und ihrem großmäuligen Duce!

Obwohl die Franzosen wirklich schon geschlagen sind, das Ende des Kampfes nur noch eine Frage von Tagen ist, gelingt es den italienischen Truppen nicht, nach Frankreich vorzustoßen. Die am ersten Tag nach der Kriegserklärung vorrückenden italienischen Divisionen werden von den Franzosen verlustreich über die Grenze zurückgetrieben. Bis zum Waffenstillstand wird den Italienern kein einziger Sieg über die Franzosen beschieden sein.

Hitler paßt der italienische Kriegseintritt überhaupt nicht in seine Pläne. Zu diesem Zeitpunkt ist das Eingreifen seines Bundesgenossen für ihn keine Hilfe, sondern eine schwere Belastung. Er wird in seiner künftigen Politik gegenüber Frankreich immer mit Einsprüchen und Forderungen des in diesem Augenblick unerwünschten Bundesgenossen rechnen müssen.

Fast kommt es zwischen deutschen und französischen Soldaten zu einer Art Allianz. Die deutschen Landser sind von Italiens Kriegseintritt auch nicht begeistert. Sie haben im vergangenen Jahr, als England und Frankreich den Krieg erklärten, mit Italiens Beistand gerechnet. Als der ausblieb, erinnerte man sich zwangsläufig daran, daß Italien auch im Ersten Weltkrieg mit Deutschland verbündet war und dann plötzlich nicht den Westmächten, sondern Deutschland und Österreich-Ungarn den Krieg erklärte. Sollte es diesmal wieder so sein? Mißtrauen gegen Italien entsteht.

Und nun plötzlich, da die deutschen Landser in schwerem Kampf Frankreich niedergerungen haben, da ist er auf einmal da, dieser famose Verbündete. Was wäre wohl gewesen, sagt sich der einfache Landser, wenn Frankreich und England erfolgreich gewesen wären? Und der Berliner Witz nennt Mussolini den »Erntehelfer«!

Die Franzosen, die in deutsche Gefangenschaft geraten, sprechen genauso. Eine verblüffende Übereinstimmung herrscht seit Italiens Kriegseintritt zwischen den bisherigen Gegnern.

Während die italienischen Divisionen an der Front nicht vorankommen, geht der deutsche Vormarsch weiter, schneller noch als bisher.

Rouen wird eingenommen.

Die Stadt brennt. Französische Pioniere haben die riesigen Öltanks am Ufer der Seine in Brand gesteckt. Nichts von dem kostbaren Treibstoff soll den Deutschen in die Hände fallen. Drei Tage lang brennen die 12 000 Tonnen Öl und schicken eine kilometerhohe Rauchfahne in den Himmel, verdunkeln die strahlende Junisonne.

Der Brand greift auf die Stadt über, auf die alten Häuser der Innenstadt mit ihren verwinkelten Straßen und Gassen. Schon brennen die Häuser um den alten Marktplatz.

Vor Jahrhunderten hat hier schon einmal ein Feuer gebrannt, das Feuer eines Scheiterhaufens. Hier wurde Jeanne d'Arc, die Jungfrau von Orleans, verbrannt. Der Scheiterhaufen des Jahres 1940 ist größer als damals, er besteht aus der Stadt selbst. Kann dieser Brand noch gelöscht werden?

Ein großer Teil der Bevölkerung ist geflüchtet. Zwanzig Feuerwehrmänner tun, was sie tun können. Aber das städtische Wassernetz ist zerstört, es gibt keinen Druck mehr her.

Die alte frühgotische Kathedrale ist vom Brand bedroht. Schon brennen die Holzgerüste, die wegen notwendiger Renovierungsarbeiten das Gotteshaus umgeben. Da trifft als erste deutsche Einheit ein Pionierbataillon in Rouen ein.

Die Pioniere packen sofort zu. Sie klettern durch die Flammen auf das Dach hinauf. Ein lebensgefährliches Wagnis. Oben angekommen, stellen sie fest, daß das jahrhundertealte Holzgebälk bereits glimmt. Doch zuerst muß das brennende Außengerüst weg.

Endlich stürzt das Gerüst als brennendes Gewirr in die Tiefe. Nun kann das Dachgebälk gesichert und damit das ganze Gebäude gerettet werden. Später gelingt es

den Pionieren und mittlerweile eingetroffenen anderen Truppenteilen, auch den Brand der Innenstadt einzudämmen und schließlich zu löschen. Zahlreiche Landser verunglücken dabei, mehrere tödlich. Deutsche Soldaten geben ihr Leben für die Erhaltung der Kathedrale von Rouen, für die Rettung der Stadt.

Am Abend des 13. Juni stehen die deutschen Truppen vor Paris. Die Bewegungen kommen zum Stehen. 30 Kilometer von Paris steht die Front. Paris ist zur Offenen Stadt erklärt worden, aber später hat die französische Regierung wieder erklärt, Paris werde verteidigt, Straße um Straße, Haus um Haus. Was wird nun wirklich geschehen?

Ein offener Funkspruch geht von deutscher Seite an den Stadtkommandanten, General Dentz. Er wird gebeten, Verhandlungen wegen der Übergabe der Stadt aufzunehmen. Ein deutscher Parlamentär sei unterwegs.

Die deutsche Parlamentärgruppe, ein Stabsoffizier mit allen Vollmachten und zwei weitere Offiziere, fährt um 20 Uhr los, Richtung Paris. Die französischen Soldaten räumen Drahtverhaue weg, als sie die Parlamentäre erkennen, zeigen dem deutschen Fahrer den Weg durch die Minensperren vor der Stadt. Gott sei Dank, endlich hat der Kampf ein Ende. Nirgendwo stoßen die deutschen Offiziere auf Feindseligkeit, nur auf erleichtertes Aufatmen.

Zehn Kilometer vor dem Stadtrand aber, bei der Ortschaft St. Brize, wird der Kübelwagen beschossen. Stacheldraht in dichten Wellen sperrt die Straße. Auf Umwegen versucht das Parlamentärfahrzeug weiterzukommen. Überall Maschinengewehrfeuer. Der Wagen wird durchlöchert, aber wie durch ein Wunder wird niemand verletzt.

Die Parlamentäre müssen umkehren, es gibt kein Durchkommen. Haben sich die Franzosen doch zur Verteidigung der Millionenstadt Paris entschlossen? Noch einmal wird nach Paris gefunkt, wieder im Klartext. Nun kommt endlich Antwort. General Dentz will selbst einen Parlamentär schicken.

Um 6.00 Uhr früh am 14. Juni ist er da. Die Verhandlungen sind kurz. Der französische Offizier unterschreibt im Namen des Stadtkommandanten das Übergabeprotokoll. Paris wird als Offene Stadt behandelt und wird nicht verteidigt. Alle Straßensperren werden von den Franzosen noch vor dem deutschen Einmarsch beseitigt. Das Leben und die Sicherheit der Bevölkerung werden von deutscher Seite garantiert.

Die deutschen Truppen setzen sich wieder in Marsch. Der Eiffelturm wird sichtbar. Da liegt sie, die berühmte Stadt. Paris, das vielbesungene.

Widerstand gibt es nicht mehr. Die Menschen, die nicht geflohen sind, reagieren nicht feindlich, sondern ängstlich. Noch am Tag zuvor haben die Zeitungen ein düsteres Bild vom bevorstehenden deutschen Ein-

Feldmarschälle

Der höchste Rang, den ein Soldat erreichen konnte, war die Würde eines Generalfeldmarschalls. — Während des 2. Weltkrieges ernannte Hitler 26 Generalfeldmarschälle bzw. Großadmirale und übertraf mit dieser Zahl Napoleon erheblich. Göring wurde sogar »Reichsmarschall«.

v. Witzleben wurde wegen der Teilnahme an den Verschwörungen gegen Hitler und am Attentat vom 20. Juli am 8. August 1944 hingerichtet.

v. Brauchitsch wurde von Hitler auf eigenen Wunsch nach den ersten schweren Rückschlägen an der russischen Front im Winter 1941 verabschiedet. Er starb 1948.

v. Kluge beging am 18. 8. 1944 in Frankreich aus Verzweiflung über seine Absetzung durch Hitler und wegen seines Wissens über das Attentat vom 20. Juli Selbstmord.

Rommel, »Pour le mérite«-Träger des Ersten Weltkrieges, wurde wegen Mitwisserschaft an der Verschwörung zum Selbstmord gezwungen.

Ritter v. Leeb, einer der bedeutendsten Defensivtheoretiker, hatte am 13. Januar 1942 von Hitler seinen Abschied verlangt und erhalten. 82jährig starb er am 29. April 1956 in seiner bayerischen Heimat.

v. Manstein, wahrscheinlich der fähigste aller Generale, war für Hitler »kein guter Nationalsozialist«. Er überlebte das Ende und einen Kriegsverbrecherprozeß, von einem englischen Anwalt zäh verteidigt, und starb 1973.

v. Rundstedt, viermal von Hitler brüsk seiner Kommandos enthoben, doch immer wieder bereit zurückzukehren, als Zeuge im OKW-Prozeß in Nürnberg vernommen, starb vereinsamt – als »letzter Preuße« 1953 in Hannover.

v. Reichenau, einer der ersten Generale der Reichswehr, die vorbehaltlos zu Hitler stießen, erlitt nach einem Waldlauf bei minus 40° Kälte im russischen Kampfgebiet einen Schlaganfall, dem er am 17. 1. 1942 erlag.

Schörner erhielt am 1. Januar 1945 das Eichenlaub mit Schwertern und Brillanten, weil er in Hitlers Augen der härteste »Steher« war. Nach dem Krieg wurde er zu einer mehrjährigen Gefängnisstrafe verurteilt und starb 1973.

Model, »Meister der Defensive« genannt, erhielt ebenfalls die Brillanten. Er nahm sich am 21. April 1945 in einem Wald bei Duisburg das Leben, nachdem die 300 000 Mann seiner Heeresgruppe kapituliert hatten.

Kesselring war Oberbefehlshaber im Mittelmeerraum. Nach dem Krieg erst zum Tode, dann zu lebenslänglich verurteilt, wurde er bereits 1953 krank entlassen und starb 74jährig 1960.

Ritter v. Greim wurde von Hitler im eingeschlossenen Berlin als letzter General zum Generalfeldmarschall ernannt . . . am 26. 4. 1945. Er nahm sich wenige Wochen später das Leben.

Paulus wurde einen Tag vor seiner Kapitulation in Stalingrad – er war dort Oberbefehlshaber – von Hitler zum Feldmarschall ernannt. Damit wollte Hitler ihm eine Kapitulation moralisch unmöglich machen. Er hielt es für ausgeschlossen, daß ein deutscher Feldmarschall und Armeeoberbefehlshaber in sowjetische Gefangenschaft ging. Paulus aber überlebte die Kapitulation und trat später für 24 Stunden als Zeuge für die russische Anklage im Nürnberger Prozeß auf. Er starb 1957 in Dresden. Hitler äußerte sich über ihn: »Er hat an der Schwelle der Unsterblichkeit versagt.«

Generalfeldmarschall Busch – hier spricht er den Hinterbliebenen des Grafen Brockdorff-Ahlefeldt, der als Kommandierender General den Kessel von Demjansk verteidigt hatte, sein Beileid aus – war von Hitler nach dem Zusammenbruch seiner Heeresgruppe Mitte an der Ostfront 1944 entlassen worden, angeblich aus Krankheitsgründen. Busch empfand diese Maßnahme als kränkend und verließ grollend das Hauptquartier. Erst im März 1945 wurde er von Hitler zurückgeholt. Er starb wenige Wochen nach seiner Gefangennahme durch britische Truppen in Holstein.

marsch gemalt. Mord, Plünderung, Vergewaltigung stünden bevor. Aber die Deutschen, die nun durch Paris marschieren, bestätigen diese schlimmen Ankündigungen nicht. Die furchtsam hinter heruntergelassenen Rolladen auf die Straße spähenden Menschen sehen nur eine disziplinierte Truppe marschieren.

Rastende Einheiten stellen die Karabiner am Straßenrand zusammen. Die Landser setzen sich auf die Bordsteinkante und verschnaufen von dem langen Marsch. Mißtrauische Augen beobachten sie aus allen Fenstern. Was werden sie jetzt tun, die Boches?

Vorläufig sitzen sie nur da, rauchen, sprechen miteinander. Kinder gesellen sich zu ihnen, bestaunen die so merkwürdig sprechenden Soldaten in den fremden Uniformen. Bald stehen auch einige Erwachsene dabei, wenn auch noch etwas abseits.

Die Landser bestaunen die Auslagen eines Lebensmittelgeschäfts. Ihre vom langen Marsch, dem Staub und der Hitze ausgedörrten Kehlen ziehen sich zusammen. Erdbeeren, Kirschen, Tomaten stapeln sich in Kisten und Körben, appetitlich arrangiert. Drei Landser betreten nach kurzem Zögern den Laden.

Die Leute starren alle hin. Da geht es los mit der Plünderung. Ob die Deutschen alles herausholen oder dem Kaufmann noch etwas übriglassen?

Radebrechend verständigt man sich inzwischen im Laden. Der Kaufmann merkt, daß die Soldaten kaufen, bezahlen wollen. Doch sie haben nur deutsches Geld. An Hand einer alten, vor dem Krieg gültigen Kursliste wird der Francpreis in Mark umgerechnet. Die Soldaten zahlen und verlassen mit den Köstlichkeiten den Laden. Die Leute staunen. Was denn, die haben bezahlt? *Mon dieu,* die benehmen sich wahrhaftig nicht wie Sieger, wie Eroberer. Eher schon wie Touristen.

Überall in Paris ist es das gleiche. Natürlich liebt man diese Deutschen nicht, man hat eben noch gegen sie gekämpft. Der Sohn, der Mann oder Vater hat vielleicht im Kampf gegen sie sein Leben gelassen oder ist in deutscher Gefangenschaft. Aber jedenfalls sind diese jungen Leute in den staubbedeckten grauen Uniformen keine wilden Eroberer, wie man sie eigentlich erwartet hat.

Am gleichen Morgen beginnt der Angriff auf Verdun. Hunderttausende von Toten hat diese Festung im Ersten Weltkrieg verschlungen. Wie wird der Kampf diesmal ausgehen? Manchem der deutschen Offiziere ist alles hier noch von damals her vertraut. Auf der Lagekarte stehen die Namen, die fürchterliche Erinnerungen heraufbeschwören. »Toter Mann«, »Pfefferrükken«, »Höhe 304«. Und dort liegt das Fort Douaumont. 1936, in der nächtlichen Feierstunde auf dem riesigen Trichterfeld, haben die Überlebenden aller an dem schrecklichen Kampf beteiligten Nationen einander geschworen, nie wieder die Waffen gegeneinander zu erheben. Sie alle mußten ihrem Schwur untreu werden. Nun kämpfen sie wieder an der gleichen Stelle wie damals. Damals hat der Kampf um Verdun zehn Monate gedauert. Wie lange wird er diesmal dauern? Einen Tag lang! Am Abend ist Verdun gefallen. Die Forts haben sich gewehrt, aber die panzerbrechenden deutschen Geschütze, die fürchterlichen Stukas sind stärker. Verdun ist nicht mehr die berühmte und gefürchtete Festung. Eine von vielen kleinen französischen Städten, mehr nicht. 700 000 Tote hat die Schlacht um Verdun damals gefordert, 700 000 Menschenleben wurden hier dem Krieg geopfert. Heute, am 14. Juni 1940, gibt es auf deutscher Seite sieben Tote.

Ebenfalls an diesem Tag beginnt sich die Front dort in Bewegung zu setzen, wo sie von Kriegsbeginn bis jetzt fast ruhig war, am Schauplatz des fast schon vergessenen »drôle de guerre«, an der Maginot-Linie. Südlich von Saarbrücken beginnt der deutsche Sturm auf die französischen Befestigungen. Längst steht die Wehrmacht tief in Frankreich, aber hier an der Grenze hat sich noch nichts geändert. Deshalb wird es Zeit für diesen Sturm. Noch gibt es in Frankreichs Führung viele Stimmen, die da sagen: »Laßt die Deutschen sich in Frankreich totlaufen. Die Maginot-Linie werden sie nie einnehmen. Solange die Maginot-Linie als unüberwindliches Bollwerk besteht, brauchen wir nicht zu kapitulieren, solange geht der Krieg noch immer weiter!«

Die deutsche Führung hat tatsächlich daran gedacht, die Maginot-Linie im wahrsten Sinn des Wortes »links liegen zu lassen« und die Entscheidung im Vordringen zum Herzen Frankreichs zu suchen. Doch wenn französische Militärs und Politiker meinen, der Krieg müsse weitergehen, solange die Maginot-Linie hält, dann muß man sie schnell eines Besseren überzeugen. Die Maginot-Linie ist schwer zu überwinden, der Sturm wird viele Opfer kosten. Wird diese gewaltige Befestigungsanlage aber nicht bezwungen, dann wird der Krieg noch lange dauern und noch viel mehr Opfer fordern.

Die deutsche Artillerie beginnt das Trommelfeuer. Stukas stürzen pausenlos auf die Panzerkuppeln und Bunker. Künstliche Nebelschwaden hüllen das Gelände ein. In ihrem Schutz tragen deutsche Pioniere und Infanteristen über das unter Wasser gesetzte Gelände den Angriff vor. Vergeblich. Das Wasser ist von Drähten und spitzen Eisenpfählen durchsetzt, die Schlauchboote werden aufgeschlitzt und versinken in dem morastigen Wasser. Erst am Abend gelingt ein kleiner Einbruch, nachdem schwere Mörser, schwere Feldhaubitzen und schwere Flak ihr Feuer auf nur einige Bunker konzentrieren. Die ersten Pioniere kommen an die feindlichen Bunker heran. Flammenwerfer speien ihre tödlichen Strahlen in die Schießscharten, geballte Ladungen folgen.

Der Durchbruch wird geschafft. Eine kleine Lücke in dem gewaltigen Befestigungswerk ist aufgerissen worden, eine ganz kleine Lücke. Aber durch sie strömen unter dem Feuer der gepanzerten französischen Geschütze, die von beiden Seiten die Bresche eindecken, immer mehr deutsche Einheiten hinter die Maginot-Linie. Und von hinten ist der französische Schutzwall leichter zu zerbrechen.

Am anderen Tag beginnt der Kampf auch an der Rheinfront. Über den dunklen Bergen des Schwarzwaldes steigt die Sonne hoch. Mit ihr richten sich auf der rechten Rheinseite drohend die deutschen Geschützrohre empor.

Ein schweres Trommelfeuer zeigt den Franzosen in den Bunkern und Panzerwerken auf der anderen Rheinseite, daß der Großkampf auch hier begonnen hat.

Die Franzosen fühlen sich ziemlich sicher. Über den Rhein kann unter dem Feuer ihrer unzähligen Waffen niemand. Und sie selbst sind gut geschützt unter Stahl und Beton. Sollen die Deutschen feuern, soviel sie wollen. Sie halten es lange aus. Sie haben Verpflegung, Wasser und Munition für viele Wochen.

Doch die Deutschen sind in all den Monaten der Ruhe am Rhein nicht müßig gewesen. Jeden einzelnen Bunker haben sie mittlerweile registriert, jede Panzerkuppel, jede einzelne Schießscharte. So nimmt die Artillerie punktgenau im direkten Beschuß zunächst alle am Rhein liegenden Befestigungen unter Feuer. Die Granaten fauchen in die Schießscharten, die durchschlagskräftige, panzerbrechende Munition zerbröckelt eine Schießscharte nach der anderen. Manche Granate fährt durch eine Schießscharte hindurch und detoniert erst im Inneren des Bunkers, nichts als Tote und ein wüstes Chaos hinterlassend.

Das Feuer dauert nur Minuten. Das Ergebnis dieses ersten Feuerschlages wird beobachtet, nachdem sich die Wolken aus Pulverqualm und Betonstaub etwas verzogen haben.

Deutlich sind große Löcher in manchem Bunker zu erkennen, an anderen liegt das Drahtgeflecht bloß. Aber alle schießen sie jetzt, die deutsche Feuerpause ausnutzend.

In der Mitte der Rheinfront, bei Breisach, ziehen dichte Nebelschwaden über den Rhein, hüllen bald das deutsche Ufer ein. Hier soll nun der Angriff über den Strom beginnen. An stillen Nebenarmen des Rheins sind Floßsäcke bereitgemacht worden, hinter den Uferwällen liegen flache Sturmboote mit starken Außenbordmotoren.

In dem Augenblick, da auch das linke Stromufer im Nebel verschwindet, beginnt der Sturm über das Wasser.

Schlauchboote und Sturmboote bewegen sich über den Strom, umgeben von Wasserfontänen, kleinen und großen, erzeugt von Granaten und Maschinengewehrsalven. Vierzig Sekunden brauchen die Sturmboote für die Überfahrt, aber den hinter den dünnen Bordwänden ungeschützten Soldaten kommen sie wie Stunden der Ewigkeit vor.

Manches Boot versinkt, mit ihm die Soldaten. Manches Boot wird direkt von einer Granate getroffen und verschwindet in einer gischtenden Säule aus Feuer und Wasser für immer. Noch mehr Boote aber schaffen es, sie legen am französischen Ufer an. Heraus mit den Soldaten! Die Boote müssen zurück, die zweite Welle holen.

Die schon gelandeten Pioniere sind im Nu an den Bunkern, zwischen den einzelnen Werken. Geballte und gestreckte Ladungen krachen an stählernen Bunkertüren, in Schießscharten. Wenigstens ein Stück der hundert Kilometer langen Befestigungslinie muß zerbrochen werden, und zwar hier, an dieser Stelle. Denn am anderen Ufer liegen schon seit Tagen versteckt alle Bauteile einer Pontonbrücke, die über den Strom geschlagen werden soll.

Aufs neue wird künstlicher Nebel abgeblasen. Schon eine halbe Stunde, nachdem die ersten Pioniere auf dem Westufer des Rheins gelandet sind, ist die Brücke aufgebaut. Eine fast unglaubliche Meisterleistung der Pioniere. Schon laufen Verstärkungen über die Brücke hinüber, Infanteriegeschütze und schwere Flak folgen sofort nach.

Am Abend ist der deutsche Brückenkopf auf dem elsässischen Ufer bereits 20 Kilometer breit. Im Laufe der Nacht gelangen über die erste und die mittlerweile noch geschlagenen weiteren Brücken ganze deutsche Divisionen ans andere Rheinufer.

Der Rhein-Rhône-Kanal wird überschritten. Schon stürmen hinter der Maginot-Linie die deutschen Vorausabteilungen auf die am dunstigen Horizont sichtbaren Berge der Vogesen zu.

Die französische Regierung, die mittlerweile nach Bordeaux geflüchtet ist, muß nun, nach nur zwei Tagen Kampf um die größte und gewaltigste Befestigungsanlage der Welt erkennen, daß alle auf die Maginot-Linie gesetzten Hoffnungen vergeblich waren. *Rien ne va plus* – nichts geht mehr. Es muß Schluß gemacht werden mit dem Krieg. Die letzte Hoffnung ist mit dem deutschen Durchbruch durch die Maginot-Linie dahin.

Am 17. Juni tritt die französische Regierung zurück, Staatspräsident Lebrun beauftragt den greisen Marschall Pétain mit der Regierungsbildung. In den frühen Morgenstunden schon wendet sich Pétain an das französische Volk:

»Franzosen!

Der Präsident der Republik hat mich an die Spitze der Regierung von Frankreich berufen. Ich glaube an die Treue unserer herrlichen Soldaten, die würdig unserer langen militärischen Tradition tapfer gegen einen zahlenmäßig überlegenen und besser ausgerüsteten Feind kämpfen... Ich glaube ferner an das Vertrauen des gesamten Volkes und stelle mich daher Frankreich zur Verfügung, um sein Unglück zu mildern...

Mit wehem Herzen muß ich euch jetzt gestehen, daß die Kampfhandlungen beendet werden müssen. Heute nacht habe ich mich an den Gegner gewandt und ihn gefragt, ob er gewillt sei, mit mir zu verhandeln. Ich habe ihn gefragt, ob er bereit sei, mit mir zusammen, nach einem ehrenhaften Kampf unter ehrlichen Soldaten, einen Weg zum Abschluß der Feindseligkeiten zu suchen.

Franzosen! Schart euch um die neue Regierung, deren Haupt ich in dieser schweren Entscheidungsstunde geworden bin. Überwindet euer Mißtrauen und vertraut in die Zukunft des Vaterlandes!«

Millionen hören den greisen Marschall, den Verteidiger von Verdun, den Helden Frankreichs. Der Achtzigjährige ist für Frankreich ein Symbol, wie es in Deutschland einst Hindenburg war. Wenn einer das Schlimmste für das Vaterland verhindern kann, so ist er es. Die Franzosen vertrauen ihm und billigen seinen Entschluß, den aussichtslos gewordenen Kampf abzubrechen.

Nur wenige sind nicht damit einverstanden, unter ihnen der bisherige Ministerpräsident Reynaud. Diese wenigen flüchten nach England.

Ein paar Stunden nach Pétains Rundfunkansprache begleitet der General de Gaulle den britischen General Spears zum Flugplatz. Spears fliegt nach England zurück. Vor der Kabinentür verabschieden sich beide voneinander. Für lange Zeit, wenn nicht für immer, denkt der britische General. De Gaulle hebt grüßend die Hand zur Mütze, Spears erwidert den Gruß.

Die Flugzeugmotoren werden angeworfen, die Kabinentür soll geschlossen werden, die Maschine rollt schon langsam an. Da springt de Gaulle mit einem Satz in das Flugzeug und wirft hinter sich die Tür zu. Schon am nächsten Tag hält er in London seine erste Rundfunkansprache. Er ruft zur Fortsetzung des Krieges auf, zum Widerstand gegen die Deutschen bis zum Sieg! Er hat sich eine Aufgabe gestellt, die unerfüllbar scheint. Ein General ohne Soldaten, ein Politiker ohne Volk, ein Mann selbst ohne Regierung. Die norwegische Regierung ist in London, die holländische, die belgische. Die rechtmäßige französische Regierung aber ist in Frankreich geblieben, de Gaulle ist in diesen Tagen nichts als ein machtloser, einflußloser Rebell gegen die Regierung seines Landes. Ein Vaterlandsverräter wird er heißen, wenn er nicht recht behält.

Hitler bittet sofort, nachdem er das Waffenstillstandsangebot Marschall Pétains erhält, Mussolini nach München, um gemeinsam mit ihm über die Bedingungen zu beraten.

Mussolini ist über das französische Waffenstillstandsangebot nicht erfreut. Eine Woche ist seit seinem Kriegseintritt vergangen, und Italien hat noch nicht einen einzigen Erfolg errungen. »Mussolini«, so schreibt sein Schwiegersohn an jenem Tag in sein Tagebuch, »ist offenbar enttäuscht. Dieser plötzliche Friede beunruhigt ihn.«

Aber Mussolini versucht das Beste aus der Situation zu machen. Während der Fahrt nach München spricht er mit Ciano über die Bedingungen, die er den Franzosen stellen wird. Ganz Frankreich muß besetzt werden. Die französische Flotte muß ausgeliefert werden. Nizza, Korsika und Malta müssen zu Italien kommen. Ein Teil Algeriens muß zum italienischen Kolonialbesitz kommen, ebenso in Ostafrika die französische Kolonie Dschibuti und Französisch-Äquatorialafrika.

Der Duce hat die Rechnung ohne den Wirt gemacht, und der Wirt heißt Hitler. Der Sieg über Frankreich ist allein ein deutscher Sieg, kein italienischer.

Hitler will Frankreich nicht ganz besetzen, es soll eine unabhängige französische Regierung geben, die dazu über eigenes Territorium verfügen muß. Die Flotte soll Frankreich auch nicht ausliefern, sie soll der französischen Regierung verbleiben. Über Mussolinis Forderungen nach umfangreichen französischen Gebietsabtretungen an Italien geht Hitler beinahe schroff hinweg. Nicht einer dieser Forderungen wird Hitler zustimmen, basta!

Hitler ist noch immer in jener Stimmung, in der er die Engländer aus Dünkirchen entkommen ließ. Er will noch immer Frieden, noch gibt er seine Bemühungen nicht auf. Er will Frieden nicht nur mit Frankreich, sondern nach wie vor und in erster Linie mit dem von ihm bewunderten England. Deshalb, und um für seine Pläne gegen den Osten den Rücken frei zu haben, will er großmütig gegenüber dem geschlagenen Gegner sein, den Vertrag von Versailles nicht mit einem umgekehrten Versailles vergelten. Dann müssen doch die Engländer endlich ein Einsehen haben, daß er nicht der schwarze Mann ist, als der er ihnen nun jahrelang hingestellt worden ist. Mussolini ist über Hitlers Großmut gegenüber Frankreich geradezu entsetzt. Wo bleibt die Beute, die er sich versprochen hat?

Ciano notiert in seinem Tagebuch:

»Hitler hält es nicht für wünschenswert, das britische Weltreich zu zerstören, weil er es auch jetzt noch für einen bedeutenden Faktor für das Gleichgewicht in der Welt hält. Ich frage Ribbentrop umumwunden: ›Was ziehen Sie vor, Fortsetzung des Krieges oder Frieden?‹ Er zögert keinen Augenblick: ›Frieden‹! Er berichtete auch von schüchternen Versuchen, durch Vermittlung Schwedens eine Verbindung zwischen London und Berlin zu knüpfen. Aus Hitlers Worten während der Konferenz ergibt sich, daß er der ganzen Geschichte schnell ein Ende machen möchte... Heute spricht er mit einer Vorsicht und einer ruhigen Überlegung, die nach so einem Sieg wirklich bewundernswert sind... heute bewundere ich ihn aufrichtig. Mussolini fühlt sich sehr gekränkt, weil er sich bewußt ist, daß er keine Hauptrolle spielen darf. Er berichtet mir von seiner Unterredung mit Hitler nicht ohne bittere Ironie...«

Die Unterredung ist sehr heftig verlaufen. Als Mussolini darauf hinweist, daß Italien »zur rechten Stunde« eingegriffen habe und erst dieses Eingreifen die Franzosen von der Nutzlosigkeit weiteren Widerstandes überzeugt habe, sagt Hitler noch nichts. Als aber der Duce fordert, als Belohnung die gesamte französische Flotte an Italien auszuliefern, wird Hitler sarkastisch: »Dann wird die französische Flotte von Toulon nach Gibraltar zu den Engländern laufen! Ihre italienische Flotte, Duce, wird sie bestimmt nicht daran hindern können!« Mussolini sitzt als Bittsteller vor Hitler, aber der läßt sich nicht beirren. Ja, Hitler, der von Mussolini befürchtet, daß dieser bei Verhandlungen die Franzosen entwürdigend behandeln könnte, lehnt sogar ab, ihn an den Waffenstillstandsverhandlungen überhaupt zu beteiligen. Nein, die deutsche Delegation wird allein mit der französischen verhandeln. Mögen dann die Italiener gesondert mit den Franzosen sprechen. An seinen Verhandlungen mit der französischen Delegation jedenfalls wird Italien nicht teilnehmen!

Enttäuscht und wütend fliegt Mussolini noch am gleichen Abend nach Rom zurück.

Am 21. Juni wird die französische Waffenstillstandsdelegation von den Deutschen empfangen. Die Verhandlungen finden im Wald vom Compiègne statt, am gleichen Ort, wo 1918 die deutsche Delegation jene Bedingungen entgegennehmen mußte, in denen letztlich die Ursachen für diesen neuen Krieg schon verborgen lagen.

Auch der Speisewagen, in dem damals die französischen Bedingungen gestellt wurden, ist wieder da, deutsche Pioniere haben ihn aus dem Museum geholt. Wird alles wieder so sein wie damals, nur mit umgekehrten Vorzeichen? Soll nun die französische Delegation so behandelt werden, wie damals die deutsche? »Eh«, hat damals der französische Marschall Foch gesagt, als die Deutschen unter Führung des Zentrumsabgeordneten Erzberger den Waggon betraten, »eh, was wollen diese Herren?«

Kein Mitglied der französischen Delegation hat die Deutschen einer Begrüßung gewürdigt. Dann sind Punkt für Punkt in nackten, nüchternen Zahlen die Bedingungen verkündet worden, die härtesten, demütigendsten Bedingungen, die bis dahin je einem Volk gestellt wurden.

General Huntzinger, General Bergeret, Vizeadmiral Le Luc und Botschafter Noël erwarten Ähnliches und Schlimmeres, als sie bemerken, wo die Verhandlungen stattfinden sollen.

Doch schon vor dem Waggon, in dem die Deutschen warten, ist alles anders als damals. Eine deutsche Ehrenkompanie ist angetreten. Der Offizier befiehlt: »Stillgestanden!«, als die Franzosen sich nähern.

Neben dem Waggon weht die deutsche Reichskriegsflagge. General Huntzinger bleibt stehen, grüßt die Flagge. Seine Begleiter tun es ihm nach.

Der Kommandeur des Führerhauptquartiers, Oberstleutnant Thomas, bittet die Herren in den berühmten Waggon. »Der Führer erwartet Sie, meine Herren.« Die Franzosen klettern die Stufen hoch, betreten die Plattform. Hitler und die Männer seines Stabes erheben sich von ihren Plätzen, als die französische Delegation den Raum betritt. Die Franzosen setzen sich. Hitler nickt Generaloberst Keitel zu. Der Chef des Oberkommandos der Wehrmacht verliest die Präambel des vorzuschlagenden Waffenstillstandsabkommens:

»Im Vertrauen auf die vom amerikanischen Präsidenten Wilson dem Deutschen Reich gegebenen und von den Alliierten Mächten bestätigten Zusicherungen hat die deutsche Wehrmacht im November 1918 die Waffen niedergelegt. Damit fand ein Krieg sein Ende, den das deutsche Volk und seine Regierung nicht gewollt hatten...

Schon im Augenblick der Ankunft der deutschen Waffenstillstandskommission aber begann der Bruch des feierlich gegebenen Versprechens. Am 11. November fing damit in diesem Wagen die Leidenszeit des deutschen Volkes an...

Am 3. September 1939, fünfundzwanzig Jahre nach dem Ausbruch des Weltkrieges haben England und Frankreich wieder ohne jeden Grund Deutschland den Krieg erklärt. Wenn zur Entgegennahme dieser Bedingungen der historische Wald von Compiègne bestimmt wurde, dann geschah es, um durch diesen Akt einer wiedergutmachenden Gerechtigkeit – einmal für immer –, eine Erinnerung auszulöschen, die für Frankreich kein Ruhmesblatt seiner Geschichte war, vom deutschen Volk aber als tiefste Schande aller Zeiten empfunden wurde.

Frankreich ist nach einem heroischen Widerstand besiegt worden. Deutschland beabsichtigt aber nicht, den Waffenstillstandsverhandlungen die Charakterzüge von Schmähungen gegenüber einem so tapferen Gegner zu geben. Der Zweck der deutschen Forderungen ist nur, eine Wiederaufnahme des Kampfes zu verhindern. Deutschland alle Sicherheit zu bieten für die ihm aufgezwungene Weiterführung des Krieges gegen England sowie die Voraussetzungen zu schaffen für die Gestaltung eines neuen Friedens, dessen wesentlichster Inhalt die Wiedergutmachung des dem Deutschen Reich selbst mit Gewalt angetanen Unrechts sein wird.«

In den frühen Morgenstunden des 10. Mai hatte sich die stärkste bis dahin gesehene Panzerarmee der Kriegsgeschichte gegen die Ardennen in Bewegung gesetzt. Zwei Panzerkorps mit insgesamt achteinhalb gepanzerten und motorisierten Divisionsverbänden, unterstützt von einer schlagkräftigen Luftwaffe, waren zum Angriff angetreten. Insgesamt hatten Ketten von fast 2000 Panzern die holländische, belgische und französische Erde zerwühlt. Die Briten waren gelandet und versuchten zu helfen. Umsonst: Bereits am 22. Juni 1940, das heißt schon 43 Tage nach dem Angriff, mußte ein geschlagenes Frankreich im historischen Salonwagen Marschall Fochs in Compiègne sehr harte Waffenstillstandsbedingungen unterzeichnen. Hitler selbst hatte als Ort dieses historischen Aktes jenen Salonwagen befohlen, in dem 1918 die deutsche Waffenstillstandsdelegation nach dem Ersten Weltkrieg das Diktat des Siegers annehmen mußte. In der deutschen Presse konnte man nach Unterzeichnung des Waffenstillstandes im Sommer 1940 lesen: »Nun hat die Stunde Englands geschlagen.« Und alle Reichsredner kündigten die nahe Stunde der Abrechnung mit dem »perfiden Albion« an.

Die französischen Unterhändler atmen endgültig auf. Gewiß, sie befinden sich als die Geschlagenen in einer schlimmen Lage, aber das Schreckliche, was sie hier von den Deutschen erwartet haben, ist ausgeblieben. Keine Beleidigung, keine Demütigung hat es gegeben. Hitler erhebt sich und wendet sich an die Franzosen: »Herr Generaloberst Keitel wird weiter mit Ihnen verhandeln.«

Er grüßt und verläßt mit seiner Begleitung den Speisewagen mit der berühmten Nummer 2419 D.

Die Franzosen vernehmen nun Einzelheiten der deutschen Waffenstillstandsbedingungen, die denen entsprechen, die Hitler schon Mussolini genannt hat. General Huntzinger möchte mit der Regierung in Bordeaux sprechen, ihr die Bedingungen mitteilen.

Zwei Stunden dauert es, bis die Verbindung zustande kommt. Die deutsche Leitung verläuft nur bis zur deutschen Panzerspitze. Der deutsche Panzerkommandeur muß sich erst mit der gegenüberliegenden französischen Einheit verständigen, die ihrerseits Verbindung mit Bordeaux schafft. Dann verbinden deutsche und französische Nachrichtensoldaten beide Leitungen. In Bordeaux ist General Weygand am Ende des Drahtes.

»Ich telefoniere aus dem bewußten Wagen in Compiègne. Sie kennen ihn ja«, meldet sich Huntzinger. Weygand erschrickt. Und ob er diesen Wagen kennt. Er sieht sich wieder neben Marschall Foch, die Aktentasche in der Hand, die die Bedingungen für den Waffenstillstand enthält. »Was wollen diese Herren?«, hört er den Marschall sagen. Ein böses Zeichen, daß die Deutschen nun die Verhandlungen in jenem Wagen führen.

»Schnell, sagen Sie mir die Bedingungen«, verlangt er erregt.

»Sie sind hart«, antwortet General Huntzinger, »aber sie enthalten nichts, was unsere Ehre antastet oder uns gar beleidigt. Die erste Forderung ist, den Kampf im Mutterland und in den Kolonien einzustellen.«

»Das ist ja eine Selbstverständlichkeit«, sagt General Weygand in Bordeaux.

»Ja. Zwei Drittel des Landes sollen auf unbestimmte Zeit deutsches Besatzungsgebiet werden, der französischen Regierung verbleibt das südöstliche Drittel Frankreichs als unbeschränktes Hoheitsgebiet mit einer selbständigen Wehrmacht.«

»Und die Flotte?« fragt Weygand. Er weiß, daß die Italiener sie haben wollen. Aber dieser Forderung kann die französische Regierung niemals nachgeben.

»Die Flotte verbleibt uns. Allerdings müssen wir den Teil stillegen, der nicht für den Einsatz in unseren Kolonien bestimmt ist. Die Deutschen haben auf die Auslieferung der französischen Flotte verzichtet.«

»Das wäre wohl das Wichtigste«, sagt Weygand und atmet hörbar auf. »Was gibt es sonst noch?«

»Die uns verbleibende Streitmacht darf sich niemals an Kämpfen gegen Deutschland und seine Verbündeten beteiligen. Auch ist es Franzosen verboten, in einer fremden Wehrmacht Dienst zu tun, um gegen Deutschland zu kämpfen. Das sind die Hauptpunkte.«

Dennoch gibt es schließlich zwei Streitfragen, die dazu führen, daß die Verhandlungen im Wald von Compiègne bis zum anderen Morgen vertagt werden müssen. Die Deutschen haben die Auslieferung der politischen Emigranten verlangt, in denen Hitler »wegen ihrer Hetze gegen Deutschland« Mitschuldige am Krieg sieht.

Die französische Regierung lehnt diese Forderung entschieden ab. Eine solche Maßnahme würde gegen das geheiligte Asylrecht verstoßen. Schließlich wird dieser Punkt in den Bedingungen gestrichen.

Die französische Luftwaffe soll ausgeliefert werden. Sie ist eher als Heer oder Marine in der Lage, einen Überraschungsangriff zu führen oder nach England zu fliegen und dort die feindliche Luftwaffe zu verstärken. Schließlich geben die Deutschen auch in dieser Frage nach und verlangen nur noch, daß die rund vierhundert Maschinen, die Frankreichs Luftwaffe noch zählt, wenigstens stillgelegt werden.

Um 18.50 Uhr am 22. Juni 1940 wird im Speisewagen 2419 D der Waffenstillstand zwischen Deutschland und Frankreich unterzeichnet. Generaloberst Keitel und General Huntzinger erheben sich. Keitel bittet alle Anwesenden, sich zu Ehren der Gefallenen beider Völker ebenfalls zu erheben. »Ich möchte Ihnen«, wendet sich Keitel dann an Huntzinger, »als Soldat mein Mitgefühl für den schweren Augenblick aussprechen, den Sie als Franzose soeben durchlebt haben.«

In der Nacht vom 24. zum 25. Juni um 1.35 Uhr verstummen überall die Geschütze. Der Krieg in Frankreich ist zu Ende.

In dieser Nacht schläft niemand in Deutschland. Alle Menschen sitzen an den Radioapparaten und haben den Deutschlandsender eingeschaltet. Punkt 1.35 Uhr erschallt aus den Lautsprechern das Signal zur Feuereinstellung. Es ist Friede, in ganz Deutschland erklingen in diesem Augenblick von allen Kirchtürmen die Glocken. In Berlin und Wien, in Königsberg und Danzig, in Breslau, Leipzig und Köln.

Angesichts der aussichtslosen militärischen Lage und der Unmöglichkeit, die Hauptstadt erfolgreich verteidigen zu können, erklärte Frankreichs Armeeführung Paris zur offenen Stadt. Deutsche Truppen ziehen am Arc de Triomphe vorbei, der einst zur Verherrlichung der militärischen Taten Napoleons erbaut worden war.

Die Reichshauptstadt Berlin ist festlich mit Hakenkreuzfahnen geschmückt. Die ersten heimgekehrten Truppen sind vor der Ehrentribüne angetreten und werden von dem Befehlshaber des Ersatzheeres Generaloberst Fromm und dem Gauleiter von Berlin Reichsminister Dr. Goebbels begrüßt. »Es ist heute so«, heißt es in einem Geheimbericht nach Hitlers Sieg über Frankreich, »daß auch solche Volksgenossen, die nach 1933 den Führer zunächst noch ablehnten oder abwartend gegenüberstanden, jetzt vorbehaltlos und mit Begeisterung hinter ihm stehen.«

Zwischenspiel

Millionen Menschen in ganz Europa atmen auf. Überall schweigen die Waffen, nirgendwo wird mehr geschossen. Es besteht berechtigte Hoffnung, daß dies nun der Friede ist.

Die Hoffnung bleibt unerfüllt, die im Frühjahr 1940 gebrachten Opfer der Völker Europas sind umsonst gebracht worden. Der Krieg in der »Alten Welt« wird noch vier Jahre, zehn Monate und fünfzehn Tage dauern, und an seinem Ende werden Millionen von Menschen sein Opfer sein, Hunderte von Städten werden in Schutt und Asche sinken, das Deutsche Reich wird vernichtet und der Bolschewismus Herr über halb Europa sein.

Noch sieht es nicht nach solchem Schrecken aus, noch scheint alles sich zum Guten zu wenden. Papst Pius XII. sendet schon am 28. Juni vertrauliche Botschaften an Hitler, Mussolini und Churchill. Der Heilige Vater bietet sich als Vermittler für Friedensverhandlungen an.

Der König von Schweden unternimmt in London und Berlin den gleichen Schritt. Auch amerikanische Kongreßabgeordnete bemühen sich in diesem Sinn.

Darum glauben nicht nur die Deutschen, sondern auch ihre politische und militärische Führung ernsthaft, der Krieg sei zu Ende. Es werden keinerlei Maßnahmen zur Fortsetzung des Krieges getroffen. Der deutsche Generalstab arbeitet nach dem Ende des Frankreichfeldzuges nicht einmal Eventualpläne für einen weiteren Kampf gegen England aus. Statt dessen werden Reservisten aus der Wehrmacht entlassen, Teile der Rüstungsindustrie werden auf Friedensproduktion umgestellt.

Winston Churchill schreibt später in seinen Memoiren, er sei beunruhigt gewesen über die vom Vatikan, von Schweden und amerikanischen Kreisen ausgehenden Friedensbemühungen. Da er überzeugt gewesen sei, daß Hitler die Bemühungen unterstützen würde, habe er, Churchill, energische Maßnahmen gegen diese Friedensbemühungen getroffen.

Churchill erfährt, daß der deutsche Botschafter in Washington sich um eine Unterredung mit dem britischen Botschafter in den USA bemüht. Sofort telegrafiert er diesem, unter gar keinen Umständen auf die Annäherungsversuche des deutschen Botschafters zu reagieren. Dem König von Schweden schreibt Churchill unverzüglich und lehnt dessen Vermittlungsvorschlag schroff ab. Auch der Vorschlag des Heiligen Vaters wird von Churchill zurückgewiesen, wenn auch in der Form höflicher als gegenüber dem Schwedenkönig.

Hitler wartet noch immer auf ein Zeichen des Friedenswillens aus England. Er hat noch immer nicht begriffen, daß die von Churchill geführte britische Regierung mit Deutschland keinen Frieden schließen wird, bevor Hitler nicht bezwungen ist.

Hitler will aus Anlaß des Kriegsendes in Frankreich vor dem Deutschen Reichstag sprechen, aber er verschiebt seine Rede von Tag zu Tag und wartet. Zum erstenmal denkt er nun daran, daß der Krieg vielleicht doch weitergehen könne und beschäftigt sich mit dem Gedanken einer Landung in England. Am 13. Juli befiehlt er die militärische Führung zu sich nach Berchtesgaden auf seinen Berghof.

Generalstabschef Halder notiert nach dieser Besprechung: »Den Führer beschäftigt am stärksten die Frage, warum England den Weg zum Frieden noch nicht gehen will.« Und Halder notiert weiter das, was schließlich zum Untergang Deutschlands führen soll. Er notiert, daß Hitler Überlegungen angestellt habe, weshalb wohl England noch immer Krieg wolle, und da kommt es, erstmals:

»Er sieht ebenso wie wir die Lösung dieser Frage darin, daß England noch eine Hoffnung auf Rußland hat.

Er rechnet also damit, England mit Gewalt zum Frieden zwingen zu müssen. Er tut so etwas aber nicht gern ...«

An Mussolini schreibt Hitler am gleichen Tag, um die vom Duce angebotene, nicht gewünschte militärische Hilfe gegen England abzulehnen: »Ich habe England so viele Angebote der Verständigung, ja der Zusammenarbeit gemacht und bin so schmählich behandelt worden, daß ich jetzt auch überzeugt bin, daß jeder Vorschlag zur Vernunft die gleiche Ablehnung erfahren wird. In diesem Lande regiert eben zur Zeit nicht die Vernunft . . .«

In England regiert Churchill. Und Churchill ist vom britischen Sieg überzeugt. Er ist sich längst mit dem amerikanischen Präsidenten Roosevelt darüber einig, daß die USA an der Seite Großbritanniens kämpfen werden. Die USA tun es trotz erklärter Neutralität längst. Sie unterstützen England mit Kriegsmaterial, mit Hilfslieferungen aller Art. Nur den offenen Kriegseintritt kann Roosevelt noch nicht wagen, das amerikanische Volk will, wie alle Völker der Welt, keinen Krieg. Die Amerikaner müssen propagandistisch erst für einen Krieg reif gemacht werden. Aber eines Tages wird es soweit sein, Churchill weiß es. Und wenn die Deutschen eine Invasion in England versuchen, wenn diese Invasion sogar erfolgreich sein sollte, dann wird er von Kanada aus weiter Krieg führen, und dann werden die USA an seiner Seite in den Krieg gegen Deutschland eintreten.

England hat keine Truppen mehr auf dem europäischen Festland. Aber Krieg gegen Deutschland wird dennoch geführt – mit der Luftwaffe.

Kriegswichtige Ziele sind mit den zu dieser Zeit noch relativ wenigen Bombern nicht anzugreifen, dazu ist die deutsche Luftabwehr zu stark. Aber unverteidigte Städte können angegriffen werden, die Zivilbevölkerung wird sich, so meint jedenfalls Churchill, gegen Hitler erheben, wenn sie im Bombenhagel leide.

Schon im Jahre 1925 hat er – ähnlich wie Ludendorff, der deutsche Generalquartiermeister des Ersten Weltkrieges, in seinen Betrachtungen über den »totalen Krieg« – mit einem künftigen Krieg dieser Art gerechnet, nur sieben Jahre nach dem Weltkrieg, und damals bereits geschrieben:

»Vielleicht wird es sich im nächsten Krieg darum handeln, Frauen und Kinder oder die Zivilbevölkerung überhaupt zu töten. Und die Siegesgöttin wird sich zuletzt voll Entsetzen dem vermählen, der dies in gewaltigstem Ausmaß zu organisieren versteht.«

Zehn Jahre später, als außer Winston Churchill und einigen seiner Anhänger in Europa noch niemand an einen Krieg denkt, geht er noch weiter. In diesem Jahr 1935 erklärt er, daß schon in der »Stunde Null« des nächsten Krieges sofort mit der Bombardierung der deutschen Städte, vor allem der des Ruhrgebietes begonnen werden müsse.

Die Regierung Chamberlain hat einer solchen barbarischen Kriegführung ihre Zustimmung verweigert, obwohl Churchill sie vom ersten Tage des Krieges an für nötig hielt. Am 10. Mai 1940 aber, am Tag des deutschen Angriffs im Westen, ist Chamberlain zurückgetreten und Churchill Premierminister geworden.

Schon einen Tag nach seinem Regierungsantritt gibt er den Befehl, die Stadt Mönchengladbach zu bombardieren, keine militärischen Anlagen – die gibt es in Mönchengladbach nicht –, auch keine Industrieanlagen, sondern das Stadtzentrum.

Während Hitler schon bei Dünkirchen mit einem baldigen Friedensschluß rechnet, muß der deutsche Wehrmachtbericht täglich Bombardierungen der Zivilbevölkerung melden. So sehen diese Meldungen aus:

»In einer Stadt wurden Wohnviertel getroffen und zehn Zivilpersonen getötet.«

»Britische Flugzeuge flogen auch in der Nacht zum 19. Juni in Nord- und Westdeutschland ein, um wie bisher Bomben auf nichtmilitärische Ziele zu werfen. Dabei sind achtzehn Tote unter der Polizei und der Zivilbevölkerung zu beklagen, darunter Personen, die sich nicht in die Luftschutzkeller begeben hatten.«

In der Nacht zum 22. Juni, dem Tage der Waffenstillstandsunterzeichnung in Frankreich, werden zum ersten Male Vororte von Berlin angegriffen. Der erste britische Tagesangriff erfolgt zwei Tage später. Der Wehrmachtbericht meldet, daß es britischen Flugzeugen im Schutz einer Wolkendecke gelungen sei, bis nach Westfalen vorzudringen, »wo sie bei dem kleinen Ort Wieschenhöfen Bauernhöfe mit Bomben belegten und die Bewohner mit Maschinengewehren beschossen . . .«

Am 28. Juni fallen die ersten Bomben auf Hannover, in jeder Nacht werden Bomben auf die Zivilbevölkerung geworfen.

Am 2. Juli wird der erste Angriff auf Kiel gemeldet. Es ist wieder ein Nachtangriff. Am 4. Juli erfolgt der erste Tagesangriff auf Hamburg. Im Wehrmachtbericht liest sich das so:

»Britische Flugzeuge warfen . . . im Laufe des gestrigen Tages an mehreren Stellen Nord- und Westdeutschlands Bomben ab. Hierbei griffen sie in skrupelloser Weise die Zivilbevölkerung an, wobei in Hamburg-Barmbek elf Kinder, drei Frauen und ein Mann getötet, elf Kinder und neun Frauen schwer verletzt wurden.«

Hitler aber hofft trotz aller Zweifel noch immer, daß der Mann, der diese Angriffe befiehlt, zum Frieden bereit sein könnte.

Am 19. Juli endlich hält er seine längst fällige Reichstagsrede in der Berliner Krolloper. Er gibt einen Rückblick auf die vergangenen Ereignisse und insbesondere auf den Frankreichfeldzug. Er beginnt seine Rede mit der Erklärung an die Abgeordneten, er habe diese Sitzung einberufen ». . . in der Absicht, zu versuchen, noch einen und dieses Mal den letzten Appell an die allgemeine Vernunft zu richten!«

Hitler spricht über die Dokumente des Obersten Alliierten Kriegsrates, die in Frankreich aufgefunden wurden und bewiesen hätten, daß die Westmächte nicht nur Norwegen, sondern auch Schweden besetzen wollten, daß Holland und Belgien nicht neutral gewesen seien,

Am 8. September 1939 fiel bei Lublin

Adolf=Friedrich Brunn

Oberstleutnant und Kommandeur
in einem Panzer-Regiment

im Alter von 44 Jahren.

Gertrud Brunn, geb. Hauchecorne
Kari, Heidi, Sönke
Marie Fürsen, geb. Brunn
Emma Brunn
Dr. med. Lisa Brunn
Professor Otto Fürsen, Major d. Res.
und Familie
Schütze Pastor Adolf=Friedrich Brunn
San.-Feldwebel, cand. med. Tycho Brunn
Hofrat Brunsick, Edler von Brun
Familien Hauchecorne
Wachenfeld
Mathis

Jägerndorf, Sudetengau   Kiel, Berlin, Glogau
Johnstraße 13

Für Führer, Volk und Reich fiel am 18. September
im Gefecht bei Gorki unser geliebter Sohn und teurer
Bruder, der Gefreite

Hermann Hymmen

im Alter von 20 Jahren. Wir wissen ihn in Gottes
Hand und Frieden

Berlin C 2,
den 27. Sept. 1939
Oranienburger Str. 76 a
Diessen am Ammersee
Köln am Rhein
Berlin-Frohnau

D. Johannes Hymmen,
komm. Geistl. Vizepräsident des Evg.
Oberkirchenrats
und Frau Paula geb. Zoellner
Luise Hymmen
Hansheinrich Hymmen
Reinhard Hymmen, Assessor
Friedrich Wilhelm Hymmen
und Frau Gerda geb. Gauger
Paul Hymmen
Feldmeister und Leutnant, im Felde
Helene Hymmen
Karl Christoph Hymmen

Im Kampfe für sein Vaterland fiel am
15. September 1939 vor Drohobycz
beim Einsatz, Kameraden aus Feindes-
hand zu befreien, unser lieber Junge

Heinz Laudon
Leutnant in einem Gebirgsjägerregiment
im Alter von 24 Jahren.
Berlin, den 27. September 1939
NSW 87, Cöpenick-Reptow-Platz 2
Oskar Laudon, Bürgermeister a. D.
Gertrud Laudon, geb. Kahlke
Ursula Laudon
Werner Laudon, Leutnant z. See

Den Heldentod fürs Vaterland starb in den Kämpfen
vor Warschau mein innigstgeliebter Mann, unser
guter Vati

Dr. med.
Joachim Pfautsch

Stabsarzt im hiesigen Regiment

Leni Pfautsch, geb. von Koppelow
Ursula, Albrecht, Eberhard, Joachim,
Frieberike, Johann Christian

Ludwigslust, den 26. September 1939

Die Zeitungen füllten sich mit Todesanzeigen. Aus den Formulierungen oder auch aus dem Fehlen jeglicher über die sachliche Mitteilung hinausgehender Worte ließ sich die Stellung der Hinterbliebenen zum NS-Regime ablesen.

sondern längst geheime Abmachungen mit England und Frankreich getroffen hätten.

Dann ernennt er zwölf Generale zu Generalfeldmarschällen, Hermann Göring zum Reichsmarschall. Nachdem er den neuen Marschällen den Marschallstab und Göring dazu das nur dieses eine Mal verliehene Großkreuz des Eisernen Kreuzes überreicht hat, fährt er in seiner Rede fort und sagt, nachdem er nochmals seinen Friedenswillen betont hat, mit Sarkasmus und gekonnter Demagogie:

»Ich höre nun aus London ein Geschrei – es ist nicht das Geschrei der Massen, sondern der Politiker –, daß der Kampf erst recht fortgesetzt werden müsse. Ich weiß nicht, ob diese Politiker schon die richtige Vorstellung von der Fortsetzung dieses Kampfes besitzen. Sie erklären allerdings, daß sie diesen Kampf weiterführen werden, und wenn England daran zugrunde ginge, dann eben von Kanada aus. Ich glaube kaum, daß dies so zu verstehen ist, daß das englische Volk nach Kanada geht, sondern es werden sich doch wohl nur die Herren Kriegsinteressenten nach Kanada zurückziehen. Das Volk wird, glaube ich, schon in England zurückbleiben müssen. Und es wird den Krieg in London dann sicherlich mit anderen Augen ansehen als seine sogenannten Führer in Kanada.

Herr Churchill . . . wird ja dann sicher in Kanada sitzen, dort, wohin man ja das Vermögen und die Kinder der

vornehmsten Kriegsinteressenten schon gebracht hat. Aber es wird für Millionen anderer Menschen ein großes Leid entstehen. Und Herr Churchill sollte mir dieses Mal vielleicht ausnahmsweise glauben, wenn ich als Prophet jetzt folgendes ausspreche: Es wird dadurch ein großes Weltreich zerstört werden. Ein Weltreich, das zu vernichten oder auch nur zu schädigen niemals meine Absicht war . . . In dieser Stunde fühle ich mich verpflichtet vor meinem Gewissen, noch einmal einen Appell an die Vernunft auch in England zu richten. Ich glaube dies tun zu können, weil ich ja nicht als Besiegter um etwas bitte, sondern als Sieger nur für die Vernunft spreche. Ich sehe keinen Grund, der zur Fortsetzung dieses Kampfes zwingen könnte. Ich bedaure die Opfer, die er fordern wird. Auch meinem eigenen Volk möchte ich sie ersparen.«

Schon eine Stunde nach Beendigung der Rede Hitlers kommt aus London die Antwort. Der amerikanische Rundfunkreporter Shirer berichtet darüber: »Ich fuhr vom Reichstag direkt zum Rundfunk, um meinen Bericht über die Rede nach Amerika durchzugeben. Kaum hatte ich das Rundfunkhaus betreten, als ich eine Londoner BBC-Sendung in deutscher Sprache auffing. Es war bereits eine Stunde später – die englische Antwort auf Hitlers Rede: Ein entschiedenes NEIN! – In dem Raum des Funkhauses saßen auch ein paar Offiziere und Ministerialbeamte, die die BBC-Sendung verfolgten. Sie machten lange Gesichter. Sie trauten ihren Ohren nicht. ›Jetzt noch den Frieden zurückweisen? Diese Engländer sind verrückt!‹« Drei Tage danach, am 22. Juli, einen Monat nach dem Waffenstillstandsabkommen mit Frankreich, nach einem Monat voller Friedenshoffnungen, kommt die offizielle Antwort Englands. Lord Halifax lehnt im Namen der Regierung Hitlers Friedensangebot kategorisch ab.

Die deutsche Führung ist verwirrt, die politische und auch die militärische. Die politische Führung hat mit einem Friedensschluß gerechnet, und die Militärs haben dementsprechend nicht die geringste Ahnung, geschweige denn gar einen Plan, wie der Krieg nun weitergehen soll. Eine Landung, eine Invasion in England hat Hitler am 13. Juli in der Generalsbesprechung vage erwogen, aber selbst nicht ernsthaft daran gedacht, da er seine Rede vor dem Reichstag noch nicht gehalten hatte. Am 16. Juli hat er vorsorglich, da mittlerweile klar war, daß die britische Regierung die Friedensbemühungen des Heiligen Vaters und des schwedischen Königs zurückgewiesen hatte, die »Führerweisung« Nr. 16 erlassen. Sie lautet:

»Da England trotz seiner militärisch aussichtslosen Lage noch keine Anzeichen einer Verständigungsbereitschaft zu erkennen gibt, habe ich mich entschlossen, eine Landungsoperation gegen England vorzubereiten und, wenn nötig, durchzuführen.

Zweck dieser Operation ist es, das englische Mutterland als Basis gegen Deutschland auszuschalten und, wenn es erforderlich sein sollte, in vollem Umfang zu besetzen.«

Hitler hat seine Reichstagsrede noch vor sich, von der er sich den Frieden verspricht. Deshalb heißt es in seiner Weisung 16, die den Decknamen »Operation Seelöwe« trägt, immer wieder: »wenn nötig«, »wenn es erforderlich sein sollte.«

Jetzt ist es »nötig«, jetzt ist es »erforderlich«, nachdem England sein Friedensangebot zum soundsovielten und nun wohl letzten Mal abgelehnt hat. Die Operation »Seelöwe« wird vorbereitet.

Viel braucht darüber nicht gesagt zu werden, denn jeder weiß heute, daß eine deutsche Landung in England niemals stattgefunden hat. Es ist auch müßig, darüber zu rätseln, was wohl geschehen wäre, wenn sie stattgefunden hätte.

Die Operation »Seelöwe« scheitert jedenfalls, und sie scheitert an vielen verschiedenen Ursachen. Sie wenigstens seien kurz und zusammengedrängt genannt.

Die Marine will, daß die Landung auf einem möglichst engen und kleinen Platz stattfindet. Verständlich. Die deutsche Kriegsmarine ist ohnehin – wie die ganze deutsche Wehrmacht und politische Führung – bei Ausbruch des Krieges nicht auf einen Krieg vorbereitet. Sie ist schwach gewesen und nach dem Norwegenunterneh-

men noch schwächer. Gegen die britische Flotte hätte sie bei einem Landungsunternehmen überhaupt nichts zu melden. Wenn ein solches Unternehmen also überhaupt stattfinden soll, erklärt Großadmiral Raeder mit Recht, dann kann die Kriegsmarine erstens nur eine begrenzte Zahl von Landungsschiffen zur Verfügung stellen und vor allem nur einen ganz kleinen Seeraum vor der um ein Vielfaches überlegenen britischen Flotte schützen.

Erste Voraussetzung, meint Raeder, sei ohnehin eine deutsche Luftherrschaft über England. Erst wenn die britische Luftwaffe ausgeschaltet sei, könne die Marine überhaupt sicher operieren.

Das Heer wiederum verlangt im Gegensatz zur Marine einen möglichst großen und breiten Landungsstreifen. Je breiter der Landungsstreifen, um so mehr Truppen gelandet werden, um so größer der notwendige Erfolg über den Gegner.

Der Streit geht lange hin und her. Marine und Heer sind sich schließlich nur in einem einig: Es kommt auf die Luftwaffe an! Wenn die Luftwaffe den Landungsraum genügend abschirmen kann, wenn die Luftwaffe genügend Bomber und Sturzbomber einsetzen kann, um die britische Flotte vom vorgesehenen Landungsraum fernzuhalten – dann besteht vielleicht die Möglichkeit einer erfolgreichen Landung. Das Wichtigste aber – die Luftwaffe muß vorher schon die Luftherrschaft über England haben, die britische Luftwaffe darf nicht mehr in der Lage sein, das Landungsunternehmen entscheidend zu stören.

Der neuernannte Reichsmarschall Hermann Göring erklärt, wie von ihm nicht anders zu erwarten, daß »seine« Luftwaffe das schaffen würde.

Wie es geschah, daß die Luftwaffe es nicht schaffte, obwohl es schon so aussah – das wird an anderer Stelle dieses Buches noch geschildert. Hier soll nur festgehalten werden, daß die »Luftschlacht um England«, die von den Engländern so genannte »Battle of Britain«, für die deutsche Luftwaffe verlorenging. Den Sieg trug die britische Jagdwaffe über die deutschen Bomber und Jäger davon.

Aber nicht nur das ist entscheidend dafür, daß die »Operation Seelöwe« schließlich abgeblasen wird. Wirklich entscheidend ist Hitlers eigenes Zögern. Das in seiner Weisung 16 vorkommende »falls«, »wenn« und »aber« bestimmt auch weiterhin seine Haltung zu einer Landung in England. Er selbst ist nur mit halbem Herzen dabei.

Viel mehr beschäftigt ihn immer noch die Frage, weshalb die britische Regierung so auf den Krieg versessen ist, weshalb sie selbst nach dem deutschen Sieg über Frankreich nicht daran denkt, einzulenken. Was steckt dahinter, wer stärkt der Kriegspartei in England so sehr den Rücken?

Bild rechts: Winston Churchill, Motor des britischen Widerstandes, besucht Truppen der Royal Air Force, um deren Kampfgeist zu stärken.

Bild unten: Aus Deutschland und den besetzten Ländern zusammengezogene Schleppkähne, Binnenschiffe, Barkassen und Schlepper wurden zu Landungsfahrzeugen umgebaut. An der französischen Kanalküste üben Pioniere und Marinesoldaten Landungsmanöver. Weil die Schwäche der Kriegsmarine gegenüber der Royal Navy offenkundig war und die deutsche Luftwaffe die erforderliche Luftherrschaft über dem Landegebiet nicht erringen konnte, wurde das »Unternehmen Seelöwe«, die Invasion Englands, zunächst verschoben und dann aufgegeben.

Balkanfeldzug

An die Vereinigten Staaten von Amerika denkt Hitler dabei nicht. Amerika liegt seinem Denken viel zu fern. Sein Mißtrauen gegenüber der Sowjetunion wird wieder wach. Die Sowjets haben als einzige Macht der Welt Deutschland in der ersten Kriegsperiode wirklich unterstützt. Das bolschewistische Rußland ist bisher der einzige Verbündete Deutschlands gewesen. Aber trotzdem – in der letzten Zeit ist so einiges geschehen, was Hitler an der Treue dieses Verbündeten wieder zweifeln läßt. Am 13. Juli, Halder hatte es in seinem Tagebuch notiert, war ihm der erste Zweifel aufgestiegen: »Er sieht ebenso wie wir die Lösung dieser Frage darin, daß England noch eine Hoffnung auf Rußland hat.«

Was ist es, das den Verdacht gegen Sowjetrußland in Hitler immer stärker werden läßt?

Zunächst ist es der sowjetische Überfall auf Finnland gewesen. Haben die Russen damit nicht vielleicht ganz bewußt den Westmächten einen Vorwand zur Besetzung Norwegens und Schwedens verschaffen wollen? Er hat damals diese Überlegung wieder zur Seite geschoben, denn die Sowjets samt der von ihnen gelenkten Kommunistischen Internationale standen zu eindeutig auf der Seite Deutschlands und seiner ständigen Friedensbemühungen, als daß Hitler solchem Verdacht damals Raum gegeben hätte.

Sein Mißtrauen ist erst wieder wach geworden, als die Sowjets den deutschen Westfeldzug und damit die Bindung der deutschen militärischen Macht im Westen sofort zu einer Reihe ausgesprochen imperialistischer Überfälle auf fremde Länder ausgenutzt haben.

Abnahme der deutschen Siegesparade am 3. Mai 1941 in Athen durch Generalfeldmarschall List. Noch einmal hatte das Oberkommando der Wehrmacht hohe Führungskunst demonstriert, als sich Hitler gezwungen sah, den bedrängten Italienern auf dem Balkan zu Hilfe zu kommen.

Am 15. Juni 1940, zwei Tage bevor die neue französische Regierung des Marschalls Pétain um Waffenstillstand ersucht, hat die Sowjetunion Litauen überfallen und besetzt. Am 17. Juni erst hat es die Sowjetregierung für nötig befunden, die verbündete deutsche Regierung davon formell zu unterrichten. Seitdem stehen die Sowjettruppen an der Grenze Ostpreußens!

Wenige Tage danach besetzt die Sowjetunion, genauso ohne Kriegserklärung, die Staaten Estland und Lettland.

In allen drei Ländern wird sofort die gesamte einheimische Presse verboten – welch Vergleich zu den deutschen Waffenstillstandsbedingungen für Frankreich, gegenüber einem Land, das Deutschland den Krieg erklärt hat –, alle Parteien werden verboten, sämtliche politischen Führer werden verhaftet, Tausende von Menschen nach Sibirien verschleppt.

Stalin fordert die deutschen Gesandten in den Hauptstädten der drei Länder – Riga, Kaunas und Reval – auf, binnen 14 Tagen ihre Gesandtschaften aufzulösen und das Land zu verlassen.

Doch der Appetit des roten Imperialismus ist damit noch nicht gestillt. Am 23. Juni schon, an dem Tage, da die von kommunistischen Funktionären so gern zitierten »Werktätigen« in ganz Europa berechtigte Hoffnung auf Frieden haben konnten, läßt Molotow den deutschen Botschafter Graf von der Schulenburg zu sich kommen.

Er sagt ihm, wie Schulenburg in einem Telegramm sofort nach Berlin berichtet: »Lösung Bessarabien-Frage gestatte nunmehr keinen weiteren Aufschub. Sowjetregierung... sei entschlossen, Gewalt anzuwenden, falls rumänische Regierung friedliche Einigung ablehne.«

Aber mit der Androhung, den rumänischen Landesteil Bessarabien zu schlucken, ist die Sowjetregierung noch nicht einmal zufrieden. Molotow sagt dem deutschen Botschafter Graf Schulenburg weiter, »die Sowjetregierung rechnet damit, daß Deutschland die sowjetische Aktion nicht stört«. Und weiter sagt er: »Der sowjetische Anspruch erstreckt sich auch auf die Bukowina.« Das alles geschieht einen Monat vor Hitlers Reichstagsrede, drei Wochen bevor Hitler am 13. Juli 1940 das erste Mal erwähnt, daß es vielleicht die Hoffnung auf Unterstützung durch die Sowjetunion sei, die Englands Regierung so kriegslüstern macht.

Die Bukowina ist bis 1919, bis zum Friedensvertrag von St. Germain – der für Österreich die gleiche Bedeutung hat wie der von Versailles für Deutschland – ein Teil Österreichs gewesen. Für Hitler also, der seine Heimat Österreich vor nun mehr als zwei Jahren wieder mit Deutschland vereint hat, muß dies als ein Teil Deutschlands gelten. In seiner und Deutschlands augenblicklicher Situation geht es noch nicht einmal so sehr um nationale Interessen, sondern um solche der Kriegswirtschaft.

Im Ersten Weltkrieg sind die Alliierten »auf einer Woge von Öl zum Sieg geschwommen«, wie einer der westlichen Staatsmänner danach erklärt hat. Das stimmt, und Hitler weiß das sehr genau. Die für Deutschland wichtigen, weil zur Zeit einzig erreichbaren Ölquellen liegen in Rumänien, im Gebiet von Ploesti.

Da er nun, nach Englands endgültiger Ablehnung von Friedensverhandlungen, den Krieg weiterführen muß, braucht Hitler diese Ölquellen. Wissen das die Sowjets? Haben sie deshalb dieses Gebiet der Bukowina, wo sie sonst nichts zu suchen hätten, zu ihrem Eroberungsziel erklärt? Wollen sie so wie Ostpolen, wie Lettland, Litauen oder Estland auch ganz Rumänien verschlingen?

Hitler meint, dann lieber den Sowjets zuvorkommen und die Einverleibung von Bessarabien und der Bukowina von vornherein akzeptieren. Dann nimmt man den Bolschewisten die Möglichkeit, unter einem Vorwand ganz Rumänien und damit das für Deutschlands weitere Kriegsführung wichtige Gebiet von Ploesti zu annektieren.

So geschieht es. Außenminister Ribbentrop stimmt zu, daß die Sowjetunion nach ihren Überfällen auf die baltischen Staaten nun auch große Teile Rumäniens besetzen darf. Eine einzige Bedingung stellt er dabei: Bessarabien und die Bukowina sind zu einem großen Teil seit Jahrhunderten von Deutschen bewohnt. Diese Deutschen müssen, soweit sie es selbst wollen, in die Heimat ihrer Vorfahren zurückkehren dürfen. Keine Frage – die ihrer Herkunft nach Deutschen wollen alle ihre eigentliche Heimat in Bessarabien und der Bukowina verlassen. Lieber das, als unter der Sowjetherrschaft leben.

So beginnt die erste große – diesmal noch freiwillige – Völkerwanderung des zwanzigsten Jahrhunderts. Wochenlange, mühselige Besprechungen zwischen sowjetischen und deutschen Dienststellen sind erforderlich, bis es soweit ist. Der deutsche Diplomat Dr. Peter Kleist sagt über die Verhandlungen: »Wir fühlten uns in der Lage von Leuten, die mit Räubern um das Lösegeld für Gefangene verhandelten.«

Der NKWD-General Osokin macht die meisten Schwierigkeiten und erfindet immer neue Schikanen für die Deutschen. Eine Witwe will, das natürlichste der Welt, den Trauring ihres verstorbenen Mannes mitnehmen. *Njet.* Die Ausfuhr von Edelmetallen aus der Sowjetunion ist verboten.

Die Deutschen wollen einen Teil ihres eigenen Getreides mit auf die Reise nehmen? *Njet!* Das könnte als Saatgut verwendet werden, die Ausführung von Saatgut aus der Sowjetunion ist verboten.

Die Deutschen wollen Privateigentum mitnehmen? Na schön, nackt sollen sie die Sowjetunion nicht verlassen, in ihrem Bettzeug schlafen sollen sie auch. Was, ihre landwirtschaftlichen Maschinen, gar ihre Traktoren wollen sie mitnehmen? *Njet.* In der Sowjetunion gibt es kein Privateigentum an »Produktionsmitteln«. Die Maschinen gehören dem Sowjetstaat seit dem Augenblick, da die Rote Armee Bessarabien besetzt hat. Wollen diese deutschen Kulaken und Ausbeuter gar den sozialistischen Staat bestehlen, sich an Volkseigentum vergreifen?

NKWD-General Osokin verhindert auch den Transport der Umsiedler mit Lastkraftwagen und setzt durch, daß die Umsiedlung mit Pferdewagen vor sich geht. Begründung gegenüber seinen Genossen: So dauert der Treck viele Tage, und die Pferde fressen in dieser Zeit die ganze Ladung auf. Auf diese Weise nehmen die Deutschen möglichst wenig aus der Sowjetunion mit!

Tausende von Rumänen, Bulgaren und Ukrainern drängen sich bei der Dienststelle der deutschen Verhandlungskommission. Sie bemühen sich fieberhaft, deutsche Abstammung nachzuweisen, nur um der über sie hereingebrochenen Sowjetherrschaft entfliehen zu können. Lieber die Heimat aufgeben und in das ferne, fremde Deutschland, als unter den Bolschewisten leben. Nur wenige haben Glück. Die deutsche Kommission hilft, wo sie nur kann, aber ein deutscher Urgroßvater, eine deutsche Tante muß schon da sein.

Die Sowjets haben es da einfacher. Sie verhaften, wen sie für verdächtig halten, gegen die Sowjetunion zu sein. Und wer, der bei der deutschen Kommission vorspricht, um nach Deutschland umgesiedelt zu werden, ist wohl nicht gegen die Sowjetunion? Ab, nach Sibirien!

Schließlich ist es doch soweit, daß sich der endlose Umsiedlertreck in Bewegung setzen kann. Zweitausend Kilometer weit ist der Weg nach Deutschland. Die deutschen Städte und Dörfer Bessarabiens – Leipzig, Bergdorf, Teplitz, Freidorf, Karlstadt und wie sie alle heißen – bleiben menschenleer zurück.

Die sowjetischen Funktionäre, die sich bei der Schikanierung der deutschen Umsiedler besonders hervorgetan haben, General Osokin, der Diplomat Arkadjew und der Jurist Dopkin, sie haben ihrem Land damit keinen Dienst erwiesen. Sie haben mit ihrem Verhalten entscheidend dazu beigetragen, daß sich Hitlers Mißtrauen gegenüber den Sowjets immer mehr steigert.

In einer »Führerbesprechung«, die am 31. Juli 1940 auf dem Berghof stattfindet, teilt Hitler den versammelten Wehrmachtchefs zum ersten Male mit, daß er sich mit dem Gedanken trage, die Sowjetunion anzugreifen. Generalstabschef Halder stenografiert selbst Hitlers Ausführungen mit:

»Irgend etwas ist in London geschehen. Die Engländer waren schon ganz *down,* nun sind sie wieder aufgerichtet . . .«

Hitler gibt die Schuld daran den Sowjets, von denen er nach den letzten Erfahrungen befürchtet, daß sie im Begriff seien, die Front zu wechseln. Erstmals denkt er in diesem Zusammenhang auch an die USA und sagt den versammelten Generalen:

»Englands Hoffnung ist Rußland und Amerika. Wenn die Hoffnung auf Rußland wegfällt, fällt auch Amerika weg, weil dem Wegfall Rußlands eine Aufwertung Japans in ungeheurem Maß folgt.«

Je mehr er darüber nachdenke, sagt Hitler, um so mehr sei er davon überzeugt, daß England bei seiner hartnäckigen Entschlossenheit, den Krieg fortzusetzen, auf Sowjetrußland zähle. Die Sowjets brauchten den Engländern nur zu sagen, daß sie selbst Deutschland nicht groß haben wollten, dann würden die Engländer schon hoffen, daß in sechs bis acht Monaten die ganze Lage anders sei. Sei Rußland aber zerschlagen, dann sei Englands letzte Hoffnung dahin.

In Halders Stenogramm steht dann:

»Entschluß: Im Zuge dieser Auseinandersetzung muß Rußland erledigt werden. Frühjahr 41. Je schneller wir Rußland zerschlagen, um so besser.«

Schon am Tage darauf, am 1. August 1940, geht Halder mit dem Generalstab an die Ausarbeitung der notwendigen Pläne. Des deutschen Generalstabchefs Tagebucheintragung vom 1. August zeigt, mit welcher Begeisterung er an diese neue Aufgabe geht. Später, nach dem Krieg, erklärt er allerdings, er habe die ganze Idee, die Sowjetunion anzugreifen, für Wahnsinn gehalten.

Am 9. August erläßt der Wehrmachtführungsstab die erste Weisung, noch unter dem Decknamen »Aufbau Ost«. Am 26. August befiehlt Hitler die erste Truppenverlegung nach Osten. Zehn Infanterie- und zwei Panzerdivisionen werden nach Polen verlegt. Am 6. September erläßt Generaloberst Jodl, der Chef des Wehrmachtführungsstabes, Vorschriften für die Tarnung der gegen die Sowjetunion angelaufenen Maßnahmen. Am 12. November erläßt Hitler die streng geheime »Führerweisung« Nr. 18, in der es heißt: »Politische Besprechungen mit dem Ziel, die Haltung Rußlands für die nächste Zeit zu klären. Gleichgültig, welches Ergebnis diese Besprechungen haben werden, sind alle schon mündlich befohlenen Vorbereitungen für den Osten fortzuführen . . .«

»Politische Besprechungen« – das bezieht sich auf einen Besuch, der am gleichen Tag in Berlin eintrifft: Wjadscheslaw Michailowitsch Skrjabin, genannt Molotow, der »Hämmernde«, Mitglied des Politbüros der KPdSU, Ministerpräsident und Außenminister der Sowjetunion. Sein Besuch ist nach allen internationalen Gepflogenheiten schon längst fällig, der deutsche Außenminister Joachim von Ribbentrop ist schon zweimal in Moskau gewesen. Was Molotow in Berlin will, ist natürlich nicht nur ein protokollarischer Höflichkeitsbesuch. Molotow hat auch einige Fragen an die deutsche Reichsregierung, und er hat auch einige Forderungen zu stellen.

Die Sowjetunion hat es ausgenutzt, daß Deutschland militärisch gebunden war – erst in Polen, dann in Dänemark und Norwegen, schließlich in Luxemburg, Holland, Belgien und Frankreich. Finnland wurde in dieser Zeit überfallen, aus den eroberten finnischen Gebieten wurde die »Karelofinnische Sowjetrepublik« unter Führung des Altkommunisten und Sekretärs der Kommunistischen Internationale, Otto Wilhelm Kuusinen. Litauen, Lettland und Estland wurden überfallen und der Sowjetunion einverleibt. Doch damit ist das »sozialistische« Rußland längst noch nicht zufrieden. Fern aller protokollarischen Höflichkeit kommt Skrjabin alias Molotow deshalb nach Berlin, um weitere Forderungen zu stellen.

Inzwischen hat Hitler, um zu retten, was zu retten ist, mit der rumänischen Regierung die Entsendung einer deutschen Militärmission nach Rumänien vereinbart. In Hitlers Geheimbefehl dazu heißt es:

»Vor der Welt wird deren Aufgabe sein, Rumänien bei der Aufstellung und Ausbildung seiner Streitkräfte freundschaftlich zu beraten.

Ihre wirkliche Aufgabe, die weder den Rumänen noch unseren eigenen Truppen zum Bewußtsein kommen darf, wird sein:

a) das Erdölgebiet zu schützen . . .

c) den Aufmarsch deutscher und rumänischer Kräfte von rumänischen Stützpunkten aus im Falle eines uns von Sowjetrußland aufgezwungenen Krieges vorzubereiten.«

Diesen Geheimbefehl kennt Molotow natürlich nicht, aber die Entsendung der deutschen Militärmission ist den Sowjets nicht verborgen geblieben. Die Sowjetregierung hat sofort beim deutschen Botschafter protestiert. Die Reichsregierung habe damit den deutsch-sowjetischen Vertrag verletzt, der für solche Fälle eine

Konsultation der anderen Regierung vorsehe. Es hat danach einen in sehr schroffem Ton gehaltenen Schriftwechsel zwischen Berlin und Moskau gegeben, in dem von deutscher Seite darauf hingewiesen wird, daß zuerst die Sowjetregierung den Vertrag verletzt habe im Fall Finnland, im Fall Litauen, im Fall Lettland und Estland.

Nun also, am 12. November, ist Molotow auf dem Anhalter Bahnhof in Berlin angekommen und mit allen Ehren, wenn auch sehr formell und gar nicht herzlich, empfangen worden. An diesem trüben und regnerischen Novembertag beginnen in Berlin die zweitägigen Besprechungen, die für zwei Völker, ja, für ganz Europa, schicksalsentscheidend werden sollen. Molotow ist mit ganz bestimmten, konkreten Fragen und Forderungen nach Berlin gekommen. Hitler und sein Außenminister Ribbentrop können oder wollen diese Fragen nicht ebenso klar beantworten, die Forderungen nicht erfüllen. Sie schlagen der Sowjetregierung vor, Moskau möge sich dem Dreimächtepakt Berlin-Rom-Tokio anschließen, der damit ein Viererpakt werden würde.

Molotow scheint nicht abgeneigt, aber er verlangt, gewissermaßen als Vorleistung des deutschen Partners, daß die deutschen Truppeneinheiten, die sich zur Unterhaltung des deutschen Nachschubs für Nordnordwegen in Finnland befinden, Finnland sofort verlassen sollen.

Weiter erklärt er, daß die Sowjetunion einem Viermächtepakt nur beitreten könne, wenn die Sowjetunion in den nächsten Monaten schon im Gebiet des Bosporus und der Dardanellen militärische Stützpunkte für ihre Land- und Seestreitkräfte einrichten könne. (Daß die bulgarische und die türkische Regierung, denen dieses Gebiet gehört, zuallererst gefragt werden müßten, erwähnt Molotow nicht!)

Als Schwerpunkt der sowjetischen »Aspirationen«, mit anderen Worten sowjetischer Gebietsausweitungen, müsse der Raum südlich Baku und Batum in Richtung auf den Persischen Golf anerkannt werden. Japan müsse vor einem Vertragsabschluß auf seine Konzessionsrechte zur Ausbeutung von Kohle und Erdöl im Norden von Sachalin verzichten.

Der Vertrag kommt nicht zustande, zu groß sind die Differenzen zwischen den Gesprächspartnern. Hitler selbst spricht stundenlang mit Molotow. Einen so hartnäckigen und sturen Partner hat Hitler noch nie erlebt. Chefdolmetscher Schmidt war dabei und sagt später: »Die Fragen hagelten nur so auf Hitler nieder. So hatte noch keiner der ausländischen Besucher in meiner Gegenwart mit ihm gesprochen.«

Was Deutschland in Finnland vorhabe, fragt Molotow. Hitler antwortet, daß lediglich Nachschub für Nordnorwegen auf dem Landweg durch Finnland transportiert

Unter der Überschrift »Um die Thermopylen« beschreibt die NS-Propagandaillustrierte die nebenstehenden Bilder: »Bei den heißen Kämpfen in den Bergen Griechenlands mußte immer wieder schwere deutsche Artillerie eingesetzt werden, um den deutschen Durchbruch zu erzwingen. Über dem Aufblitzen der Mündungsfeuer und dem Pulverdampf erheben sich hier in ewiger Ruhe die weißen Gipfel des Olymp.«

»Der Hauptwiderstand des Gegners an den Thermopylen ist gebrochen. Den vorwärtsstürmenden deutschen Panzern folgen motorisierte Kolonnen. Noch liegt vereinzelt feindliches Feuer auf der Vormarschstraße. Die Mannschaft springt vom Wagen und geht in Deckung. Aber der Vormarsch ist nicht mehr aufzuhalten.«

»Nach Tagen des Kämpfens und Marschierens: Die warmen Quellen der Thermopylen! Schnell sind die Uniformen abgetan, und aus der marschierenden Truppe ist eine fröhliche Badegesellschaft geworden.«

werde. Er kontert sofort und fragt Molotow, ob die Sowjetunion die Absicht habe, nochmals Krieg gegen Finnland zu führen. Nun ist es Molotow, der ausweichend antwortet. Schließlich erklärt er, die Sowjetunion denke an eine Bereinigung der finnischen Frage im selben Sinne wie in Bessarabien und den baltischen Staaten. Also Annexion Finnlands.

Hitler ist aufrichtig darüber erschrocken. Molotow merkt, daß er wohl etwas zu weit gegangen ist und bemerkt schnell, daß die Sowjetregierung natürlich zunächst die Stellungnahme Deutschlands dazu erfahren möchte. Hitler betont, daß es unter gar keinen Umständen Krieg mit Finnland geben dürfe, solch ein Konflikt würde »tiefgehende Rückwirkungen« haben. Die Verhandlungen, die zweimal wegen Fliegeralarms in den Bunker des Auswärtigen Amtes verlegt werden müssen, führen nicht dazu, daß die Sowjetunion einem Viermächtepakt mit Deutschland, Italien und Japan beitritt. Aber sie führen dazu, daß Hitler nun endgültig davon überzeugt ist, in der Sowjetunion einen gefährlichen Gegner zu haben, der so schnell wie möglich ausgeschaltet werden muß.

Am 26. November 1940, knapp vierzehn Tage nach Molotows Besuch in Berlin, präzisiert Stalin noch einmal die Bedingungen, unter denen Moskau sich einem Viererpakt anschließen würde. Jetzt verlangt er sogar noch, daß gemeinsam »militärische Maßnahmen« gegen die Türkei getroffen werden müßten, falls die Türkei russische Stützpunkte auf ihrem Gebiet nicht zulasse. Auch müsse man sich über die Frage der Ostsee-Meerengen klarwerden – also der Große und Kleine Belt, das Kattegat, Skagerrak, ureigenste deutsche Interessengebiete. Hitler entscheidet sich nun endgültig. Am 5. Dezember legt Halder ihm den Generalstabsplan für die Operationen gegen die Sowjetunion vor. Hitler billigt in einer vierstündigen Besprechung diesen Plan

im wesentlichen. Die Rote Armee soll nördlich und südlich der Pripjetsümpfe durchstoßen, eingekesselt und vernichtet werden. »Wie in Polen«, sagt Hitler zu seinem Generalstabschef. »Moskau«, sagt er schon hier – und um diese Frage gibt es später noch heftige Auseinandersetzungen, »Moskau ist nicht wichtig. Wichtig ist, Rußlands Lebenskraft zu vernichten!« Eingesetzt werden sollen 120 bis 130 Divisionen. Rumänien und Finnland sollten am Krieg gegen die Sowjets teilnehmen, Ungarn dagegen nicht.

Am 18. Dezember erläßt Hitler seine berühmt und berüchtigt gewordene »Führerweisung 21«, deren Überschrift dem Rußlandfeldzug seinen Namen gegeben hat: »Fall Barbarossa.«

Die Weisung Nr. 21 beginnt mit den Worten:

»Die deutsche Wehrmacht muß darauf vorbereitet sein, auch vor Beendigung des Krieges gegen England Sowjetrußland in einem schnellen Erfolg niederzuwerfen... Vorbereitungen sind bis zum 15. 5. 41 abzuschließen...«

Die Würfel sind damit gefallen, Hitler besiegelt damit sein eigenes Schicksal und das seines Volkes.

Diese Weisung führt nicht zuletzt deshalb zum Untergang des Deutschen Reiches, weil ein entscheidender Punkt der Weisung nicht eingehalten wird: der Termin, bis zu dem die Vorbereitungen abgeschlossen sein sollen. Um sechs Wochen später als geplant, wird 1941 der Feldzug im Osten beginnen, genau um die sechs Wochen zu spät, die dann der eisige russische Winter zu früh kommt.

Es liegt nicht am Generalstab und seinem Plan, auch nicht an den mit gewohnter preußischer Präzision ablaufenden militärischen Vorbereitungen. Schuld an dieser entscheidenden Verzögerung ist wieder einmal Hitlers Verbündeter Mussolini. Am 28. Oktober 1940, kurz vor Molotows Berlin-Besuch, ist Italiens Wehrmacht von Albanien aus, das schon im Sommer 1939 annektiert wurde, in Griechenland eingefallen. Hitler kehrt gerade in seinem Sonderzug von Besprechungen zurück, die er in Hendaye an der spanisch-französischen Grenze mit dem spanischen Staatchef Franco und anschließend mit dem französischen Staatspräsidenten Marschall Pétain in Montoire geführt hat. Als der Sonderzug wieder über die deutsche Grenze rollt, trifft bei Hitler ein Bericht des deutschen Botschafters in Rom ein, der besagt, daß die Italiener in Griechenland einmarschieren wollen.

Hitler läßt sofort den Zug umdirigieren in Richtung Süden. Er ist über die italienische Absicht außer sich. Erstens meint er, daß die italienische Wehrmacht in dieser Jahreszeit, im Herbstregen und dann im Schnee der griechischen Berge nichts ausrichten wird. Vor allem aber bringt ein solches Unternehmen genau die Kriegsausweitung, die Hitler bisher hat vermeiden wollen. Noch ist Molotow nicht in Berlin gewesen, noch hat er nicht seine Forderungen gestellt, noch hat Hitler nicht die »Weisung« für den »Fall Barbarossa« unterzeichnet!

Mussolini wird unterrichtet, daß der Führer ihn sofort aufsuchen wolle und stimmt zu. Treffpunkt Florenz. Als Hitlers so schnell umdirigierter Sonderzug in den rasch noch für den unerwarteten Besuch geschmückten Bahnhof von Florenz einrollt, da ist es schon zu spät. Hitler kann den Duce nicht mehr von seinem griechischen Abenteuer zurückhalten. Seit dem Morgen marschieren die italienischen Divisionen bereits. »Wir sind überall auf dem siegreichen Vormarsch!« verkündet Benito Mussolini strahlend.

Hitler bleibt höflich, aber in seinem Inneren kocht es. Zu machen ist ohnehin nichts mehr, die Kämpfe an der griechisch-albanischen Grenze sind längst schon im vollen Gange. Am Nachmittag schon fährt Hitler wieder über die verschneiten Alpen zurück nach Deutschland, voller Bedenken, was aus Mussolinis Abenteuer noch alles entstehen könnte, voller Bitterkeit über den Vertrauensbruch Mussolinis ihm gegenüber.

Hitlers Sorgen bewahrheiten sich schon bald. Italiens Feldzug gegen Griechenland kommt nicht voran. Im Gegenteil, die Griechen drängen die Italiener bald wieder über die Grenze zurück, und im Dezember, während Hitler sich endgültig für das Unternehmen »Barbarossa« entscheidet, stehen die griechischen Truppen schon tief in Albanien, auf der Verfolgung der flüchtenden Italiener. Die Engländer, die es schon vorher mit der griechischen Neutralität nicht sehr genau genommen haben – der formelle Grund für Italiens Angriff auf Griechenland –, besetzen die griechische Mittelmeerinsel Kreta, richten in Griechenland Stützpunkte ein.

Vor allem das letztere macht Hitler Sorgen. Das rumänische Erdölgebiet von Ploesti ist bisher für britische Bomber nicht erreichbar gewesen, jetzt aber sind britische Bombenflugzeuge in Griechenland stationiert. Ploesti liegt in ihrer Reichweite. Eine Bombardierung der Erdölfelder kann für Deutschlands Kriegführung unabsehbare Folgen haben.

Die »Militärmission« in Rumänien wird ständig verstärkt. Bis zum März 1941 hofft die deutsche Wehrmachtführung in Rumänien so viel Kräfte zu haben, um »unter allen Umständen einen eindeutigen Erfolg sicherzustellen«. Gleichzeitig wird mit der bulgarischen Regierung über ein Durchmarschrecht für die deutschen Truppen im Falle einer Auseinandersetzung mit Griechenland verhandelt. Auch Ungarn beteiligt sich zwangsläufig an diesen militärischen Vorbereitungen.

Hitler hat mit seinem italienischen Verbündeten immer mehr Sorgen. Die Italiener, die von den Griechen bis nach Albanien hinein zurückgeworfen worden sind, erleiden gleich darauf auch in Nordafrika eine Nieder-

Im Herbst 1940 versuchte sich der bisher erfolgreiche Feldherr Adolf Hitler als Diplomat. Im Bahnhof von Hendaye traf er mit dem spanischen Diktator Franco zusammen *(Bild oben)*.

Diplomatisch geschickt, aber hart in der Sache, ließ Franco sich nicht darauf ein, an der Seite Deutschlands in den Krieg einzutreten. »Lieber lasse ich mir drei oder vier Zähne ohne Betäubung ziehen, als so etwas noch einmal durchzumachen«, sagte Hitler später zu Mussolini über diese Verhandlungen. Nicht besser erging es Hitler in Montoire, wo er mit dem französischen Staatsoberhaupt Pétain zusammentraf *(Bild Mitte)*. Der greise Marschall, der Sieger von Verdun im Ersten Weltkrieg, entgegnete Hitler knapp aber bestimmt: »Frankreich ist nicht mehr in der Lage, einen neuen Krieg zu führen.« Damit war Hitlers Traum »mit Europa gegen England« ausgeträumt.

Fünfzehn Monate nach der Unterzeichnung des sensationellen deutsch-russischen Freundschafts- und Nichtangriffspaktes vom August 1939 traf der sowjetische Außenminister Molotow zum Gegenbesuch in Berlin ein. Als Hitler schließlich begriff, daß sich sein Partner beharrlich weigerte, seine Vorstellungen von den gegenseitigen Interessensphären zu teilen, festigte sich sein Entschluß, die Sowjetunion anzugreifen.

Bild unten: Auf dem Berliner Bahnhof wird der sowjetische Gast am 14. November 1940 verabschiedet. Von links: Molotow, Ley, Botschaftsrat Hilger und Ribbentrop.

lage nach der anderen. Im September gelingt es den Engländern in einer Schlacht südlich von Sidi Barani, vier italienische Divisionen fast völlig zu vernichten. Die Engländer selbst verlieren in dieser Schlacht nur 8 (acht!) Vermißte, 387 Verwundete und 133 Tote. Die Italiener dagegen verlieren allein 38 000 Mann, die in britische Gefangenschaft wandern, 50 Panzer und über 400 Geschütze.

Der britische Erfolg könnte noch größer sein, wenn die Briten sofort alles daran setzten, die fliehenden Italiener mit allen zur Verfügung stehenden Kräften zu verfolgen. Aber eben das ist es – die »zur Verfügung stehenden Kräfte«. England hat sich gerade zu dieser Zeit endgültig in Griechenland engagiert und kann deshalb keine Reserven für Nordafrika frei machen.

Andererseits zwingt nun die immer stärker werdende Macht der Engländer in Griechenland Hitler dazu, den Angriff gegen Griechenland zu befehlen.

Am 1. März tritt Bulgarien dem Dreimächtepakt bei. Deutsche Truppen marschieren im Einvernehmen mit der bulgarischen Regierung in Bulgarien ein, um den »englischen Absichten einer Kriegsausweitung auf dem Balkan entgegenzutreten und die bulgarischen Interessen zu schützen«.

Die jugoslawische Regierung, die nach dem deutschen Einmarsch in Bulgarien ringsum von kriegführenden Mächten umgeben ist – im Süden Griechenland, im Westen die Italiener in Albanien, im Norden und nun auch im Osten die Deutschen –, beschließt am 20. März ebenfalls, sich dem Dreierpakt anzuschließen und damit sich auf die Seite Deutschlands zu stellen. Es gibt ein heftiges Hin und Her in Belgrad um diese Entscheidung. Von den Regierungsmitgliedern stimmen zehn für den Beitritt, drei dagegen, und fünf enthalten sich der Stimme – ein sehr knappes Ergebnis. Am 25. März unterzeichnet der jugoslawische Ministerpräsident in Wien den Dreimächtepakt. Als er und die ihn begleitenden Regierungsmitglieder nach Belgrad zurückkehren, werden sie – verhaftet!

In Belgrad findet ein Staatsstreich statt, geleitet von dem Luftwaffengeneral Simowitsch. Der Militärputsch ist siegreich. Prinzregent Paul muß flüchten, Simowitsch setzt den minderjährigen König Peter II. auf den Thron. In Belgrad finden Massendemonstrationen statt – gegen Deutschland, für England.

Winston Churchill sieht darin eine große Chance. Er bedrängt die Türkei, sofort gegen Deutschland in den Krieg einzutreten. An den neuen jugoslawischen Ministerpräsidenten Simowitsch wendet er sich persönlich mit der Aufforderung, sofort in Albanien einzufallen. Churchill hat mit seinen Forderungen weder bei den Türken noch bei den Jugoslawen Glück, aber für Hitler genügen alle diese Ereignisse, nunmehr zugleich mit der vorgesehenen Operation gegen Griechenland auch den Angriff gegen Jugoslawien zu planen. Bereits am Abend des Belgrader Staatsstreiches entschließt er sich dazu und teilt in einer Besprechung den Oberbefehlshabern des Heeres und der Luftwaffe sowie deren Stabschefs mit, daß der Beginn von »Barbarossa« wegen der nun leider notwendigen Maßnahmen auf dem Balkan um rund fünf Wochen verschoben werden müsse.

Die »Weisung Nr. 25« ergeht, die den Rahmenplan für den Balkanfeldzug darstellt.

Nun unternimmt die Sowjetunion einen neuen Schritt, der eindeutig gegen Deutschland gerichtet ist. Am 5. April 1941 schließt sie mit der neuen jugoslawischen, antideutschen Regierung einen Nichtangriffs- und Freundschaftspakt. Für Jugoslawien bringt dieser Pakt keinen Nutzen mehr, aber Hitler fühlt sich dadurch in seinem Entschluß, die Sowjetunion anzugreifen, abermals bestärkt.

Schon am nächsten Tag, am 6. April, beginnt der gemeinsame deutsch-ungarisch-italienische Angriff auf dem Balkan. Die deutsche Regierung gibt bekannt, daß sie sich gezwungen sehe, England nunmehr endgültig vom Kontinent zu vertreiben. Deutschland habe alles versucht, um den Frieden auf dem Balkan zu erhalten, England dagegen habe ständig versucht, diesen Frieden zu stören. Griechenland habe offen zugelassen, daß sich die Engländer in ihrem Land festsetzten, die Putschregierung in Belgrad habe das gleiche vor. Deshalb sei Deutschland nun zum Eingreifen gezwungen.

Der deutsche Angriff geht überall zügig voran. Der Vormarsch in Jugoslawien geht so schnell vonstatten, daß schon sechs Tage später die Hauptstadt Belgrad eingenommen wird. Dazu haben besonders die vielen innenpolitischen Gegensätze in Jugoslawien beigetragen, die auch das Heer demoralisieren. Fast die Hälfte aller Einberufenen leisten dem Einberufungsbefehl gar nicht erst Folge. Die Kroaten denken erst recht nicht daran, für die gehaßte serbische Zentralregierung zu kämpfen. Die zahlreichen Volksdeutschen schlagen sich ebenfalls in die Büsche, um nicht gegen ihre eigenen Landsleute kämpfen zu müssen.

Dazu kommt, daß die jugoslawische Armee ungenügend ausgerüstet ist. Panzer fehlen ganz, die Luftwaffe besteht aus 700 zumeist veralteten Flugzeugen, Fliegerabwehrgeschütze gibt es nur sehr wenig, ebenso panzerbrechende Waffen.

Am 11. April 1941 schon ruft die »Ustascha«-Bewegung in Agram den unabhängigen kroatischen Staat aus, der sich sofort unter deutschen Schutz stellt.

Bild unten: Begegnung zweier U-Boote im Südatlantik. Die Einführung größerer U-Boot-Typen und der Einsatz von Versorgungsschiffen vergrößerten den Aktionsradius der deutschen U-Boot-Waffe. Englische Handelsschiffe mußten auch in abgelegenen Seegebieten damit rechnen, angegriffen zu werden. Churchill schrieb später: »Das einzige, was mich während des Krieges wirklich beängstigte, war die Bedrohung durch die U-Boote.«
Bild oben: Der Befehlshaber der Unterseeboote, Konteradmiral Dönitz, verleiht einer U-Boot-Besatzung das EK I.

In Griechenland ist der Kampf weit schwerer. Die griechischen Truppen kämpfen nicht nur mit weit mehr Entschlossenheit, sie haben auch in der Metaxas-Linie eine schwer bezwingbare Befestigungsanlage. Selbst die gegen die hochmoderne Maginot-Linie in Frankreich erfolgreichen Stukas können hier nicht viel ausrichten, da die Befestigungswerke der Griechen im Gebirge liegen und nicht nur durch Stahl und Beton, sondern durch die riesigen Felsmassen geschützt werden.

Aber wie bei jeder Befestigungsanlage beweist sich auch hier wieder, daß solche Festungslinien im Zeitalter des mit Panzern geführten Bewegungskrieges überholt sind, mögen sie noch so modern, noch so gut gepanzert und bewaffnet sein. Ein einziger Einbruch in die Anlagen genügt. Panzer und Infanterie stoßen durch die Lücke, kümmern sich nicht mehr um die Metaxas-Linie und brausen weiter ins feindliche Hinterland.

Am 9. April schon, während an der Metaxas-Linie noch gekämpft wird, erreichen deutsche Panzer Saloniki. Gleichzeitig stoßen im Rücken der Metaxas-Linie deutsche Panzerspitzen, voran die Aufklärungsabteilung der SS-Leibstandarte unter Kurt Meyer, der später unter dem Namen »Panzermeyer« bekannt wird, aus Bulgarien durch Südjugoslawien über Skoplje von Norden her nach Griechenland hinein.

Schwierigkeiten gibt es am Isthmus von Korinth, der schwer zu überwinden ist. Hier werden, wie fast ein Jahr zuvor in Holland und Belgien, wieder Fallschirmjäger eingesetzt. Der Golf von Patras, ein weiteres Hindernis, wird von Kurt Meyers Aufklärungsabteilung mit griechischen Fischerbooten überwunden, die auf dem peloponnesischen Ufer landen. Meyer soll für diese »idiotische Sache«, wie Sepp Dietrich, der Kommandeur der Leibstandarte, ihm wütend sagt, vor ein Kriegsgericht gestellt werden.

Aber es geht alles gut, und so gibt es kein Kriegsgerichtsurteil, sondern eine Anerkennung.

Die Italiener sind mittlerweile noch nicht vorangekommen. Aber die inzwischen in ihrem Rücken auftauchenden deutschen Truppen zwingen die griechische Führung, die in Albanien ungeschlagenen Truppen zurückzuziehen. Endlich kann auch Mussolini von italienischen Siegen berichten.

Die Engländer in Griechenland haben – wie vorher in Belgien und Nordfrankreich – gleich nach den ersten deutschen Erfolgen Befehl erhalten, zurückzugehen. So wie in Holland, Belgien und Frankreich spricht man nun in Griechenland davon, daß England seine Verbündeten im Stich lasse, daß die Engländer feige seien. Diese Auffassung ist verständlich, aber falsch. Es wird sich später herausstellen, daß Churchill richtig gehandelt hat, als er es für das Wichtigste ansah, seine Truppen zu retten und für den späteren Entscheidungskampf zu erhalten.

Die deutschen Soldaten merken jetzt schon, daß es nichts mit der »Feigheit« der Engländer ist. Trotz der Rückzugsbefehle aus London kommt es durch den stürmischen deutschen Vormarsch immer wieder zu Gefechten auch mit den Engländern. Und die britischen Soldaten kämpfen außerordentlich tapfer.

Fast ganz Griechenland ist am 27. April 1941 besetzt, am gleichen Tag fällt auch die Hauptstadt Athen. Fünf Tage lang dauert die Rettungsaktion für die britischen Truppen, die auf die Mittelmeerinsel Kreta und nach Ägypten übergesetzt werden. Alle verfügbaren Seestreitkräfte werden für den Abtransport der britischen Truppen aus Griechenland eingesetzt, darunter sechs Kreuzer und 19 Zerstörer. Von den 62 000 Mann können 50 000 Mann gerettet werden. 12 000 geraten in deutsche Gefangenschaft oder sind gefallen. Die deutschen Verluste während des Griechenlandfeldzuges betragen 100 Tote sowie 3500 Verwundete und Vermißte.

Der Krieg auf dem Balkan ist damit zunächst einmal beendet. Nur die Insel Kreta, die zu Griechenland gehört und durch ihre zentrale Lage im östlichen Mittelmeer strategisch wichtig ist, muß noch erobert werden. Zunächst ist noch nicht klar, wie das geschehen soll. Eine Invasion ähnlich der Operation »Seelöwe«, wie sie gegen England geplant war? Die vorgesehene Landungsflotte ist längst aufgelöst; wäre sie es nicht, könnte man sie trotzdem nicht hier herunter ins östliche Mittelmeer bringen.

Auf jeden Fall greift erst einmal die Luftwaffe ein. Deutsche Bomberverbände versenken britische Transporter und Kriegsschiffe vor Kreta. Die Bucht von Suda, die beste Landemöglichkeit für Truppen und Nachschub auf Kreta, kann von den Engländern der überlegenen deutschen Luftwaffe wegen bald nicht mehr benutzt werden. Die britische Flotte muß aus der Suda-Bucht verschwinden. Der Hafen von Alexandria in Ägypten, 700 Kilometer von Kreta entfernt, muß zum Stützpunkt für alle mit Kreta zusammenhängenden Operationen gemacht werden.

Auf Kreta selbst werden umfangreiche Verteidigungsvorbereitungen getroffen. Stellungen werden ausgehoben, dazu auch eine Menge Scheinstellungen, durch die die deutsche Luftaufklärung irregeführt werden soll – und auch wird. Das gebirgige Gelände kommt den Verteidigern entgegen. Noch wissen die Engländer nicht, wie die Deutschen landen wollen, ob aus der Luft oder von der See her. Sie wissen nur, daß die Deutschen landen wollen, und sie sind auf jede Möglichkeit vorbereitet.

Die deutsche Führung ihrerseits weiß jetzt, wie die Landung vor sich gehen soll. General Student, der Kommandierende des XI. Fliegerkorps, das alle deutschen Luftlandetruppen umfaßt, hat sich mit dem Plan der Luftlandung auf Kreta durchgesetzt. Vielleicht wäre die Landung durch Fallschirmjäger und Luftlandetruppen unterblieben, wenn sich nicht die deutsche Aufklärung, die der Luftwaffe und die der deutschen »Abwehr«, so gewaltig getäuscht hätte. Nur ein Drittel der tatsächlich vorhandenen Feindkräfte auf Kreta werden der deutschen Führung als vorhanden gemeldet. Außerdem sind die wenigsten der britischen Scheinstellungen als solche erkannt worden, dafür bleiben viele der echten Abwehrstellungen unbekannt. Das führt dann unter den Fallschirmjägern zu Verlusten, wie sie keine andere Truppe – die deutsche U-Boot-Waffe ausgenommen – in diesem Kriege hinnehmen mußte.

Am 20. Mai beginnt das größte Luftlandeunternehmen der Kriegsgeschichte. Schon am frühen Morgen beginnt die Luftwaffe mit ihren Angriffen auf die feindlichen Stellungen. Die Flugplätze Malemes und Heraklion sowie die Flakstellungen um diese Flugplätze und um die Hauptstadt Kania werden bombardiert und mit Bordwaffen angegriffen. Die Fallschirmjäger sollen als erstes diese beiden Flugplätze besetzen, damit danach die Maschinen mit den Luftlandetruppen dort landen können.

Die Angriffe auf die Flakstellungen sind, wie sich bald herausstellt, erfolgreich gewesen. Von den 493 Ju-52-Transportflugzeugen, die die erste Welle der Fallschirmjäger absetzen, werden nur sieben von der britischen Flak abgeschossen. Um so schlimmer aber ist der Empfang, der den wehrlos vom Himmel herabschwebenden Fallschirmjägern bereitet wird. Die britischen Infanteriestellungen sind trotz des vorangegangenen Bombardements noch intakt. Und der Vorteil der Überraschung, den die Fallschirmjäger vor einem Jahr in Holland und Belgien für sich hatten, entfällt diesmal. Die Engländer sind vorbereitet.

Prasselndes MG-Feuer jagt in den fallschirmübersäten Himmel hinein. Gewehrschützen schießen wie auf dem Schießstand einen der hin und her pendelnden Fallschirmjäger nach dem anderen ab. Viele von ihnen kommen tot oder schwerverwundet auf der Erde an. Auch der Kommandeur der Gruppe West, die den Flugplatz Malemes nehmen soll, ist unter den Schwerverwundeten. Die Überlebenden sammeln sich, noch immer im Feuer des Gegners, in dem Gelände, das unübersichtlich und ihnen fremd, den Engländern aber vertraut ist. Beim Flugplatz Malemes haben die Engländer terrassenförmige Stellungen ausgebaut, da sie von vornherein auch mit Luftlandungen durch Fallschirmjäger gerechnet haben. Von diesen erhöhten Stellungen wird das ganze Absprunggebiet beherrscht. Bei Kania scheitert die Landung zunächst völlig. Der Kommandeur dieser Gruppe stürzt schon beim Anflug mit seinem Lastensegler tödlich ab, die Gruppe ist wie die von Malemes erst einmal ohne Führung. Die Gruppe ist zum Teil mitten in die vorher nicht erkannten Feindstellungen hineingesprungen und wird fast aufgerieben. Der geplante Angriff auf Kania muß eingestellt werden, ebenso der Angriff auf den Flugplatz Rethymnon.

Am 20. Mai 1941 erfolgte das erste große Luftlandeunternehmen der Kriegsgeschichte, der erfolgreiche Angriff auf die Mittelmeerinsel Kreta. Die Reaktion auf diesen erstaunlichen Sieg war merkwürdig: positiv beim Verlierer, negativ beim Sieger. Churchill befahl, die winzige britische Fallschirmtruppe schleunigst von 500 auf 5000 Mann zu verstärken. Zugleich begannen die Amerikaner mit Hochdruck, eine Fallschirmtruppe aufzubauen. Hitler dagegen erklärte am 19. August 1941 bei der Verteilung der Ritterkreuze für die Kreta-Kämpfer: »Die Tage der Fallschirmtruppe sind vorüber. Die Fallschirmwaffe ist eine reine Überraschungswaffe, und der Überraschungsfaktor hat sich inzwischen abgenutzt.« Seitdem wurden seine Fallschirmjäger fast nur noch als Elite-Infanteristen eingesetzt.

Bild links: Sprung in die ungewisse Tiefe. Als »schwebende Zielscheiben« waren die Fallschirmspringer besonders gefährdet.

Rechte Seite: Eine der in Massen eingesetzten Ju 52 ist gelandet.

Viele der Fallschirmjäger sind an anderen Punkten heruntergekommen als geplant. Waffenbehälter werden weit abgetrieben, und die Fallschirmjäger, die den richtigen Landepunkt erreichen, sind damit ohne schwere Waffen.

Am Abend des 20. Mai sieht die Lage für die Deutschen sehr ernst aus. Noch keiner der drei Flugplätze, deren Besitz über den Erfolg des Unternehmens entscheidet, ist in deutscher Hand. Es gibt nur noch eine Möglichkeit, ein Fiasko zu verhindern. Es ist die gleiche Taktik, die auch den Sieg über die Befestigungswerke der Maginot-Linie und der Metaxas-Linie gebracht hat, die Taktik, die letztlich auch die Erfolge der deutschen Panzertruppe mitbestimmt hat – den Schwerpunkt an einer Stelle zu suchen, an einer Stelle alle verfügbaren Kräfte ansetzen. »Klotzen, nicht kleckern«, hat Panzergeneral Guderian das einprägsam genannt.

Als dieser Schwerpunkt bietet sich der Flugplatz Malemes an. Hier können am besten weitere Fallschirmjäger gelandet werden, weil hier die Flak fast völlig ausgeschaltet worden ist – nicht nur durch das der Landung vorausgehende Bombardement, sondern durch Lastensegler, die mitten in den noch intakten Flakstellungen niedergingen und deren Besatzungen die britischen

Flakartilleristen im Nahkampf außer Gefecht gesetzt haben.

In der offiziellen Geschichte der Royal Air Force, der britischen Luftwaffe, heißt es: »Kurz, bei Malemes wurde die Schlacht um Kreta verloren und gewonnen!« Noch in der Nacht vom ersten zum zweiten Angriffstag fällt die Entscheidung. In der Dunkelheit nützt den Engländern beim Flugplatz Malemes – es ist das 22. Neuseeländische Bataillon – ihre Ortskenntnis nichts mehr. Dieser Punkt ihrer Überlegenheit ist ausgeschaltet. Die deutschen Fallschirmjäger greifen, übermüdet, völlig abgekämpft und dezimiert, während der Nacht ununterbrochen weiter an. Es gelingt, die Nachrichtenverbindung des neuseeländischen Bataillons abzuschneiden.

Zugleich unterläuft dem neuseeländischen General Freyberg – Oberbefehlshaber aller britischen Truppen auf Kreta, der später den Befehl zur Zerstörung der »Wiege des christlichen Abendlandes«, des Benediktinerklosters Monte Cassino, geben wird – ein entscheidender Irrtum. Die gelandeten deutschen Einheiten sind nicht sehr stark, seine eigenen Truppen sind allein an der Zahl mindestens zehnfach überlegen. Die Deutschen können doch nie ernsthaft daran gedacht haben,

mit dieser »Handvoll« Fallschirmjäger und Luftlandetruppen Kreta zu besetzen. Also erwartet Freyberg, daß der Hauptstoß der Deutschen noch erfolgt – eine starke Truppenlandung von See her. Deshalb entgeht ihm die bevorstehende Niederlage bei Malemes. Er schickt keine Verstärkung an diesen entscheidenden Punkt, sondern richtet seine ganze Aufmerksamkeit zur Küste. Am Morgen des 21. Mai liegen die deutschen Fallschirmjäger an einem, die neuseeländischen Verteidiger am anderen Rande des Flugplatzes von Malemes. Der Flugplatz selbst ist damit Niemandsland. Das Rollfeld liegt unter dem Feuer der britischen Artillerie, und jeder deutsche Vorstoß wird außerdem durch die Infanteriewaffen der Neuseeländer im Ansatz zunichte gemacht. Noch steht der Kampf damit unentschieden, mit einigen Vorteilen für die Verteidiger.

General Student hat aber erkannt, daß hier in Malemes die Chance liegt, den am vergangenen Abend nach all den Hiobsbotschaften schon aussichtslos erschienenen Kampf um Kreta doch noch zu gewinnen. Auf seinen Befehl startet eine Anzahl von Ju 52 mit schweren Waffen und Munition von Griechenland nach Kreta. Einigen gelingt das fast Unmögliche: Die schweren Maschinen landen am Strand nördlich des Flugplatzes. Sie gehen zum Teil zu Bruch, Besatzungen werden dabei schwer verletzt – aber die Waffen sind unten, die Fallschirmjäger sind nun viel stärker als vorher.

Einer Ju gelingt es sogar, direkt auf dem Flugplatz zu landen, mitten im feindlichen Artillerie- und Infanteriefeuer. Doch die Maschine muß zunächst im Stich gelassen werden, das Feindfeuer ist zu stark. Ein Gebirgsjägerbataillon, das auf dem Flugplatz landen soll, wird noch in der Luft zurückgerufen, weil die Landung nicht möglich ist.

Dafür wird eine weitere Gruppe Fallschirmjäger abgesetzt, und diese Verstärkung führt dazu, daß am Abend des 21. Mai der Ort Malemes in deutscher Hand ist. Die Neuseeländer werden dadurch gezwungen, sich vom Flugplatz zurückzuziehen, der nun nur noch unter Artillerie-, nicht aber unter Infanteriefeuer liegt.

Im Hagel der Granaten, auf dem trichterzerwühlten Rollfeld, landet nun eine Ju nach der anderen mit den Gebirgsjägern. Damit ist der entscheidende Flugplatz von Malemes endgültig in deutscher Hand. Jetzt kann der Nachschub für die deutschen Truppen auf Kreta heran!

Der Flugplatz Malemes wird stark gesichert. Alles, was für diese Aufgabe nicht unbedingt gebraucht wird, Fallschirmjäger und Gebirgsjäger, kämpft sich jetzt nach Osten durch. Den Kameraden vor Heraklion, Rethymnon und Kania muß Hilfe gebracht werden.

Während in Malemes Verstärkung auf Verstärkung landet, bahnen sich Fallschirm- und Gebirgsjäger in harten und verlustreichen Kämpfen quer durch die Berge und Felsen der Insel ihren Weg. Am 26. Mai gelingt der Durchbruch durch die britischen Stellungen vor der kretischen Hauptstadt Kania, am nächsten Tag fällt die Stadt selbst. Am 28. Mai kann das Gebiet um die Sudabucht erobert werden, wodurch nun Nachschubtransporte von See her möglich werden. Am gleichen Tag wird die Verbindung mit der Fallschirmgruppe vor Rethymnon hergestellt und am nächsten Tag die mit der Gruppe von Heraklion. Die Deutschen kämpfen jetzt in geschlossener Front, während dagegen viele britische Einheiten versprengt sind.

General Freyberg befiehlt nun die Räumung von Kreta. Am 27. Mai noch ist in der Sudabucht eine Kommandoeinheit aus Ägypten eingetroffen. Sie deckt nun den Rückzug an die Südküste, von wo die Truppen bei dem kleinen Hafen Skafia von Kriegsschiffen und Transportern übernommen werden sollen. Die britischen Truppen erleiden sowohl auf dem Rückmarsch als auch bei der Verladung und während des Seetransportes noch hohe Verluste.

Von den rund 32 000 Mann britischer Truppen, die zusammen mit rund 10 000 Griechen gegen die deutschen Fallschirm- und Gebirgsjäger kämpften, verlieren die Briten 15 743 an Gefallenen, Verwundeten und Gefangenen.

Die britische Mittelmeerflotte verliert in den Kämpfen um Kreta drei Kreuzer und sechs Zerstörer. Drei Schlachtschiffe, ein Flugzeugträger, sechs Kreuzer und fünf Zerstörer werden beschädigt. 2011 Seeleute finden dabei den Tod.

Die deutsche Wehrmacht verliert 6580 Tote, Verwundete und Vermißte, zumeist Fallschirmjäger. Die entsprechende Zahl für den gesamten Balkanfeldzug gegen Jugoslawien und Griechenland betrug 5650. So erscheinen die bei der Eroberung Kretas eingetretenen Verluste – zu denen noch zahlreiche Flugzeuge, allen 151 Transportflugzeuge Ju 52, kommen – der deutschen Führung viel zu hoch.

Es wird daher beschlossen, keine Luftlandung in diesem Maße mehr durchzuführen. Die deutschen Fallschirmjäger haben damit ihren größten und zugleich schwersten Einsatz hinter sich – in Zukunft werden sie, mit wenigen Ausnahmen gegen Kriegsende, nur noch als Elitetruppe der Infanterie eingesetzt. Die Zeit des Angriffs aus der Luft ist für die deutschen Fallschirmjäger mit dem Sieg von Kreta vorbei.

Inzwischen sind in Griechenland Transporte über Transporte nordwärts gerollt. Mancher der Gebirgsjäger, die in den nach Süden rollenden Eisenbahnwagen sitzen, wundert sich. Sie selbst streben zu den südgriechischen Häfen, von wo aus sie nach Kreta übergesetzt werden sollen. Man hat ihnen gesagt, wie schwer die Fallschirmjäger dort zu kämpfen haben. Und dennoch werden ihre Züge, ihre Lastkraftwagen immer wieder

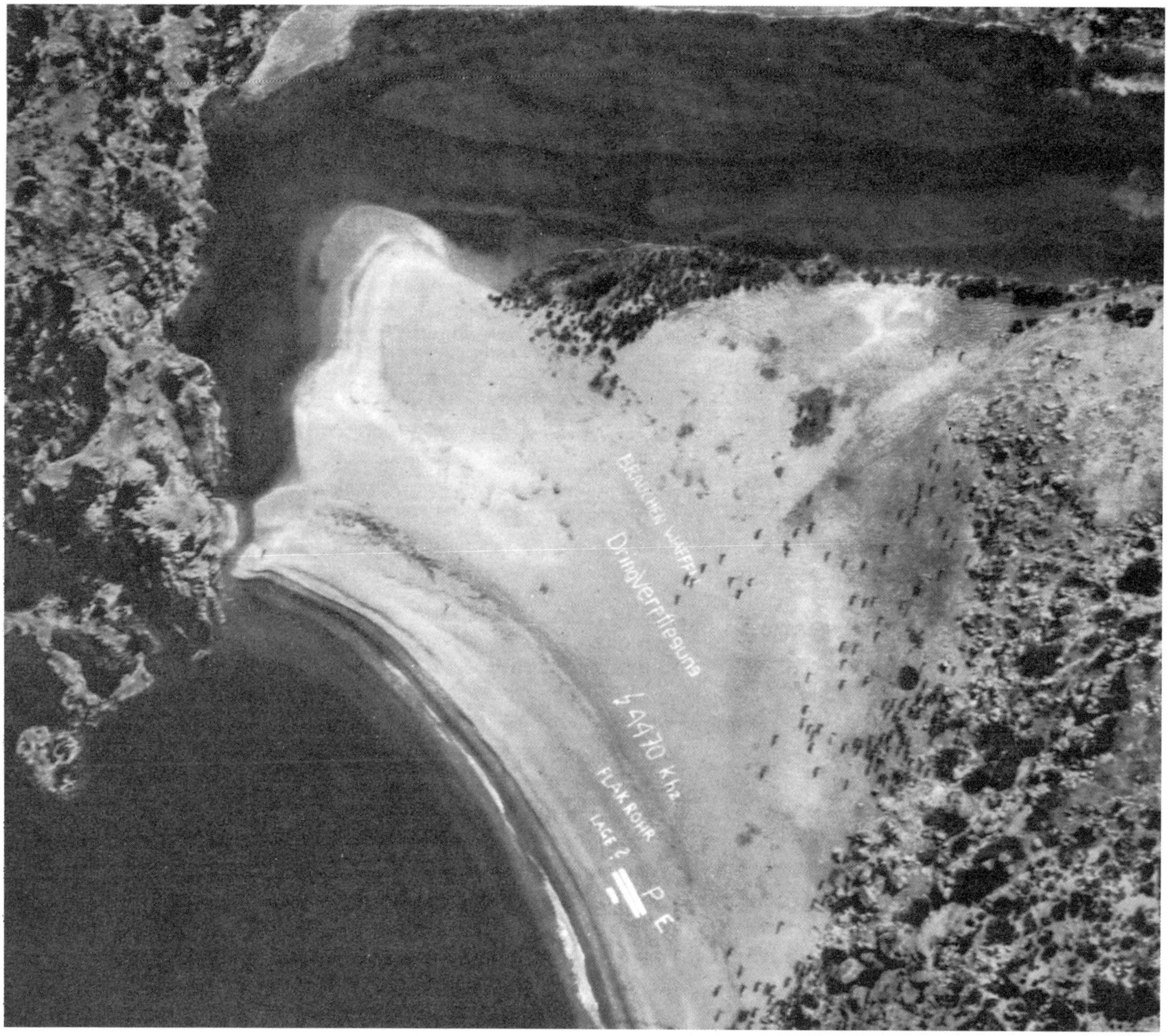

Eine bei Rethymnon an der Nordküste Kretas eingeschlossene Kampfgruppe hat nach Ausfall des Funkgerätes keine Verbindung mit der Führung mehr. Mit weißen Steinen und Muscheln signalisieren sie ihre Wünsche. Die weißen Striche am Meeresufer sind Tücher, die für den Abwurf ausgebreitet wurden.

Bild rechts: Fallschirmjäger haben sich in einem ausgetrockneten Wasserlauf zur Verteidigung eingerichtet.

durch den viel stärker nach Norden fließenden Strom von Truppen und Waffen aller Art aufgehalten. Trotz der angespannten Lage auf Kreta werden diese nach Norden rollenden Transporte offensichtlich bevorzugt. Unbegreiflich! Die zur Front gehenden Transporte sind doch wichtiger als die, die Truppen nach dem beendeten Balkanfeldzug in die Heimat zurückbringen!

Keiner der Landser ahnt, daß die nach Norden rollenden Züge und Lkw-Kolonnen nicht in die Heimat fahren, sondern auch an die Front, an eine viel gewaltigere, als es die auf Kreta ist, an die gewaltigste Front, die die Weltgeschichte je sah. Sie können es deshalb nicht wissen, weil diese Front noch schweigt.

Das Unternehmen »Barbarossa« ist nur verschoben, nicht aufgehoben. Mussolinis griechisches Abenteuer vom vergangenen Oktober hat den Entscheidungskampf nur hinausgezögert, den Krieg nur auf Wochen zum Balkan verlagert.

Daran ändert auch nichts, daß die Sowjets plötzlich gegenüber Deutschland wieder etwas einzulenken scheinen. Im Januar und Februar, mit der immer mehr zunehmenden Spannung zwischen Berlin und Moskau, vor allem nach dem Molotow-Besuch und den nachfolgenden Gebietsforderungen Stalins sind die sowjetischen Lieferungen an Deutschland ins Stocken geraten. Jetzt läuft plötzlich alles wieder. Die Sowjets überbieten sich an Pünktlichkeit und Zuvorkommenheit. Sie stellen sogar Sonderzüge für die Lieferung des von Deutschland dringend benötigten Kautschuks zur Verfügung. Gesandter Schnurre, der in Moskau Wirtschaftsverhandlungen führt, berichtet nach Berlin, in Moskau sei anscheinend eine Wandlung eingetreten. Er glaube, Deutschland könne jetzt sogar noch mehr Lieferungen als bisher bei den Sowjets bestellen.

Ein deutscher Aufklärer, der in der Sowjetunion notlanden muß, führt zwar zu einer sowjetischen Note, die aber in sehr verbindlichem Ton gehalten ist. Dabei ist aus der Ausrüstung des Flugzeuges, die von den Sowjets geborgen werden kann, der militärische Erkundungsauftrag klar ersichtlich.

Anfang Mai bemüht sich Stalin um eine weitere Verbesserung der so kühl gewordenen Beziehungen. Er weist die bisher noch immer bei der Sowjetregierung akkreditierten Diplomaten Belgiens, Norwegens, Griechenlands und Jugoslawiens aus. Das ist die erste außenpolitische Amtshandlung Stalins, unmittelbar nachdem er am 6. Mai Vorsitzender des Rates der Volkskommissare, also Ministerpräsident, geworden ist. Molotow ist nur noch Volkskommissar für Auswärtige Angelegenheiten, also Außenminister.

Zugleich aber laufen in Deutschland alarmierende Nachrichten über andauernde sowjetische Truppenverstärkungen an der deutsch-sowjetischen Grenze ein. Generaloberst Halder, Generalfeldmarschall von Brau-

chitsch, Generalfeldmarschall von Manstein und andere erklären noch nach dem Krieg, daß es keine Propaganda Hitlers gewesen sei, sondern daß im Frühsommer die sowjetischen Truppenkonzentrationen an der deutsch-sowjetischen Demarkationslinie wirklich bedrohlich gewesen seien.

Hat die Sowjetregierung damals vorgehabt, Deutschland anzugreifen? Die tatsächlich immer stärker werdenden Truppenzusammenziehungen scheinen das ebenso zu bestätigen wie die seit dem deutschen Sieg in Frankreich immer heftiger werdenden sowjetischen Provokationen gegen Deutschland. Aber nun lenkt Stalin selbst so offenkundig ein, daß es auffallen muß.

Was ist in Moskau geschehen?

Chruschtschow hat es viele Jahre nach dem Krieg auf dem 20. Parteitag der KPdSU zumindest angedeutet, als er in seiner Geheimrede Stalin verdammt. Viele Vorwürfe macht er dem toten Tyrannen, darunter auch diese beiden:

Stalin sei von vielen Seiten vor einem deutschen Angriff gewarnt worden, habe aber nichts dagegen unternommen, obwohl ihm schließlich der genaue Zeitpunkt bekannt gewesen sei. Stalin habe gerade in der kritischen Zeit die Umrüstung der Roten Armee befohlen, so daß die Rote Armee zu Beginn des deutschen Angriffs ungenügend ausgerüstet gewesen sei.

Man kann aus diesen beiden Tatsachen folgern, daß erstens Stalin doch etwas unternommen hat – eben seine Bemühungen, Deutschland versöhnlich zu stimmen, als er erfuhr, daß Hitler ihm mit einem Angriff zuvorkommen wollte. Denn die Umrüstung der Sowjetarmee konnte auch ein Diktator, wenn sie einmal angelaufen war, nicht ungeschehen machen, allenfalls durch drakonische Maßnahmen beschleunigen. Daß eine solche Umrüstung tatsächlich vor sich ging, wußte jeder Landser. Die schon im Herbst 1941 an der Front auftauchenden T 34, die den deutschen weit überlegenen sowjetischen Panzer, liefen schon vom Serienband; die Raketenwerfer »Katjuscha«, von den Landsern dann »Stalinorgeln« genannt, wurden schon produziert; der moderne zweimotorige Jagdbomber Il 2 ging in die Produktion.

Daß Stalin zu einem Angriff rüstete, kann man nach all dem vermuten, wissen könnte man es erst, wenn sich nach allen anderen Archiven auch die der Sowjets eines Tages öffnen sollten – und damit ist kaum jemals zu rechnen. Wir können uns nur an das halten, was uns an unwiderlegbaren Tatsachen bekannt ist.

Am 14. Juni, genau eine Woche vor dem deutschen Angriff, veröffentlicht Radio Moskau eine amtliche Erklärung der Nachrichtenagentur TASS. Die Sowjetregierung erklärt darin, »die allgemein verbreiteten Gerüchte über einen nahe bevorstehenden Krieg zwischen der UdSSR und Deutschland« seien unsinnig und

Massengrab für deutsche Fallschirmspringer. Der Kampf um Kreta forderte auf beiden Seiten hohe Verluste. Die Briten hatten 17 754, die Deutschen 6 550 Tote, Verwundete und Vermißte zu beklagen.

»eine plump zusammengebraute Propaganda der gegenüber der Sowjetunion und Deutschland feindlich eingestellten Kräfte«. Deutschland wolle die Sowjetunion nicht angreifen. Umgekehrt seien Gerüchte, die UdSSR bereite sich auf einen Krieg gegen Deutschland vor, »erlogen und provokatorisch«.
Am gleichen Tag findet im deutschen Führerhauptquartier die letzte große militärische Besprechung für den bevorstehenden Ostfeldzug statt. Auf dieser Besprechung wird von Hitler das erstemal das erwähnt, was den Krieg in Rußland dann tatsächlich vollkommen von all den anderen Feldzügen unterscheiden wird. Generalfeldmarschall Keitel hat darüber vor dem Internationalen Militärtribunal in Nürnberg ausgesagt: »Es wurde an die Spitze gestellt, daß es sich hier um einen Entscheidungskampf zweier Weltanschauungen handelte und daß diese Tatsache es nötig mache, daß an die Führung in diesem Kriege, die Methoden, wie wir Soldaten sie kannten und wie wir sie allein für völkerrechtlich richtig hielten, ein völlig anderer Maßstab angelegt werden müsse.«

Rußland bis Stalingrad

Warm, schön und still ist die Sommernacht, die Nacht vom 21. auf den 22. Juni 1941, die Nacht vor dem »Kampf der Kolosse«. Berlin schläft. Plötzlich rasseln die Telefone. Die aus dem Schlaf gerissenen Mitglieder des Diplomatischen Korps, die Beamten des Propagandaministeriums, die Generalstäbler des OKW, die Chefkorrespondenten der internationalen Presse, sie alle blicken benommen auf die Uhr: 3 Uhr morgens. Und noch immer rasseln die Telefone. Da werden die Menschen vom Fieber gepackt, vom gleichen Fieber, das sie schüttelte, als die gleichen Telefone den Sturm gegen Polen, gegen Norwegen, gegen Frankreich und gegen den Balkan einläuteten. Sie fahren in die Kleider. Was wird es diesmal sein? Hat die Stunde der britischen Inseln geschlagen? Hat die Zeit der zermürbenden Untätigkeit endlich ein Ende? Mit hämmernden Herzen schleichen die schlecht ausgeschlafenen Schatten durch das fahle Grau der sterbenden Nacht zu ihren Wagen. In der ersten Morgendämmerung fahren sie durch den tauüberzogenen Tiergarten. Im Laub der alten Bäume schlagen die Vögel, strahlend und jubilierend, als wollten sie den Anbruch eines glücklichen Tages künden ...

Um 5 Uhr erscheint Sowjetbotschafter Dekanosow im Arbeitszimmer des deutschen Außenministers und ehemaligen Sektvertreters, Joachim von Ribbentrop. Er kann seine Überraschung nicht meistern. Gewiß, er war mit einem üblen Gefühl im Magen der rauhen Aufforderung zu undiplomatischer Stunde gefolgt. Aber er hatte höchstens mit einem Abbruch der diplomatischen Beziehungen zwischen beiden Riesenreichen gerechnet.

Letzter Kameradschaftsdienst: Birkenkreuz. Ein Bild dieser Art durfte nur in Propagandaschriften gedruckt werden, die für das Ausland bestimmt waren. Die deutschen Väter, Mütter, Frauen der Gefallenen durften es nicht sehen. In den Berichten des OKW taucht nie eine deutsche Gefallenenzahl auf. Dabei fielen allein an der Ostfront in den ersten acht Monaten 210 572 Mann!

Und nun dies! Krieg! Stammelnd nimmt er die Note in Empfang und liest sie in seinem Wagen vor dem Auswärtigen Amt noch einmal durch, ehe er seinem Fahrer barsch den Befehl zur Rückkehr in seine Botschaft erteilt.

Schräg gegenüber in der Wilhelmstraße ist Joseph Goebbels zur gleichen Stunde damit beschäftigt, eine Proklamation des Führers für den Rundfunk auf das Tonband zu sprechen.

Um 5.30 Uhr ist Pressekonferenz im Auswärtigen Amt. Achsenjournalisten, Korrespondenten aus Frankreich, der Schweiz, Skandinavien, der Türkei und den USA sitzen ebenso einträchtig wie gedrängt beieinander. Ribbentrop trägt heute braune Jacke, schwarze Hose, keine Schulterstücke, aber an der linken Brust eine magere Reihe von Ordensbändchen. Hinter ihm stehen in Diplomatenuniform die Angehörigen seines Amtes. Keiner fehlt. Ribbentrop ist blaß, und häufig verheddert er sich. »Dokumente«, so steht es in der Note, »die wir bei der Besetzung Jugoslawiens fanden ...« Er aber sagt: »Dokumente, die wir bei der Besetzung Großbritanniens fanden ...« Eine nervöse Unruhe fliegt durch den Raum. Ribbentrop stutzt, hebt für eine Sekunde den Kopf, das ist alles. Dieser Mann, der zur ganzen Welt spricht, verbessert sich nicht, noch entschuldigt er sich. Müde endet die hastig und farblos heruntergespulte Rede. Die Neutralen hetzen zu den Fernsprechkabinen. Die deutschen und die Balkan-Journalisten schreien spontan: »Heil Hitler!« Nur die Italiener wissen nicht recht, was tun. Unsicher heben sie die Rechte. Sollen sie jubeln, bekümmert oder verzweifelt sein? Sie können es noch nicht entscheiden, denn die »Befehle« aus Rom sind noch nicht bekannt ... Und es soll auch noch ein paar Stunden dauern, ehe es soweit ist.

Des Duces Außenminister und Schwiegersohn Ciano versucht nach dem Telefongespräch mit Berlin um 3 Uhr morgens den ganzen Vormittag, die italienische Kriegserklärung an den Mann zu bringen. Vergebens. Der Sowjetbotschafter ist mit dem gesamten Personal nach Ostia zum Baden an den Strand gefahren. Und er braucht sich dieses bourgeoisen Weekends wahrlich nicht zu schämen. Auch des Kremls Außenminister Molotow, der dem deutschen Botschafter in den Morgenstunden hilflos entgegnete: »Aber man kann doch darüber reden«, auch Molotow muß die Sensation dem Telefon anvertrauen, weil sein Chef abwesend ist. Stalin weilt in Sotschi am Schwarzen Meer zur Sommerkur.

Zwei Riesenreiche sind zur Entscheidung angetreten. Das eine reicht von Narvik bis Athen, von Calais bis Brest-Litowsk, das andere erstreckt sich vom Bug bis an den Pazifik, vom Eismeer bis zum Kaukasus. Nicht die heißeste Phantasie, nicht die kälteste Logik können übersehen, wie dieser Kampf enden wird. Und was sagt er, der »Führer«?

Generalfeldmarschall von Rundstedt fragt in diesen Tagen seinen obersten Kriegsherrn: »Haben Sie, mein Führer, das Risiko der Operationen, die jetzt vor uns liegen, sorgfältig erwogen?« – »Das Risiko?« Hitler zuckt die Achseln: »Was ich von Ihnen verlange, ist nur eins: die Tür mit einem kräftigen Tritt einstoßen. Das Haus fällt dann ganz von allein ein...«

Am 22. Juni setzt die Lawine sich in Bewegung. Auf den Tag genau einhundertneunundzwanzig Jahre, nachdem Napoleon den Njemen überschritt. Hitler denkt an Napoleon. Er weiß, daß der französische Diktator an dem zu späten Angriffstermin scheiterte, und er will die Lehren der Geschichte durch erhöhte Schnelligkeit beherzigen. »Schneller! Schneller!« ist die Losung. »Tempo! Tempo!« dieses Wort drängt eine Armee, vom Generaloberst bis zum letzten Küchenbullen, vorwärts. Voran! Voran!

So stürmen am 22. Juni 1941 um 3.30 Uhr die deutschen Panzer als stählerne Vorhut von 170 Divisionen von der Ostsee bis zum Schwarzen Meer in den russischen Morgen hinein. So zerschlagen die Kampfgeschwader der Luftwaffe 3000 russische Maschinen, die ungetarnt und ohne Flakschutz auf ihren Rollfeldern stehen.

Die Truppe stürmt. Aber die Heimat muß nach dem ersten Keulenschlag sieben lange Tage auf Nachrichten warten. Der tägliche OKW-Bericht nennt keine Namen, keine Zahlen, keine Flüsse, keine Orte. Goebbels will warten, um den Nachrichtenhunger des Volkes bis zur Ekstase zu reizen, um dann... Am 27. Juni läßt er eine Reihe von Sondermeldungen ankündigen. Die Eingeweihten wissen, was das heißt: Blitzkrieg. Blitzkrieg im Osten. Und am Sonntag, dem 29. Juni, sind die Sondermeldungen da.

Sondermeldung Nr. 1 aus dem Führerhauptquartier: »Zur Abwehr der drohenden Gefahr aus dem Osten ist die deutsche Wehrmacht am 22. Juni, 3.00 Uhr früh, mitten in den gewaltigen Aufmarsch der feindlichen Kräfte hineingestoßen. Die Geschwader der deutschen Luftwaffe stürzten sich noch in der Dämmerung des

Morgens auf den sowjetrussischen Feind. Trotz seiner starken zahlenmäßigen Überlegenheit haben sie bereits am 22. Juni die Luftherrschaft im Osten erkämpft und die sowjetrussische Luftwaffe vernichtend geschlagen...«

Sondermeldung Nr. 2 des gleichen Tages:
»Das deutsche Ostheer hat am 22. Juni früh in breiter Front die Grenze überschritten und stieß mitten hinein in die ihren Aufmarsch vollendenden sowjetrussischen Armeen. Die starken Grenzbefestigungen der Feinde wurden zum Teil schon am ersten Tage durchbrochen. Unter schwersten Verlusten brachen die heftigen Gegenangriffe der sowjetrussischen Armeen zusammen.«

Sondermeldung Nr. 3:
»Am 23. Juni führte der Feind wütende Gegenstöße gegen die Spitzen unserer Angriffskolonnen. Im Messen der beiderseitigen Kräfte blieb der deutsche Soldat Sieger. Die Festung Grodno wurde angegriffen und nach hartem Kampf genommen... Die unter Einsatz schwerster artilleristischer Waffen angegriffene Festung Brest-Litowsk ist in unserer Hand. Als letzter Stützpunkt des Feindes wurde am 24. Juni die Zitadelle von unseren Truppen erstürmt. Der deutsche Vormarsch erreichte Wilna und Kowno. Beide Städte wurden noch am selben Tag genommen... Die deutsche Panzerwaffe im Verein mit unseren Panzerabwehrverbänden hat sich endgültig durchgesetzt... Auch die neuen russischen Riesentanks sind der Tapferkeit unserer Soldaten sowie der Güte unserer Waffen erlegen... In kühnem Vorstoß erreichten unsere im baltischen Raum aufmarschierten Truppen die Düna. Der Strom wurde an mehreren Stellen überschritten. Die Stadt Dünaburg fiel in deutsche Hand. ...Nach zweitägiger Dauer führte die deutsche Panzerwaffe am 26. Juni eine gewaltige Panzerschlacht nördlich von Kowno siegreich zu Ende. Mehrere Divisionen wurden eingeschlossen und vernichtet...«

Nach den Siegen bei Bialystock, Minsk und Smolensk entwickelt sich an der Südfront bei Kiew eine Schlacht, die der OKW-Bericht die »größte Schlacht der Weltgeschichte« nennt. 665000 Gefangene sind das Ergebnis dieser Schlacht, ganz zu schweigen von der gigantischen Kriegsbeute.

Ein sowjetischer General sagt: »Unsere Niederlage nimmt gewaltige Ausmaße an.«

Gewaltige Ausmaße?

Weiß Gott! Goebbels braucht nicht zu lügen. Sieg! Sieg auf der ganzen Linie! Sieg, so weit man blicken kann. Ende August ist die erste Phase des Kampfes der Kolosse abgeschlossen. Die deutschen Grenadiere stehen am Dnjepr. 650 Kilometer tief in russischem Gebiet. Sie stehen am Schwarzen Meer. Zwei Drittel des Weges nach Moskau liegen hinter ihnen. In glühen-

Bild oben: 22. Juni 1941. Die Grenzstellungen sind durchbrochen. Die Spitze einer deutschen Panzerdivision kämpft sich
den Weg zum Stoß in das Hinterland frei.

Bild unten: Pioniere setzen Truppen über den rumänisch-
russischen Grenzfluß Pruth. Ihre Schlauchboote sind mit
schwerbewaffneten Soldaten voll beladen.

Zu Beginn des Rußland-Feldzuges feiert der »Blitzkrieg« nochmals Triumphe. Die Zahl der Gefangenen nahm gewaltige Ausmaße an. Allein bei der Kesselschlacht von Kiew gerieten 665 000 Rotarmisten in deutsche Gefangenschaft. Das »Menschenmaterial« der Russen war aber letztlich unerschöpflich, die Weite des russischen Raumes nicht zu überwinden.

der Sonnenhitze hat die deutsche Infanterie Unglaubliches geleistet. 45 Kilometer, ja 55 Kilometer Tagesleistungen sind zu verzeichnen. Und das auf Straßen, die mit denen des Westens soviel Ähnlichkeit haben, wie der Bär im Zoo mit dem »Großen Bären« am Sternenhimmel.

Am 13. Juli spricht das OKW von »augenfälligen Zeichen der Auflösung« des Gegners. Drei Wochen später heißt es: »Genaue Berichte, die in unsere Hand fielen, beweisen, daß das sowjetische Oberkommando keinen Überblick mehr über die Frontlage hat.«

Menschen und Material, Gefangene und Kriegsbeute können nur noch in sechsstelligen Zahlen ausgedrückt werden. So etwas hat die Welt noch nicht gesehen!

Und doch! Jenen, die nicht dem Zahlenrausch verfallen sind, drängt sich angesichts des Kampfes der Kolosse ein anderes Bild aus der Zoologie auf. Es ist ihnen, als ob ein Elefant gegen eine Armee von Ameisen streite. General von Manteuffel, Rommels Nachfolger als Kommandeur der 7. Panzerdivision und später Bundestagsabgeordneter in Bonn, berichtet: »Eine Sache, die ein Mensch des Westens nicht verstehen kann. Hinter den russischen Panzern folgt eine Horde, vielfach zu Pferd. Jeder Soldat hat einen Leinensack auf dem Rücken, mit Brotkanten, Zwiebeln oder Gemüse, das am Weg oder auf Dorfäckern ausgerissen wurde. Die Pferde knabbern bei jedem Halt das Stroh der Hüttendächer. So leben sie, wenn es sein muß, zwei bis drei Wochen. Verpflegungskolonnen existieren nicht. Da kann man sich getrost auf sie stürzen, um sie von ihren ›rückwärtigen Verbindungen abzuschneiden‹. Man findet nichts . . .« So spricht ein deutscher General.

Aber noch sieht es aus, als behielten die Optimisten recht, noch sind die Zweifel dünn gesät. Der Feldzug geht weiter. Am 2. Oktober 1941 meldet das OKW den »Beginn der letzten Schlacht an der Ostfront«. In einem Tagesbefehl an die Wehrmacht ruft Hitler aus: »Gebt dem Feind den letzten Stoß, der ihn noch vor Ausbruch des Winters zerschmettern wird.« Da ist es zum erstenmal, das Gespenst des Winters, wenn auch noch optimistisch verbrämt. Doch kaum gesprochen, ist der Spuk auch schon wieder verflogen. »Diesmal geht es aufs Ganze«, triumphiert der »Völkische Beobachter«. Am 4. Oktober kommt Hitler überraschend zur Eröffnung des Winterhilfswerkes nach Berlin. Er bricht das geheimnisvolle Schweigen, das seit seinem Tagesbefehl,

seit 48 Stunden, über den neuen Operationen an der Ostfront liegt. Und wieder verkündet er: »Die neue Offensive wird das Kriegsende vor dem Winter herbeiführen!« Dann folgen noch einmal vier Tage des Schweigens. Am Abend des 8. Oktober endlich wird das Rundfunkprogramm unterbrochen: »Wir erwarten in Kürze eine wichtige Sondermeldung.«

Sondermeldung! Sondermeldungen haben die Einnahme Warschaus, den Sieg in den flandrischen Ebenen, den französischen Waffenstillstand, die Einnahme von Paris und die von Belgrad verkündet. Ihre hellen Fanfaren gaben Kunde von dem Sieg in Kreta, dem Einzug in Athen, der Erstürmung von Smolensk, der

Vernichtungsschlacht von Kiew. Sollte, sollte heute die Einnahme von Moskau, der sowjetischen Metropole, gemeldet werden?

Jetzt kommt die Schweigesekunde. In allen Restaurants und Cafés werden die Lautsprecher auf volle Lautstärke gedreht. Darüber gibt es genaue Anweisungen des Propagandaministeriums. Den Gästen ist es verboten zu sprechen, den Kellnern verboten zu servieren. Neue Stille. Dann füllt die Stimme des Ansagers den Raum: »Aus dem Führerhauptquartier. Das Oberkommando der Wehrmacht gibt bekannt...« Ohne Umschweife wird gemeldet: »Der Endsieg, den die entscheidenden Schlachten im Osten einleiteten, ist da.«

Am 9. Oktober erklärt Hitler in einer Rede, die gleichermaßen Rückblick und Ausblick ist: »In wenigen Wochen werden die drei ausschlaggebendsten Industriebezirke restlos in eurer Hand sein. Über 2,4 Millionen Gefangene habt ihr eingebracht, über 17 500 Panzer und über 21 600 Geschütze vernichtet oder erbeutet. 14 100 Flugzeuge wurden abgeschossen oder am Boden zerstört. Die Welt hat Ähnliches bisher noch nicht gesehen.

Das Gebiet, das die Deutschen mit ihren verbündeten Truppen heute besetzt halten, ist mehr als doppelt so groß wie das Deutsche Reich vor Hitlers Machtergreifung im Jahre 1933.«

Am gleichen Tag hält Reichspressechef Dr. Dietrich eine Rede gleichen Inhalts vor der ausländischen Presse; die gleiche Rede hält er auch vor allen in Berlin akkreditierten Diplomaten. In Berlin schwirren die Gerüchte wie Wespen um den Honigtopf: Moskau ist schon gefallen. Stalin hat um Waffenstillstand ersucht. Weihnachten sind alle zu Hause.

Frieden! Frieden!

Ein Berliner Postbeamter im Postamt Nürnberger Straße schickt eine Frau, die Feldpostkarten kaufen will, nach Hause: »Brauchen Sie doch nicht mehr!« Am Hausvogteiplatz gibt ein Metzger seine Würstchen, alle seine Würstchen, ohne Marken weg. Vor den Schaufenstern der großen Verlage, in denen Karten mit bunten Fähnchen ausgestellt sind, warten Hunderte von Menschen lange Stunden auf einen Telegrammaushang. Der »Völkische Beobachter« schreibt am 10. Oktober 1941: »Die Offensive im Osten hat ihr Ziel erreicht: die Vernichtung des Feindes. Stalins Armeen sind vom Erdboden verschwunden.«

Und Hitler sagt bei der Lagebesprechung im Hauptquartier: »Verstehen Sie doch, meine Herren, der russische Bär ist tot, restlos tot. Wenn er immer noch auf den Beinen steht, dann einfach deshalb, weil er sich weigert, umzufallen. Ein kräftiger Stoß wird auch das besorgen.«

Aber der russische Bär hat ein zähes Leben. Wie Krankheitsberichte nehmen sich die im »Völkischen Beobachter« über die ganze beträchtliche Breite des Blattes in Rot gehämmerten Schlagzeilen aus:

Am 10. 10. Die große Stunde hat geschlagen: der Ostfeldzug ist beendet.

Am 11. 10. Der Durchbruch im Osten wird ausgeweitet.

Am 12. 10. Die Vernichtung der sowjetischen Armeen ist fast beendet.

Am 13. 10. Die Schlachtfelder von Wjasma und Brjansk weit im Rücken der Front.

Am 14. 10. Die Bewegungen im Osten verlaufen planmäßig.

Am 15. 10. Die Kampfhandlungen im Osten verlaufen nach Plan.

Am 16. 10. Schnellboote versenken aus einem Geleitzug sechs Frachter.

Nanu, wo ist denn der Endsieg geblieben? Aus dem »Endsieg« sind »sechs versenkte Frachter« geworden! Am 10. November 1941 spricht Hitler im Münchner Bürgerbräu-Keller. Die Atmosphäre ist hektisch; die Luft zu Häupten der »alten Kämpfer« zum Schneiden. Der »Führer« tut, als läge Rußland längst am Boden, als gelte es, neue Aufgaben zu bewältigen.

»Ich möchte«, tönt die kehlige Stimme des Mannes aus Braunau, »ich möchte Ihnen nun zusammenfassend den Erfolg dieses bisherigen Feldzuges umreißen, wonach die Zahl der Gefangenen rund 3,6 Millionen erreicht. 3,6 Millionen Gefangene entsprechen nun, nach Weltkriegsverhältnissen berechnet, mindestens der gleichen Zahl an Gefallenen. Wenn ich annehme, daß in Rußland ähnlich wie bei uns auf einen Gefallenen drei bis vier Verwundete kommen, dann gibt dies einen absoluten Ausfall von zumindest acht bis zehn Millionen, ohne die Leichtverwundeten, die vielleicht noch einmal geheilt werden können. Davon erholt sich keine Armee der Welt mehr, auch die russische nicht. Wenn nun Stalin sagt, wir hätten 4½ Millionen Menschen verloren und Rußland hätte nur 300 000 Vermißte, 350 000 Tote und 1 Million Verwundete, dann kann man fragen: Warum sind die Russen dann 1½ tausend Kilometer zurückgelaufen, wenn sie keine Kräfte verloren haben?!«

Während Hitler redet, hat man im OKW endlich an den Winter gedacht. Man verlangt vom Volk Skier, Decken, Socken, Pullover, Pulswärmer, Pelze, Ohrenschützer, Stiefel, Skistiefel und noch einmal Pelze. Und das Volk gibt. Das Volk spendet, damit seine Söhne nicht die volle Wucht des Winters tragen müssen. Niemand wagt nach dem Schuldigen zu fragen, der die Soldaten in Sommeruniformen ausschickte, um das Land des Winters zu erobern.

Am 14. November meldet United Press: »An den Fronten können die Deutschen offensichtlich nur noch schrittweise vorrücken, oder sie sind überhaupt zum Stillstand gekommen. Der zuständige Militärsprecher in Berlin erklärte, die Operationen würden immer noch durch das schlechte Wetter erschwert, doch sei zu hoffen, daß eine baldige Besserung eintrete. Verschiedene Anzeichen lassen darauf schließen, daß die Verlangsamung der Operationen nicht nur auf die schlechte Witterung, sondern auch auf die umfangreichen Vorbereitungen zurückzuführen sind, die der Winterfeldzug erfordert.«

Was ist im Osten nun wirklich geschehen? Die deutsche Offensive ist im Schlamm steckengeblieben! Dem Schlamm aber werden Schnee, das Eis und die Kälte folgen. General Winter ist im Anmarsch. Vielgeschmäht und als feige Finte aller Nicht-NS-Generäle gebrandmarkt, will er nun helfen, den Kampf zu entscheiden. Hitler tobt. »Wann der russische Winter beginnt, bestimme ich und nicht der Kalender«, läßt ihn der Volksmund sagen. Hitler beschließt, dem General Winter einen Feldmarschall entgegenzusetzen.

Feldmarschall Kluge bekommt an seinem nächsten Geburtstag von Hitler eine Schatulle geschenkt. In ihr liegt ein handschriftlicher Zettel des Obersten Kriegsherrn: »Zu Ihrem Geburtstag 250 000 Mark, mein lieber Feldmarschall. Sie können davon 150 000 Mark für Bauten auf Ihrem Besitz verwenden. Reichsminister Speer hat die entsprechenden Anweisungen.« Diese Anweisung des Führers liest Kluge an seinem Geburtstag, zu einer Zeit, da ein armer Teufel in Westfalen, der seiner Schwiegertochter ein Haus baut, als »Bausünder« ins Zuchthaus gesteckt wird. Jetzt, in den letzten Novembertagen 1941, erhält Kluge noch eine andere Anweisung seines Obersten Kriegsherrn: Angriff und Einnahme Moskaus um jeden Preis.

Feldmarschall Kluge zögert nicht. Er springt in seinen Panzer und fährt hinüber zu Generaloberst Hoepner, einem tapferen Offizier, der drei Jahre später als 20.-Juli-Verschwörer am Galgen enden soll. Hoepner hat Kluge schon seit Tagen bestürmt, ihm beim Angriff auf Moskau zu Hilfe zu kommen, ehe es vollends zu spät sei. Kluge hatte gezögert. Jetzt ist das etwas anderes. Jetzt hat er eine Anweisung vom »Führer«. Und – jetzt ist es zu spät. 14 Stunden hält sich Kluge in der vordersten Linie auf. Durch das Glas sieht er die Türme des Kreml! Er fragt seine Männer: »Sollen wir angreifen?« und alle antworten ohne Zaudern: »Ja.«

Sie wollen Weihnachten in Moskau sein. Sie glauben, daß sie es noch schaffen, obgleich sich ihre Zahl seit dem 22. Juni halbiert hat, obgleich sich ihre MGs verklemmen, obgleich sie ihre Panzer stundenlang vorheizen müssen, um sie überhaupt zum Rollen zu bringen, obgleich sie frieren und Kohldampf schieben. Der Angriff beginnt.

Schon am 2. Dezember ist der Traum ausgeträumt. General Winter hat Ernst gemacht. Wie die Tiere krallen sich die Grenadiere an den hartgefrorenen Boden. Der Angriff bleibt stecken. Da hilft kein Führerbefehl, da hilft auch die Anwesenheit General Schmundts nichts. Hitler hat seinen »Chefadjutanten der Wehrmacht«, der sich nicht scheut, vor seinesgleichen vom »göttlichen Führer« zu sprechen, zur Kontrolle an die Front geschickt. Und hier nun erlebt Schmundt die totale Lähmung der riesigen Kriegsmaschinerie. Er versucht zu funken. Es geht nicht. Die Kälte hat den Funk lahmgelegt. Hitler, Hunderte von Kilometern entfernt, ist ohnmächtig vor Wut. Tagelang bleibt er ohne jede zuverlässige Nachricht von der Front. Er spürt es: Moskau ist für ihn verloren. Und außer sich vor Wut brüllt er: »Die Generale haben mich verraten.«

Die Russen treten zum Gegenangriff an. Grigorij Schukow, der rote General und spätere Marschall, der Orden und amerikanische Gangsterfilme liebt, beginnt seinen Siegeszug, der ihn aus dem brennenden Moskau bis in die Trümmer Berlins führen wird.

Der große Umschwung an der russischen Front beginnt am 5. Dezember. Dreihundert Kilometer lang ist die Front im Halbrund um Moskau. Die deutschen Truppen sind steckengeblieben. Schneesturm, 37 Grad Kälte. Das erste große Halt für die jetzt mehr als zwei Jahre siegegewohnten deutschen Truppen.

Selbst der unverwüstliche Guderian muß melden, er stecke nicht nur fest, sondern er müsse sich zurückziehen, um wieder näher an das Hinterland heranzukommen. Generalfeldmarschall Fedor von Bock, der OB der Heeresgruppe Mitte, nimmt diese Meldung zustimmend entgegen. Er selbst ruft Generalstabschef Halder an und teilt ihm mit, er sei mit seiner Kraft am Ende. Man kann heute noch immer lesen, wie Hitler den Oberbefehlshaber des Heeres, Generalfeldmarschall von Brauchitsch, entlassen habe, um sich selbst zum Oberbefehlshaber des Heeres zu machen. Die Wahrheit sieht auch hier wieder etwas anders aus. An jenem 5. Dezember, da das deutsche Heer zum Stehen gekommen ist, meldet sich auch Brauchitsch. Er teilt, nicht von Hitler oder sonstwem, sondern von der vor ihm stehenden Niederlage dazu gedrängt, Halder mit, daß er den Oberbefehl niederlegen wolle.

Am 6. Dezember beginnt die große russische Offensive vor Moskau. Nichts ist mehr zu sehen von den zerlumpten, schlecht ausgerüsteten, mit Kindern, Frauen und Greisen aufgefüllten Arbeiterbataillonen, die zunächst die sowjetische Hauptstadt verteidigt haben. Nein, was hier unter dem Kommando des in diesen Tagen noch kaum bekannten Generals Schukow kämpft, das sind sieben Armeen und zwei Kavalleriekorps. Insgesamt rund einhundert Divisionen, fast so viel, wie deutsche Divisionen zu Beginn des Feldzuges an der ganzen Front! Und was für Divisionen! Es sind Elitedivisionen, ausgerüstet mit den modernsten Waffen, ausgerüstet mit allen für einen Winterkrieg nötigen Geräten und Bekleidungsstücken, für den Winterkrieg besonders geschult und gedrillt.

Diese Divisionen führen einen gewaltigen, völlig überraschenden Schlag mit ihrer Artillerie, ihren hochmodernen Panzern, mit modernen Flugzeugen. Wie ist das nur möglich? Die Rote Armee im europäischen Raum war doch vernichtet? Millionen Rotarmisten sind schon in Gefangenschaft, zehntausende Geschütze und Panzer sind schon zerstört oder deutsche Kriegsbeute geworden?

Ein einziger Mann hat das zuwege gebracht, ein einzelner hat in diesen Tagen die Sowjetunion gerettet. Ein Deutscher, ein deutscher Kommunist, von dem in Deutschland kein Mensch weiß, daß er Kommunist ist. Ein Mann der deutschen »Abwehr«. Der Journalist Dr. Richard Sorge, Auslandskorrespondent des DNB und der »Frankfurter Zeitung« in Ostasien.

Sorge ist befreundet mit dem deutschen Botschafter in Tokio, und er ist befreundet mit dem Privatsekretär des langjährigen japanischen Ministerpräsidenten Fürst Konoye. Sorge spioniert nicht nur für die Deutschen – was er zur Tarnung tut –, sondern für Moskau.

Schon längst haben die Japaner seinen Sender entdeckt und hören ihn ab. Doch weder können sie den Geheimcode entschlüsseln, noch finden sie den Standort des Senders. Sorges Funker, Max Klausen, ist den nach ihm spürenden japanischen Agenten immer um eine Nasenlänge voraus. Auch an dem Tag, da Sorge die Rettungstat für die Sowjetunion vollbringt.

Sorge hat von seinem Freund Ozaki – Fürst Konoyes Sekretär, der im Oktober 1944 mit Sorge zusammen gehängt wird – etwas ganz Wichtiges erfahren. Trotz aller deutschen Bemühungen, einen Kriegseintritt des verbündeten Japan gegen die Sowjetunion zu erreichen, hat die japanische Regierung bisher immer wieder Ausflüchte gemacht und Berlin vertröstet. Nun ist in Tokio die Entscheidung gefallen.

Der japanische Reichsrat hat beschlossen, auf keinen Fall gegen die Sowjetunion Krieg zu führen! Der Tenno, der japanische Gottkaiser, der Sohn des Himmels, hat diese Entscheidung bestätigt!

Dreißigtausend chiffrierte Wortgruppen hat der vom japanischen Geheimdienst so fieberhaft gesuchte Sender schon nach Moskau gefunkt. Die Japaner haben es registriert. Aber noch nie war eine Nachricht so wichtig wie diese.

Als Stalin die Nachricht erhält, sind die Deutschen noch im Vormarsch auf Moskau, die große Doppelschlacht von Wjasma und Brjansk wird geschlagen. Die Moskauer Arbeiterbataillone werden aufgestellt.

Aber zur gleichen Zeit entblößt Stalin Sibirien, die ganze riesige asiatische Sowjetunion, von Truppen. Von den Japanern droht keine Gefahr mehr, alles kann gegen die Deutschen geworfen werden! Alles, was in den hinter den Ural verlagerten Rüstungswerken an modernen Panzern vom Typ T 34, alles, was dort an Geschützen produziert wird, das rollt über die transsibirische Eisenbahn in unaufhörlichem Strom Richtung Moskau, wo die sibirischen Elitedivisionen und von anderen Frontabschnitten abgezogene Truppen sich sammeln.

Und nun, am 6. Dezember, ist es dank der Agententätigkeit des Journalisten Sorge soweit – die Sibiriaken greifen an! Sie sind frisch und ausgeruht, an Waffen und Ausrüstung weit überlegen, erfahren in Eis und Schnee. Die deutschen Truppen müssen weichen.

Schon einen Tag nach Beginn der sowjetischen Offensive entschließt Generalfeldmarschall von Brauchitsch sich, die Halder gegenüber gemachte Ankündigung wahrzumachen. Er reicht Hitler sein Rücktrittsgesuch ein. Hitler reagiert nicht darauf.

Nach einer Frontbesichtigung, schreibt Halder in seinem Tagebuch, war Brauchitsch sehr »niedergeschlagen«. Er erneuert sein Rücktrittsgesuch. Nun nimmt Hitler es an. Am 19. Dezember entläßt er den letzten Oberbefehlshaber des deutschen Heeres, den letzten, denn am gleichen Tage übernimmt er selbst den Oberbefehl.

Hitler ist der Meinung, in dieser Situation sei dies der einzig mögliche Entschluß. Er hat die Wehrmacht zwei Jahre von Sieg zu Sieg geführt, meist gegen den Widerstand der Generale. Er hat es immer abgelehnt, Moskau zum Ziel zu machen, die Generale haben immer wieder darauf gedrängt, bis er nachgegeben hat. Hier ist nun der »Erfolg«! Der einzige, so meint Hitler in dieser Situation sicher nicht ganz zu Unrecht, der über die suggestive Kraft verfügt, die Landser noch einmal zur letzten Leistung hochzureißen, der das unbedingte Vertrauen der Truppe hat, das ist er selbst.

Noch gehen die ausgemergelten, schlecht verpflegten, kaum gegen die Kälte geschützten Landser vor der gewaltigen Übermacht zurück.

Hitlers erste Maßnahme ist, daß er die Führungsstellen umbesetzt. Zwar hat er einigen Rückzugsbewegungen, die auch er für unumgänglich hielt, zugestimmt. Und zwar dort, wo deutsche Einheiten weit vorgeprellt sind, der Gegner aber nicht allzu stark ist. Dort jedoch, wo der Gegner übermächtig ist, dort muß gehalten werden! Der Widersinn ist nur scheinbar: Wo der Gegner nicht sehr stark ist, wird er nicht nachfolgen, und wenn, dann kann ihn die zurückgehende Truppe in Schach halten. Wird aber vor einem überlegenen Gegner zurückgegangen, dann muß sich daraus eine Flucht, ein Zusammenbruch der Front entwickeln.

Bald verbietet Hitler jeden Rückzug. Die Befehlshaber, die dem zuwiderhandeln, werden abgelöst. Generalfeldmarschall von Bock wird durch von Kluge abgelöst. Selbst General Guderian wird nach Hause geschickt, weil er ohne Rückfrage im Führerhauptquartier eine Absetzbewegung befohlen hat. Generaloberst Hoepner, der mit seiner Panzergruppe 2 vor den Toren Moskaus stand und dann zurückgehen mußte, wird gar zum einfachen Soldaten degradiert und aus der Wehrmacht ausgestoßen. Generalfeldmarschall von Kluge ist an Stelle Bocks eingesetzt worden, um die Heeresgruppe Mitte zum Stehen zu bringen, doch als er die Lage überblickt, zieht er dieselbe Schlußfolgerung wie sein Vorgänger: Rückzug!

Am Silvesterabend kommt es zu der den Winterkrieg 1941/42 entscheidenden Auseinandersetzung zwischen Kluge und Hitler. Sie wird telefonisch geführt. Hitler spricht vom Hauptquartier aus und beschwört Kluge geradezu, um keinen Preis weiter zurückzugehen. Hitler befürchtet, daß aus einem weiteren Zurückgehen eine Flucht wird, daß die ganze Ostfront zusammenbricht, daß die deutsche Wehrmacht das Schicksal der »Grande Armée« Napoleons erleiden könnte.

Draußen warten inzwischen Scharen von Gratulanten, die Hitler ihre Neujahrsglückwünsche darbringen wol-

Panzer durchbrechen die Stalin-Linie. Dichtauf folgt ihnen die Infanterie.

len. Zwei Stunden müssen sie warten, so lange ringen Kluge und Hitler miteinander. Kluge warnt, er appelliert an die Vernunft, er spricht von gefahrvollen Abgründen, er erklärt, jede weitere Verantwortung ablehnen zu müssen. »Ich spreche im Namen von Hunderttausenden deutscher Soldaten«, sagt der Feldmarschall, »die in diesen eisstarrenden Tagen und Nächten auf das erlösende Wort zum Rückmarsch warten.«

Hitler spricht davon, daß weiter hinten dieselbe Kälte herrscht, daß es keine Auffangstellungen gibt, daß aber Soldaten keinen Feind bekämpfen können, der ihnen im Nacken sitzt, wohl aber den, dem sie sich entgegenstellen.

Draußen warten noch immer die Neujahrsgratulanten. Es ist Mitternacht geworden. Das Jahr 1942 ist angebrochen, das letzte Jahr, das noch einmal große deutsche Siege an allen Fronten sehen wird. Siege, um deren Voraussetzung Hitler jetzt mit seinem Feldmarschall Kluge ringt.

Reichspressechef Dietrich war dabei und schreibt später darüber: »Hitler aber rang, allen zum Trotz, um die Zukunft des Heeres, um das Fundament und die Plattform des ganzen Ostkrieges. Er zersetzte die angebliche Klugheit, die glaubte, rückwärts in der Bewegung und den nichtvorhandenen Stellungen unter den gleichen klimatischen Bedingungen besser halten zu können als vorn. Er stemmte sich und knetete, er wuchtete und wütete, ließ nicht nach und erschütterte, befahl schließlich und erzwang. Die Mitte stand und blieb stehen!«

Nicht nur Kluge, die meisten Generale sind über Hitlers Starrsinn entsetzt. Aber Hitler behält recht. Nach dem Krieg sagt General Blumentritt rückschauend: »Hitlers... Befehl... war zweifellos richtig. Hitler erkannte instinktiv, daß jeder Rückzug durch Schnee und Eis innerhalb weniger Tage zur Auflösung der Front führen mußte... Der Rückzug konnte nur über offenes Land gehen, da die Straßen und Eisenbahngleise vom Schnee verweht waren. Nach ein paar Nächten wären die Soldaten erschöpft gewesen.

Der deutsche Soldat gewann aus seinen übermenschlichen Leistungen, aus dem Durchhalten in taktisch jeder überkommenen Anschauung hohnsprechenden Lagen und aus der erfolgreichen Abwehr einer Übermacht, die vielfach das Zwanzigfache der eigenen Stärke betrug.«

Die Ostfront hält. Den Sowjets gelingen Durchbrüche. Bei Demjansk und Cholm werden die deutschen Truppen eingekesselt. Erstmals in diesem Kriege, der den deutschen Soldaten immer wieder als Sieger in großen Kesselschlachten gesehen hat, sind es nun die gleichen

deutschen Soldaten, die vom Gegner umringt und in einen Kessel gepreßt werden. Aber ihnen gelingt, was den gegnerischen Soldaten nicht gelang. Sie halten durch, monatelang, bis es ihnen gelingt, aus dem Kessel auszubrechen. Noch einmal bleiben sie Sieger.

An jenem 22. Juni, da der Krieg vom Eismeer bis zum Schwarzen Meer entflammte, stand damit ganz Europa im Krieg. Noch war der Krieg kein Weltkrieg. Gewiß, in Europa kämpfen schon von Anbeginn französische Kolonialsoldaten aus Afrika, auf dem Balkan und auf Kreta haben neuseeländische und australische Soldaten gekämpft, die USA unterstützen schon längst ganz offen Großbritannien, die USA besetzen Grönland, sie besetzen Island, amerikanische Kriegsschiffe schützen britische Geleitzüge, greifen mitten im Atlantik deutsche U-Boote an – aber noch wird im Pazifik, in der anderen Hälfte der Welt, nicht geschossen.

Am 7. Dezember ändert sich das, an dem Tag, da die sowjetische Offensive vor Moskau seit vierundzwanzig Stunden rollt, an dem Tag, da der Oberbefehlshaber des deutschen Heeres sein erstes Rücktrittsgesuch einreicht. Am Morgen dieses 7. Dezember fallen frühmorgens aus heiterem Sonntagshimmel Bomben auf den amerikanischen Flottenstützpunkt Pearl Harbor. Die vielbesungene, berühmte Gruppe der »Glücklichen Inseln«, Hawaii, wird so zum Ausgangspunkt des Zweiten Weltkriegs. Nun erst ist dieser Krieg endgültig ein Weltkrieg – Japan kämpft gegen die USA, gegen Großbritannien und gegen die in Europa schon von der deutschen Wehrmacht besiegte Kolonialmacht der Niederlande.

Hitler tut daraufhin etwas, was er gar nicht nötig hätte. Er tritt an die Seite des japanischen Paktpartners, dessen Verhalten ihm eben die Niederlage vor Moskau beibringt – und erklärt den Vereinigten Staaten von Amerika den Krieg. Sicher, diese Kriegserklärung ist nur die Fixierung eines längst realen Tatbestandes. Die USA führen schon lange völlig völkerrechtswidrig Krieg gegen Deutschland zur See, aber Deutschland hat sich bisher nicht dagegen gewehrt.

Am 11. Dezember hält Hitler vor dem Reichstag in Berlin eine Rede, mit der er die Kriegserklärung an die Vereinigten Staaten rechtfertigen will. Wie immer, wenn er vor einem großen Forum spricht, geht er bis in die Anfangszeit seiner »Bewegung« zurück, schildert die Aufbauleistungen in den Friedensjahren, schildert seine Version des Kriegsausbruches und wiederholt auch noch einmal die 16 Punkte zur Regelung des Korridorproblems, die Deutschland damals Polen vorgeschlagen hat. Diesmal greift er sogar noch weiter zurück – er schildert die ganze Geschichte des Abendlandes, angefangen beim alten Griechenland. Diese Schilderung dient ihm dazu, den Feldzug im Osten logisch aus der Geschichte des Abendlandes heraus zu

Straßenkampf: Deutsche Panzer haben eine russische Fahrzeugkolonne in Brand geschossen.

„Was haben denn die alten Stabsgefreiten heut für Fetzen-Rausch beinander??"
„Ja die feiern heut ihren Eintritt ins achte Dienstjahr!"

Das wär ein idealer Fraueneinsatz bei uns draußen! Ausgesuchte, formvollendete Mäd-
chen, genannt M.V.T. (Müdigkeits-Vertreibungs-Truppe) werden bei „Blau-Erscheinungen" der Landser an die
Spitze gesetzt. „Döscht alles recht ond guat, Xarre — marschiera kann i mea, aber jetzt werds mr no hoißer!!"
Stofr. Neef

„Sie huldigen trotz meines Rauchverbots schon wieder Ihrem Götzen!!!".

„Verzeihen Herr Stabsarzt, bin gerade dabei, ihn zu verbrennen." Wm. Schwarzmeier

Frechheit!
Sie Frau Bahnhofs-Vorstand, dürft i Sie was froga?
Ja, bitt schön, — was wollens denn wissen?
Wie alt daß Sie send.

„Front und Heimat"

So hieß die schwäbische Soldatenzeitung, der die nebenstehenden Karikaturen entstammen. Herausgegeben wurde sie von der NSDAP-Gauleitung Württemberg. Gedacht als moralische Aufmunterungsspritze, spiegelte sich dennoch in allen derartigen Soldatenzeitungen deftiger Soldatenhumor wider, der durchaus nicht immer offiziellen Auffassungen entsprach. Ein Beispiel ist die Karikatur links oben: Stabsgefreite mit acht Dienstjahren, die im Rausch singen: „Es ist so schön, Soldat zu sein." Kein Zweifel, w i e das gemeint war. Solche Soldatenzeitungen gab es natürlich nicht nur in Deutschland, sondern auch bei den alliierten Truppen.

Der General einer Panzer-Division besucht eine Panzerkompanie. Dabei kommt er auch zur Küche: „Was gibt es heute zu essen, mein Lieber?"
„Wehrmachtsuppe, Herr General!"

„Damit werden Sie wenig Freude bei Ihrer Kompanie erwecken. Konnten Sie nicht etwas anderes kochen?"

Der Küchen-Gefreite ringt nach einer Antwort und stößt denn hervor: „Ich wußte ja nicht, daß Herr General heute kommen, Herr General!"
Zeichnung: Lt. Espermüller

121

entwickeln, als Verteidigung Europas vor dem asiatischen Bolschewismus.

Dazu zählt er auf, welche Nationen an der Seite der deutschen Wehrmacht gegen die Sowjetunion gemeinsam kämpfen. Finnland, die Slowakei, Ungarn, Kroatien, Rumänien, Italien. Er erwähnt die spanische Freiwilligendivision und sagt dann:

»Würden (sie) nicht den Schutz dieser europäischen Welt mit übernommen haben, dann wären die bolschewistischen Horden wie der Hunnenschwarm eines Attila über die Donauländer gebraust, und an den Gefilden des Ionischen Meeres würden heute Tataren und Mongolen die Revision des Vertrages von Montreux erzwingen. Hätten (sie) nicht ihre Divisionen entsendet, dann würde nicht die Abwehr einer europäischen Front entstanden sein, die als Proklamation des Begriffs des neuen Europas ihre werbende Kraft auch auf alle anderen Völker ausstrahlen ließ. Aus diesem ahnungsvollen Erkennen heraus sind von Nord- und Westeuropa die Freiwilligen gekommen: Norweger, Dänen, Holländer, Flamen, Belgier und so weiter, ja selbst Franzosen, die dem Kampf der verbündeten Mächte der Achse im wahrsten Sinne des Wortes den Charakter eines europäischen Kreuzzuges geben.«

Hitler entwickelt den Verlauf des Ostfeldzuges, doch jetzt ist schon nicht mehr davon die Rede, daß die Rote Armee vernichtet sei. Er nennt lediglich Zahlen, ohne auch nur den geringsten Kommentar dazu zu geben: sowjetische Gefangene 3 806 865, vernichtete oder erbeutete Panzer 21 391, Geschütze 32 541 und Flugzeuge 17 322. Dann nennt er die deutschen Verluste bis zum ersten Dezember. Noch stehen die schweren Kämpfe des Winters bevor, der allein durch Erfrierungen über einhunderttausend deutschen Landsern Leben und Gesundheit kosten wird. Und doch sind Hitlers Zahlen schon hoch, sind schon jetzt viel höher als die Verlustziffern des ganzen bisherigen Krieges – Polenfeldzug, Dänemark und Norwegen, Holland, Belgien und Frankreich, Jugoslawien und Griechenland. Diese Zahlen nennt Hitler dem Deutschen Reichstag:

»Vom 22. Juni bis 1. Dezember hat das deutsche Heer in diesem Heldenkampf verloren
158 773 Tote,
563 082 Verwundete und
31 191 Vermißte,
die Luftwaffe
3231 Tote,
8453 Verwundete und
2028 Vermißte,
die Kriegsmarine
310 Tote,
232 Verwundete und
115 Vermißte.

Mithin die deutsche Wehrmacht zusammen
162 314 Tote,
571 767 Verwundete und
33 334 Vermißte.

Also an Toten und Verwundeten etwas mehr als das Doppelte der Sommeschlacht des Weltkrieges . . ., alles aber Väter und Söhne unseres deutschen Volkes.

Und nun lassen Sie mich demgegenüber zu jener anderen Welt Stellung nehmen, die ihren Repräsentanten in jenem Mann hat, der, während die Völker und ihre Soldaten in Schnee und Eis kämpfen, in taktvoller Weise vom Kaminfeuer aus zu plaudern pflegt, und damit vor allem von jenem Mann, der der Hauptschuldige an diesem Kriege ist . . .«

Der Mann am Kaminfeuer, der »Hauptschuldige«, wie Hitler meint, ist natürlich der amerikanische Präsident Franklin Delano Roosevelt. Ihm und seiner Politik gilt ja eigentlich die ganze heutige Reichstagsrede Hitlers. Er will ja begründen, weshalb er Amerika den Krieg erklärte.

Zu seiner Kriegserklärung an die USA sagt er so viel, daß man heute keinem Menschen mehr zumuten kann, das alles nachzulesen. Aber immerhin ist doch interessant, wie sich in Hitlers Kopf das alles entwickelt hat, weshalb noch die wesentlichen Teile seiner Rede folgen sollen.

Hitler zählt die einzelnen Maßnahmen Roosevelts auf, die er, Hitler, für Maßnahmen zur Vorbereitung des Krieges hält. Roosevelts Rede von 1937, in der er die Errichtung einer »Quarantäne« gegen die »autoritären Staaten« fordert, womit nur Deutschland, nicht die zahlreichen anderen totalitären Staaten gemeint waren. Roosevelts 1938 ständig wiederholte Drohungen, wie Hitler sagt, gegen »jeden Staat, der bereit ist, die Politik einer friedlichen Verständigung zu betreiben. (Er droht ihnen) mit Sperrungen von Anleihen, mit wirtschaftlichen Repressalien, mit Kündigung von Darlehen. Hier geben einen erschütternden Einblick die Berichte der polnischen Botschafter in Washington, London, Paris und Brüssel . . .«

Hitler beschwert sich darüber, daß der amerikanische Präsident sich ständig in europäische Angelegenheiten einmischt und sagt dazu:

(»er) beginnt . . . sich . . . in innereuropäische Angelegenheiten einzumischen, die den Präsidenten der Vereinigten Staaten überhaupt nichts angehen. Erstens versteht er diese Probleme nicht und zweitens, wenn er sie verstände und die geschichtlichen Hergänge begriffe, hätte er ebensowenig das Recht, sich um den mitteleuropäischen Raum zu kümmern, wie etwa das deutsche Staatsoberhaupt ein Recht hat, über die Verhältnisse in einem Staat der USA zu urteilen . . .« Hitler erwähnt dann Roosevelts Appell an ihn vom 15. April 1939.

Landser

So wurde der deutsche Soldat genannt,
wie der Amerikaner »GI«, der Franzose
»Poilu« und der Engländer »Tommy«.
Marschieren, marschieren, das war das
Los des Landsers vor allem in den Weiten des Ostens. Die Millionen Feldgrau-
er waren nach Meinung des bekannten
britischen Militärkritikers Liddell Hart
»als Einzelkämpfer ihren Gegnern im
allgemeinen überlegen... die alliierten
Angriffe haben selten Erfolg gehabt, es
sei denn, daß unsere Truppen eine zahlenmäßige Überlegenheit von mehr als 5
zu 1 hatten.« (In einem Brief an den
»Manchester Guardian« vom 10. März
1952.) Die Opfer der Feldgrauen waren
allerdings sehr hoch, das beweist eine
Zusammenstellung des Generalstabes
des Heeres der Ausfälle vom Dezember
1941 bis Februar 1942. In diesen drei
Monaten betrugen die Verluste und
Ausfälle 357 200 Mann, die Kopfstärke
des herangeführten Ersatzes betrug
129 600, so daß sich an nicht gedeckten
Verlusten die Zahl von 227 600 Mann
ergab.

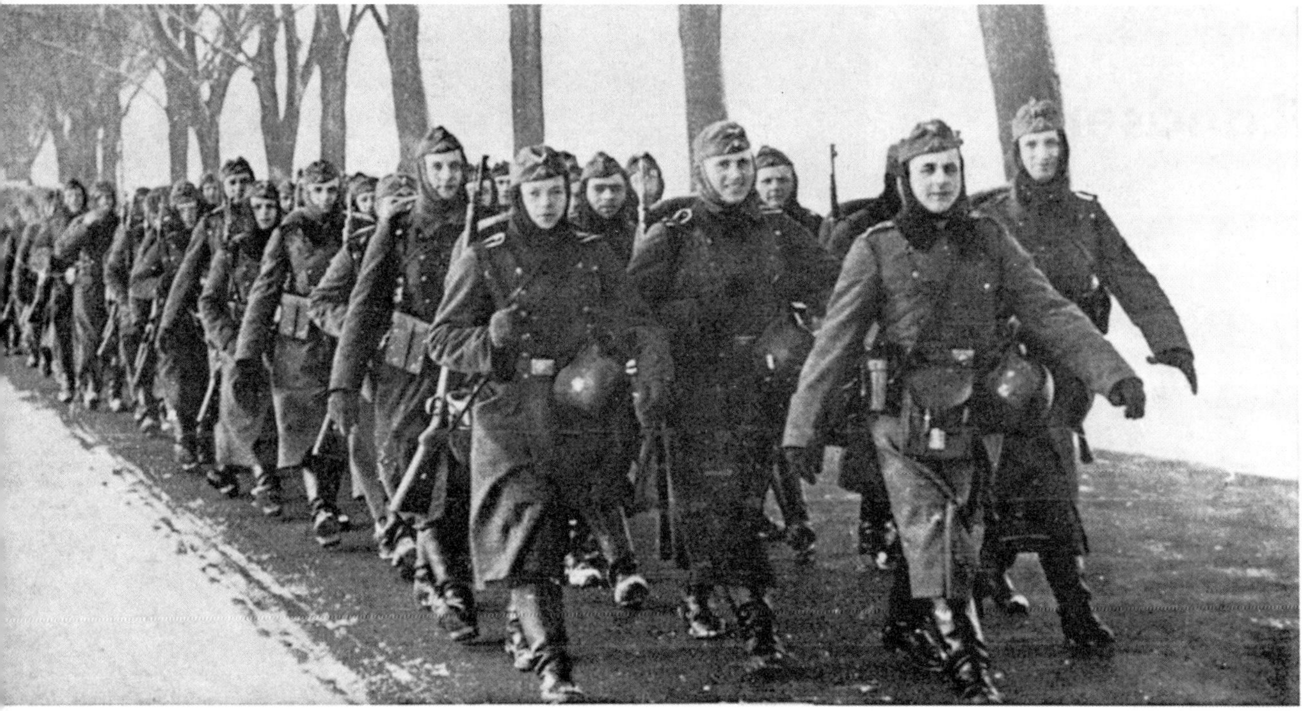

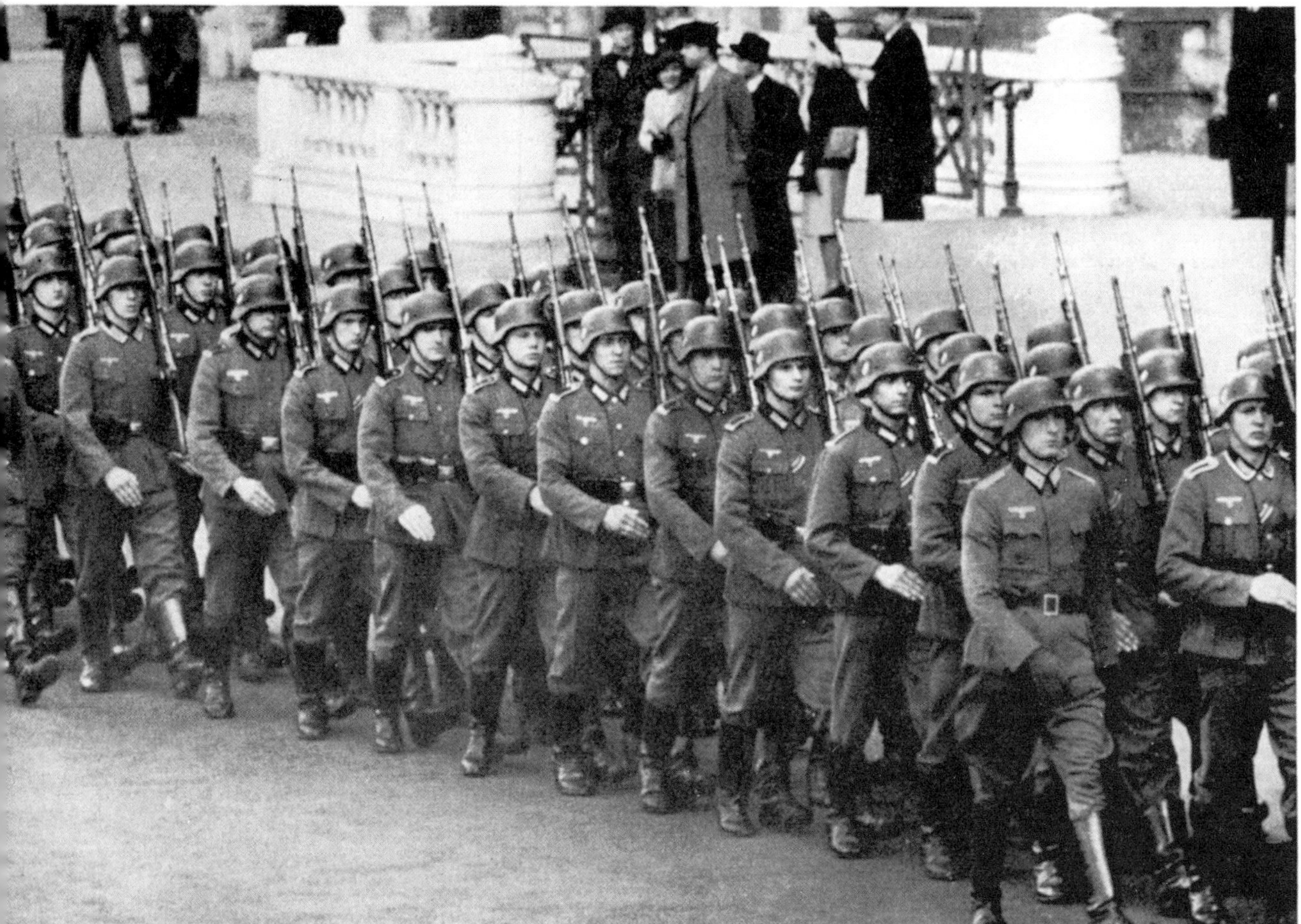

Linke Seite oben: Im bitterkalten Winter in der Tiefe des Westwalls marschiert eine Kompanie zu einer Geländeübung.

Bild unten: Die Diszipliniertheit der Truppe wird bei dem Aufmarsch einer Infanteriekompanie in den Straßen von Paris im Herbst 1941 besonders deutlich. Diese Soldaten taten ihre Pflicht, und niemand konnte von ihnen erwarten, daß sie ihre »sittliche Pflicht« von dem »unsittlichen Grund« zu unterscheiden vermochten.

Rechte Seite: Die Marschleistungen waren ungewöhnlich. Über 4000 Marschkilometer lagen hinter dieser Infanteriedivision, die Anfang Oktober 1941 durch die Südukraine zog *(Bild oben).*

Bild Mitte: Im Schneesturm auf dem Marsch durch die südrussische Steppe. Hart gefroren ist der Boden. Ein schneidender heftiger Wind bläst den Schnee ins Gesicht und in die Kleider. 4000 Kilometer trennen die Landser von der Heimat. Ihre Ausrüstung ist für die Strapazen des Winters kläglich, aber sie marschieren und kämpfen, sie schlafen in mühsam ausgehobenen Schneelöchern und hungern und dürsten, kämpfen und marschieren.
Die Temperatur liegt hier draußen zwischen −35 Grad und −40 Grad. Wer den erbarmungslosen Winter überlebte, bekam einen Orden an einem Band mit dünnen schwarzen und weißen, aber dicken roten Streifen zum Anheften an die Feldbluse. Offiziell hieß diese Auszeichnung »Ostmedaille«, die Landser aber nannten sie »Gefrierfleischorden«.

Bild unten: Panzer auf dem Vormarsch. Solange die Temperaturen nicht extreme Tiefen erreichten, war der Panzer »in Schuß«. Aber bei minus 40 Grad blieb er »eingefroren« liegen.

An den Ufern des Don *(links oben)* spielt eine Theatergruppe des KdF (Kraft-durch-Freude-Organisation).
Bild rechts oben: In der relativen Geborgenheit des Bunkers lebte der Landser die besseren Stunden seines Daseins.

Bild unten: Ein Bahnhof im rückwärtigen Frontgebiet. Hier nahm die Fahrt in den Urlaub ihren Anfang, die Entschädigung für 18, 20 oder mehr urlaubslose Monate, in denen jeder Landser vom Ausschlafen in weißen Betten träumte.

Bild oben: Im Güterwagen rollte man Kilometer um Kilometer durch die russische Ebene. An den Knotenpunkten lockte das Soldatenkino *(Mitte),* das für kurze Zeit Zerstreuung bot. Das wahre Glück aber spendete die Feldpost *(Bild unten).* Diese Organisation beförderte – als rund 11 Millionen Mann unter Waffen standen – im Durchschnitt von der Heimat ins Feld 9,8 Millionen Sendungen, vom Feld in die Heimat 6,8 Millionen Sendungen täglich.

Wer die Infanterie im Einsatz an allen Fronten des Ostens erlebt hat, muß vor ihren Leistungen verstummen: Fehlerhafte Strategie und Verzettelung der Kräfte durch die oberste Führung lösten infolge Mangels an Reserven und Ersatz eine ständige Überforderung der gar nicht oder nur mangelhaft aufgefrischten, ausgebluteten und erschöpften Infanteriedivisionen aus. Übermenschliche Leistungen in Sonnenglut, Schlamm, Schnee und Eis inmitten der trostlosen Verlassenheit des unendlichen Ostens, die durch endlose Feldmärsche und in ständigem Kampf durchgestanden werden mußten, wurden zur Alltäglichkeit, ja Selbstverständlichkeit, die nicht entsprechend gewertet wurde. Diese Leistungen, auf gegenseitigem Vertrauen und Kameradschaft zwischen Offizier und Mann beruhend, entsprangen einem schlichten Soldatentum und fragloser Pflichterfüllung.

Bild oben: Mit der Erde verwachsen. Das Fernglas ist mit Baumrinde getarnt, die Gläser sind bis auf schmale Schlitze abgedeckt, Gesicht und Hände mit Erde verschmiert. Jede Bewegung erstarrt. So lauert der Beobachter vom Morgengrauen bis in die Dunkelheit unbeweglich, während die Glieder »einschlafen«, als Baumstumpf, als Felsen, als Misthaufen getarnt und beobachtet den Gegner.
Bild oben rechts: In »eisenhaltiger« Luft. Der Munitionsschütze eines MG-Trupps springt seinem Richtschützen nach.

Sonnenbräune, Schweiß und Staub geben seinem Gesicht Tarnfarbe. Das Gelände liegt unter Beschuß. Ohne dringende Notwendigkeit läuft und springt ein alter Landser nicht mehr, noch dazu, wenn er aus irgendeinem Grund zwei Gewehre und einen vollen Kasten Munition mit sich zu schleppen hat.
Unten: Der Kompaniestab betrachtet gespannt eine Kampfphase vor Kiew, der Hauptstadt der Ukraine, die am 19. September 1941 genommen und am 6. November 1943 nach verlustreichen Kämpfen wieder verlorenging.

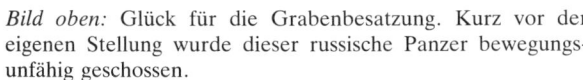

Bild oben: Glück für die Grabenbesatzung. Kurz vor der eigenen Stellung wurde dieser russische Panzer bewegungsunfähig geschossen.

Bild oben rechts: Eine Pak in eisiger Winterlandschaft. Im Vordergrund ein Landser, der sich ein Schutzloch gegen Beschuß und gegen den heulenden Wind ausgrub.

Bild unten: Wenige feuchtkalte Nachtstunden hat das Bataillon in einem Waldstück gelegen. Die Landser mit ihrer bewundernswerten Fähigkeit, überall, in jeder Stellung und zu jeder Zeit schlafen zu können, haben sich immer zu zweien mit den Rücken aneinandergesetzt, um sich so wenigstens etwas zu wärmen. In wenigen Minuten wird zum Angriff angetreten. Parole ist »Hein Mück«! Sie wurde schon in der Nacht für die Posten ausgegeben. Jedem einzelnen Mann geht es durch den Sinn: »Wird es dich nun heute erwischen?« Denn jeden Tag werden es ein paar Mann weniger im »Haufen«.

Ein durch Bauchschuß und schwere Oberschenkelverwundung Verletzter wird auf einem primitiven Wagen entlang des Bahndamms zum Verbandsplatz gefahren. Im Winter geschah das gleiche auf einem Schlitten oder im Lkw.
Bild unten: Die erste Hilfe. Der Obergefreite, den ein Splitter am Rücken verletzt hat, verdankt seinem Koppel, daß er noch auf seinen Beinen stehen kann. Der Lederriemen hat die Hauptkraft des glühheißen Eisenstücks abgefangen.

Die Folgen des grausamen Weltkrieges: Im Bundesgebiet gab es 1953 als Opfer des Krieges an so vielen Fronten 25 vierfach Amputierte (ohne Arme und Beine), 84 dreifach Amputierte, 10 182 Doppel-Beinamputierte, 842 Doppel-Armamputierte und 1445 Querschnittsgelähmte. 6625 waren blind, 11 715 fuhren in Krankenstühlen, 6683 trugen einen Hörapparat. Die Riesenzahl derer, die »nur« ein Bein oder einen Arm verloren, ist nicht ermittelt.

31 Länder hatte Roosevelt damals genannt, die Hitler nicht anzugreifen sich verpflichten sollte. Hitler fragte die Regierungen aller genannten Länder, ob sie sich tatsächlich durch Deutschland bedroht fühlten. Er bekam nur verneinende Antworten. Das peinlichste für Roosevelt war allerdings, daß er – wirklich in völliger Unkenntnis der europäischen Geschichte und selbst der europäischen Geographie – Staaten genannt hatte, die nicht von Deutschland bedroht waren, sondern von anderen Ländern, und von diesen nicht nur bedroht, sondern sogar schon besetzt waren. So forderte Roosevelt damals Hitler unter anderem auf, nicht die »unabhängige Nation« Syrien anzugreifen, obwohl allgemein bekannt war, daß Syrien keine unabhängige Nation, sondern von Frankreich besetzt war.

Hitler bringt dann all die Beispiele dafür, daß der amerikanische Präsident gegen den Friedenswillen seines eigenen Volkes immer mehr kriegerische Maßnahmen ergriffen habe: die Besetzung Islands, die Besetzung Grönlands, die Lieferung von 50 Zerstörern (mehr als Deutschland überhaupt je besessen hat) an England – wofür er als Gegenleistung britische Kolonien in Südamerika zu amerikanischen Kolonien macht –; die ununterbrochenen Waffenlieferungen an Großbritannien sogar ohne Bezahlung; die Unterstützung Englands durch Mitteilungen, welche deutschen Handelsschiffe amerikanische Häfen auf welcher Route verlassen, damit britische Kriegsschiffe diese deutschen Handelsschiffe auch ja versenken können; schließlich die ständigen völkerrechtswidrigen Angriffe amerikanischer Kriegsschiffe auf deutsche U-Boote und die Beschlagnahme aller deutschen Guthaben in den USA – das alles, obwohl Amerika sich noch immer als »neutral« bezeichnet. Schließlich sagt Hitler:

»Erst hetzt dieser Mann zum Krieg, dann fälscht er die Ursachen, stellt willkürliche Behauptungen auf, hüllt sich dann in widerwärtiger Weise in eine Wolke christlicher Heuchelei und führt so, langsam aber sicher, die Menschheit dem Krieg entgegen, nicht ohne . . . dabei Gott zum Zeugen anzurufen für die Ehrbarkeit seines Handelns . . .

Was diese Welt mit uns vorhat, ist uns klar. Sie haben einst das demokratische Deutschland zum Verhungern gebracht, sie wollen das sozialistische Deutschland von heute ausrotten! Wenn Herr Roosevelt oder Herr Churchill erklären, daß sie später eine neue soziale Ordnung aufbauen wollen, dann ist das ungefähr so, als wenn ein Friseur mit kahlen Kopf ein untrügliches Haarwuchsmittel empfiehlt . . .«

Nun sind die Fronten auch hier klar und offen abgesteckt. Noch gibt es keine Kämpfe zwischen deutschen und amerikanischen Truppen, aber der Krieg im Atlantik, der bisher nur gegen England gerichtete U-Boot-Krieg entbrennt nun gegen Amerika. Es vergeht einige Zeit, bis sich der Eintritt der USA in den Krieg auswirkt. Vorläufig ist in Europa davon noch nichts zu spüren.

Der Winter vergeht mit Abwehrkämpfen an der riesig langen Ostfront. Im Frühjahr kommen alle Bewegungen zum Stehen. Erstmals gibt es in diesem Krieg reine Stellungskämpfe wie im Ersten Weltkrieg. Die Schlammperiode zwingt dazu. Der tauende Schnee, tagelange Regenfälle verwandeln die Welt in Rußland in einen einzigen, zähen Brei. Kein Fahrzeug kann sich hier noch bewegen, kein Panzer kommt mehr vorwärts. In dieser Periode einer relativen Ruhe steht die deutsche Führung vor der schwerwiegenden Frage, wie es nun weitergehen soll. Vor einem halben Jahr noch hat man erklärt, der »Tönerne Koloß« Sowjetrußland sei zerschlagen, die Rote Armee habe aufgehört zu existieren, der Rest der Kämpfe seien nur noch »Aufräumungsarbeiten«.

Hitler denkt nur ganz kurz an die Möglichkeit, in der Verteidigung zu bleiben. Er verwirft diese Möglichkeit sofort. Daß er sich in der Kraft des Sowjetstaates getäuscht hat, ist ihm längst klargeworden. Daß diese Kraft, wenn man ihr nur Zeit dazu läßt, von Tag zu Tag wieder zunehmen muß, ist ebenso klar. Also kann die Parole nur lauten: Angreifen, wieder zur Offensive übergehen! Das ist schwieriger als im vergangenen Jahr. Die Kraft der Wehrmacht reicht nun nicht mehr aus, an der ganzen Front zum Angriff überzugehen. Die Moral der deutschen Landser ist ungebrochen, auch ihr körperlicher Zustand hat sich nach den Strapazen dieses grimmigen russischen Winters nun wieder gebessert. Doch es sind weniger Soldaten als vor einem Jahr.

Das Schlimmste aber sind die Verluste, die die Wehrmacht im Kampf erlitten hat. Mehr als eine halbe Million Menschen hat die Wehrmacht vom Juni 1941 bis zum Februar 1942 verloren, das sind 31 Prozent der Truppen, die am 22. Juni zum Kampf angetreten sind: 202 251 Mann sind gefallen, 725 642 sind verwundet und 46 511 vermißt. Allein die Ausfälle durch Erfrierungen betragen über einhunderttausend! Einhunderttausend Menschen, die erfroren sind und für immer im russischen Schnee liegenblieben, Menschen, die sich die Füße erfroren haben, denen man die Beine amputieren muß, Menschen, die nie wieder ihre erfrorenen Hände gebrauchen können, Menschen, die statt der erfrorenen Nase nur noch zwei Löcher im Gesicht tragen – einhunderttausend!

Es kommt also nur noch eine Offensive in einem begrenzten Raum in Frage. Hitler entschließt sich – so wie er sich im vergangenen Jahr entgegen der Meinung aller Generale für die Eroberung der Ukraine und ihrer Hauptstadt Kiew wegen ihrer wirtschaftlichen Bedeutung entschlossen hat – auch dieses Offensivziel nach kriegswirtschaftlichen Gesichtspunkten zu wählen. Die Offensive soll zum Kaukasus führen, zum Kaspischen Meer, zu den reichen Erdölquellen von Baku und Batum. Der deutsche Vorstoß geht also nach Süden und Südosten. Das erste große Etappenziel dabei ist die Wolga, ist die Stadt Stalingrad.

Die Verschwörer gegen Hitler sind in all der Zeit nicht untätig geblieben. Aber trotz aller Aktivität, die sich in Besprechungen, im Pläneschmieden erschöpft, kommen sie nicht zum Zuge. Da ist zunächst schon am 19. August 1941 die Besprechung zwischen dem Präsidenten der »neutralen« USA und dem britischen Premierminister gewesen. Das Ergebnis ist die »Atlantik-Charta«. Ein schwerer Schlag für die deutschen Verschwörer, denn in Punkt 8 dieser Charta steht eindeutig, daß Deutschland entwaffnet werden und bleiben soll.

Erstmals dämmert es nun den Hitlergegnern, daß der Kampf der Westmächte, einschließlich der zu diesem Zeitpunkt formell immer noch neutralen Vereinigten Staaten eben nicht gegen Hitler, sondern gegen Deutschland geht.

Botschafter von Hassell, einer der wichtigsten aus der Reihe der zivilen Verschwörer, erkennt es zuerst und meint, die Atlantik-Charta sei dafür ein Beweis, »daß England-Amerika nicht nur gegen Hitler kämpfen, sondern Deutschland überhaupt niederschlagen und wehrlos machen wollen«. Er erkennt, wie er sagt, daß der Punkt 8 der Charta »jede vernünftige Friedenschance zerstört«. Dennoch arbeiten die Verschwörer weiter, da sie der Meinung sind, die bisherigen Gebietseroberungen seien ein Pfand für sie, wenn sie als Regierung mit den Kriegsgegnern Friedensverhandlungen führen. Ganz haben sie also die alliierten Kriegsziele noch immer nicht begriffen.

Da trifft sie ein neuer Schlag. Witzleben, der ja schon seit je zu den Verschwörern gehört, ist Oberbefehlshaber in Frankreich. Er soll mit seinen Truppen für den Umsturz sorgen. Die Zeit drängt, denn wenn die deutsche Wehrmacht erst einmal Niederlagen erleidet, dann ist es zu spät, dann werden die Gegner auch mit einer noch so antinazistischen Regierung keinen Frieden schließen.

Witzleben ist auch bereit, die Führung zu übernehmen. Der Frühsommer 1942 wird als Termin festgesetzt, die Zeit, in der die deutsche Offensive im Osten wieder aufgenommen wird. Doch wieder haben die Verschwörer Pech – Hitler versetzt den Feldmarschall in den Ruhestand. Nun haben die Verschwörer zwar einen Marschall an ihrer Spitze, aber einen Marschall ohne Soldaten. Und ohne Truppen kann man nun einmal nicht putschen.

Deshalb gibt es zunächst Diskussionen darüber, wie denn der neue Staat nach Hitler eigentlich aussehen soll. Die meisten der Verschwörer jener Tage sind alles andere als Demokraten. Ein demokratischer Staat ist es nicht, der ihnen vorschwebt, wenn sie von ihrem Sieg über Hitler träumen – denn mehr als träumen tun sie in dieser Periode nicht. Deutschland, so wird schließlich beschlossen, soll wieder eine Monarchie mit einem Kaiser an der Spitze werden.

Als Nachfolger des Pensionärs Witzleben tritt Generaloberst Beck an die Spitze der Verschwörer. Der Mann der Studierstube, »viel Taktik und wenig Wille«, sagt einer der Verschwörer über ihn.

So wird es nichts mit dem Putsch, jeder Plan wird wieder zerredet. Das wird sich erst dann ändern, wenn junge Offiziere zu den Verschwörern stoßen, junge Menschen, die einst an Hitler glaubten und ihm begeistert gefolgt sind, junge Menschen, die aktiv sind und nicht in den Vorstellungen eines vergangenen Jahrhunderts leben.

Hitlers Pläne dagegen werden verwirklicht. Wenigstens beinahe. Die deutsche Sommeroffensive läßt sich gut an, und es sieht bald so aus, als werde sie ein voller Erfolg.

Die ganze Halbinsel Krim wird erobert. Nur die stärkste Seefestung der Welt, Sewastopol, hält sich noch. Zu ihrer Niederringung werden alle nur denkbaren Waffen eingesetzt, darunter das größte Geschütz der Welt, das 80-Zentimeter-Geschütz »Thor«, zu dessen Bedienung rund 2000 Mann nötig sind. Das Geschütz verfeuert Granaten, die weit mehr als mannshoch sind und siebeneinhalb Tonnen wiegen.

Die Besatzung von Sewastopol wehrt sich mit einem Heldenmut, den sowjetische Soldaten in diesem Krieg bisher nie bewiesen haben. Um jedes einzelne Fort, um jede einzelne Kasematte muß gekämpft werden. Oft ergibt sich die Besatzung eines Festungswerkes auch in völlig aussichtsloser Lage nicht und fällt bis zum letzten Mann. Am 2. Juli 1942 erst ist Sewastopol in deutscher Hand.

Zwischen Taganrog und Kursk brechen die deutschen Armeen, flankiert von je einer italienischen, ungarischen und rumänischen Armee, die sowjetische Front auf einer Breite von 500 Kilometer auf. Sie stoßen hindurch und sind bald auch 500 Kilometer tief in das Feindgebiet eingedrungen. Deutsche Panzerspitzen stehen in Kalatsch, rund hundert Kilometer vor Stalingrad.

Der weiter südlich erfolgende Angriff in Richtung auf den Kaukasus verläuft noch stürmischer. Die deutschen Truppen gehen fast ohne Feindwiderstand vor. Die Sowjets weichen zurück. Bei der unermeßlichen Weite ihres Landes die beste Taktik in dieser Situation. Die Deutschen sollen sich totlaufen. Spätestens in den Bergen des Kaukasus wird ihre Kraft zu Ende sein. Zunächst aber erreichen die deutschen Einheiten das

Erdölgebiet von Maikop, das die Russen vor ihrem Rückzug völlig zerstört haben. Das ist am 8. August. Sofort stürmen deutsche Panzerverbände weiter, um das Ölgebiet von Grosnij zu erobern.

Bald ist es für die deutschen Panzer mit dem Stürmen vorbei. Der Nachschub kommt nicht mehr mit, kann nicht mehr nachkommen. Die Entfernungen sind so riesig geworden, daß Brennstoff mit Flugzeugen nach vorn geflogen wird. Im Frankreichfeldzug hat sich das bewährt, aber da war das eine Notlösung für wenige Tage, und die Entfernungen waren längst nicht vergleichbar mit denen hier in den endlosen Steppen Südrußlands. Schließlich entwickelt sich hier die verrückteste Lösung des Nachschubproblems, die es in diesem Krieg jemals gab. Die Lkw-Kolonnen verbrauchen auf dem langen Weg so viel Sprit, daß sie am Ziel den Panzern kaum noch welchen abgeben können. Deshalb werden zum Transport des Treibstoffes für die schnellen Panzer die langsamsten Transportmittel eingesetzt – Kamele! Zwar sind Kamelkarawanen langsam, aber die Tiere saufen wenigstens unterwegs kein Benzin wie die Lastkraftwagen. Eine ideale Lösung ist das natürlich nicht, und so kommt es, daß die deutschen Panzer in Pjatigorsk wochenlang wegen des fehlenden Treibstoffes stilliegen müssen, ehe genügend Nachschub heran ist.

Gebirgsjäger erreichen indessen die nördlichen Ausläufer des Kaukasus. Aber Nachschubschwierigkeiten verhindern auch hier ein schnelleres Vorgehen. Die Russen haben ihre Kräfte mittlerweile sammeln können, und so kommt es nicht zu der geplanten Besetzung der Kaukasuspässe, die von den Gebirgsjägern in überraschendem Handstreich genommen werden sollten. Nur der 5629 Meter hohe Gipfel des Elbrus wird am 21. August erobert. Eine großartige alpinistische Leistung der deutschen Gebirgsjäger, aber irgendwelche militärische Bedeutung hat die Besetzung des Elbrusgipfels nicht.

Zwei Tage später erreichen Panzer einer Aufklärungseinheit die Wolga. Ebenfalls zwei Tage später, am 23. August, rollen deutsche Panzer in Stalingrad ein. Der erste deutsche Soldat in Stalingrad ist der Major Hyazinth Graf Strachwitz. Er führt die gepanzerten Teile der 16. Panzerdivision, die zur 6. Armee unter General Paulus gehört. In rasender Fahrt sind Graf Strachwitz' Panzer von Akimowski nach Osten gebraust, nachdem am frühen Morgen der Befehl erteilt worden war: Kein bestimmtes Tagesziel – vorstoßen so weit wie möglich! Fast ungehindert rollen die Panzer in der Sonnenglut dieses Tages durch die staubige Steppe. Es gibt keinen nennenswerten Widerstand. Wo sich sowjetische Einheiten entgegenstellen, wird der Widerstand rasch gebrochen und durchgestoßen.

»Nicht stehenbleiben! Immer durch! Weiteren Widerstand kämpfen nachfolgende Teile nieder!« befiehlt Strachwitz.

Nur einmal gibt es einen längeren Aufenthalt. In Höhe des Flugplatzes Gumrak wehren sich die Sowjets verzweifelt, der Flugplatz ist strategisch wichtig für beide Gegner.

Strachwitz bittet über Funk die Luftwaffe um Hilfe. Stukas des VIII. Fliegerkorps unter Generaloberst Freiherr von Richthofen brechen den russischen Widerstand. Die Panzer können weiter und lassen den Flugplatz Gumrak, der später noch eine traurige Berühmtheit erlangen soll, in einer Staubwolke hinter sich zurück.

Zwölf Stunden nach Angriffsbeginn steht Strachwitz mit seinem Panzer IV am nördlichen Stadtrand von Stalingrad. Ein Funkspruch an die Division wird abgesetzt: Stalingrad erreicht!

Die Panzer werden während des kurzen Halts nachgesehen. Es herrscht eine unheimliche Ruhe, nur von weit irgendwo im Norden klingt ferner Gefechtslärm herüber.

Merkwürdig! Wo sind die Russen abgeblieben? Es ist doch kaum möglich, daß sie Stalingrad nicht verteidigen, das kann nicht sein! Strachwitz beobachtet durch sein Glas die Umgebung. Aber es ist kein Gegner zu sehen, keine Stellungen, keine Verteidigungsanlagen, nur schmutzige, kleine Vorstadthäuser, dahinter das steinerne Meer der großen Stadt, die den Namen des sowjetischen Diktators trägt.

Graf Strachwitz gibt das Zeichen zum Fertigmachen. Er befiehlt, alle Luken der Fahrzeuge zu schließen. Wer weiß, was in Stalingrads Straßen auf sie wartet. Die Ruhe ringsum gefällt ihm nicht.

Strachwitz rollt als erster los, mit einem Höllentempo. Die Straßen sind wie ausgestorben, nirgendwo ist ein Mensch zu sehen. Leere Straßenbahnwagen stehen auf den Schienen, geparkte Lastkraftwagen und Omnibusse am Straßenrand. Unheimlich laut klingt der Lärm der Panzermotoren, klingt das Rasseln der Raupenketten durch die leeren Straßen.

Und da liegt plötzlich der russische Schicksalsstrom, der vielbesungene, vor den Panzermännern: die Wolga. Der Strom, der schon in einem halben Jahr auch zum Schicksalsstrom für hunderttausende deutscher Soldaten werden soll, zum Schicksalsstrom für ganz Deutschland.

Bei der Division geht der Funkspruch ein: »18.00 Uhr Wolga erreicht. Übersetzmöglichkeiten zur Bildung eines Brückenkopfes am Ostufer vorhanden!«

Der Kommandierende General des Armeekorps, General von Wietersheim, befindet sich gerade auf dem Divisionsgefechtsstand. Allzusehr ist er über des Grafen Funkspruch nicht erfreut. Ihm scheint der rasche Vormarsch verdächtig. Haben die Russen dem »Panzergrafen« eine Falle gestellt? Denn links von Strachwitz ist der Angriff der 3. Infanteriedivision steckengeblieben, rechts von Strachwitz die 60. motorisierte Infanteriedivision. Strachwitz ist allein in Stalingrad, ohne Nachbarn links und rechts. Mit Leichtigkeit können ihn die Sowjets von den rückwärtigen Verbindungen abschneiden. General von Wiersheim entschließt sich schnell. Er will sich die Lage an Ort und Stelle selbst ansehen. Gemeinsam mit dem Divisionskommandeur Generalmajor Hube – er erhält 1944 als Generaloberst die höchste deutsche Tapferkeitsauszeichnung, die Brillanten zum Eichenlaub des Ritterkreuzes – und er erhält sie fünf Tage nach dem Obersten Graf Strachwitz –, fährt Wiersheim durch Stalingrad zur Wolga.

Strachwitz meldet dem Kommandierenden und wiederholt gleich den schon über Funk gemachten Vorschlag, sofort über die Wolga zu setzen und am anderen Ufer einen Brückenkopf zu bilden. Wiersheim schaut den Grafen sinnend an. Strachwitz ist für sein ungestümes Draufgängertum berühmt, bei manchem Vorgesetzten gar berüchtigt. Schon im Ersten Weltkrieg hat er sich mit der berühmten Fernpatrouille des Garde-Kavallerie-Regiments einen Namen gemacht. Wiersheim scheint der Vorschlag zu kühn. Die 3. ID im Norden hat schon Verstärkung angefordert, sie kommt nicht mehr weiter.

»Nein«, sagt er. »Sie müssen Ihre Stellung sogar aufgeben und nach Norden rollen. Die 3. ID braucht Hilfe. Tut mir leid!«

Strachwitz versucht es noch einmal und weist darauf hin, daß jetzt wahrscheinlich die einzige Möglichkeit ist, Pontonbrücken über die Wolga zu schlagen, solange der Gegner hier so offensichtlich schwach ist. In ein paar Tagen wird es unmöglich sein, über die Wolga zu kommen. Außerdem gibt es irgendwo, wie Gefangene ausgesagt haben, eine Unterwasserbrücke der Sowjets. Sie müßte man finden!

General von Wiersheim sieht auf die träge dahinfließenden Wasser der Wolga. Die Verantwortung lastet schwer auf ihm. Sicher – Strachwitz kann recht haben. Wenn sofort genügend Truppen über die Wolga geschafft werden könnten, bestünde sogar die Möglichkeit, mit ihnen den russischen Truppen in den Rücken zu fallen, die jetzt die 3. ID aufhalten. Wenn auf dem anderen Flußufer ein Brückenkopf besteht, den man ständig erweitern kann, dann ist Stalingrad ganz in deutscher Hand.

Doch es sind eben nicht genügend Truppen vorhanden. Wiersheim weiß, wer daran schuld ist. Hitler. Er hat erst kurz zuvor die Masse der 4. Panzerarmee, die ebenfalls für den Angriff auf Stalingrad vorgesehen war, nach Süden abdrehen lassen, um die zum Kaukasus und den Ölgebieten vorgehenden Truppen zu unterstützen. Jetzt fehlt die 4. Panzerarmee hier.

Wiersheim befiehlt Strachwitz, von der Wolga weg nach Norden zu rollen. Die Unterstützung der 3. Infanteriedivision ist wichtiger, denn wenn bei ihr die Russen durchbrechen, dann ist Strachwitz mit seinen Panzern sowieso verloren – und die Infanteriedivision dazu.

Strachwitz gibt seine Stellung am Wolgaufer schweren Herzens auf, aber er sieht ein, daß es wohl sein muß, wenn hinter ihm zunächst keine Einheiten mehr kommen, die den von ihm überwundenen Raum auch sichern und halten können.

Den Sowjets gelingt es schon in der kommenden Nacht, die sich in den riesigen Fabriken und Industriewerken verborgen haltenden Miliztruppen, die Strachwitz gar nicht zu Gesicht bekommen hat, zu verstärken. Als größere deutsche Einheiten nun in Stalingrad eindringen, ist es zu spät, um nur wenige Tage zu spät.

Im Stadtinneren und in Richtung auf das Wolgaufer, wo die deutschen Panzer schon gestanden haben, wird heftig gekämpft. Hitler hat seinen Fehler, die 4. Panzerarmee nach Süden zu schicken, schon längst eingesehen und sie zurückbeordert. Aber ihre Unterstützung für Paulus' 6. Armee kommt ebenfalls zu spät. Nun haben sich die Sowjets in Stalingrad wieder festgesetzt. Erbittert gehen die Kämpfe hin und her. Immer wieder gelingt es den deutschen Landsern, einen Feindstützpunkt nach dem anderen auszuschalten, eine Straße nach der anderen wird erobert. Aber unter welchen Anstrengungen, mit welchen Verlusten!

Schließlich wird auch die Wolga an zwei Stellen in Stalingrad wieder erreicht. Der größere Teil des Stalingrader Wolgaufers aber bleibt in der Hand der Roten Armee. Selbst auf dem Höhepunkt der deutschen Erfolge in Stalingrad, in jener Stunde, da Hitler erklärt, Stalingrad sei gefallen, da ist der sowjetische Brückenkopf noch so groß, daß genügend Nachschub vom Ostufer herübergebracht werden kann.

Am 21. September wird Generalstabschef Halder von Hitler entlassen. Seine Nerven seien verbraucht, erklärt Hitler seinem Generalstabschef. An seine Stelle tritt General Kurt Zeitzler, von seinen Kameraden der »Kugelblitz« genannt. Wesentlich jünger als Halder, eine willensstarke Persönlichkeit, ruhig und besonnen, aber voller Temperament, das oft durchbricht – deshalb »Kugelblitz«.

Am 9. November hält Hitler wie in jedem Jahr im Münchener Bürgerbräukeller seine Rede vor den »Alten Kämpfern«, die mit ihm 1923 am Putsch gegen die bayerische Regierung teilgenommen haben. Dabei verkündet er der Welt, Stalingrad sei gefallen, und nichts in der Welt könne die deutschen Soldaten wieder aus dieser Stadt vertreiben. Es werde zwar noch in Stalingrad gekämpft, aber das seien nur Stoßtruppunternehmen, um versprengte Rotarmisten gefangenzunehmen. Tatsächlich beginnt in der gleichen Stunde der

Bild oben: Inmitten der Hochgebirgswelt des Kaukasus ist ein Geschütz in Stellung gegangen. Militärisch-alpinistisch hatten die Gebirgsjäger zwar Hervorragendes geleistet, das eigentliche Ziel des Kaukasus-Feldzuges aber wurde nicht erreicht: die Stadt Baku am Westufer des Kaspischen Meeres. Der Verlust Bakus mit seinen Ölfeldern wäre für die motorisierte sowjetische Kriegführung verhängnisvoll gewesen.

Bild rechts: Ein deutscher Vorposten am hohen Westufer der Wolga. Im August 1942 erreichten Einheiten der deutschen Wehrmacht Rußlands Schicksalsstrom.

Anfang vom Ende, wenn auch noch nicht in Stalingrad. Am Tag zuvor ist eine gewaltige Transportflotte in Nordafrika gelandet – in Casablanca, in Oran und Algier. Am Abend des 9. November, eben während Hitler im Bürgerbräukeller spricht, sind die alliierten Landungen überall geglückt. Die Amerikaner sind in Nordafrika, bald werden sie auf dem europäischen Kriegsschauplatz erscheinen. Frisch, ausgeruht, in überlegener Zahl und mit überlegenen Waffen.
Die Wende in Stalingrad tritt genau 10 Tage später ein, am 19. November 1942.
Die sowjetische Donfront – die sowjetische Bezeichnung »Front« entspricht ungefähr einer deutschen »Heeresgruppe« und ist somit der größte militärische

Eine Ju 52 wird entladen: Benzinfässer rollen an die Front. Je länger sich der Krieg hinzog, je länger die Front und je tiefer der Raum wurde, desto schwieriger gestaltete sich die Nachschub-Frage. Dazu trug auch die stark anwachsende Partisanentätigkeit bei. Bereits elf Tage nach dem deutschen Einmarsch in Rußland hatte Stalin seinen berühmten Befehl an das sowjetische Volk erlassen:
»In vom Feind besetzten Gebieten müssen Partisaneneinheiten zu Fuß und zu Pferd und Ablenkungstrupps gebildet werden, um den Feind zu bekämpfen, überall den Partisanenkrieg zu entfachen, Brücken und Straßen zu sprengen, Telefon- und Telegrafenleitungen zu zerstören und die Wälder, Vorratslager

und Eisenbahnzüge in Brand zu stecken. In besetzten Gebieten müssen die Bedingungen für den Feind und seine Helfer unerträglich gemacht werden, sie müssen verfolgt und vernichtet werden, wo immer sie sich aufhalten, und all ihre Maßnahmen müssen vereitelt werden.«
Über die Erfolge der russischen Partisanen notiert Goebbels am 6. März 1942 in seinem Tagebuch: »Ein SD-Bericht orientiert mich über die Lage im besetzten Rußland. Sie ist doch prekärer als man allgemein annimmt. Die Partisanengefahr erhöht sich von Woche zu Woche. Die Partisanen beherrschen ganze Gebiete im besetzten Rußland und üben dort ihren Terror aus.«

Verband – unter dem Befehl des späteren Marschalls und polnischen Verteidigungsministers Rokossowski geht zu einer großen Offensive über.
Nach einem in diesem Krieg noch nie erlebten ungeheuren Artillerietrommelfeuer bricht der rote Sturm los. Rund zweihundert Kilometer nordwestlich von Stalingrad durchbrechen sowjetische Gardetruppen die Stellungen der 3. rumänischen Armee. Schon am ersten Tag der Offensive stoßen sie weit bis ins Hinterland vor – immer in Richtung Süden.
Einen Tag später, am 20. November, hebt das gleiche ungeheure Trommelfeuer im Süden von Stalingrad an.

Auch die »Stalingradfront« unter Generaloberst Jeremenko geht zur Offensive über. Hitler erfährt die Nachrichten noch auf seinem Berghof in Berchtesgaden, wohin er von München aus gefahren ist. Er erfährt, daß im Norden von Stalingrad die Front bereits durchbrochen ist und daß im Süden der Gegner so stark gegen die deutsche 4. Panzerarmee und die rumänische 4. Armee drückt, daß auch dort bald ähnliches zu erwarten ist.
In sein Führerhauptquartier »Werwolf«, das in der Ukraine bei Winniza liegt, zurückgekehrt, erhält Hitler Meldungen über den Materialeinsatz der Sowjets. Die

Sowjets sind an Waffen den deutschen und verbündeten Truppen um mindestens das Dreifache überlegen. Aber sie wenden die gleiche Taktik wie bisher so oft die deutsche Führung an – sie konzentrieren sich auf die beiden Schwerpunkte nördlich und südlich Stalingrad, so daß an diesen Stellen die Überlegenheit teilweise eins zu zehn beträgt.

Tatsächlich wird auch im Süden die deutsch-rumänische Front schon am ersten Tag durchbrochen. Am 22. November sind die von Norden kommenden Truppen der sowjetischen Donfront rund 150 Kilometer südöstlich hinter die deutsche Front gelangt, die Truppen der südlichen Stalingradfront haben rund 100 Kilometer nach Nordwesten zurückgelegt. Bei Kalatsch treffen sie sich. Die deutsche 6. Armee ist in Stalingrad eingeschlossen, schon am vierten Tag der sowjetischen Offensive!

Hitler funkt sofort nach Stalingrad zu General Paulus, dieser solle sein Hauptquartier in die Stadt verlegen und eine Igelstellung zur Rundumverteidigung von Stalingrad bilden. »Stalingrad muß gehalten werden«, befiehlt er und verspricht, daß die 6. Armee so lange aus der Luft versorgt wird, bis die Sowjets bei Kalatsch zurückgeschlagen sind und wieder Verbindung mit der 6. Armee hergestellt worden ist. Der Kessel von Stalingrad ist geschlossen.

General Paulus bespricht sich mit allen Generalen der ihm unterstellten Armeekorps. Alle sind der gleichen Meinung – die Sowjets werden binnen Kürze im Rükken der 6. Armee, zwischen Stalingrad und dem deutschen Hinterland, noch stärker werden. Es gibt nur eines: in Richtung Süden auszubrechen, den anderen deutschen Truppen entgegen. Und das so schnell wie möglich.

Paulus bittet in einem Funkspruch Hitler um Handlungsfreiheit. Zunächst bekommt er keine Antwort. Dafür hört er, daß General von Manstein von Hitler zum OB der Heeresgruppe ernannt worden ist. Manstein, der geniale Stratege, Manstein, der Sieger auf der Krim und von Sewastopol. Sein schon jetzt fast legendärer Ruf macht auch dem einfachen Landser im Kessel von Stalingrad Hoffnung, daß noch längst nicht alles verloren ist. Der Manstein, der haut uns schon raus!

Am 27. November kommt Manstein von der Leningrader Front, nachdem er sich unterwegs schon die Lage außerhalb des Stalingrader Rings angesehen hat, in seinem neuen Hauptquartier Nowotscherkask an. Er bringt nicht viel mit, außer seinem eigenen Können. Divisionen, neue Waffen hat er auch nicht. Die Kräfte, über die er verfügen kann, sind so gering, daß sogar die Wache des Hauptquartiers nicht aus deutschen Offizieren und Soldaten besteht, sondern aus – Kosaken!

Inzwischen hat Hitler Paulus geantwortet.

»Die Armee darf überzeugt sein, daß ich alles tun werde, um sie entsprechend zu versorgen und rechtzeitig zu entsetzen. Ich kenne die tapfere 6. Armee und ihren OB und weiß, daß sie ihre Pflicht tun werden. Adolf Hitler«

Diesen Funkspruch schickt Hitler noch in gutem Glauben. Sein »Reichsmarschall« Hermann Göring hat ihm zugesichert, daß die Luftwaffe in der Lage sei, die Versorgung Stalingrads mit Munition und Verpflegung zu übernehmen. Überdies, so rechnet Hitler noch immer, ist das nur für kurze Zeit notwendig. Denn Manstein soll mit der seiner Heeresgruppe Don unterstellten Panzergruppe Hoth nach Stalingrad vorstoßen und die Verbindung wiederherstellen. Danach sollen starke deutsche Kräfte in den von der Panzergruppe Hoth geschaffenen Keil hineinstoßen und die Sowjets wieder zurückschlagen.

Starke deutsche Kräfte – da liegt der Hund begraben, denn die gibt es nicht, jedenfalls nicht in dem Umfang, wie sie für ein solches Unternehmen notwendig wären. Es gäbe eine Möglichkeit, sie zu schaffen, aber diese Möglichkeit läßt Hitler ganz bewußt außer acht. Er müßte die Heeresgruppe A, die im Kaukasus steht und die sowjetischen Ölquellen erobern sollte, zurückrufen. Das aber will er nicht.

Manstein bedrängt ihn mit dieser Forderung und macht Hitler darauf aufmerksam, daß bei einem weiteren Vorstoß der Sowjets sogar die Gefahr eines »Über-Stalingrads« entstehen kann, weil es den Sowjets gelingen kann, die ganze, weit im Süden stehende, an ihren Flanken kaum geschützte Heeresgruppe A einzukesseln. Hitler will diese Gefahr nicht sehen. Und so kommt es in kurzer Zeit zur Katastrophe.

Der Krieg in Nordafrika

Dieser Krieg, der für die letzte Entscheidung wichtiger war, als damals je einer der Beteiligten annehmen konnte, beginnt mit einer beinahe nichtssagenden Meldung des deutschen Wehrmachtsberichtes. Am 26. Februar 1941 meldet das deutsche OKW:
»An der libyschen Küste südostwärts Agedabia stießen in den Morgenstunden des 24. Februar ein deutscher und ein englischer motorisierter Spähtrupp zusammen. Eine Anzahl englischer Kraftfahrzeuge, darunter mehrere Panzerspähwagen, wurden vernichtet, einige Gefangene eingebracht. Auf deutscher Seite entstanden keine Verluste...«
Dies ist der erste Wehrmachtsbericht von der Front in Nordafrika. Der letzte Bericht des Oberkommandos der Wehrmacht aus diesem Kampfgebiet aber lautet:
»13. Mai 1943 –
Im tunesischen Brückenkopf kämpften die deutsch-italienischen Truppen auch gestern mit äußerster Erbitterung gegen den in überlegener Stärke von Front und Rücken angreifenden Gegner. Nach Erschöpfung der letzten Munition und Vernichtung des gesamten Kriegsgeräts wurde auch an größeren Abschnitten der Südfront der Widerstand eingestellt. Dagegen setzen im tunesischen Küstengebirge einzelne Kampfgruppen, soweit sie noch über Munition verfügen, in vorbildlicher soldatischer Pflichterfüllung ihren Widerstand fort...«
Am Nachmittag des gleichen Tages gibt das OKW erstmals nach Stalingrad eine Sondermeldung über eine Niederlage, und was für eine, über den Großdeutschen Rundfunk durch:
»Der Heldenkampf der deutschen und italienischen Afrika-Verbände hat heute sein ehrenvolles Ende gefunden.

Bereits im Ersten Weltkrieg wurde Rommel mit dem EK 1 und dem Pour le mérite ausgezeichnet. In Frankreich kommandierte er die gefürchtete »Gespensterdivision«, in Afrika wurde er zum legendären »Wüstenfuchs«. Als Mitwisser des 20. Juli wurde Deutschlands berühmtester Soldat, Generalfeldmarschall Erwin Rommel, am 14. Oktober 1944 zum Selbstmord gezwungen.

Die letzten in der Umgebung von Tunis fechtenden Widerstandsgruppen, seit Tagen ohne Wasser und ohne Versorgung, mußten nach Verschuß ihrer gesamten Munition den Kampf einstellen. Die Afrikakämpfer Deutschlands und Italiens haben trotzdem die ihnen gestellte Aufgabe in vollem Umfang erfüllt. Durch ihren Widerstand, der dem Feind in monatelangem, erbittertem Ringen jeden Fußbreit Boden streitig machte, fesselten sie in Nordafrika stärkste Kräfte des Gegners und brachten ihm schwerste Menschen- und Materialverluste bei. Die damit erreichte Entlastung an anderen Fronten und die gewonnene Zeit kamen der Führung der Achsenmächte in höchstem Maße zugute.«
Hitler selbst fühlt sich bemüßigt, den Afrikakämpfern ein letztes Lebewohl nachzurufen:
»Mit Bewunderung verfolgt mit mir das ganze deutsche Volk den Heldenkampf seiner Soldaten in Tunesien. Für den Gesamterfolg des Krieges ist er von höchstem Wert gewesen.
Der letzte Einsatz und die Haltung Ihrer Truppen werden ein Vorbild für die gesamte Wehrmacht des Großdeutschen Reiches sein und als ein besonderes Ruhmesblatt der deutschen Kriegsgeschichte gelten.

gez. Adolf Hitler«

Der erste und der letzte deutsche Wehrmachtsbericht über die Kämpfe in Nordafrika! Was aber liegt alles zwischen diesen beiden Berichten – Hitze und Staub, Hunger und Durst, Dreck und Kälte, feindliches Granatfeuer, feindliche Bomben, Sand, Salzwasser, Malaria, Skorpione, Fliegen, Mücken, Tod und Teufel.
Die Geschichte des Krieges in Nordafrika ist, wenn man sie aus deutscher Sicht schildert, in vieler Hinsicht die Geschichte eines Mannes. Die Geschichte des Generalfeldmarschalls Erwin Rommel, jenes schwäbischen Offiziers, der sich schon im Ersten Weltkrieg durch kühne Entschlußkraft und persönliche Tapferkeit die damals höchste kaiserliche Kriegsauszeichnung, den »Pour le mérite«, erwarb.
Wir haben ihn schon kennengelernt als Kommandeur der 7. Panzerdivision, die in Frankreich zum Schrecken des Gegners wurde und bald den Beinamen »Gespen-

sterdivision« erhalten hatte. Der Öffentlichkeit, der ganzen Weltöffentlichkeit bekannt aber wird der Name Rommel erst im Kampf um Nordafrika.

Im Oktober 1940, wir berichteten es schon, marschierten italienische Truppen in Griechenland ein und wurden bald von den Griechen wieder weit nach Albanien hinein zurückgetrieben.

In Nordafrika, wo die italienische Kolonie Libyen an das seit 1882 unter britischer Herrschaft stehende Ägypten angrenzt, haben die Italiener ebenfalls zuerst einige Erfolge gegen die englischen Truppen zu verzeichnen gehabt. Aber der Siegesjubel war von kurzer Dauer.

Am 11. Dezember 1940 strömen die von den Briten unter General Wavell geschlagenen Italiener unter Graziani wieder über die libysch-ägyptische Grenze zurück. Die Engländer stoßen weiter nach. Am 5. Januar 1941 fällt die italienische Festung Bardia nach nur zwei Tagen Kampf in britische Hand. 30 000 Italiener gehen in Gefangenschaft.

Am 20. Januar greift Wavell die starke Seefestung Tobruk an. Am 23. Januar kapituliert die Besatzung. Die Stadt Derna, 170 Kilometer schon von der Grenze entfernt, wird von den Engländern erobert. Derna ist das Eingangstor zur libyschen Provinz Cyrenaika. Bald ist die ganze Cyrenaika in britischer Hand. Die Engländer erreichen Anfang Februar den Ort Agedabia am Rand der Großen Syrte und machen hier erst einmal Halt, um sich zu sammeln und den Nachschub in Ordnung zu bringen. Was Italien noch von seiner nordafrikanischen Kolonie geblieben ist, ist nur die Provinz Tripolitanien.

Zur gleichen Zeit beginnen die Engländer, am 19. und 24. Januar, mit Offensiven gegen die ostafrikanische italienische Kolonie Eritrea und gegen Äthiopien, das die Italiener 1935 überfallen hatten. Auch hier erleiden die italienischen Truppen Niederlage auf Niederlage.

Hitler ist in jenen Tagen in Berlin. Er ist geradezu verzweifelt über diesen unglückseligen Bundesgenossen, den er sich da herangezogen hat. Aber was hat er damals, im März 1938, anläßlich der Wiedervereinigung Österreichs mit Deutschland dem Duce durch Prinz Philipp von Hessen ausrichten lassen, weil Mussolini seine Zustimmung gegeben hatte? »Ich werde ihm das nie vergessen, es kann sein, was will. Wenn er jemals in irgendeiner Not und in irgendeiner Gefahr sein sollte, dann kann er überzeugt sein, daß ich auf Biegen und Brechen zu ihm stehe, da kann sein, was da will ...«

Und jetzt ist der Duce in Gefahr. Eine Niederlage nach der anderen haben seine Truppen erlitten, jedesmal, nachdem Mussolini laute Siegesfanfaren hat ertönen lassen. Sein Volk murrt. Die Italiener haben sowieso von Anfang an keinen Sinn in diesem Krieg gesehen, sie wissen nicht, weshalb und wofür sie eigentlich kämpfen. Das ist auch die Ursache dafür, daß die italienischen Truppen Niederlage auf Niederlage erleiden. Auch im Zeitalter der Technik spielt die Moral einer Truppe noch immer eine entscheidende Rolle.

Was aber soll eine Truppe für eine Kampfmoral haben, wenn sie nicht weiß, wofür sie kämpft? Für die Verteidigung der Heimat, der Frauen und Kinder daheim? Niemand hat je Italien angegriffen. Im Gegenteil, der Duce ist über das schon am Boden liegende Frankreich hergefallen. Für die Befreiung unterdrückter Landsleute in einem fremden Land, für die Wiedergewinnung von heimatlichen Gebieten, die von fremden Eroberern geraubt wurden? Weder in Ägypten noch Albanien und auch nicht in Griechenland gilt es, Italiener von einer Fremdherrschaft zu befreien, gilt es geraubtes Heimatland wiederzugewinnen. Deshalb kämpft der italienische Soldat nicht so gut wie der deutsche, deshalb, und nicht etwa weil der italienische Soldat nicht zu kämpfen verstünde oder gar feige ist, wie später manche deutsche Landser wissen wollen, weil sie nur die an der Oberfläche liegenden eigenen Erfahrungen werten, nicht aber sehen, weshalb sie mit den italienischen Bundesgenossen oft schlechte Erfahrungen machen müssen. Gewiß gibt es eine Anzahl von Leuten, die bei Massenkundgebungen immer wieder schreien: »Korsika! Tunis! Nizza!« (Für Italien!). Aber das sind die unverbesserlichen faschistischen Schreihälse. Das Volk hat kein Interesse an der Annexion fremden Gebietes, es will in Frieden leben, sonst nichts. Ja, sich gegen einen Angreifer zur Wehr setzen – aber nicht diesen Krieg. Die Stimmung im italienischen Volk kehrt sich immer mehr gegen den »Duce« und seine Partei, je mehr Niederlagen bekannt werden.

Und darum entschließt sich Hitler, dem »Duce« zu helfen, obwohl der ihm und seinen Plänen schon jetzt so viel Schaden zugefügt hat, daß es kaum je wieder gutzumachen ist – der ungewünschte Eintritt in den Krieg gegen Frankreich, der Einfall in Griechenland, der Hitler zum Balkanfeldzug zwingt und damit zur Verschiebung des Ostfeldzuges. Viel kann Hitler gerade wegen des geplanten Balkanfeldzuges und des danach vorgesehenen Unternehmens »Barbarossa« den Italienern nicht helfen, aber er tut, was er kann. Zunächst einmal wird im Januar das X. Fliegerkorps nach Sizilien verlegt, von wo aus es die Italiener gegen die britische Luftüberlegenheit schützen soll.

Am 6. Februar erhält Rommel im Führerhauptquartier zu seiner eigenen großen Überraschung den Befehl, ein deutsches Expeditionskorps in Nordafrika zu übernehmen. Afrika? Du lieber Himmel! Rommel ist nie in Afrika gewesen, er hat sich auch noch nie für den fremden Kontinent interessiert. Er weiß kaum etwas über Nordafrika. Nun ja, es ist dort wärmer als in Deutschland, Palmenoasen, Wüste, Sand und Durst. Das ist alles, was er über Nordafrika sagen könnte.

Die 5. Leichte Division soll er übernehmen und mit ihr einen »Sperrverband« bilden. Den Italienern bei der Verteidigung gegen eine neue britische Offensive helfen soll er, sonst nichts. Die Briten stehen nicht weit von Tripolis, der Metropole Italienisch-Nordafrikas. Fällt Tripolis, dann sind die Engländer die Herren Nordafrikas, die Herren des ganzen Mittelmeeres!

Am 12. Februar 1941 kommt Rommel in Tripolis an. Noch immer hat er keine rechte Vorstellung davon, was er nun hier tun soll. Das beste ist, sich erst einmal an der Front umzusehen, was da eigentlich los ist. Mit den ersten Teilen seiner Division, die ebenfalls gerade in Tripolis eingetroffen sind, fährt er nach vorn. Es sind die Aufklärungsabteilung und die Panzerjägerabteilung der Division.

Alles ist anders, als Rommel und seine Soldaten sich vorgestellt haben. Nichts ist mit Oasen, an deren Rand sich Palmen mit süßen Datteln im sanften Wind wiegen, nichts mit weidenden Kamelherden, auf feurigen Hengsten galoppierenden Beduinen. Es ist alles viel nüchterner, prosaischer.

Bald nachdem die deutsche Kolonne Tripolis verlassen hat, gerät sie in einen Ghibli. Von Süden aus der Sahara kommt der heiße Staubsturm, der sie mit glühendem Atem anhaucht und ihnen jede Sicht nimmt. Die Augen beginnen zu brennen, die Zunge liegt trocken und dick im Mund, das Schlucken fällt den brennenden Kehlen schwer.

Dann ist Rommel mit seinen Landsern vorn bei den italienischen Stellungen. In Tripolis hat man ihn schon mit der Hiobsbotschaft empfangen, daß die Engländer wieder angetreten und über Agedabia hinaus vorgestoßen sind. Er hat sich über den Wirrwarr in der italienischen Führung gewundert, aber was er nun hier an Ort und Stelle sieht, entsetzt ihn geradezu.

Die Italiener haben Stellungen gebaut, ja. Aber keine Stellungen gegen feindliches Artilleriefeuer, gegen Panzer oder gegen Luftangriffe. Es sind Stellungen gegen die Unbequemlichkeit, Stellungen, die vor der Hitze des Tages und der Kälte der Nacht schützen. Die Offiziere speisen von feinem Tafelgeschirr, natürlich ein wesentlich besseres Essen, als es die Unteroffiziere bekommen. Die Unteroffiziere wiederum speisen natürlich besser als die »gewöhnlichen« Soldaten. Es finden sich da vorn Betten, Tische, Stühle, elegante Uniformen, sogar ein Kasino. Rommel wundert sich nicht mehr, daß die Italiener von den Engländern bis hierher zurückgedrängt worden sind. Es wäre auch kein Wunder, wenn es den Engländern binnen kurzer Zeit gelingt, tatsächlich Tripolis einzunehmen und damit die Italiener völlig aus Nordafrika zu vertreiben. Er hat mit General Gariboldi gesprochen, dem Nachfolger von Graziani, der wegen der Niederlagen abgelöst worden ist. Gariboldi beschäftigt sich damit, Tripolis für eine

Verteidigung auszubauen. Rommel sieht darin keinen Sinn, nachdem er die italienischen Truppen kennengelernt hat. Diese durch die ständigen Niederlagen demoralisierten Soldaten haben echte Festungen wie Bardia und Tobruk nicht halten können, geschweige denn eine Stadt wie Tripolis. Nein, das kann nicht der Weg sein, den Italienern zu helfen.

Der Befehl, den Rommel aus Deutschland mitgebracht hat, ist klar. Er soll seine Truppen in Tripolis sammeln, bis die ganze Division beieinander ist. Dann erst soll er zur Front und dort gemeinsam mit den Italienern die längst erwartete britische Offensive abwehren.

Rommel hält nichts davon. Zwischen Hitler und Mussolini ist vereinbart worden, daß die motorisierten italienischen Verbände dem Befehl Rommels unterstellt werden, Rommel selbst aber wiederum dem italienischen Oberkommandierenden, also Gariboldi.

Rommel macht seinem Vorgesetzten den Vorschlag, entgegen dem Befehl nicht erst seine Division zu sammeln, sondern jede Einheit, so wie sie in Tripolis ankommt, an die Front zu schicken. Die beiden italienischen Divisionen »Pavia« und »Brescia« sowie die Panzerdivision »Ariete« mit dem Überrest ihrer leichten und altmodischen Panzer, die jetzt rund um Tripolis zur Verteidigung der Stadt aufgebaut sind, sollen ebenfalls vor zur Front. Mit diesen Truppen will Rommel die Engländer angreifen und wenigstens bis Agedabia vorstoßen, denn bei Agedabia liegen die für das Leben in der Wüste so ungeheuer wichtigen Süßwasserquellen. Gariboldi ist entsetzt. Dieser neue deutsche General weiß gar nicht, was er da in seinem Leichtsinn sagt. Er kennt die Wüste nicht, hat keine Ahnung vom Kampf in dieser furchtbaren, wasserlosen Einöde, durch die auch der ganze Nachschub hindurchgeführt werden muß. Vor allem – wenn die Engländer sich zum Kampf stellen, und das werden sie, was dann?

Rommel bleibt bei seiner Meinung. So wie sie eintreffen, werden seine Einheiten nach vorn geschickt. Am 21. März erhält er aus Berlin den Befehl, einen Plan zur Wiedereroberung der Cyrenaika auszuarbeiten. Bis zum 20. April soll er diesen Plan vorlegen.

Am 22. März führt Rommel einen kleinen Aufklärungsvorstoß, der zu Rommels eigener Überraschung zur Einnahme des kleinen Ortes el Agheila führt. Die Engländer, von dem Vorstoß überrascht, haben sich gleich zurückgezogen. Einige Gefangene, die gemacht werden, sind erstaunt, daß sie Deutsche vor sich haben. »Ach so, daher«, sagen sie.

Jetzt hat auch die britische Führung die Anwesenheit der Deutschen bemerkt und erläßt einen Tagesbefehl, in dem es heißt, es bestünde kein Grund zu Befürchtungen. Die Deutschen seien keine Übermenschen, sondern sogar recht minderwertige Soldaten. Der General, der diesen Tagesbefehl unterzeichnet, weiß noch nicht, daß er selbst sich schon zehn Tage später in der Gefangenschaft dieser minderwertigen Soldaten befinden wird.

Am 31. März beginnt Rommel mit seinem Angriff, von dem er niemanden informiert hat. Es gibt gute Gründe dafür. Er weiß, daß das OKH, insbesondere Generalstabschef Halder, ihm den Angriff untersagt hätte. Der Oberbefehlshaber des Heeres, Generalfeldmarschall von Brauchitsch, und Halder sind überhaupt gegen die Entsendung deutscher Truppen nach Nordafrika gewesen. Denn nach ihrer Meinung müßte man dann mindestens vier Panzerdivisionen einsetzen. Für so viel Truppen aber könne man erstens nicht den Nachschub organisieren, und außerdem werden diese Divisionen in Kürze auf dem Balkan und gegen die Sowjetunion gebraucht.

Nein, in diesem Fall handelt Rommel lieber auf eigene Faust. Im Morgengrauen beginnt der Angriff auf die britischen Linien bei der arabischen Siedlung Marsa el Brega. Panzer, 8,8-cm-Flak und Kradschützen stürmen in der Mitte vor, während links an der Küste Panzerjäger die Flanke decken. Die rechte Flanke läßt Rommel durch eine große Anzahl Panzer decken, so daß es für die Engländer so aussehen muß, als ob dort der Hauptstoß erfolge. Aber Rommel hat mit einem Trick die Engländer gleich doppelt hereingelegt. Denn auch die zahlreichen Panzer sind gar keine Panzer, Rommels rechte Flanke ist sogar völlig ungedeckt. Was den Engländern den Eindruck einer starken Panzerstreitmacht erweckt, sind alte italienische, schrottreife Lkw, die als Panzerattrappen mühsam in der Wüste herumkurven und eine ungeheure Menge von Staub erzeugen. Weiter nichts! Bei einer Temperatur von 40 Grad um die Mittagszeit sind die britischen Artilleriestellungen durch den direkten Beschuß mit der 8,8 und durch Stukaangriffe ausgeschaltet. Als die Sonne hinter dem westlichen Horizont verschwindet, ist Marsa el Brega in der Hand der deutschen Truppen. Rommel steht an der Grenze der Cyrenaika.

Wie war das? Bis zum 20. April soll er einen Plan zur Wiedergewinnung der Cyrenaika ausarbeiten? Rommel hat jetzt keine Zeit dafür. Er hält die Ausarbeitung eines solchen Planes sowieso für überflüssig, er weiß mit Sicherheit, daß Halder ihn ablehnen wird. Er, Rommel, sitzt dann weit weg vom Hauptquartier in der Wüste und kann nicht einmal persönlich seine Argumente vorbringen.

Rommel entschließt sich, weiter zu handeln – den Engländern nachsetzen und ihnen gar keine Zeit zur Besinnung lassen, das ist für ihn das einzig richtige! »Vorstoß auf Agedabia«, lautet sein Befehl. Dabei ist noch nicht einmal seine ganze Division eingetroffen, und von den Italienern hat er nur die Abteilung »Santa Maria« vorn bei sich.

Am 2. April steht Rommel vor Agedabia. Schon am Nachmittag ist der Ort genommen, die Engländer sind völlig überrascht worden. Große Mengen an Munition, Treibstoff, Verpflegung, Lastkraftwagen und andere Ausrüstung werden erbeutet. Rommel hält in Agedabia nicht an. Immer weiter vorwärts, den Engländern keine Zeit zum Verschnaufen lassen!

»Tuchfühlung halten mit dem Feind und ordentlich Staub machen!« befiehlt er. »Staub spart Munition!« Die deutsche Luftaufklärung stellt fest, daß die Engländer offensichtlich noch keine neue Widerstandslinie aufgebaut haben. Also stößt Rommel immer weiter nach. Bald ist auch Bengasi, die fruchtbare, von Grün umgebene Kolonialstadt erobert. Aber Rommel ist nicht zufrieden.

»Bis jetzt haben wir den Gegner nur verfolgt und vertrieben. Das genügt nicht. Vernichten müssen wir ihn!« Die Küste macht einen weiten Bogen nach Norden. Entlang der Küste führt die einzige gute Straße. Alle Bewegungen müssen dort entlanglaufen. Aber Rommel hat eine andere Idee. Man muß dem Gegner den Weg abschneiden, selbst den viel kürzeren Weg quer durch die Wüste nehmen, um den Feind zum Kampf zu stellen.

Vorläufig aber muß er erst einmal halten. General Gariboldi hat ihm einen Funkspruch geschickt, in dem er feststellt, daß Rommel mit seinem Vormarsch gegen den Befehl gehandelt habe. Er verbiete Rommel, noch weiter vorzustoßen und begibt sich zu ihm.

Aber Rommel verweigert ihm den Gehorsam und beginnt, zum Vorstoß quer durch die Wüste zu rüsten, um über die Oase Mechilli nach Derna zu gelangen, noch vor der zurückgehenden britischen Hauptstreitmacht. Es ist eine öde, völlig wasserlose Strecke von 300 Kilometern, eine Straße gibt es nicht.

Am 7. April haben die verstreut durch die Wüste ziehenden deutschen und italienischen Kolonnen Mechilli, das die Engländer zu einem starken Stützpunkt ausgebaut haben, erreicht. Rommel selbst hat die Kolonne immer wieder zusammengeführt, ihnen den Weg gewiesen. Mit seinem »Fieseler Storch« ist er ständig unterwegs, wie ein Schäferhund, der seine Herde zusammenhält. Einmal setzt er bei einer Kampfgruppe zur Landung an, um sie persönlich einzuweisen. Fast berührt der »Storch« schon den Wüstenboden, da sieht Rommel, daß es sich bei der Kampfgruppe um Engländer handelt. Glücklicherweise sind die Engländer auch nicht sehr aufmerksam gewesen, die dem »Storch« hastig hinterhergeschickten Schüsse treffen nicht.

In Mechilli sind starke britische Streitkräfte versammelt, darunter eine Panzerdivision und eine motorisierte indische Division. In der Abenddämmerung beginnt der Angriff der deutschen Panzer. Die ganze Nacht tobt der Kampf hin und her. Schließlich versu-

Vormarsch auf einer Wüstenstraße in der Cyrenaika *(Bild oben)*. Vorwärts durch Sand, Staub und Hitze *(Bild unten)*. Bis zum 20. April 1941 hatte das Führerhauptquartier Rommels Offensivpläne für Afrika erwartet. Um diese Zeit hatten Rommels Soldaten schon die Cyrenaika durchquert und standen in Ägypten.

Rechte Seite: Bei den Kämpfen um Bir Hacheim und Tobruk hatte das Zusammenwirken der Luftwaffe mit den Bodentruppen in Afrika große Perfektion erreicht. Eine Focke Wulf Fw 190 hat auf dem nordafrikanischen Kriegsschauplatz einen britischen Panzer abgeschossen. Die Siege und Niederlagen des Deutschen Afrikakorps wurden weitgehend vom Schicksal der britischen Felseninsel Malta bestimmt. Nur 100 Kilometer südlich von Sizilien gelegen, war sie der Stachel im Fleisch der Achsenmächte, ein »unsinkbarer Flugzeugträger« am Nachschubweg zwischen Italien und Nordafrika. Als selbst stärkste Luftangriffe (*Bild links:* Italienischer Bomber über Malta) nichts nutzten, beschlossen Hitler und Mussolini, die Insel durch eine deutsch-italienische Luftlandeoperation zu erobern. Dieses Unternehmen »Herkules« wurde dann aber zugunsten eines weiteren Vorgehens nach Ägypten aufgegeben, das jedoch gerade an der Störung des Nachschubes von Malta aus scheiterte.

chen die Engländer, die ringsum eingeschlossen sind; einen Ausbruch. Nur wenigen gelingt er.

Am Morgen des 8. April ist die Schlacht geschlagen, Mechilli ist eingenommen. Die Briten haben die bisher blutigsten Verluste des ganzen Krieges erlitten. Unermeßlich reich ist die Beute, die Rommels Truppen machen. Wie hat Rommel zu Gariboldi gesagt, als dieser auf die Schwierigkeiten des Nachschubs hinwies? »Den Nachschub hole ich mir bei den Engländern!«

Viele Hunderte von Kraftfahrzeugen, jede Menge Treibstoff, Geschütze, Munition und die Verpflegungslager von drei Divisionen!

Aus Derna kommt die Meldung, daß die nach dort weiter vorgestoßene Aufklärungsabteilung ebenfalls den Sieg davongetragen hat.

Und unter den Gefangenen befinden sich der gerade zu Besuch in Mechilli weilende Oberkommandierende aller britischen Streitkräfte in Ägypten und Transjordanien, General Neame; General Wiard, der in Norwegen die britischen Truppen bei Andalsnes kommandiert hat; General O'Connor und der General Gambier Parry, der noch vor ein paar Tagen den Tagesbefehl über die

»minderwertigen deutschen Soldaten« herausgegeben hat. Der Tagesbefehl wird zusammen mit seinem Unterzeichner erbeutet.

Schon am 9. April geht es weiter. Rommel ist angekündigt worden, daß zu seiner Verstärkung im Mai – denn vorher rechnet man im Führerhauptquartier nicht mit einem Unternehmen gegen die Engländer – die 15. Panzerdivision eintreffen wird. Die Division ist noch in Deutschland, aber ihr Kommandeur ist schon da, General von Prittwitz. Ihm überträgt Rommel das Kommando über die Vorausabteilung, die in Richtung Tobruk vorstoßen soll. Dahinter folgt die Masse der 5. Leichten Division. Die Italiener sollen nur die Sicherung von Mechilli und der anderen zurückgewonnenen Gebiete übernehmen.

Tobruk wird erreicht, aber es gelingt nicht, die Festung zu nehmen. Die mittlerweile durch italienische Einheiten verstärkten Truppen des Deutschen Afrikakorps stoßen an der Festung vorbei und erobern am 13. April Sollum. Sollum liegt bereits in Ägypten!

Der Plan, den Rommel am 20. April zur Wiedereroberung der Cyrenaika vorlegen soll, ist noch nicht ausgearbeitet und doch schon mehr als erfüllt. Nicht nur die Cyrenaika ist wieder in der Hand der Achsenmächte, sondern ganz Libyen – bis auf die von Land her eingeschlossene Festung Tobruk.

Nun beginnt an der libysch-ägyptischen Grenze bei Sollum und ebenso vor Tobruk ein Stellungskrieg, der in seiner Härte nur mit dem Materialkrieg an der Westfront des Ersten Weltkrieges verglichen werden kann. Am härtesten ist der Kampf um Tobruk, denn wenn Rommel noch weiter nach Ägypten hineinstoßen will, dann muß dieser schmerzende Dorn im Rücken des Afrikakorps entfernt werden. Vor allem braucht er den Hafen Tobruk für den dann notwendigen Nachschub, denn Tobruk hat den besten Hafen der Cyrenaika. 170

einzelne Festungswerke, noch von den Italienern ausgebaut, liegen auf und unter karstigen Felsen, durch Drahtverhaue, Minensperren und Panzergräben geschützt. Und geschützt durch das Gelände mit seinen Schluchten und Bergen selbst. Eineinhalb Meter Betondecke liegt über jedem Fort, dazu noch der Fels. Überall liegen offene Kampfstände verstreut. Sie sind gut getarnt und werden erst dann besetzt, wenn der gegnerische Sturmangriff beginnt. Oft stoßen die deutschen Landser bei einem Angriff an diesen unsichtbaren Kampfständen vorbei, werden dann von hinten angegriffen und aufgerieben.

Die Besatzung der Festung sind die besten Truppen, die das britische Empire in Afrika besitzt. Neuseeländer, Australier und Engländer. Über 30 000 Mann, die mit allem notwendigen Nachschub versorgt werden.

Die deutschen Landser haben sich allmählich an die so ganz anderen Lebensbedingungen hier in Nordafrika gewöhnt, an die Hitze der Tage unter wolkenlosem Himmel, an die bittere Kälte der klaren Nächte, an die Myriaden von Fliegen, die niemand vertreiben kann, an die unendliche Weite des Landes. Niemand hatte sie auf diese Lebensbedingungen vorbereitet, ahnungslos waren sie nach Afrika gekommen.

Gewiß, man hat sie ärztlich auf Tropentauglichkeit untersucht, man hat ihnen Kochrezepte mitgegeben, ihnen gesagt, daß »frisches Fleisch nach dem Schlachten zwölf Stunden hängen und dabei fliegensicher aufbewahrt werden muß« – als ob einer der Landser jemals in die Lage käme, in der Wüste etwa ein Schwein oder eine Kuh zu schlachten! –, daß die einheimische arabische Bevölkerung freundlich zu behandeln sei – noch die wenigsten Landser haben einen Einheimischen zu Gesicht bekommen, und später werden sie erfahren, daß die Experten mit ihren guten Ratschlägen nicht einmal gewußt haben, daß es in Libyen gar keine Araber gibt, sondern eben Libyer, die um Allahs willen nicht mit Arabern verwechselt werden wollen.

Das meiste haben die Landser schon wieder vergessen, dafür anderes, wichtigeres schon aus eigener Erfahrung gelernt. Sie haben gelernt, daß man auch salziges Wasser trinken kann, ja sogar muß, weil eben nichts anderes da ist. Dieses scheußlich schmeckende Wasser regelt mit verblüffender Geschwindigkeit die Verdauung – aber man kann auch das aushalten. Die jungen Soldaten des Deutschen Afrikakorps haben gelernt, wie man den heißen Wüstenwind übersteht, der mit seinem Gluthauch feinsten Staub überall hinbläst. Sie haben gelernt, daß man auch in der ebenen, vegetationslosen Wüste Deckung finden kann, und wie man Fahrzeuge und Zelte tief im Sand vergraben kann, ohne verschüttet zu werden.

Das wichtigste aber, was sie schon gelernt haben, bevor überhaupt die 5. Leichte Division vollständig in Nordafrika versammelt ist – von der 15. Panzerdivision noch gar nicht zu reden –, dieses wichtigste ist die Erkenntnis, daß sie trotz aller Unerfahrenheit und trotz zahlenmäßiger und waffenmäßiger Unterlegenheit in der Lage sind, den Gegner zu schlagen. So ist die Kampfmoral des Deutschen Afrikakorps von Anbeginn unvergleichlich hoch, und jeder, der noch neu eintrifft, wird von dieser Moral, dieser Siegeszuversicht angesteckt.

Ohne Zweifel ist dies das Hauptverdienst des Generals Rommel, der ebenso unerfahren nach Afrika kam, wie der letzte seiner Soldaten. Er hat ihnen gezeigt, wie man improvisiert, wie man sich auf neue Situationen einstellt. Rommel ist überall und nirgends, keiner ist vor ihm sicher, der wegen einer Nachlässigkeit, eines Fehlers ein schlechtes Gewissen hat.

Rommel ist kein General, der hinten in seinem Gefechtsstand sitzt und von da aus die Operation leitet. Er ist immer da, wo es brennt. Das ist nicht das ideale Bild eines Generals, denn ein General soll nicht vorn sein, sondern hinten, um die Übersicht behalten zu können, das Gesamtbild zu sehen. Aber hier in Afrika ist Rommels Art der Führung richtig – sich selbst einen Überblick verschaffen, stets bei den Soldaten zu sein.

Seine Soldaten verehren ihn, und bald kursieren über Rommel Hunderte von Anekdoten, von denen die meisten den Vorzug haben, wahr zu sein.

Als die Briten einen Ausbruchsversuch aus Tobruk unternehmen, der eine gefährliche Lage im Rücken der noch immer an der ägyptisch-libyschen Grenze stehenden Front schaffen kann, läßt Rommel die eigens für solche Zwecke von ihm erfundenen »Staubwirbler« einsetzen. Auf Lastwagen montierte alte Flugzeugmotoren mit Luftschrauben brausen kreuz und quer vor den ausbrechenden Engländern durch die Wüste, einen unheimlichen Lärm und ebensolche Staubwolken erzeugend. Die Engländer können natürlich nichts anderes vermuten, als daß hier eine ganze Panzerdivision herannaht, und stellen den Ausbruchsversuch ein. Rommel landet mit seinem »Storch« bei einer Flakstellung. Als er die Stellung gerade betreten will, merkt er, daß es sich um Engländer handelt. Rein zufällig kommt ein VW-Kübel vorbei, der sich ebenfalls verirrt hat. Rommel kann sich noch einmal verdrücken.

Besonderen Wert legt Rommel auf gute Tarnung. Er macht sich nichts daraus, mit dem »Storch« meterhoch nur über den britischen Linien entlangzufliegen und so die eignen Stellungen zu beobachten. Wehe dem verantwortlichen Offizier, der seine Stellung so schlecht getarnt hat, daß Rommel sie von der Feindseite aus sehen kann! Verschiedentlich wird er gebeten, sich nicht so vielen Gefahren auszusetzen. Er winkt ab und sagt, womit er in bezug auf den so völlig andersartigen Wüstenkrieg recht hat: »Kein Admiral hat je eine Seeschlacht von Land aus gewonnen!«

Einen Monat nach Angriffsbeginn hatte Rommel den Küstenstreifen von el Agheila bis zum Halfaya-Paß freigekämpft, ausgenommen die Festung Tobruk *(Bild oben)*, die erst nach einem Großangriff des Deutschen Afrikakorps am 21. 6. 1942 erobert werden konnte. 33 000 Engländer, Inder, Australier und Neuseeländer gerieten in Gefangenschaft.

Dieser Vergleich ist wahrhaftig nicht schlecht, denn die britischen Generale müssen stets erst Befehle von oben abwarten, kein britischer General in Nordafrika unternimmt etwas auf eigene Faust – eben wie ein Admiral auf hoher See, der im Angesicht der feindlichen Flotte erst eine Nachricht von der Admiralität abwarten muß, ob er das Gefecht aufnehmen soll, während der Gegner schon längst schießt.

Rommel muß das formell auch – aber das Führerhauptquartier ist weit. Rom ist zwar näher, aber Rommel kümmert sich herzlich wenig um das, was der »Duce« und seine Marschälle und Generale sagen. Solange er mit seinen unorthodoxen Methoden Erfolg hat, verstummt schließlich noch jeder Kritiker.

Das Hauptproblem für das Afrikakorps ist immer noch der Nachschub. Täglich werden 1500 Tonnen Nachschubgut, einschließlich Wasser und Verpflegung, benötigt. Aber so viel kommt nicht aus Italien über das Mittelmeer herüber, und so manches Versorgungsfahrzeug verschwindet spurlos in der Wüste. Das Schlimm-

ste – Rommel steht schon hier vor dem gleichen Problem wie ein Jahr später die zum Kaukasus vorstoßenden Panzer der Heeresgruppe A in den endlosen Steppen Südrußlands: der Transportweg ist viel zu weit. Noch ist Tobruk in britischer Hand, der einzige Hafen, dessen Kapazität ausreicht, ist Tripolis. Der Weg von Tripolis nach dem Halfaya-Paß an der ägyptischen Grenze, wo die Front nun erstarrt ist, beträgt über zweieinhalbtausend Kilometer!

Mehr als ein halbes Jahr dauert dieser Stellungskampf in Nordafrika, immer wieder unterbrochen von britischen und deutsch-italienischen Vorstößen. Während die Wehrmacht in Rußland vorwärtsstürmt, treten die Gegner in Afrika auf der Stelle. Vorstöße, die Rommel in dieser Zeit unternimmt, dienen nicht einer Offensive, sondern dem Zweck der Täuschung des Gegners – eigene Stärke vorzutäuschen, damit der Gegner von einer Offensive abgehalten wird – und der Eroberung britischer Versorgungsstützpunkte. Standhaft ertragen die Landser die Hitze, den Staub, die Fliegen, die Skorpione und Sandflöhe. Rommel orientiert sich immer noch am liebsten selbst. Er fährt einen britischen »Mammut«, einen erbeuteten feindlichen Befehlspanzer.

Mit ihm gerät er einmal unversehens mitten in einen britischen Panzerverband, ohne es zu merken. Der aufgewirbelte Staub ist so dicht, daß die Nationalität der Panzer nicht zu erkennen ist. Am Typ der Fahrzeuge ist das ohnehin nicht festzustellen, denn die Briten fahren erbeutete deutsche und italienische, die Achsenstreitkräfte ihrerseits fahren auch britische Fahrzeuge – wie Rommel ja selbst.

Rommels »Mammut« hat wegen des Staubes sämtliche Luken geschlossen, Rommel will den Verband erst vorbeilassen und befiehlt seinem Fahrer zu halten. Da klopft es an die Panzerung. Ein Tommy schlägt seine Feldflasche dagegen, er vermutet einen eigenen höheren Offizier in dem Befehlswagen.

Rommel öffnet das Luk, ebenfalls in der Annahme, eigene Truppen vor sich zu haben. Erstaunt sehen sich die beiden an, der deutsche General und der Tommy. Zuerst fällt bei dem Engländer der Groschen. Er reißt die Augen auf und schreit: »*Damn'! The desertfox in person!* – Verdammt! Der Wüstenfuchs persönlich!« Rommel schlägt die Luke zu, sein »Mammut« braust davon.

Ein andermal gerät er während eines Sandsturmes in ein Feldlazarett. In den heißen Staubschwaden ist sowieso jede Orientierung unmöglich. Rommel nützt die Zwangspause aus, die verwundeten Landser aufzusuchen und mit ihnen zu sprechen. Überall liegen deutsche und britische Verwundete durcheinander, wie in jedem Lazarett in Nordafrika. Auch die Ärzte gehören allen Nationalitäten an.

Ein neuseeländischer Arzt führt Rommel zunächst herum. Rommel wundert sich etwas, daß die deutschen Verwundeten ihn so merkwürdig ansehen. Manche scheinen ihm irgendwelche Zeichen geben zu wollen. Endlich geht Rommel ein Licht auf. Ohne jeden Zweifel – er befindet sich in einem britischen Lazarett. Überall britische Soldaten – nicht Verwundete. Der neuseeländische Sanitätsoffizier scheint Rommel für irgendeinen alliierten General, vielleicht für einen de-Gaulle-Franzosen oder einen Polen zu halten.

Rommels »Mammut« steht noch draußen. Der Arzt begleitet den Oberkommandierenden des Deutschen Afrikakorps zu seinem Befehlswagen. Da reitet Rommel der Teufel, und er gibt sich, während er schon oben auf dem »Mammut« steht, zu erkennen. Gleichzeitig sagt er dem Arzt, er hätte die Versorgung der deutschen Verwundeten bei seiner Inspektion eben sehr zufriedenstellend gefunden und könne versichern, daß britische Verwundete in deutschen Lazaretten ebensogut behandelt würden.

So typisch es für Rommel ist, gegenüber seinen Offizieren streng durchzugreifen – einen ausgewachsenen Oberst, für den einfachen Landser weiß Gott schon ein unerreichbar »hohes Tier«, faucht er einmal an, als dieser ihn in aller Herrgottsfrühe, aus dem Schlaf gerissen, im Pyjama begrüßt: »Sie Schlafmütze! Soll ich Ihnen vielleicht das Frühstück ans Bett bringen?!« –, so ist er auch bereit, eigene Fehler einzugestehen und anderen die gleiche Handlungsfreiheit in unerwarteten Situationen zuzubilligen, die er selbst vom Führerhauptquartier erwartet.

Am 18. November 1941 beginnt die lange vorbereitete britische Offensive. Monatelang ist hinter der Front Nachschub gesammelt worden, monatelang sind Verstärkungen herangerollt. Ziel Nummer eins ist die Zerschlagung der beiden Panzerdivisionen, die Rommel mittlerweile zur Verfügung hat: die 15. und die 21. Panzerdivision. Zweites Ziel ist der Durchbruch bis Tobruk, um die Besatzung zu befreien und von da aus Vorbereitungen für eine weitere Offensive zu treffen.

Der britische Angriff ist mit aller Sorgfalt vorbereitet worden. Eine Eisenbahnlinie ist so weit wie möglich an die Front herangebaut worden. Von Alexandria aus ist eine Treibstoff- und eine Wasserleitung bis dicht hinter die Front gelegt worden. Nahezu 30 000 Tonnen Munition und Nachschubgut lagern hinter der Front. Die Royal Air Force hat die deutschen Stellungen und die deutsche Stärke genau erkundet und zusammen mit der Flotte die deutschen Nachschublinien bombardiert und unter Feuer genommen.

Gleich zu Beginn fällt der Gefechtsstand des Deutschen Afrikakorps in die Hände der Neuseeländer. Ein schwerer Verlust.

Wenn auch die Schlacht zunächst hin und her wogt, so gelingt den Briten doch ein solcher Durchbruch, daß sich nun die Entscheidungsschlacht in der Nähe von Tobruk abspielt, in der Wüste bei Sidi Rezegh. Panzer gegen Panzer, Mann gegen Mann. Die deutsch-italienischen Truppen scheinen schon geschlagen. Da führt Rommel wieder einmal einen Geniestreich. Er läßt die britischen Panzer mitten in der Schlacht einfach stehen und braust mit seinen überlebenden Panzern in Richtung Westen, dorthin, von wo die Briten ihn eben vertrieben haben. Er rechnet damit, daß er dort nur Nachschubtruppen vor sich haben wird, mit denen er fertig werden kann. Mit diesem Streich kann er die Niederlage in einen überraschenden Sieg verwandeln.

Der Plan schlägt fehl, obwohl nur zweitausend Meter an seiner Verwirklichung fehlen. Rommels Panzer stoßen zwei Kilometer an den unermeßlich reichen britischen Nachschublagern vorbei. Die Lager werden aus der Ferne gesehen, aber keiner der deutschen Offiziere und Soldaten ahnt die Wichtigkeit der Zeltstadt dort im flimmernden Dunst. So ist es vergebens, die Briten abschneiden zu wollen, denn sie haben ihren Nachschub bei sich. Eine kurze Rechtswendung hätte genügt – Rommel hätte den Feindnachschub für sich gehabt, der Feldzug in Afrika wäre in jener Stunde entschieden worden.

So brausen die Panzer des Afrikakorps an der mehr als fetten Beute vorbei, weil sie sie nicht erkennen.

Sie kommen wieder an die ägyptische Grenze, hinter ihnen fast die gesamte britische 8. Armee, vor sich nur schwache Sicherungen. Aber es sind nur noch 20 bis 30 Panzer unter dem Befehl von General Ravenstein, die am 25. November von Rommel den Befehl erhalten, auf Teufelkommraus nach Ägypten vorzustoßen. Die Panzer stehen bereit, da kommt ein Funkspruch: »Bisherige Befehle aufgehoben. Indische Stellungen in Richtung Bardia durchbrechen!«

Bardia liegt westwärts, im Rücken von Ravensteins wenigen übriggebliebenen Panzern, dort wo noch immer die Hauptstreitmacht des Gegners steht.

Tatsächlich gelingt es Ravenstein, bis Bardia durchzubrechen. Dort findet er Rommels Befehlspanzer schon vor. Rommel sitzt darin und schläft. Ravenstein weckt ihn und meldet sich. Der verschlafene Rommel fällt aus allen Wolken. »Was soll das heißen? Was wollen Sie hier?« Nun ist das Erstaunen an Ravenstein. Er berichtet Rommel von dem Funkspruch, daß der Befehl, nach Ägypten vorzustoßen, aufgehoben sei und er nach Bardia durchstoßen sollte. »Schwindel!« explodiert Rommel. »Die Engländer müssen unsere Verschlüsselung haben! Von denen kommt dieser Befehl!«

Später stellt sich heraus, daß es doch nicht die Engländer waren. Der Befehl kam von Oberstleutnant Westphal, der die zusammenfassenden Aufklärungsergebnisse der Luftwaffe erhielt und daraus ersah, daß die britischen Streitkräfte um Tobruk so stark waren, daß der Vorstoß so weniger deutscher Panzer in entgegengesetzter Richtung nach Ägypten hinein glatten Selbstmord bedeutet hätte. Die Briten konnten dann ungehindert, mit der Besatzung von Tobruk vereint, weiter nach Westen vorstoßen bis Tripolis. Die paar Panzer Ravensteins in ihrem Rücken waren so schwach, daß sie sich darum nicht zu kümmern brauchten. Westphal hat Rommel fieberhaft zu erreichen gesucht, aber der OB war wieder einmal nicht aufzufinden. So hat der Oberstleutnant auf eigene Faust Rommels letzten Befehl widerrufen und dem General Ravenstein einen anderen Kampfauftrag erteilt.

So wütend Rommel im Augenblick ist, so hat er doch die menschliche Größe, seinen Fehler – als er ihn erkennt – einzugestehen. »Sie haben richtig gehandelt«, sagt er später zu Westphal. »Ich bin Ihnen wirklich aufrichtig dankbar!«

Aus Rommels Vorstoß nach Ägypten jedenfalls wird diesmal noch nichts. Die längst in Rommels Rücken stehenden Briten haben sich 27. November mit der Besatzung von Tobruk vereinigt, nachdem sie in der Nacht zuvor Sidi Rezegh eingenommen haben. Der General Godwin-Austen sendet nach Kairo den Funkspruch: »Ich und Tobruk erlöst!«

Bis nach el Agheila, in der Südost-Ecke der Großen Syrte, müssen die Deutschen und Italiener zurückweichen. Immerhin hat Rommels dann abgeblasener Vorstoß nach Ägypten große Verwirrung angerichtet. Die britischen Nachschubtruppen, die natürlich nicht wissen konnten, wie schwach Rommel in Wirklichkeit war, sind zu einem Teil mit Vollgas bis Alexandrien und Kairo durchgebraust, Panik um sich verbreitend, während Rommel schon wieder auf dem nicht von ihm, sondern von Oberstleutnant Westphal angeordneten Rückzug war.

Rommels Name ist längst auch dem letzten britischen Soldaten ein Begriff. Dieser deutsche General, dem die Engländer den Namen »Wüstenfuchs« gegeben haben, scheint manchem geradezu unheimlich in seiner Allgegenwärtigkeit, mit seinen immer wieder überraschenden Einfällen. Der neue britische Oberkommandierende in Nordafrika sieht sich sogar veranlaßt, einen Geheimbefehl an die Offiziere der ihm unterstellten Truppen auszugeben, in dem es heißt:

»Es besteht die Gefahr, daß unser Freund Rommel eine Art Zauberer oder Kinderschreck für unsere Truppe wird, denn die Männer sprechen zu viel von ihm. Er ist auf keinen Fall ein Übermensch, obgleich er wirklich sehr energisch und fähig ist.

Selbst wenn er ein Übermensch wäre, würde es höchst unerwünscht sein, daß unsere Leute ihm übernatürliche Kräfte zuschreiben. Ich fordere Sie daher auf, mit allen Mitteln den Eindruck zu verwischen, daß Rommel mehr darstellt, als einen gewöhnlichen deutschen General.

Die Hauptsache ist jetzt, dafür Sorge zu tragen, nicht mehr von ›Rommel‹ zu sprechen, wenn wir den Feind in Libyen meinen. Bitte achten Sie darauf, daß dieser Befehl unverzüglich befolgt wird und legen Sie allen Kommandeuren nahe, daß diese Angelegenheit vom psychologischen Standpunkt aus besonders wichtig ist.

C. J. Auchinleck, General
Commander in Chief Middle East Forces
Postscriptum: Ich bin nicht eifersüchtig auf Rommel!«

Rommel hat seine erste Niederlage erlitten. Sie ist bei weitem nicht so schlimm wie die der Italiener vor einem Jahr – aber immerhin. Die Moral der deutschen Afrikakämpfer hat dennoch nicht gelitten. Sie vertrauen auf Rommel und darauf, daß es bestimmt bald wieder vorwärtsgehen wird.

Mit dem »bald« wird es nichts. Bei el Agheila treten die Gegner wieder auf der Stelle, wobei ausdrücklich angemerkt werden muß, daß die Italiener jetzt, unter Rommels Führung, zum Teil außerordentlich tapfer kämpfen, insbesondere bei der Verteidigung von el Gobi.

Der britische General Desmond Young, der in Nordafrika in deutsche Gefangenschaft geriet, hat ein Buch über Rommel geschrieben. Darin sagt er: »Wenn Rommel eine hervorragende Eigenschaft hatte, war es die, daß er bei jedem Anprall sofort wieder zurückprallte. Er war wie ein Stehaufmännchen. Kaum hatte man ihn umgekippt, stand er wieder auf den Beinen. Am 11. Januar 1942 lag er hinter el Agheila und suchte sich von den schweren Schlägen der letzten Kämpfe zu erholen. Am gleichen Tage eroberten die Südafrikaner (die ebenfalls in Nordafrika eingesetzt waren) 550 Kilometer weiter östlich Sollum. Anfang Januar war Bardia gefallen. Am 17. Januar kapitulierten auch die deutschen Kräfte am Halfaya-Paß. Ihre Wasserversorgung war abgeschnitten. Sie waren vor Hunger erschöpft.«

Der Halfaya-Paß, den General Young erwähnt, ist von Major Bach verteidigt worden, im Zivilberuf Pfarrer! General Young schreibt weiter: »Zwei Drittel der Achsenstreitkräfte waren vernichtet. Knapp die Hälfte des Afrikakorps war dem Tode oder der Gefangeschaft entronnen oder unverletzt aus den Kämpfen hervorgegangen ... Von Rommels 412 Panzern lagen 386 ausgebrannt, als rauchgeschwärzte Wracks, auf den Schlachtfeldern.«

Im Februar 1942, während die Landser in Rußland nach dem Rückschlag vor Moskau und dem Kampf in den Kesseln von Cholm und Demjansk entweder noch in den eisigen Stellungen oder aber im Süden in den Schlammlöchern liegen, greift Rommel wieder an. General Young schreibt, wie erschöpft Rommel und seine Truppen waren, ohne regelmäßige Mahlzeiten, ohne genügend Schlaf, bittere nächtliche Kälte, glühende, alles ausdörrende Hitze am Tage: »Als er el Agheila erreichte, war er wirklich erschöpft. Und doch gab er den Soldaten des Afrikakorps gleich wieder einen neuen Marschbefehl, sogar ohne begrenztes Kampfziel. Sie sollten Marschverpflegung für drei Tage fassen und ihm dann so rasch wie möglich folgen. Mit einigen Verstärkungen, aber doch nur mit etwa 100 Panzern, darunter einigen leichten, und nahezu ohne Jägerschutz brach Rommel dann in drei Kolonnen auf.« Sofort wird, wie bei Rommel beinahe schon üblich, aus der zunächst nur geplanten »bewaffneten Aufklärung« eine ganze Offensive.

»Die (britische) 1. Panzerdivision, die ... gerade die kampferprobten ›Wüstenratten‹ von der 7. Division abgelöst hatte, war ohne jede Erfahrung im Wüstenkrieg. Sie verlor 100 von ihren 150 Panzern und viele Geschütze. Rommel hatte die 8. Armee überrumpelt. Am 7. Februar hatte er sie bei einem Eigenverlust von nur 30 Panzern auf die Linie Gazala–Bir Hacheim zurückgedrängt. Welchen Maßstab man auch anlegt: Das war kühne und beste Feldherrnkunst!«

Mittlerweile ist Japan in den Krieg eingetreten. Und so fern der »Ferne Osten« auch vom nordafrikanischen Kriegsschauplatz entfernt ist – Japans Eingreifen in den bis dahin nur europäischen Krieg macht sich doch bemerkbar. Die Briten ziehen Truppen aus Nordafrika ab, um sie nach dem Fernen Osten zu werfen. Die 18. Division landet in Singapur gerade in dem Augenblick, als die Garnison der für uneinnehmbar gehaltenen britischen Seefestung durch die Japaner von Land her erobert wird. Zwei Brigaden der Division, die eigentlich gegen das deutsche Afrikakorps eingesetzt werden sollte, gehen kampflos in japanische Gefangenschaft.

Die britische Führung diskutiert hin und her, wann denn nun wohl die Offensive weitergeführt werden soll, um die Achsenstreitkräfte aus Nordafrika zu vertreiben. Churchill sagt: »Heute. Spätestens gestern!« General Auchinleck sagt: »Nein, erst wenn eine gewisse Erfolgschance gegeben ist!«

Es beginnt bei den Briten, wie General Young berichtet, »ein Ferndiskutieren am laufenden Band ... das bei allen Beteiligten immer den Eindruck hinterließ: Um Gottes willen, der Mann am anderen Ende der Strippe ist aber ein Halbidiot!«

Die größte Sorge der Briten ist, daß sie ihren Stützpunkt auf der Insel Malta verlieren könnten. Malta, die Felseninsel südlich von Sizilien und nördlich von Tripolis, sperrt alle Nachschubwege der Achsenmächte. Die Engländer haben sich selbst schon mit dem Gedanken abgefunden, eines Tages Malta aufgeben zu müssen. Schließlich ist es noch kein Jahr her, daß deutsche Fallschirmjäger die weit größere und von weit stärkeren Kräften besetzte Insel Kreta erobert haben. Malta ist gegen Kreta tatsächlich nur ein »kleiner Fisch«.

Die Engländer haben noch immer nicht mitbekommen, daß sie ihren besten Verbündeten an exponierter Stelle in der deutschen Führung sitzen haben – den Generalstabschef Halder. Halder ist prinzipiell gegen den Krieg in Nordafrika, er ist naturgemäß auch gegen die Eroberung Maltas, weil er sie für sinnlos und überflüssig hält. Deutschland kämpft in Europa auf Leben und Tod – was interessiert Afrika!

Am 27. Mai 1942 tritt Rommel zur Offensive an – ohne daß Malta vorher eingenommen worden ist, wie er verlangt hat. Deshalb kommt der Nachschub für Rommels Truppen immer nur tröpfchenweise.

Und noch schlimmer – Rommel, der trotz seines unkonventionellen Draufgängertums auch in großem Rahmen zu denken vermag, unternimmt seine Offensive ohne Unterstützung der deutschen Führung, ja, sogar gegen ihren Willen.

Er weiß, daß in Rußland die deutschen Truppen auf dem Weg zum Kaukasus sind, er denkt, so sehr er »Frontgeneral« ist, der bei den einfachen Landsern vorn in einem eiskalten Sandloch schläft, weiter als die Strategen im Führerhauptquartier. Wenn man ihm zu jener Zeit sagen würde, was gewisse Leute im Haupt-

Mit einem Beutefahrzeug ziehen deutsche Fallschirmspringer in eine kretische Ortschaft ein.

Lametta

»Lametta« und »Klempnerladen« nannte die Landsersprache Rangabzeichen und Auszeichnungen. Hitler selbst war im Erfinden immer neuer Auszeichnungen unerschöpflich. Daß er gleich zu Beginn des Krieges das alte Eiserne Kreuz wieder einführte und nur mit dem Hakenkreuz »verzierte«, beweist sein Geschick für die Menschenverführung. Die Soldaten sollten in seinem Krieg mit demselben Orden für Tapferkeit ausgezeichnet werden wie ihre Väter im Kriege 1914/18.

Die Verordnung des Führers über das Eiserne Kreuz

Die Verordnung über die Erneuerung des Eisernen Kreuzes hat folgenden Wortlaut:

Artikel 1

Das Eiserne Kreuz wird in folgender Abstufung und Reihenfolge verliehen: Eisernes Kreuz 2. Klasse, Eisernes Kreuz 1. Klasse, Ritterkreuz des Eisernen Kreuzes, Großkreuz des Eisernen Kreuzes.

Artikel 2

Das Eiserne Kreuz wird ausschließlich für besondere Tapferkeit vor dem Feinde und für hervorragende Verdienste in der Truppenführung verliehen. Die Verleihung

Das neu gestiftete E K II

einer höheren Klasse setzt den Besitz der vorangehenden Klasse voraus.

Artikel 3

Die Verleihung des Großkreuzes behalte ich mir vor für überragende Taten, die den Verlauf der Kampfhandlungen entscheidend beeinflussen.

Artikel 4

Die 2. Klasse und die 1. Klasse des Eisernen Kreuzes gleichen in Größe und Ausführung den bisherigen mit der Maßgabe, daß auf der Vorderseite das Hakenkreuz und die Jahreszahl 1939 angebracht sind.

Die 2. Klasse wird an einem schwarz-weiß-roten Band im Knopfloch oder an der Schnalle, die 1. Klasse ohne Band auf der linken Brustseite getragen.

Das Ritterkreuz ist größer als das Eiserne Kreuz 1. Klasse und wird am Halse mit schwarz-weiß-rotem Bande getragen.

Das Großkreuz ist etwa doppelt so groß wie das Eiserne Kreuz 1. Klasse, hat an Stelle der silbernen eine goldene Einfassung und wird am Halse an einem breiteren schwarz-weiß-roten Bande getragen.

Artikel 5

Ist der Beliehene schon im Besitz einer oder beider Klassen des Eisernen Kreuzes des Weltkrieges, so erhält er an Stelle eines zweiten Kreuzes eine silberne Spange mit dem Hoheitszeichen und der Jahreszahl 1939 zu dem Eisernen Kreuz des Weltkrieges verliehen. Die Spange wird beim Eisernen Kreuz 2. Klasse auf dem Bande getragen, beim Eisernen Kreuz 1. Klasse über dem Kreuz angesteckt.

Die Spange für Inhaber des E K I aus dem Weltkrieg

Artikel 6

Der Beliehene erhält eine Besitzurkunde.

Artikel 7

Das Eiserne Kreuz verbleibt nach Ableben des Beliehenen als Erinnerungsstück den Hinterbliebenen.

Artikel 8

Die Durchführungsbestimmungen erläßt der Chef des Oberkommandos der Wehrmacht im Einverständnis mit dem Staatsminister und Chef der Präsidialkanzlei.

Berlin, den 1. September 1939

Der Führer
gez.: Adolf Hitler

Der Chef des Oberkommandos der Wehrmacht
gez.: Keitel

Der Reichsminister des Innern
gez.: Dr. Frick

Der Staatsminister und Chef der Präsidialkanzlei des Führers und Reichskanzlers
gez.: Dr. Meißner

*

Das Eiserne Kreuz wurde von dem Preußenkönig Friedrich Wilhelm III. im März 1813 beim Aufruf zu den Befreiungskriegen in Breslau gestiftet und 1870 durch Wilhelm I. sowie 1914 durch Wilhelm II. erneuert.

Linke Seite:
Krad-Schützen in Khaki rattern mit ihrem schweren BMW-Gespann durch die libysche Wüste.

153

Bereits in den Freiheitskriegen 1813/15 gab es das »Eiserne Kreuz«, das der berühmte Architekt Schinkel 1813 entworfen hatte. 1914/18 erhielten 5196000 Soldaten das EK II und 218000 das EK I. Die höchste Klasse, das Großkreuz mit Strahlenstern, erhielt nur Generalfeldmarschall von Hindenburg am 24. März 1918. Dieselbe Auszeichnung war vorher nur einmal – 1815 an Marschall Blücher für den Sieg von Belle-Alliance (Waterloo) über Napoleon – verliehen worden.

Das Ritterkreuz, eine Stufe des Eisernen Kreuzes, die es im Ersten Weltkrieg nicht gegeben hatte, wurde durchaus sparsam verliehen. Von den rund 15 Millionen deutschen Soldaten erhielten es nur 7200. 26% der Ritterkreuzträger waren Unteroffiziere und Mannschaften, 26% waren Leutnante und nur 429 waren Generäle und Marschälle, das bedeutet 7%. Im Beisein des Kompaniechefs verleiht Hitler einem Obergefreiten das Ritterkreuz *(linke Seite, oben links)*. Unten links das Panzerkampfabzeichen, das U-Boot-Abzeichen, das Abzeichen der Gebirgsjäger, oben zwei Klassen des Kriegsverdienstkreuzes. Auf dieser Seite: *(oben)* das Infanteriesturmabzeichen, *(daneben)* das Verwundeten-Abzeichen. *Unten:* der Ärmelstreifen des Afrikakorps, der Demjansk-Schild, der jenen Soldaten verliehen wurde, die am Ausbruch aus dem großen Kessel unter General von Brockdorff-Ahlefeld an der Ostfront beteiligt gewesen waren, der insgesamt 4 Monate von den Russen belagert worden war.

quartier über ihn denken, würde Rommel wahrscheinlich sehr entsetzt sein.

Im Gegensatz zu Rommel überlebt Halder den Krieg. Und deshalb kann er auch in der Gefangenschaft aussagen, was Rommel doch für ein Dummkopf gewesen sei. Ein damaliger Kriegsgegner, wieder der General Young, berichtet nach dem Krieg über die Vernehmung des unglückseligsten aller deutschen Generalstabschefs: »Ich«, so sagt Halder, der im Juni 1941 den Ostfeldzug in sechs Wochen beendet wähnt, zu dem alliierten Vernehmungsoffizier, »sprach über diese Angelegenheit mit Rommel zuletzt im Frühjahr 1942. Damals sagte er mir, er werde Ägypten und den Suezkanal erobern. Ich konnte mich eines leichten unhöflichen Lächelns nicht erwehren und fragte ihn, was er denn für die Durchführung dieser Pläne brauche. Er meinte, er brauche zwei weitere Panzerkorps. Ich fragte ihn: ›Angenommen, wir hätten diese zwei Korps, wie würden Sie den Materialnachschub und die Verpflegung sicherstellen?‹ Auf diese Frage antwortete er: ›Das geht mich nichts an, das ist Ihre Sache!‹«

Dem bayerischen Beamten-General ist demnach selbst bis nach dem Krieg noch nicht aufgegangen – nachdem er von 1938 bis 1942 Generalstabschef war –, welche Aufgaben ein Generalstabschef eigentlich hat. Natürlich hat Rommel recht gehabt, wenn er sagte: »Das ist Ihre Sache!« Der Nachschub geht Rommel als den Befehlshaber der Fronttruppen wirklich nichts an. Die beiden Panzerkorps, über die er mit Halder spricht, bekommt er natürlich nicht. Das allerdings liegt nicht an Halder, der das ohnehin nicht zu entscheiden hätte, sondern an der Situation, die nach der Winterschlacht vor Moskau an der Ostfront entstanden ist. Alle verfügbaren Kräfte werden für die neue Offensive in Richtung Kaukasus und Stalingrad benötigt.

Dennoch wäre die Erfüllung von Rommels Forderung gerade für die Ostfront besonders wichtig gewesen. Rommel hatte die Absicht, mit seiner durch zwei Armeekorps verstärkten Streitmacht durch ganz Ägypten bis Syrien und bis zum Hafen von Basra vorzustoßen. Damit hätte er nicht nur in Basra die amerikanischen Hilfslieferungen für die Sowjetunion abschneiden können, sondern durch die Anwesenheit in Syrien und einen weiteren Vorstoß nach Norden den Süden der Sowjetunion so bedrohen können, daß der Abzug der zwei Armeekorps von der Ostfront mehr als wettgemacht worden wäre. Jedenfalls beginnt Rommel am 27. Mai 1942, für die Briten völlig überraschend, aus der Verteidigung heraus mit seiner Offensive. Seine Kampfkraft beträgt nur etwas über die Hälfte von der des Gegners. Aber Rommel meint, daß die Überraschung einige Divisionen ersetzt.

Die gegnerischen Truppen haben sich auf einer Linie eingegraben, die von der Küste im Norden bei Gazala bis Bir Hacheim im Süden verläuft. Bei Gazala beginnt Rommel zunächst mit einer Scheinoffensive. Die britische Führung fällt darauf herein und wirft Verstärkungen an den scheinbar so gefährdeten Frontabschnitt. Rommel aber läßt plötzlich den Gegner stehen, wie er es schon so oft gemacht hat, und umgeht ihn im Süden. Dann stößt er auf die Festung Tobruk zu.

Bald erkennt der Befehlshaber der britischen 8. Armee, General Ritchie, Rommels Absicht. Schnell wirft er seine Truppen an der Küste herum nach Süden und zum Teil zurück, in Richtung Tobruk. Rommels Waffe der Überraschung ist noch nicht stumpf. Während das Deutsche Afrikakorps durch die Wüste nach Norden vorstößt, wird eine britische Einheit nach der anderen vernichtet oder gefangengenommen.

Dennoch verlangsamt der britische Widerstand natürlich Rommels Vordringen und fügt seinen Truppen schwere Verluste zu. Zeitweilig gerät Rommel mit seinen deutsch-italienischen Truppen in verzweifelte Lagen. Schließlich marschieren sie durch die Wüste: Treibstoff, Wasser und Verpflegung sind mehr als knapp. Auch die Munition geht bald zur Neige. Dann stoßen die Achsenstreitkräfte südlich von Bir Hacheim auf ein ausgedehntes Minenfeld. Die Überquerung dieses Minenfeldes hält den Vormarsch lange auf, und während die Truppen sich mühsam durch dieses tödliche Stück Wüste hindurchquälen, greifen ununterbrochen britische Flugzeuge an.

Rommels Stab ist für den Abbruch der Offensive und für sofortigen Rückzug, um zu retten, was noch zu retten ist. Rommel selbst ist anderer Meinung. Er fordert Stukas und Jäger an. Mit Bomben und Bordwaffen greifen sie die Stellungen der hinter dem Minenfeld liegenden britischen Brigade an und öffnen Rommel so den Weg durch das Minenfeld.

Das Afrikakorps und die Italiener haben das Minenfeld überwunden. Der größte Erfolg dabei: der gesamte Nachschub der britischen Brigade kann erbeutet werden. Damit hat sich die Lage der Achsentruppen entscheidend verbessert. Bir Hacheim wird genommen. Sofort wenden sich die Achsentruppen nordwärts, dem einzigen britischen Stützpunkt in der Cyrenaika zu, der Rommels Offensive vom vergangenen Jahr bis jetzt überstanden hat und zur deutsch-italienischen Niederlage im vergangenen Herbst und Winter entscheidend beigetragen hat: Tobruk.

Pausenlos bombardieren Stukas, die altbewährte Ju 87 und die neue zweimotorige Ju 88, die britischen Stellungen vor und in Tobruk, um der Infanterie, den Pionieren und den Panzern einen Weg zu bahnen. Es gibt erbitterte Kämpfe, von einer Härte, wie sie der Krieg in Afrika trotz aller bereits vorangegangenen Schlachten noch nicht sah. Aber Rommels Truppen schaffen es. Die Stukas haben mit ihren schweren Bomben die

Nachrichtenverbindungen innerhalb des Festungsbereiches zerschlagen. Die Führung der britischen Truppen in der Festung hat dadurch den Überblick und die Kontrolle über ihre Truppen verloren. Die deutschen Panzer stoßen in einem Keil in das Festungsgelände hinein, stoßen bis zum Hafen vor und zerschneiden so die Festung in zwei Teile.

Am Morgen des 20. Juni 1942 hat der Sturm auf Tobruk begonnen, am Morgen des nächsten Tages ist die Festung, die sich neun Monate halten konnte, in der Hand der Achsenstreitkräfte.

Rommel erhält zwei Tage darauf aus dem Führerhauptquartier die Nachricht, daß Hitler ihn zum Generalfeldmarschall befördert hat. Natürlich freut Rommel sich über diese Beförderung. Die steile Karriere, in zehn Jahren vom Hauptmann zum Marschall – das ist schon etwas, worauf ein Soldat stolz sein kann. Doch am gleichen Tag noch schreibt Rommel nach Hause an seine Frau: »Mir wäre lieber gewesen, er (Hitler) hätte mir eine Division geschickt!«

An eben diesem 23. Juni stehen die Truppen des neuernannten Generalfeldmarschalls wieder am libysch-ägyptischen Grenzzaun. Der mit 49 Jahren jüngste Marschall der Welt entschließt sich, die Offensive fortzusetzen. Er will, seiner Art getreu, die Verwirrung der Briten ausnutzen und die im Rückzug befindliche 8. Armee weiterverfolgen. Sein Ziel ist es, die abgekämpften und verwirrten Gegner nunmehr endgültig zu vernichten, bis zum Suezkanal vorzustoßen und damit die Hauptlebensader des britischen Weltreiches durchzuschneiden. Mit nur hundert Panzern hat er vor einem Monat den Kampf begonnen, und von diesen hundert Panzern sind die weitaus meisten in den vergangenen Kämpfen auf den Schlachtfeldern geblieben. Doch die Beute an britischen Panzern, anderen Fahrzeugen und Geschützen ist so groß, daß diese neue Bewaffnung Rommel genügt. Daß das Deutsche Afrikakorps nunmehr einer britischen als einer deutschen Truppe ähnelt, macht nichts. Entscheidend ist der Erfolg.

Und der scheint zunächst sicher zu sein. Die Verwirrung beim Gegner über Rommels weiteren Vorstoß nach Ägypten verstärkt sich. Die britische Flotte verläßt den Hafen von Alexandria. Der britische Generalstab in Kairo beginnt schon damit, sämtliche Akten zu verbrennen. Fieberhaft werden Pläne für einen weiteren Rückzug nach Palästina und gar bis in den Irak ausgearbeitet. General Auchinleck, der britische Oberkommandierende Nahost, wirft alle verfügbaren Truppen an die Front, um Rommel zum Stehen zu bringen. Vergebens. Sollum, Ras Haleima und schließlich Marsa Matruk fallen schnell hintereinander. Gleich darauf stehen die deutsch-italienischen Truppen vor el Alamein, nur noch 60 Kilometer vom Ziel, von Alexandria entfernt.

Aber hier kommt am 30. Juni ihr Vormarsch zum Stillstand. In aller Hast haben die Briten hier eine von Minen und Stacheldrahthindernissen gespickte Verteidigungslinie errichtet. Der Ort ist günstig gewählt! Hier müssen die Gegner auf einer Frontbreite von nur 65 Kilometer kämpfen. Es ist nicht möglich, die Flanken der Verteidigungslinien zu umgehen oder gar aufzurollen. Denn 65 Kilometer südlich der Küste beginnt die Kattara-Senke, die noch unterhalb des Meeresspiegels liegt und mit von Menschen kaum bezwingbarem Flugsand angefüllt ist. Und außerdem erheben sich auf dem 65 Kilometer langen Stück Front vier schwer zu bezwingende Höhenzüge: Ruweisat, Alam el Halfa, Deir el Munassib und Miteiriya. Nur der letztere liegt hinter den Achsentruppen, die drei anderen liegen vor ihnen, sind starke britische Verteidigungsstellungen.

Den ganzen Juli über toben heftige Kämpfe. Vor allem um den Ruweisat, den nördlichsten Höhenzug, geht es. Wenn das Deutsche Afrikakorps diesen Bergrücken erobern könnte, dann wäre das zwischen hier und der Küste liegende Stück der britischen Verteidigungslinie aufzurollen, man könnte durchstoßen und den Gegner von hinten fassen. Die Briten wissen das, und deshalb wird der Ruweisat mit aller Erbitterung verteidigt. Stets werden die Deutschen wieder zurückgeworfen.

Am 21. Juli greifen im Norden die Australier, in der Frontmitte die Neuseeländer an. General Auchinleck und der Befehlshaber der britischen 8. Armee, Ritchie, versuchen mit aller Macht, das Kriegsglück zu wenden. Die britische Infanterie soll eine Gasse durch die mittlerweile angelegten deutschen Minenfelder bahnen, durch die dann die Panzer hindurchstoßen können. Aber der britische Angriff gelingt ebensowenig wie der deutsch-italienische. Die Front in Afrika ist wieder einmal erstarrt. Im August übernimmt General Montgomery, der spätere Feldmarschall und Lord of el Alamein, den Oberbefehl über die britischen Truppen in Nordafrika. Ein Mann, der in seinem unkonventionellen Verhalten, in seiner Widerborstigkeit gegenüber höheren Kommandostellen und in seiner Beliebtheit bei den Soldaten der »britische Rommel« wird.

Am 31. August versucht Rommel es noch einmal. Es wird der letzte große deutsche Angriff in Nordafrika sein. Diesmal geht es nicht gegen den Ruweisat, sondern gegen den genau in der Frontmitte und weiter im feindlichen Hinterland gelegenen Bergrücken von Alam el Halfa. Zahlenmäßig sind die Achsentruppen leicht überlegen. Aber sechs der Divisionen sind Italiener, denen Rommel seine wenigen Verstärkungen als »Korsettstangen« einziehen muß: die 164. Infanteriedivision und die vier Bataillone der Fallschirmjägerbrigade Ramcke. An Panzern und an Artillerie ist das Afrikakorps weit unterlegen, und noch schlimmer sieht es mit der Luftwaffe aus.

Der Wüstenkrieg war besonders hart und stellte die Führung vor wesentlich andere Probleme als der Krieg in Europa. Da war das Klima – am Tage brütend heiß, bei Nacht zuweilen bitter kalt. Da war der Wassermangel, da waren die Sandstürme, die winzige Körnchen aufwirbelten. Sie drangen in die empfindlichen technischen Waffen ein und legten sie lahm. Dann war das Problem der Tarnung sehr schwer. Es gab ja keinen Baum, keinen Strauch, und die mondhellen Nächte boten mit klarer Sicht der feindlichen Aufklärung leichtes Spiel. Hier gab es keine blühenden Landstriche, keine dichtbesiedelten Städte, gewissermaßen war der Schauplatz ein militärisch reserviertes, in sich abgeschlossenes Gelände.

Zu den Bildern der linken Seite:
(oben) Drill wie zu Hause, *(in der Mitte)* eine improvisierte Dusche unter Palmen, *(unten)* das Klavier einer geflohenen englischen Schauspielertruppe ist den vorrückenden Soldaten in die Hände gefallen.

Bild oben rechts: Endloser Sand, in dem der VW seine Bewährung fand. *In der Mitte:* Löhnungsappell mit nacktem Oberkörper. *Bild unten:* Improvisierter Feld-Backofen für Spiegeleier.

Bereits am 4. Juli 1942 hatte Rommel an seine Frau geschrieben: »Leider geht es hier nicht nach Wunsch. Der Widerstand ist zu groß, die eigenen Kräfte abgenützt. Hoffentlich gelingt es uns doch noch, einen Weg zu finden, um zum Ziel zu gelangen.« Der Landser wußte von diesen Sorgen des Oberbefehlshabers wenig. Er tat auch unter völlig ungewohnten Bedingungen seine Pflicht, wie die Bilder zeigen.

Oben links: Vorgehen einer Schützenkette im Gelände.

Mitte: Ein Motorradkurier der Bersaglieri bringt einem deutschen Panzerspähwagen eine Nachricht.

Unten links: Im Schutz eines deutschen Panzers gehen deutsche und italienische Truppen vor.

Rechte Seite:
Artillerie im Einsatz. Es waren zum Schluß beträchtliche Kräfte in Nordafrika eingesetzt, die mit großem Mut kämpften. Aber die Landung der Amerikaner in Marokko und Algier am 8. November 1942 war unwiderruflich der Anfang vom Ende, denn damit wurde das Afrikakorps in eine große Zange genommen. Dennoch konnte sich Rommel noch ein halbes Jahr halten. Vor allem waren die deutschen Panzer den damals noch völlig frontunerfahrenen amerikanischen Truppen überlegen.

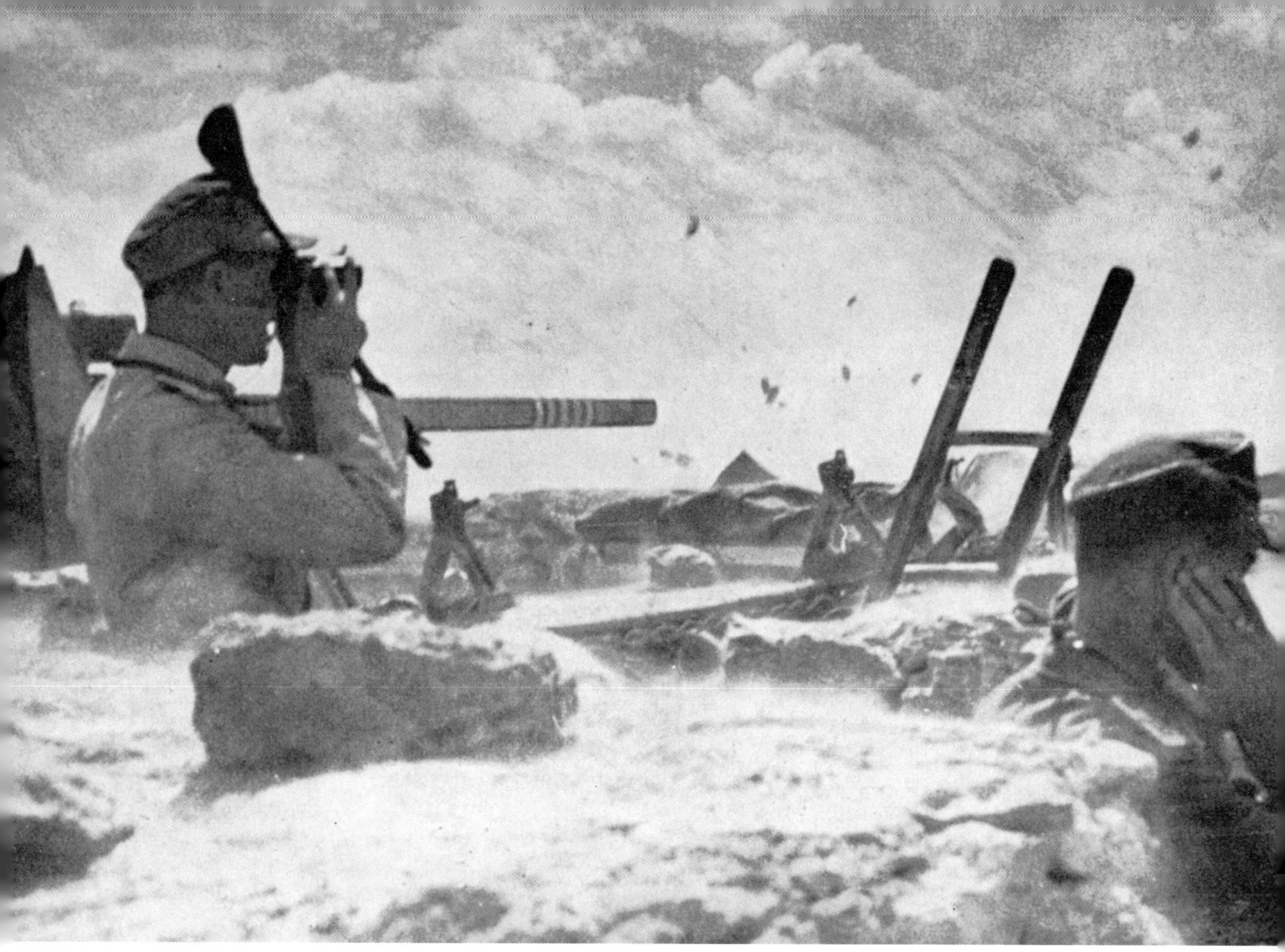
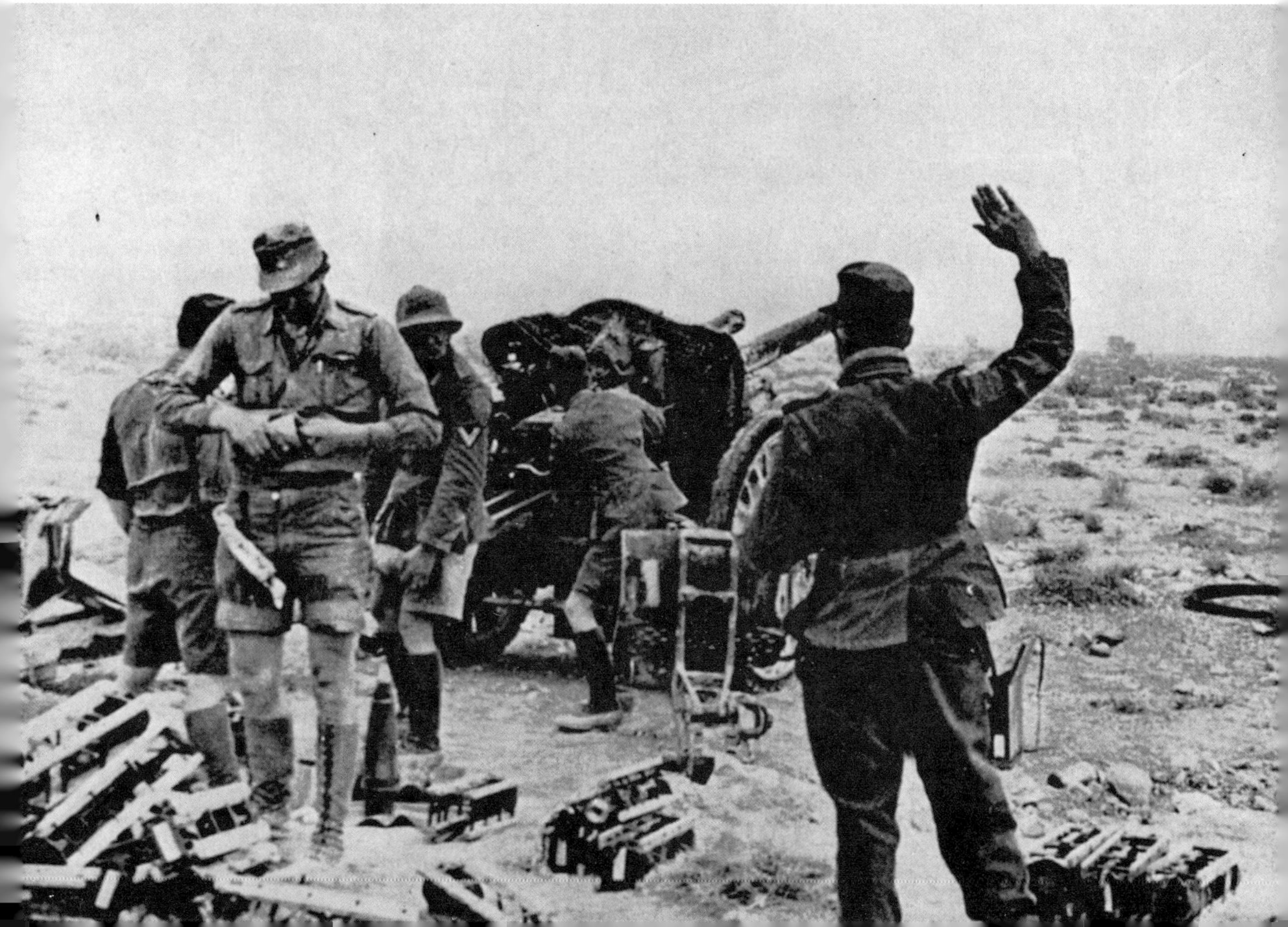

Aber Montgomery hat dasselbe gute Gespür für die Taktik des Gegners wie Rommel. Der Alam-el-Halfa-Kamm ist schwer befestigt worden. Rommels Angriff kommt nicht voran.

Ununterbrochen greift die britische Luftwaffe an, die Unterstützung der Achsentruppen durch deutsche oder gar italienische Flugzeuge fällt fast völlig aus. Rommel macht später den Generalfeldmarschall Kesselring für dieses Versagen verantwortlich.

Am 3. September ziehen sich die deutschen Truppen wieder auf die Ausgangsstellungen zurück. Rommel wird, zum ersten Mal in seinem Leben, krank. Er wird nach Deutschland geflogen und hat, bevor er das Sanatorium aufsucht, eine Unterredung mit Hitler. Rommel bittet um Verstärkung. Noch ist er davon überzeugt, Ägypten erobern und Britanniens Lebensader durchschneiden zu können. Möglich aber ist das nur, wenn er Verstärkung bekommt, vor allem nur dann, wenn die Versorgungslage verbessert wird, wenn genügend Nachschub an Treibstoff, Munition und Verpflegung herankommt.

Trotz der angespannten Lage an der Ostfront – der Kampf um Stalingrad ist eben entbrannt, deutsche Truppen sind bis in den Kaukasus vorgestoßen – verspricht Hitler, sein möglichstes zu tun. Gleichzeitig sagt er Rommel, daß er ihn nach seiner Genesung als Oberbefehlshaber einer Heeresgruppe an der Ostfront einsetzen möchte. Nach Afrika soll Rommel nicht wieder zurückkehren. General Stumme soll die Führung des »Panzerkorps Afrika«, wie das Deutsche Afrikakorps jetzt heißt, übernehmen.

Während Rommel noch im Sanatorium ist, erhält er einen Anruf von Hitler. Es ist der 24. Oktober 1942.

»Rommel«, sagt Hitler, »die Nachrichten aus Afrika klingen schlecht. Die Lage sieht höchst düster aus. Niemand scheint zu wissen, was mit Stumme passiert ist. Fühlen Sie sich wieder gesund genug, um zurückzukehren?«

Rommel ist noch immer krank, aber er zögert keinen Augenblick, zu seinen Soldaten in die Wüste zurückzukehren.

Als er in Nordafrika an der Front eintrifft, ist schon alles verloren. Am 23. Oktober hat der britische Großangriff mit einem in Nordafrika noch nicht erlebten Bombardement und mit stundenlangem Artillerietrommelfeuer begonnen. General Stumme, Rommels Nachfolger, ist tot.

Rommel selbst hat noch vor vier Wochen, ehe er nach Deutschland flog, den Plan für die Verteidigung gegen einen eventuellen britischen Angriff ausgearbeitet. Seine beiden Panzerdivisionen, die 15. und die 21., hat er im Norden und Süden der Front aufgebaut und sie – was für seine sonstige Kampfweise, Schwerpunkte zu suchen, völlig neu ist – in kleinere Kampfgruppen auf-

geteilt. Aber er traut der Kampfmoral der Italiener nicht, deshalb!

»Sein Mißtrauen war gerechtfertigt«, schreibt General Young. »Eingeschüchtert durch das Feuer aus über tausend Geschützen, pausenlos aus der Luft angegriffen, hatten die Italiener auch den letzten Funken Kampfgeist verloren, als der Angriff losbrach. Ohne die deutsche Infanterie und die deutschen Fallschirmjäger, die zu ihrer Absteifung eingesetzt waren, wären die Italiener noch rascher zusammengebrochen.«

Rommel sieht sofort, daß hier kaum noch etwas zu retten ist. Montgomery ist zahlen- und waffenmäßig weit überlegen, die britische Übermacht an Panzern und Geschützen ist geradezu erdrückend. Drei Tage sind seit dem Beginn der britischen Offensive vergangen, als Rommel zurückkommt und das feststellen muß. Montgomery hat die Achsentruppen – abgesehen von der gewaltigen Übermacht, die Rommel niemals hatte –, mit Rommels Methoden geschlagen. Er hat Scheinstellungen anlegen lassen, Geschütze mit Lkw-Attrappen getarnt, Panzer als Feldküchen, und er hat einen Scheinangriff führen lassen, auf den die Deutschen und Italiener zunächst ihre ganze Kraft konzentrieren, bevor sie endlich merken, wo Montgomery den Hauptschlag führt.

Rommel bleibt nichts anderes übrig als der Rückzug. Am 3. Oktober erhält er einen »Führerbefehl«, in dem ihm befohlen wird, nicht zurückzugehen. Rommel macht noch einmal Halt, besteht aber in einem Funkspruch an Hitler auf dem Rückzug, da sonst alles verloren sei. Nun erteilt Hitler die Rückzugsgenehmigung.

Rommel hat noch ganze 80 Panzer, die Briten haben 600. Die Truppenstärke der Achsenstreitkräfte beträgt nur noch etwas mehr als eine Division, eine Division gegen eine ganze Armee.

Bei Marsa Matruk ist es bald soweit – die Briten haben die Reste von Rommels Truppen nahezu eingekesselt, das Deutsche Afrikakorps und die italienischen Verbündeten stehen schon vor der Vernichtung. Da hat der Wettergott ein Einsehen und läßt in der Nacht vom 6. November einen schweren Wolkenbruch niedergehen, der alles Gelände in einen zähen Morast verwandelt. So kann Rommel sich und seine Soldaten noch einmal aus der schon fast zugezogenen Schlinge ziehen.

Zwei Tage später aber, am 8. November, ist der Anfang vom Ende dennoch da: Amerikaner, Engländer und de-Gaulle-Franzosen sind in Casablanca, Oran und Algier gelandet. Teile der französischen Armee haben sich tapfer gegen die Landungstruppen zur Wehr gesetzt, aber am 10. November sind die Alliierten an allen Landungspunkten auf dem Festland Nordwestafrikas und stehen damit im Rücken von Rommel.

Deutsche Truppen besetzen sofort Tunis, das bisher als französisches Hoheitsgebiet entsprechend dem Waffenstillstandsvertrag von Compiègne respektiert worden ist. Sie halten damit Rommel den Rücken frei gegenüber den von Algerien heranrückenden Alliierten. Dabei kommt es zu einer deutsch-italienischen Auseinandersetzung, weil auch die Italiener nach Tunis wollen. Die französische Regierung jedoch hat nur den Deutschen die Erlaubnis zur Truppenentsendung gegeben, da ihr nach allen Erfahrungen klar scheint, daß Italien bei dieser Gelegenheit Tunis zur italienischen Kolonie machen will. Es gibt viele Kontroversen hin und her, bis die Italiener ihre Truppen wieder aus Tunis abziehen.

Rommel zieht sich immer weiter zurück. Teilweise artet der Rückzug in Flucht aus. Die gesamte 6. italienische Division ergibt sich geschlossen den Briten. Die Entfernung von el Alamein bis nach Bengasi wird in fünfzehn Tagen zurückgelegt, das sind 1100 Kilometer. Bis Tripolis soll der Rückzug gehen, aber nachdem die Alliierten im Westen Nordafrikas gelandet sind, wird Tripolis – jedenfalls nach Meinung des deutschen OKH – bedeutungslos. Rommel hat immer Nachschub verlangt, mehr als einmal darauf hingewiesen, daß der ganze Kampf in Nordafrika vom Nachschub abhängt. Er hat nie genügend Nachschub bekommen. Entweder wurde vom OKH zuwenig eingeplant, oder aber die wenigen wirklich in Italien abgehenden Nachschubtransporte wurden auf dem Weg nach Tripolis von britischen Luft- und Seestreitkräften versenkt.

Jetzt aber, als alles schon verloren ist, jetzt ist Nachschub in rauhen Mengen da. Zur gleichen Zeit, da sich in Stalingrad schon die deutsche Niederlage abzuzeichnen beginnt, treffen Truppen auf Truppen in Nordafrika ein. Nicht in Tripolis, sondern in dem noch viel weiter vom italienischen Stiefel entfernten Tunis. Und alle diese Truppen, all dieses Material wird nur nach Afrika geworfen, um wenige Zeit später in alliierter Hand zu sein als Gefangene und als willkommene Beute.

Für Rommel ist dies die bitterste Enttäuschung seines Lebens. Was alles hätte er mit diesen Truppen, mit diesem Material noch kurze Zeit zuvor, als er händeringend um Verstärkung gebeten hat, anfangen können! Jetzt wird alles dem Gegner in den Rachen geworfen: Luftlandetruppen, Grenadierregimenter, Pioniere, Artillerie, Panzerdivisionen, die Panzerabteilung 501 mit den neuen schweren Tigerpanzern – nur um die Beute für die Alliierten noch recht fett zu machen.

Am Morgen des 23. Januar – sieben Tage, bevor der frisch ernannte Generalfeldmarschall Paulus in Stalingrad kapituliert, zur gleichen Stunde als Tausende Landser rund um den zerschossenen Flugplatz Gumrak bei Stalingrad einen schrecklichen Tod in eisiger russischer Kälte finden – ziehen die 11. britischen Husaren in Tripolis ein.

Einen Monat später, am 23. Februar 1943, wird die deutsch-italienische »Heeresgruppe Afrika« gebildet. Aber diese wiederholte Umbenennung der Achsentruppen in Afrika kann auch nichts mehr ändern, nichts kann es ändern, daß Rommel der Oberbefehlshaber dieser Heeresgruppe ist. Noch einmal wird an der Mareth-Linie, die einst die Franzosen zum Schutz gegen einen italienischen Überfall auf die französische Kolonie Tunesien angelegt haben, hartnäckiger Widerstand geleistet. Aber bald haben sich die von Westen und von Osten kommenden alliierten Truppen vereinigt und das Afrikakorps, die nunmehrige Heeresgruppe Afrika, eingekesselt. Ein Ausweg aus diesem Kessel ist nur noch im Norden, zum Mittelmeer hin zu finden.

Am 7. März 1943 fliegt Rommel ins Führerhauptquartier, um Hitler davon zu überzeugen, daß der Kampf in Nordafrika angesichts der immer stärker werdenden feindlichen Überlegenheit aussichtslos geworden ist und die eigenen Truppen nur durch einen schleunigen Rückzug nach Italien gerettet werden können. Hitler aber hofft noch immer, auch in Afrika das Kriegsglück wenden zu können. Er schickt Rommel, der es wirklich nötig hat, ins Lazarett.

Einen Monat später aber muß selbst Hitler einsehen, daß der Kampf in Afrika verloren ist. Er erteilt am 8. Mai 1943 den Befehl, die Truppen nach Sizilien und von da nach Italien zurückzunehmen.

Doch nun ist es zu spät. Die Truppen können nicht mehr eingeschifft werden, schon vier Tage später erfolgt die Kapitulation.

Die letzten Überlebenden des Deutschen Afrikakorps gehen in die Gefangenschaft, zusammen mit mehr als zweihunderttausend anderen Soldaten.

König Georg VI. telefoniert an den englischen Oberbefehlshaber in Afrika: »Die Schuld von Dünkirchen ist beglichen!«

Über zwei Jahre hat der Krieg in Nordafrika gedauert. Es war ein erbitterter Kampf, aber zugleich ein fairer, ritterlicher Kampf, wie er sonst in den Jahren 1941/42 auf keinem Kriegsschauplatz mehr geführt wird.

Karikaturen

Die englische Optik im Spiegel des traditionsreichen Witzblattes »Punch«. Diese Karikaturen sah kein normaler Deutscher während des Krieges, so wollte es Hitler, so wollte es Goebbels. Man muß beim Anblick dieser Zeichnungen sagen, daß der Kampf der Kolosse das Lachen des Westens und der Neutralen gefrieren ließ.

Bild links: 25. Juni 1941: Seit drei Tagen stürmen Hitlers Divisionen nach Rußland hinein. Die Freundschaft zwischen Berlin und Moskau ist zerbrochen. »Das Spiel ist aus«, schreibt dazu »Punch«.

Links unten: 1944 nach der Gründung des Volkssturms, dessen oberster Chef Himmler war, erschien diese Zeichnung. Die Unterschrift: »Die Himmlerjugendbewegung«.

Bild unten: 2. August 1944: Das Attentat des 20. Juli ist vorüber. Göring, Himmler und Goebbels, die alle durch Selbstmord endeten, streiten sich, wer die deutschen Generale zum Schafott führen soll. »Punchs« Unterschrift: »Ich – nein, ich – nein, ich ... will den Wagen führen«, zeigt die damalige Situation von London aus gesehen.

Links oben: 23. Februar 1944: Deutschland hat Sorgen mit Finnland. »Punch« zeichnet einen Offizier, der dem »widerspenstigen Verbündeten« droht: »Erdreiste dich nicht, mich in der Gefahr zu verlassen.«

Rechts oben: 12. April 1944: An den Häuserruinen ist zu lesen:

Potsdamer Platz. In den Trümmern vorm Brandenburger Tor hält ein Landser eine Puppe in die Luft, deren rechter Arm zum Gruß gereckt ist. Die Unterschrift lautete: Das letzte Heil.

Unten: Karikatur, Weihnachten 1944. Die Unterschrift lautete: Hitler feiert Weihnachten mit seinen sämtlichen Freunden.

Nicht einmal die Schweizer, deren Zeitschrift »Der Nebelspalter« die Stimmung der Eidgenossen genau spiegelte, waren ohne bittere Schärfe gegen das Dritte Reich.

Links oben: 10. August 1944:. Hitlers Untergang ist längst besiegelt. Aber noch glaubt ein großer Teil des deutschen Volkes an den »Endsieg«. Der »Nebelspalter« warnt »die Blinden«, die an die Wunderwaffen noch glauben.

Rechts oben: Der schweizerische Zeitungsleser ist verblüfft. Die gegnerischen Heeresberichte melden übereinstimmende Zahlen. Das hat Seltenheitswert.

Links unten: »Diesen militärischen Idioten ist es zuzutrauen, daß sie keine Grenze beachten«, läßt der »Nebelspalter« Hitler über eine Karte von 1944 räsonieren.

Rechts unten: 27. November 1944. Nun hat auch Goebbels' Propaganda Konkurrenz: den Soldatensender West, den deutschen Kurzwellensender Atlantik. »Nebelspalter« stellt fest: »Der unbekannte Kiebitz.«

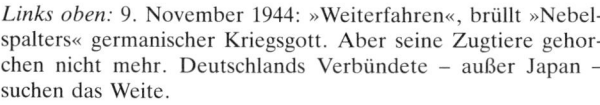

Links oben: 9. November 1944: »Weiterfahren«, brüllt »Nebelspalters« germanischer Kriegsgott. Aber seine Zugtiere gehorchen nicht mehr. Deutschlands Verbündete – außer Japan – suchen das Weite.

Rechts oben: Einen Monat vor Kriegsende. »Das allerletzte Aufgebot.« Opa mit Bart und Pantoffeln und einer alten Flinte gegen Panzer und schwerste Bomber. Damit wird der Volkssturm karikiert, der vom Landser häufig »HJ-Kalkriesling« genannt wird.

Unten: 11. April 1945. In drei Wochen wird der Zweite Weltkrieg vorüber sein. In Washington, London und Moskau rüstet man zu Siegesfeiern. Schatten aber, düstere Schatten liegen über der Freude. Mit Recht fragt die »Schweizer Illustrierte« deshab, wie wohl das Siegerdenkmal aussehen wird. Das »Njet« den roten Eigensinn, die Weigerung des Politbüros, in den Vereinten Nationen anders als mit dem Veto zu arbeiten, ahnte der Schweizer Zeichner voraus. Die »Schweizer Illustrierte« fragte schon damals: »Was nun?«

Der Krieg zur See

Der Krieg zur See ist von deutscher Seite fast ausschließlich ein Krieg der U-Boote. Die deutsche Kriegsmarine ist der weitaus schwächste Waffenteil der deutschen Wehrmacht und zu Kriegsbeginn der britischen und französischen Marine bei weitem unterlegen. Die Ursache dafür liegt einmal in den einschränkenden Bestimmungen des Versailler Vertrages und vor allem darin, daß die deutsche politische und militärische Führung im Jahr 1939 nicht mit einem Krieg rechnet, schon gar nicht mit einem Krieg gegen die beiden militärisch jedes für sich allein weit überlegenen Länder England und Frankreich.

Der damalige Kapitän zur See Karl Dönitz, Führer der Unterseeboote, ist 1937 der erste und bis Kriegsausbruch auch der einzige, der wenigstens theoretisch damit rechnet, daß England irgendwann Krieg gegen Deutschland führen könnte. Er verlangt daher von der Führung einen verstärkten Aufbau der U-Boot-Waffe, die im Falle eines Konfliktes die Hauptlast des Kampfes gegen die Seemacht England tragen müßte.

Hitler jedoch ist bis zum Tag der britischen Kriegserklärung am 3. September 1939 noch immer davon überzeugt, es werde keinen Krieg mit England geben. Er versichert das auch immer wieder Großadmiral Dr. h. c. Erich Raeder, dem Oberbefehlshaber der Kriegsmarine, der daraufhin Hitlers Überzeugung teilt. Der Plan für den Aufbau der deutschen Flotte – der sogenannte Z-Plan – wird daraufhin für das noch in der Ferne liegende Jahr 1945/46 befristet. So ist die deutsche Kriegsmarine schon bei Kriegsbeginn den gegnerischen Seestreitkräften weit unterlegen. Deutschland verfügt im September über folgende einsatzbereite Kriegsschiffe von Bedeutung – also ohne Schnellboote, Vorpostenboote u. a.:

2 Schlachtkreuzer
(»Gneisenau«, »Scharnhorst«), trotz 28-cm-Kaliber als Schlachtschiffe bezeichnet
3 Panzerschiffe
(»Deutschland«, »Admiral Graf Spee«, »Admiral Scheer«),
2 Schwere Kreuzer
(»Admiral Hipper«, »Blücher«),
6 Leichte Kreuzer
(»Emden«, »Königsberg«, »Karlsruhe«, »Köln«, »Leipzig«, »Nürnberg«),
22 Zerstörer,
49 U-Boote.

Frankreich verfügt zur gleichen Zeit über folgende entsprechende Schiffseinheiten:

7 Schlachtschiffe,
7 Schwere Kreuzer,
1 Flugzeugträger,
1 Flugzeugmutterschiff,
11 Leichte Kreuzer,
73 Zerstörer,
79 U-Boote.

Die einsatzbereite britische Flotte umfaßt bei Kriegsausbruch folgende Einheiten:

15 Schlachtschiffe,
7 Flugzeugträger,
2 Flugzeugmutterschiffe,
15 Schwere Kreuzer,
49 Leichte Kreuzer,
194 Zerstörer,
62 U-Boote.

Bei einem Vergleich dieser Daten fällt – abgesehen von der zahlenmäßigen deutschen Unterlegenheit – vor allem auf, daß die deutsche Kriegsmarine nicht über ein einziges Flugzeugmutterschiff und nicht über einen einzigen Flugzeugträger verfügt. Der im Bau befindliche Flugzeugträger »Graf Zeppelin« wird wieder abgebrochen. Diese schwerwiegende Fehlentscheidung geht in erster Linie auf das Machtstreben des deutschen Luftwaffenoberbefehlshabers Göring zurück, der nicht zugestehen will, daß die Marine eigene Flugzeuge

Die deutsche Flotte war bei Kriegsbeginn »untergerüstet«. Sie war unter ihrem Chef, Großadmiral Raeder – seit 1928 Oberbefehlshaber der Marine –, noch im Aufbau. Die beschränkte deutsche Rohstofflage machte es unmöglich, zugleich das Heer, die Luftwaffe und die Marine aufzurüsten.

braucht. So kommt es, daß die Engländer mit den Flugzeugträgern in der Schlacht im Atlantik die entscheidende Waffe besitzen, während der deutschen Marine diese Waffe völlig fehlt.

Der Krieg zur See beginnt gleich am ersten Tag mit einem tragischen Zwischenfall, über den während des Krieges niemand in Deutschland die Wahrheit erfuhr.

17 deutsche U-Boote stehen an diesem ersten Kriegstag westlich von Irland und England, um den feindlichen Schiffen aufzulauern, um Englands Lebensader abzubinden.

Auch Kapitänleutnant Lemp mit seinem Boot »U 30« wartet auf den ersten Einsatz, mit ihm die 44 Mann seiner Besatzung. Eben haben die U-Boot-Leute über Funk von der britischen Kriegserklärung erfahren. Es wird also Ernst.

Etwas später kommt ein neuer Funkspruch für alle U-Boote von Kommodore Dönitz: »Beginn der Feindseligkeiten sofort!«

Es wird Abend. Um 17 Uhr kommt die Funkmeldung, daß auch Frankreich Deutschland den Krieg erklärt hat. Aber hier heißt der ergänzende Funkspruch von Dönitz: »Eigene Feindhandlungen nur in Abwehr.« Französische Schiffe also sollen nicht angegriffen werden.

Das Wetter wird dunstig, während »U 30« weiter nach Norden läuft. Wenige Minuten nach 20 Uhr kommt im dunstigen Zwielicht ein Schiff in Sicht. Kapitänleutnant Lemp bittet seinen Ersten Wachoffizier, Leutnant Hinsch, auf die Brücke. »Was meinen Sie, was ist das für ein Dampfer?« Der I. WO (Erster Wachoffizier) sieht durch das Nachtglas. Was er ausmachen kann im dunklen Schatten des Osthimmels, ist ohne Zweifel ein großes Schiff, der verschwommenen Silhouette zufolge. Näheres ist bei der Entfernung nicht zu erkennen.

»Hm«, macht Leutnant Hinsch, »fährt abgeblendet und ohne Positionslichter. Also auf jeden Fall ein Feindschiff. Außerdem läuft er außerhalb der normalen Dampferroute und er zackt. Vielleicht ein Hilfskreuzer oder ein Truppentransporter?«

Durch »U 30« rasseln die Alarmglocken. Lemp wendet sich an den Leitenden Ingenieur.

»Auf Sehrohrtiefe gehen!«

Die Seewache verläßt die Brücke, der Kommandant verschwindet als letzter im Turmluk. Er gibt dem LI durch: »Turmluk ist dicht! Fluten!«

Die Dieselmotoren hören auf zu blubbern, dafür tönt das sausende Hummeln der eingeschalteten Elektromotoren. Unter Wasser schwingt das Boot herum und geht auf neuen Kurs, um dem verdächtigen Fremden den Weg abzuschneiden. Lemp und Hinsch stehen im Turm. Lemp blickt durch das Angriffssehrohr. Er nickt, wendet sich an seinen I. WO.

»Schiff fährt tatsächlich abgeblendet und ohne Positionslichter. Kann also nur Hilfskreuzer sein. Hat starke Bugsee, läuft also ziemlich hohe Fahrt. Schätze mindestens 15 Seemeilen.« Lemp gibt für den Torpedorechner die von ihm geschätzten Werte durch: Tempo des Gegners, eigene Geschwindigkeit, Kurs des Gegners und Stand im Verhältnis zum eigenen Boot.

In der engen Röhre von »U 30« ist es totenstill. Die Besatzung ist erregt. Der erste Einsatz für sie, vielleicht der erste Einsatz eines deutschen U-Bootes in diesem Krieg überhaupt. Sie fiebern darauf, Erfolg zu haben, als erste deutsche Seeleute ein feindliches Hilfskriegsschiff zu versenken.

Kapitänleutnant Lemp befiehlt noch einmal: »Sehrohr aus!«

Rund 1500 Meter beträgt die Entfernung zu dem abgedunkelten großen Schiff. Der Torpedomixer meldet die vier Bugrohre klar. Der Kommandant von »U 30« gibt den Befehl:

»Fächer aus Rohr eins bis vier! Lllllos!«

Nacheinander verlassen die todbringenden Unterwassergeschosse die Rohre, jedesmal das leichter werdende Boot erschütternd.

60 Sekunden Laufzeit bis zum Ziel, dann muß der Detonationslärm die Treffer anzeigen. Dreimal nur steigt der Bug des Bootes beim Verlassen der Torpedos in die Höhe: ein Rohrläufer in Rohr vier, der Torpedo hat sich verklemmt! Das bedeutet Lebensgefahr für Besatzung und Boot, denn der Torpedo ist scharf, die geringste Erschütterung kann ihn zur Explosion bringen!

Die Sekunden dehnen sich zu Ewigkeiten, während alle U-Boot-Leute auf die Detonationen der drei ausgestoßenen Torpedos – und auf die Detonation des vierten, noch verklemmt im Rohr mit dem Triebwerk schnurrenden Torpedos lauern.

Endlich ertönt ein Schlag durch das U-Boot. Einer der Torpedos hat sein Ziel gefunden, die beiden anderen müssen danebengegangen sein. Der vierte kann schließlich nach vielem Bemühen mit Preßluft ausgestoßen werden und verschwindet in den Tiefen des Atlantik, ohne Schaden angerichtet zu haben.

Der Kommandant läßt »U 30« auftauchen. Im Mondlicht sieht er von der Brücke seines Bootes aus das getroffene Schiff liegen. Jetzt ist es beleuchtet. Achtern liegt es ziemlich tief im Wasser. Rettungsboote tanzen ringsum auf der unruhig gewordenen See. Der Mond steht hinter dem großen Schiff, so daß für »U 30« keine Gefahr besteht, selbst gegen den schwarzen Nachthimmel gesehen zu werden.

Kommandant und LI beobachten eine Weile die nächtliche Szene. Da entert der Funkmaat durch den Turm auf die Brücke. Er hat einen Spruch des torpedierten Schiffes aufgefangen:

»›Athenia‹ torpedoed 56.42 north, 14.05 west!« liest Lemp. »Und?« wendet er sich an den Funkmaat. Der versteht die Frage des Kommandanten sofort.

»Wir haben schon in Lloyds Register nachgesehen, Herr Kaleu. Passagierdampfer, britisch, 13 500 Bruttoregistertonnen!«

Lemp schluckt schwer. Von Freude über den Erfolg ist nichts mehr in seinem Gesicht zu sehen.

»Verdammte Schweinerei! Warum fahren die aber auch abgeblendet!«

Es ist tatsächlich ein Passagierdampfer, tatsächlich aber ist auch ein Schwesterschiff der »Athenia« als Hilfskreuzer ausgerüstet worden. An Bord der »Athenia« befinden sich 1417 Menschen, mehr als zwei Drittel sind Frauen und Kinder. 311 der Passagiere sind Amerikaner. Der Torpedo von »U 30« trifft den Laderaum, zerschmettert diesen und das Schott zum Maschinenraum. 69 Frauen, 16 Kinder und 12 Mann der Besatzung verlieren ihr Leben.

Zahlreiche Schiffe eilen nach den SOS-Rufen der schwerverwundeten »Athenia« zu Hilfe, darunter die Luxusjacht des schwedischen Millionärs Axel Wenner Green, der eben durch eine Fahrt nach Amerika dem Krieg in Europa entgehen will.

Noch in der gleichen Nacht wird der amerikanische Botschafter in London, Joseph P. Kennedy – der Vater des späteren US-Präsidenten John F. Kennedy – aus dem Bett geholt. Noch im Pyjama telefoniert er mit Konsulatsbeamten und Reedereien, um festzustellen, welche Amerikaner an Bord der »Athenia« sind.

Am nächsten Morgen, dem 4. September, erscheinen bereits die Zeitungen in den USA und in England mit großen Schlagzeilen, die alle unter dem Motto stehen: »Die deutschen Barbaren töten Kinder und Frauen!«

Kapitänleutnant Lemp merkt bald, was er durch seinen Irrtum angerichtet hat und entschließt sich, nicht durch Funk, sondern erst nach seiner Rückkehr mündlich zu berichten, um nicht Entschlüssen der Seekriegsleitung zuvorzukommen, falls ein Funkspruch seines Bootes abgefangen werden sollte.

Als die Versenkung des Passagierdampfers in Berlin bekannt wird, verlangt Großadmiral Raeder sofort eine Stellungnahme des Führers der U-Boote. Es wird festgestellt, daß von keinem deutschen Boot eine entsprechende Meldung vorliegt. Und an Hand der Seekarte und der den U-Booten erteilten Operationsbefehle wird außerdem festgestellt, daß sich in dem Gebiet, in dem die »Athenia« torpediert worden ist, kein deutsches U-Boot befindet.

Daraufhin teilt Großadmiral Raeder guten Glaubens offiziell mit, daß ein Angriff auf den Dampfer durch ein deutsches U-Boot ausgeschlossen sei. Der SKL (Seekriegsleitung) unterläuft bei der Feststellung, in der Nähe der Angriffsstelle könne sich kein deutsches U-Boot befinden, ein Irrtum. Wenn die U-Boote bei Erhalt des Funkspruches, die Feindseligkeiten gegen England seien sofort zu eröffnen, von der Warteposition ins Operationsgebiet gelaufen sind, dann kann selbst bei Höchstgeschwindigkeit keines zum Zeitpunkt der »Athenia«-Torpedierung schon an dieser Stelle gewesen sein, auch nicht »U 30«. Was aber – und das hat die SKL nicht einkalkuliert –, wenn ein Kommandant aus eigener Initiative schon beim Abhören der Rundfunknachricht von der englischen Kriegserklärung an Deutschland sich auf den Weg gemacht hat? Und genau das hat Kapitänleutnant Lemp getan. Das ist keine Befehlswidrigkeit, denn bevor nicht der Funkspruch von der Eröffnung der Feindseligkeiten eingetroffen ist, wird natürlich kein Angriff gefahren.

Raeder meldet auch Hitler, der durch seinen Marineadjutanten von den britischen und amerikanischen Meldungen unterrichtet worden ist, daß eine Versenkung durch ein deutsches U-Boot nicht möglich ist. Hitler gibt sofort den Befehl, keine Passagierdampfer anzugreifen, auch nicht im Geleit fahrende.

Dann aber greift Propagandaminister Goebbels ein. Da ein deutsches U-Boot nicht schuld ist – woran alle deutschen Stellen immer noch glauben, also auch Goebbels –, die »Athenia« aber wirklich untergegangen ist, dann muß jemand anders daran schuld sein. Goebbels beginnt im Rundfunk mit einer Kampagne gegen den Ersten Lord der Britischen Admiralität, Winston Churchill. Da amerikanische Bürger an Bord der »Athenia« gewesen sind und Churchill Amerika in den Krieg hineinziehen wolle, habe er selbst die »Athenia« versenken lassen. Churchill habe eine Zeitzünderbombe an Bord der »Athenia« bringen lassen.

Am 27. September läuft »U 30« in seinem Stützpunkt Wilhelmshaven ein. Dönitz empfängt jedes von Feindfahrt zurückkehrende Boot selbst, auch das von Kapitänleutnant Lemp. Dem FdU fällt gleich auf, daß der Kommandant von »U 30« ungewöhnlich ernst ist. Gleich erfährt er, weshalb:

»Ich habe die ›Athenia‹ versenkt, Herr Kommodore!« Dönitz ist betroffen. »Sie? Die ›Athenia‹?«

»Jawohl. Ich habe sie für einen Hilfskreuzer gehalten. Die ›Letitia‹, das Schwesterschiff der ›Athenia‹, ist ja auch Hilfskreuzer. Und sie lief abgeblendet, fuhr keine Positionslichter und stand außerhalb der üblichen Dampferroute!«

Bald stellt sich auch heraus, wieso »U 30« schon so relativ früh im Operationsgebiet war.

Lemp wird sofort nach Berlin geflogen und strengen Vernehmungen unterzogen. Das Ergebnis: der Kommandant von »U 30« wird nicht, wie Dönitz ihm in Wilhelmshaven zunächst angekündigt hat, vor ein Kriegsgericht gestellt. Die Untersuchungen ergeben einwandfrei, daß Lemp in gutem Glauben gehandelt hat, ein Hilfskriegsschiff vor sich zu haben und daß er auf Grund aller Umstände auch nichts anderes annehmen konnte.

Die Mär aber von der churchillschen Zeitbombe wird nicht etwa zurückgenommen, denn diese Blamage kann Goebbels sich nicht leisten. Und so erfährt das deutsche Volk erst nach dem Krieg, daß es doch ein deutsches U-Boot war, das die »Athenia« versenkte.

Kapitänleutnant Lemp hat später für eine Reihe von Versenkungserfolgen noch das Ritterkreuz erhalten. Unter den von ihm aus einem Geleitzug versenkten Schiffen befindet sich der Dampfer »Esmond«. Der Erste Offizier dieses Dampfers heißt Copland. Und Copland war auch der Erste Offizier der »Athenia«, der nun zum zweitenmal Lemps wegen schiffbrüchig wird. Lemp selbst stirbt gleich darauf, am 9. Mai 1941. Bei der Versenkung der »Esmond« ist sein Boot »U 110« entdeckt worden. Drei Geleitzerstörer greifen an, mit Wasserbomben, und als das deutsche U-Boot schwerbeschädigt auftauchen muß, mit Artillerie. Das Boot versinkt, 34 Mann werden aufgefischt, Lemp ist nicht unter ihnen.

Nach dem Unglück mit der »Athenia« dürfen auch im Geleit von Kriegsschiffen Passagierdampfer nicht mehr angegriffen werden – die also fast stets Truppentransporter sind –, und der Befehl, keine französischen Schiffe anzugreifen, wird nochmals verschärft. Hitler verspricht sich davon trotz der französischen Kriegserklärung immer noch, Frankreich aus dem Kampf herauszuhalten. Für den U-Boot-Krieg bedeuten diese beiden Befehle geradezu eine selbstzugefügte Niederlage. Die zwischen England und Frankreich hin- und herfahrenden alliierten Transportschiffe bleiben unbehelligt, denn wer kann im Dunkel französische von englischen Schiffen unterscheiden – und die Truppentransporter dürfen als »Passagierschiffe« überhaupt nicht angegriffen werden. Aber dennoch bringt das Jahr 1939 noch den Erfolg der deutschen U-Boot-Waffe, der am berühmtesten wurde: Das Eindringen eines deutschen U-Bootes in die »Höhle des Löwen«, der Durchbruch von »U 47« unter Günther Prien nach dem britischen Kriegshafen von Scapa Flow.

Darüber ist im Krieg und dann nach dem Krieg so viel berichtet worden, daß hier kaum noch etwas Neues dazu gesagt werden kann. Doch soll betont werden, daß es sich bei der von allen anerkannten Leistung Priens nicht nur um eine militärische Leistung gehandelt hat, die von Kommandant und Besatzung Mut und Kühnheit erforderte, sondern vor allem um eine großartige seemännische Leistung. Und man muß einigen Legenden widersprechen, die sich um Günther Prien und seinen Angriff auf Scapa Flow gebildet haben. Es hat weder den »Uhrmacher von Scapa Flow« gegeben, jenen angeblichen deutschen Spion namens Örtel,

der seit Jahren als harmloser Uhrmacher getarnt, Scapa Flow ausspionierte, in der Nacht von Priens Einsatz mit einem Schlauchboot an Bord des U-Bootes genommen wurde und nun, da er Minenfelder, Netzsperren, Liegeplätze der britischen Kriegsschiffe kannte, den Angriff leitete. Daß ein solches Gerücht in England aufkommen konnte, ist verständlich, denn die Versenkung der »Royal Oak« mitten in der so gut gesicherten Bucht von Scapa Flow mußte jeden verblüffen. Folglich mußte etwas ganz Außergewöhnliches geschehen sein – und die Erklärung mit dem Spion schien die einleuchtendste. Trotzdem ist buchstäblich nicht ein Wort davon wahr. Das ganz Außergewöhnliche bestand »nur« in dem außergewöhnlichen seemännischen und navigatorischen Können Priens – und natürlich in der Geistesgegenwart und der Kühnheit dieses Kommandanten und seiner Besatzung.

Auch die Gerüchte, Prien und die Männer seiner Besatzung seien nicht gefallen, sondern in einem deutschen Konzentrationslager umgekommen, sind nichts als Fantasien geschäftstüchtiger Zeitungsleute. »U 47«, von Prien geführt, wurde am 8. März 1941 während einer Geleitzugsschlacht, bei der auch andere deutsche U-Boote versenkt wurden, von dem britischen Geleitzerstörer HMS »Wolverine« vernichtet. Das Boot ging mit der gesamten Besatzung unter.

Wie verlief der Angriff auf Scapa Flow wirklich?

Am 8. September schon überlegt Kommodore Dönitz erstmals, ob nicht die Möglichkeit bestünde, mit einem U-Boot in den so stark geschützten britischen Kriegshafen einzudringen. Schon im Ersten Weltkrieg sind zwei deutsche U-Boote bei Scapa Flow verlorengegangen. Aber es gibt mittlerweile genaue Aufzeichnungen über Gezeitenverhältnisse und vorhandene Netzsperren des Holm Sounds und des Kirk Sounds – zweier schmaler Einfahrten in die Scapa-Flow-Bucht.

Die Aufzeichnungen stammen nicht von einem mysteriösen »Uhrmacher«, sondern vom Kommandanten des kleinen U-Bootes »U 14«, Kapitänleutnant Wellner. Sein Boot ist unfreiwillig in die beiden Einfahrten geraten und in der starken Strömung kaum wieder herausgekommen. Wellner hat alle Erfahrungen genau notiert. Beim FdU werden umfangreiche Berechnungen angestellt. Wie stark ist der Gezeitenstrom in den beiden Sunden? 8 bis 10 Seemeilen in der Stunde, fast 15 bis 20 Stundenkilometer also. Ein U-Boot aber läuft höchstens 16 Seemeilen – und das auch nur über Wasser. Unterwasserfahrt ist mit höchstens 7 Seemeilen in der Stunde möglich. Es muß also genau ausgerechnet werden, zu welcher Zeit ein Eindringen überhaupt nur möglich ist, wenn das Boot nicht gleich wieder von der Flut hinweggespült werden soll. Außerdem muß die für die Gezeiten günstige Zeit mit der günstigsten Zeit für die Sichtverhältnisse gleich sein – dunkel muß es sein,

damit das U-Boot möglichst lange unentdeckt bleibt.
Als deutsche Fernaufklärer – nicht der »Uhrmacher« – melden, daß die britische Flotte in Scapa Flow versammelt liegt, entschließt Dönitz sich, den Angriff zu wagen. Prien ist der geeignete Mann dafür, er hat schon, ehe er zur Kriegsmarine kam und dort gewissermaßen von vorn anfing, das Patent als Kapitän für Große Fahrt der Handelsmarine besessen und ist damit der seemännisch erfahrenste der deutschen U-Boot-Kommandanten. Prien wird von Dönitz gefragt, ob er den Auftrag übernehmen will und wird an die beiden Boote des Ersten Weltkrieges erinnert, die von diesem Einsatz nicht zurückkamen. Prien nimmt die Seekarten mit, alle bereits im Operationsstab der U-Boot-Führung angestellten Berechnungen und überprüft sie selbst noch einmal. Am nächsten Tag stimmt er zu.

In der Nacht vom 13. zum 14. Oktober 1939 unternimmt er das Wagnis. Aber trotz der vorauszubestimmenden Neumondnacht und der damit erwarteten Dunkelheit geschieht etwas nicht Vorauszusehendes – Nordlicht erhellt mehr als Mondlicht den Himmel. Prien läuft mit »U 47« dennoch in den schmalen Kirk Sound ein. Und hier schon vollbringt er das eigentliche Meisterstück.

Die Fahrrinne ist nicht nur sehr eng, sondern windet sich in vielen Bogen, viele Felsen ragen von verschiedenen Seiten in das Wasser hinein. Sperrschiffe liegen an den engsten Stellen, die Strömung ist nicht nur sehr stark, sondern an jeder Stelle des Wassers unterschiedlich stark und überall läuft sie in anderer Richtung. Auch die einzelnen Wasserschichten strömen verschieden stark und in verschiedener Richtung. Wird das Boot in geringer Tiefe nach Steuerbord getrieben, so drückt wenige Meter tiefer der Strom schon wieder nach Backbord oder zurück oder gar nach oben.

Es scheint unmöglich, unter diesen Umständen in den Kriegshafen hineinzugelangen. Prien entschließt sich, es aufgetaucht zu versuchen. Das Wagnis glückt. Eines der Sperrschiffe wird gestreift, als eine Strömung »U 47« plötzlich seitlich versetzt, aber es geht alles gut. Schließlich ist das deutsche U-Boot in der Bucht, in der eine große Enttäuschung auf Prien und seine Männer wartet: der Kriegshafen ist leer! Nicht ein Schiff ist zu sehen!

Am Tage, als »U 47« vor dem Pentland Firth auf Grund gelegen hat, um den Abend abzuwarten, ist die britische Flotte ausgelaufen! Aber Prien gibt noch immer nicht auf.

Bald stößt er auf Zerstörer, die hinter Netzsperren den Holm Sound bewachen. Also müssen doch noch Einheiten der Briten irgendwo in der Bucht versteckt liegen. »U 47« läuft – noch immer trotz des hellen Nordlichtes über Wasser – nach Norden und sucht auch dort die Buchten ab. Tatsächlich – dicht unter Land liegen zwei

schwere Einheiten, die eine halb von der anderen verdeckt. Die vordere Einheit muß ein Schlachtschiff sein! Die Wasserfläche blinkt wie ein riesiger Spiegel. »U 47« läuft an die beiden Schatten unter Land und schießt die Torpedos ab. Drei Schuß gehen daneben, einer trifft das hinter dem ganz sichtbaren Schiff hervorsehende Vorschiff des zweiten. Prien hält es für die »Repulse« und meldet später entsprechend, tatsächlich war dies zweite, halb verdeckte Schiff der Flugzeugträger »Pegasus«, wie nach dem Krieg festgestellt wird.

Prien läuft schleunigst ab, nachdem die Detonation erklungen ist. Aber nicht, um zu versuchen, nun, nachdem seine Anwesenheit verraten ist, wieder aus dem Buchtengewirr in die offene See zu entkommen. Er läuft ab, um Zeit zum Nachladen der Torpedorohre zu haben. In der Rekordzeit von zwanzig Minuten sind die Bugtorpedos nachgeladen – nur drei, denn ein Rohr ist unklar. Wieder läuft das Boot zum Angriff, in derselben Lage wie vorhin, mit gleicher Geschwindigkeit, aber noch näher heran.

Der gesamte Dreierfächer trifft das Schlachtschiff »Royal Oak«. Von gewaltigen Explosionen wird das riesige Schiff zerrissen, in die Luft gejagt. Die Trümmer versinken im Wasser.

Das Herauskommen aus der Mausefalle ist für das U-Boot noch schwieriger als das Hineinkommen. Denn zu den seemännischen Schwierigkeiten kommt nun noch die heftige Abwehr der feindlichen Zerstörer und der Landbatterien. Aber Prien schafft schließlich auch die Rückkehr.

Hitler verleiht ihm das Ritterkreuz, die gesamte Besatzung wird nach Berlin eingeladen und erlebt einen triumphalen Empfang durch die Bevölkerung der Reichshauptstadt.

Vor Priens berühmter Fahrt nach Scapa Flow hat schon Kapitänleutnant Schuchart einen großen militärischen Erfolg erzielt – er versenkt den britischen Flugzeugträger »Courageous«. Aber diese Erfolge gegen die britische Kriegsmarine sind weniger entscheidend als der Kampf gegen die britische Handelsschiffahrt, denn sie ist die Nabelschnur, die das Inselreich mit der Welt verbindet. Die Versenkung von Kriegsschiffen ist nur wichtig, weil diese Kriegsschiffe für den Schutz der Handelsschiffe ausfallen.

Auch hier werden zunächst Erfolge erzielt, aber schon Ende September, kaum einen Monat nach Kriegsbeginn, muß der Kampf der U-Boote gegen die feindlichen Handelsschiffe und gegen neutrale Schiffe, die Banngut nach England liefern, in der Nordsee eingestellt werden. Schuld daran sind einmal Hitlers Befehle, Passagierschiffe, auch wenn sie eindeutig Kriegszwecken dienen, ebenso wie alle französischen Schiffe nicht anzugreifen, zum anderen aber die sofort mit Kriegsbeginn in Kraft tretenden völkerrechtswidrigen Maßnahmen Englands, die Handelsschiffe nicht nur mit Geschützen, sondern zum Teil auch mit Wasserbomben zu bewaffnen. Die U-Boote sind also nicht in der Lage, Handelsschiffe nach Prisenordnung anzuhalten und auf Konterbande zu untersuchen, andererseits aber will Hitler vermeiden, daß nun etwa jedes Handelsschiff warnungslos versenkt wird. Am 4. Oktober wird der Befehl erlassen, britische Handelsschiffe, deren Bewaffnung einwandfrei erkannt sei, anzugreifen. Mehrfach sind deutsche U-Boote schon von britischen Handelsschiffen beschossen worden. Als bekannt wird, daß es sich dabei nicht um Übergriffe einzelner Schiffskommandanten handelt, sondern Churchill den ausdrücklichen Befehl dazu erteilt hat, wird diese Weisung am 17. Oktober dahin erweitert, daß jedes einwandfrei als *feindlich* erkannte Schiff zu versenken sei. Die Anweisung hinsichtlich der französischen Schiffe bleibt jedoch noch immer in Kraft.

Es geschieht nun zunächst, was Dönitz als einziger schon vor dem Krieg vorausgesehen hat, als er voraussagte, es müsse damit gerechnet werden, daß England eines Tages Krieg gegen Deutschland führen werde: Die deutsche U-Boot-Waffe ist viel zu schwach, der englischen Versorgung über See ernsthaft zu schaden. Statt dessen ist die englische Blockade gegen Deutschland voll wirksam. Denn die neutralen Handelsschiffe gelangen ungeschoren nach England, um die Insel zu versorgen, weil die deutschen U-Boote eben nicht auftauchen können, um ein Handelsschiff zu untersuchen. Nach Deutschland aber gelangen umgekehrt neutrale Handelsschiffe nicht, weil britische Überwasserstreitkräfte – außer natürlich in der Ostsee – den Handelsverkehr kontrollieren können.

So erfolgt am 6. Januar 1940 von deutscher Seite die Erklärung bestimmter Seegebiete zu »Operationszonen«, in der jedes Schiff angegriffen wird. Diese Gebiete sind jene, die von Schiffen, gleich ob feindlich oder neutral, durchfahren werden müssen, wenn sie britische Häfen anlaufen wollen. Deutschland beantwortet nunmehr die britische Blockade mit der Gegenblockade. Damit folgt die deutsche Regierung nachträglich einer ähnlichen Maßnahme, die schon zu Kriegsbeginn von einer neutralen Macht ergriffen wurde – den USA. Präsident Roosevelt hat ein bestimmtes Gebiet zur »Combat Area«, zur Operationszone erklärt. Die USA verlegen damit praktisch die internationale Dreimeilenzone, die bis dahin noch unumstritten ist, für ihren Gebrauch.

Die Hoheitszone der USA beträgt nach der Erklärung Roosevelts nicht mehr drei, auch nicht zwölf Meilen – um die in unserer Zeit noch völkerrechtliche Diskussionen geführt werden – sondern wahrhaftig dreihundert Seemeilen. Innerhalb dieses Gebietes »wird jedes dort betroffene Kriegsfahrzeug einer kriegführenden Macht unverzüglich von amerikanischen Streitkräften bekämpft werden«.

Auch Deutschland erweitert nach und nach das »Operationsgebiet« um England, bis am 24. Mai 1940 die gesamten britischen Gewässer im Abstand von 60 bis 100 Seemeilen von der britischen Küste als zum Operationsgebiet zugehörig erklärt werden.

Damit ändert sich auch das Bild der U-Boot-Angriffe. Während bis dahin, auf jeden Fall während der ersten Kriegsmonate, die meisten Angriffe bei Tag geführt werden – da ja erst genau festgestellt werden muß, um was für ein Schiff es sich handelt, obwohl die U-Boote dadurch zwangsläufig hohe Verluste erleiden und deshalb im Dezember 1939 nur noch ganze drei deutsche U-Boote im Fronteinsatz sind – sind jetzt die meisten Angriffe Nachtangriffe. Wer auch immer es ist: Wer im Operationsgebiet fährt, wird versenkt! Am 18. August 1940 läßt Hitler auch den Passagierschiffbefehl fallen.

Inzwischen ist das »Unternehmen Weserübung« gelaufen, die Besetzung Norwegens. Sämtliche verfügbaren deutschen U-Boote werden dabei eingesetzt, um die britisch-französische Invasionsflotte zu bekämpfen, die schon Tage vor dem deutschen Unternehmen auslaufen sollte. Viele U-Boote kommen auch zum Schuß, eine Reihe von ihnen auch auf schwere britische Kriegsschiffe. Aber der Norwegeneinsatz wird für die deusche U-Boot-Waffe zur ersten schweren Niederlage. Diese Niederlage wird ihr nicht vom Gegner bereitet, sondern von der eigenen Rüstungsindustrie. Der größte Teil der Torpedos sind völlige Versager!

Es hat schon früher Versager gegeben, die nach allem Ermessen keine bloßen Fehlschüsse gewesen sein konnten. So die drei Torpedos von Priens erstem Viererfächer in Scapa Flow. Aber die Industrie hat dazu immer wieder erklärt, der Kommandant oder der TWO, der Torpedowachoffizier, des betreffenden Bootes müßten etwas falsch gemacht haben. Jetzt aber, während des Norwegenunternehmens, häufen sich die Fehlschüsse derart – es gibt fast nur Fehlschüsse! –, daß nun nach anderen Ursachen als dem Versagen der Seeleute gesucht wird. Prien erklärt Dönitz nach seiner Rückkehr vom Einsatz in Norwegen ganz offen, daß die Torpedos »ein Dreck« seien. »Ich denke nicht daran, mit einem Holzgewehr in den Krieg zu ziehen.« Vielleicht ist diese Äußerung Priens bekannt geworden und dies offene Wort Anlaß für die Gerüchte gewesen, Prien sei im KZ umgekommen. Aber der Befehlshaber der Unterseeboote, Dönitz, ist nicht empört über Prien, sondern seiner Meinung. Die angestellten strengen Untersuchungen ergeben tatsächlich, daß die Torpedos mit Magnetzündung versagen, weil die Magnetzündung nicht richtig arbeitet, daß Torpedos mit Aufschlagzündung in der Tiefeneinstellung versagen, also das Schiff unterlaufen, statt den Rumpf zu treffen.

Sechs Wochen nach Kriegsbeginn hatte Deutschland seinen ersten Seehelden. Kapitänleutnant Günther Prien (dunkle Uniform) war mit seinem U 47 in den britischen Kriegshafen Scapa Flow eingedrungen und hatte dort das britische Schlachtschiff »Royal Oak« versenkt. Churchill selbst sprach in grimmiger Anerkennung von einer »beachtenswerten Waffentat«. Von Hitler erhielt Prien das Ritterkreuz mit Eichenlaub. Auf zehn Feindfahrten mit 225 Seetagen versenkte er 28 Handelsschiffe mit 160 935 BRT. Am 7. März 1941 wurde U 47 während einer Geleitzugschlacht südlich von Island durch Wasserbomben des britischen Zerstörers »Wolverine« mit der gesamten Besatzung versenkt.

In aussichtsloser Lage, von britischen Schiffen umstellt, gab Kapitän Hans Langsdorff den Befehl, sein stark beschädigtes Schiff, die »Admiral Graf Spee«, zu versenken. Er selbst wählte den Freitod und erschoß sich. Für Langsdorffs Chef Raeder bedeutete der Untergang des Panzerschiffs einen starken Prestigeverlust; fortan hatte er Mühe, den Einsatz großer Schiffe vor Hitler zu rechtfertigen.

Bis die Fehler in den Fabriken abgestellt werden – es dauert noch fast zwei Jahre, bis wirklich einwandfreie Torpedos zu den Frontbooten gelangen, bis Frühjahr 1942! –, behelfen sich die U-Boot-Leute selbst. Die hauptsächlich vorhandenen E-Torpedos – die im Gegensatz zu den Preßlufttorpedos sich nicht durch eine Blasenbahn an der Wasseroberfläche verraten können – werden an Bord ununterbrochen nachgesehen, notfalls repariert, neu eingestellt, die Batterien ununterbrochen nachgeladen, die Tiefen- und Seitensteuerinstrumente ständig während der Feindfahrt kontrolliert. Eine nicht nur schwierige Arbeit in der Enge einer stählernen Tauchröhre, sondern auch eine gefährliche Arbeit, denn auch die Zündung muß ständig kontrolliert werden.

Ein großer Vorteil für den U-Boot-Krieg ist die Besetzung Frankreichs nach dem Westfeldzug 1940. Nun stehen die französischen Antlantikhäfen zur Verfügung. Der Weg in den Atlantik ist für die U-Boote zunächst ungefährlicher geworden, denn sie brauchen nicht mehr durch die von den Engländern beherrschte Nordsee in den Atlantik. Außerdem ist der Anmarschweg um viele hundert Seemeilen kürzer geworden, und die Boote können deshalb länger draußen bleiben.

Die in den Einsatz gehenden U-Boote werden dabei immer weniger. Die Neubauten halten nicht Schritt mit der Zahl der verlorengehenden U-Boote. Dennoch ist diese erste Phase des U-Boot-Krieges erfolgreich. Rund 250 000 BRT feindlichen Schiffsraumes werden monatlich versenkt, eine beachtliche Zahl.

Auch die Überwasserstreitkräfte werden gegen die feindliche Handelsschiffahrt eingesetzt. Am bekanntesten wird der Einsatz des Panzerschiffes »Admiral Graf Spee« im Südatlantik. Er endet nach einem Seegefecht am 13. Dezember 1939 vor der La-Plata-Mündung, den das Panzerschiff mit den britischen Kreuzern »Exeter«, »Ajax« und »Achilles« führen muß, die den gefährlichen Gegner endlich gestellt haben. Das Panzerschiff setzt den Schweren Kreuzer »Exeter« außer Gefecht, muß sich aber selbst beschädigt in den neutralen Hafen der uruguayischen Hauptstadt Montevideo zurückziehen. Die uruguayische Regierung verweigert dem deutschen Schiff auf britisches Betreiben die notwendigen Reparaturen. Da der Kommandant, Kapitän zur See Langsdorff, auch noch Nachrichten erhält – falsche

Nachrichten, wie sich später herausstellt –, die vor der La-Plata-Mündung lauernden britischen Seestreitkräfte seien noch verstärkt worden, entschließt er sich, sein Schiff selbst zu versenken. Es ist zu schwer beschädigt, um noch einmal einen Kampf aufnehmen zu können, der größte Teil der Munition ist bereits verschossen, und den schützenden Hafen muß es trotzdem verlassen. Langsdorff bittet Berlin um Genehmigung zur Handlungsfreiheit, ob Durchbruchsversuch oder notfalls Selbstversenkung. Großadmiral Raeder bespricht sich sofort mit Hitler. Raeder ist der Meinung, daß man, da die genauen Verhältnisse unbekannt sind, dem Kommandanten die Entscheidung selbst überlassen solle. Hitler ist der gleichen Meinung und stimmt zu. Ein entsprechender Funkspruch geht nach Montevideo. Am Abend des 17. Dezember 1939 wird die »Admiral Graf Spee« in der La-Plata-Mündung von der eigenen Besatzung versenkt. Die Besatzung läßt sich in Argentinien –

der La Plata bildet die Grenze zwischen dem deutschfreundlichen Argentinien und dem deutschfeindlichen Uruguay – internieren, Kapitän Langsdorff erschießt sich, nachdem er nichts mehr für seine Besatzung tun kann.

Für Hitler ist der Untergang des Panzerschiffes Anlaß, das erste Schiff dieses Typs, die »Deutschland« in »Lützow« umbenennen zu lassen. Ihm wäre es unvorstellbar, daß etwa ein Schiff mit dem Namen »Deutschland« untergehen könnte. Der Name »Lützow« ist eben freigeworden, denn der bereits auf diesen Namen vom Stapel gelaufene Schwere Kreuzer ist an die zu jenem Zeitpunkt befreundete Sowjetunion verkauft worden.

Die anderen Unternehmen der Überwasserstreitkräfte werden zunächst eingestellt, weil Hitler einen Verlust von noch mehr Kriegsschiffen befürchtet. Außer der »Graf Spee« im Südatlantik sind noch erfolgreich gewesen der Verband der beiden Schlachtschiffe – zunächst

noch Schlachtkreuzer genannt, da sie aufgrund ihrer Bewaffnung tatsächlich keine echten Schlachtschiffe sind – »Gneisenau« und »Scharnhorst« im Nordatlantik. Ebenso werden nicht wieder aufgenommen die außerordentlich erfolgreichen Minenunternehmen vor der englischen Küste durch deutsche Zerstörer unter Kommodore Bonte, der später in Narvik fällt.

Die einzige Aktion der Überwasserstreitkräfte besteht – abgesehen von der an anderer Stelle bereits geschilderten Norwegenaktion, der ein großer Teil der deutschen Kriegsmarine zum Opfer fiel – zu Beginn des Jahres 1940 in der Entsendung von zunächst zwei und dann, im Mai und Juni, weiterer drei Hilfskreuzern als Handelsstörer in den Atlantischen, Pazifischen und Indischen Ozean.

Erst Ende Oktober, fast ein Jahr nach der Selbstversenkung der »Graf Spee«, geht wieder ein großes Kriegsschiff auf Feindfahrt. Das bisherige Panzerschiff

»Admiral Scheer«, das zum Schweren Kreuzer weniger umgebaut als vielmehr nur umbenannt worden ist, läuft zum Handelskrieg zunächst in den Nordatlantik, dann in den Südatlantik und schließlich noch in den Indischen Ozean, bevor es im April 1941 in die Heimat zurückkehrt. Der Einsatz ist mit der Versenkung von 19 feindlichen Schiffen durchaus erfolgreich gewesen.

Zwei kürzere Unternehmen werden von Ende 1940 bis Februar 1941 von dem Schweren Kreuzer »Admiral Hipper« durchgeführt. Er ist schon in dem französischen Atlantikhafen Brest stationiert und versenkt im mittleren Atlantik, im Gebiet der Azoren, insgesamt acht Schiffe aus zwei Geleitzügen. Auch er kehrt wohlbehalten in den Einsatzhafen zurück.

Als sich das Jahr 1940 dem Ende zuneigt, hat trotz aller Schwächen der Einsatz der deutschen Kriegsmarine, der Überwasserstreitkräfte wie der Unterseeboote, den Engländern schweren Schaden zugefügt. Bis dahin sind insgesamt 583 Schiffe mit zusammen fast zweieinhalb Millionen Tonnen Schiffsraum für England verlorengegangen.

Vor allem ist dies ein Ergebnis des für Deutschland siegreichen Westfeldzuges. Nicht nur die Seestreitkräfte, sondern auch die Luftwaffe kann seitdem weiter auf See hinaus, so daß die feindlichen Geleitzüge auf bestimmte Routen gedrängt werden – möglichst weit weg von den deutschen Flugzeugen, zugleich aber möglichst nahe der britischen Küste. Das erleichtert den U-Booten den Einsatz.

Außerdem wenden die deutschen U-Boote eine neue Taktik an, die der nunmehrige Admiral Dönitz schon im vergangenen Krieg als U-Boot-Kommandant für richtig erkannt hat. Damals, als die Alliierten erstmals ihre Schiffe in gesicherten Geleitzügen über die Meere geschickt haben und sie nicht mehr einzeln laufen ließen. So wie jede neue Waffe im Krieg eine Abwehrwaffe gebiert, so auch jede neue Taktik des Gegners eine neue eigene. Dönitz' Taktik gegen die Geleitzüge ist das U-Boot-Rudel. Das Rudel der grauen Wölfe gegen die Schafherde der im Konvoi fahrenden gegnerischen Schiffe.

In Lauerstellung liegende U-Boote oder aber Fernaufklärer der Luftwaffe melden einen Geleitzug. Alle in der Nähe stehenden Boote laufen auf die angegebenen Positionen zu. Das Boot, das immer den Geleitzug sichtet und Fühlung zu ihm halten kann, meldet ständig, bis das Rudel möglichst geschlossen heran ist. Dann kommt der Befehl: »Angriff! Ran!«

Die Abwehr der begleitenden Kriegsschiffe wird so zersplittert, der durch die ersten Torpedodetonationen demoralisierte Schiffsverband zerstreut sich und wird so eine relativ leichte Beute für die U-Boote, die nicht mehr tage- oder wochenlang in der endlosen Weite der Ozeane auf eine einzelne Beute lauern müssen.

Der in jener Zeit vernichtete Schiffsraum ebenso wie das Zusammendrängen der Schiffsrouten auf engen Raum – wodurch die Entladekapazitäten der wenigen in Frage kommenden Häfen ebenso überfordert werden wie das britische Eisenbahnnetz – schaden der englischen Wirtschaft ungeheuer. Aber diese Behinderungen sind wiederum nicht so stark, daß sie Großbritannien die Fortsetzung des Krieges unmöglich machen würden.

England aber ist der Hauptfeind, meint Großadmiral Raeder, als erstmals Hitlers »Barbarossa«-Plan akut wird. Wenn alle Anstrengungen der deutschen Rüstungsindustrie der Kriegsmarine und der Luftwaffe, insbesondere einer überhaupt noch nicht vorhandenen See-Luftwaffe, zugute kommen, dann ist es möglich, Großbritannien zu besiegen. Selbst die kleine U-Boot-Waffe und die wenigen eingesetzten Kriegsschiffe haben schon große Erfolge errungen. Hitler aber hat sich schon zu sehr in die Pläne zum Angriff auf die Sowjetunion verrannt. Und außer seiner Befürchtung, die Sowjetunion könne plötzlich Deutschland angreifen, außer seiner wahnsinnigen Idee, im Osten »Lebensraum« für das deutsche Volk erobern zu müssen, ist es ja gerade der Gedanke, England zu schwächen und ihm einen potentiellen Verbündeten zu nehmen, der ihn das Unternehmen »Barbarossa« befehlen läßt. Raeder dringt mit seinen Argumenten nicht durch. Nur eines erreicht er: eine Verstärkung des U-Boot-Krieges durch ein erweitertes Programm zum Bau von U-Booten. Selbst dieses Programm aber wird dann nicht in der vorgesehenen Höhe eingehalten, weil die Anforderungen des in Rußland überbeanspruchten Heeres immer mehr steigen. Die notwendige Ergänzung des U-Boot-Programms durch den Aufbau einer See-Luftwaffe unterbleibt bis zum Kriegsende ganz.

Zu Beginn des Jahres 1941 macht der Kampf gegen Englands Lebensadern zur See weitere Fortschritte. Erstmals werden mehr U-Boote produziert, als versenkt werden. Die Zahl der deutschen U-Boote nimmt zu, es sind mehr Boote als bisher im Einsatz, und es wird dadurch mehr feindlicher Schiffsraum versenkt. Wenn bisher im Durchschnitt 10 U-Boote am Feind standen, so sind es um die Jahresmitte 1941 30 Boote, das Dreifache.

Im Januar 1941 verlieren die Engländer 320 000 Tonnen Schiffsraum, im Februar 400 000 Tonnen, im März rund 537 000 Tonnen, im April sogar rund 640 000 Tonnen und im Mai über 500 000 Tonnen Schiffstransportraum, der für die Versorgung der Insel ebenso wie für die Versorgung der Truppen in Nordafrika und im Pazifik ausfällt.

In der gleichen Nacht, da deutsche Fallschirmjäger auf der Insel Kreta so verbissen um den Besitz des Flugplatzes Malemes kämpfen und der neuseeländische General

Freyberg die falsche Entscheidung trifft, alle Aufmerksamkeit auf die Nordküste Kretas und eine vermutete deutsche Landung von See her zu richten – in dieser Nacht gehen auch wieder deutsche Überwasserstreitkräfte in See. In der Nacht vom 21. zum 22. Mai 1941 verläßt das größte und modernste deutsche Schlachtschiff, die eben erst in Dienst gestellte »Bismarck«, gemeinsam mit dem Schweren Kreuzer »Prinz Eugen« einen norwegischen Fjord in der Nähe von Bergen. Die Aufgabe der beiden Schiffsriesen besteht darin, in den Atlantik durchzubrechen und dort Handelskrieg gegen die feindliche Schiffahrt zu führen.

Dieser erste Einsatz der »Bismarck« wird zugleich ihr letzter sein. Das Unternehmen ist von vornherein gefährdet, die Engländer haben bereits die Überfahrt der beiden Schiffe von der Ostsee nach Norwegen bemerkt und sind genau über den Standort von »Bismarck« und »Prinz Eugen« unterrichtet. Als britische Aufklärungsflugzeuge schon am Nachmittag des 22. Mai feststellen, daß der Liegeplatz der beiden Schiffe im Fjord bei Bergen leer ist, gibt es für die Britische Admiralität nur eine Schlußfolgerung: die beiden deutschen Einheiten sind zum Einsatz ausgelaufen, und dieser Einsatz kann nur dem Handelsverkehr im Atlantik gelten. Um aber in den Atlantik zu gelangen, müssen die »Bismarck« und die »Prinz Eugen« hoch oben im Norden die Dänemarkstraße zwischen Grönland und Island passieren, und dann erst können sie wieder nach Süden stoßen, in den Atlantik. Sofort werden zwei Kreuzer in die Dänemarkstraße geschickt, den Deutschen den Weg abzuschneiden.

In der Dänemarkstraße herrscht dichter Nebel, als die beiden britischen Kreuzer dort eintreffen. Dennoch stellen sie mit ihren weitreichenden Radaranlagen fest, daß die deutschen Schiffe bereits dabei sind, die Straße zu passieren. Als die Admiralität in London die entsprechende Meldung erhält, wird den beiden Kreuzern befohlen, unbedingt Fühlung zu halten, jedoch keinesfalls Kampfhandlungen aufzunehmen und sich auch möglichst nicht von den Deutschen entdecken zu lassen. Mit Höchstfahrt brausen nun die beiden britischen Schlachtschiffe »Hood« – zu jener Zeit das größte der Welt – und »Prince of Wales« dem Kurs der beiden deutschen Kriegsschiffe entgegen. Schon am Morgen des 24. Mai treffen die Giganten aufeinander.

Um 5.53 Uhr feuert im Morgendunst der Riese »Hood« die erste Salve ab, aus einer Entfernung von über 22 Kilometern. Die Salve gilt der »Bismarck«, trifft aber nicht.

Die »Bismarck« erwidert sofort das Feuer und trifft mit der ersten Salve. Im Mittelschiff der »Hood« breitet sich ein Brand aus. Knapp sieben Minuten später schießt die »Bismarck« ihre fünfte Salve ab. Diese Salve trifft vernichtend. Eine oder mehrere Granaten durch-

schlagen das Deck der »Hood«, explodieren in den Munitionsräumen. Mit Donnergetöse fliegt das Riesenschiff in die Luft. Eine unendlich hohe Rauchwolke ist alles, was von der Welt größtem Schlachtschiff übriggeblieben ist. 1421 Mann hat die »Hood« eben noch gehabt. Nur drei davon überleben wie durch ein Wunder und werden aus dem Wasser gefischt. Nun greift »Bismarck« die »Prince of Wales« an. Die 38-cm-Geschütze der »Bismarck« sind den 35-cm-Geschützen des britischen Schlachtschiffes in Reichweite und Durchschlagskraft überlegen. »Prince of Wales« erhält sofort eine Reihe schwerer Treffer und muß den Kampf abbrechen.

Aber auch die »Bismarck« ist nicht ungeschoren davongekommen. Zwei schwere Granaten haben den Rumpf des Vorschiffes durchschlagen. Das Schlachtschiff verliert an Geschwindigkeit und verliert Öl. Eine breite, schillernde Spur läuft hinter dem Riesen her, jedem Feind den weiteren Weg des Schiffes verratend.

Admiral Lütjens, der den Verband kommandiert, muß sich entschließen, das Unternehmen aufzugeben. »Prinz Eugen« soll allein den Einsatz durchführen, die »Bismarck« wird versuchen, den französischen Hafen St. Nazaire zu erreichen. »Prinz Eugen« gehorcht dem Befehl und verschwindet bald hinter der Kimm.

Die beiden britischen Kreuzer aber, die Fühlung halten sollten, sind immer noch da. Aus sicherer Entfernung verfolgen sie das angeschlagene deutsche Schlachtschiff. Mehrmals verlieren sie es, finden es aber immer wieder.

Inzwischen sind weitere starke britische Seestreitkräfte von England und von Gibraltar her auf dem Marsch, um die »Bismarck« zu stellen und sie zu vernichten. Von allen Seiten streben zahlreiche Kreuzer und Zerstörer auf das verwundete Schiff zu. Auch die beiden Schlachtschiffe »King Georg V« und »Renown« sind auf dem Weg.

Spätabends entdecken britische Torpedoflugzeuge den deutschen Riesen und greifen an. »Bismarck« wird von Torpedos getroffen, aber die Panzerung hält das meiste der Explosionswirkung ab.

Die ganze Nacht hindurch beobachten die beiden britischen Fühlungshalter das Schlachtschiff. Am frühen Morgen des 25. Mai aber ist es spurlos verschwunden und trotz eifriger Radarpeilung nicht wieder auf den Bildschirm zu bekommen. Und mit Sicht suchen ist gleich ganz unmöglich, das Wetter ist diesig, die Sicht beträgt nur wenige hundert Meter.

Auch Aufklärungsflugzeuge suchen den ganzen Tag, aber die »Bismarck« bleibt unter der dichten Wolkendecke verschwunden.

Die britische Führung ist ratlos. Welcher Kurs soll den vielen Kriegsschiffen befohlen werden, wohin könnte sich die »Bismarck« gewandt haben? Einigen der

Schiffe, die ja schon tagelang mit Höchstfahrt unterwegs sind, beginnt der Treibstoff knapp zu werden und sie müssen mit der Fahrt herabgehen.

Am Vormittag des 26. Mai, um 10.30 Uhr, überfliegt ein »Catalina«-Flugboot die Wolkendecke über der »Bismarck«. Just in diesem Augenblick reißt die Wolkendecke für einen Moment auf – die Besatzung des Flugbootes entdeckt in dem winzigen Wolkenloch unter sich das deutsche Schlachtschiff.

Die Fühlung reißt nun nicht wieder ab. Doch noch hat die »Bismarck« Chancen, zu entkommen. Sie liegt vor den britischen Schiffen, und trotz verminderter Geschwindigkeit reicht der Vorsprung aus, den rettenden Hafen St. Nazaire zu erreichen. 35 Stunden Fahrt braucht sie noch bis dahin, und schon am kommenden Morgen befindet sie sich in Reichweite deutscher Flugzeuge, die sie beschützen können.

Der britischen Führung ist dies ebenso klar. Von Gibraltar her eilt der Flugzeugträger »Ark Royal« der »Bismarck« entgegen, der gleiche Flugzeugträger, der in einem deutschen Wehrmachtsbericht schon einmal als versenkt gemeldet worden ist. Am Abend schaffen es seine Torpedoflugzeuge: ab 19.15 Uhr fliegen sie mehrere Angriffe auf die »Bismarck«.

Die Ruderanlage des deutschen Schlachtschiffes wird getroffen, und damit ist sein Schicksal besiegelt. Hilflos dreht sich der Riese im Kreis und kommt nicht mehr von der Stelle. Die Gegner sind bald heran. Die ganze Nacht greifen britische Zerstörer an. Vergebens. Im Morgengrauen des 27. Mai, bei stürmischer See, eröffnen auch noch zwei britische Schlachtschiffe das Feuer. »Bismarck« wehrt sich gegen sie ebenso verbissen wie die ganze Nacht hindurch gegen die flinken Zerstörer, die Windhunde der See. Die Salven der hilflos treibenden »Bismarck« liegen gut.

Bald aber fällt im britischen Feuer ein Geschützturm nach dem anderen aus. Feuer bricht mittschiffs aus. Mehrere Torpedotreffer lassen das Schlachtschiff sich auf die Seite legen. Die »Bismarck« ist nur noch ein brennendes Wrack, völlig bewegungsunfähig. Aber noch immer sinkt sie nicht. Es bedarf noch etlicher Torpedos, die auf das wehrlose Schiff wie auf eine Zielscheibe abgeschossen werden. Um 10.40 Uhr kentert das deutsche Schlachtschiff plötzlich und versinkt in der stürmischen See. Fast 2000 deutsche Seeleute gehen mit ihrem Schiff unter, darunter der Admiral und der Kommandant des Schiffes. Nur 110 Seeleute werden gerettet.

Die Lehren aber aus diesem schweren Verlust werden von der deutschen Führung immer noch nicht gezogen: daß im modernen Krieg der Kampf auf See nur geführt werden kann im engsten Zusammenwirken von Kriegsmarine und Luftwaffe. Denn nur darauf ist trotz der gewaltigen Schiffsüberlegenheit der britische Erfolg zurückzuführen. Ohne die vielfachen Angriffe durch Torpedoflieger der britischen Flugzeugträger wäre die »Bismarck« auch den so überlegenen feindlichen Seestreitkräften wahrscheinlich entkommen.

Die »Prinz Eugen« führt ihren Auftrag durch. Sie kehrt wohlbehalten zurück und liegt bis Anfang 1942 zusammen mit den Schlachtschiffen »Scharnhorst« und »Gneisenau« im französischen Kriegshafen Brest. Die Anwesenheit der drei schweren Kriegsschiffe so dicht vor der britischen Insel läßt den Engländern keine Ruhe. Ununterbrochen wird der Hafen von Brest bombardiert. Die deutsche Seekriegsleitung entschließt sich daher, die drei Schiffe aus Brest zu verlegen, zunächst nach Deutschland und dann die »Scharnhorst« und »Prinz Eugen« nach Norwegen.

Die Engländer werden von dem Ausbruch der deutschen Schiffe überrascht, und sie werden vor allem davon überrascht, daß der Ausbruch nicht etwa in den Atlantik und dann wieder oben durch die Dänemarkstraße erfolgt, sondern gewissermaßen durch die englische Haustür, den Kanal. Am 12. Februar 1942 erfolgt das Unternehmen »Cerberus«. Die drei schweren deutschen Kriegsschiffe laufen, begleitet von Zerstörern, geschützt durch Flugzeuge, nordostwärts durch den englischen Kanal. Die Briten haben ausgesprochenes Pech. Ausgerechnet während des Ausmarsches der Schiffe aus Brest versagt bei den britischen Aufklärungsflugzeugen über Brest das Radargerät. Ein vor dem Hafen auf Lauer liegendes britisches U-Boot hat ebenfalls einen Schaden, die britische Radarüberwachung durch die festen Küstenstationen wird durch deutsche Sender gestört. Erst als der deutsche Flottenverband an der engsten und damit gefährlichsten Stelle des Kanals, in der Straße von Dover, angelangt ist, merkt man in England, was da vor der eigenen Haustür geschieht.

Die schwere Küstenartillerie beginnt zu feuern. Torpedoflieger werden alarmiert, Zerstörer brausen dem deutschen Verband entgegen.

Aber 42 mit Todesmut angreifende britische Torpedoflugzeuge werden von deutschen Jagdfliegern und der Schiffsflak abgeschossen, ohne daß auch nur einer der abgeworfenen Torpedos trifft. Die Torpedos der Zerstörer und der schnell noch entsandten Schnellboote treffen nicht, ebensowenig wie die Salven der Küstenbatterien. Nachdem die Enge von Dover einmal überwunden ist, ist das Schlimmste geschafft.

In England herrscht über den deutschen Erfolg maßlose Erregung. Von allen Seiten wird gefordert, die Verantwortlichen zur Rechenschaft zu ziehen. Aber trotz des geglückten deutschen Unternehmens liegt der Erfolg letztlich doch auf britischer Seite. Dem deutschen Flottenverband ist der Aufenthalt in Brest unmöglich gemacht worden, das ist das Entscheidende.

Bild oben: Im Frühjahr 1941 war die »Bismarck« einsatzklar geworden. Am 21. Mai 1941 lief dieses gewaltige Schlachtschiff, das als unsinkbar galt, von der norwegischen Küste zum Handelskrieg nach dem Nordatlantik aus. Bereits am 24. Mai kam es zu einem ersten Gefecht. Kaum fünf Minuten nachdem die 38-cm-Geschütze der »Bismarck« das Feuer eröffnet hatten, flog der 46 000 Tonnen große britische Schlachtkreuzer »Hood«, damals das größte Kriegsschiff der Welt, in die Luft. Nun begann eine wahre Treibjagd auf die »Bismarck«, und 400 Seemeilen westlich von Brest wurde sie am 27. Mai 1941 versenkt. Nur wenige Überlebende wurden gerettet.

Sechs Tage zuvor war die »Bismarck« mit ihren Begleitschiffen *(Bild unten)* von einem britischen Aufklärer im Grinstadtfjord bei Bergen entdeckt worden.

181

Und wenig später, nachdem die deutschen Schiffe in den deutschen Häfen liegen, wird die »Gneisenau« von Fliegerbomben so schwer getroffen, daß sie nie wieder eingesetzt werden kann. Der Erfolg der britischen Flieger kommt also einer Versenkung der »Gneisenau« gleich.

Die »Prinz Eugen«, die nach Norwegen weiterläuft, von wo aus sie gegen die alliierten Murmanskgeleite mit Hilfslieferungen für Rußland eingesetzt werden soll, wird schon beim Einlaufen in Drontheim von einem britischen U-Boot torpediert und ist fast ein halbes Jahr nicht mehr einsatzbereit.

Gegen die Geleitzüge im Nordmeer werden auch die U-Boote eingesetzt. Nachdem die USA nun auch offiziell im Krieg sind, laufen Konvois mit Waffen, Munition und Versorgungsgütern durch das Nordmeer zu dem russischen Hafen Murmansk. Die deutschen U-Boote müssen mit ihrem Einsatz unmittelbar die deutsche Ostfront entlasten, denn die amerikanischen Lieferungen machen sich bereits bemerkbar. Amerikanische Panzer tauchen an der Ostfront auf, riesige Mengen amerikanischer Lastwagen verstärken die sowjetischen Transportkolonnen, amerikanische Jagdflugzeuge und amerikanische Bomber mit dem roten Sowjetstern fliegen über der Front und machen den deutschen Landsern zu schaffen. Das Schwergewicht des U-Boot-Krieges verlagert sich für eine Zeitlang in das Nordmeer. Und hier kommt es auch erstmals zu der immer wieder geforderten Zusammenarbeit zwischen Kriegsmarine und Luftwaffe. Torpedoflugzeuge vom Typ He 111 und Sturzkampfbomber Ju 88 greifen in großer Zahl von den Flugstützpunkten an der Eismeerküste die alliierten Geleitzüge an.

Für beide Parteien ist der Seekrieg hier noch grausamer als anderswo. Wessen Schiff hier in den eisigen Wassern versenkt wird, der hat wenig Überlebenschancen. Wehe aber auch der Besatzung eines abgeschossenen Torpedoflugzeuges oder Sturzbombers, die sich anderswo noch durch Fallschirmabsprung retten könnte. Das Eismeer gibt keinen Flieger mehr frei, und das gleiche gilt für die U-Boot-Besatzungen.

Aber selbst wenn dieser schlimmste Fall des Versenktwerdens oder des Abgeschossenwerdens nicht eintritt – allein der Dienst auf den eisverkrusteten Schiffen und U-Booten, das Fliegerleben auf den vom Schneesturm umtobten Liegeplätzen machen das Leben schon zur Hölle.

Im Frühjahr 1942 beginnen die großen Geleitzugschlachten im hohen Norden. Bis zu 20 Prozent aller einsatzbereiten deutschen U-Boote kämpfen an dieser Front. Das eben erst fertiggestellte Schlachtschiff »Tirpitz«, das Schwesterschiff der »Bismarck«, die Schweren Kreuzer »Admiral Scheer«, »Lützow« und »Admiral Hipper« und schließlich auch das Schlachtschiff

»Scharnhorst« befinden sich ebenfalls hier oben, zusammen mit dem Großteil der deutschen Zerstörer.

Aber der Kampf wird doch fast ausschließlich von den starken Luftwaffenkräften und von den U-Booten getragen. Nach dem Untergang der »Bismarck« hat Hitler Furcht vor einem weiteren Verlust eines der wenigen großen Schiffe, über die Deutschland verfügt, und befiehlt äußerste Zurückhaltung im Einsatz und die Vermeidung jeden Risikos.

Pausenlos werden die alliierten Geleitzüge angegriffen, und für die Seeleute aus aller Herren Ländern, deren Schiffe bombardiert und torpediert werden, ist der öde sowjetische Hafen Murmansk der Hafen der Verheißung. Was macht es schon, daß man die gleiche Todesfahrt auch wieder in umgekehrter Richtung machen muß, was macht es, daß dieser Hafen Murmansk mit keinem anderen Hafen der Welt zu vergleichen ist in seiner Öde, in seinem Schmutz und im bedrückenden Leben der Stadtbewohner.

Dort, wo noch vor zwei Jahren die Seeleute des großen deutschen Passagierschiffes »Bremen« von den Sowjets als Helden gefeiert worden sind, als nach dem Durchbruch durch die britische Blockade auch ihnen Murmansk der Hafen der Verheißung war, dort ruhen sich nun alliierte Seeleute von den Strapazen und Schrecken der Geleitzugsfahrten aus. Als Helden werden sie allerdings im Gegensatz zu den deutschen Seeleuten von den Sowjets nicht gefeiert, obwohl sie durch ihren Einsatz entscheidend dazu beitragen, daß die sowjetische Front dem Ansturm der deutschen Wehrmacht noch immer standhalten kann.

Die meisten der Seeleute kommen zum erstenmal nach Murmansk. Schon vor dem Hafen scheint es ihnen, als gehöre Murmansk nicht zu dieser Welt. Öde, graue Betonklötze stehen wahllos verstreut am Ufer, hinter den Hafenkais, drei bis sechs Stockwerke hoch. Doch hinter den gardinenlosen Fenstern dieser Wohnsilos zeigt sich kein Mensch, nirgends gibt es Anzeichen von Leben. Selbst auf den Verladekais, die die Schiffe ansteuern, zeigt sich kein menschliches Wesen. Erst wenn die Schiffe am Kai anlegen, tauchen sowjetische Arbeiter auf. Auf ihren Rücken schleppen sie die Munitionskisten davon, denn Kräne gibt es viel zuwenig, sie werden zum Entladen der noch schwereren Last gebraucht. Nicht nur Arbeiter, sondern vor allem Frauen schleppen die schweren Kisten davon. Sie tragen sie über den Kai, der von unvorstellbarem Schmutz übersät ist. Schrott liegt herum, Ziegelschutt, Küchenabfälle, Reste von zerbrochenen Kisten und menschliche Exkremente. Kein Hafen der Welt riecht nach bulgarischen Rosenfeldern, der Hafen von Murmansk aber stinkt zum Himmel. Wem von den russischen Arbeitern oder Arbeiterinnen es gerade einfällt, der verrichtet sein Bedürfnis dort, wo er gerade steht, mit-

Der U-Boot-Krieg

Nach dem Abkommen mit England (1935) durfte Deutschland rund 70 U-Boote bauen. Aber als der Krieg begann, waren nur 22 atlantiktüchtige Boote à 14 bis 22 Torpedos verfügbar. Die volle, von London erlaubte Baumöglichkeit war nicht ausgenutzt worden, da keine Einigkeit darüber bestand, ob man große oder kleine Boote haben solle. Außerdem war der Marine von Hitler stets versichert worden, es käme nie zu einem Krieg gegen die Seemacht England. So war auch die U-Boot-Waffe bei Kriegsausbruch unvorbereitet. Der Ausbau der Werften und der umfangreichen Zubehörindustrie kostete Zeit. U-Boote, die 1939 und 1940 auf Kiel gelegt wurden, brauchten bis zur Frontreife etwa zwei Jahre. Trotzdem hatte die U-Boot-Waffe erstaunliche Versenkungserfolge. Sie schickte 148 Kriegs- und 2779 sonstige Schiffe mit insgesamt 14,1 Millionen Tonnen auf den Meeresgrund; das waren nach englischen Angaben fast 69 Prozent der zur See fahrenden Gesamttonnage

Bild unten: Mit einem Torpedofangschuß versenkt U 68 am 1. März 1942 vor Kap Palmas den britischen 7000-Tonnen-Dampfer »Beluchistan«.

Unbeschädigt läuft in einen Hafen der Atlantikküste ein U-Boot von Feindfahrt wieder ein, anders als U 333 *(Bild unten)*, das, von Flugzeugen entdeckt, mit Wasserbomben angegriffen und am Turm schwer beschädigt wurde. Kurz darauf rammte der Tanker »British Prestige« das Boot am Bug. Dennoch setzte U 333 seinen Einsatz – sogar erfolgreich – fort. Kommandant »Ali« Cremer hatte danach seinen Spitznamen weg: »Ali Wrack«.

Bild rechts oben: Die Seele des U-Boot-Krieges war Großadmiral Dönitz (im Vordergrund), selbst aktiver U-Boot-Fahrer im Ersten Weltkrieg. Er ließ sich von jedem Kommandanten (hier Kapitänleutnant Schulz, Kommandant von U 124) genauesten Bericht geben.

Unten rechts: Mit Millionen Zentnern Zement waren U-Boot-Bunker an den Küsten des Atlantik und der Nordsee gebaut worden. Es waren Schutzbauten von solcher Widerstandskraft, daß sie oft noch in der Nachkriegszeit Zerstörungsversuchen mit schwersten Dynamitladungen standhielten.

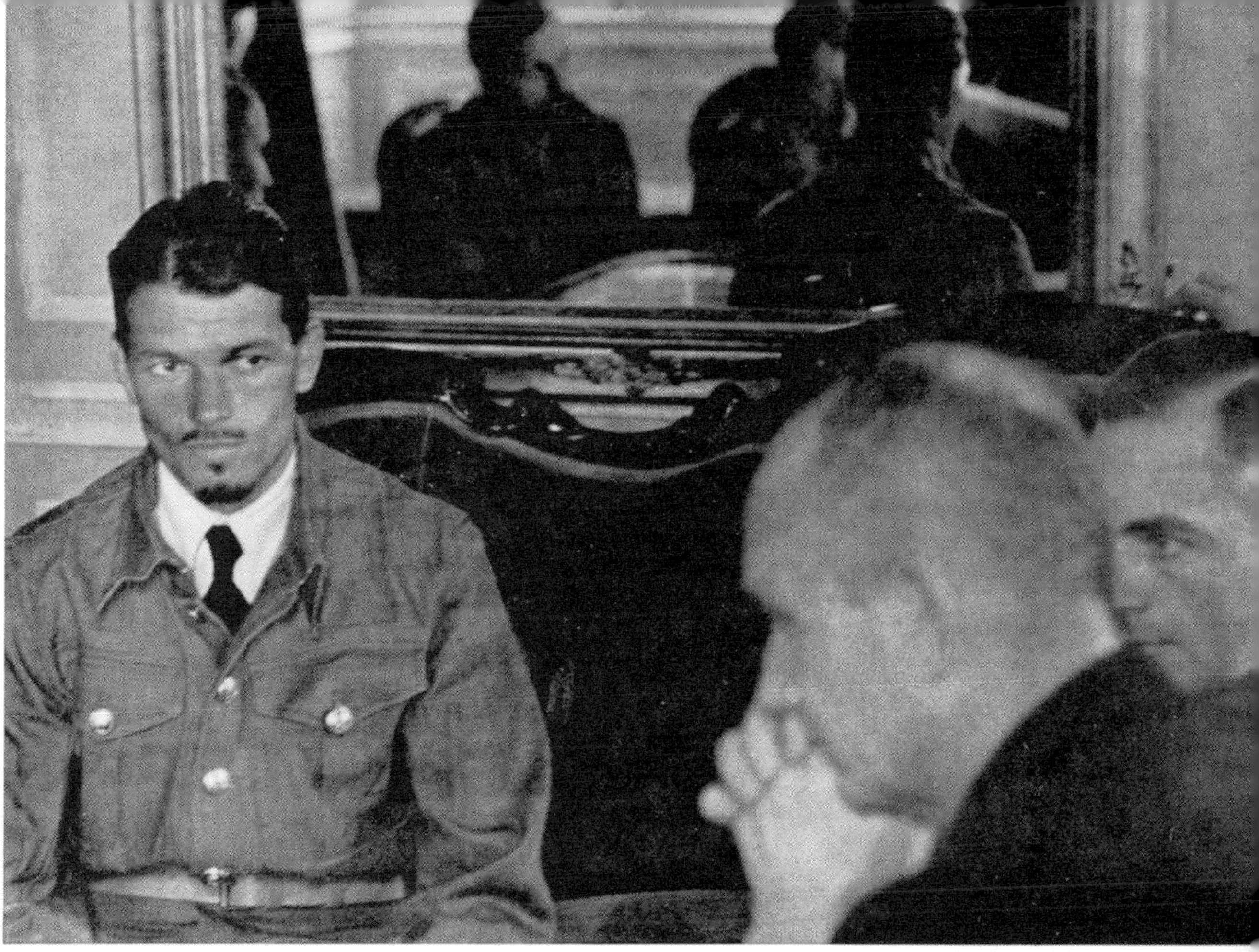

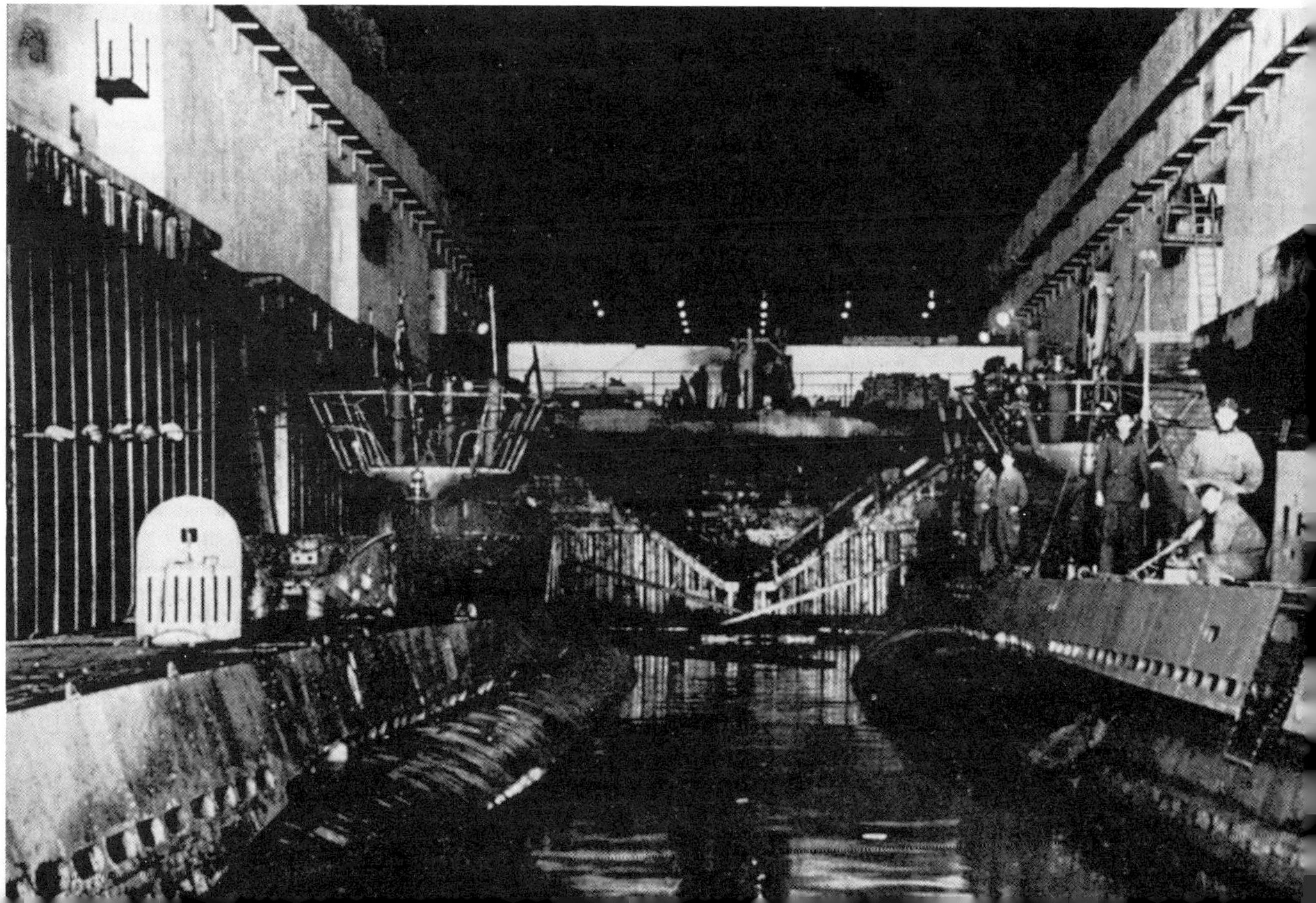

Die Mannschaft steht zur Flaggenhissung angetreten. Ein neues Boot wird in Dienst gestellt. Admiral Dönitz kommt an Bord. Er war 1943 Oberbefehlshaber der Kriegsmarine geworden und 1945 für kurze Zeit nach Hitlers Selbstmord Reichspräsident.

Bild links: U 68 hat zwölf Rettungsboote des versenkten deutschen Hilfskreuzers »Atlantis« im Schlepp und versucht, die darin aufgenommenen Seeleute zu retten. Das Bild wurde aufgenommen von der Motorpinaß des ebenfalls von dem britischen Kreuzer »Devonshire« versenkten Versorgungsschiffes »Python«, die fünf Tage und Nächte ohne Störungen den Schleppzug begleitete und für die Versorgung der Geretteten unentbehrlich war. Am 24. Dezember 1941 hatte diese dramatische Aktion nach fast einem Monat und 5000 Seemeilen Fahrt vom Südatlantik bis St. Nazaire ein »Happy-End«.

Oben links: Der Schnorchel war eine Vorrichtung, die es einem U-Boot ermöglichte, wochenlang unter Wasser zu bleiben. Das erhöhte die Manövrierfähigkeit sehr und setzte die Verwundbarkeit des U-Bootes stark herab. *Oben rechts:* U-Boot-Männer haben im Südatlantik einen fliegenden Fisch gefangen.

Bild unten: Die Kameradschaft der deutschen und italienischen U-Boot-Männer war gut. Hier begrüßt im U-Boot-Hafen von Bordeaux der deutsche FdU West, Kapitän z. S. Rösing, den Kommandanten eines eben von Feindfahrt eingelaufenen italienischen U-Bootes.

Im Frühsommer 1942 bekamen die U-Boote zum erstenmal die Auswirkungen der neuen englischen Ortungstechnik zu spüren. Überraschend wurden Boote im aufgetauchten Zustand bei Nacht, bei bewölktem Himmel oder diesigem Wetter angegriffen. Dunkelheit und Nebelwände büßten ihre Tarnwirkung ein. Flugzeuge mit Radar wurden verstärkt zur U-Boot-Jagd eingesetzt. Sie beorderten über Funk die U-Boot-Jäger an die Stelle des entdeckten U-Bootes, und mit gezielten Wasserbomben wurde das U-Boot zu einer sicheren Beute. *(Bild oben: Eine Wasserbombe explodiert.)* Gegen diese Neuerungen der Technik war alle Tapferkeit und Einsatzbereitschaft der Besatzungen zum Scheitern verurteilt.

ten unter den anderen, die weiterarbeiten oder eben ein Stück trockenes Brot als Mahlzeit zu sich nehmen.

Den Matrosen dauert das Entladen zu lange, sie wollen helfen. Doch die Arbeiter bedeuten ihnen, daß die Sowjetbehörden das verboten haben. Der amerikanische Frachter »Steel Worker« läuft auf eine Mine. Die sowjetischen Hafenbehörden schicken erst dann einen Schlepper, als das Schiff schon halb versunken ist. Die Menschen am Kai starren gleichgültig auf das Schiff, das mit Panzern und Lastautos an Bord versinkt. Niemand rührt sich.

Endlich sind die den Deutschen entkommenen Schiffe entladen. Die Wartezeit für die Seeleute in diesem unheimlichen Hafen ist ihnen endlos vorgekommen. Zerstreuung an Land gibt es nicht. Mancher der Seeleute hat in der zum Teil monatelangen Liegezeit versucht, Kontakt mit der Bevölkerung aufzunehmen. Meist vergebens. Und wo es heimlich geglückt ist, den armseligen Einwohnern von Murmansk Zigaretten oder Konservendosen zuzustecken, ist das für diese sehr gefährlich – die Polizei nimmt jeden fest, der mit den zwar verbündeten, aber »kapitalistischen« Seeleuten Kontakt hat. Trotz aller Gefahren, die auf See lauern, sind die meisten Seeleute froh, wenn es wieder auf Fahrt geht.

Im Nordmeer, im Kampf gegen die Murmanskgeleite, geschieht es auch, daß deutsche Kriegsschiffe ihren letzten Einsatz fahren. Das ist im Dezember 1942, zur gleichen Zeit, da in Stalingrad die deutschen Truppen eingeschlossen sind, zur gleichen Zeit, da Rommel in Afrika auf dem Rückzug ist.

Die schon genannten schweren deutschen Einheiten liegen in Nordnorwegen. Ihre bloße Anwesenheit ist schon wichtig, auch ohne daß sie zu einem Einsatz auslaufen. Im Juli erhalten die Engländer eine Nachricht, das Schlachtschiff »Tirpitz«, die »Admiral Scheer« und eine Anzahl Zerstörer seien ausgelaufen in Richtung Norden. Diese Nachricht genügt bereits, einen riesigen Geleitzug aufzulösen. Dieser Geleitzug besteht aus 33 Transportern, 2 Rettungsschiffen, einem Tanker sowie 22 kleineren Fahrzeugen. Die Sicherung haben 2 Schlachtschiffe, 7 Kreuzer und 1 Flugzeugträger sowie rund 20 Zerstörer übernommen. Auf die Nachricht vom Auslaufen der deutschen Kriegsschiffe ziehen sich die britischen Sicherungen zurück, die Transporter erhalten Befehl, sich einzeln nach Murmansk durchzuschlagen.

Nachdem die britischen Konvoi-Streitkräfte verschwunden sind, gelingt es deutschen U-Booten und Flugzeugen, 23 der Transporter und den Tanker zu versenken! Im Dezember aber laufen tatsächlich die Schweren Kreuzer »Admiral Hipper« und »Lützow« mit sechs Zerstörern aus. Ein U-Boot hat einen Geleitzug mit 14 Dampfern und 6 Zerstörern gemeldet. Das Wetter ist eiskalt und dennoch dunstig. Schneetreiben umheult die deutschen Schiffe ebenso wie den gegnerischen Geleitzug. Das deutsche U-Boot hat Fühlung gehalten, und zunächst ist der deutsche Flottenverband stets über den Standort des Geleites unterrichtet. Admiral Kummetz, der Befehlshaber, kann danach seinen Plan aufbauen. Er teilt seinen Verband, um das Geleit in die Zange zu nehmen. Er weiß durch die Meldung des U-Bootes, daß die Sicherung des Geleites JW 51-B aus sechs Zerstörern, zwei Korvetten und drei kleineren Fahrzeugen besteht. Die »Admiral Hipper« umgeht das Geleit, um es von Norden anzulaufen und die sechs Zerstörer auf sich zu ziehen. Die »Lützow« dagegen soll im Süden bleiben und, wenn die Zerstörer im Norden der »Admiral Hipper« folgen oder gar mit ihr ins Gefecht geraten, das eigentliche Werk tun: den nun schutzlosen Geleitzug angreifen.

Was Admiral Kummetz nicht wissen kann, daß aus Murmansk zwei britische Kreuzer, »Sheffield« und »Jamaika«, unterwegs sind, die das Geleit noch zusätzlich die letzte Strecke begleiten sollen. Als der deutsche Verband den Geleitzug selbst bemerkt, sind die beiden Kreuzer von Osten schon heran.

Im Führerhauptquartier »Wolfsschanze« bei Rastenburg in Ostpreußen herrscht an diesem Silvestertag, dem 31. Dezember 1942, eine angespannte Atmosphäre. Hitler ist von dem bevorstehenden Treffen des Flottenverbandes Kummetz mit dem feindlichen Geleitzug unterrichtet. Im Führerhauptquartier und bei der Seekriegsleitung in Berlin wartet man auf eine Nachricht, auf einen Funkspruch. Am Vormittag läuft ein Funkspruch des fühlunghaltenden U-Bootes ein. Das Boot hat zeitweise die Fühlung verloren, ist aber eben dabei, sich wieder an den Geleitzug heranzumachen, nachdem der deutsche Flottenverband offensichtlich selbst schon den Konvoi erwischt hat. Das Boot meldet nämlich, es könne heftiges Mündungsfeuer von schweren Geschützen ausmachen. Also ist das Gefecht bereits im Gang.

Der deutsche Flottenverband bewahrt Funkstille, um seine stets wechselnden Positionen nicht zu verraten. Von Admiral Kummetz selbst kann also während des Gefechtes keine Nachricht kommen. Das U-Boot aber meldet sich später noch einmal. Diesmal mit einer ganz und gar unmilitärischen Meldung: »Artilleriefeuer wird immer stärker! Ich sehe nur noch rot!«

In der Seekriegsleitung und im Führerhauptquartier herrscht Hochstimmung. Kummetz gibt es »ihnen« offensichtlich. Ein Sieg der deutschen Kriegsmarine zum Jahreswechsel, sozusagen als Neujahrsgratulation, käme gerade recht.

Um Mittag wird der einzige Funkspruch abgenommen, den der Flottenverband selbst sendet: »Gefecht abgebrochen!«

Diese beiden Worte scheinen zu besagen, daß die Aufgabe erledigt ist, der Konvoi vernichtet oder zumindest schwer angeschlagen.

Die Tatsachen sind anders, und schuld daran ist niemand anders als die Seekriegsleitung selbst. Sie macht aus einem gut begonnenen Gefecht eine Niederlage, die Seekriegsleitung selbst macht unbeabsichtigt den Überwasserstreitkräften der deutschen Kriegsmarine den Garaus.

Generaladmiral Carls ist am Tag zuvor plötzlich eingefallen, Kummetz noch einmal an den alten Routinebefehl Hitlers zu erinnern, wonach die Kriegsschiffe, die Hitler zu erhalten wünscht, kein unnötiges Risiko eingehen sollen. Sein Stabschef, Admiral Fricke, gibt diese Anweisung an den Admiral Nordmeer weiter. Die Telefonverbindung ist gestört und so wird ein Funkspruch abgesetzt: »Mache aufmerksam auf bestehenden Führerbefehl. Weisung, kein unnötiges Risiko muß bei Unternehmung der Schiffe beachtet werden!«

Der Admiral Nordmeer erhält diesen Funkspruch am Morgen des 31. Dezember und schüttelt den Kopf. Der Befehl ist doch schon alt, den kennt Kummetz doch! Aber wer weiß, was man in Berlin für besondere Gründe hat, das nochmals ausdrücklich zu betonen. Trotzdem ist es Blödsinn, Admiral Kummetz, der jeden Augenblick im Gefecht stehen kann, mit so einem Funkspruch zu behelligen. Admiral Klüber entschließt sich, nur zu funken:

»Kein unnötiges Risiko!«

Die »Admiral Hipper« hat gerade die feindliche Zerstörersicherung herangelockt – die britischen Zerstörerkommandanten, die nichts von der Anwesenheit der anderen deutschen Kriegsschiffe wissen, halten es für Feigheit, als die »Hipper« plötzlich vor ihnen davonläuft, und sie laufen darum prompt hinterher und gehen in die Falle –, als der Funkspruch eintrifft. Die »Hipper« macht soeben kehrt, um die nun weit genug vom Konvoi entfernten Zerstörer unter Feuer zu nehmen. Es ist die Zeit des ersten Funkspruches des deutschen U-Bootes über das gesichtete Geschützfeuer. Da schlagen plötzlich 15,2-cm-Granaten bei dem deutschen Kreuzer ein. Die stammen unmöglich von Zerstörern! Und richtig, die beiden britischen Kreuzer aus Murmansk sind da! Es ist genau 11.30 Uhr, als auf der »Hipper« die feindlichen Kreuzer ausgemacht werden. In dem Augenblick, als die zweite Salve eines der Kreuzer auf der »Hipper« in den Kesselraum einschlägt, ist der Funkspruch des Admirals Nordmeer entschlüsselt und mit einem Läufer unterwegs zur Kommandobrücke. Die britischen Kreuzer geraten eben außer Sicht, als Admiral Kummetz den Funkspruch liest. »Kein unnötiges Risiko!«

Kummetz ist wütend. »Lützow« und die deutschen Zerstörer können den ganzen Geleitzug aufrollen. Zehn Minuten später versenkt »Lützow« tatsächlich einen der Transporter. Trotz der eben erlittenen Beschädigung traut Kummetz der »Admiral Hipper« zu, die beiden feindlichen Kreuzer hinzuhalten, damit sie nicht in den entscheidenden Kampf gegen den Geleitzug eingreifen können. »Kein unnötiges Risiko.« Na schön, vielleicht hat die SKL in Berlin Nachrichten darüber, daß noch weitere feindliche Kräfte in der Nähe sind. Einen Grund für den sonst unnötigen und überflüssigen Funkspruch werden sie schon haben. Er gibt den Befehl: »Gefecht abbrechen«, und meldet das auch nach Berlin. Mittlerweile wartet in der »Wolfsschanze« Hitler ungeduldig auf weitere Nachrichten über das Seegefecht. Entsprechend dem, was ihm die Marineoffiziere berichtet haben, erzählt er den allmählich aufkreuzenden Neujahrsgratulanten freudestrahlend, daß die »Admiral Hipper« und die »Lützow« einen Rußlandgeleitzug vernichtet haben.

Aber noch immer ist keine direkte Nachricht von Admiral Kummetz da. Admiral Krancke, der Vertreter des Oberbefehlshabers der Kriegsmarine im Führerhauptquartier, wendet sich auf Geheiß Hitlers an die SKL in Berlin, erfährt dort aber kurz vor Mitternacht nur, daß der Flottenverband sich noch nicht gemeldet hat. Das ist kein Wunder – erstens läuft der Verband durch den Kesselschaden der »Admiral Hipper« nur mit halber Geschwindigkeit, und zweitens herrscht an den Liegeplätzen der Schiffe in den norwegischen Fjords ein außergewöhnlich heftiges Schneetreiben mit starken atmosphärischen Störungen, als die Schiffe endlich anlegen. Es ist einfach unmöglich, Verbindung mit Berlin zu bekommen.

Am Neujahrsmorgen des Jahres 1943 verkünden die alliierten Rundfunksender einen großen Sieg britischer über deutsche Seestreitkräfte im Nordmeer. Schwere deutsche Kriegsschiffe hätten ein Murmanskgeleit angegriffen, seien aber ergebnislos abgeschlagen worden. Dagegen hätten die britischen Streitkräfte einen deutschen Schweren Kreuzer stark beschädigt und einen deutschen Zerstörer versenkt. Der Konvoi aber sei weiter auf der Fahrt nach Murmansk.

Hitler tobt, als er diese alliierte Siegesmeldung hört. Er fordert die SKL auf, sofort bei Admiral Kummetz anzufragen, was los sei. Aber der Funkspruch kommt infolge der außergewöhnlichen Witterungsverhältnisse auch nicht nach Norwegen durch. Die SKL wird allmählich selbst unruhig. Ist der deutsche Verband überhaupt schon zurückgekehrt? Hitler aber fühlt sich von der Marine schamlos betrogen. Er befiehlt, Admiral Krancke solle der SKL sofort mitteilen, daß die großen Schiffe verschrottet werden. »Man braucht sie bloß rauszuschicken, und sofort erlebt man nur Ärger und Blamagen. Die großen Schiffe werden sofort außer Dienst gestellt, verschrottet, ausgeschlachtet oder wie

Sie das zu nennen belieben! Sie sind nichts anderes als unnötiger Material-, Menschen- und Geldverschleiß!« Am 6. Januar meldet sich daraufhin Großadmiral Raeder bei Hitler. Raeder bittet um seinen Abschied. Hitler steckt seine Vorwürfe gegen die Führung der Marine zurück und versucht, den beleidigten Raeder wieder zu besänftigen. Es gelingt ihm nicht. Raeder macht das Zugeständnis, bis zum 30. Januar, dem Nationalfeiertag, zu warten. Hitler könne ihm dann zum Abschied noch irgendeinen Titel verleihen, damit der Öffentlichkeit die Differenzen verborgen bleiben. Schließlich gibt Hitler nach und bittet Raeder nur noch, ihm wenigstens zwei geeignete Nachfolger zu benennen.

Raeder benennt den Generaladmiral Carls, der mit seinem unnötigen Funkspruch die ganze unerquickliche Situation herbeigeführt hat, und den viel jüngeren Admiral Dönitz, der zu Ausbruch des Krieges erst Kapitän zur See war. Hitler entscheidet sich für Dönitz, den Befehlshaber der Unterseeboote.

Am 30. Januar 1943 wird Dönitz zum Oberbefehlshaber der deutschen Kriegsmarine ernannt und zugleich unter Überspringung des Ranges Generaladmiral zum Großadmiral befördert. Zugleich wird der Generaloberst Paulus, Oberbefehlshaber der in Stalingrad eingeschlossenen und an jenem Tag bereits fast völlig vernichteten 6. Armee, zum Generalfeldmarschall befördert.

Hitlers Entscheidung, nicht den weit dienstälteren und zugleich ranghöheren Carls zum Oberbefehlshaber der Kriegsmarine zu machen, ist richtig. Wenn die Marine noch etwas im Kampf gegen die Alliierten ausrichten kann, dann nur mit ihrer U-Boot-Waffe. Zwei Monate nach Dönitz' Ernennung erringen seine U-Boote den bisher größten Erfolg. Allein in 20 Tagen des Monats März 1943 versenken die deutschen U-Boote eine Million Tonnen Schiffsraum! Captain Roskill, der die offizielle britische Seekriegsgeschichte des Zweiten Weltkrieges schrieb, bemerkt in seinem Werk zu jenen Tagen: »Man fühlte, auch wenn es niemand zugab, daß uns die Niederlage ins Gesicht starrte!«

Aber mit dieser sensationellen Versenkungsziffer ist der Höhepunkt des U-Boot-Krieges auch schon überschritten. Solche Erfolge wird es niemals wieder geben. Die Alliierten haben eine Waffe, die zuerst die Deutschen hatten, zu einer ungeahnten Höhe entwickelt – die Waffe RADAR.

Zunächst fängt es harmlos an. U-Boote, die über Wasser marschierten, um sich Dunst und Nebel, über sich eine Wolkendecke, werden plötzlich von feindlichen Flugzeugen angegriffen, ohne daß das U-Boot ein solches vorher gesehen hat. Feindliche Zerstörer tauchen im Nebel oder in stockfinsterer Nacht auf und greifen U-Boote an. Unaufmerksamkeit des Ausgucks? Möglich, aber diese Fälle häufen sich in so beängstigendem Maße, daß bald das Richtige vermutet wird: der Gegner hat ein neues Ortungsgerät, mit dem er auf weite Entfernung orten kann, ein Gerät, dem die Deutschen nichts entgegenzusetzen haben.

Im Mai 1943 verliert die deutsche U-Boot-Waffe allein 40 Boote. Das ist fast das Doppelte der zu Kriegsaus-

Alliierte Lieferungen an die Sowjetunion 1941–1945

	Britische Lieferungen			US-Hilfsprogramm*
1. Schiffe 2. Gesamtladung von t:				2660 (davon 77 versenkt) 16½ Mill. (davon 15 Mill. t Bestimmungsort erreicht)
u. a.:	Juli 41:	Okt. 41:	1942:	
1. Erdöl-Benzin		24 900[1] t	69 483[1] t	2,5 Mill. t
2. Munition		86 972[1] t	614 664[1] t	
3. Flugzeuge	200	493 [2]		14 800
4. Panzer		480	3 276[1])	13 000
5. MG				135 000
6. Lkw				427 284
7. Motorräder				35 170
8. Jeeps				50 000
9. Lokomotiven				1 045
10. Güterflachwagen				7 164
11. Gummi	20 000 t			
12. Armeestiefel	2—3 Mill.			11 Mill.
13. Baumwolltuch				90 Mill. Meter
14. Aluminium				420 000 t
15. Stahl für Eisenbahnschienen				2 120 000 t
16. Leichtmetall				733 000 t

*) Vom 1. 10. 1941 – 31. 5. 1945   [1] Einschl. der amerikanischen Lieferungen   [2] Einschl. leichter Schützenwagen

Bild oben: Schiffbrüchige treiben rettungsuchend zu einem deutschen U-Boot hin. Von 1156 deutschen U-Booten, die insgesamt in Dienst gestellt wurden und von denen 863 zum Einsatz kamen, konnte der Gegner 781 versenken oder in Besitz nehmen, davon 358 im Nordatlantik, 4 im Karibischen Meer, 3 in der Javasee, 54 werden vermißt, 42 fielen Unglücksfällen zum Opfer und 81 wurden bei Luftangriffen auf U-Boot-Basen und durch Minen vernichtet. Von rund 40 000 Mann Besatzung starben 27 082 auf See vor dem Feind und rund 5000 gerieten in Kriegsgefangenschaft.

Bild links: Befehlshaber der Unterseeboote Karl Dönitz im Führerhauptquartier.

bruch überhaupt vorhandenen wirklich fronteinsatzfähigen 22 Boote. Und dies in einem einzigen Monat. Dönitz notiert am 24. Mai schon in seinem Tagebuch: »Die untragbare Höhe der Verluste und die Erfolglosigkeit gegen die letzten Geleitzüge zwingen zu entscheidenden Maßnahmen, bis die Boote wieder mit besseren Abwehr- und Angriffswaffen ausgerüstet sind.«

Zunächst hat man den Booten ein Gerät mitgegeben, das feindliche Funkortung registriert und so zwar nicht den Standort des Gegners anzeigt, wenigstens aber sein Vorhandensein und die Tatsache, daß er das Boot entdeckt hat. Nun aber hat sich herausgestellt, daß der Gegner auf einer Welle ortet, die von dem deutschen Warngerät »Metox« nicht erfaßt wird.

Vorher schon hat der Gegner viele neue Abwehrmethoden gegen die U-Boote entwickelt. Wasserbombenwerfer, die zugleich ganze Salven von Wabos werfen; magnetisierte Schiffsböden, die die Magnetzündung der deutschen Torpedos unwirksam machen; besonders zusammengestellte »Killer-Groups« aus verschiedenen Schiffseinheiten, die speziell für die U-Boot-Bekämpfung ausgerüstet und ausgebildet sind; den ständigen Einsatz von Flugzeugträgern in jedem Geleitzug, manchmal alte, umgebaute Handelsschiffe, die aber ihren Zweck erfüllen, auf der langen Fahrt über den Atlantik ständig ein paar Flugzeuge als Aufpasser in der Luft zu haben.

Der größte Nachteil der Unterseeboote stellt sich nun heraus: daß sie nämlich keine Unterseeboote sind. Sie sind ja in Wahrheit nichts anderes als kleine, Torpedos tragende, ziemlich langsame Kriegsschiffe, die auch einmal für kurze Zeit tauchen können. Ein richtiges Unterseeboot aber müßte wirklich den größten Teil seines Daseins unter Wasser verbringen können. So aber ist das U-Boot aus verschiedenen Gründen immer wieder gezwungen, aufzutauchen, oft gerade in dem Moment, wenn oben der Gegner schon lauert.

Nur mit Elektromotoren ist eine Unterwasserfahrt möglich. Die Batterien aber müssen immer wieder durch die Dieselmotoren – die Frischluft brauchen und vor allem Abgase produzieren, von denen die Besatzung unter Wasser vergiftet werden würde – aufgeladen werden. Außerdem ist das U-Boot unter Wasser viel zu langsam, selbst der langsamste Trampdampfer kann einem unter Wasser laufenden U-Boot bequem davonrennen.

So wird der »Schnorchel« erfunden. Das merkwürdige Wort dringt auch bald zum Gegner und wird zeitweise für eine unheimliche, gefährliche Geheimwaffe gehalten. Dabei ist es eine im Grunde ganz primitive Einrichtung, die heute jeder Sporttaucher kennt – ein Luftrohr, das oben durch eine Ventilklappe gegen Wassereinbruch geschützt ist.

Damit können die U-Boote auch noch nicht schneller unter Wasser fahren, aber sie brauchen nicht ständig zum Aufladen der elektrischen Batterien nach oben. Die Dieselmotoren können jetzt auch unter Wasser laufen, wenn das Boot nur nahe genug an der Wasseroberfläche bleibt, um mit dem Schnorchelkopf noch »oben« zu sein.

Die Schnorchelfahrt ist eine noch scheußlichere Strapaze als es die U-Boot-Fahrt in der engen, stickigen Stahlröhre schon immer war. Zuweilen schneidet der Schnorchel unter – und wehe, wenn dann nicht sofort die Diesel abgestellt werden. Dann dringen die giftigen Kohlenoxydgase durch das ganze Boot und die Besatzung liegt unter Krämpfen auf dem stählernen Boden. Mehr als einmal kommt das vor, und manches Boot, das sich nie wieder gemeldet hat, wird so zugrunde gegangen sein. Selbst wenn die Diesel rechtzeitig abgeschaltet werden, saugen sie doch noch Luft an. Der Druck im Boot verändert sich ständig, den Männern treten die Augen aus den Höhlen, schwere Benommenheit ist die Folge – der Feind hat mit einer solchen Besatzung leichtes Spiel.

Das Elektroboot wird entwickelt. Die riesigen Batterien erlauben dem Boot nicht nur eine Unterwassergeschwindigkeit von 16 Seemeilen für eine volle Stunde, sondern auch, ruhend oder mit Schleichfahrt von rund 5 Seemeilen, vier Tage ununterbrochen in großer Tiefe zu bleiben, ohne aufzutauchen und die Batterien nachladen zu müssen. Nach diesen vier Tagen kann das Boot in kurzer Zeit in geringer Tiefe – mit Hilfe des Schnorchels also noch immer unter Wasser – durch die Dieselmotoren die Batterien nachladen. Das erste wirkliche Unterseeboot der Welt, das überhaupt nicht mehr aufzutauchen braucht.

Als Deutschland kapitulieren muß, sind rund 180 dieser modernen Boote fertiggestellt. Die bereits zur Feindfahrt ausgelaufenen von ihnen werden durch die Kapitulation zurückgerufen. Die alten Boote bleiben unter unsagbaren Opfern bis dahin ununterbrochen am Feind. Ihr Einsatz bindet nicht nur die gegnerischen Seestreitkräfte, sondern vor allem die Luftwaffe. Jedes Flugzeug, das allein durch die Anwesenheit deutscher U-Boote gebunden wird, vermag keine Bomben auf deutsche Städte zu werfen – und rund 2000 Feindflugzeuge sind über dem Atlantik und dem Mittelmeer zur U-Boot-Bekämpfung eingesetzt. Das macht den Einsatz der U-Boote bis zuletzt sinnvoll, auch wenn keine zahlenmäßigen Erfolge mehr erzielt werden können. Fast 39 000 deutsche Seeleute sind auf U-Booten ausgefahren, 27 082 sind nicht mehr zurückgekehrt. Keine andere Waffe hat soviel Opfer gebracht, wie die deutsche U-Boot-Waffe.

Wende in Rußland

In Stalingrad nähert sich der Kampf dem unvermeidlichen Ende. Die halbverhungerten, halberfrorenen Landser sind nicht mehr in der Lage, weiterzukämpfen. Ohnehin sind von der noch vor wenigen Wochen 250 000 Mann starken 6. Armee nur noch knapp 100 000 in Stalingrad. Die anderen sind gefallen, erfroren, verhungert oder in Gefangenschaft geraten.

Weder hat der rauschgiftsüchtige Göring sein Versprechen gehalten, Stalingrad durch die Luft zu versorgen, noch hat der Entsatzversuch der Panzergruppe Hoth die Stalingrader befreien können. 60 Kilometer vor Stalingrad ist der Schwung der deutschen Panzerarmee erschöpft. Noch wäre dies die Rettung gewesen, wenn die Stalingradarmee selbst ihren Rettern durch einen Ausbruch aus dem Kessel entgegengekommen wäre. Aber der Ausbruch findet nicht statt, weil General Paulus meint, von Generalfeldmarschall Manstein keinen klaren Befehl dazu bekommen zu haben.

Am 10. Januar 1943 beginnt der letzte große sowjetische Sturm auf die deutschen Verteidiger der sinnlos gewordenen Trümmer von Stalingrad. 5000 Geschütze trommeln unaufhörlich ihre Granaten auf den schmalen Fleck Erde, den die deutschen Landser noch besetzt halten. Erbittert und blutig ist dieser Kampf, und er ist es auf beiden Seiten. Noch einmal wogt das Geschehen hin und her. Häusertrümmer werden von den Sowjets erobert, von deutschen Landsern wieder zurückgewonnen.

Die eisigen Trümmer der Stadt sind vom Blut gerötet und vom Pulverrauch geschwärzt. Nach sechs Tagen ist der deutsche Kessel nur noch halb so groß. 24 Kilometer ist er lang, an der breitesten Stelle 15 Kilometer breit. Am 24. Januar wird der Kessel in zwei Teile zerschnitten. Es gibt nun einen Nordkessel und einen Südkessel. Das schlimmste aber ist, daß nun nach dem leichenübersäten Flugplatz Gumrak auch der letzte behelfsmäßige Streifen Landeplatz für Flugzeuge verlorengegangen ist. Jetzt sind die Männer in Stalingrad endgültig abgeschnitten von der Welt, die sie einst kannten.

An diesem Tag erscheinen sowjetische Parlamentäre vor der Front des deutschen Südkessels. Generaloberst Paulus soll kapitulieren. Paulus schildert die verzweifelte Lage dem Führerhauptquartier und bittet um die Erlaubnis zur Kapitulation.

Hitlers Antwortfunkspruch aber lautet:

»Verbiete Kapitulation. Die Armee hält ihre Position bis zum letzten Soldaten und bis zur letzten Patrone und leistet durch ihr heldenhaftes Aushalten einen unvergeßlichen Beitrag zum Aufbau der Abwehrfront und zur Rettung des Abendlandes.   Adolf Hitler«

Am 30. Januar 1943, dem zehnten Jahrestag der »Machtergreifung«, dem Tag, an dem Raeder zurücktritt und Dönitz Oberbefehlshaber der Kriegsmarine wird, funkt Paulus aus dem Keller des Warenhauses »Uniwermag« in Stalingrad:

»Zusammenbruch ist keine 24 Stunden mehr aufzuhalten!«

Hitler befördert Paulus noch zum Generalfeldmarschall und weitere 117 Offiziere zum nächsthöheren Rang. Während der Todeskampf der 6. Armee zu Ende geht, hält der Hauptverantwortliche in Berlin eine Rede. Göring sagt:

»Noch in tausend Jahren wird jeder Deutsche mit heiligem Schauer von diesem Kampf sprechen und sich erinnern, wo trotz allem Deutschlands Sieg entschieden worden ist . . .«

Schon am nächsten Tag, dem 31. Januar, funkt Paulus seine letzte Botschaft zum Führerhauptquartier:

»Die 6. Armee hat getreu ihrem Fahneneid für Deutschland bis zum letzten Mann und bis zur letzten

Stalingrad mußte Haus für Haus erkämpft werden. Zur Eroberung der großen Fabrikanlagen, die von den sowjetischen Verteidigern zu Ruinen-Forts ausgebaut worden waren, wurden Sturmpionierbataillone in die Wolgastadt eingeflogen. Auch ihnen gelang es nicht, die »roten Inseln« zu beseitigen. Restlos ausgeblutet mußte die 6. Armee in Stalingrad kapitulieren.

Patrone, eingedenk ihres hohen und wichtigen Auftrages, die Position für Führer und Vaterland bis zuletzt gehalten.«

Den allerletzten Funkspruch gibt die Funkstelle um 19.45 Uhr durch. Der Funker meldet sich ab:

»Der Russe steht vor dem Bunker. Wir zerstören. CL.«

»CL« – in der internationalen Funksprache heißt das: »Diese Station sendet niemals wieder.«

Zwei Tage danach kapituliert auch der Nordkessel. 91 000 deutsche Soldaten gehen in Gefangenschaft. Nur 5000 von ihnen sehen jemals die Heimat, sehen Deutschland wieder.

Erst am 3. Februar meldet der Wehrmachtsbericht, was geschehen ist. Erstmals wird der Bericht eingeleitet mit dumpfem Trommelwirbel, beendet mit dem zweiten Satz aus Beethovens Fünfter Symphonie.

Vier Tage Nationaltrauer werden angeordnet. Theater, Kinos und Vergnügungsstätten bleiben für diese Zeit geschlossen.

Der Zweite Weltkrieg hat seinen Wendepunkt erreicht. Für Deutschland geht es nun abwärts, nur selten noch von trügerischen Höhepunkten unterbrochen.

Bald nach den Stalingrad von Norden und von Süden umfassenden sowjetischen Offensiven im November 1942 haben die Sowjets auch am Donez und im Kaukasus mit Offensiven begonnen. Ihr Ziel ist die Vernichtung aller deutschen und ihrer verbündeten Armeen in dem Riesenraum zwischen Woronesch und dem Kaukasus.

Bald steht die südlichste deutsche Heeresgruppe A unter Generalfeldmarschall von Kleist mit dem Ostflügel 600 Kilometer von Rostow am Schwarzen Meer entfernt, während sich die sowjetischen Angriffstruppen nördlich davon der Stadt Rostow schon auf 60 Kilometer genähert haben. Gelingt es der Roten Armee, noch diese 60 Kilometer bis zum Schwarzen Meer zu überwinden, dann ist die Heeresgruppe A abgeschnitten, dann gibt es ein gigantisches Über-Stalingrad!

Alles hängt von der 4. Panzerarmee ab, die ostwärts Rostow steht. Erst als es soweit ist, als sich eine Katastrophe schon abzeichnet, gibt Hitler nun endlich den Rückzugsbefehl für die Heeresgruppe A. Es gelingt den deutschen Armeen tatsächlich, der Einschließung zu entgehen. Rostow muß aufgegeben werden, aber erst nachdem alle deutschen Einheiten in einem langen beschwerlichen Rückmarsch, der noch mehr Unbill mit sich bringt als die Offensive im vergangenen Sommer, gerettet sind.

Im März 1943 stehen die deutschen Truppen wieder dort, wo sie ausgangs der vergangenen Sommeroffensive gestanden haben, zum Teil sind sie noch weiter zurückgeworfen worden. Dann erst gelingt es, wieder eine feste, zusammenhängende Front aufzubauen.

Charkow, das von den Sowjets erobert worden ist, wird dann sogar wieder zurückgewonnen. Hauptanteil daran hat die »Kampfgruppe Meyer«, des gleichen Meyer, der vor zwei Jahren im Balkanfeldzug den Golf von Patras mit Fischerbooten überquerte und dafür eigentlich vor ein Kriegsgericht kommen sollte. Die Fronten stagnieren noch einmal. Trotz der schweren Niederlage von Stalingrad, trotz der Aufgabe alles im vergangenen Jahre eroberten Bodens, bereitet Hitler noch einmal eine Sommeroffensive vor, von der er sich entscheidenden Erfolg verspricht. Aber ein solcher entscheidender Erfolg ist nun unmöglich geworden. Die Russen haben ihre Periode der ständigen Niederlagen endgültig überwunden.

Ihre Rüstung läuft hinter dem Ural in neu aufgebauten Rüstungsbetrieben auf vollen Touren. Die Amerikaner liefern nicht nur über die von deutschen U-Booten und Flugzeugen bedrohte Nordmeerroute, sondern nach dem Sieg in Nordafrika auch über Persien jede Menge Rüstungsgüter an die Sowjetunion.

Die schlimmste Gefahr aber ist im Rücken der deutschen Ostfront entstanden. Tief im deutschen Hinterland operieren ganze Armeen von Partisanen. Die sowjetische Führung hat schon lange vor Kriegsausbruch Richtlinien für einen Partisanenkrieg ausgearbeitet. Nirgendwo sind die Partisanengruppen spontan entstanden. Der Partisanenkrieg gehörte von vornherein zur sowjetischen Strategie. Aber groß geworden ist die Partisanenbewegung nicht durch Befehle der sowjetischen Führung, sondern durch Fehler der deutschen Führung. Hitler und die von ihm eingesetzten politischen Herrscher der besetzten Ostgebiete haben den schlimmsten Feind der deutschen Landser, ihren eigenen schlimmsten Feind, selbst herangezüchtet.

»Ein anderer Krieg als bisher, ein Krieg der Weltanschauungen«, hat Hitler bei einer Besprechung des Unternehmens »Barbarossa« den bevorstehenden Ostfeldzug genannt. Und dementsprechend hat er von Anfang an gehandelt. Hat sich die deutsche Führung – zuweilen im Gegensatz zur Feindseite – bisher ausdrücklich um eine Kriegführung entsprechend dem Völkerrecht bemüht und dabei, wie vor allem im Seekrieg, sogar eigene militärische Einbußen dafür in Kauf genommen, so ist das im Osten vom ersten Tag an anders.

Hitler und die anderen politischen Führer betrachten die Rotarmisten nicht wie die holländischen, französischen, norwegischen oder griechischen Soldaten als achtenswerte soldatische Gegner, sondern als Vertreter einer Barbarenarmee, als bolschewistische Untermenschen. Der »Kommissarbefehl«, den Hitler zu Beginn des Ostfeldzuges erläßt, besagt, daß bolschewistische Kommissare, die gefangengenommen werden, nicht als Soldaten, sondern als Verbrecher behandelt werden sollen. Ein gefangener Politkommissar soll sofort erschossen werden.

In den ersten Monaten des Ostfeldzuges werden die deutschen Soldaten fast überall als Befreier von der bolschewistischen Herrschaft begrüßt. Vor allem ist dies der Fall in den drei baltischen Ländern Litauen, Lettland und Estland, die erst ein Jahr vorher von den Sowjets überfallen wurden und in diesem einen Jahr Schreckliches erdulden mußten. Nicht viel anders ist es in den Dörfern Weißrußlands und der Ukraine. Oft wird den deutschen Landsern, die als erste einrücken, nach alter Sitte Brot und Salz gereicht. Die altgläubige Bevölkerung Rußlands ist glücklich, daß die Deutschen die Kirchen wieder öffnen, die unter bolschewistischer Herrschaft seit Jahrzehnten Gottlosenmuseen, Lagerhallen oder Garagen sind.

Das alles ist auch eine der Ursachen für die schnellen Siege der deutschen Wehrmacht im ersten Jahr des Feldzuges. Die Rotarmisten wollen zum großen Teil gar nicht kämpfen, ihnen sind die Deutschen lieber als die eigenen bolschewistischen Herren. Zu Tausenden und Abertausenden laufen sie über. Schlimmer als unter Stalin kann es bei den Deutschen auch nicht sein.

Dann aber richtet sich die deutsche Zivilverwaltung im Land hinter der Front ein. In der Ukraine herrscht der Reichskommissar Erich Koch, in Weißrußland und den baltischen Staaten der Reichskommissar Hinrich Lohse. Koch war vorher schon Gauleiter von Ostpreußen, blieb es während seiner Herrschaft über die Ukraine und bis zu seiner feigen Flucht aus Königsberg 1945, wo er die von ihm verratene Bevölkerung hilflos den Russen überläßt. So ist Erich Koch von 1941 bis 1944 unumschränkter autokratischer Herrscher über ein Gebiet, das sich von der Ostsee bis zum Schwarzen Meer erstreckt.

Die beiden Autokraten und ihre Unterherrscher denken nicht daran, die Erwartungen zu erfüllen, die die Bevölkerung in die Deutschen gesetzt hat. Gewiß, manches bessert sich gegenüber der bolschewistischen Herrschaft. Die Religion wird nicht mehr verfolgt. Das Spitzelunwesen ist verschwunden, man kann unter den Deutschen tatsächlich freier reden als unter Stalin. Aber Schulen für Russen werden verboten – die slawischen »Untermenschen« sollen ungebildet bleiben. Einen eigenen ukrainischen oder weißrussischen Staat, erklären die deutschen Herrscher, wird es niemals geben. »Die Ukraine«, erklärt Koch einmal, »ist nur dazu da, für die Bedürfnisse Deutschlands zu sorgen.« Und: »Es muß das allerletzte aus der Bevölkerung herausgeholt werden . . . Die Haltung der Deutschen in der Ukraine wird von der Tatsache diktiert, daß wir es mit einem in jeder Hinsicht minderwertigen Volk zu tun haben!«

1942 beginnen in Orten, wo die Unterdrückungsmaß-

nahmen besonders hart sind, die Männer in die Wälder zu gehen. Noch gibt es versprengte Rotarmisten, die nicht in Gefangenschaft gehen wollen, noch gibt es Waffen in den Wäldern. Vielerorts sind die Partisanengruppen schon von Kriegsbeginn an vorhanden, von der Kommunistischen Partei für diesen Einsatz bestimmt. Nun vergrößern sich diese Gruppen und werden zu einer immer größeren Gefahr.

Die Partisanen beginnen mit ihrem Kampf gegen die Deutschen. Es ist ein grausamer, heimtückischer Kampf, fern jeden Völkerrechts, fern jeder Humanität. Die grausigen Mordtaten rufen wieder Repressalien von deutscher Seite hervor, denen auch Unschuldige zum Opfer fallen. Rachedurstig gehen wieder Menschen »in den Wald«. Und so dreht sich die Schraube ohne Ende, bis das Hinterland der deutschen Front in manchen Gegenden für die Landser gefährlicher ist als die Front selbst. Stalin kann mit der deutschen Zivilverwaltung in den besetzten Gebieten zufrieden sein. Bessere Werber für seine Partisanenarmeen kann er nirgends finden.

Natürlich gibt es nicht nur Leute vom Schlage Koch und Lohse, es gibt viele untergeordnete Funktionäre, zu denen die Bevölkerung Vertrauen hat, die der Bevölkerung nach Maßgabe ihrer Kräfte helfen. Es sind sogar viele, aber was sie tun, tun sie gegen ihre Befehle, tun sie getarnt, um »oben« nicht aufzufallen.

Vorn an der Front macht sich der Partisanenkampf zunächst nur mittelbar bemerkbar. Ein Urlauberzug, der nicht ankommt. Ein Munitionslager, das plötzlich explodiert. Ein Verpflegungs-Lkw, auf den die Landser sehnsüchtig gewartet haben, verschwindet spurlos. Dann aber, wenn deutsche Truppen zurückgehen müssen, kann es passieren, daß sie schon weit im Hinterland in einen Feuerüberfall geraten und annehmen müssen, die Rote Armee wäre irgendwo durchgestoßen und stünde schon in ihrem Rücken.

Auch Hitlers große Sommeroffensive 1943 scheitert nicht zuletzt an den Partisanen. Die sowjetische Führung ist schon vorher genau unterrichtet, wann und wo das deutsche Unternehmen »Zitadelle« beginnen soll.

Nördlich von dem durch die Deutschen wiedereroberten Charkow drückt die russische Front in einem weiten Bogen nach Westen. In der Mitte dieses Bogens liegt die Stadt Kursk, nördlich über diesem Bogen Orel und südlich des Bogens Bjelgorod. Von Orel und Bjelgorod aus sollen am 5. Juli 1943 starke Verbände in den Frontvorsprung hineinstoßen und ihn so vom russischen Hinterland abschneiden.

Die in diesem Kessel befindlichen Sowjettruppen sollen vernichtet und das Gebiet zum Ausgangspunkt einer weiteren deutschen Offensive in Richtung Osten werden.

Die Offensive hat einige Erfolgsaussichten. Bei Bjelgo-

Mit Stuka-Angriffen *(links)* begann im September 1942 die Schlacht um Stalingrad. Als eine sowjetische Offensive die deutschen Truppen einkesselte, verbot Hitler jeden Ausbruchsversuch. Paulus' Soldaten sollten aus der Luft versorgt werden. Die Luftflotte 4 erhielt am 24. 11. 1942 Befehl, täglich und auf unbegrenzte Zeit 300 t Sprit, Waffen und Munition für die 250 000 Mann starke 6. Armee an die Wolga zu fliegen. Diesen Auftrag vermochten die Transportgruppen nur vom 19. bis 21. Dezember 1942, auf dem Höhepunkt der Luftversorgung, annähernd zu erfüllen. Das Wetter – dichter Nebel wechselnd mit Eisregen und Schnee, dazu Glatteis am Boden – verhinderte jeden geregelten Flugbetrieb. Auch sonst war die Luftwaffe nun eindeutig überfordert. Nach dem Verlust der Absprunghäfen Tazinskaja und Morosowskaja verlängerte sich die Anflugstrecke von 250 auf 350 Kilometer mit entsprechend geringerer Beladung. Zudem hatten die Sowjets in der Zwischenzeit ein Vielfaches an Flak und Jagdabwehr entlang der Anflugschneisen mobilisiert.

Obwohl sich Generaloberst Paulus von der Luftwaffe »im Stich gelassen« sah und sein Stabschef Generalmajor Schmidt sogar »schlimmsten Verrat« witterte, sprechen die Verluste der Transportbesatzungen für sich selber. In der Zeit vom 24. November 1942 bis 31. Januar 1943 gingen bei der Versorgung Stalingrads insgesamt 488 Maschinen verloren. Das entspricht der Stärke eines Fliegerkorps.

rod stehen besonders starke Panzerverbände. Darunter ein Verband mit neuen, bisher nie gesehenen Panzern, die jedem Sowjet-Panzer, auch dem berühmten T 34, überlegen sein werden. Es sind die ersten 90 schweren Tiger-Panzer von Porsche. Ihretwegen hat Hitler schon die Offensive einmal verschoben, weil noch nicht alle diese Panzer fertiggestellt waren. Nun aber sind sie da. Noch etwas ist da – hinter der russischen Front, genau gegenüber dem Einsatzort der Porsche-Tiger, stehen Panzerabwehrgeschütze. Pak von einer Stärke und einer Zahl, wie sie noch niemals in diesem Krieg an einem einzigen Frontabschnitt vorhanden waren. Das ist kein Zufall, sondern die Arbeit der Partisanen, die sich im deutschen Hinterland aufhalten, manche als »Hiwis«, als Hilfswillige, wie sie genannt werden. Sie helfen dem deutschen Feldkoch, sie betreuen die Pferde, sie organisieren für die Landser Machorka, sie helfen beim Abladen von Munitionskisten, sie putzen Stiefel – und sie wandern des Nachts über die Front und berichten dem Genossen Kommandeur, was sie gesehen haben.

Noch nie ist jemand über die bevorstehende Offensive des Gegners so gut unterrichtet gewesen wie die Sowjets über das deutsche Unternehmen »Zitadelle«. Sie haben bereits eine Gegenoffensive vorbereitet. Sobald die Deutschen von unten und oben in den Frontvorsprung weit genug hineingestoßen sind und ihre ganzen Kräfte dort eingesetzt haben, wird nördlich von Orel die sowjetische Offensive losbrausen. Dort haben die Deutschen dann keine nennenswerten Kräfte mehr stehen, die werden im Frontbogen von Kursk festgehalten und vernichtet, denn die Russen haben dort überlegene Kräfte zusammengezogen. Andere Frontabschnitte sind dafür entblößt worden, aber das macht nichts, die sowjetische Führung weiß ja, daß nirgendwo anders als eben hier bei Bjelgorod und Orel der deutsche Angriff erfolgen wird.

Genauso kommt es. Schon von Anfang an rennt sich die deutsche Offensive an der gegnerischen Abwehr fest. Ein Panzer nach dem anderen zerschellt im massiven Feuer der russischen Panzerabwehr, bleibt vor dem Pakriegel liegen. Die neuen Porsche-Tiger machen keine Ausnahme. Einer nach dem anderen wird der neue Panzer, von dem die deutschen Siegeshoffnungen abhängen, vernichtet.

Gegenüber Bjelgorod haben die Sowjets nur an diesem einen Stück Front 30 Schützendivisionen versammelt, 8 Panzerkorps und 13 motorisierte Brigaden! Gegenüber Orel sieht es nicht viel anders aus: 37 Schützendivisionen, 6 Panzerkorps und 3 motorisierte Brigaden. Von Norden sind die deutschen Verbände ganze 15 Kilometer in den Frontbogen vorgedrungen, von Süden 35 Kilometer. Am 12. Juli, nach einer Woche, sind die deutschen Verbände so aufgerieben, daß jeder weitere

Angriff völlig aussichtslos ist und die Offensive eingestellt werden muß.

Zugleich aber beginnt nun gegen die völlig abgekämpften deutschen Truppen die sowjetische Offensive. Der russische Durchbruch gelingt. Durch die Einbruchslücke strömt Division auf Division. Zwar gelingt es Generaloberst Model, weiter hinten eine neue Front aufzubauen, die den Ansturm der sowjetischen Offensive zunächst zum Erliegen bringt. Aber die Initiative ist endgültig an die Sowjets übergegangen, von jetzt an gibt es in Rußland für die Wehrmacht nur noch einen Rückzug nach dem anderen.

Ende September sind die Sowjets bis zum Dnjepr vorgedrungen. Die Front verläuft rund 200 bis 300 Kilometer westwärts vom Ausgangspunkt der deutschen »Zitadelle«-Offensive im Juli. Aus der so sorgfältig vorbereiteten Offensive ist für die deutsche Wehrmacht eine schwere Niederlage geworden.

Im September 1943 wird auch der bis dahin noch gehaltene Kubanbrückenkopf, gegenüber der Straße von Kertsch, der östlichste noch von deutschen Truppen besetzte Punkt, geräumt. Sowjetische Marineinfanterie führt im Rücken der deutschen Truppen ein Landungsunternehmen bei Noworossijsk durch. Heftige Kämpfe entbrennen um die Stadt. Am 15. September muß sie von den deutschen Truppen aufgegeben werden. Der Kubanbrückenkopf kann danach nicht mehr gehalten werden. Hitler hat das Aushalten in dieser östlichsten Bastion bisher immer wieder befohlen, weil er gemeint hat, sie als Ausgangspunkt für eine neue Offensive unbedingt zu benötigen. Das ist nun auch vorbei.

Hier und später bei der Räumung der Halbinsel Krim vollbringen die im Schwarzen Meer eingesetzten kleinen Einheiten der deutschen Kriegsmarine – Schnellboote, Minensuchboote, Fährprahme, Artilleriefähren – wahre Heldentaten. Ihrem aufopferungsvollen Einsatz verdanken Tausende deutscher Soldaten, daß sie sich über die Straße von Kertsch retten können und den Sowjets entgehen.

Die deutsche Rückzugsbewegung ist auf einer Frontbreite von rund tausend Kilometern erfolgt – von der Küste des Schwarzen Meeres bis Smolensk im Mittelabschnitt. Aber die deutsche Niederlage besteht nicht nur im Rückzug, nicht im Aufgeben des einst unter so vielen Opfern eroberten Gebietes, sondern vor allem in den ungeheuren Menschenverlusten.

Im Juli haben 110 Divisionen an dieser Frontlinie gestanden. Jetzt, im September, bestehen ein Drittel von ihnen nur noch aus wenigen schwachen Bataillonen. Nur wenige von ihnen können durch Ersatz aus der Heimat wieder aufgefüllt werden. Die meisten dieser »Divisionen«, die keine mehr sind, werden aufgelöst und auf andere Divisionen verteilt. Dabei sind aber auch alle anderen Divisionen so geschwächt, daß die meisten kaum noch die Hälfte der ursprünglichen Mannschaftsstärke haben. Die rückwärtigen Dienste und die Troßabteilungen werden von »Heldenklaus« durchkämmt: Schreiber, Fouriere, Nachrichtenleute, Kammerbullen und Magazinverwalter müssen zur Fronttruppe. Aber sie sind erstens viel zu wenig und zweitens ohne jede Kampferfahrung.

Die Panzertruppe hat noch weit mehr gelitten. Von 18 Panzerdivisionen werden 13 sogar offiziell nur noch als »Divisionsgruppen« bezeichnet. Sämtliche Panzerverbände aus dem Norden werden heruntergeholt zum Mittel- und Südabschnitt, um wenigstens einigermaßen die alte Stärke wiederherzustellen. Dafür aber ist die ganze Nordfront völlig von Panzerverbänden entblößt, bis auf die zu motorisierten oder Panzergrenadierdivisionen gehörenden kleinen Panzereinheiten.

Gegenüber diesen so geschwächten deutschen Truppen stehen dagegen mehr als 400 Divisionen der Roten Armee, viele Kavalleriekorps und weit über 100 Panzerregimenter. Dazu kommt die der deutschen an Zahl der Geschütze weit überlegene sowjetische Artillerie, die zu Großverbänden zusammengefaßt ist. Und dazu kommt die immer stärker werdende sowjetische Luftwaffe, die in fast pausenlosen Bomben- und Tieffliegerangriffen die Landser zu zermürben sucht.

Noch etwas hat die deutsche militärische Kraft geschwächt: Außer den Finnen, die ihre eigene Heimat vor dem Bolschewismus verteidigen, sind fast alle Verbündeten Deutschlands als Mitkämpfer ausgefallen.

Italien ist ganz ausgeschieden und ist sogar auf die Seite der Alliierten übergegangen und kämpft nun im eigenen Land gegen die deutsche Wehrmacht.

Die Ungarn haben sämtliche Truppen von der Front abgezogen, nur einige Divisionen sind weit hinter der Front im Partisaneneinsatz.

Rumänien hat noch ganze 8 Divisionen eingesetzt, jedoch auch nicht an der Front, sondern als Küstenschutz auf der Krim.

So kämpfen an der Seite der deutschen Wehrmacht nur noch die Freiwilligenverbände aus den verschiedenen Ländern Europas im Rahmen der Waffen-SS.

In dieser Situation scheint es, als kämen der deutschen Wehrmacht andere Verbündete zu Hilfe, Verbündete, die zu ungewöhnlich sind, als daß zunächst jemand an sie gedacht hätte. Es ist die »Russische Befreiungsarmee«.

Am 3. März 1943, unmittelbar nach der deutschen Niederlage von Stalingrad, erscheint ein Aufruf, der sich ebenso an die Rotarmisten in deutschen Kriegsgefangenenlagern wie an die im Kampf gegen die deutschen Truppen stehenden Sowjetsoldaten richtet. Unterzeichnet ist dieser Aufruf von dem in deutscher Gefangenschaft befindlichen sowjetischen General Andrej Andrejewitsch Wlassow.

Wlassow hat in der Winterschlacht vor Moskau 1941/42 die 20. sowjetische Stoßarmee befehligt, die noch vor dem Eintreffen der sibirischen Truppen das Entscheidende zur Rettung Moskaus getan hat. Wlassows Armee war es, die die deutschen Voraustruppen vor Moskau nicht nur zum Stehen brachte, sondern auch bis nach Wolokolamsk zurückschlug und damit den ersten russischen Sieg errang. Dieser General ist im Frühjahr in den Urwäldern und Fiebersümpfen des Wolchow als Kommandierender General eines Armeekorps in Gefangenschaft geraten, nachdem seine Truppen fast völlig vernichtet waren. Seit 1930 schon ist er Mitglied der bolschewistischen Partei. Und nun unterschreibt dieser berühmte Sowjetgeneral einen Aufruf, in dem er die Rotarmisten zum Kampf gegen die Sowjetmacht, zum Kampf gegen Stalin aufruft. Zum Kampf an der Seite der deutschen Wehrmacht!

Schon im Dezember 1942 hat er das »Smolensker Komitee« gegründet, das sich die Befreiung Rußlands von der bolschewistischen Herrschaft zum Ziel gesetzt hat. Vorausgegangen sind Maßnahmen weitsichtiger deutscher Beamter im sogenannten »Ostministerium«, die vor allem die Angehörigen der von den Russen unterdrückten Völkerschaften für den Kampf an der Seite Deutschlands gewinnen wollen. Führende Offiziere im OHK unterstützen sie dabei.

1943 gibt es schon »Osttruppen« mit einer Stärke von rund 400 000 Mann. Sie sind aufgeteilt auf größere deutsche Einheiten und bestehen meist aus Angehörigen der unterdrückten Völker des Vielnationalitätenstaates Sowjetunion: Letten, Esten, Litauer, Ukrainer, Weißrussen, Krimtataren, Georgier, Aserbeidschaner, Turkestaner, Armenier, Kosaken. Nun also sollen, so will es der General Wlassow, so wollen es seine Freunde im OHK, auch die Angehörigen des größten Volkes der Sowjetunion, die Russen, an der Seite der deutschen Wehrmacht kämpfen.

Das Führerhauptquartier ist bei der bisherigen Aufstellung der Osteinheiten übergangen worden. Aus gutem Grund. Man kennt ja im OKH die politische Doktrin, die da besagt, Slawen und gar Asiaten seien »rassisch minderwertig«. Und nun kämpfen diese »Untermenschen« an der Seite Deutschlands? Besser, Hitler erfährt gar nichts davon.

Das ist natürlich unmöglich. Hitler hat schon bei der Gründung des »Smolensker Komitees« gestutzt. Dann ist vom OKH ein »General der Osttruppen« eingesetzt worden, General Heinz Hellmich, der später durch General der Kavallerie Köstring ersetzt wird. Und nun erläßt dieser bolschewistische General Wlassow gar

Ein Ritterkreuzträger aus dem Mannschaftsstand im Kreise seiner Kameraden.

Bild oben: Der Herbst neigt sich dem Ende zu. Die verschlammten Rollbahnen lassen kaum noch schnelle Truppenverschiebungen zu. Die festliegenden Kampftruppen leiden unter Nachschubmangel, der über die grundlosen Wege nur spärlich nach vorne kommt.

Bild unten: Eine Bauernkate geht in Flammen auf, eine Familie verliert Haus und Hof. Doch von den unermeßlichen Leiden der Zivilbevölkerung ist in den amtlichen Heeresberichten kaum die Rede; das Elend ist namenlos.

einen Aufruf, für ein unabhängiges freies Rußland zu kämpfen! Da wird es Hitler doch zu viel.

Am 8. Juni 1943, vier Wochen vor der mißglückten »Zitadelle«-Offensive, findet auf Hitlers Berghof bei Berchtesgaden eine Besprechung zwischen ihm, Generalfeldmarschall Keitel und Generalstabschef Zeitzler statt. Hitler möchte am liebsten alle Osteinheiten sofort auflösen, aber er sieht selbst ein, daß man sie dann durch andere Einheiten ersetzen müßte – und die gibt es nicht.

Hitler sagt: »Man muß vor allem das Umsichgreifen einer Mentalität vermeiden, wie ich sie leider bei einigen Herren schon gefunden habe. Auch bei (Generalfeldmarschall) Kluge hat das ein paarmal angeklungen: ›Wir tun uns kolossal leichter, wenn wir eine russische Armee aufbauen.‹ Da kann ich nur sagen: Wir bauen nie eine russische Armee auf! Das ist ein Phantom ersten Ranges! Bevor wir das machen, ist es viel einfacher, ich bekomme die Russen als Arbeiter nach Deutschland, denn das ist viel entscheidender!«

General Zeitzler, der selbst für die Aufstellung der Osttruppen gewesen ist, versucht Hitler damit zu beruhigen, daß die Osttruppen niemals etwa eine Gefahr für die deutsche Wehrmacht werden könnten. Er schwindelt dabei ein bißchen und sagt:

»Wir haben im ganzen 78 Bataillone, 1 Regiment und 122 Kompanien. Das sind alle . . . Also sind vorn eigentlich nicht viel, und die sind alle sehr zerkleckert, soweit sie vorn sind. Dann gibt es noch eine Kategorie von 60 000 Mann. Das sind eine Art Wachmannschaften. Die sind in den ganz kleinen Sachen zusammengefaßt.«

Hitler nickt. Wenn es so ist? »Das braucht man«, sagt er, »ohne diese Sachen kommt man nicht aus.«

Zeitzler stößt gleich nach. Die Zahl, die er nennt, ist viel zu niedrig – in Wahrheit sind es um diese Zeit schon viel mehr –, aber ihm geht es um die Sache, und darum mogelt er etwas: »Und die Hilfswilligen«, sagt er seinem Führer, »sind ungefähr 220 000 Mann. Die sind in der Truppe bis vor beinahe zum Kanonier Vier, Fünf. Die kann man nicht wegtun.«

Und so bleibt es mit Hitlers Zustimmung bei der bisherigen Praxis des Einsatzes der Osttruppen in kleinen, »zerkleckerten« Einheiten.

General Wlassow aber, der schon eine Rundreise an der Ostfront unternommen hat, wird jede weitere Betätigung verboten. Er ist von den Oberbefehlshabern der deutschen Heeresgruppen Mitte und Nord empfangen worden, als sei er ein Verbündeter. Er hat vor verschiedenen Einheiten der Osttruppen gesprochen, vor der Bevölkerung einiger russischer Städte, und dabei den Kampf für ein freies Rußland verkündet. Das ist zuviel! Generalfeldmarschall Keitel erläßt im Auftrag Hitlers einen Befehl, in dem es heißt, der „kriegsgefangene General Wlassow« müsse wegen seiner »unqualifizier-

ten, unverschämten Äußerungen auf einer Reise zur Heeresgruppe Nord« sofort wieder in ein Gefangenenlager übergeführt werden. Sollte Wlassow noch einmal irgendwo auftreten, sei er sofort der Gestapo zu übergeben.

So endet zunächst der Versuch, die Russen als Verbündete zu gewinnen, zu einer Zeit, da für Deutschland noch nicht alles verloren schien, zu einer Zeit, da es noch möglich gewesen wäre, eine starke russische Befreiungsarmee aufzustellen, die auf deutscher Seite gekämpft hätte. Erst Ende 1944, da Deutschlands Niederlage jedem offenkundig ist, darf Wlassow seine Befreiungsarmee aufstellen, zu einer Zeit, da kein deutscher oder verbündeter Soldat sich mehr auf russischem Boden befindet, die Rote Armee aber vor den Toren Deutschlands steht. Und dann ist es ausgerechnet der bis dahin erbittertste Feind Wlassows, der »Reichsführer-SS« Himmler, der ihn unterstützt. – Wen die Götter verderben wollen, den schlagen sie mit Blindheit!

Im Dezember 1943 jedenfalls zeichnet sich ab, daß eine seit 1941 verfehlte Politik nun ihre Folgen zeigt: Italien hat zunächst heimlich den Waffenstillstand mit den Westmächten unterzeichnet, dann hatte es Deutschland sogar den Krieg erklärt. Der Duce ist zwar aus seiner Haft von deutschen Fallschirmjägern befreit worden, aber er führt nur noch ein Schattendasein. Die Anglo-Amerikaner sind in Italien gelandet, sie stoßen bis Neapel vor. Sizilien ist längst schon verloren. Portugal räumt den Amerikanern Stützpunkte auf den Azoren ein – die gleichen Stützpunkte, die schon von der deutschen Führung für Fernbomberangriffe auf die USA vorgesehen waren.

Die Sowjets haben Smolensk erobert, vorher schon Charkow, sie erobern Kiew – die Hauptstadt der Ukraine –, Gomel und Newel. Nach der Eroberung von Melitopol ist die Krim abgeschnitten. Südlich der Pripjet-Sümpfe, und das ist schon an der alten russisch-polnischen Grenze, durchstoßen die Sowjets die deutsche Front. Dann erst kommen die sowjetischen Offensiven zum Stehen, die Lage stabilisiert sich etwas. In der persischen Hauptstadt Teheran treffen sich zum erstenmal der Präsident der USA, Roosevelt, der britische Premierminister Churchill und der sowjetische Herrscher Stalin. Im Januar haben sich Roosevelt und Churchill schon in der zwei Monate vorher eroberten nordwestafrikanischen Stadt Casablanca getroffen, aber Stalin war nicht dabei. In Casablanca haben Churchill und Roosevelt Hitlers einzige, wirklich wirksame Wunderwaffe geschmiedet: sie verkünden, daß die Feindstaaten *bedingungslos* kapitulieren sollen. Also die Verkündung des totalen Krieges, der faktisch mit der Taktik der verbrannten Erde, wie Stalin sie gegenüber seinem eigenen Land schon seit 1941 betreibt, und mit dem erbarmungslosen Bombenkrieg gegen die deutsche

Zivilbevölkerung längst im Gange ist. Stalin hat nachträglich – mit Bedenken, muß zu seiner Ehre gesagt werden – der Forderung nach bedingungsloser Kapitulation der Kriegsgegner zugestimmt. Daß diese Forderung in Wirklichkeit nur gegen Deutschland gerichtet ist und die Alliierten ihre eigenen vorgeblichen Kriegsziele nicht ernst nehmen, steht spätestens fest, nachdem dann Italien nicht bedingungslos kapitulieren muß, und viel später, nach Deutschlands Niederlage, auch Japan nicht. Einzig und allein Deutschland wird bekämpft, bis es am Boden liegt, bedingungslos kapitulieren muß und zerteilt werden kann. Auch die deutsche Opposition, die deutschen Verschwörer gegen Hitler, erhalten keine andere Antwort, auch sie sollen im Falle ihres Sieges über Hitler bedingungslos kapitulieren.

Jetzt in Teheran jedenfalls ist Stalin zum erstenmal dabei. Jetzt wird die Teilung Deutschlands besprochen. In drei Zonen soll Deutschland aufgeteilt werden, in eine amerikanische, eine britische und eine russische. Von den Franzosen ist dabei noch nicht die Rede.

Außerdem wird die neue polnische Ostgrenze zugunsten der Sowjetunion festgelegt. Polens Gebiet wird dadurch um vieles verkleinert. Aber sollen die Polen jenes Gebietes in ihrer Heimat bleiben, unter sowjetischer Herrschaft, oder sollen sie aus ihrer Heimat vertrieben werden? Wenn ja, wohin dann?

Winston Churchill findet am Teheraner Konferenztisch die Lösung dieses Problems: Der britische Premierminister nimmt drei Streichhölzer und legt sie in gleichem Abstand vor sich auf den Tisch. Dann nimmt er das rechte Streichholz wieder auf, hebt es über das mittlere hinweg und legt es links neben das bisher linke Streichholz. Die Patentlösung! Geradezu genial, das moderne Ei des Kolumbus. Verschiebt man die Ostgrenze Polens, dann verschiebt man eben um das gleiche Stück auch die Westgrenze. Bricht man dem Ei die eine Spitze entzwei, damit Rußland besser stehen kann, dann bricht man eben auch noch das andere Ende entzwei, damit auch das polnische Ei wieder stehen kann!

Daß es dabei um das Schicksal von Millionen Menschen geht, interessiert am grünen Tisch von Teheran niemanden. Die Lösung jedenfalls ist gefunden – die Austreibung der Bevölkerung Ostdeutschlands aus ihrer Heimat. Deutschlands Ostgrenze hat an der Oder zu liegen, das ist nun beschlossen.

In England erheben sich Stimmen gegen Churchills leichtfertige Streichholzlösung. Im Unterhaus erklärt der Abgeordnete Raikes, Mitglied von Churchills eigener Konservativer Partei:

»Hinsichtlich des Angebots von deutschen Gebieten bis zur Oder ist es eine einfache Sache, auf der Landkarte die Ausweisung von Millionen von Menschen zu planen. Aber ist sich das Haus ganz im klaren darüber, was das bedeutet, vier Millionen Polen ... aus ihren Häu-

sern zu schleppen, in denen sie seit Generationen gelebt haben? Vier Millionen Ukrainer zu nötigen, russische Bürger zu werden, ob sie es wollen oder nicht? Und fünf Millionen Deutsche *(in Wahrheit sind es sogar weit mehr als die doppelte Zahl, nämlich elf Millionen)* wiederum gezwungen, ihre Heimat zu verlassen und nach Westdeutschland zu gehen? Welche Fülle menschlichen Elends! Ich glaube nicht, daß die Fundamente einer neuen Welt nach dem Krieg besser werden, wenn man fünf Millionen Deutsche von dem einen Ufer der Oder auf das andere bringt. Das ist nicht die Art der Regelungen, die die Atlantik-Charta versprach, bevor sie zu einem bloßen Phantom wurde.«

Aber Winston Churchill gibt dem Abgeordneten Raikes zur Antwort:

»Ich glaube nicht, daß die Deutschen – wenn man bedenkt, was sie getan haben – das geringste Recht dazu haben, sich darüber zu beklagen, daß wir so handeln!«

So also endet das Jahr 1943. Das Jahr 1944 fängt nicht viel besser an, zumindest nicht auf militärischem Gebiet.

Schon am 14. Januar, in eisiger Kälte, beginnt die russische Offensive an der Nordfront.

Die Wiege der bolschewistischen Revolution, die Stadt, die Zar Peter der Große aus den Newasümpfen stampft hat, die Stadt, die Lenins ersten großen Triumph erlebte, die Stadt, die Hitler in seinem Haß gegen den Bolschewismus dem Erdboden gleichmachen wollte – die Stadt St. Petersburg, Petrograd, Leningrad: sie wird durch die Sprengung des schon mehr als zwei Jahre um sie liegenden deutschen Belagerungsringes endgültig von der Blockade befreit.

Das ist am 20. Januar, sechs Tage nach Beginn der russischen Offensive an der Nordfront. Zwei Tage später landen die Amerikaner in Anzio-Nettuno, südlich von Rom, hinter der deutschen Front in Italien. Weitere sechs Tage später kesseln die Sowjets bei der Stadt Tscherkassy zwei deutsche Armeekorps ein. Zwei sowjetische »Fronten«, die 2. und die 3. Ukrainische Front – jede etwa einer deutschen Heeresgruppe entsprechend – haben die beiden deutschen Armeekorps eingeschlossen.

Inmitten des Kessels aber befindet sich ein sowjetischer Partisanenverband in Stärke von 15 000 Mann. Das erschwert den Kampf der deutschen Truppen noch mehr und bringt etwas Besonderes in die Lage dieses »Kessels«. Und noch etwas ist besonders, anders an diesem Kessel. In ihm befindet sich außer den deutschen Truppen auch die »Stoßbrigade Wallonien«, die hier durch ihren aufopferungsvollen Einsatz berühmt werden soll.

Die Soldaten der Brigade »Wallonien« sind der Waffen-SS-Division »Wiking« unterstellt, die viele europäische

Berliner Ausgabe
Ausg. / 56. Jahrg. / Einzelpreis 15 Pf. / Auswärts 20 Pf.

Berliner Ausgabe
Berlin, Donnerstag, 4. Februar 1943

VÖLKISCHER BEOBACHTER

Kampfblatt der nationalsozialistischen Bewegung
Großdeutschlands

Der Kampf der 6. Armee um Stalingrad zu Ende

Sie starben, damit Deutschland lebe

Getreu ihrem Fahneneid

Zweimal die Aufforderung zur Übergabe stolz abgelehnt

Aus dem Führerhauptquartier, 3. Februar.

Das Oberkommando der Wehrmacht gibt bekannt.

Arno Breker „Vergeltung" Entwurf für ein Relief in Berlin

Unser Schwur: Vergeltung!

Die Helden der 6. Armee

Von
Alfred Rosenberg

Mit dieser Aufmachung brachte der Völkische Beobachter vom 4. Februar 1943 den Bericht über die größte deutsche Niederlage: die Nachricht vom schrecklichen Ende all der Leiden, die Granaten, Kälte, Hunger, Durst und Krankheit über mehr als 200 000 deutsche Soldaten der Ostfront gebracht hatten.

In den Straßenschluchten der Stadt an der Wolga, in Stalingrad, toben erbitterte Kämpfe. *Bild rechts:* Der Weg der deutschen Truppen in die Gefangenschaft. *Bild unten:* Eine Karte der Stadt. Nach zweimonatigen schweren Kämpfen im September und Oktober 1942 waren zwei Drittel der Stadt und die Fabrik »Roter Oktober« in deutschen Händen. Es gelang aber nicht, die Stadt zu nehmen, obwohl Hitler im Rundfunk gesagt hatte: »Wir haben sie schon!«

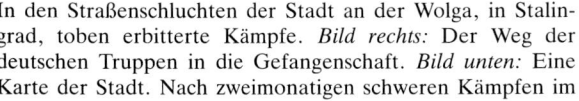

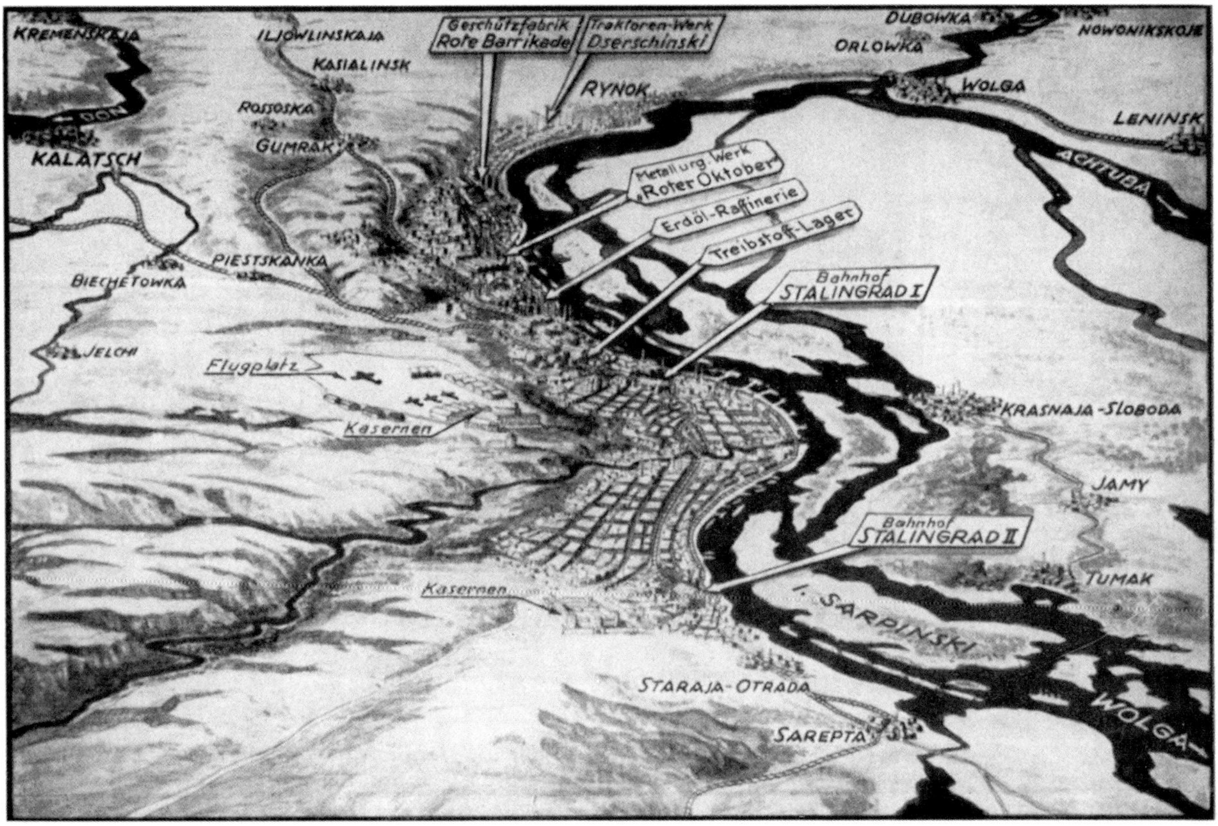

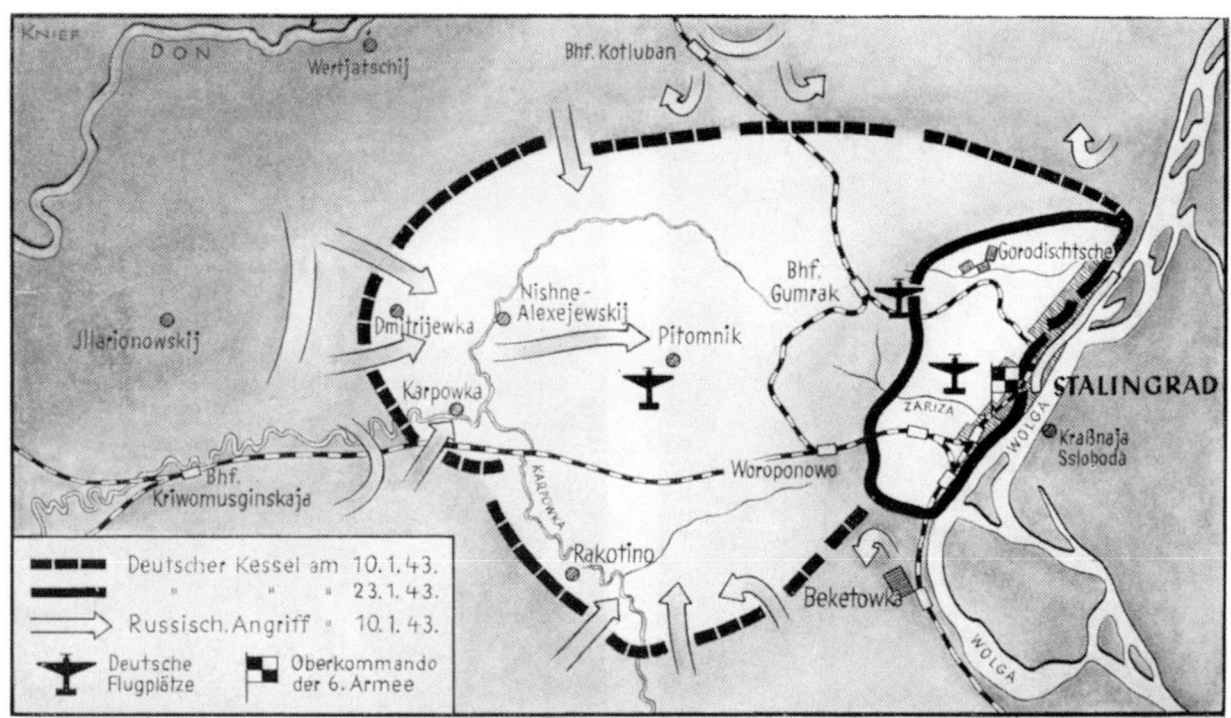

Das Bild *oben* zeigt den Kessel von Stalingrad am 10. Januar und am 23. Januar 1943. Die schwerste Niederlage bricht über die deutsche Führung herein. Die Verteidiger kapitulieren am 31. Januar und am 2. Februar 1943. Eingeschlossen waren etwa 220 000 Mann, als Verwundete konnten hinausgeflogen werden rund 30 000, 90 000 gehen in Gefangenschaft. Seit der Einschließung sind rund 100 000 gefallen oder schwer verwundet. Die siegreichen sowjetischen Truppen feuert als Politkommissar Chruschtschow (ganz rechts) an. Mit Stalingrad beginnt die Wende des Zweiten Weltkriegs.

Durch Partisanenaktionen wurden die Häuserkämpfe schwierig, heimtückisch und verlustreich *(oben links):* Häufig hingen an der Türklinke Handgranaten, unter den Fußböden lagen Minen, in den Kaminen hingen »Molotowcocktails«, Flaschen mit Benzin. Wurde der Herd angeheizt, dann platzten sie. Grausam waren deshalb auch die Repressalien. Mit der Waffe angetroffene Partisanen hängte man auf *(oben rechts). Bild unten:* Verdächtige Einwohner werden zum Verhör gebracht.

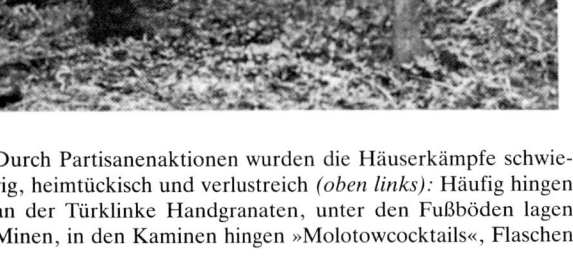

Partisanen (*oben* bei der Schulung, *unten* ihre Offiziere) erschwerten das Los des Landsers ungemein. Den Auftakt zur »Schlacht in Weißrußland« lieferten die Partisanen, deren Stärke im rückwärtigen Gebiet der Heeresgruppe Mitte zu dieser Zeit mit 240 000 Mann angegeben wurde. Mannschaftsersatz, Waffen, Ausbilder und Munition erhielten sie durch Fallschirmabwurf. In der Nacht vom 19./20. Juni 1944 unterbrachen 10 500 Sprengungen die Eisenbahnstrecken.

Die endlosen Entfernungen (3000 Kilometer von der Heimat) boten Schwierigkeiten *(Bild oben)*.
Bild links unten: Massengräber bei Katyn, 20 Kilometer westlich von Smolensk, im April 1943 gefunden. 4143 polnische Gefangene waren im April 1940 von der sowjetischen Geheimpolizei ermordet worden.
Bild unten: Witterungsunbilden behinderten den Einsatz der Luftwaffe im Osten auf das stärkste.

Bild unten: Birkenholz für die Lokomotiven, die zur Überwindung des weiten Raumes unentbehrlich waren und die häufig ausfielen. Ein Störungssucher *(Bild unten rechts)* mit schweren Kabeltrommeln hetzt über das Gefechtsfeld. Fernschreiber und Funk sind die Nervenstränge der Front. *Bild oben:* In Tarnkleidung geht es an einem Leichnam vorbei vorwärts durch ein Dorf, in dem Partisanen vermutet wurden.

General Winter *(Bild oben und unten links)* war neben der Endlosigkeit des Raumes der Hauptverbündete Stalins. Dazu kamen der Staub im Sommer, der Schlamm im Frühling und Herbst. Die Straßen des Rückmarsches, der sich qualvoll von 1943–1945 hinzog, wurden vermint *(Bild rechts unten)*. Den Vormarsch der Sowjets konnte das jedoch nicht aufhalten. Ihre Überlegenheit an Mannschaft und Material war durch nichts auszugleichen.

Freiwilligenformationen in sich vereinigt. Ihre Angehörigen stammen alle aus dem wallonischen Teil Belgiens. Die meisten von ihnen haben sich schon bei Beginn des Rußlandfeldzuges freiwillig gemeldet. In den Kämpfen um den Kaukasus hat die Brigade Schweres durchmachen müssen. Vor den steilen Bergwänden des Indjuk und der sich dort wieder verstärkenden sowjetischen Abwehr ist sie dann gescheitert. Die Freiwilligen sind am Ende ihrer körperlichen und seelischen Kräfte gewesen. Die Brigade ist zur Auffrischung nach Hause geschickt worden.

Im Januar 1943 haben die Überlebenden und neue Freiwillige sich im Brüsseler Sportpalast versammelt, um erneut an die Ostfront zu gehen. Unter ihnen sind ebenso Bergarbeiter wie Soldaten und Offiziere der belgischen Armee, Söhne bekannter Diplomaten und Adelsfamilien wie Handwerker, Juristen und Beamte wie Bauernsöhne.

Von den Tausenden, die der ›Legion Wallonien‹ von 1941 bis 1945 angehört haben, ist allein fast die Hälfte in Rußland gefallen. Mehr als 85 Prozent der freiwilligen Soldaten werden ein- oder mehrmals verwundet. Von den 800 Freiwilligen, die sich 1941 zuerst meldeten, erleben nur *drei* das Ende dieses schrecklichen Krieges: ein Soldat, ein Hauptmann – der wegen Tapferkeit vom Unteroffizier bis zu diesem Offiziersrang befördert worden ist – und der letzte Kommandeur.

Im Kessel von Tscherkassy ist der nur neunundzwanzigjährige Oberstleutnant Lucien Lippert Kommandeur der Stoßbrigade »Wallonien«. Unter seiner Führung hält die Brigade im sogenannten »Gespensterwald« an der Ostseite des Kessels die Front so lange gegen die Rote Armee, bis an der Westseite die deutschen Landser den Durchbruch zu den eigenen Kameraden geschafft haben. Als letzte verläßt die »Brigade Wallonien« den Kessel.

Bald überschreiten die Russen die polnische Grenze, die seitdem bis zum heutigen Tage keine Grenze mehr ist, sondern Teil der Sowjetunion.

Im März 1944 wird die deutsche Heeresgruppe Süd durch eine weitere Offensive der Sowjets fast völlig zerschlagen.

Die Rote Armee rückt in Bessarabien ein, in das Land, das sie 1940 im Zeichen der deutsch-sowjetischen Freundschaft von Rumänien gewann, das Land, aus dem die erste Völkerwanderung dieses Krieges nach Westen einsetzte, die große Völkerwanderung der Bessarabiendeutschen.

Am 9. April muß Odessa geräumt werden – und Odessa liegt weit westlich der Krim, die nun endgültig abgeschnitten ist, ohne Hoffnung auf Rettung. Bisher hat Hitler immer noch befohlen, die Halbinsel zu halten. Er hat sogar starke Verstärkungen auf die Krim werfen lassen, die anderswo viel dringender gebraucht werden

– so wie er es auch in Afrika gehalten hat: als Rommel wirklich Verstärkungen gebraucht hätte, hat er sich von Halder bereden lassen, als es dann zu spät war, hat er Verstärkungen in großer Zahl nach Afrika geschickt – in Gefangenschaft.

Nun aber muß die Krim, das sieht selbst Hitler jetzt ein, geräumt werden. Abermals ist es die im Schwarzen Meer nur mit kleinen Einheiten vorhandene Kriegsmarine, die, wie bei der Räumung des Kubanbrückenkopfes, sich aufopfert, um die Landser von der Krim zu retten. Tausende Soldaten des Heeres verdanken auch hier der Opferbereitschaft ihrer Kameraden von der Kriegsmarine das Leben.

Der immer gegenwärtige Witz des Volkes tauft in jener Zeit einen damals bekannten Schlager um, den man heute noch als »Evergreen« kennt. »Eine Insel, aus Träumen geboren...«, heißt der Originaltext, und mit der Insel ist Hawaii gemeint. Die Deutschen singen jetzt: »Eine Insel im Laufschritt verloren, ist die Krim, ist die Krim!«

Die Angriffe der Roten Armee im Süden machen immer mehr Fortschritte. Am 22. Juni 1944, auf den Tag genau drei Jahre, nachdem das deutsche Unternehmen »Barbarossa« begann, steht die Sowjetarmee schon vor den Karpaten, weit in Polen.

Aber an diesem 22. Juni, dem Jahrestag des deutschen Angriffes, eröffnen die Sowjets im Frontgebiet der Heeresgruppe Mitte – die noch rund 300 Kilometer weiter ostwärts als die Heeresgruppe Süd steht – ihre bis dahin heftigste Offensive.

Die Sowjets können sich das erlauben. Denn wenig mehr als zwei Wochen zuvor sind die Alliierten – am 6. Juni – in der Normandie gelandet. Die langerwartete Invasion hat begonnen. Die von Stalin immer wieder, zuletzt in Teheran, als Deutschland am grünen Tisch in Stücke zerschnitten wurde, geforderte Zweite Front ist Wirklichkeit geworden. Ein Teil der deutschen Reserven wird nach dem Westen geworfen.

Das erleichtert den Sowjets ihre großen Erfolge. Schon am ersten Tag wird die Front der Heeresgruppe Mitte durchstoßen, mehrfach, an verschiedenen Stellen. Das Chaos, das jetzt bei den deutschen Truppen ausbricht, hat es in der nahezu fünfjährigen Geschichte des Zweiten Weltkrieges noch niemals gegeben. Die deutsche Front scheint für die Rote Armee keine stählerne, gepanzerte Wand zu sein, sondern eine von russischen Wanzen zerfressene Tapete aus Zeitungspapier. Eine Ursache dafür ist das Versagen der deutschen Feinderkundung. Der deutsche Nachrichtendienst meint festgestellt zu haben, daß die Sowjets eine große Offensive im Süden vorbereiten, wo sie ohnehin am weitesten nach Westen vorgestoßen sind, südlich der Pripjetsümpfe. So nimmt man zunächst bei der deutschen Führung die sowjetische Offensive im Mittelabschnitt nicht ernst. Es werden sogar von der Heeresgruppe Mitte Truppen abgezogen und nach Süden geworfen, wo man den Hauptstoß des Gegners in Kürze erwartet.

Aber die Sowjets meinen es schon am 22. Juni mit ihrem Angriff auf die Heeresgruppe Mitte ernst. Den vier deutschen Armeen – 2. Armee, 9. Armee, 4. Armee und 3. Panzerarmee, die durch Abgaben an die Heeresgruppe Süd noch geschwächt werden – stehen sage und schreibe 14 Armeen der Roten Armee gegenüber.

Die deutschen Landser haben schon manches mitgemacht, und viele, die einen Rückzug erlebt haben, können allerhand darüber erzählen. Aber das, was jetzt geschieht, ist noch nie dagewesen. Diesmal handelt es sich nicht mehr um einen Rückzug, diesmal handelt es sich wirklich um eine Flucht. Zum Teil um eine geradezu panische Flucht.

Und dennoch sind die Einheiten der Roten Armee, besser bewaffnet und ausgerüstet als die deutschen Einheiten, viel schneller als die schnellsten der flüchtenden deutschen Landser. Es gibt überhaupt keine deutsche Front mehr, so schnell stoßen die Sowjets vor. Die deutschen Verbände, zersplittert durch den so überraschenden ungestümen Vormarsch der Russen, versuchen, sich einzeln durchzuschlagen.

Der Begriff »wandernder Kessel« entsteht. »Kessel« und »Kesselschlachten« gibt es seit den Siegeszügen der deutschen Wehrmacht durch ganz Europa. Beide Begriffe sind durch die deutschen Soldaten entstanden. Nun prägen sie, diesmal unfreiwillig, auch den Begriff des »wandernden Kessels«. Jede der vielen hundert abgeschnittenen deutschen Einheiten muß versuchen, sich auf eigene Faust durchzuschlagen. Ringsum vom Feind eingeschlossen, drängen diese auf sich gestellten deutschen Truppenteile nach Westen, dorthin, wo die Kameraden doch mittlerweile eine neue, feste Front aufgebaut haben müssen.

Viele deutsche Kompanien, Regimenter, Divisionen gehen dabei so spurlos verloren, daß bis heute noch niemand weiß, wo sie geblieben sind. Die Pripjetsümpfe und der Nalibockawald sind so unergründlich, daß sie kein Geheimnis je preisgeben.

Vier Wochen nach Offensivbeginn nähern sich die Sowjettruppen bereits der polnischen Hauptstadt Warschau, hinter sich zurücklassend Trümmer über Trümmer der einst siegreichen deutschen Wehrmacht. Rund 500 Kilometer haben die Rotarmisten in diesen vier Wochen zurückgelegt, in einem Vormarschtempo, das nur mit dem der deutschen Wehrmacht während der »Blitzsiege« im ersten Stadium des Krieges vergleichbar ist.

In Warschau bereitet man sich bereits auf die Ankunft der Roten Armee vor. Der illegal in Warschau lebende polnische General Bor-Komorowski befiehlt seiner längst insgeheim aufgestellten Widerstandsarmee, sich zu erheben. Aus London, von der britischen Regierung und der in London lebenden Exilregierung unter dem früheren Führer der Landwirtschaftspartei Mikolayczik, hat er das Signal dazu erhalten. Polens Hauptstadt soll, bevor noch die Rote Armee in sie als Sieger einzieht, in der Hand der Polen sein. Die polnischen Aufständischen schlagen sich mit einem Heldenmut, der einen erfolgreicheren Ausgang verdient hätte.

Zunächst scheint es, als gelänge der Aufstand. Am ersten August schlagen die Polen überraschend los – in dem Augenblick, als die sowjetische Offensivkraft schon gebrochen ist. Die meisten deutschen Behörden und Dienststellen werden sofort von der Außenwelt abgeschnitten. Die Aufständischen verfügen über Granatwerfer, über im Erdkampf eingesetzte Flak, über Panzernahbekämpfungsmittel.

Die Bahnhöfe Warschaus werden zuerst erobert, alle Durchgangsstraßen abgesperrt. Die deutschen Soldaten, die sich in dem eroberten Gebiet der Warschauer Innenstadt befinden, werden erbarmungslos niedergemacht.

General Bor-Komorowski richtet sich nun zur Verteidigung ein. Warschau muß verteidigt werden, bis die Sowjettruppen eintreffen und die von den Deutschen zwar befreite, aber noch belagerte Stadt entsetzen. Dann kann man den Sowjets »Danke« sagen, zugleich aber auch darauf hinweisen, daß man die Hauptstadt des Vaterlandes aus eigener Kraft befreit hat.

Daraus wird nichts. Die Offensivkraft der Roten Armee hat sich nach dem langen, zugleich in so kurzer Zeit erfolgten Vorstoß über so viele hundert Kilometer restlos erschöpft. Für die Eroberung Warschaus, für die Überquerung der Weichsel, deren Westufer noch von mittlerweile wieder starken deutschen Truppen gehalten wird, ist keine Kraft mehr vorhanden. Dafür ist auch der Nachschubweg viel zu lang geworden, der erst wieder in Ordnung gebracht werden muß.

So kämpfen die Warschauer Aufständischen auf verlorenem Posten. Die Westmächte versuchen nun, mit Flugzeugen Waffen und Versorgungsgüter über dem eingeschlossenen Warschau abzuwerfen. Am 18. September werfen 120 amerikanische Bomber an Fallschirmen Waffen und Verpflegung ab, doch das meiste fällt den dafür recht dankbaren deutschen Belagerern in die Hand. Gleichzeitig werden zahlreiche der amerikanischen Bomber abgeschossen.

Nun unternehmen die Sowjets trotz ihrer schwierigen Nachschublage einen Versuch zum Entsatz Warschaus. Aber der versuchte Übergang über die Weichsel wird von den Deutschen blutig abgeschlagen. Am 2. Oktober 1944 gibt General Bor auf. Er wandert mit den Überlebenden seiner Truppe in Kriegsgefangenschaft, die ihm erstaunlicherweise Hitler ausdrücklich gewährt.

Nach der Niederlage Polens hatte sich in London eine polnische Exilregierung gebildet, die eng mit der polnischen Heimatarmee zusammenarbeitete. Gegenspieler dieser nationalpolnischen Kräfte waren die von Moskau aus gesteuerten polnischen Kommunisten. Für diejenigen Polen, die einerseits nicht mit den Deutschen zusammenarbeiten und andererseits auch nicht unter sowjetischen Einfluß geraten wollten, wurde die Lage immer schwieriger. Ende Juli 1944 gab Moskau die Bildung des »Lubliner Komitees« bekannt, aus dem sich in Konkurrenz zur Londoner Exilregierung die prokommunistische polnische Regierung entwickelte. Und Ende Juli standen auch die russischen Panzer vor den Toren Warschaus. Für die nationalpolnischen Widerstandskräfte war die letzte Möglichkeit gekommen, ihre Hauptstadt selbst zu befreien und sich gleichzeitig gegen die Rote Armee zu behaupten. Am 1. August löste der Führer der polnischen Heimatarmee Bor-Komorowski den Warschauer Aufstand aus. Gewehr bei Fuß ließ Stalin den nationalpolnischen Aufstand verbluten.

Bombenkrieg

Der Luftkrieg beginnt am Tag des eigentlichen Kriegsbeginns. Das zu sagen, ist beinahe überflüssig, weil es selbstverständlich scheint. Doch ist dieser Luftkrieg, der da zugleich mit dem Kriegsausbruch beginnt, noch nicht jener Luftkrieg, den noch heute Millionen und Abermillionen in Erinnerung haben, in der Erinnerung ihres eigenen Erlebens.

Zunächst ist der Luftkrieg noch ein Krieg, wie er seit Jahrtausenden schon geführt wird: Soldaten kämpfen gegen Soldaten. In dieser modernen Zeit also deutsche Flugzeuge gegen polnische Flugplätze, deutsche Stukas gegen polnische Artilleriestellungen, Jagdflieger gegen Jagdflieger.

Aber eben das ist nicht der Luftkrieg, wie er für den Zweiten Weltkrieg typisch ist. Das Typische am Luftkrieg in der Mitte des zwanzigsten Jahrhunderts ist, daß hier erstmals ganz bewußt und geplant der Krieg von Soldaten gegen Frauen und Kinder geführt wird. Ganz bewußt, auf »Befehl von oben«. Es geht nicht darum, feindliche Truppenaufmärsche zu zerschlagen, die feindliche Rüstungsindustrie zu behindern, sondern darum, die Wohnstätten der Menschen zu zerschlagen, Frauen und Kinder zu töten, damit das Volk des Feindes demoralisiert werde.

Der Mann, der diese barbarische Kriegführung erdacht hat, von der er schon 1925 ganz offen spricht – Winston Churchill –, verrechnet sich natürlich. Er erreicht sogar das Gegenteil von dem, was er erreichen will: das Volk, das er so terrorisieren läßt, wendet sich dadurch nicht etwa gegen seine Herrscher, sondern glaubt ihnen um so mehr, daß die Feinde das Volk selbst, nicht nur die Herrscher, vernichten wollen. Und so trägt der Luft-

krieg gegen Frauen und Kinder nicht zur Verkürzung, sondern nur zur Verlängerung des Krieges bei.

Dieser Krieg beginnt schon, nachdem acht Monate und acht Tage seit der britischen und französischen Kriegserklärung an Deutschland vergangen sind. Er beginnt einen Tag, nachdem Winston Churchill Großbritanniens Premierminister geworden ist – am 11. Mai 1940, mit einem britischen Bombenangriff auf die deutsche Stadt Mönchengladbach. Und weiter geht es damit, Schlag auf Schlag.

Viele Monate später erst findet Hitler eine Antwort auf diese unmißverständliche Haßansage. Als er am 4. September 1940 im Berliner Sportpalast spricht, sind Holland, Belgien und Frankreich längst besiegt, hat andererseits die britische Luftwaffe schon mehr als eine Stadt Deutschlands bombardiert. Da erst erklärt Hitler: »Während die deutschen Flieger Tag für Tag über englischem Boden sind, kommt ein Engländer bei Tageslicht überhaupt kaum über die Nordsee herüber. Darum kommen sie in der Nacht und werfen ihre Bomben wahllos und planlos auf zivile Wohnviertel, auf Bauernhöfe und Dörfer. Wo sie irgendein Licht erblicken, wird eine Bombe draufgeworfen...«

Soweit hat Hitler recht. Schon im nächsten Satz aber versteigt er sich zu der ersten seiner Prophezeiungen, die nicht eintreffen werden, weil er den Gegner unterschätzt und seine eigene Macht überschätzt. Er sagt nämlich:

»Ich habe das drei Monate nicht beantworten lassen, in der Meinung, sie würden diesen Unfug einstellen. Herr Churchill sah darin ein Zeichen unserer Schwäche. Sie werden es verstehen, wenn wir jetzt nun Nacht für Nacht die Antwort geben, und zwar in steigendem Maße!«

Hitlers Zuhörer im berühmten Berliner Sportpalast jubeln ihm ihre Zustimmung entgegen. Sie glauben ihm, und Hitler selbst glaubt an das, was er sagt. Doch es wird nichts daraus. Die »Battle of Britain«, die Luftschlacht um England, wird gerade durch Hitlers Worte und seinen dahinterstehenden Willen, damit

Zu Trauben gebündelt und einzeln fallen Brandbomben aus den Schächten anglo-amerikanischer Flugzeuge auf Hamburg. Der von Sir Harris geleitete Bombenkrieg gegen Deutschland brachte nicht den Erfolg, den sich die englische Führung erhoffte. Weder wurde die Moral der Zivilbevölkerung gebrochen noch die deutsche Kriegsindustrie vernichtet.

ernst zu machen, entschieden – zuungunsten Deutschlands. Hitler ist wieder einmal mehr auf eine Churchillsche Provokation hereingefallen.

Drei Tage später beginnt die deutsche Luftwaffe mit Bombenangriffen auf London, und das ist genau das, was Churchill haben will. Die seit dem deutschen Sieg über Frankreich begonnene deutsche Luftoffensive gegen England, die sich fast ausschließlich gegen die britischen Jägerflugplätze richtet – mit dem Ziel, die britische Jagdwaffe auszuschalten und damit die Luftherrschaft über England zu erringen –, hat bis dahin nicht zum entscheidenden Erfolg geführt. Die englischen Jäger haben sich selten zum Kampf gestellt. Sie haben sich auf Flugplätze zurückgezogen, die so weit nördlich liegen, daß sie von deutschen Kampfflugzeugen nicht erreicht werden können.

Dabei ist die britische Jagdwaffe sogar in jeder Hinsicht im Vorteil. Die Engländer haben mehr Jäger als die deutsche Luftwaffe. Die Briten starten von ihren Flugplätzen und sind im gleichen Augenblick schon auf dem Kampfplatz, während die deutschen Jäger bis dahin von ihren holländischen, belgischen und nordfranzösischen Startplätzen schon viel von ihrem kostbaren Treibstoff verbraucht haben. Und wenn im Luftkampf ein britischer Jäger so beschädigt wird, daß er »abschmiert«, dann kann der Pilot immer noch mit dem Fallschirm abspringen und ist schon wenige Stunden darauf wieder einsatzbereit. Wird ein deutsches Jagdflugzeug über England abgeschossen, dann ist auf jeden Fall auch der Pilot für die deutsche Luftwaffe verloren. Im für ihn günstigsten Fall gerät er sicher zu Boden und in Gefangenschaft – für die deutsche Kriegsführung fällt er jedenfalls aus.

Dennoch erleidet die britische Jagdwaffe so starke Verluste, daß Churchill besorgt ist. Man muß die Deutschen ablenken! Und das ist ihm, wie Hitlers Sportpalastrede vom 4. September 1940 zeigt, gut gelungen.

Churchill befiehlt, eine Woche lang jede Nacht die Berliner Bevölkerung zu bombardieren. Das geschieht. Hitler reagiert mit seiner Sportpalastrede, und er befiehlt nun die deutschen Nachtangriffe auf London. Allerdings befiehlt er ausdrücklich Angriffe gegen kriegswichtige Anlagen, die Themsehäfen und Werften, Fabriken und Rüstungsbetriebe. Und er befiehlt diese Angriffe mit der ausdrücklichen Absicht, dadurch die britische Jagdwaffe, die sich – wie sich später zeigt, mit Recht und klugerweise – immer noch stark zurückhält, herauszufordern, sie endlich zum Kampf zu stellen.

Es gelingt ihm auch mit den Angriffen auf London nicht. Die britische Luftwaffe hält sich auch bei den deutschen Angriffen auf das Zentrum des Britischen Empires zurück.

Genau das, was Churchill will. Die deutsche Luftwaffe soll sich zerschleißen. Dann erst, wenn die deutsche Luftwaffe sich abgenutzt hat, dann wird die britische Luftwaffe in Erscheinung treten. So wie Churchill bewußt den Krieg gegen deutsche Frauen und Kinder befiehlt, so wenig Rücksicht nimmt er auf die Bevölkerung Londons. In seinen nach dem Krieg erschienenen Memoiren verschleiert er das natürlich etwas, aber was er da sagt, ist noch immer deutlich genug:

»Weit wichtiger als der Schutz Londons... war uns die Verwendung dieser (Jäger-) Flugplätze. Es kam uns bei diesem Kampf nie auf die Verteidigung Londons an... Hätte der Feind die schweren Angriffe gegen die benachbarten Jägersektoren fortgesetzt und ihre Kommandozentralen und Telefonverbindungen beschädigt, wäre unter Umständen die gesamte komplizierte Organisation des Jägerkommandos zusammengebrochen... Mit einem Gefühl der Erleichterung merkte darum das Jägerkommando, daß sich am 7. September der deutsche Angriff gegen London zu richten begann!«

Vermutlich darf man zur Ehre des britischen Jagdfliegerkommandos annehmen, daß die »Erleichterung« nur auf seiten Churchills war, denn von den britischen Fliegern hatten viele ihre Angehörigen in London, die sie nun auf Geheiß Churchills nicht verteidigen durften. Andererseits muß zu Churchills Rechtfertigung gesagt werden, daß er mit dieser Politik, deutsche Angriffe auf London herauszufordern und sich nicht mit aller Kraft dagegen zu verteidigen, im Sinne seiner Gesamtstrategie recht behalten hat. Das Blutopfer, das Churchill der Bevölkerung seiner eigenen Hauptstadt ganz bewußt aufzwang, war nicht vergebens. Die Londoner, die für Churchills Strategie sterben müssen, retten England vor der deutschen Invasion, vor dem »Unternehmen Seelöwe«. Die deutsche Luftwaffe, die durch die Angriffe auf London davon abgehalten wird, die britische Jagdwaffe zu vernichten, kann die für die Invasion als erste Voraussetzung notwendige Luftherrschaft über der britischen Insel nicht erringen.

Als die deutsche Luftwaffe schon völlig abgekämpft ist, da endlich erscheinen die englischen Jagdflieger in voller Stärke und besiegen nun die längst geschwächte deutsche Luftwaffe. Die »Battle of Britain«, die Schlacht um England, wird von der englischen Luftwaffe gewonnen. Die der Londoner Bevölkerung von Churchill auferlegten Opfer sind grausam gewesen, aber sie haben dazu beigetragen, England vor der deutschen Invasion zu retten.

Doch unmittelbar bevor es so weit ist, findet in dieser Luftschlacht erstmals die Waffe ihre Anwendung, die schließlich den ganzen Krieg entscheiden soll. Es ist eine Waffe, die nur mittelbar wirkt. Sie selbst zerstört weder Häuser, noch tötet sie Menschen. Aber sie allein führt die tödlichen Waffen sicher in ihr Ziel. Auf deutscher Seite wird diese Waffe »Funkmeß« genannt. Bekannt geworden aber ist diese Waffe in der ganzen

Welt unter dem englischen Namen, unter dem sie heute noch ein Begriff ist. Es ist der gleiche Name, unter dem diese schreckliche Waffe, die mittelbar Millionen Menschen den Tod gebracht hat, heute als Segen der Menschheit noch immer bekannt ist: RADAR. Die englische Abkürzung von »*Ra*dio *d*etection *a*nd *r*anging«.

Am 12. November 1940 erfährt der britische Premierminister durch den wie immer gut funktionierenden Geheimdienst, daß die Luftwaffe in zwei Tagen einen Großangriff auf die Industriestadt Coventry durchführen wird.

Die Deutschen haben dem Unternehmen den idyllischen Namen »Mondscheinsonate« gegeben. Coventry ist eines der wichtigsten britischen Rüstungszentren. Dennoch veranlaßt Churchill nicht, daß der Flakschutz von Conventry für diese Nacht verstärkt wird, und in seinen Memoiren, in denen er ohnehin recht eigenwillig mit der Wahrheit umgeht, verschweigt er die Warnung des Geheimdienstes ganz.

Der Geheimdienst behält recht. In der Nacht vom 14. zum 15. November 1940 spielt die Luftwaffe die »Mondscheinsonate«.

Genau um 18.17 Uhr am Abend des 14. November überfliegen die ersten deutschen Bomber bei der Lyme Bai die britische Ostküste. Es sind nur fünf, und man macht sich deshalb in der britischen Luftwarnzentrale nicht allzuviel Sorgen. Und es sind Dornier Do 17, wegen ihres schmalen, langgestreckten Rumpfes mit dem Spitznamen »Fliegender Bleistift« bedacht. Sie haben eine geringere Reichweite als die sonst eingesetzten Heinkel He 111 und können auch nicht soviel Bombenlast mitnehmen. Also kein Grund zur Aufregung. Nach diesen fünf Maschinen kommen, ebenfalls im Reihenflug, eine hinter der anderen, nochmals fünf »Fliegende Bleistifte«. Hinter ihnen jedoch kommt eine ganze Armada von He-111-Bombern, die soeben im Geschwaderflug die belgische Kanalküste überfliegen.

Die »Fliegenden Bleistifte« werden keine Brandbomben werfen, keine Sprengbomben und keine Luftminen. Dennoch sind diese zehn Maschinen gefährlicher als die 437 Heinkel-Bomber. Denn sie haben die neue Waffe an Bord, die niemand sieht, und sie erproben erstmals eine neue Taktik des Bombenkrieges, die der »Pfadfinder«.

Die zehn Do 17 gehören der Kampfgruppe 100 an, einer Spezialeinheit der Luftwaffe, die stets die neuesten Waffen, Navigationsgeräte, Funkeinrichtungen und auch neue Flugzeugtypen erprobt. Dieser Flug vom 14. November 1940 in den 15. November hinein wird der wichtigste sein, den die Kampfgruppe jemals fliegt. Er stellt den entscheidenden Wendepunkt im Luftkrieg dar. Aber das wissen die Männer an Bord der Maschinen nicht. Erst nach dem Krieg wird ihnen die große

Bedeutung ihres Fluges aufgehen. Jetzt wissen sie nur, daß sie etwas Neues erproben sollen, wie sie schon vorher vieles erprobt haben und auch in Zukunft erproben werden.

Bei Calais steht ein deutscher Sender, der ununterbrochen einen Funkstrahl in Richtung der Stadt ausstrahlt, die von der Heinkel-Armada heute Nacht bombardiert werden soll – Coventry. An Bord jeder der ersten fünf Do 17 lauscht der Funker auf die Zeichen dieses Funkstrahls. Ständig ertönen in seinem Kopfhörer die drei geheimnisvollen Buchstaben K – B – C. Einmal lang, einmal kurz, einmal lang: K. Dann einmal lang und dreimal kurz: B. Und schließlich lang, kurz, lang, kurz: C. Die Buchstabenfolge darf nicht abreißen. Stets muß der Funker diese Reihenfolge hören: Da-dit-da, da-dit-dit-dit, da-dit-da-dit.

Wenn die Zeichen schwächer werden oder gar in eine Punktfolge übergehen, ist die Maschine vom Kurs nach Coventry abgekommen, der Funker muß seinen Piloten neu einweisen, bis er in seinen Kopfhörern wieder die Buchstabenfolge KBC hört. Und KBC, das heißt »Knickebein Calais«. »Knickebein« ist der treffende Tarnname für das neue Ortungsverfahren.

Treffend deshalb, weil nicht nur jener Sender in Calais daran beteiligt ist, sondern noch ein anderer Sender, der in der Nähe des normannischen Hafens von Cherbourg steht. Denn die fünf Do 17 »reiten« zwar auf dem Funkstrahl von Calais mit unbedingter Sicherheit nach Coventry, und sie werden Coventry auch erreichen. Aber Calais kann ihnen nicht sagen: »So, jetzt seid ihr angelangt, jetzt seid ihr über dem Ziel.« So müßten die Pfadfindermaschinen über ihr Ziel hinwegfliegen, wenn nicht eben auch Cherbourg einen Funkstrahl nach Coventry gelegt hätte. Dieser Strahl knickt über Coventry jenen von Calais, es entsteht mit den beiden Funkstrahlen ein X – das »Knickebein«!

Die Do 17 haben London überflogen. Längst sind die Maschinen so hoch gestiegen, daß die Besatzungsmitglieder die Sauerstoffmasken angelegt haben, um noch atmen zu können. Der Uhrzeit nach, der zurückgelegten Flugstrecke nach, muß das Ziel bald erreicht sein.

Die Piloten befehlen: »Bombenklappen auf!«

Danach ist der wichtigste Mann an Bord der ersten Maschinen wieder der Funker. Pilot und Bombenschütze achten nur auf ihn. Noch immer ist das K-B-C zu hören, aber viel leiser als bisher. Der Sender Calais ist schon weit entfernt. Aufmerksam lauschen die Funker auf jede Veränderung des Zirpens in ihren Kopfhörern.

Ein greller Schweinwerferstrahl erfaßt plötzlich die erste Maschine. Die Bugkanzel wird in so gleißendes Licht getaucht, daß die Männer unwillkürlich die Augen schließen. Wo Schweinwerfer stehen, muß auch ein schützenswertes Objekt sein. Sind sie nicht schon über Coventry? Versagt etwa die neue Ortungsmethode?

In diesem Augenblick wird das K-B-C, zunächst ganz leise, von einer ununterbrochenen Reihenfolge von Strichen untermalt, bald zugedeckt. Unten schießt die britische Flak aus allen Rohren. Die ersten fünf »Fliegenden Bleistifte« werden hin und her geschüttelt.

»Auf Kurs bleiben«, schreien die Funker ihren Piloten zu, »gleich ist es soweit!«

Da verschwinden die Striche von Cherbourg und die drei Buchstaben von Calais – in den Kopfhörern ertönt nur noch ein einziger, ununterbrochener Summton. Der Leitstrahl von Calais hat den Funkstrahl von Cherbourg gekreuzt, die Pfadfindermaschinen sind über Coventry, sind über dem Ziel.

»Bombenwurf!« schreit der Funker.

Der Bombenschütze drückt auf den Knopf. »Bomben sind gefallen«, meldet er dann von unten aus der Bodenwanne.

Die Bodenschützen liegen deshalb in der gläsernen Bodenwanne, weil sie ja das Ziel unter sich sehen müssen. Sie müssen es nach Sicht anvisieren, den richtigen Vorhaltewinkel nach der eigenen Höhe und der eigenen Geschwindigkeit vom Zielgerät berechnen lassen und dann die Bomben ausklinken.

So jedenfalls ist es bisher gewesen. Ab heute ist das anders! Der Bombenschütze braucht nicht mehr nach unten zu starren, er könnte auch nach oben sehen, nach links oder nach rechts, die Augen ganz schließen. Wann die Bomben fallen müssen, bestimmt der Funker!

Der Scheinwerferstrahl hat die deutsche Maschine verloren, aber anderes grelles Licht fällt gespenstisch in die Kanzeln. Das Licht der eigenen Leuchtbomben, die an Fallschirmen langsam dem Erdboden zuschweben, auf die Stadt Coventry zu. Sie sollen nicht die Stadt erleuchten, damit die Bombenschützen der Heinkelgeschwader ihre Ziele sehen, sie sollen nur als Markierungszeichen über dem Ziel schweben. Die nachfolgenden 437 Bomber sollen nach diesen Leuchtbomben werfen, denn sie markieren dank des »Knickebein«-Verfahrens das Ziel haargenau.

Die zweite Fünfergruppe der Do 17 hat die neuen Ortungsgeräte noch nicht an Bord, sie sind der Führungsgruppe noch nach alten Methoden gefolgt. Jetzt werfen auch sie in vorher bestimmten genauen Abständen von den bereits gefallenen Leuchtbomben – links, rechts und dahinter – ihre Markierungszeichen. Das Zielgebiet, die Rüstungsbetriebe des britischen »Klein-Essen« Coventry sind damit eingekreist, die deutschen »Pfadfinder« haben ihren Auftrag erfüllt.

Die Heinkel-Bomber werfen ihre Bomben genau ins Ziel. Ein so zielsicherer und erfolgreicher Angriff ist in diesem Krieg noch niemals geführt worden. In den frühen Morgenstunden kehren die Bomber noch einmal zurück, nachdem sie auf ihren Feldflugplätzen neue Bomben geladen haben. Die Dornier-Maschinen mit ihrem »Knickebein«-Geheimnis brauchen sie nun nicht mehr. Die Brände des ersten Angriffes dieser Nacht sind Markierung genug.

Um acht Uhr abends haben die Warnsirenen in Coventry das erstemal ihr schauerliches Geheul angestimmt, frühmorgens gegen sechs Uhr erst ertönt das Entwarnungssignal. In dieser Zeit sind mehr als vierhundert Tonnen Sprengbomben, 56 Tonnen Brandbomben und 127 Luftminen auf Coventry herabgestürzt.

Der deutsche Wehrmachtsbericht meldet am nächsten Tag:

»Besonders heftig und erfolgreich war der rollende Angriff starker Kampfverbände der Generalfeldmarschälle Kesselring und Sperrle auf Coventry, wo zahlreiche Motorenfabriken und große Anlagen der Flugzeugzubehörindustrie sowie andere kriegswichtige Einrichtungen mit Bomben schweren und schwersten Kaliber belegt wurden, die gewaltige Verwüstungen anrichteten . . .«

Goebbels verkündet, nun würden zur Vergeltung für die britischen Terrorangriffe auf deutsche Städte nach und nach alle Städte Englands »coventriert«. Er spricht davon, daß es auch unter der Zivilbevölkerung Coventrys Tote gegeben habe, »Tausende von Toten«, verkünden die deutschen Zeitungen auf Goebbels' Befehl. Das stimmt natürlich nicht. 380 Tote hat es in jener Nacht in Coventry gegeben. Die deutschen Kampfgeschwader haben den Auftrag gehabt, die Rüstungsindustrie von Coventry zu zerschlagen, und sie haben dank »Knickebein« diesen Auftrag mit bis dahin nicht für möglich gehaltener Treffsicherheit ausgeführt.

Merkwürdigerweise berichtet die britische Presse ebenfalls nicht die wahren Zahlen, sondern übernimmt die Goebbelsschen Zahlen aus der deutschen Presse. Churchill läßt die Presse berichten, daß die Bevölkerung der Viertelmillionenstadt durch den barbarischen Angriff dezimiert worden sei. Daß die Rüstungsindustrie Coventrys angegriffen und tatsächlich schwer beschädigt worden ist, wird verschwiegen. »Coventry ist das Opfer unmenschlicher Grausamkeit geworden«, lautet der Tenor der Presseberichterstattung. Und noch heute glauben viele Menschen in England, Coventry sei einer der schwersten Terrorangriffe des Krieges überhaupt gewesen. Doch mit dem Maßstab des britischen Bomberkommandos gemessen, ist dieser Angriff sogar nur ein sehr kleines Unternehmen gewesen.

Die Bedeutung dieses Angriffs liegt im erstmaligen Einsatz des Funkleitverfahrens im Bombenkrieg, und sie liegt darin, daß Churchill – indem er statt von dem Angriff auf die Rüstungsindustrie von der »Dezimierung der Bevölkerung« spricht – nun endlich den Vor-

Bild oben: Ein Heinkel-He-111-Bomber überfliegt die Themse-Schleife in London. Nach den Bombenangriffen schrieb Churchill: »London war wie ein mächtiges Tier imstande, furchtbare Verletzungen und Verstümmelungen zu erleiden, aus zahllosen Wunden zu bluten und dennoch Leben und Beweglichkeit zu bewahren.«

Rechts oben: Durch die Radar-Warnkette an der englischen Südküste wurden die deutschen Verbände bereits in ihren Versammlungsräumen über dem Festland erfaßt. So konnten die Jagdstaffeln der Royal Air Force rationell und wirkungsvoll eingesetzt werden.

Rechts unten: Reichsmarschall und Oberbefehlshaber der Luftwaffe Hermann Göring auf einem NS-Propagandaplakat.

Der Kämpfer im Luftschutz hat so viel Verantwortung und so viel Ehre wie jeder Soldat an der Front!

wand hat, die humaner denkenden Kabinettsmitglieder für den uneingeschränkten Bombenterror gegen die deutsche Bevölkerung zu gewinnen.

Aber diesmal weigern sich ausgerechnet die Luftmarschälle. Obwohl nun das ganze Kabinett hinter Churchill steht, bleiben die Marschälle noch ein Dreivierteljahr, bis zum Sommer 1941, standhaft. Selbstverständlich – Störangriffe, Angriffe auch auf die Zivilbevölkerung, um den Feind zu demoralisieren. Das macht die britische Luftwaffe ja schon von Anfang an. Aber ganze Städte ausradieren wollen? Nein, dann sind gezielte Angriffe auf die Rüstungsanlagen, auf Industriewerke, auf die Verkehrsanlagen noch weit wichtiger. Sie schaden dem Feind weit mehr. Im Sommer 1941 kann Churchill sich dann doch endgültig durchsetzen. Das ist jene Zeit, da die Luftschlacht um England schon längst entschieden ist. Deutschland hat sie verloren, nicht zuletzt dank Churchills Taktik, die eigenen Jagdverbände auch um die Preisgabe des Schutzes der eigenen Bevölkerung immer wieder zurückzuhalten. Als die deutsche Jagd- und Bomberwaffe abgekämpft ist, erscheinen die nun weit überlegenen britischen Jäger und sorgen dafür, daß der Himmel über Großbritannien wieder den Briten gehört. Und nun ein für allemal. Nur noch kleinere, sehr verlustreiche Angriffe werden von der deutschen Luftwaffe auf ganz spezielle Ziele der Rüstungsindustrie oder der Verkehrsverbindungen geflogen. Oft sogar nur von einzelnen Maschinen, die sich wie Diebe nach England hineinschleichen müssen. Und zudem hat zu jener Zeit, da Churchill sich mit seiner Auffassung des Bombenkrieges endgültig durchsetzt, der Rußlandfeldzug begonnen – die deutsche Luftwaffe wird im Osten gebraucht!

Churchill beweist den Luftmarschällen an Hand von Zielfotos, daß die britischen Bomber gar nicht in der Lage sind, nachts so kleine Ziele wie Fabriken zu treffen, aus sechstausend Meter Höhe. Die Bomben fallen ohnehin immer in Wohnviertel – oder auf freies Feld. Und die beiden Großangriffe, die zur gleichen Zeit in der Nacht vom 1. Oktober 1941 auf Karlsruhe und auf Stuttgart geflogen worden sind, geben ihm das letzte Argument in die Hand: Statt über beiden Städten haben die Bombergeschwader in Wirklichkeit die Bomben über Aachen, Koblenz, Bad Kreuznach, Frankfurt am Main, über Limburg, Darmstadt, Trier, Worms, Nürnberg, Bayreuth und Regensburg abgeworfen. Und über Chemnitz, das so weit ostwärts liegt, daß eigentlich kein Bomberpilot es hätte mit Karlsruhe oder Stuttgart verwechseln können!

Dabei haben die zerstreut fliegenden britischen Bomberverbände auch noch extrem hohe Verluste. Oberst Kammhuber – später Generalinspekteur der neuen Luftwaffe der Bundesrepublik – hat eine Nachtjagdwaffe aufgebaut, die den Engländern schwere Verluste beibringt. Allein in den ersten drei Wochen des August 1941 verlieren die Briten über Deutschland mehr als hundert Bomber. Und das dafür, so sagt Churchill, daß die Bomben irgendwo hinfallen, wo sie gar nicht hinfallen sollen?

Noch hat er den Widerstand der Admiralität zu überwinden, nachdem er endlich auch die Luftmarschälle überzeugt hat. Die britische Marine ist 1941 durch die deutschen U-Boote in arge Bedrängnis geraten. Die deutschen U-Boote versenken um jene Zeit noch mehr Schiffsraum, als auf den Werften neu produziert werden kann. Am liebsten möchte die Admiralität, daß die gesamte britische Luftwaffe gegen die deutschen U-Boote eingesetzt wird. Die Bomber sollen Patrouille gegen die »Grauen Wölfe« fliegen. Das scheint den Marinern zweckmäßiger als die ohnehin erfolglosen und verlustreichen Einzelangriffe auf deutsche Industrieanlagen und auch Wohnviertel.

Churchill setzt sich auch hier durch. Es wird beschlossen: der Bombenkrieg gegen Deutschland wird ausschließlich gegen die Zivilbevölkerung geführt. Und er wird massiert geführt, mit starken Bomberverbänden, die in sich eine gewaltige, geschlossene Abwehrkraft haben, gegen die dann die deutsche Nachtjagd machtlos sein wird. Das Wichtigste aber – die Engländer haben mittlerweile das Radarverfahren weiter entwickelt als die Deutschen. In Deutschland ist man von »Knickebein« und danach noch verbesserten Verfahren wieder abgekommen, nachdem die Engländer auf den gleichen Wellen Störsender installiert haben, so daß die bisherigen Methoden der Funkortung wirkungslos werden. Der Luftkrieg über England ist für die deutsche Luftwaffe ohnehin verloren, und an der Ostfront kommt man gegen die weit rückständige sowjetische Luftwaffe – jedenfalls in diesem Jahr 1941 – noch ohne diese modernen Methoden aus. In Deutschland schläft die so revolutionär begonnene Entwicklung der Wunderwaffe Radar wieder ein.

Nicht so in England. Dort ist man jetzt schon weiter, als man in Deutschland jemals war. Man arbeitet mit kürzeren, weniger störanfälligen und weniger durch Feindeinwirkung zu unterbindenden, dabei noch viel genauer arbeitenden Dezimeterwellen. In Deutschland hält man die Dezimeterwellen für unbrauchbar und wird erst viele Jahre später eines Besseren belehrt: Bei Rotterdam wird 1943 ein britischer Bomber abgeschossen. In den Trümmern findet man unzerstörte Teile eines Funkortungsgerätes. Die Teile reichen nicht aus, um das Gerät einsatzfähig zu rekonstruieren – aber sie reichen aus, um zu erkennen, daß die Engländer mit der Dezimeterwelle arbeiten, die von der deutschen Forschung als zu schwierig aufgegeben worden ist. Und da erst wird die deutsche Funkmeß- und -ortungstechnik – das Radarwesen, um es mit dem heute allgemeingebräuchlichen Namen zu nennen – wieder angekurbelt. Zu spät, wie das meiste auf dem Entwicklungsgebiet der Technik in Deutschland zu spät geschieht.

Die Engländer aber bauen RADAR weiter aus. Es wird zu einem Präzisionsinstrument bei der Flächenbombardierung ganzer deutscher Städte. Was die deutsche Luftwaffe in Coventry gegen die britischen Rüstungsbetriebe und die britischen Jägerbasen einzusetzen begonnen hat, wird von der Royal Air Force und von der US Air Force in schrecklicher Weise im Einsatz gegen die deutsche Zivilbevölkerung vervollkommnet.

Ein wichtiges Kapitel dieses grausamen Luftkrieges spielt sich auf dem Boden ab. Besser gesagt, zwei Kapitel. Das unwichtigere Kapitel ist das berühmtere, von dem jeder weiß. Das wiederum entscheidende Kapitel ist viel weniger, fast gar nicht bekanntgeworden. Das erste Kapitel wird am 19. August 1942 in Dieppe geschrieben. Das zweite Kapitel, das für den Ausgang des Krieges viel wichtigere, wird schon vorher ebenfalls an der französischen Kanalküste geschrieben. Über Dieppe kann man noch heute in sehr vielen Büchern über den Zweiten Weltkrieg lesen, daß hier ein mißglückter Invasionsversuch der Alliierten stattfand. In anderen Geschichtsbüchern steht – schon einschränkend –, daß es sich nicht um einen echten Invasionsversuch gehandelt habe, sondern nur um ein Ablenkungsmanöver, um die gerade in diesem Monat so arg durch die deutsche Offensive gegen Stalingrad und gegen den Kaukasus in Bedrängnis geratene russische Front damit zu unterstützen.

Letzteres trifft auch *mit* zu, entscheidend aber ist für das Dieppe Unternehmen, die deutschen Radaranlagen, die deutschen Funkmeßanlagen an der engsten Stelle des Englischen Kanals festzustellen, ihre Wirkungsweise zu erkunden und möglichst viele technische Teile dieser Radaranlagen zu erbeuten und nach England zu bringen. »Ohne Rücksicht auf Verluste.«

Das Unternehmen ging in jeder Hinsicht schief. Deshalb braucht hier nicht weiter darüber berichtet zu werden, andere haben darüber schon genug geschrieben, wenn auch meist nicht über die eigentlichen Hintergründe.

Wie meist in der Betrachtung des vergangenen Weltkrieges, so ist auch hier das bisher noch Unbekannte das viel Wichtigere. Es geschieht schon fast ein halbes Jahr vorher, und es ist erst der eigentliche Anlaß für das Unternehmen von Dieppe, das vielen Tausenden kanadischen, polnischen und englischen Soldaten Tod oder Gefangenschaft bringt.

Am 27. Februar 1942 geschieht es. Genauer gesagt – in der Nacht vom 27. zum 28. Februar 1942.

Die Nacht ist mondhell. An der französischen Kanalküste weht ein leichter Wind von der See her. Gar nicht februarkalt, eher schon ein Frühlingslüftchen. Aha,

denkt der Posten stehende Luftwaffengefreite vor dem kleinen Dörfchen Bruneval, sicher ein Azorenhoch »im Anzug«. Der Gefreite hat seinen Karabiner 98 k auf dem Rücken, in unvorschriftsmäßiger Haltung, den Kolben nach oben, die Mündung nach unten. Wie ein Revierförster im heimatlichen Schwarzwald.

Nun ja, mit den Dienstvorschriften nimmt es hier niemand so ganz genau. Der Feind ist weit weg – der ganze Kanal liegt zwischen den Engländern und dem Cap d'Antifer, an dem der Gefreite Wache schiebt.

Der Gefreite wandelt gemächlich am Rand der Steilküste entlang. Er pfeift vor sich hin. »Es geht alles vorüber, es geht alles vorbei«, ist der Text zu der gepfiffenen Melodie. Maria von Schmedes singt dieses Lied im Wunschkonzert. Die Landser und die Menschen daheim haben wegen der Lebensmittelrationierung schon längst die Fortsetzung: »... auf jeden Dezember folgt wieder ein Mai« umgedichtet in: »... auf Abschnitt Dezember gibt's wieder ein Ei!«

Es gibt noch bösere vom Volksmund erdachte Texte, und der Posten stehende Luftwaffengefreite vor Bruneval denkt sich beim Pfeifen gerade einen solchen, als von Nordosten Motorengebrumm aufkommt.

Das ist nichts Ungewöhnliches. Nacht für Nacht fliegen hier die feindlichen Bombergeschwader ein, um deutsche Städte zu bombardieren. Der Gefreite achtet nicht darauf, und er gibt auch keinen Alarm. Weshalb auch, ihnen gilt der Anflug der britischen Bomber bestimmt nicht. Bisher war das richtig, aber der Gefreite unterschätzt die Wichtigkeit des Objektes, das er eigentlich zu bewachen hat. Er bewacht nämlich eine Waffe, die kriegsentscheidend sein könnte.

»Könnte« – das gilt für Deutschland. Sie ist es aber auch wirklich – für die Alliierten. Und eben das stellt sich in dieser Nacht heraus. Schon wenige Minuten, nachdem der Luftwaffengefreite sein Pfeifen unterbrochen hat, um auf das nicht sonderlich interessierende, allnächtlich gewohnte Flugzeuggebrumm zu lauschen.

Der Gefreite hat sich bald wieder beruhigt. Er pfeift jetzt etwas anderes: »Hört ihr's in den Ohren klingen: 'ran an den Feind? Hört ihr's in den Ohren singen: 'ran an den Feind? Bomben, Bomben, Bomben auf Engeland!«

Das Dröhnen wird lauter. Lauter als es der Posten je gehört hat. Mein Gott, denkt er, fliegen die heute tief! Nicht im geringsten ahnen er und sein Kamerad, den er eben an dem Stacheldraht trifft, der die Baracken des Luftnachrichtentrupps umgrenzt, daß dieses Dröhnen nicht nur plötzlich bedrohlich klingt, sondern es auch ist.

Nicht Bomben fallen aus diesen Flugzeugen vom Himmel, nicht Leuchtbomben, nicht Brandbomben und nicht Luftminen, sondern etwas viel schrecklicheres – nämlich Menschen. Menschen mit dem Auftrag, so viel wie möglich andere Menschen zu töten, und so viel wie möglich von dem mitzunehmen, was diese anderen Menschen hier verbergen, die sich nur durch die Sprache und durch die Uniform von ihnen unterscheiden.

Der Kamerad des Gefreiten sagt eben: »Du, das kommt mir aber komisch vor! Wollen die was von uns?« Da schreit der andere, der eben noch von den »Bomben auf Engeland« gepfiffen hat, auf.

»Mensch! Guck mal! Da!«

Schwarze Schatten schweben auf die beiden Landser zu. Vom Wasser her, ganz niedrig schon. Rasend schnell kommen diese Schatten häher.

»Alarm!« brüllen die beiden Posten wie aus einem Mund. Aber es ist schon zu spät. Die beiden Landser rennen durch die Lücke im Stacheldraht auf die Barakken zu, doch sie können nichts mehr retten.

Aus dem vom Mondlicht fahlblau erhellten Himmel stürzen die Männer eines britischen Kommandotrupps zur Erde nieder, die den Auftrag haben, den Baracken von Bruneval das Geheimnis zu entreißen, das selbst die deutschen Wachtposten nicht kennen. Es sind Männer eines Kommandotrupps, die speziell für diesen Einsatz ausgebildet worden sind. Aus nur vierzig Meter Höhe springen sie mit ihren Spezialfallschirmen ab und landen blitzschnell in dem stacheldrahtumzäunten Gelände, in dem das große Geheimnis der deutschen Luftwaffe verborgen ist.

Der eine deutsche Gefreite erreicht die Baracke noch. Der andere ist vorher schon zusammengebrochen. Das Geschoß aus einer speziell für diesen Zweck konstruierten lautlosen Pistole hat ihn tödlich getroffen. In wenigen Minuten haben die Fallschirmspringer des britischen Kommandotrupps das Innere der Baracken erreicht. Völlig lautlos, die deutschen Landser und Offiziere in den Baracken sind ahnungslos bis zum letzten Augenblick.

Der diensthabende deutsche Offizier steht gerade am Klappenschrank der Fernsprechvermittlung und meldet seiner vorgesetzten Dienststelle, daß irgend etwas im Gange sein müsse, die Engländer seien eben merkwürdig tief über Bruneval eingeflogen. Er spricht noch, als ihn die lautlose, tödliche Kugel in den Rücken trifft.

In einer der Baracken steht das deutsche Funkmeßgerät, um das sich alles dreht. Churchills Bombenangriffe auf die deutsche Zivilbevölkerung sind in Gefahr, wenn das britische Bomberkommando nicht genau die Arbeitsweise und die Wellenlänge dieses Gerätes kennen.

Die britischen Fallschirmjäger sind nicht nur mutige, für diesen speziellen Zweck gedrillte Leute, die mit Spezialwaffen für diesen Einsatz ausgerüstet sind – sie sind vor allem Ingenieure, Fachleute auf dem Gebiet der Funkmeßtechnik, des RADAR.

Die britischen Ingenieure, zugleich tapfere Kämpfer, machen die Bedienung des deutschen Funkmeßgerätes nieder. Aus gutem Grund hat man Ingenieure für diesen wagemutigen Spezialeinsatz ausgebildet: sie sind Fachleute, und sie wissen, worauf es hier ankommt.

In ganz kurzer Zeit haben sie die wichtigsten Teile des deutschen Radargerätes ausgebaut und in ihren Kampfanzügen verstaut. Mit dem mitgebrachten Plastiksprengstoff – der viele Jahre nach dem Krieg durch die französische, antigaullistische Untergrundbewegung OAS zu traurigem Ruhm gelangen soll – lassen sie den größeren, aber unwichtigeren Rest des deutschen Radargerätes in die Luft gehen.

Die Ingenieure kämpfen sich durch die Front der mittlerweile aus der Nähe herbeigeeilten deutschen Infanteriekompanie zur Steilküste durch. Mancher tapfere Engländer verliert dabei noch sein Leben, und auch mancher deutsche Landser. Aber es gelingt den Resten des Kommandotrupps, die wichtigen Teile des deutschen Funkmeßgerätes sicher auf das Schiff zu bringen, das schon vor der Kanalküste auf die Kommandoleute wartet.

Die mutigen Kommandoleute, die bisher den Einsatz überlebt haben, kommen mit ihrer wichtigen Beute gut nach der britischen Insel. Dort stellt man mit Erschrecken fest, daß dieses deutsche Radargerät mit Dezimeterwellen arbeitet – mit der Welle, die man selbst eben als die für die Zwecke der Luftkriegführung beste festgestellt hat. So weit also sind die Deutschen schon, weiter als man selbst? Nun muß alles daran gesetzt werden, die eigene Entwicklung auf dem Gebiet der Dezimeterwellen voranzutreiben. Was die englischen Ingenieure – die des mutigen Kommandotrupps und die zu Haus – nicht wissen, ist dies: das deutsche Gerät von Bruneval ist ein Versuchsgerät, von dem sich die deutsche Führung nicht allzuviel verspricht. Deshalb wird der Luftüberfall von Bruneval auch wenig beachtet. Die Engländer sind selbst schuld, wenn sie ausgerechnet in diesem Versuchsgerät etwas Wichtiges sehen wollen. Laßt sie das Ding ruhig haben! Vielleicht werden sie dadurch auf die falsche Spur gesetzt. Denn große Reichweiten, große Bildgenauigkeit sind doch nur mit großen Wellenlängen im Bereich von über einem Meter zu erreichen. So meint man jedenfalls bei der deutschen Führung.

Die Engländer ziehen eine ebenso falsche Schlußfolgerung, die aber, so falsch sie ist, letzten Endes den Ausgang des Krieges entscheidet. Sie meinen nach Untersuchung der vom Kommandotrupp der Ingenieure mitgebrachten Teile des deutschen Funkmeßgerätes, daß die deutsche Radartechnik schon weiter sei als die eigene. Und nun beginnt in England die fieberhafte Entwicklung auf dem Gebiet der relativ kurzen Dezimeterwellen. Die »Invasion« von Dieppe, fast ein halbes Jahr später, dient vor allem dazu, festzustellen, wie weit die Deutschen auf dem Gebiet der Radarentwicklung mittlerweile gekommen sind. Ergebnis: Sie sind nicht weitergekommen, im Gegenteil, sie haben sich anscheinend sogar in das Gebiet der langen Wellen verrannt.

Mittlerweile ist gerade das geschehen, was vorhin schon erwähnt wurde – Churchill hat seine schon 1925 geforderte Strategie des Krieges gegen Frauen und Kinder endgültig durchgesetzt, gegen alle taktischen, strategischen und humanen Widersprüche. Großangriffe auf die Wohnviertel deutscher Städte – bisher zuweilen nur versehentlich das Ergebnis der britischen Nachtangriffe auf Deutschland – sind nun das offiziell erklärte Ziel der Bomberstreitkräfte der Royal Air Force. Die technischen Methoden, große Städte auch bei Nacht zielsicher zu finden, sind jetzt gefunden worden.

Die neue, auf eine Stadt konzentrierte Angriffsmethode bekommt zuerst die uralte Hansestadt Lübeck mit ihrer engen Altstadt, mit ihren alten, historischen Häusern zu spüren. Und Lübeck bekommt zuerst die geänderte Methode zu spüren, weit mehr Brandbomben als Sprengbomben zu werfen.

Churchill läßt den bisherigen Chef des britischen Bomberkommandos ablösen. An seine Stelle setzt er den Geschäftsmann Arthur Harris und läßt ihn vom König zum Luftmarschall ernennen. Harris ist seitdem bekannt als der »Erfinder« des erbarmungslosen Bombenterrors gegen die Zivilbevölkerung. Aber auch das stimmt nicht, wie so vieles nicht stimmt, was heute über den vergangenen Krieg »allgemein bekannt« ist. Die Pläne für den Bombenterror sind bei Harris' Amtsübernahme längst fertig, Harris kann sie deshalb gar nicht ausgearbeitet haben. Er ist lediglich ein williges Werkzeug dessen, der diese Pläne ausgearbeitet hat. Den »Geschäftsmann« Harris kann niemand besser kennzeichnen als er selbst, wenn er nach dem Krieg entschuldigend erklärt, er habe ja nicht einmal Offizier werden wollen, geschweige denn Luftmarschall:

»Nur durch einen Zufall wurde ich in den Krieg hineingezogen . . ., und nur durch Zufall blieb ich länger als die meisten im *Kriegsgeschäft!*«

»Geschäftsmann« Harris war nicht der Urheber des hunderttausendfachen Mordes an Frauen und Kindern, aber er war der willige Diener dessen, der diesen Mord schon 1925 prophezeit hat. Das sind nicht unsere Worte, sondern die eines englischen Historikers namens David J. Irving, der dies in seinem Buch »Und Deutschlands Städte starben nicht« feststellt.

Lübeck jedenfalls geht in den Flammen der britischen Brandbomben unter. Doch der Untergang der Hansestadt Lübeck genügt manchem der Verantwortlichen nicht. Was ist schon Lübeck? Eine alte, historische Stadt, aber doch kein deutscher Lebensnerv! Wenn schon die Strategie der Demoralisierung der Zivilbevöl-

kerung, dann muß man eine viel größere Stadt treffen. Churchill spricht über die British Broadcasting Corporation, über die Sender der BBC:

»Wir werden alle deutschen kriegswichtigen Städte bombardieren. Die deutsche Zivilbevölkerung kann aber leicht allen Härten entgehen. Sie braucht nur die Städte zu verlassen, ihre Arbeit aufzugeben, auf die Felder zu flüchten und ihre brennenden Häuser aus der Ferne zu beobachten. Dort wird sie auch Zeit finden, zu überlegen und zu bereuen.«

In der offiziellen britischen Kriegsgeschichte »The Royal Air Force in the Second World War« heißt es: »In Luftmarschall Harris fand die Regierung den konsequentesten Verfechter der rücksichtslosen Anwendung von Kriegsmethoden, welche die ganze zivilisierte Welt in Schrecken versetzen und ihre Existenz bedrohen mußten. Mit eiserner Energie und unbeugsamem Willen ging er an seine Aufgabe heran.«

Die eiserne Energie braucht Harris auch. Denn schon nach dem Angriff auf Lübeck meldet sich wieder die Marine, die angesichts der U-Boot-Angriffe auf die für England lebenswichtigen Geleitzüge noch immer der Meinung ist, der Schutz von Englands Lebenslinie zur Welt – eben der Seeweg über den Atlantik – sei wichtiger als alles andere. Vor allem wichtiger als die Zerstörung alter europäischer Städte, als die Tötung deutscher Frauen und Kinder.

Diesmal ist es nicht Churchill, sondern Luftmarschall Harris selbst, dem der rettende Ausweg gegenüber den Forderungen der Marine einfällt: Die britische Bomberwaffe muß auf eine deutsche Stadt einen solchen vernichtenden Angriff fliegen, daß alle Kritiker endgültig verstummen. Dieser Angriff muß auf eine westdeutsche Großstadt geführt werden, die nahe genug an den britischen Bomberbasen auf der Insel liegt, daß sie in relativ kurzer Zeit zu erreichen ist.

Köln bietet sich als diese Stadt geradezu an. Köln ist eine Großstadt, und Köln liegt nahe an der deutschen Westgrenze. Alle verfügbaren Bomberstreitkräfte in einer Nacht auf diese eine Stadt angesetzt – das muß eine so vernichtende Wirkung geben, daß auch der letzte Zweifler an der Richtigkeit der Churchillschen und Harrisschen Taktik verstummen muß. Gegen alle Widerstände bringt Harris' »eiserne Energie« es fertig, am 28. Mai 1942 tausend Bomber für den Angriff auf eine einzige deutsche Großstadt buchstäblich zusammenzukratzen. Vierhundert Bomber zählt das Bomberkommando Anfang Mai 1942 an einsatzbereiten Maschinen. Trotzdem ist Churchill mit dem Plan von Harris einverstanden, mit einem Schlag tausend Bomber gegen Köln anzusetzen.

Die fehlenden 600 Maschinen werden von überall her genommen: aus der Reserve, aus Werkstätten, neue Maschinen, die noch gar nicht erprobt worden sind, die

Ausbildungsmaschinen von den Fliegerschulen samt der Schulbesatzungen, die Bomber des U-Boot-Jagdkommandos. Harris überwindet mit Churchills Unterstützung sogar den Widerstand der Marine, die erklärt hat, im Kampf gegen die tödliche deutsche U-Boot-Gefahr auch nicht auf einen einzigen Bomber verzichten zu können.

Es ist ein riskantes Unternehmen, auf das Harris sich da einläßt. Allein schon deshalb, weil alle Schulmaschinen, alle eben in der Ausbildung befindlichen Bomberpiloten, Navigatoren, Funker, Schützen und Mechaniker dabeisein werden. Und dazu das gesamte Ausbildungspersonal, denn anders sind die tausend Bomber nicht zusammenzukriegen! Wenn dieser Angriff fehlschlägt, wenn viele der Bomber von der deutschen Abwehr vernichtet werden – dann ist Englands Bomberwaffe selbst tödlich getroffen. Es wird dann auf lange Zeit keine britischen Bomberflotten mehr geben.

Ein Nachtangriff so gigantischen Ausmaßes erfordert lange Vorbereitungen. Die Geschwader sollen eng aufschließen, um wirklich eine Konzentration des Angriffs zu erreichen. Aber noch nie sind die Besatzungen – unter ihnen erst recht die unerfahrenen Flugschüler – in einem so riesigen Verband nachts geflogen. Wie viele der Maschinen werden wohl schon über England in der Luft zusammenstoßen? Wie viele werden gar von den Bomben der über ihnen fliegenden Maschinen getroffen und in Stücke zerrissen werden?

Eine Woche nur kann Harris die riesige Armada zusammenhalten. Länger geben weder Marine noch Armee und Schulen die zu ihnen gehörenden Bomber frei. In dieser Woche muß der Verbandsflug geübt werden, in dieser Woche muß günstiges Angriffswetter sein – in dieser einen Woche muß auch der Angriff selbst geflogen werden.

Für den 27. Mai ist der Angriff festgesetzt. Die Kurse, die Anflugzeiten, die Zeiten des Aufenthaltes der einzelnen Maschinen über Köln, An- und Abflugrouten der Geschwader. Lage der Zielpunkte – all das und noch mehr hat Marschall Harris selbst festgelegt. Aber am 27. Mai herrscht über ganz Europa schlechtes Wetter. Regenfronten treiben über den Kontinent, dunkle Gewitterwolken entladen sich. Mit Bodensicht ist nicht zu rechnen, sie aber ist um diese Zeit für die britischen Flieger noch Voraussetzung für den Erfolg.

Eintausendsechsundvierzig Bomber stehen auf den Startplätzen, vollgetankt, voll munitioniert, voll mit Bomben beladen. Und am nächsten Tag hat sich das Wetter noch immer nicht gebessert. Rund sechstausend Piloten, Bombenschützen, Navigatoren, Funker und Bordmechaniker sitzen untätig in Zelten, Baracken und Nissenhütten herum. Sie werden allmählich nervös, aber sie müssen warten, warten, warten.

Am Sonnabend, dem 30. Mai, melden die Meteorologen eine leichte Wetterveränderung. Der Chefmeteorologe der Royal Air Force trägt Marschall Harris selbst die Wetterlage über England und Deutschland vor: »Deutschland: stark gewittrig und bewölkt, jedoch im Norden und Nordwesten einige Wolkenlöcher. Südlich des Ruhrgebietes nur vereinzelt Wolken. England: über den Heimatflugplätzen Bewölkung mit Gewitterschauern.«

»Südlich des Ruhrgebietes nur vereinzelt Wolken« – das gibt den Ausschlag. Über Köln muß also brauchbares Wetter sein. Daß die gewaltige Bomberarmada in Regen und Gewitter starten muß, daran läßt sich nichts ändern. Auch daran nicht, daß die zurückkehrenden Flugzeuge in Wolken und Nebel, ohne jede Sicht, landen müssen. Noch einmal kann der Angriff nicht verschoben werden.

Harris trifft die Entscheidung: »Heute nacht Unternehmen ›Jahrtausend‹!«

Auf den Plätzen kontrollieren die Waffenwarte noch einmal die Funktionen der Bordkanonen, der Maschinengewehre. Ingenieure überprüfen noch einmal die mühsam zusammengeflickten Bruchmaschinen, die Besatzungen erhalten noch einmal Anweisungen nach Dienstvorschrift für »Verbandsflug bei Nacht unter ungünstigen Witterungsverhältnissen«.

Noch wissen die Flieger nicht, wohin es eigentlich geht. Und sie wissen auf den einzelnen Plätzen auch nicht, wie viele sie sein werden – die bis dahin gewaltigste Bomberflotte der Geschichte.

Erst um achtzehn Uhr werden sie überall zur letzten Einweisung zusammengeholt. Tausend Bomber! Alle zum Angriff auf Köln!

Die Navigationsoffiziere der einzelnen Verbände erläutern die zu fliegenden Kurse. Das eine Geschwader zum Beispiel fliegt über die Nordsee, nördlich von Amsterdam über die holländische Küste. In der Höhe von Utrecht wird nach Süden abgedreht und Kurs auf Köln genommen.

»Vergessen Sie nicht, einen weiten Bogen um Mönchengladbach zu machen«, sagt der Navigator des Geschwaders.

»Warum?« fragt einer der Flugschüler, dem der erste Feindeinsatz bevorsteht, seinen Staffelkapitän leise. Der hält das Unternehmen mit Flugschülern, Lehrern, Bruchmaschinen und unerprobten Maschinen vom Fließband sowieso für Wahnsinn. Entsprechend unwirsch fällt seine Antwort aus:

»Weil in Mönchengladbach eine Flakschule liegt. Die Ausbilder dort werden sich ein Vergnügen daraus machen, ihren Schülern zu zeigen, wie man aus grünen Bomberpiloten Fallobst macht!«

Der Navigator spricht indessen weiter:

»Auf keinen Fall tiefer als neuntausend Fuß gehen. Sie fliegen Köln von Nordwesten her über den Rheinknick bei Dormagen an, fliegen eine Stadtrunde und verschwinden dann südwärts von Köln.« Die erfahreneren unter den Piloten, die Köln schon von vergangenen Angriffen her kennen, brummen vor sich hin. Dieser Kurs führt genau über starke Scheinwerferstellungen, deren gleißende Lichtfinger schon manchem Kameraden zum tödlichen Verhängnis geworden sind. »Zielmittelpunkt für unsere Geschwader ist das Wahrzeichen von Köln, eine Kirche. Sie steht dicht am Hauptbahnhof und hat zwei sehr hohe, spitze Türme. Sie werden sie leicht erkennen können.«

»Ist diese Kirche selbst Ziel, soll sie bombardiert werden?« fragt einer, der weiß, daß es sich bei jener Kirche um den weltberühmten Kölner Dom handelt.

»Ja, die Kirche ist Zielpunkt! Wir haben die Aufgabe, die mittelalterliche Innenstadt in Brand zu werfen. Die Innenstadt aber liegt rings um diese Kirche. Wenn die Deutschen ihre Kirchen schützen wollen, dann sollen sie eben keinen Krieg führen!«

Am 13. Februar ist die neue Anweisung für die Führung des Luftkrieges herausgekommen, die bestimmt, daß die Zivilbevölkerung Hauptangriffsziel sein soll. Nur im Anhang werden weitere Ziele aufgeführt. Aber das geschieht nur zur Tarnung. Damit das auch ja richtig verstanden wird, schreibt der Chef der RAF, Sir Charles Portal, dazu extra noch eine Aktennotiz an Marschall Harris:

»Ich hoffe, es ist klar, daß die Angriffspunkte die Wohngebiete sein sollen und nicht zum Beispiel Docks oder Fabriken, selbst wenn diese im Anhang besonders erwähnt werden. Das muß jedem klargemacht werden, falls es noch nicht verstanden worden ist!«

Die Tausend-Bomber-Armada von Köln erfüllt diesen Auftrag. Die vorher angestellte Berechnung des Stabes von Harris hat gelautet: »Das Ziel der Zerstörung von Köln ist erreicht, wenn eintausendachthundert Tonnen Spreng- und Brandbomben abgeworfen worden sind.« Das sind tausend Kilo für rund achthundert Einwohner, selbst bei nur fünfzig Prozent Treffern.

In der Nacht vom 30. zum 31. Mai 1942 fallen über Köln zweitausend Tonnen – zwei Millionen Kilo – Sprengstoff und feuriger Phosphor vom Himmel. Neunzig Minuten dauert das Inferno, eineinhalb Stunden. Der Flakgürtel rund um Köln ist gegen diese Massierung von Bombern machtlos, darauf ist niemand vorbereitet gewesen.

In diesen neunzig Minuten verglüht das alte Köln in einem höllischen Feuersturm. Die ersten Geschwader werfen nur Brandbomben. Dann kommen die Maschinen mit Sprengbomben, dann erst hagelt es wieder Brandbomben, Phosphorkanister. Zum Schluß kommen die schwersten Sprengbomben und die Luftminen. Die Männer in der Befehlszentrale des Kölner Luftschutzes sind machtlos. Zuerst haben sie, wie bisher

immer, abgewartet, in welchem Gebiet der Angriff am stärksten ist, wo der Angriff konzentriert wird. Dorthin rollen die Feuerlöschzüge, dorthin eilen die Rettungsmannschaften. Diesmal ist es anders. Aus allen Stadtteilen kommen die Meldungen über Bombenabwürfe. Und immer wieder wird gemeldet: »Brandbomben, Brandbomben!«

Polizeimajor Niemeyer, der Leiter der Luftschutzzentrale, kann noch telefonisch die umliegenden Städte um Hilfe bitten: »Großangriff auf Köln! Wir können nicht einmal schätzen, wie viele Bomber es sind. Unsere eigenen Kräfte reichen nicht aus. Helft uns, Köln braucht Hilfe!«

Dann ist auch die Befehlszentrale durch einen Bombenvolltreffer auf die Telefonkabel von der Außenwelt abgeschnitten.

Köln ist ein Flammenmeer. Wohnhäuser brennen in unübersehbarer Zahl, große Warenhäuser, Kinos, Krankenhäuser, Kirchen.

Auch die älteste Kirche Kölns brennt, die Kirche von St. Gereon. Schon eintausendsechshundert Jahre alt ist diese Kirche, sie ist eines der ältesten christlichen Gotteshäuser der Welt. Kaiserin Helena hat sie im vierten Jahrhundert nach Christi Geburt bauen lassen zu Ehren des heiligen Gereon, der hier in Colonia für seinen Glauben den Märtyrertod starb.

Über zweitausend Großfeuer tun ihr Vernichtungswerk, über fünftausend Einzelbrände müssen in jener Nacht bekämpft werden. Fast 20 000 Wohnungen werden zerstört, über 2000 Betriebe. 469 Tote und über 5000 Verwundete hat die Bevölkerung zu beklagen.

Harris hat gesiegt. Vor diesem Angriff haben schon 70mal britische Bomber Köln angegriffen. Es waren zusammen weit mehr als zweitausend Bomber. Aber diese Angriffe haben nicht einmal ein Viertel des Schadens angerichtet, den dieser eine, geballte Tausend-Bomber-Angriff verursacht hat. Das also, Harris hat es bewiesen, ist die richtige Methode des Luftkrieges. Und so wird diese Taktik künftig fortgesetzt, konzentrierte Großangriffe auf die Wohnviertel der deutschen Städte, Flächenbombardierungen – von der Bevölkerung bald »Bombenteppich« genannt.

Die nächsten Tausend-Bomber-Angriffe werden auf Bremen und Essen geführt. Aber sie schlagen fehl. Das Radarverfahren ist doch noch nicht so weit entwickelt, daß unerfahrene Besatzungen sicher damit umgehen könnten. Von den tausend auf Bremen angesetzten Bombern finden ganze 80 wirklich die Hansestadt. Die anderen über 900 finden Bremen überhaupt nicht. Ähnlich ist es bei dem Angriff gegen Essen. Die meisten Bomben fallen in das grüne Tal der Ruhr, nicht auf die Krupp-Werke oder die Stadt selbst.

Jetzt führen die Engländer das »Pfadfinder«-Verfahren ein, das nahezu zwei Jahre vorher schon von der deutschen Luftwaffe über Coventry angewandt worden ist. Aber die Pfadfinder sind noch unerfahren. Sie werfen zum Teil die Markierungsbomben falsch ab, die Bomber werfen ihre Tonnen an Sprengstoff entsprechend ähnlich falsch.

Nun wird eine neue Methode ausgedacht, die dann auch wirksam ist. Zwei »Einweiser« werden den Pfadfindern mitgegeben. Sie sind die ersten über der deutschen Stadt, teilen den Pfadfindern mit, wo sie Flakabwehr bemerkt haben, wo Scheinwerferstellungen sind, wann sie ihre Markierungsbomben werfen müssen. Sie können korrigierend eingreifen, damit die nächsten Markierungsbomben besser sitzen. Und dann können die hoch über dem Geschehen kreisenden Einweiser (»Masterbomber« genannt) im schlechtesten Fall immer noch den Bomberpiloten sagen: »Die Markierungsbomben liegen sämtlich falsch. Ihr müßt schon einen Kilometer vorher und zwei Kilometer weiter links abwerfen!«

So kann eigentlich nichts mehr schiefgehen – über Frankfurt am Main, in der Nacht vom 2. zum 3. September 1942.

Auch in Frankfurt ist der Dom der zentrale Zielpunkt. Auch in Frankfurt soll vor allem die Innenstadt zerstört werden. Aber Frankfurts Altstadt, die Gegend um den Römer, der Frankfurter Zoo, der Dom, Zehntausende von Wohnungen, Tausende von Menschen werden noch einmal gerettet in jener Nacht. Gerettet von einem winzigen Stückchen Draht.

Die britischen Markierer werfen ihre Leuchtbomben ungenau. Staffelkapitän Daniels, der Pilot des »Masterbombers«, muß eingreifen. Aus neuntausend Meter Höhe klingt seine Stimme durch den Äther zu den anfliegenden Bomberströmen: »Schwalbe ruft alle! Die roten Zielmarkierer liegen nicht korrekt! Beachtet die roten Zielmarkierer nicht! Nicht beachten, hört ihr! Das Ziel liegt drei Kilometer nördlich der Markierungsbomben. Werft nicht zu zeitig! Und keine Angst vor der Flak, die schießt nur Sperrfeuer!«

Das letztere stimmt zwar nicht, die deutsche Flak in Frankfurt schießt sogar gut, aber Captain Daniels weiß aus eigener Erfahrung, wie ein Bombenschütze versucht ist, möglichst schnell aus dem Flakfeuer heraus- oder gar nicht erst hineinzukommen und deshalb den Bombenabwurfknopf viel zu früh zu drückt.

An Bord der ersten Maschinen des Hauptstroms der Bomber wird Daniels gehört. Die Bomben fallen richtig – in Frankfurts Innenstadt. Aber dann tritt der kleine Draht in Aktion, der Frankfurt für diesmal noch rettet – er schmort ganz einfach durch, dieser kleine Draht. Und zwar in Captain Daniels Sprechfunkgerät.

Daniels Stimme klingt nur noch als leises Gebrumm zu den Bombern, die dreitausend Meter unter ihm heranfliegen. Niemand versteht dieses Brummen. Und die

Bomberschützen richten sich deshalb nach den Markierungszeichen und lösen die Bomben in einer Himmelsgegend, die weit außerhalb von Frankfurt liegt. Dieser Angriff also ist verpufft – aber es war nur ein lächerlicher, kleiner technischer Defekt, der daran schuld war. Dieser erste »Masterbomber«-Einsatz hat dennoch bewiesen, daß das Prinzip auf jeden Fall richtig ist.

Nur zehn Monate hat Frankfurts Innenstadt noch zu leben. Am 4. Dezember 1943 erlebt Frankfurt den zweiten »Masterbomber«-Angriff, und jetzt rettet keine technische Panne die Stadt mehr.

Vorher geschieht noch etwas anderes. Wieder wird eine neue Methode für die Durchführung der Luftangriffe erdacht und ausprobiert, ausprobiert bei einem Angriff auf Essen, am 5. März 1943. Es ist die Methode »Katze und Maus«, mit der die »Schlacht um die Ruhr« eingeleitet wird. Die Methode wird auch »Oboe« genannt.

In England stehen zwei Funksender, weit voneinander entfernt, die Stationen »Katze« und »Maus«. Die »Katze« führt die Bomber auf ihrem Weg zum Ziel. In einem Kreisbogen, immer in gleichem Abstand vom Mittelpunkt dieses Kreisbogens – eben dem Sender »Katze« –, fliegen die Bomber. Entfernen sie sich außerhalb des Kreisbogens vom Sender, ertönen Strichzeichen; »rutschen« die Maschinen zu weit in den Kreis hinein, ertönen Punktzeichen. Die Funker müssen also nur darauf achten, daß sie immer schön in der Mitte zwischen Punkt und Strich bleiben.

Die »Maus« hat eine andere Aufgabe. Sie sendet drei Funkstrahlen aus, die alle drei den Kreisbogenkurs der Bomber kreuzen. Der letzte der drei Funkstrahlen läuft direkt über das Ziel. Wenn die Bomber ihn auf dem durch »Katze« festgelegten Kurs berühren, dann muß der Bombenschütze auf seinen Abwurfknopf drücken, dann ist seine Maschine genau über dem Ziel. Der Funker an Bord der Maschine, der dem Bombenschützen die entsprechende Anweisung gibt, merkt die Berührung des über dem Ziel liegenden »Maus«-Strahls daran, daß das bisher gehörte Punkt-Strich-Gemisch der »Katze« zu einem hellen, hohen Dauerton wird – eben die »Oboe«.

Die beiden anderen »Maus«-Funkstrahlen liegen kurz vor der »Oboe« und sollen nur Achtungszeichen für die Bordfunker sein: »Paß auf, gleich ist es soweit!«

In der Nacht vom 5. zum 6. März 1943 wird dieses System, das in gewisser Hinsicht dem deutschen »Knickebein«-System ähnelt, erstmals in der Praxis erprobt. Der Vorteil des »Katze-und-Maus«-Spiels liegt darin, daß die Bomber sich sehr weit – zum Beispiel im Falle starken Flakbeschusses oder gar eines Angriffs von Nachtjägern – von ihrem Kurs entfernen können. Je nachdem, ob sie sich auf ihrem Kreisbogen dem »Katze«-Sender nähern oder sich von ihm entfernen – sie hören immer die Punkt- oder Strichzeichen und

Oben links: Hamburger Straßen nach den systematischen, großen Luftangriffen auf die Hafenstadt an der Elbe.

Oben rechts: Düsseldorf. Ein Luftangriff hat Wohnviertel und Industrieanlagen der Rheinstadt umgepflügt. Die Luftangriffe, die sich zunächst mit aller Schwere auf das Rhein-Ruhr-Gebiet auswirkten, wurden von 1942 an auch auf das übrige Reichsgebiet ausgedehnt.

Die schlimmste Angriffsserie traf Dresden. *(Bild unten rechts).* Es wurde zum Sodom. In der Nacht zum Aschermittwoch, am 14. Februar 1945, warf die RAF allein beim ersten Angriff fast 3000 Tonnen Spreng- und Brandbomben auf die mit Ostflüchtlingen überfüllte, unverteidigte Stadt, die nach den bis zum 15. Februar noch folgenden weiteren englischen und amerikanischen Angriffen dann 7 Tage und 8 Nächte in Flammen stand. Ihre Menschen wurden verbrannt, von Trümmern erschlagen und erstickt. Die Schätzungen betragen bis zu 135 000 Tote, erheblich mehr als ein halbes Jahr später durch die Atombombe in Hiroshima.

können danach auf ihren Kurs zurückkehren. Bei »Knickebein« war das nicht der Fall. Die deutschen Bomber mußten stur auf dem Leitstrahl bleiben. Sie hätten ihn sonst nicht wiedergefunden.

Der Angriff auf Essen nach der Todesmelodie der »Oboe« beginnt fast auf die Sekunde genau um 21.00 Uhr. Schon um 21.40 Uhr, nicht einmal eine Dreiviertelstunde später, fliegt der letzte Bomber wieder ab. Den Männern, Frauen und Kindern in der Stadt Essen aber wollen diese vierzig Minuten wie Jahre der Ewigkeit erscheinen. Die vielen tausend Tonnen Sprengstoff und glühenden Phosphors fallen vor allem auf die Stadtmitte, auf das Essener Münster, auf das Rathaus, auf Altenessen, Rüttenscheid und Segeroth. Es ist der bis dahin massierteste Bombenangriff dieses Krieges überhaupt. Die Todesmelodie der »Oboe« hat ihre Wirkung getan.

Eine deutsche Stadt nach der anderen wird bombardiert. Längst sind auch die Amerikaner mit ihren riesigen »Fliegenden Festungen« dabei! Sie fliegen am Tage nach Deutschland ein. Und Tausend-Bomber-Angriffe wie auf Köln sind nichts Herausragendes mehr, mit dem ein britischer Luftmarschall die Richtigkeit seiner Strategie beweisen will, sondern sie sind alltäglich. Es gibt – außer Spezialunternehmen wie gegen die Talsperren der Eder, Möhne und Ennepe – kaum noch andere Angriffe auf deutsche Städte, als von mindestens tausend Bombern geflogen. Denn jetzt steht schon längst für den Krieg gegen die Zivilbevölkerung das ganze riesige Rüstungspotential der Vereinigten Staaten zur Verfügung. Und die Bomberströme haben jetzt eine weit verbesserte Radarwaffe an Bord: ob Nacht, ob Tag, ob klare Sicht oder dichte Wolken – auf den Bildschirmen an Bord der Bomber zeichnet sich das Bild der Erde unter ihnen immer deutlicher ab. Die Bombenschützen wissen jetzt immer: da unten, das ist das Ziel.

Aber der Terror gegen die Zivilbevölkerung entscheidet den Krieg nicht. Ganz im Gegenteil, die deutsche Bevölkerung, die ihre Führung und insbesondere den Propagandaminister Dr. Goebbels schon bei mancher Lüge ertappen mußte, glaubt nunmehr eins, was durch das eigene Erleben bestätigt zu werden scheint: es geht den Gegnern nicht um die Vernichtung des Nationalsozialismus, wie sie vorgeben, sondern es geht ihnen um die Vernichtung des deutschen Volkes. Erst recht setzt sich diese Überzeugung durch, als im Februar 1943 in Casablanca von Roosevelt und Churchill die Formel der »bedingungslosen Kapitulation« – »unconditional surrender« – verkündet wird.

Statt damit und mit dem erbarmungslosen Bombenterror gegen Frauen und Kinder den Krieg zu verkürzen, verlängern ihn die Alliierten damit. Selbst Skeptiker glauben nun wieder Hitler, wenn er sagt, es ginge den Feinden nicht um ihn, sondern um die Vernichtung des deutschen Volkes. Roosevelt, Churchill und Harris liefern Hitler jeden Tag den Anschein des Beweises dafür. Luftmarschall Harris selbst sagt nach dem Krieg: »Die Idee, wir könnten mit unseren Bombardements die Moral des Feindes brechen, erwies sich als unsinnig!«

Aber da ist es längst zu spät – fast alle deutschen Großstädte sind bis dahin in Schutt und Asche gesunken, Hunderttausende von Menschen sind schon von Bomben zerrissen, vom Feuer des Phosphors bei lebendigem Leibe verbrannt worden, Millionen haben ihre Heimstätte verloren.

Die deutsche Luftwaffe hat dagegen nicht viel unternehmen können. Zwar kämpfen die Piloten der deutschen Tag- und Nachtjagd mit einer Aufopferung sondergleichen, zwar schießen sie im Lauf der jahrelang dauernden Bombenangriffe Tausende von Feindbombern ab – aber die alliierte Rüstungsindustrie baut weit mehr Bomber, als die deutschen Jäger jemals abschießen können.

Gewiß, es gibt Perioden im Bombenkrieg, da die alliierte Führung jeweils sagt: »Wenn es mit den Abschüssen unserer Bomber so weitergeht, wie in den vergangenen Tagen, dann müssen wir die Angriffe auf die deutschen Städte aufgeben. Dann sind unsere Verluste weit höher als der Nachschub der Bomber aus den Flugzeugfabriken.«

Aber das sind eben nur periodische Erfolge der deutschen Luftwaffe. Zuerst, als von Kammhuber die – zunächst einmotorige – Nachtjagd organisiert wird. Ein mehr als schwieriges Unterfangen. Denn wenn schon ganze Bombergeschwader Schwierigkeiten haben, ein so riesiges Flächenziel wie eine ganze Stadt zu treffen – wie sollen einzelne Jagdflugzeuge so winzig kleine und zugleich bewegliche Ziele wie feindliche Bombenflugzeuge in stockfinsterer Nacht finden und vor allem mit ihren Bordwaffen treffen?

Zunächst wird das Verfahren »Mattscheibe« und »Wilde Sau« erdacht. »Mattscheibe« sind die im Zielgebiet der britischen Bomber aufflammenden Hunderte von Scheinwerfern, die den über den Bomberverbänden fliegenden Jägern die Feindbomber wie auf einer Mattscheibe als Schatten zeigen. Und »Wilde Sau« ist der Angriffsbefehl für die in diesem Augenblick geschlossen über dem ebenso geschlossen fliegenden Bomberverband hängenden deutschen Jagdflugzeuge vom Typ Me 109 oder FW 190.

Aber die »Wilde Sau« funktioniert bald nicht mehr. Die deutschen Funkortungsgeräte, die deutschen »Radar«-Geräte, die den Jägerleitzentralen den Kurs der Feindbomber anzeigen, werden bald durch eine ebenso primitive wie wirksame Methode gestört. Die britischen Nachtbomber ebenso wie die am Tag angreifenden riesigen amerikanischen Verbände werfen während ihres Fluges über Deutschland Millionen von schmalen Aluminiumstreifen ab. Die Millionen kleiner Metallstreifen verwirren auf den deutschen Radarschirmen jedes Bild. Statt der Bomberverbände geben die Braunschen Röhren nur noch ein wirres Geflimmer her. Wo dahinter sich die Bomber verbergen, kann niemand feststellen. »Düppel« werden die Aluminiumfolien auf deutscher Seite genannt, weil die ersten davon nach einem britischen Nachteinflug bei Düppel gefunden werden.

Es dauert geraume Zeit – in der die deutsche Nachtjagd und auch die gegen die amerikanischen Bomberverbände eingesetzte Tagjagd fast hilflos ist –, bis ein neues deutsches Radargerät konstruiert worden ist, das nicht auf die Aluminiumfolien, die »Düppel«, sondern nur auf die Flugzeuge selbst reagiert.

Hermann Göring, der Oberbefehlshaber der deutschen Luftwaffe und seit dem 19. Juli 1940 »Reichsmarschall«, hat zu Beginn des Krieges erklärt, er wolle nicht Hermann Göring, sondern Hermann Meyer heißen, wenn jemals ein feindliches Flugzeug die deutschen Reichsgrenzen überfliegen würde. Der Volksmund nennt den Morphiumsüchtigen denn auch schon längst nur »Hermann Meyer«.

Die Leipziger haben schon seit Zeiten, als der nunmehrige Reichsmarschall noch niemandem bekannt war, eine »Hermann-Meyer-Straße«, benannt nach einem längst verstorbenen Leipziger Bürgermeister. Die Endstation der Straßenbahnlinie 8 liegt in dieser Straße. Und die Schilder an den Motorwagen der Straßenbahnen lauten auf »Hermann-Meyer-Straße«, den ganzen Krieg über und selbst noch zu der Zeit, als bei Nennung des Namens Hermann Meyer die Leipziger nicht mehr an ihren längst verflossenen Bürgermeister denken, sondern an Göring, der sich selbst so leichtfertig umtaufte. Und das Merkwürdige geschieht: Viele Benutzer der Leipziger Straßenbahnlinie 8 verlangen während des Krieges schlichtweg vom Schaffner eine Fahrkarte zum »Reichsmarschall«, zum »Reichsjägermeister«, zum »Preußischen Ministerpräsidenten« – keinem geschieht etwas Böses, die Schaffner knipsen die Fahrkarten, als hätten sie nichts anders als »Endstation Hermann-Meyer-Straße« gehört.

So wie der schon geschilderte U-Boot-Krieg geht auch der Kampf der deutschen Luftwaffe in seinen Erfolgen und Niederlagen auf und ab. Bis zum Ende des Jahres 1940 – als der Sieg in der Schlacht um England, der »Battle of Britain«, sich der britischen Royal Air Force zuneigt – hat die deutsche Luftwaffe Sieg über Sieg errungen. Die deutsche Luftwaffe hat nicht nur am Sieg über Polen einen großen, vielleicht sogar entscheidenden Anteil, sondern ebenso an den Siegen der deutschen Wehrmacht über Dänemark, Norwegen, Holland, Belgien, Frankreich, Jugoslawien und Griechenland; ebenso an den überraschenden Anfangserfolgen gegen die Sowjetunion und gegen die Briten in Nordafrika.

Aber damit ist es 1943 längst vorbei. Die deutsche Luftwaffenführung ist im Jahre der britischen und französischen Kriegserklärung an Deutschland, im September 1939, sowenig auf einen langandauernden Krieg vorbereitet gewesen, wie die deutsche Kriegsmarine auf einen Krieg überhaupt. Und so erringt die deutsche Luftwaffe zwar Anfangserfolge – große Erfolge –, aber niemals den entscheidenden Erfolg. Die deutsche Jagdfliegerwaffe ist zu Anfang des Krieges überlegen – die Messerschmitt Me 109 ist schneller als die britische Hurricane und als die britische Spitfire, sie ist auch wendiger. Aber weil die deutsche Führung nicht mit diesem langandauernden Krieg gerechnet hat, geht die Weiterentwicklung in Deutschland viel zu langsam voran. Die Wunderwaffe Stuka verliert – außer noch bis zum Schluß des Krieges an der Ostfront – ihre Bedeutung. Die allein für den Ausgang des Krieges wirklich entscheidende Waffe des Großbombers fehlt Deutschland vom ersten bis zum letzten Tag des Krieges. Die Einsätze der relativ kleinen zweimotorigen Bomber gegen England waren nur Nadelstiche. Gegen die USA kann die deutsche Luftwaffe überhaupt keine Angriffe fliegen.

Dennoch wird die deutsche Luftwaffe zeitweise zu einer Gefahr für die Alliierten – wie sie schon in der Anfangszeit des Krieges, während der »Blitz«-Feldzüge, eine tödliche Gefahr gewesen ist:

Die Jagdflieger der »Reichsverteidigung« bringen bei Tag und Nacht die amerikanischen und britischen Bomberströme oft in arge Bedrängnis. Die deutschen Jäger an der Ostfront beschützen die besonders gefährdeten Infanteristen vor den immer mehr gefürchteten sowjetischen »Schlächtern«.

Und hier an der Ostfront bleibt die einstige Wunderwaffe Stuka noch immer wirksam. Ein Name wird hier berühmt, der des Hauptmanns und späteren Obersten Rudel. Er allein vernichtet mit seinem Sturzkampfbomber Ju 87 mehr als 500 sowjetische Panzer. Auch die erfolgreichen Angriffe der Ju-88-Sturzkampfbomber und der He-111-Torpedoflieger über das Nordmeer gegen die Murmansk-Geleitzüge dienen der Unterstützung der hart ringenden Ostfront.

Im Kampf aber gegen die Westalliierten hat die deutsche Luftwaffe außer den gelegentlichen Abwehrerfolgen der Jäger nichts zu bestellen. Erst recht nicht mehr, nachdem die Alliierten in Italien gelandet sind und die Bomberströme nun nicht nur von England aus dem Westen, sondern auch aus Süden, von italienischen Flugplätzen kommend, über die Alpen nach Deutschland einfliegen. Der Luftkrieg hat Deutschland nun

VIKTORIA

DEUTSCHLAND SIEGT AN ALLEN FRONTEN

Die Kunst, andere Menschen zu überzeugen – auch von einer Unwahrheit –, mit anderen Worten eine gehobene Form der Lüge, war das Hauptanliegen von Paul Joseph Goebbels, den Hitler zum Propagandaminister gemacht hatte. Er hatte ein höchst wirksames System entwickelt, dem unkritische Menschen nur allzu leicht erlagen: Mit Vorliebe nutzte er einzelne Fehler des Gegners aus und gab sie als normal und immer wiederkehrend aus. Einzelne Unzulänglichkeiten wurden zu phantastischen Größen aufgebauscht mit dem Resultat, daß ein Frosch zum Ochsen wurde, die Wahrheit aber zur Lüge oder die Lüge zur Wahrheit. Goebbels achtete sorgsam darauf, daß alle gegnerischen Erfolge rigoros aus den Spalten seiner Zeitungen und aus den Sendungen des Reichsrundfunks ferngehalten wurden. In Deutschland bekam man so ein völlig falsches Bild vom Geschehen in der Welt. Die beispiellose Verkehrung von Tatsachen, das war das Lebenselement der nationalsozialistischen Presse und Propaganda. Eine Feststellung, die allerdings auf alle totalitären Staaten zutrifft. *Bild links:* Ein Plakat, das millionenfach an europäischen Mauern angeschlagen wurde und das den deutschen Sieg unbezweifelbar erscheinen lassen sollte.

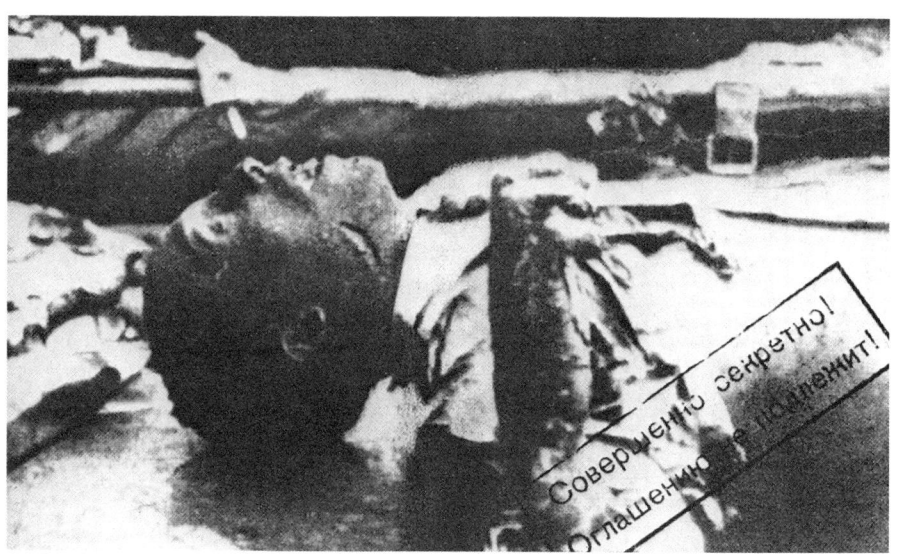

Die letzte Aufnahme des Propagandaministers. Halb verbrannt wurde er, nachdem er seine fünf Kinder und seine Frau sowie sich selbst ums Leben gebracht hatte, im Garten der Reichskanzlei in Berlin aufgefunden und von den Russen fotografiert *(Bild oben)*. Goebbels hatte vor allem den Rundfunk für die Propaganda entdeckt. Darüber hatte er geschrieben: »Früher hatten Herzöge und Stammesfürsten ihre Volksmenge im Thing um sich versammelt. Der neue Stammesfürst, Adolf Hitler, ersetzt diese physische Ansprache durch eine psychische: durch den Rundfunk. Er hat gleichsam Raum und Zeit verbunden und sich so die Möglichkeit geschaffen, unmittelbar zu seinem Volk zu sprechen.«

Bild Mitte: Die Frontzeitung von Berlin – »Der Panzerbär«, der mit einer faustdicken Lüge über Entsatztruppen, die gar nicht existierten, die Moral der Berlinverteidiger im April 1945 aufmuntern sollte.

Bild unten: Fast schizophren mutet die mit Schablonen angebrachte Ruineninschrift an, die noch im April 1945 in Berlin häufig zu lesen war.

buchstäblich in die Zange genommen. Eine Rettung ist kaum noch zu erwarten.

Ernst Udet, der berühmte Jagdflieger des Ersten Weltkrieges und ebenso berühmte Kunstflieger aus der Zeit zwischen den Kriegen und spätere »Generalinspekteur« der Luftwaffe, nimmt sich schon 1941 das Leben. Er verzweifelt über dem schon bald erkennbaren Abstieg der Luftwaffe, den er nicht aufhalten kann. 1943 wählt auch der Generalstabschef der Luftwaffe, Generaloberst Jeschonnek, den Freitod.

Männer, deren Namen bei Freund und Feind berühmt sind, opponieren gegen den, den sie für den Schuldigen an dieser Entwicklung halten, gegen den »Reichsmarschall« Göring.

Werner Baumbach, Deutschlands und vielleicht der Welt erfolgreichster Kampfflieger, ist mit 28 Jahren zum »General der Kampfflieger« ernannt worden. Dem erfahrenen Piloten und Frontkommandeur, der das Höllenfeuer der Schiffsflak der Murmanskgeleite ebenso kennt wie die britischen Jäger von Malta und Tobruk, die Hölle von Sewastopol ebenso wie die Grabeskälte des Eismeeres, gelingt es nicht, seine Auffassungen über die notwendigen Maßnahmen zur Wiedergesundung der deutschen Luftwaffe durchzusetzen. Da wagt er etwas, was wohl jeden anderen vor ein Kriegsgericht gebracht hätte, nicht nur in Deutschland.

Werner Baumbach erklärt in einem Schreiben an Göring, er lege seinen Dienstrang und seine Auszeichnungen ab, da er sich sonst schämen würde. »Schon 1943«, so schreibt Baumbach an den »Reichsmarschall«, wurde »die Kampffliegertruppe verraten«. Und weiter heißt es:

»Kompromißlose Entschlüsse wurden nicht gefaßt. Das Schlagwort hieß: Improvisieren! Heute nun haben wir uns zu Tode improvisiert!

Leider habe ich und mit mir einsichtsvolle Männer wie Knemeyer und Galland recht behalten. Wir bekamen kein Gehör, beziehungsweise wir hatten nicht die notwendige Macht hinter uns. Heute ist es zu spät. Städte... gehen in Schutt und Asche auf, und Tausende müssen täglich einen furchtbaren Tod erleiden. Als wir Männer der Front bereits 1942 vorschlugen, die Kampfverbände zunächst zugunsten der Verteidigungsluftwaffe zu verringern, fanden wir die schärfste Ablehnung beim Oberbefehlshaber selbst (also bei Göring, an den dieser Brandbrief gerichtet ist! D. Verf.): ›Ich denke nicht daran, die Kampfgeschwader zu verringern, verdoppeln werde ich sie!‹

Herr Reichsmarschall! Ich habe keine Angst, weder vor dem Feind, noch vor irgendeinem Akteur in Krieg oder Frieden... Es ist mir nicht mehr möglich, mit meinem Namen als Aushängeschild dazustehen. Ich habe daher den Fernschreibbefehl, auf einer politischen Kundgebung in Berchtesgaden als Ritterkreuzträger zu spre-

chen, nicht ausgeführt. Ich bin mir der Folgen bewußt, da ich inzwischen mehrmals aus der Parteikanzlei des Führers gewarnt worden bin...

Da ich nicht als Marionettenfigur herumlaufen kann, muß ich hiermit meinen Dienstgrad und meine Orden, die ich vor dem Feind erworben habe, zur Verfügung stellen.

Werner Baumbach
Oberstleutnant
und in der Stellung eines
Generals der Kampfflieger.«

Baumbach geschieht nichts. Göring tut so, als habe er Baumbachs Brief nie erhalten. Aber auch sonst geschieht nichts – in der Luftwaffe bleibt alles beim alten. Die veraltenden Messerschmitt- und Focke-Wulf-Jäger schlagen sich noch immer – in stets kleiner werdender Zahl – mit den Fliegenden Festungen, mit den weit überlegenen feindlichen Jägern der Typen Mustang, Lightning, Mosquito und Thunderbolt herum.

Dabei ist Deutschland in der technischen Entwicklung weit voraus. Der erste Raketenjäger der Welt, die Me 163, »Komet« genannt, ist da. Auch der erste Düsenjäger der Welt, die Me 262, die »Schwalbe«, ist schon einsatzbereit. Und Deutschland verfügt auch über den ersten frontreifen Düsenbomber, die Arado Ar 234. Doch die Flugzeuge werden lange Zeit nicht eingesetzt. Erst hat man ihre Entwicklung verzögert mit der Begründung, bevor die Maschinen einsatzbereit seien, wäre der Krieg längst zu Ende. Dann gibt es lange Diskussionen über den zweckmäßigsten Einsatz, die zweckmäßigste Bewaffnung. Schließlich wird die Ausbildung der Piloten verzögert, dann wieder ist nicht genügend Treibstoff vorhanden. Ein wahres Trauerspiel, währenddem eine deutsche Stadt nach der anderen in Schutt und Asche sinkt, täglich mehr Menschen Opfer der alliierten Bomber werden.

Die berühmten deutschen Jagdflieger handeln nicht anders als der Kampfflieger Baumbach. Adolf Galland, als Nachfolger seines tödlich verunglückten Freundes Werner Mölders, »General der Jagdflieger«, wirft dem verblüfften Reichsmarschall das Ritterkreuz auf den Schreibtisch, als dieser Galland die Schuld am Versagen der Jagdwaffe gibt. Ein halbes Jahr lang läuft Galland aus Protest gegen Göring ohne jede Auszeichnung herum. Dann erst wird er als »General der Jagdflieger« abgesetzt und wird – Pilot, Pilot der Düsenmaschine Me 262. Später, »fünf Minuten vor zwölf«, führt er einen Jagdverband der Düsenmaschinen.

Galland selbst schildert in seinem Buch »Die Ersten und die Letzten«, wie es einem anderen der berühmten Asse der deutschen Luftwaffe ging – Günter Lützow.

»Kampfverband über Theodor-Cäsar!«

Nach Lagekarten wie dieser richteten sich die deutsche Flakzentrale und die Jagdleitzentrale der »Reichsverteidigung«. Wenn es hieß: »Angriff auf Planquadrat Theodor-Cäsar«, dann wußte jeder Eingeweihte, daß jetzt Bomben auf Nürnberg fielen.

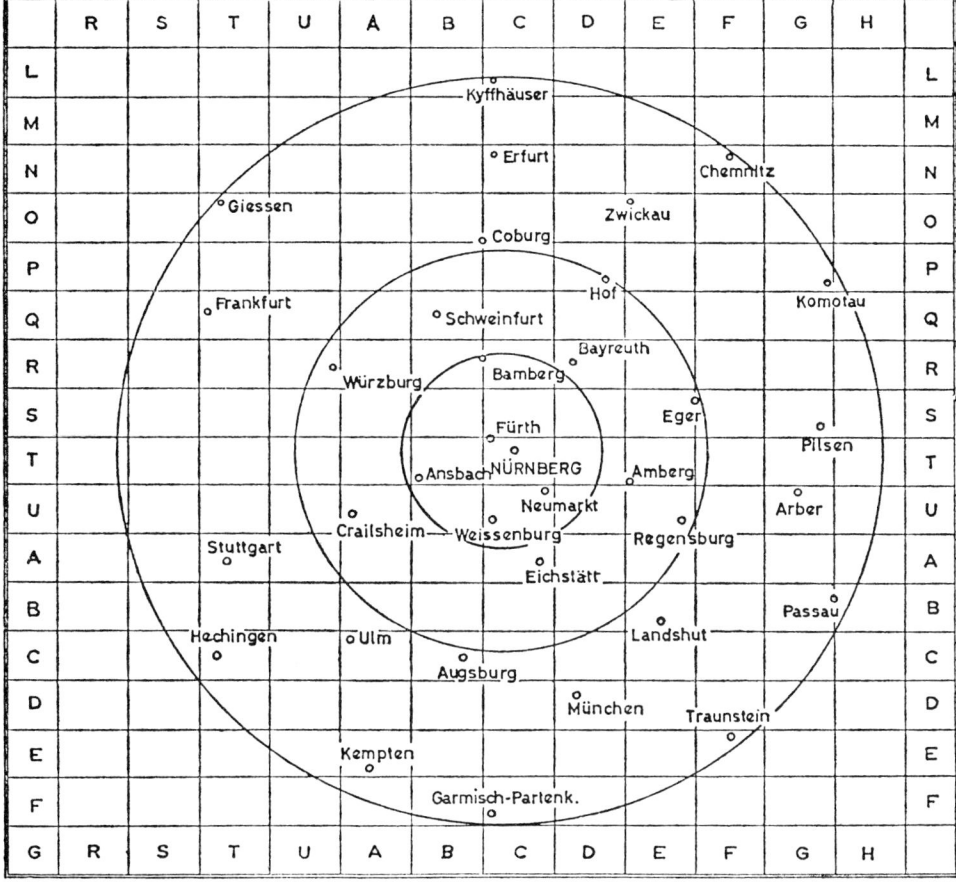

Lützow hat erreicht, daß Göring endlich eine Zusammenkunft von Kommandeuren der Jagdgeschwader einberuft, auf der die Frontkommandeure ihre Beschwerden vorbringen wollen:

»Lützow hatte in Form einer Denkschrift Vorschläge und Forderungen der Jagdwaffe formuliert. Sie bezogen sich im wesentlichen auf folgende Punkte: Überwiegender Einfluß der Bomberführer in der Luftwaffe. Ausrüstung der Bomber – statt der Jagdwaffe mit der Me 262. Unerfüllbare Forderungen für den Schlechtwettereinsatz. Beschimpfungen der Jagdwaffe und Anzweifeln ihres Kampfgeistes durch den Oberbefehlshaber. Mißtrauen (der Jagdflieger) gegen die einflußreichen Berater des Reichsmarschalls. Die Abberufung des Generals der Jagdflieger (Galland)!

Lützows Vorschläge und Kritik schlugen wie eine Bombe ein. Da sich die im Namen der Jagdwaffe vorgebrachten Forderungen mit denen deckten, die ich immer wieder vorgetragen hatte, sah Göring in mir, dem abgesetzten General der Jagdflieger, den Inspirator.

Göring beendete empört diese Sitzung, bezeichnete das Vorgehen der Jäger als Meuterei und verließ den Raum

mit den an Lützow gerichteten Worten: ›Ich lasse Sie füsilieren!‹«

Lützow wird nicht füsiliert, aber er wird postwendend zum »Jagdfliegerführer Italien« ernannt, eine um jene Zeit schon völlig überflüssige Funktion. Binnen 24 Stunden muß Lützow das Reichsgebiet verlassen.

Das alles geschieht gegen Ende 1944. Um diese Zeit fliegt einer der berühmtesten deutschen Jagdflieger – wie Mölders, Marseille, Galland, McGollob, Graf, Lent, Hartmann und Schnaufer Träger der höchsten deutschen Tapferkeitsauszeichnung, der Brillanten zum Eichenlaub mit Schwertern – wegen Göring in den Tod. Major Walter Nowotny, Geschwaderkommodore, hat Flugverbot. Göring will seine Asse schonen. Sie sollen Verbände führen, junge Flieger ausbilden und ihnen ihre Erfahrungen vermitteln, aber nicht selbst fliegen. Zugleich aber beschimpft Göring, der einzige Schuldige an der Misere der deutschen Luftwaffe, die Jagdflieger, sie seien feige geworden.

Am 8. November 1944 besucht Galland – es ist wenige Tage vor seiner Absetzung als General der Jagdflieger, kurz vor jener Sitzung, bei der Göring Lützow füsilieren lassen will, es ist die Zeit, in der der Kampfflieger

Bereits 1939 waren die Entwicklungsarbeiten für die Me 262, den ersten Düsenjäger der Welt, abgeschlossen. Doch Hitler verzögerte immer wieder die Serienfertigung dieses »Wunderjägers«, der mit seiner Geschwindigkeit von über 900 km in der Stunde allen feindlichen Jagdflugzeugen überlegen gewesen wäre. Als Hitler sich dann doch noch dafür entschied, die Me 262 zu bauen, wollte er die Maschine gegen den Rat aller militärischen Experten nicht als Jagdflugzeug, sondern als schnellen Bomber einsetzen. Erst als die Alliierten die Lutherrschaft über Deutschand schon gewonnen hatten und Deutschlands Städte in Schutt und Trümmer lagen, standen der Luftwaffe zwei mit der Me 262 ausgerüstete Jagdgeschwader zur Verfügung.

Baumbach seinen Protestbrief an Göring schreibt – Nowotnys Geschwader. In seiner Begleitung befindet sich ein Beauftragter Görings, der den Auftrag vom Reichsmarschall hat, dessen Meinung von der Feigheit der alten Jagdflieger zu übermitteln. Die alten Jagdflieger sollen als Soldaten an die Front, die von Nowotny kommandierten Düsenjäger Me 262 sollen von neuen, jungen Piloten aus der Segelfliegerei der Hitlerjugend geflogen werden.

Nowotny protestiert zornig. Gerade da wird der Einflug eines starken amerikanischen Bomberverbandes gemeldet. Nowotnys Düsenjäger starten, schießen eine Reihe der Fliegenden Festungen ab. Sie landen, tanken, munitionieren und werfen sich wieder auf den Feind.

Die Funkverbindung zu einigen der Jäger reißt ab. Eine der Maschinen gerät in das auf sie konzentrierte Feuer mehrerer Fliegender Festungen und stürzt in der Nähe des Feldflugplatzes ab. Eine weitere Maschine meldet eine Notlandung. Nowotny hält es nicht mehr auf dem Gefechtsstand. Er läuft nervös auf und ab.

»Die alten Flieger-Asse sind feige geworden«, hört er Görings Worte. Dabei steckt man die alten, erfahrenen Flieger als Infanteristen zu den Luftwaffen-Felddivisionen und schickt junge, unerfahrene Piloten in den Tod! Nowotny faßt einen Entschluß. Noch bevor Galland oder der Vertreter Görings ihn zurückhalten können, ist er draußen und sitzt schon hinter dem Steuer seines Wagens.

»Ich habe Flugverbot«, ruft er Galland noch zu, »aber ich werde diesem Befehl nicht mehr gehorchen! Ich werde jetzt fliegen und Göring beweisen, daß ich nicht zu den ›Feiglingen‹ gehöre!«

Der Wagen braust zum Startplatz. Galland ruft, beschwört Nowotny, aber der hört nicht mehr. Schon kurz darauf stürzt er sich mit seiner Me 262 auf den feindlichen Bomberpulk, der in der Nähe des Flugplatzes vorbeizieht. Der ersten Fliegenden Festung schießt er mit den neuen R-4-M-Raketen eine Tragfläche ab. Während der riesige Bomber abtrudelt, feuert Nowotny schon auf einen Fernbegleitjäger vom Typ Mustang.

Unten auf dem Gefechtsstand hört man plötzlich Nowotnys Stimme über den Funk:

»Verdammt! Die Turbine arbeitet nicht mehr!« Nowotnys Maschine ist ganz in der Nähe, alle auf dem Flugplatz sehen sie. Die Me 262 stürzt nach unten. Da – die Kabinenhaube fliegt weg, Nowotny läßt sich aus dem Flugzeug schleudern. Im gleichen Augenblick schon öffnet sich der Fallschirm. Viel zu früh? Er bleibt am Leitwerk hängen.

Die Männer unten auf der Erde sehen entsetzt, wie Walter Nowotny versucht, freizukommen. Vergebens. Die Maschine prallt mitten auf dem Flugplatz auf. Neben ihr liegt zerschmettert der Sieger in mehr als 250 Luftkämpfen, der bis zu eben diesem Augenblick erfolgreichste Jagdflieger der ganzen Welt.

Das Kapitel über den Luftkrieg, so grausam er gegen Frauen und Kinder ist, kann dennoch kaum besser abgeschlossen werden als mit den versöhnlichen Worten des höchstausgezeichneten französischen Jagdfliegers Pierre Clostermann, die er schreibt, als bei den

alliierten Jagdfliegern die Nachricht von Nowotnys Tod eintrifft:

»Walter Nowotny ist gefallen. Unser Gegner vom Himmel über der Normandie und über Deutschland ist vorgestern verschieden. Die Luftwaffe, deren erklärter Held er war, wird seinen Tod nicht lange überleben; er wirkt wie ein Schlußstrich unter diesen Luftkrieg.

Sein Name fällt an diesem Abend oft im Gespräch in der Messe. Wir sprechen von ihm ohne Groll und Haß. Jeder ruft in einem Ton der Achtung, ja der Zuneigung, die Erinnerungen wieder herauf, die ihn mit ihm verbinden. Es ist das erstemal, daß ich diesen Ton bei der Royal Air Force vernehme; zum erstenmal auch erlebe ich, wie sich eine merkwürdige Solidarität zwischen allen Jägern offen Ausdruck gibt, eine Verbundenheit jenseits der einzelnen Tragödien und jenseits aller Vorurteile...

Dieser Krieg hat fürchterliche Menschenmassaker gesehen. Städte, die in Schutt und Asche fielen unter den Bomben..., die Ruinen von Hamburg. Uns selber wurde manchmal das Herz schwer, wenn wir unsere Geschosse in einem feindlichen Dorf explodieren sahen, die Frauen und Kinder hinmähten.... Solchen Dingen gegenüber waren die Kämpfe mit Nowotny und seinen Messerschmitts etwas Sauberes...

Sicher gibt es auch bei uns den Kampf im Niedrigen: Die Bordwaffenangriffe auf fahrende Züge in der winterlichen Morgendämmerung, wo man versucht, taub zu bleiben gegenüber den Schreckensschreien, nicht zu sehen, wie unsere Geschosse das Holz zerfetzen, die Scheiben zersplittern..., nicht an all die Menschen zu denken, die in der Falle der Eisenbahnwagen gefangen sind, vom Entsetzen über unser Motorengeheul und das Bellen der Flak geschüttelt – all diese unmenschliche, unmoralische Pflicht, die uns auferlegt ist...

Dafür grüßen wir heute einen tapferen Feind, den das Schicksal ereilt hat, erklären Walter Nowotny zu einem der unseren, der teil hat an unserer Welt, in der weder Ideologien noch Haß, noch Grenzen zählen...«

Kriegsschauplatz Italien

»Sagen Sie dem Duce«, hat Hitler im März 1938 angesichts des italienischen Stillhaltens zum deutschen Einmarsch in Österreich seinem Verbindungsmann zu Mussolini, dem Prinzen von Hessen, telefonisch aufgetragen, »daß ich immer zu ihm stehen werde, da komme, was da wolle.«

Hitlers Dankbarkeit für Mussolinis Einverständnis zur Vereinigung Deutschlands und Österreichs muß sich jetzt, im Sommer 1943, beweisen. Und wirklich – Hitler setzt alles daran, den Duce aus der Gefahr zu erretten, wie er trotz aller Vorbehalte gegen Mussolinis Politik seinem Freund wirklich bis an dessen Lebensende unbeirrbar die Treue hält.

Nach dem Sieg der Alliierten in Nordafrika ist auch bald Sizilien in der Hand der Briten und Amerikaner. 14 Tage nach der alliierten Landung auf Sizilien tagt der »Große Faschistische Rat« in Rom, am 25. Juli 1943. Die Unruhe des italienischen Volkes, das ohnehin nie einen Sinn in dem Krieg gesehen hat, den die faschistische Führung so leichtfertig entfesselt hat, ist immer mehr gestiegen. Äthiopien, Somaliland, Eritrea, Libyen und Tripolitanien sind verloren. Nun sind die Westmächte sogar auf Sizilien gelandet. »Schluß mit dem Krieg!« – diese Stimmung breitet sich immer mehr aus. Der »Große Faschistische Rat« macht Mussolini für all die Niederlagen verantwortlich. Sein Schwiegersohn Graf Ciano ist einer der ärgsten Kritiker.

Mussolini begibt sich daraufhin zum König, um seinen Rücktritt anzubieten. Als er den Königspalast verläßt, wird er im Auftrag des gleichen Königs, der ihn eben noch seines Wohlwollens versichert hat, von Karabinieri verhaftet.

Am 22. Januar 1944 landeten die Amerikaner hinter den deutschen Linien im Raum Anzio und Nettuno südlich von Rom (*Bild:* Deutsche Soldaten werden durchsucht und gefangengenommen). Innerhalb einer Woche konnten 68 886 Soldaten, 508 Geschütze und 237 Panzer an Land gesetzt werden.

Im Führerhauptquartier schlägt die Nachricht von Mussolinis Verhaftung wie eine Bombe ein. Marschall Badoglio ist vom König zum Ministerpräsidenten ernannt worden. Die Faschistische Partei wird aufgelöst.

Zwar versichert Badoglio sofort, Italien werde weiter an der Seite Deutschlands gegen die gemeinsamen Feinde kämpfen, aber Hitler glaubt das nicht. Mit Recht. Denn die neue italienische Regierung bemüht sich sofort heimlich um einen Waffenstillstand mit den Alliierten. Der »Fall Achse« wird von deutscher Seite vorbereitet – Maßnahmen für den Fall eines Abspringens Italiens vom gemeinsamen Kriegswagen.

Hitler sucht einen Mann, dem er die Rettung seines gefangenen Freundes Mussolini anvertrauen kann. Er findet ihn in seinem Landsmann Skorzeny. Skorzeny ist Hauptsturmführer der Waffen-SS. Er kennt Italien einigermaßen, und unter den fünf Offizieren, die man Hitler als für die Befreiung des Duce in Frage kommend genannt hat, entscheidet er sich nach einem Gespräch unter vier Augen für den Haudegen Skorzeny.

In langwieriger Agentenarbeit wird Mussolinis Aufenthaltsort festgestellt. Die Badoglio-Regierung läßt den Duce von einem Ort zum anderen bringen, um die erwarteten deutschen Nachforschungen zu erschweren. Und Skorzeny hilft den Italienern in seinem unüberbietbaren Ehrgeiz noch dabei. Er will alles allein machen, ohne dabei zu bedenken, daß er mit seiner für Italiener riesigen Gestalt und mit seinem zernarbten Gesicht überall auffallen muß. Mussolini hätte schon längst befreit sein können, wenn die italienischen Bewacher nicht immer wieder diesen narbengesichtigen, baumlangen Deutschen hätten auftauchen sehen, der sich viel zu offenkundig für den Aufenthaltsort Mussolinis interessiert. So aber riechen Mussolinis Bewacher immer wieder Lunte und verfrachten ihren kostbaren Gefangenen sofort an einen anderen Ort.

Schließlich bekommen die deutschen Agenten heraus, daß Mussolini im Sporthotel »Campo Imperatore« im Gran-Sasso-Massiv der Abruzzen gefangengehalten wird. Das ist in den ersten Septembertagen 1943. Sofort wird die Befreiungsaktion vorbereitet. Luftlandetruppen sollen mit Lastenseglern oben im Gebirge landen und den Duce befreien.

Unmittelbar, bevor es soweit ist, verkündet die Regierung Badoglio, wie Hitler schon richtig vorausgesehen hat, den Waffenstillstand Italiens mit den Westmächten. Das ist am 8. September. Am 10. September spricht Hitler über den »Großdeutschen Rundfunk« und verkündet dabei, daß Mussolini der größte Sohn des italienischen Volkes sei, der Verrat der anderen Italiener aber »eine nationale Schande über Generationen hinaus«. Und dann sagt er etwas, was schon ein Jahr später widerlegt sein wird. Er spielt auf die Sitzung des »Großen Faschistischen Rates« vom 25. Juli an, in der sich selbst die ältesten Mitkämpfer Mussolinis gegen den Duce stellten, und sagt dazu:

»Die Hoffnung, im Reich heute Verräter wie in Italien zu finden, fußt auf der vollkommenen Unkenntnis des Wesens des nationalsozialistischen Staates. Ihr Glaube, auch in Deutschland einen 25. Juli herbeiführen zu können, beruht auf dem grundlegenden Irrtum, in dem sie sich sowohl über meine persönliche Stellung befinden als auch über die Haltung meiner politischen Mitkämpfer, meiner Feldmarschälle, Admirale und Generale.«

Hier irrt Hitler sich fast mit jedem einzelnen Wort. Denn längst, seit vielen Jahren schon, ist eine Verschwörung nach der anderen gegen ihn im Gange. Und es sind die »Feldmarschälle und Generale«, die sich gegen ihn verschwören. Und mittlerweile ist sogar einer in den Kreis der Verschwörer geraten, den Hitler noch immer hoch schätzt und der selbst wiederum lange Jahre Hitler verehrt hat, der jüngste deutsche Marschall, der einstige Kommandeur der »Gespensterdivision« im Frankreichfeldzug, der Held des Ersten Weltkrieges, der frühere Chef des »Führerbegleitbataillons«, der »Wüstenfuchs« – Generalfeldmarschall Erwin Rommel.

Nur in einem irrt Hitler sich bei seiner Prophezeiung nicht: Es wird keinen 25. Juli für ihn geben wie für Mussolini. Es wird der 20. Juli sein, der 20. Juli 1944.

Zur gleichen Zeit, da Italien den Waffenstillstand verkündet – und schon über den Kriegseintritt an der Seite der Alliierten gegen den bisherigen Bündnispartner Deutschland verhandelt –, landen die Alliierten nach der Eroberung Siziliens auch auf der italienischen Halbinsel selbst. Zur Überraschung der deutschen Führung, die Schlimmeres befürchtet hat, landen sie sehr weit im Süden, bei Salerno. Das gibt der deutschen Wehrmacht eine Chance: Die italienischen Truppen werden überall entwaffnet bis auf die noch immer faschistischen Einheiten, die dem gefangenen Duce und ihren deutschen

Verbündeten die Treue halten wollen. Auch Rom wird von deutschen Truppen besetzt. Der König und Marschall Badoglio fliehen. Mehr als zwei Drittel Italiens sind in deutscher Hand. Die Entwaffnung der Italiener ist überall gelungen, auch in Albanien, Jugoslawien und Griechenland sowie auf den von italienischen Truppen besetzten Inseln der Ägäis.

Am 12. September wird Mussolini befreit. Die deutschen Fallschirmjäger sind mit Lastenseglern auf dem Gran-Sasso-Massiv neben dem Sporthotel gelandet. Die italienische Bewachungsmannschaft des Duce gibt gleich auf. Nach der Siegesmeldung Skorzenys landet ein Fieseler-»Storch« neben dem Sporthotel, um Mussolini zu einem Flugplatz zu bringen, von wo aus er mit einer He 111 nach Deutschland zu seinem Freund Hitler geflogen werden soll. Skorzeny, der mit seinem Ehrgeiz schon bisher fast mehr zu Verhinderung als zum Gelingen der Befreiungsaktion getan hat, tut jetzt noch ein übriges an Unsinn. In dem Bemühen, nur ja als der Befreier des Duce dazustehen, bringt er den Duce fast um. Sich selbst und den »Storch«-Piloten beinahe mit. Die Bergeshalde, von der der Fieseler-»Storch« starten muß, ist nicht eben. Sie fällt steil nach unten ab. Und für die Luft so großer Höhen ist der »Storch« ohnehin nicht gedacht. Ist der Start mit dem befreiten Duce an Bord also ohnehin ein lebensgefährliches Unterfangen, so vergrößert Skorzeny die Gefahr noch, indem der Zwei-Zentner-Mann partout die selbst unter normalen Umständen nur für zwei Personen gedachte Maschine mit besteigen will.

Der Pilot weigert sich, den Koloß Skorzeny mit in die Maschine zu nehmen. Aber Skorzeny will unbedingt als der Befreier des Duce in die Geschichte eingehen, und so erklärt er, es sei »Führerbefehl«, daß er den Duce sicher zu Hitler bringe. Also müsse er notwendigerweise auch mitfliegen.

Der Pilot akzeptiert das schweren Herzens und startet. »Führerbefehl« ist eben »Führerbefehl«! Wie beinahe mit Sicherheit erwartet werden kann, kommt die durch Skorzenys Gewicht überbelastete Maschine in der dünnen Höhenluft und bei der abschüssigen Startbahn nicht frei. Sie stürzt unter den Augen der entsetzten Fallschirmjäger und der italienischen Bewachungsmannschaft, die sich mittlerweile mit ihren deutschen Bezwingern recht gut versteht, in eine Schlucht.

Erst kurz vor der Bodenberührung gelingt es dem ausgezeichneten Piloten, den »Storch« abzufangen und langsam wieder Höhe zu gewinnen. Nicht wegen, sondern trotz Skorzeny ist der Duce nun gerettet.

Er wird zu seiner He 111 gebracht und schließlich auch zu seinem früheren »Imitator«, der sein Vorbild in jeder Hinsicht schon längst übertroffen hat. Benito Mussolini, Italiens fast unumschränkter Herrscher, ist nur noch ein Schatten seiner selbst. Aus dem Imperator,

Nach der Entmachtung Mussolinis war aus dem Bundesgenossen Italien ein Feind geworden. Die deutschen Armeen in Italien standen plötzlich in Feindesland. Glanz und Elend der beiden Diktatoren, die sich 1938 für die stärksten Männer Europas hielten, spiegeln die beiden Bilder dieser Seite wider. *Oben:* Mussolini bei seinem Berlin-Besuch 1937 nimmt den frenetischen Jubel der Berliner entgegen.

Bild unten: Nach seiner Befreiung durch deutsche Fallschirmjäger und SS-Männer am 12. September 1943 stattet der Duce – diesmal in Zivil – Hitler seinen Besuch im Hauptquartier ab. Eineinhalb Jahre später endete der Gastgeber durch Selbstmord in Berlin, der Besucher wurde in deutscher Soldatenuniform auf der Flucht in Oberitalien von Partisanen erschossen.

Oben: Im Februar 1944 wurden Amerikaner, die im Brückenkopf von Nettuno in Kriegsgefangenschaft geraten waren, durch die Straßen Roms geführt.

Mitte: In den unwegsamen Gebieten des Apennin war Wasser eine kostbare Mangelware. Hier wird es, vorbei an einem abgeschossenen Sherman-Panzer, in großen Kanistern nach vorn gebracht.

Unten: Flaksoldaten, die nicht gerade in einem Einsatz an ihren Geschützen stehen, graben sich an der Nettunofront tiefe Löcher zur Deckung bei Artilleriebeschuß und Fliegerangriffen.

der noch vor wenigen Jahren so verächtlich auf den schlapphütigen Nachahmer aus dem verhaßten Deutschland herabsah, ist ein Lakai eben dieses einst belächelten Mannes geworden.

Mussolini gründet die »Sozial-faschistische Republik Italien« – auf Wunsch (oder soll man da besser sagen: auf Befehl?) seines Diktatorkollegen Hitler. Mussolini selbst ist müde, er resigniert. Aber als er das Führerhauptquartier verlassen hat, ist mit ihm das geschehen, was auch andere schon erleben mußten: auch Mussolini ist Hitlers geradezu unheimlicher Suggestivkraft unterlegen. Mussolini schöpft wieder ein wenig Hoffnung.

Aber die ihm durch Hitler suggerierte Stimmung hält nicht an. Mussolini »regiert« in der kleinen oberitalienischen Stadt Salo, doch er hat keine Berührung mehr mit dem Volk, das ihn noch vor zwei Jahren so frenetisch umjubelte. Ja, er weigert sich sogar, nach Mailand zu gehen, zur Bevölkerung zu sprechen. Und Mailand, die größte Stadt seines – besser gesagt, des deutschen – Herrschaftsbereiches zum Regierungssitz zu machen, das lehnt er erst recht ab. Dabei ist Mailand für Mussolini das gleiche wie für Hitler München: die »Hauptstadt der Bewegung«. Mailand war Mussolinis Hochburg, als er noch um Anerkennung rang; Mailand ist die Stadt, in der der Faschismus groß wurde; von Mailand aus unternahmen die Faschisten ihren berühmt gewordenen und von dem unbekannten kleinen österreichischen Agitator Hitler vergebens nachgeahmten »Marsch auf Rom«.

Nein, mit Mussolini – und hier bekommt die so oft gebrauchte Redewendung einmal einen echten Sinn – ist »kein Staat zu machen«.

Goebbels notiert, nachdem er bei Mussolinis herzlicher und freundschaftlicher Begrüßung durch Hitler in der »Wolfsschanze« dabeigewesen ist, schon enttäuscht: »Der Duce hat aus der Katastrophe Italiens nicht die moralischen Konsequenzen gezogen, die der Führer sich eigentlich davon erwartet hat. Natürlich war er überglücklich, den Führer wiederzusehen und überhaupt seine Freiheit wieder genießen zu können. Der Führer hatte geglaubt, der Duce würde nun als erstes ein großangelegtes Strafgericht an seinen Verrätern abhalten. Das ist aber in keiner Weise der Fall, und darin zeigt sich eigentlich seine Begrenztheit. Er ist doch kein Revolutionär etwa im Sinne des Führers oder im Sinne Stalins . . .«

Hitler sorgt dafür, daß das Strafgericht über die »Verräter vom 25. Juli« doch noch hereinbricht. Im Januar 1944 werden die Mitglieder des »Faschistischen Großrates«, die im Juli 1943 gegen ihre Duce stimmten, auf Befehl Mussolinis in Verona erschossen. Auch Graf Ciano, Mussolinis Schwiegersohn und langjähriger Außenminister, ist unter den Hingerichteten.

So scheint es auf den ersten Blick, als habe Hitler wenigstens im Süden einen Erfolg errungen, da sein Freund Mussolini wieder regiert. Aber die Liquidierung der »Verräter des 25. Juli« ändert nichts an den tatsächlichen Machtverhältnissen in Italien. Im Norden – und zunächst auch noch in der Hauptstadt Rom – regieren die deutschen Militärbehörden, nicht der müde gewordene, resignierende Duce. Und die südliche Hälfte des italienischen Stiefels gehört bereits den Alliierten. Ihre Front schiebt sich immer weiter nach Norden. Nur einmal kommt sie für längere Zeit zum Stillstand, rund 100 Kilometer südlich von Rom, im Tal des kleinen Flüßchens Garigliano.

Den Namen dieses Flüßchens kennt in Deutschland kaum jemand, wohl aber den Namen der Höhe, des Berges, der über diesem Tal thront: den Monte Cassino. Hier erringen deutsche Fallschirmjäger nach ihrem berühmten Sieg von Kreta, der dann schon mehr als zwei Jahre zurückliegt, ihren größten Erfolg. Allerdings erringen sie ihn eigentlich nicht als Fallschirmjäger, sondern als Elitetruppe der Infanterie. Denn seit dem verlustreichen Sieg von Kreta werden die Fallschirmjäger nicht mehr aus den Wolken heraus, vom Himmel zur Erde und zum Feind niederschwebend, eingesetzt. Eine Ausnahme hat es noch gegeben: den Fallschirmeinsatz auf Sizilien, als deutsche und britische Fallschirmjäger – die »Grünen« und die »Roten Teufel« – um die Brücke über den Simeto kämpften. Jetzt, zum Kampf um den Monte Cassino, sind die deutschen Fallschirmjäger, die »Grünen Teufel«, nicht vom Himmel herabgeschwebt, sondern sie haben in mühsamem Aufstieg aus dem Tal des Garigliano den Berg des heiligen Benedikt erklommen, den Berg, auf dem die Trümmer der »Wiege des christlichen Abendlandes« stehen.

Alliierte Artillerie hat auf Befehl des neuseeländischen Generals Freyberg, Jahre zuvor Verteidiger von Kreta, das schon im 6. Jahrhundert erbaute Benediktinerkloster in eine Trümmerwüste verwandelt, obwohl sich keine deutschen Soldaten auf dem Berg oder gar im Kloster befinden. Deutschen Soldaten war das Betreten des Klosters selbst zu Besuchszwecken streng verboten. Nur einmal sind deutsche Soldaten im Kloster gewesen, um zusammen mit den Mönchen die unermeßlich wertvollen Kulturschätze des Klosters zu bergen und dem Vatikan zu übergeben.

Am 15. Februar 1944 haben obendrein 299 alliierte Bomber 453 Tonnen Bomben auf das Kloster geworfen und es völlig zerstört. In der Nacht vom 17. zum 18. Februar hat dann die Artillerie in einem fünfstündigen Trommelfeuer mit rund fünfzigtausend Granaten das Zerstörungswerk vollendet. Damit haben die Alliierten den deutschen Fallschirmjägern, die bisher nur die Stadt Cassino verteidigt haben, einen unschätzbaren Dienst erwiesen. Denn nun gibt es keine Bedenken

mehr, den Monte Cassino und die Trümmer der Bene-
diktinerabtei in die Verteidigungsfront einzubeziehen.
Noch monatelang halten die Truppen der deutschen 10.
Armee die Front am Garigliano, unter ihnen die Fallschirmjäger aus dem Monte Cassino, der nun der stärkste Pfeiler der deutschen Verteidigungslinie geworden
ist. Die Front wird noch Monate gehalten, obwohl
schon am 22. Januar die Alliierten im Rücken der
deutschen Truppen gelandet sind. Südlich von Rom
haben sich die Alliierten bei den tyrrhenischen Hafen-
städtchen Anzio und Nettuno einen Landekopf geschaffen, den sie aber zunächst gegen die deutsche Abwehr
nur wenig ausweiten können.

Erst im Mai 1944 muß der Monte Cassino geräumt
werden, nachdem bis dahin trotz fast ununterbrochener
Bombenangriffe und trotz ständigen Artilleriefeuers
der Berg gegen jeden Sturmangriff gehalten worden ist.
Ein amerikanisches Armeekorps, vier französische
Divisionen, ein britisches Armeekorps und ein polnisches Armeekorps haben am 11. Mai nach einem vernichtenden Artillerietrommelfeuer mit dem Großangriff begonnen. Links und rechts vom Monte Cassino
sind die Alliierten Einbrüche gelungen. Ihre linke
Flanke stößt an der Küste vor, um sich mit den noch
immer im Raum Anzio-Nettuno stehenden Truppen zu
vereinigen.

So geraten die noch haltenden deutschen Truppen in
Gefahr, abgeschnitten zu werden. Am 23. Mai brechen
die Amerikaner aus dem Landekopf an der Küste aus,
zwei Tage später haben sie sich mit den aus dem Süden
vorstoßenden anderen Truppen vereinigt.

Nun beginnt der Kampf um Rom, besser: der Kampf
vor Rom. Denn die deutsche Führung hat es abgelehnt,
in der Stadt zu kämpfen, obwohl die alliierte Führung
jede deutsche Bemühung um eine Neutralisierung der
Ewigen Stadt verhindert und statt dessen trotz des
freiwilligen Abzugs der Deutschen die römische Bevölkerung aufgefordert hat, mit Waffengewalt gegen die
deutschen Soldaten vorzugehen. Die deutschen Truppen verzichten, auch auf die Gefahr eigener Einbußen
hin, auf die Sprengung der südlich Rom liegenden
Tiber-Brücken.

Der Kampf vor Rom währt nicht lange. Am 4. Juni
räumen die deutschen Truppen Rom, die Alliierten
ziehen kampflos in die Stadt ein.

General Alexander – Oberkommandierender der alliierten Truppen in Italien, nachdem Eisenhower und
Montgomery für die Vorbereitung und Durchführung
der Invasion nach England versetzt worden sind – hofft
nach der Einnahme Roms, die deutschen Truppen in
einem Zuge bis an die Alpen zurückwerfen zu können.
Aber Generalfeldmarschall Kesselring, schon seit längerem deutscher Oberbefehlshaber Süd und in dieser
Eigenschaft oft in Streit mit seinem jüngeren Kamera-

den Rommel, erweist sich immer mehr als ausgezeich-
neter Heeresbefehlshaber, obwohl er eigentlich »Luft«-
Marschall ist. Er hat schon vorsorglich die »Grüne
Linie« ausbauen lassen, die dann von den Alliierten
»Gotenlinie« genannt wird.

Sie verläuft im nördlichen Apennin, von der berühmten
Marmorstadt Carrara im Westen am Ligurischen Meer,
südlich des größten italienischen Kriegshafens La Spezia, quer durch die Berge bis zur Adria. In hinhalten-
den, wechselvollen Kämpfen bleiben die Alliierten hier
erst einmal liegen. Trotz ihrer zahlenmäßigen und materiellen Überlegenheit kommen sie auch später immer
nur schrittweise vorwärts.

Den Deutschen machen vor allem die Luftangriffe zu
schaffen. Die Alpenpässe werden pausenlos bombardiert. Die durch enge Gebirgsschluchten des Apennin
führenden Verkehrswege werden ständig unterbrochen,
Eisenbahnlinien zertört. Dazu kommt die immer stärker werdende Partisanenbewegung. Deutsche Befehls-
stellen im Hinterland werden überfallen, deutsche Lkw-
Kolonnen, einzelne Soldaten.

Aber das Ziel der Alliierten, 1944 in Italien die Entscheidung zu erzwingen, wird nicht erreicht. Auch die
Partisanenbewegung kann daran nichts ändern. General von Tippelskirch sagt in seiner »Geschichte des
Zweiten Weltkrieges« dazu:

»... machten sich Partisanengruppen in dem gebirgigen
Gelände mit seinen vielen Schlupfwinkeln recht störend
bemerkbar. Sie standen unter dem Einfluß der Westmächte und waren von ihnen reichlich mit Waffen versehen worden. Durch Brückenzerstörungen, Sperren
von Wegen, Überfälle auf Nachschubfahrzeuge und
Kraftfahrzeuge brachten sie einige Unruhe hinter die
Front, so daß es hier und da erforderlich wurde, Verbände aus der kämpfenden Front herauszuziehen, um
des Unwesens Herr zu werden. Einen entscheidenden
Einfluß auf die Kriegführung haben die Partisanen
weder hier noch später in Oberitalien auszuüben ver-
mocht. In der Bevölkerung fanden sie nur geringe
Resonanz. Sie wollte im allgemeinen ihre Ruhe haben,
vom Krieg möglichst verschont bleiben und war der
deutschen Truppe in der Mehrzahl eher wohlgesinnt.
Die Verbündeten bedienten sich mit den Partisanen
eines recht zweischneidigen Schwertes. Sie haben Gei-
ster geweckt, unter denen das italienische Volk weit
mehr nach dem Kriege gelitten hat als die deutsche
Wehrmacht im Krieg.«

Das Tragische für das italienische Volk ist in jener Zeit,
daß sich ein Bürgerkrieg Italiener gegen Italiener entwickelt. Teile der italienischen Wehrmacht stehen nach
wie vor auf der Seite des »alten« Verbündeten Deutschland. Sie vor allem sind den Angriffen der Partisanen
ausgesetzt. Und auf der alliierten Seite kämpfen königs-
treue italienische Truppen.

Im Mittelpunkt von vier schweren Abwehrschlachten standen Ort und Kloster Cassino. Es war der entscheidende Sperriegel vor Rom. Allein bei der ersten Beschießung der nur von Mönchen bewohnten Benediktiner-Abtei wurden von den Alliierten 52 000 Schuß Trommelfeuer auf das Kloster abgegeben. Die erst danach in den Klosterruinen eingerichtete deutsche Verteidigung gelang hier so gut, weil das Gelände eine Panzerkriegführung unmöglich machte und die tief eingeschnittenen Täler gute Deckung gegen Jabo-Angriffe boten.

Bild unten: Der Krieg ist aus. Während über den Brenner Amerikaner im Mai 1945 weiter nach Norden ziehen, strömen Scharen von deutschen Kriegsgefangenen in die Sammelplätze südlich des Brenners zurück.

Die italienische Soubrette Vera
Roll hatte bei der Truppenbe-
treuung der deutschen Wehrmacht mitgewirkt. Das war der
Grund, warum ihr am 29. April
1945 in Mailand der Kopf kahl-
geschoren wurde, dann wurde
sie für einige Monate ins Gefängnis gesteckt. Wer immer
sich mit dem Feinde, der doch
jahrelang der Bundesgenosse
gewesen war, eingelassen hatte, dem blühte dasselbe Schicksal. Insgesamt wurden 20000
italienische Frauen kahlgescho-
ren, rund 5000 kamen dann
noch ins Gefängnis, und mehr
als 7000 Frauen, denen man
Feindbegünstigung nachweisen
konnte oder wollte, haben ihr
Leben gelassen, darunter allein
2000 Nachrichtenhelferinnen.
Am unerbittlichsten tobte die
Rache in Turin.

Rechte Seite: Bologna am
22. April 1945. Von Partisanen
wurde ein Faschist gefangengenommen und zur Erschießung
geführt.

So bringt die alliierte Besetzung zunächst nicht die vom
Volk erhoffte Befreiung von den Lasten und Schrecken
des Krieges, sondern einen neuen Schrecken – den des
Bruderkampfes.

In den Weihnachtstagen 1944, zur Stunde der Ardennenoffensive an der deutschen Westgrenze, führt die
deutsche 14. Armee sogar einen erfolgreichen Angriff
mit einer deutschen und einer italienischen Division
durch. Die amerikanischen Stellungen im Serchio-Tal
werden auf mehreren Kilometer Breite durchbrochen.
Im Januar 1945 zwingt der hereinbrechende strenge
Winter beide Seiten, alle größeren Kampfhandlungen
einzustellen.

Am 9. April 1945 erst beginnt der entscheidende alliierte Großangriff. Die Führung der deutschen Heeres-

gruppe wendet sich – zum letzten Mal – an Hitler mit
der Bitte, über den Po zurückgehen zu dürfen. Hitler
lehnt ab, und der Erfolg ist, daß genau an Hitlers
letztem Geburtstag, dem 20. April 1945, die Amerikaner in der Mitte der Front den entscheidenden Durchbruch erzwingen. Nun muß die deutsche Heeresgruppe
doch über den Po zurückgehen, aber nicht mehr planmäßig, in Ruhe, sondern überstürzt, an manchen Stellen in wilder Flucht. Der Rückzug geht nun bis an die
Südhänge der Alpen.

Besonders stark drücken die Briten, die an der Adria,
dem rechten alliierten Flügel, kämpfen. Sie machen alle
Anstrengungen, über Padua auf Triest und weiter bis
Pola vorzudringen. Doch diese Anstrengungen gelten
weniger einer Vernichtung der deutschen Truppen als

vielmehr der Behinderung eines Verbündeten. Titos Partisanenarmeen, bisher von den Briten kräftig mit Waffen und Munition, mit Militärberatern und Nachschub versorgt, scheinen der britischen Führung nun gefährlicher zu sein, als die ohnehin geschlagene deutsche Wehrmacht.

Hier in Norditalien zeichnet sich die andere große Wende des Zweiten Weltkrieges ab – der Beginn des »Kalten Krieges« zwischen den bisherigen Verbündeten.

In diesen Tagen verhandelt der SS-General Wolff in der Schweiz mit dem amerikanischen Geheimdienstchef Allan Dulles über einen Waffenstillstand in Italien. Der Waffenstillstand kommt am 29. April zustande und tritt am 2. Mai in Kraft. In Italien schweigen die Waffen der Militärs – der Bürgerkrieg der Italiener gegen Italiener jedoch geht weiter.

In diesen Tagen ist es auch endgültig aus mit Mussolinis »Sozialer Republik«. Nachdem die Alliierten Bologna eingenommen haben und vor Mailand stehen, flieht er mit einer deutsch-italienischen Begleitmannschaft und seiner Geliebten Clara Petacci. Er versucht, in die Schweiz zu entkommen. In Dongo am Comer See halten Partisanen die Kolonne an. Die Deutschen dürfen weiterfahren, die Italiener sollen festgenommen werden. Gegen die Deutschen hat man nichts, aber es ist ja Bürgerkrieg.

Der Führer der deutschen Begleitmannschaft überredet Mussolini, eine deutsche Uniform überzuziehen. Noch fühlt er sich, seinem Befehl gehorchend, für das Leben

des »Duce« verantwortlich. Mussolini hat schon aufgegeben. Aber er folgt dem Rat. Die deutsche Uniform nützt ihm nichts – bei der Durchsuchung des Lastwagens wird er sofort erkannt und festgenommen. Die Partisanen wollen ihn vor Gericht stellen oder als Gefangenen den Alliierten übergeben.

Aber eine kommunistische Partisanengruppe macht da nicht mit. Ihr Chef Audisio, später Abgeordneter des italienischen Parlaments, erschießt Mussolini und dessen Freundin Clara Petacci eigenhändig mit einer zunächst mehrmals versagenden Maschinenpistole an einer Gartenmauer.

Anderntags werden die Leichen nach Mailand gebracht und mit den Köpfen nach unten an einer Tankstelle aufgehängt.

Das ist das makabre Ende des Mannes, der einst Sozialist war, Bolschewist, Anhänger Lenins, dessen damalige Parteigenossen ihm schon den Ehrennamen »Duce« gaben, als der Faschismus noch gar nicht existierte; das Ende des Mannes, dem ein Papst schrieb, sein Name werde mit goldenen Lettern in das Buch der italienischen Geschichte eingeschrieben; des Mannes, dem Churchill mehr als einmal seine Bewunderung und Sympathie ausgedrückt hat.

Mussolinis »Imitator« in Berlin überlebt seinen Freund nur um zwei Tage, und die Nachricht vom schmählichen Tod des Duce ist es, die Hitler endgültig von der Niederlage und der Notwendigkeit überzeugt, Selbstmord zu begehen, um nicht in die Hand der Gegner zu fallen.

Tiger

D 656/27

Herausgegeben 1943 vom »Generalinspekteur der Panzertruppen«, Generaloberst Guderian, war die sehr geschickt aufgemachte 92seitige »Tigerfibel« als Anleitung für Panzerfahrer, Richtschützen und Panzerkommandanten gedacht.

... Mensch, wenn ein Tiglittn! –

Motto: Der Tiger ist, wenn man's bedenkt, ein Wagen, der sich prima lenkt.

Sahran, aber mit Marstand

26 Umdrehungen in einer Minute im ³/₄-Takt macht der feine Mann beim Wiener Walzer. Dann schmilzt die Musik in Deinem Ohr und vermählt sich mit dem Gleichmaß der Bewegung. Langsamer ist langweilig, drehst Du aber zu rasch, dann wirst Du schwindlig und Deine Partnerin geht vor Hitze aus dem Leim.

2600 Umdrehungen in der Minute im 4-Takt liebt der Tiger. Dann leistet er für seinen Sprit am meisten. Dein Taktgefühl, Dein Ohr und Dein Drehzahlmesser sagen Dir, wann Du Deine Partnerin auf die richtigen Touren gebracht hast.

Jage sie niemals über 3000 U/min, sonst wird ihr zu heiß. Das Wasser kocht, das Öl hört auf zu schmieren, die Lager, Kolben und Ventile brennen fest — aus ...

Darum fahre mit dem Kopf, nicht mit dem Hintern!

beobachte ständig Drehzahl **1**	Waserwärme **2** und Öldruck **3** (Bild Seite 40)
suche die beste Bahn,	aber halte die Richtung,
schleiche Dich an,	aber komme vom Fleck,
beobachte,	aber lies das Schaltbrett,
funke,	aber hör auf Motor und Getriebe!

Beim Marsch — Kanone auf 6 Uhr drehen und zurren.

Häuser und Mauern — fahre lieber nicht um. Die Mauertrümmer machen sich in der Wochenschau besser aus als auf Deinem Heck. Durch den Lüfter wird der ganze Schutt angesaugt, der Kühler wird eingedeckt und kühlt nicht mehr. Der Motor wird heiß und fällt aus.

248

Das Öl ist hier der Feind der Sonne,
dem Tiger ist es eine Wonne.

Öl ist ein Schmiermittel

Schon wenn Du Deine Hände miteinander reibst,
werden sie heiß. Du brauchst sie gar nicht schnell oder
mit viel Kraft bewegen. Tust Du aber ordentlich Hautöl
dazwischen, dann bleiben sie kühl.

Deine Maschine macht 3000 Umdrehungen in der
Minute und 700 PS sitzen dahinter. Sie würde brennend
heiß werden, alles Bewegliche würde sich festfressen,
Du kämst keinen Kilometer weit, wenn nicht Öl die
Hitze aufnähme und hinwegspülte. Zu wenig Öl ist
gefährlich.

6 x Ölstand

Öl ist ein Brennstoff

Wenn es aus den Leitungen leckt, durch
Wellen ausgeworfen wird, aus schad-
haften Dichtungen tropft und sich mit
Sprit vermischt, brennt es lichterloh
und steckt Spritlachen und den üblichen Wannensatz an.

uviel Öl ist gefährlich.

Darum:

Plane, Blätter, Schutt, Gepäck	dürfen das Luftgitter nicht verstopfen und die Kanone beim Schwenken nicht stören.
Morast, Sumpf	dunkle Stellen, hohes Gras meiden. Lieber weite Umwege machen. Boden zu Fuß erkunden. Nimm einen Mann huckepack und stell Dich auf ein Bein. Wenn der Boden trägt, trägt er auch den Panzer. Zügig durchfahren, nicht lenken, nicht schalten. Geht es nicht weiter, halt und sofort zurück. Nicht festmahlen. Ein anderer Tiger zieht Dich heraus. Seil verankern, Haken in die Gleiskette, selbst herausziehen!
Knüppeldamm	Er muß 3,5 m breit, und alle Knüppel 15 cm dick sein, sonst brechen sie durch oder reißen sich los.
Flüsse	Harter Grund, feste Ufer sind nötig. Wo andere Panzer waten, kommt der Tiger auch durch. Motor abstellen und U-Fahrt vorbereiten: Bodenventil zu, Lenz-Pumpe einschalten.
Brücken	Zu Fuß erkunden, Furten vorziehen. Vor Brücke halten, Tiger so einrichten, daß sie ohne Lenken überschritten werden kann, kleinen Gang wählen, nicht schalten, nicht halten, verkürztes Schrittempo fahren, erst Gas geben, wenn Du 5 m drüberweg bist.
Graben und Trichter	Gerade anfahren, nasse Stellen meiden.
Wald	Tiger wirft Bäume bis 80 cm Durchmesser mit der Bugkante um. Nicht auffahren. Bei zu schmaler Schneise Zick-Zackfahren, eine Seite fährt frei.
Minen	Spurfahren, auf Spur zurückstoßen, nicht lenken, wenn möglich räumen.
Schnee	Trockener Neuschnee bis 70 cm ist unbedenklich. Papp und Harsch, Bruchharsch nur bis zur Bodenfreiheit — 50 cm.
Eis	Kettenglied vor die Kette werfen, Schwungfahren, nicht lenken, Kanten senkrecht anfahren. Eine Kette im Graben oder an Rändern entlangschwindeln. Äste und Streuen hat wenig Zweck.

Die Invasion

In einer mondlosen Januarnacht des Jahres 1944 schoben sich zwei Männer in schwarzen Gummianzügen durch die schwache Brandung auf den Strand der Normandie bei Vierville sur Mer. Sie horchten lange, stießen dann eine kleine Stange in den Sand, an der eine feine Angelschnur befestigt war, und krochen den Strand hinauf, die Schnur ausrollend und vor sich mit langen Kampfmessern nach Minen stochernd. Alle zehn Meter war an ihrer Schnur eine Kugel befestigt. Sobald ihnen eine davon durch die Finger glitt, nahmen sie eine Bodenprobe. So kamen sie bis zu einer flachen Natursteinmauer am Fuß der Dünen. Sie verschnauften und ordneten die zahllosen Säckchen mit den Bodenproben, als plötzlich ein scharfer Ruck durch die Angelleine ging und unten am Strand ein paar saftige Flüche auf deutsch ertönten.

Die beiden Männer erstarrten und packten ihre Messer fester. Würde der deutsche Posten, der offenbar über ihre Schnur gestolpert war, Alarm schlagen? Sie starrten in die pechschwarze Nacht und hörten ihn brummeln. So wie sie sollten knapp fünf Monate später Trauben von amerikanischen Soldaten hinter dieser Mauer hocken, gelähmt von Entsetzen über die Wut des Abwehrfeuers, das ihnen aus den deutschen Stellungen entgegenschlug und den Strand mit den Körpern ihrer Kameraden bedeckte. Zum Fluch »Bloody Omaha!« würden sie den Decknamen ihres Landeabschnittes erweitern, dessen Sand das Blut Tausender trinken sollte. Die beiden Männer in den Gummianzügen aber kamen erst einmal davon. Der Posten schimpfte noch ein wenig vor sich hin und zog dann

weiter, offenbar unberührt von der Tatsache, daß eine straff gespannte Leine am Strand der Normandie nichts zu suchen habe. Und die beiden Kampfschwimmer, Major Logan Scott-Bowden und Feldwebel Ogden Smith, konnten bei ihrer Rückkehr nach England nicht nur Aufschluß geben über die genaue Bodenbeschaffenheit am Strand vor Vierville, sondern auch mitteilen, daß dort keine Minen liegen, »weil deutsche Posten mitten in der Nacht am Strand herumlatschen«.

Feldwebel Smith war einer jener unmilitärischen Querköpfe, ohne die keine Spezialeinheit auskommen kann. Seine Vorgesetzten hätten ihn gern zum Offizier gemacht, aber ihm gefiel die nächtliche Schwimmerei zu gut: »Nicht zu blutrünstig und doch ganz schön aufregend.«

Zusammen mit Major Scott-Bowden schob er in diesem Winter und Frühjahr seine scharfgeschnittene Nase durch den Sand von mindestens dreißig Stränden an Frankreichs Nordküste, denn sie wurden vorsichtshalber nicht nur an die Normandie-Küste geschickt: Im Fall einer Gefangennahme sollten sie nicht in der Lage sein, Aufschluß über den geplanten Ort der Invasion zu geben.

Aber dank ihrer nächtlichen Tätigkeit wußten die Planer des Unternehmens »Overlord«, der britisch-amerikanischen Invasion der »Festung Europa«, auf welchen Strandabschnitten Panzer ungehindert rollen konnten, welchen Sandbänken die Landungsboote auszuweichen hatten und dergleichen mehr. Ihre Unternehmungen waren typisch für Fantasie, Sorgfalt und Zähigkeit, mit denen die Alliierten ihre Landung vorbereiteten.

Nicht einmal in den schwärzesten Stunden seines Landes hatte der britische Premierminister Winston Churchill den Gedanken an eine Rückkehr auf das europäische Festland aufgegeben; nach der Niederwerfung Frankreichs allein der gewaltigen Kriegsmaschinerie der Achsenmächte gegenüberstehend, hatte sein Volk doch Schritt für Schritt seine Position verbessert, die Luftschlacht um England bestanden, die Schlacht im Atlantik mit US-Hilfe gewonnen.

Dicht zusammengekauert erwarten US-Soldaten auf ihren Sturmbooten den Einsatzbefehl. Von der alliierten Landung in der Normandie war die deutsche Führung völlig überrascht worden, da man sie an anderer Stelle erwartet hatte. Unter dem Schutz der absoluten Luftherrschaft wiesen die Angloamerikaner alle deutschen Gegenangriffe ab. Die Landeköpfe konnten erheblich ausgeweitet werden, der Marsch auf Paris beginnen.

Nun stand auch die Sowjetunion im Krieg mit Deutschland. Japans Überfall auf Pearl Harbor zog im Dezember 1941 auch die Vereinigten Staaten mit hinein. Als Churchill unmittelbar darauf per Schiff zu Roosevelt reiste, erzitterte das Empire ebenso wie Amerika unter den Schlägen des Tenno. Japans Soldaten stürmten unaufhaltsam vorwärts, die Malayische Halbinsel hinunter und über Singapur und die indonesischen Inseln auf Australien zu. Hitler beherrschte fast ganz Europa und schien auch in Rußland zu siegen. Aber noch an Bord formulierte Churchill ein Memorandum über die Notwendigkeit einer gigantischen Landeoperation im besetzten Europa.

Im hektischen Geschäft des Kriegs-Managements fand der fast Siebzigjährige immer wieder Zeit, sich bis in technische Einzelheiten mit seiner kühnen Vision zu beschäftigen. Am 30. Mai 1942 diktierte er eine Weisung an Lord Louis Mountbatten, der die alliierten Landeoperationen befehligte, über den Bau künstlicher Häfen, deren Kopfenden draußen im Wasser schwimmen sollten. Die Weisung schloß: »Sie müssen sich mit den Gezeiten heben und senken. Die Verankerungsfrage muß gelöst werden. Die Schiffe müssen an der Seite eine Klappe haben und eine Zugbrücke, die lang genug ist, um die Vertäuung zu überbrücken. Lassen Sie die besten Lösungen ausarbeiten.«

Die »Mulberries« (englische Tarnbezeichnung = Maulbeeren), die aus dieser Idee geboren wurden, sollten dann zu den entscheidenden Hilfsmitteln bei der Invasion werden. Beiden Seiten war klar, daß selbst eine zunächst geglückte Landung scheitern mußte, wenn der Nachschub nicht funktionierte. Der Bedarf an Munition, Brennstoff und Verpflegung für eine Invasionstruppe, die stark genug war, um sich von See nach Frankreich hineinzukämpfen, mußte nach Tausenden von Tonnen täglich gezählt werden. Und es bestand keine Hoffnung, frühzeitig einen intakten Hafen mit entsprechender Kapazität zu erobern.

Überlegungen dieser Art entschieden auch über die Wahl des Platzes, an dem der Einfall stattfinden sollte. Nur scheinbar bot der Pas de Calais, die engste Stelle des Kanals, auch die kürzesten Anmarschwege. In Wirklichkeit waren jedoch die beiden Calais gegenüberliegenden Häfen Dover und Folkestone viel zu klein. Die Versorgungsflotte hätte nicht nur aus der Themsemündung, sondern von der gesamten englischen Südküste, insbesondere den großen Häfen zwischen Plymouth und Brighton, zum Platz der Landung dampfen müssen. Diesen gegenüber aber lag verlockend die Halbinsel Cotentin, deren östliche Küste einen gewissen Schutz bot gegen die vorherrschenden Westwinde, die weit weniger befestigt war als der Bereich um Calais und immer noch nah genug, um den alliierten Fliegern mehrere Starts täglich zu ermöglichen.

Die Alliierten unternahmen fast etwas zu auffällige Anstrengungen, um die deutsche Seite auf den Pas de Calais hinzuweisen. Eine Geisterflotte aus Landungsboot-Attrappen wurde um Dover zusammengezogen, Militärlager vorgetäuscht, das Gebiet um Calais viel stärker allnächtlich bombardiert als jeder andere Bereich der Küste.

Als Churchill seinem auf die Invasion drängenden Verbündeten Stalin in Teheran davon erzählte, rief er das Entzücken des Sowjet-Marschalls hervor mit der Bemerkung: »Im Krieg ist die Wahrheit so kostbar, daß sie nie anders als mit einer Leibwache von Lügen auftreten sollte.«

Die Lügen-Leibwache vom Pas de Calais schützte die Wahrheit Normandie perfekt. Hitler glaubte noch an ein Ablenkungsmanöver und einen Hauptstoß weiter östlich, als die Schlacht in der Normandie so gut wie verloren war.

Erst gegen Ende 1943 war ein Mann nach Frankreich geschickt worden, der den alliierten Befehlshabern an Fantasie und Verständnis für die technische Seite des Krieges ebenbürtig war: Generalfeldmarschall Erwin Rommel. Er besichtigte in Hitlers Auftrag den »Atlantikwall« – und war entsetzt. Der verantwortliche Oberbefehlshaber West, Generalfeldmarschall Gerd von Rundstedt, bezeichnete die Befestigung an Frankreichs Nordküste Rommel gegenüber sarkastisch als »Propagandawall«.

Rommels englischer Biograph Ronald Lewin charakterisiert ihn treffend als »den Mann, der in seiner Jugend kein Motorrad besitzen konnte, ohne es sofort auseinanderzunehmen und wieder zusammenzusetzen«, der auch in hohen militärischen Führungspositionen immer bereit gewesen sei, praktische Ratschläge zu geben für den Bau einer Brücke, das Aussuchen von Feuerstellungen oder Räumen eines Minenfeldes. Dieser Mann stürzte sich in die Aufgabe, die Küste zu sichern.

Ein halbes Jahr später war die Zahl der dort verlegten Minen auf rund sechs Millionen verdreifacht, standen raffinierte, mit Sprengkörpern bewehrte Hindernisse Rommelscher Konstruktion in der Brandung, waren auf allen ebenen Flächen an der Küste und im Hinterland kräftige Pfähle eingerammt, die feindliche Lastensegler an der Landung hindern sollten und »Rommelspargel« genannt wurden. Andere Flächen ließ er durch das Anstauen von Flüssen überfluten. Im Frühsommer 1944 war Rommel noch längst nicht zufrieden; die Zahl der Minen sollte auf 50 Millionen erhöht, die Befestigungen der Küstenbatterien und Bunker verstärkt werden, denn er sah Bombenteppiche und Trommelfeuer voraus.

Während der Feldmarschall unermüdlich schanzende Einheiten antrieb, französische Fabriken für die Herstellung von zusätzlichen Minen und Zement einspannte, Zivilisten durch die Ausgabe von Verpflegung zum Eingraben von »Rommelspargeln« anwarb und nach den Worten von Admiral Ruge eine Atmosphäre von Gleichgültigkeit und vager Hoffnung unter die Vorzeichen von harter Arbeit und klaren Plänen stellte, blieb dieser Wandel an den Kartentischen der höheren Stäbe aus.

Der Oberbefehlshaber West, Rundstedt, der seinen Kollegen Rommel »Marschallbubi« zu nennen pflegte, war über die Entsendung des jüngeren Marschalls als nur Hitler unterstellten Inspekteurs in seinen Befehlsbereich ziemlich ergrimmt. Auf sein Ersuchen wurde Rommel schließlich als Oberbefehlshaber der Heeresgruppe B, deren Einheiten die gesamte Nordküste von den Niederlanden bis zur Bretagne bewachten, dem Oberbefehlshaber West unterstellt. Rundstedt, Aristokrat und Generalstäbler alter Schule, hatte den »Propagandawall« mit betonter Gleichgültigkeit betrachtet, weil er ohnehin nicht an den Erfolg einer Abwehrschlacht auf dem Strand glaubte.

Er wollte die alliierten Armeen ruhig kommen lassen und seine Triumphe im weiträumigen Bewegungskrieg von Polen 1939, Frankreich 1940 und Rußland 1941 wiederholen. Aber er hatte noch nie unter feindlicher Luftherrschaft Krieg geführt...

Rommel wußte aus bitteren afrikanischen und italienischen Erfahrungen, daß bei starker gegnerischer Luftüberlegenheit die Möglichkeiten der nun schon klassischen, schnellen Panzervorstöße begrenzt waren. Daß man nur noch im »Clinch« mit dem Gegner relativ sicher war vor den entnervenden, vernichtenden Schlägen aus der Luft. Er forderte deshalb, auch die Panzerdivisionen unmittelbar hinter der Küste zu stationieren, während Rundstedts Konzept die Konzentration von Panzer-Eingreifreserven weit im Hinterland vorsah.

Heraus kam ein Kompromiß. In der Normandie wurde die 21. Panzerdivision immerhin in den Raum Caen vorgezogen, aber die 12. SS-Panzerdivision »Hitlerjugend« und die kampfkräftige Panzerlehrdivision lagen weitgestaffelt dahinter bis in den Raum Orléans und waren überdies als OKW-Reserve dem Führerhauptquartier direkt unterstellt, was sich angesichts der dort besonders starken »Calais-Gläubigkeit« katastrophal auswirken sollte. Auf alliierter Seite war der US-General Dwight D. Eisenhower zum Obersten Befehlshaber der Invasionsstreitkräfte ernannt worden, während Rommels alter Gegenspieler aus Afrika, Bernard Montgomery, in den ersten Phasen der Landung und der Konsolidierung der Brückenköpfe die gesamten britisch-amerikanischen Landstreitkräfte befehligen sollte. Man kann nicht gerade von Liebe zwischen den beiden sprechen; aber es herrschten klare Befehlsverhältnisse und absolute Einigkeit über die Konzeption für die ersten neunzig Tage.

Gemeinsam hatten die beiden Generäle bei ihren politischen Führern durchgesetzt, daß »D-Day« (Decisionday = Tag der Entscheidung) trotz Stalins Drängen von Mai auf Juni verschoben wurde, damit man eine weitere Monatsproduktion an Landungsbooten zur Verfügung hatte und noch stärkere Streitkräfte als zunächst geplant in erweiterten Landeräumen einsetzen konnte. Sie waren einig in den Entscheidungen, während der Nacht zuvor starke Luftlande-Einheiten per Fallschirm und Lastensegler im Hinterland abzusetzen. Die amphibische Operation sollte mit einsetzender Flur beginnen, und man wollte lieber einen Angriffslauf über ein paar hundert Meter Strand in Kauf nehmen, als die Landungsboote auf Rommels raffinierte, minengespickte Hindernisse laufen zu lassen.

Die findigsten Köpfe des angelsächsischen Sprachraums tüftelten an Hilfsmitteln. Der Mut und die Opferbereitschaft der landenden Soldaten sollte unterstützt werden durch die industrielle Kraft und die technische Begabung der mächtigsten Völkergruppe der Welt.

Die wichtigsten Leute aber auf beiden Seiten waren die Meteorologen. Die Alliierten wünschten sich natürlich klares Sommerwetter mit unbegrenzter Sicht für die Flieger, dazu möglichst wenig Wind. Und zwar am 5., 6. oder 7. Juni, denn an diesen Tagen traf alles zusammen, was man sonst noch brauchte: Mondhelle Nächte für die Luftlande-Einheiten, Einsetzen der Flut etwa mit dem ersten Morgengrauen.

Aber Anfang Juni zog ein ausgedehntes Tiefdrucksystem mit Regenschauern, tiefhängenden Wolken und Wind vom Atlantik über Westeuropa hinweg. Die zunächst für den 5. Juni geplante Operation wurde mühsam gestoppt. In den Morgenstunden desselben Tages wurde Eisenhower von den Meteorologen unterrichtet, daß unter den von Westen heranziehenden Störungen ein kleines Zwischenhoch sei, das eine gewisse Wetterbesserung für den 6. Juni erwarten lasse. Daraufhin gab der Oberste Befehlshaber den Einsatzbefehl. Eine gigantische Maschinerie setzte sich unaufhaltsam in Bewegung.

Auf deutscher Seite hingegen waren die Meteorologen lange sicher, daß vorerst keine Wetterbesserung zu erwarten sei. Ihnen fehlten die Informationen aus weiträumiger Wetter-Beobachtung; der Atlantik, die Wetterküche Westeuropas, gehörte den Alliierten.

Das Oberkommando der 7. Armee befahl alle Generäle mit je zwei unterstellten Kommandeuren zu einem Kriegsspiel nach Rennes. Rommel ließ sich vom OB West beurlauben und fuhr nach Deutschland.

Und doch gab es deutsche Dienststellen, die genau wußten, daß die Invasion unmittelbar bevorstand. Die deutsche Abwehr hatte erfahren, daß die französischen Widerstandsorganisationen verschlüsselt über den britischen Rundfunk (BBC) vorgewarnt werden sollten.

Seit langem plante das alliierte Hauptquartier in England den
Feldzug in Europa, die Invasion. Eine Armee von rund 4
Millionen Mann, 2,5 Millionen Tonnen Material und 500 000
Kraftfahrzeuge aller Art sollten über den Kanal nach Frankreich geworfen werden. Die Voraussetzung dafür war die
Luftüberlegenheit. Monatelang wurde das Hinterland systematisch bombardiert, und am 6. Juni – dem Tag der Invasion –
flog die alliierte Luftwaffe *(Bild oben)* allein 10 743 Einsätze.
In 80 Tagen gelang es General Eisenhower als Oberbefehlshaber, die Entscheidungsschlacht an der »Zweiten Front« siegreich zu gestalten. Die deutschen Streitkräfte hatten bis zum
Einmarsch der Alliierten in Frankreichs Hauptstadt Paris
13 000 Panzer, 20 000 Lastwagen, 5000 Sturmgeschütze und
über 400 000 Soldaten verloren; sie waren verwundet, gefangen oder tot.

Sobald in einer der französischen BBC-Sendungen die erste Zeile des Herbstgedichtes von Paul Verlaine (»Les sanglots long des violons de l'automne...«) zitiert würde, sollte Alarmbereitschaft herrschen. Die Durchgabe der zweiten Zeile (»...blessent mon coeur d'une langueur monotone.«) bedeutete: Innerhalb der nächsten 48 Stunden geht es los!

Die Nachrichtenstelle der am Pas de Calais liegenden 15. Armee hörte die erste Zeile am 1., 2. und 3. Juni. Die zweite Zeile wurde von BBC am 5. Juni um 21.15 Uhr gesendet. Der Oberbefehlshaber der 15. Armee, Generaloberst von Salmuth, versetzte seine Einheiten in höchste Alarmbereitschaft und gab die brandheiße Nachricht mit Vorrang weiter. OKW in Rastenburg, OB West, Heeresgruppe B, alle Militärbefehlshaber in Belgien und Frankreich wurden unterrichtet.

Geheimnisvollerweise geschah außerhalb des Bereichs der 15. Armee nichts. Das OKW-Kriegstagebuch gibt keine Auskunft. Rundstedt soll verächtlich gesagt haben: »Eisenhower kündigt die Invasion doch nicht über BBC an!« So ergab sich die groteske Situation, daß am Pas de Calais jedermann in Bereitschaft stand, während in der Normandie alles seinen Gang nahm.

Die Generäle Heinz Hellmich (243. Inf. Div.), Wilhelm Falley (91. Luftlandediv.) und Karl-Wilhelm von Schlieben (709. Inf. Div.) fuhren los, um von ihren Quartieren auf der Halbinsel Cotentin rechtzeitig zum Kriegsspiel nach Rennes zu kommen. Der Marineoberbefehlshaber West, Admiral Theodor Krancke, fuhr nach Bordeaux.

Im Hauptquartier des 26. Jagdgeschwaders in Lille brach Oberst Josef (»Pips«) Priller, ein As mit 96 Abschüssen, zusammen mit seinem Rottenkameraden Feldwebel Heinz Wodarczyk wütend einer Flasche Cognac den Hals. Draußen auf dem Flugfeld standen vereinsamt ihre beiden Maschinen vom Typ FW 190. Ein paar Stunden zuvor waren es noch 124 gewesen. Aber das Geschwader war wegen der Gefährdung durch feindliche Luftangriffe nach Osten zurückgezogen worden. »Wenn die Invasion kommt, sollen wir sie wohl allein aufhalten«, fluchte Priller. »Da fangen wir besser schon mal an, uns zu besaufen.«

Die Luftlage war für die deutsche Seite ohnehin zum Verzweifeln. Seit die Amerikaner den Aktionsradius ihrer Begleitjäger durch Zusatztanks auf 1350 km vergrößert hatten, flogen ihre schweren Bomber nahezu ungehindert Tagesangriffe über Westeuropa und dem Reichsgebiet. Ihre Präzisions-Bombenteppiche waren insbesondere durch die Zerschlagung des Eisenbahn-Netzes von Bedeutung für die Invasion. Am Morgen des 6. Juni war zum Beispiel keine Seinebrücke zwischen Paris und der Mündung mehr benutzbar. Eine Art »Eisenbahnwüste« rund um die Normandie, schreibt Montgomery in seinen Memoiren.

Zumindest ein deutscher Stab ist am Abend des 5. Juni 1944 voll besetzt: Im Gefechtsbunker des zur 7. Armee gehörenden LXXXIV. Armeekorps in St. Lô, dem die fünf Divisionen im Küstenbereich von der Halbinsel Cotentin bis zur Mündung der Orne unterstehen, studiert General Erich Marcks (53) die Lagekarten. Der asketische Gelehrtensohn, seit einer Verwundung in Rußland beinamputiert, will sich nicht nur auf das geplante Kriegsspiel in Rennes vorbereiten. Der Stab ist beunruhigt durch die heftige Aktivität der feindlichen Luftwaffe seit Einbruch der Dunkelheit. Ordonnanzen haben ein paar Flaschen Chablis bereitgestellt: Um Mitternacht beginnt der Geburtstag des Generals. Aber als die Uhr vom Turm der Kathedrale zwölfmal schlägt, trinkt jeder nur schnell ein Gläschen im Stehen. General Marcks kann Feierlichkeiten ohnehin nicht leiden. Und nun ist die Luft über seinem Bunker erfüllt von Dröhnen der Flugzeugmotoren.

Die vier mächtigen Triebwerke des »Halifax«-Bombers reißen den »Horsa«-Lastensegler von Feldwebel Wallwork mit 280 km/h durch die bockige Luft über dem Kanal. Der Feldwebel konzentriert sich zunächst nur darauf, seinen schwerfälligen Vogel aus den Propeller-Böen des Schleppflugzeuges herauszuhalten. In zwanzig Minuten wird er ihn zu Bruch schmeißen. Und zwar vorsätzlich.

Rechts neben ihm konzentriert sich der 30jährige Fallschirmjäger-Major John Howard auf seinen Vorsatz, bei diesem Lastensegler-Flug zum erstenmal seine Übelkeit zu unterdrücken. Zum Vergnügen seiner Soldaten war ihm bisher noch bei jedem Übungsflug schlecht geworden.

Seine Truppe von 160 Mann ist auf sechs Lastensegler verteilt. Sie werden als erste alliierte Soldaten der Operation »Overlord« französischen Boden betreten. Ihr Ziel sind zwei Brücken, eine über die Orne und eine über den Ornekanal. Sie sollen unzerstört erobert werden. Deshalb wird der Angriff mit Lastenseglern ausgeführt. Mit ihnen kann man Trupps von zwanzig bis dreißig Mann konzentriert und blitzschnell schlagbereit an ihr Ziel heranführen, während sich verstreut landende Fallschirmjäger-Einheiten erst lange sammeln müssen.

Das Gelände unmittelbar bei den Brücken ist für eine glatte Landung mit 145 km/h absolut ungeeignet. Zu allem Überfluß entdecken sie auf einer Luftaufnahme vom 30. Mai auch noch frisch eingepflanzte »Rommelspargel«. Aber Feldwebel Wallwork sagt zufrieden: »Die Dinger sind gut! Wir schweben zwischen ihnen ein, lassen uns die Tragflächen wegbrechen und nehmen dem Vogel damit Bewegungsenergie. Dann wird der Aufprall an der Brücke nicht so hart.«

Um Mitternacht sind sie nicht mehr weit von der französischen Küste entfernt. Aus dem Dunkel des Laderaums fragt eine mitfühlende Stimme: »Hat der Major schon gekotzt?«

Sechzehn Minuten später klinkt Wallwork aus und legt die »Horsa« in eine steile Rechtskurve. Im Mondschein glänzt unter ihnen der Kanal. Das Gelingen des Unternehmens hängt jetzt von Wallworks Geschicklichkeit ab, haargenau in der richtigen Höhe und mit der richtigen Geschwindigkeit einzuschweben. Denn sein Auftrag lautet, bei der geplanten Bruchlandung mit dem Rumpf den Stacheldraht am Fuß der Brücke zu zerreißen und genau dahinter liegenzubleiben, ohne seine Passagiere umgebracht zu haben.

Die haben sich untergehakt und die Beine angezogen, eine lebende Kette in Erwartung der Zerreißprobe. Das Krachen und Splittern scheint Stunden zu dauern, als die Tragflächen brechen und der Rumpf durch Boden und Stacheldraht pflügt. Aber die menschliche Kette hält, und die Nase der Maschine bleibt genau am vorberechneten Punkt liegen, 20 Meter von der Brücke.

Der Handstreich glückt in Minuten. Die deutsche Brückenwache wird überrumpelt. In das Krachen der Handgranaten und das Rattern der Maschinenwaffen mischt sich das Getöse, mit dem die beiden anderen Lastensegler niedergehen. Nirgends weiter westlich klappte die Luftlandung so reibungslos wie bei Major Howards kleiner Truppe. Die amerikanischen Einheiten gerieten an den Rand einer Katastrophe.

Unzählige Tragödien spielten sich ab, ganze Lastensegler verschwanden mit Mann und Maus in den Sümpfen der Überschwemmungsgebiete. Ungezählte Fallschirmjäger wurden von ihrer schweren Ausrüstung unter Wasser gezogen und ertranken. Aber schließlich sammelten sich überall kleine Trupps, manche verstört, verwundet oder triefend naß, und gingen an die Erfüllung ihrer Aufgaben. Major Friedrich Hayn, der Feindnachrichtenoffizier des LXXXIV. Armeekorps, erinnert sich an die dramatischen Stunden im Befehlsbunker von General Marcks:

»Um 01.11 Uhr schrillte der Feldfernsprecher. Etwas Wichtiges schien durchzukommen. Der General richtete sich steil auf. Die rechte Hand umschloß die Tischkante...«

Innerhalb von Minuten liefen von den Divisionen die Meldungen über feindliche Luftlandungen ein. Aussagen von Gefangenen ergaben schon nach kurzer Zeit, daß 75 Prozent der nach den Informationen des Ic in Südengland liegenden britisch-amerikanischen Luftlandeeinheiten beteiligt waren. Das konnte nur eines bedeuten: Es geht los!

Interessant ist, wie diese klare, noch vor Beginn der amphibischen Operation logisch begründete Erkenntnis auf dem Weg nach oben verwässert wurde – teils durch zusätzliche, irreführende Informationen, teils durch blanke Ignoranz.

Marcks alarmierte sofort Generalmajor Max Pemsel, Chef des Generalstabs der 7. Armee. Der unterrichtete die Heeresgruppe B, Rommels Hauptquartier. Kurze Zeit später konnte er die nun höchst alarmierende Meldung nachschieben, daß die Funkmeßstationen der Marine in Cherbourg eine größere Zahl von Schiffen geortet hatten, die in der Seinebucht operierten.

Die Gelassenheit, die bei den Stabsoffizieren der Heeresgruppe noch lange herrschte, erklärt sich nur zum Teil durch die gleichzeitig einlaufende Nachricht, der Feind habe als Fallschirmjäger verkleidete Puppen abgeworfen. Das hatte der Feind, um weitere Verwirrung zu stiften, in der Tat getan – und die Puppen auch noch rundum mit Feuerwerkskörpern behängt, die bei der Landung krepierten und einen wüst um sich feuernden Mann vortäuschten...

Aber die Gefangenen bei der 716. und 709. Infanteriedivision waren überaus lebendig und gaben Auskunft über ihre Einheiten. Diese Erkenntnis schlug nicht durch, die Heeresgruppe B ließ ihren Oberbefehlshaber Rommel in Deutschland ruhig schlafen. Der Oberbefehlshaber West alarmierte immerhin die OKW-Reserve, die 12. SS-Panzerdivision und die Panzerlehrdivision, und bat ohne besonderen Nachdruck beim Führerhauptquartier um ihre Freigabe. Die sollte bis 16.40 Uhr auf sich warten lassen. Auch die 21. Panzerdivision, die als Heeresgruppenreserve gleich südlich Caen zum Eingreifen bereitstand, sollte noch lange auf den Einsatzbefehl warten.

Aber inzwischen befanden sich schon 18000 alliierte Soldaten auf französischem Boden. Lastensegler mit Jeeps und panzerbrechenden Waffen waren auf rasch von Fallschirmjägern angelegten Feldern gelandet. Allen war besonders eingebleut worden, jedes Kabel durchzuschneiden, auf das sie stoßen sollten. So brachen allmählich immer mehr Nachrichtenverbindungen zusammen – ein nicht unbedeutender Nebeneffekt des Unternehmens. Generalmajor Pemsel knurrte, er müsse Krieg führen »wie Wilhelm der Eroberer – nur mit Augen und Ohren«. Der scharfsinnige Offizier, der schon jetzt ziemlich genau ahnte, was bevorstand, hätte mit besseren Informationen den Plan der Alliierten weitgehend erraten können:

Auf dem linken Flügel hatten die amerikanischen Luftlandetruppen nördlich Carentan praktisch den östlichen Fuß der Halbinsel Cotentin besetzt. Im Überschwemmungsgebiet des Flüßchens Merderet war die Eisenbahn Cherbourg-Carentan in ihrer Hand, ebenso wie das Städtchen St. Mère Église mit der parallel laufenden Straße. Zugleich hatten sie die Dämme und Straßen, die hier von der Küste durch das Überschwemmungsgebiet landeinwärts liefen, erobert. Auf dem rechten Flügel gehörte den Engländern bereits ein großes Gebiet nordöstlich Caen mit den wichtigen Brücken über Orne und Kanal. Zwar waren die Fallschirmjäger-angriffe auf die Küstenbatterien zum Teil fehlgeschlagen, aber die Flanken eines rund 80 Kilometer langen Küstenstreifens zwischen dem Fuß der Cotentin-Halbinsel und der Ornemündung waren nun abgesichert. Und genau hier hinein ging in der Tat der Stoß der Landungsstreitkräfte.

Wohl der erste Deutsche, der das gewaltige Ausmaß der Landungsflotte sah, war der Artilleriemajor Werner Pluskat. Er saß etwa in der Mitte der Seinebucht, bei St. Honorine, in einem vorgeschobenen Gefechtsstand, der in die hier hochragenden Klippen der Steilküste gebaut worden war. Schon oft in dieser Nacht hatte er das starke Scherenfernrohr über die im Mondschein glänzende See bewegt. Nur einige tiefliegende Nebelbänke behinderten die Sicht in der Bucht. Als der östliche Horizont sich verfärbte, entschloß er sich zu einem letzten Schwenk. Die Nebelbänke zerflatterten, die Linie der Kimmung wurde klar. Und wie durch Zauberhand lag da plötzlich die gewaltigste Flotte, die je ein Mensch gesehen hat. Unmittelbar darauf kamen die Bomber.

Eisenhower und Montgomery waren sich einig gewesen, daß jede landende Armee ihren eigenen Brückenkopf schaffen sollte, um wenigstens im Bereich der Organisation die unvermeidliche Verwirrung so gering wie möglich zu halten. Deshalb war das Invasionsgebiet »Neptune« eingeteilt in

- »Utah«, am östlichen Fuß von Cotentin, 4. US-Infanteriedivision;
- »Omaha«, in der Mitte der Bucht zwischen Vierville und Colleville, 1. US-Infanteriedivision;
- »Gold«, »Juno« und »Sword«, von Bessin bis zur Orne-Mündung, 50., 3. britische und 3. kanadische Infanteriedivision sowie 8., 27. britische und 2. kanadische Panzerbrigade.

In diesen Strandabschnitten tat sich um 4 Uhr früh die Hölle auf. Bombenteppiche zerstampften Bunker und Geschützstellungen. Welle auf Welle dröhnte heran, Viermotorige über den Wolken, flinke zweimotorige »Marauders« in kaum 500 Meter Höhe. Und dazwischen brüllten die Geschütze der schweren Einheiten der Invasionsflotte.

Am 6. Juni wurden von der alliierten Luftwaffe insgesamt 10 743 Einsätze geflogen und 11 912 Tonnen Bomben abgeworfen. Aber ein Küstenabschnitt blieb zunächst unversehrt – mit fatalen Folgen. Die Verbände von »Fliegenden Festungen« und »Liberators«, die ihre explosive Last auf die Befestigungen vor »Omaha« werfen sollten, verfehlten ihr Ziel. Die Bomben fielen bis zu 5 Kilometer landeinwärts. Die 1. US-Infanteriedivision sollte es zu spüren bekommen.

Die ersten Verluste fordert die rauhe See. Landungsboote schlagen um, die bepackten Insassen schreien um

Hilfe. Mit steinernen Gesichtern fahren die Kameraden an ihnen vorüber. Der Befehl untersagt ihnen ausdrücklich, sich mit Rettungsaktionen aufzuhalten. Auch die Amphibienpanzer sind nicht für Seegang gemacht. Sie sollen auf einer Segeltuch-Lufthülle an Land schwimmen. Reihenweise versinken die »Shermans«, ohne einen Schuß abgefeuert zu haben.

Am »Utah«-Strand liegt das Widerstandsnest W 5. Leutnant Arthur Jahnke befehligt hier mehrere Bunker mit 5-cm-Kanonen, eine 8,8 cm-Flak, Pak und flankierende MG-Nester. In der Nacht hat seine kleine Truppe noch 19 Gefangene gemacht – US-Fallschirmjäger, die verloren im überschwemmten Hinterland herumplatschten.

Aber morgens um 4 haben »Marauders« sich W 5 vorgenommen. Was sie übrigließen, zerschlägt die Schiffsartillerie. Als die Landungsboote unten auf den Strand preschen, schießen nur noch zwei SMGs und die 8,8. Aber diese gefürchtete Waffe ist durch das Bombardement so angeschlagen, daß sie die Erschütterung ihres ersten Schusses nicht übersteht.

Und unten rollen Amphibienpanzer an Land, nach der Katastrophe ihrer Kameraden jetzt dicht am Ufer abgesetzt. Noch mähen die MG-Garben von W 5 die Infanteristen und Pioniere neben ihren Booten nieder, aber jetzt fahren mit ihrem charakteristischen »Rrumm-Krach« Panzergranaten in die Stellungen. Das Telefon ist tot. Jahnke schickt einen Melder zur Artillerie in Varreville, will Sperrfeuer auf den Strand anfordern. Der Mann schafft nicht einmal die drei Kilometer; einer der allgegenwärtigen Jagdbomber schießt ihn vom Rad. Leutnant Jahnke, Ritterkreuzträger aus dem Rußlandfeldzug, wird durch einen Granateinschlag in seiner Stellung verschüttet. Er ist halb bewußtlos, als ihn ein US-Infanterist am Bein unter den Trümmern hervorzerrt. Kurze Zeit später vereinigen sich Spitzen der 4. US-Division mit den Fallschirmjägern im Hinterland. »Utah« ist geglückt.

Es war ohnehin ein Wunder, daß nach dem grausamen Bombardement am »Utah«-Strand überhaupt noch jemand schoß, daß das Häuflein Überlebender noch reaktionsfähig war und nicht in Panik davonstürzte. Am »Omaha«-Strand sieht es anders aus.

Nicht nur, daß die Bomber hier die Stellungen verfehlten. Hier liegt auch die kampfkräftige 352. Infanteriedivision, erst kürzlich zur Verstärkung eingeschoben. Vernichtendes Feuer von Artillerie aller Kaliber und aus Handfeuerwaffen prasselt in die Landungsboote, zwischen die an Land watenden Männer. Die ersten Einheiten verlieren bis zu 50 Prozent ihrer Soldaten. Nur zwei Panzer kommen an Land, werden sofort in Brand geschossen. Nur vier Stunden nach Beginn des Angriffs liegen 3000 Tote und Schwerverwundete auf dem 6 Kilometer langen Stück Strand.

Einer der Verteidiger ist der 21jährige Bauernsohn Hein Severloh. Im Stützpunkt W 62 hat er bis zum Mittag 12 000 Schuß aus dem Lauf seines MG 42 gejagt. Er sieht, wie sich die Wende anbahnt: Auf großen Prähmen bringen die Amerikaner jetzt schwereres Gerät und Panzer heran. Ein paar »Sherman« kommen durch.

Was von den Infanteristen der 1. und 29. US-Division über den Strand von »Bloody Omaha« gekommen ist, drängt sich unten am Fuß der Dünen hinter der kleinen Mauer zusammen, an der damals die beiden Kampfschwimmer den Posten fluchen hörten. Die Männer sind entnervt und erschöpft.

Aber sie sehen Beispiele von überraschender Tapferkeit. Mitten im mörderischen Feuer räumt und sprengt eine Pioniertruppe Rommels raffinierte Vorstrandhindernisse weg, damit die Prähme herankommen können. Von einem dieser sogenannten »ducks« rollt Feldwebel Hyman Haas, ein jüdischer Handtaschenfabrikant aus dem NewYorker Stadtteil Bronx, mit seiner 3,7-cm-Flak auf Selbstfahrlafette. Er sieht 300 Meter entfernt in der Hügelflanke einen Bunker, aus dem eine Kanone ununterbrochen feuert. Mit seiner 3,7 kann er nicht in niedrigem Winkel nach vorn schießen. Er weist seinen Fahrer an, zu wenden und halb ins Wasser zu rollen. So bekommt er den Bunker ins Visier und feuert zehn Schuß in die Scharte. Die Kanone schweigt.

Auch die Engländer geraten in den Abschnitten »Gold«, »Juno« und »Sword« zum Teil in wütendes Abwehrfeuer. Aber außer der Tatsache, daß hier das gnadenlose Bombardement im Ziel gesessen hat, gibt es für die Angreifer einen weiteren Pluspunkt: Sie landen ihre Panzer durch Boote mit Bugklappen direkt am Ufer, und diese bahnen sich mit raffinierten Apparaturen ihren Weg durch die Hindernisse:

Da gibt es die »Dreschflegel«. Sie haben am Bug zwei lange Arme montiert, zwischen denen sich eine Stange mit Ketten und Kugeln dreht. Die Kugeln trommeln beim Vorrollen den Boden, bringen Minen zur Explosion und hinterlassen den Kameraden eine weithin sichtbare, minenfreie Spur. Andere legen aus mächtigen Rollen Sisal- oder Stahlmatten über Stellen unsicheren Grundes, die durch die Bodenproben der beiden Kampfschwimmer bekannt sind. Es gibt gewaltige Flammenwerfer und Mörser auf Sherman-Fahrgestellen, dazu Räum- und Brückenbaupanzer.

Diese stählerne Armada stürmt an Land, unter dem Gebrüll ihrer Motoren und dem Krachen ihrer Geschütze. Die Vereinigung mit den Fallschirmjägern gelingt. Aber noch klafft eine Lücke zwischen »Juno« und »Sword«. Und genau dort hinein scheint am Nachmittag der erste Panzer-Gegenstoß der Verteidiger zu zielen. Nach langen Querelen in der deutschen Führung rollt die 21. Panzerdivision.

Auch zwei andere deutsche Vorstöße sind bemerkenswert, wenngleich geradezu rührend in ihrer Ohnmacht. Gegen die Armada der 5000 Invasionsschiffe stürmt Korvettenkapitän Heinrich Hoffmann mit drei Torpedobooten aus Le Havre. Aus einer von alliierten Einheiten selbst gelegten Nebelwand flitzen die kleinen Schiffe auf Torpedoschußweite heran – »Ich kam mir vor wie im Paddelboot«, sagt Hoffman später – und lassen ihre Aale rauschen. Sie versenken einen Zerstörer und verschwinden unversehrt wieder im Kunstnebel.

Das tollste Stück aber leistet sich Oberst Priller, das Flieger-As. Zwar hat er mit Feldwebel Wodarczyk seinen Vorsatz wahrgemacht und sich mächtig mit Cognac vollaufen lassen, aber der Alarm findet die beiden einsatzbereit. Der Ia vom Jagdkommando II nimmt die Beschimpfungen des Obersten gelassen hin, denn dafür war »Pips« ohnehin berühmt.

Montgomery schreibt zwar in seinen Memoiren, die deutsche Luftwaffe habe es nicht ein einzigesmal gewagt, die Invasionstruppen anzugreifen, aber hier irrt der Feldmarschall. Mit der etwas unpräzisen Angabe »da oben bei Le Havre« brummen die beiden FW 190 los. Die gewaltige Invasionsflotte ist auch nicht zu verfehlen.

Den Seeleuten auf den alliierten Schiffen verschlägt es den Atem, als die beiden mit ratternden Bordwaffen aus den Wolken stürzen. An zahlreichen Einheiten sind zum Schutz gegen Tiefangriffe Fesselballons befestigt, aber Priller und sein Rottenkamerad tauchen elegant zwischen den Stahlseilen durch und rasen schon feuernd über den »Sword«-Strand, als sämtliche Flak der Invasionsflotte zu ballern beginnen.

Auf HMS »Dunbar« sagt der Oberheizer Robert Dowie kopfschüttelnd: »Deutscher hin, Deutscher her, viel Glück wünsch' ich euch. Ihr Kerls habt Schneid.« Sein Wunsch geht in Erfüllung, die beiden kommen tatsächlich von ihrem irren Einsatz nach Haus.

In geborstenen Bunkern und halbverschütteten Gräben liegen am Nachmittag des 6. Juni noch deutsche Infanteristen der 716. Division mitten im britischen Landungsabschnitt an der Kanalküste. Jabos stoßen mit hämmernden Bordwaffen herunter, Bomben durchwühlen die Dünen, von den schweren Einheiten der Invasionsflotte heulen die Granaten der Schiffsgeschütze heran.

Wer noch lebt, wühlt sich immer wieder aus dem Dreck, wirft sich wieder hinter die Maschinenwaffen. Von rechts arbeiten sich Soldaten der harten 4. »Commando«-Brigade aus dem Landekopf »Sword« vor.

Sie haben den Auftrag, die Verbindung zur 3. kanadischen Infanteriedivision im Landekopf »Juno« herzustellen. Aber die Überlebenden in den Bunkern der 716. Infanteriedivision halten.

In Landungsbooten, die bereits im Pazifik erprobt worden waren, wurden die Truppen über den Kanal gebracht *(Bild rechts)*. Zur Überwindung der Strandhindernisse wurden den Sturmtruppen Minensuch-, Ramm- und Schwimmpanzer beigegeben. Unter der Feuerglocke der schweren Schiffsgeschütze, einer pausenlosen Luftoffensive und von Raketensalvengeschützen auf speziellen Landungsbooten ging die Ausbootung vor sich. 6482 Transportfahrzeuge verließen die südenglischen Häfen. Sie waren zur See gedeckt durch 6 der stärksten englischen und amerikanischen Schlachtschiffe *(Bild unten)*, durch 23 Kreuzer und 104 Zerstörer. 60 Tage vor dem »D-day« – dem Angriffstag – hatte die Luftwaffe mit der Bombardierung des deutschen Hinterlandes begonnen.

Sie arbeiten wie Automaten, halb betäubt und ohne viel zu denken. Die Eckpfeiler ihres knapp vier Kilometer breiten Strandabschnitts sind die Dörfer Lagrune und Lion. Hier sind harmlos aussehende Villen durch mächtige Betonwände in Bunker verwandelt worden. Und in ihrem Rücken, etwa drei Kilometer entfernt, hält der schwer befestigte Luftwaffenstützpunkt Douvres unter Oberleutnant Igle mit drei Pak, drei 5-cm-Kanonen, einem Dutzend Flammenwerfer und 20 Maschinengewehren die Kanadier auf.

Am späten Nachmittag mischt sich ein neues Geräusch in das Getöse der Schlacht. Schwere Motoren dröhnen, Ketten rasseln, aus dem Raum nördlich Caen schiebt sich das 192. Panzergrenadierregiment in die Lücke zwischen »Sword« und »Juno«. Die erschöpften Männer der 716. Infanteriedivision springen den Halbkettenfahrzeugen entgegen.

Eine eigenartige Division, die 716. Das Rückgrat des Haufens bilden kampferprobte Landser, zumeist nach schwerer Verwundung ins »erholsame« Frankreich versetzt. Und an ihrer Seite Männer aus den besetzten Staaten Osteuropas, die mehr oder minder freiwillig in deutsche Uniform geraten sind und verständlicherweise wenig Lust verspüren, für Hitler zu sterben. So ist der Widerstand, auf den die Alliierten hier am rechten Flügel ihres Landegebietes stoßen, je nach der zufälligen Zusammensetzung der verteidigenden Einheiten recht unterschiedlich.

Zwischen Lagrune und Lion überwiegt der harte Kern. Und die kriegserfahrenen Landser schöpfen beim Anblick der Schützenpanzerwagen der 192er neue Hoffnung: Wenn jetzt auch noch die Panzer kommen...

Links und rechts liegen die britischen Landeköpfe offen für einen energischen Vorstoß. Die Flanken von »Sword« und »Juno« sind weich, auf dem Strand herrscht die unvermeidliche Verwirrung, bis die jeweils landenden Einheiten entknäult und eingewiesen sind.

Eine Tragödie scheint bevorzustehen. Denn ein paar Kilometer weiter südlich brüllen wirklich Panzermotoren, donnert das Panzerregiment 22 der 21. Panzerdivision mit fast 120 Kampfwagen P IV nach Norden.

Die Panzer haben allerdings schon eine ziemliche Odyssee hinter sich. Ihre Division war südlich Caen stationiert, in günstigster Position zum Eingreifen. Es gab nur ein Handicap: Es war nicht völlig klar, wer den Befehl dazu zu geben hatte.

Noch heute ist nicht so recht zu ermitteln, wem die Division nun wirklich unterstellt war. Nach Rommels Biograph Lewin war die 21., im Gegensatz zur OKW-Reserve (12. SS-PzDiv. »Hitlerjugend« und Panzer-Lehr), als Eingreifreserve der Heeresgruppe B unterstellt. Nach anderen Berichten soll sie ebenfalls OKW-Reserve gewesen sein. Der Oberbefehlshaber West war

natürlich auch noch zu fragen, ebenso das Generalkommando der Panzertruppen West sowie das LXXXIV. Armeekorps in St. Lô. Nur der Kommandeur der 716. Infanteriedivision, Generalleutnant Richter, glaubte fest, die 21. sei »im Angriffsfall« ihm zugeteilt.

Richter hatte denn auch schon in der Nacht um 01.20 Uhr einen Angriffsbefehl gegeben, der 40 Minuten später spezifiziert wurde: »Luftgelandeten Feind ostwärts der Orne angreifen und vernichten!«

Generalleutnant Feuchtinger war in einer unbehaglichen Lage, tragikomisch im Rückblick und bezeichnend für den desolaten Zustand der Wehrmachtführung: Ein General, der nicht genau weiß, ob er kämpfen darf oder nicht!

Stunden vergingen. Vom LXXXIV. Armeekorps, in dem die Lage offensichtlich am klarsten beurteilt wurde, kämpfte General Marcks telefonisch um die Panzerdivision. Nach den Erinnerungen seines Ic, Major Hayn, sprach der sonst überaus beherrschte Mann »mit zuckendem Gesicht« immer erregter mit dem ihm nun wieder vorgesetzten Oberkommando der 7. Armee in Le Mans, dann mit der Heeresgruppe und schließlich mit Jodl, der in Berchtesgaden immer noch den Schlaf seines Führers bewachte.

Um 10 Uhr wurde die 21. Panzerdivision endlich Marcks unterstellt. Inzwischen hatte Feuchtinger auf weitere Ratespiele verzichtet und den einzigen Befehl befolgt, der ihm bis dahin vorlag: Richters Order, die britische Luftlandetruppen anzugreifen.

So war das Panzerregiment 22 zusammen mit Panzergrenadiereinheiten östlich der Orne auf dem Weg nach Norden, als General Marcks den Zuschlag bekam. Und der war wiederum entschlossen, den britischen Landekopf westlich der Orne anzugreifen.

Die Brücken über die Orne und den parallel laufenden Kanal sind von Major Howards Fallschirmjägern besetzt, Montgomerys links Flanke ist geschützt. Also müssen die Panzer kehrt machen, klirren nach Süden zurück und dann wieder nordwärts durch die fast unpassierbare, von Luftangriffen zerschlagene Stadt Caen. Nur die 4. Kompanie mit 30 Panzern bleibt auf der anderen Orne-Seite, richtet aber gegen die Howard-Truppe nicht viel aus, denn planmäßig sind hier die Lastensegler mit den panzerbrechenden Waffen gelandet.

Ein erster Schritt zum »Kleckern« ist getan, aber die verbleibenden 120 Kampfwagen kommen immerhin ohne Jabo-Angriffe durch bis zum Städtchen Lébisey. »Ein echter Feldherrnhügel«, frozzelt Major Vierzig, Chef der II. Abteilung des Panzerregiments. Denn hier erwartet ihn nicht nur sein Divisionskommandeur; auch General Marcks ist von St. Lô herübergefahren, hin und her gerissen zwischen Sorge und Hoffnung: Der einzige Panzerangriff muß klappen, sonst hat er nichts;

selbst wenn das OKW endlich die beiden anderen Panzerdivisionen freigibt: Sie liegen viel zu weit entfernt. Marcks sagt zu Oberst von Oppeln-Bronikowski, dem Regimentskommandeur: »Oppeln, wenn Sie die Engländer nicht ins Meer werfen, haben wir den Krieg verloren!«

Der Korpskommandeur fährt selbst vor mit dem 192. Panzergrenadierregiment, das nun also zur Küste durchstößt, fast unbehelligt zwischen »Sword« und »Juno«. Um diese Zeit rast Rommel in seinem schweren Horch von Deutschland zurück nach Frankreich, telefoniert einmal von Reims aus mit seinem Stabschef. Als er wieder in den Wagen steigt, sagt er zu seinem Ordonnanzoffizier, Hauptmann Hellmuth Lang: »Mein Gott! Wenn die 21. Panzerdivision es schafft, können wir sie vielleicht in drei Tagen zurückwerfen.«

Der Spalt ist offen, in den die Panzergrenadiere schon hineingestoßen sind. Aber die Binsenweisheit bestätigt sich, daß im modernen Krieg Funkgeräte mindestens ebenso wichtig sind wie Geschütze – besonders, wenn eines davon in einem aufklärenden Flugzeug steckt. Am Himmel der Normandie gibt es nur alliierte Flugzeuge, Oberst Bronikowski marschiert blind.

Er trifft Generalleutnant Richter, der keinerlei Verbindung mehr zu seinen Einheiten hat und »vor Gram fast wahnsinnig« ist. Bronikowski drängt, die Karte in der Hand: »Wo sind Ihre Stellungen?« Der General schüttelt mit Tränen in den Augen den Kopf: »Ich weiß es nicht.«

Kurze Zeit später ist der Vorstoß gescheitert. Bronikowski verfehlt haarscharf die Lücke, bei Périers und Biéville gerät das Regiment in das Feuer panzerbrechender Waffen. In wenigen Minuten werden sechs Kampfwagen abgeschossen. Zugleich landen britische Lastensegler im Schlauch zwischen »Sword« und »Juno«. Ein wildes Gefecht entbrennt, die Reste der 716. Infanteriedivision und die Panzergrenadiere werden zurückgeworfen. Die 21. Panzerdivision verliert ein Viertel ihrer Panzer. Die britischen Landeköpfe vereinigen sich, nur der Stützpunkt Douvres hält noch zehn Tage, von den Engländern als eher nebensächliches Ärgernis behandelt.

Während des ganzen Tages ist, trotz blutiger Verluste im stellenweise vernichtenden Abwehrfeuer der deutschen Artillerie- und Infanterie-Einheiten, ein stetiger Strom von Truppen und Material in den alliierten Landeköpfen angekommen; am Abend des zweiten Tages werden 176 000 Mann und 20 000 Fahrzeuge auf französischem Boden sein.

Ebenso wie bei den Briten hat die Flankensicherung durch die Luftlandetruppen der 4. US-Infanteriedivision auf dem »Utah«-Strand am östlichen Fuß der Halbinsel Cotentin die Sicherung ihres Landegebietes erleichtert. Hier wendet sich die Überschwemmung des Geländestreifens hinter den Küstenbefestigungen gegen die Urheber: Am Städtchen St. Mère-Église kommt man nicht mehr vorbei. Und daraus lassen sich die Amerikaner nicht mehr vertreiben; selbst Eliteeinheiten wie das 6. Fallschirmjägerregiment des Oberstleutnants Freiherr von der Heydte und das Sturmbataillon der 91. Luftlandedivision unter Major Messerschmitt scheitern.

Und auch am Strand von »Bloody Omaha« ist die Lähmung überwunden. Rangers haben unter gräßlichen Verlusten die steilen Klippen des Pointe du Hoc mit Hilfe hinaufgeschossener Strickleitern und von der Londoner Feuerwehr gepumpter Drehleitern gestürmt. Selbst die erstklassige 352. Infanteriedivision muß weichen. Nicht alle Operationsziele des Tages D sind erreicht, aber Montgomery ist zufrieden.

Sein alter Gegner Rommel ist am Abend nach rasender Fahrt wieder in seinem Hauptquartier eingetroffen, bleich und schweigsam. Er ahnt wohl, mit welchen Klötzen am Bein er seinen letzten Kampf wird fechten müssen.

Das OKW-Kriegstagebuch liest sich heute streckenweise wie der Arbeitsbericht eines Kreditsachbearbeiters in Krisenzeiten: »Heeresgruppe B beantragte... Der Führer lehnte ab... Der Führer befahl... OB West schlug vor... erbat... Der Führer verbot...«

Nachdem der Feind nun einmal Fuß gefaßt hatte, waren sich die ungleichen Feldmarschälle von Rundstedt und Rommel relativ einig. Aber das Führerhauptquartier räumte ihnen nicht die geringste operative Freiheit ein. Aus Berchtesgaden oder dem noch ferneren ostpreußischen Rastenburg griff Hitler in Entscheidungen noch unterhalb Divisionsebene ein. Dabei ließ er sich von drei Grundsätzen leiten:

● »Kein Fußbreit Boden wird kampflos aufgegeben.« Infolgedessen wurden hochkarätige Verbände einschließlich der Panzerdivisionen durch »Halten« verheizt, ohne jemals zu einem entschlossenen Stoß zusammengefaßt zu werden.

● »Von der 15. Armee am Pas de Calais werden keine Einheiten abgezogen, weil hier die zweite Invasion zu erwarten ist.« So standen Salmuths Verbände Gewehr bei Fuß, bis sie in den Strudel hineingerissen wurden.

● »Festungen, an denen der Feind vorbeistößt, werden bis zur letzten Patrone verteidigt.« Bei Cherbourg beginnend und über die Häfen an der Atlantik- und Kanalküste wurden so schließlich 200 000 Mann gebunden.

Montgomery, der am sechsten Tag 326 000 Mann, 54 000 Fahrzeuge und 104 000 Tonnen Material gelandet hatte, blieb zwar zunächst hinter seinem Zeitplan zurück. Aber er sollte ihn schließlich ein- und überholen, als die deutsche Führung den Bogen überdehnt

Die »Jabos«, die Jagdbomber, waren der Hammer, der alles zerstörte und den Amerikanern bei Avranches das Tor zur Straße in den Sieg aufbrach. Bei Tag war kaum eine Bewegung der deutschen Truppe möglich. Sie endete in den Deckungslöchern.

Die Landung selbst war beileibe kein Spaziergang. Trotz der Materialüberlegenheit der Gegner und trotz eines taktischen Wirrwarrs in der eigenen Truppenführung, leisteten die Deutschen erbitterten Widerstand. Fallschirmjäger haben bei einem Vorstoß diese amerikanischen Gefangenen eingebracht.

hatte. Dabei begünstigten verschiedene Umstände zunächst noch die Verteidiger.

Das Heckengelände der Bocages glich nach dem Urteil von Major Haydn (Ic beim LXXXIV. Armeekorps) das feindliche Übergewicht an Panzern und Flugzeugen etwas aus. Eine Unzahl winziger Feld- und Weideflächen, umgeben von Wällen und Hecken und durchzogen von überwucherten Hohlwegen, bot Deckung gegen Flieger und an jeder Ecke böse Überraschungen für angreifende Einheiten.

Zugleich war das Wetter in den ersten Wochen gegen die Alliierten. Regen und tiefhängende Wolken behinderten die im Sichtflug angreifenden Jabos. Und ein schwerer Sturm zerschlug am 19. Juni die »Mulberries«, die künstlichen Häfen. Erhebliche Versorgungsschwierigkeiten bis hin zu Munitionsmangel waren die Folge.

Die strategischen Bombergeschwader setzten jedoch ihre Angriffe fort, Montgomerys »Eisenbahnwüste« im weiten Umkreis um das Kampfgebiet wurde erneut umgewühlt, Nachrichtenverbindungen und Versorgungseinrichtungen zerschlagen. Zahlreiche Einheiten, die zur Verstärkung herangeführt wurden, erlitten schon schwere Verluste, bevor sie auch nur den Geschützdonner im Kampfgebiet hören konnten.

Und die »Mulberries« wurden repariert, eine Benzin-Pipeline durch den Kanal gezogen. Als der eroberte Raum zunächst begrenzt blieb, wurden für leichtere Kampfflugzeuge Behelfsrollbahnen aus tragbaren Metall-Teppichen zusammengesetzt. Die deutsche Front war in ihrer Unbeweglichkeit wie ein zu schwacher Deich, vor dem zäh und unbeirrt eine mächtige Flut Zentimeter um Zentimeter stieg.

Die Halbinsel Cotentin wurde abgeriegelt, am 28. Juni kapitulierte Cherbourg. Am 15. Juli schrieb Rommel an Hitler, er habe rund 97 000 Mann verloren, in absehbarer Zeit werde der Feind in die Weite des französischen Raumes stoßen, »...der ungleiche Kampf neigt sich dem Ende entgegen. Ich muß Sie bitten, die Folgerungen aus dieser Lage unverzüglich zu ziehen.«

Zwei Tage später verunglückte der Feldmarschall mit dem Auto bei einem Jabo-Angriff und wurde bewußtlos nach Deutschland gebracht. Kurz zuvor hatte Hitler Generalfeldmarschall von Rundstedt als OB West abgesetzt und durch Günther von Kluge ersetzt.

Rommels Prophezeiung trat Ende Juli ein. Am äußersten westlichen Ende der Front, in Avranches, brachen die Amerikaner durch, Panzergeneral Patton stürmte in den freien Raum wie Rommel vier Jahre zuvor. Wie ein Strafgericht traf die deutschen Armeen genau das Schicksal, daß sie 1940 den französischen Streitkräften bereitet hatten: Ein überlegener Feind, siegesgewiß und mit technischer Perfektion ausgerüstet, jagt durch das Land, perfekt mit seiner Luftwaffe zusammenspielend, die gnadenlos zuschlägt, wo immer sich Ansätze zu organisierter Verteidigung bilden. Alles auf alliierter Seite ist motorisiert und mechanisiert, bei den Deutschen fehlt selbst für die paar übriggebliebenen Panzer oft der Sprit.

Weit hinten spielt Hitler auf seinen Karten mit Divisionen, von denen oft nicht viel mehr als die Nummer existiert. Er will durch einen energischen Stoß an der Basis der Halbinsel Cotentin die nach Frankreich hineinströmenden US-Truppen abschneiden. Die Reste von neun Infanterie- und fünf Panzerdivisionen werden unter den ständigen Schlägen der feindlichen Luftwaffe im Raum Mortain-Falaise bereitgestellt, so gut es geht. Der Angriff scheitert blutig. Die Verbände, die ihn vortragen sollen, sind ersatzlos aus der Front herausgezogen worden. Das gibt Montgomery Bewegungsfreiheit, britische Einheiten stoßen bei Falaise nach Süden, Teile der durchgebrochenen US-Verbände nach Osten und Norden, die Falle schnappt zu. In einzelnen Kampfgruppen versuchen die Eingeschlossenen, sich nach Osten durchzuschlagen. In die verstopften Rückzugsstraßen krachen Bomben und Granaten, hämmern die Bordwaffen der Jabos.

Hitler verschiebt wieder Feldmarschälle; Model löst Kluge ab, der appelliert in einem Abschiedsbrief an seinen Führer, den aussichtslos gewordenen Kampf zu beenden, und tötet sich auf dem Weg nach Deutschland mit Gift.

Der Kessel von Falaise wird zur Katastrophe des Westheeres. Am 19. August können zwar noch 80 000 Mann ausbrechen. 45 000 Soldaten aber gehen in Gefangenschaft oder sind gefallen.

Hitler tobt, befiehlt die Verteidigung von Paris: »...darf nicht oder nur als Trümmerfeld in die Hand des Feindes fallen.« Als General von Choltitz die Stadt unversehrt übergibt, will Hitler sie mit V 1 zusammenschießen lassen. Auch dieser Befehl wird nicht ausgeführt.

In Südfrankreich gelandete US-Einheiten stoßen die Rhône aufwärts. Dort, ebenso wie weiter nördlich, überholen die schnellen Verbände mühelos die zu Fuß zurückflutenden Deutschen. Eine geplante Verteidigungslinie an der Seine kommt nicht zustande; Patton ist längst drüben ...

Neunzig Tage nach »D-Day« müsse die Seine überschritten sein, hat Montgomery sich vorgenommen. Nun stoßen die Alliierten schon am 75. Tag über den Fluß. »Keinerlei nennenswerte Verbände befanden sich mehr auf der Erde, geschweige denn in der Luft«, schrieb Dr. Hans Speidel, damals Generalstabschef der Heeresgruppe B, in seinen Erinnerungen. Buntscheckige Haufen hasteten nach Osten, krallten sich hier und dort fest, wurden überwältigt oder geworfen. Nur die 15. Armee, deren Masse die ganze Zeit vergebens auf die »Hauptinvasion« am Pas de Calais gewartet hatte, entkam vergleichsweise vollständig und mit schweren Waffen über die Schelde. Nicht zuletzt deshalb gelang es Model schließlich, eine Verteidigungslinie von der Scheldemündung zum Westwall, durch Luxemburg und Elsaß-Lothringen zur Schweizer Grenze aufzubauen.

Frankreich, seit dem Sommer 1940 von deutschen Truppen besetzt, befand sich wieder in der Hand der Alliierten, die sich nun zum Sturm auf das Reich rüsteten.

263

Fremde in deutscher Uniform

Fast 14 Millionen Männer trugen im 2. Weltkrieg die feldgraue Uniform. Mit der zunehmenden Ausweitung des Krieges ging die Führung daran, fremde Menschen in die gleiche Uniform zu stecken. Man holte Balten, Ukrainer, Kosaken, Tataren, Kaukasier, Slowaken, Bosnier, Holländer, Norweger, Dänen, Russen und Spanier. Vor allem im Osten war es geglückt, zahlreiche Regimenter aufzustellen von Soldaten, die ehrlich willens waren, gegen die Bolschewisten zu kämpfen. Aufgestellt wurden die Truppen aber nur zögernd. Beispielloses Mißtrauen und NS-Größenwahn waren daran schuld, daß man die alte Weisheit vergaß: »Rußland kann nur durch Russen erobert werden.«

Bild unten: Bosnische Angehörige der Waffen-SS machen am 27. September 1943 ihre morgendliche Gebetsübung, die kniend den Blick nach Mekka vorschreibt.

264

General Andrej Andrejewitsch Wlassow hätte 1943 dem Krieg im Osten noch eine Wende geben können ..., wenn ihn nicht Mißtrauen und Rassengrößenwahn gefesselt hätten. Wlassow hatte sich noch bei der Verteidigung Moskaus ausgezeichnet. Aus patriotischer Überzeugung hatte er sich, 1942 in Gefangenschaft geraten, angeboten, aus den Millionen russischer Kriegsgefangener eine Armee aufzustellen, mit der er an der Seite der Deutschen gegen Stalin kämpfen wollte. Er wurde hingehalten, betrogen, angespornt, und die führenden Männer des Dritten Reichs konnten sich auf keine Linie ihm gegenüber einigen. Erst als es zu spät war, viel zu spät, am 14. November 1944, griff die braune Führung nach dem Strohhalm. In Prag wurde das »Komitee zur Befreiung der Völker Rußlands« gegündet. Wlassow kündigte an, »eine nationale und soziale Reform in Rußland herbeizuführen«. Etwa 700 000 Russen, die in Deutschland interniert waren und in der Industrie arbeiteten, meldeten sich freiwillig, und die 600. und 650. Infanteriedivision wurden für Wlassow aufgestellt. Aber es fehlte bereits an allem, und viele Dienststellen wollten den Russen keine Waffen zuteilen. Das Ende der Wlassow-Truppen war bitter, sie wurden von den Westmächten an die Sowjets ausgeliefert. Am 2. August 1946 gab Moskau bekannt, daß auf Grund eines Urteils des Militärgerichts des Hohen Gerichtshofes General Wlassow »mit elf seiner Komplicen« gehängt worden sei.

Oben: General Wlassow bei der Gründungsversammlung des »Komitees zur Befreiung der Völker Rußlands«. Neben ihm SS-Obergruppenführer Lorenz.

Mitte: Wlassow bei einem Empfang im OKH.

Unten: Wlassow auf Besichtigungsreise am 5. Mai 1943 bei einer Ansprache vor Offiziersanwärtern.

Um sich für die deutsche Unterstützung durch die Legion Condor während des Bürgerkrieges zu bedanken, stellte Franco für den Kampf gegen Stalin eine Infanteriedivision – die »Blaue Division« – zur Verfügung. Am Wolchow und vor Leningrad wurde sie eingesetzt. Die spanischen Freiwilligen trugen unter dem Feldgrau das blaue Hemd der Falange. Sie erwiesen sich im harten russischen Winter als bedürfnislose und tapfere Frontsoldaten. Ihre Verluste waren hoch, vor allem bei den Offizieren. Auf amerikanischen und britischen Druck zog Franco im Frühjahr 1943 die »Division Azul« zurück. 1962 wurde zwischen Bonn und Madrid ein Abkommen unterzeichnet, auf Grund dessen die Kriegsverletzten der »Blauen Division« die gleichen Grundrenten erhalten wie die deutschen.

Zum Bild links unten lautet die Originalunterschrift: »Die Aufnahme wurde gemacht am 12. Oktober 1944. Motivbezeichnung: Indische Legionäre im Kampf gegen England im Westen. In einem Abschnitt der Westfront verbessern sie ihre Stellung.« Tatsächlich gab es eine indische Legion, die sich aus Männern zusammensetzte, die in Europa studierten. Sie zogen deutsche Uniformen an, weil sie England, das ihr Vaterland unterdrückte, glühend haßten.

Zu den Bildern der *rechten Seite:* Lettische Soldaten in Feldgrau werden vereidigt *(oben).* – Holländische Freiwillige ziehen im August 1941 zum Bahnhof, um in Krakau für die »Niederländische Legion« ausgebildet zu werden.

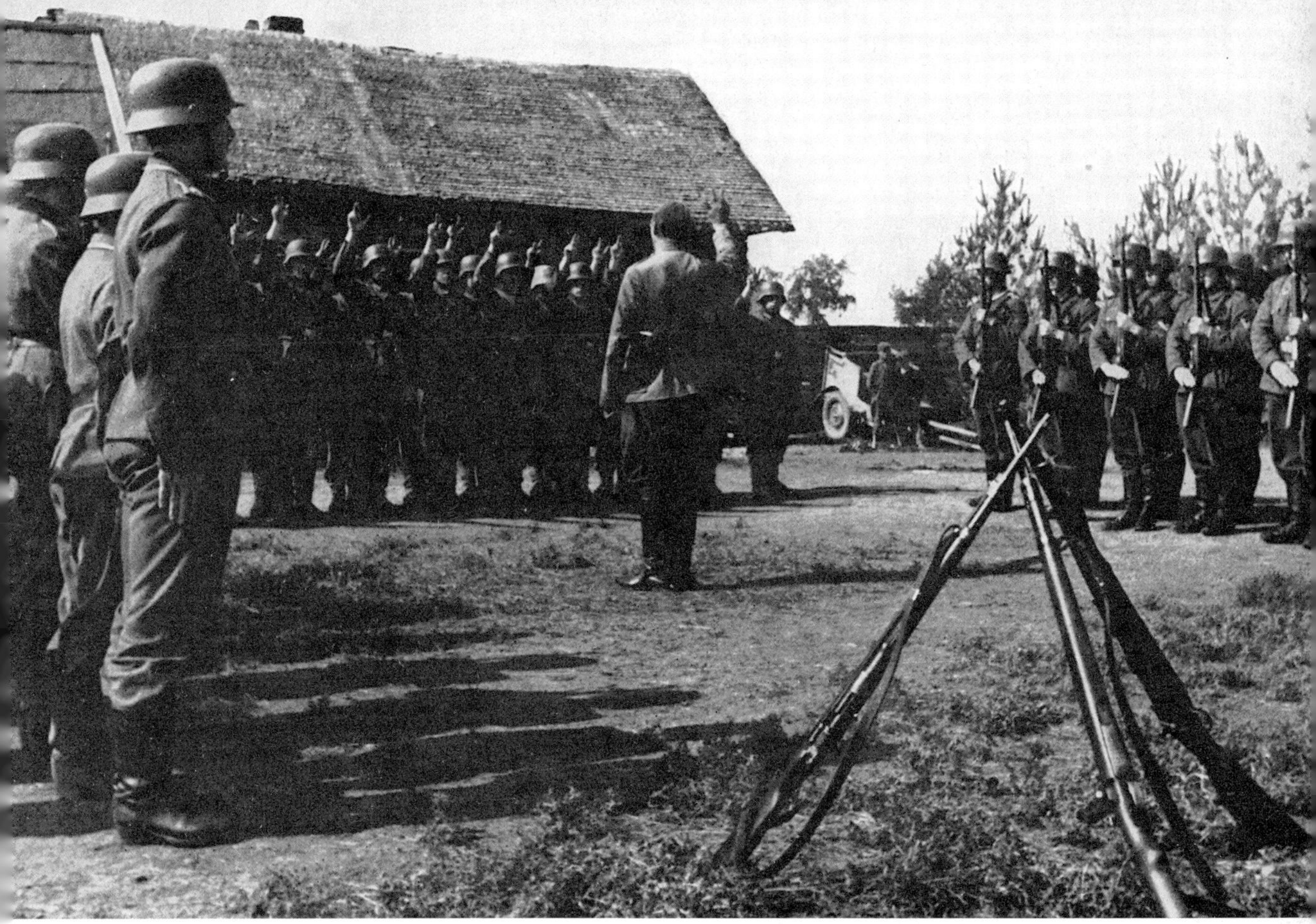

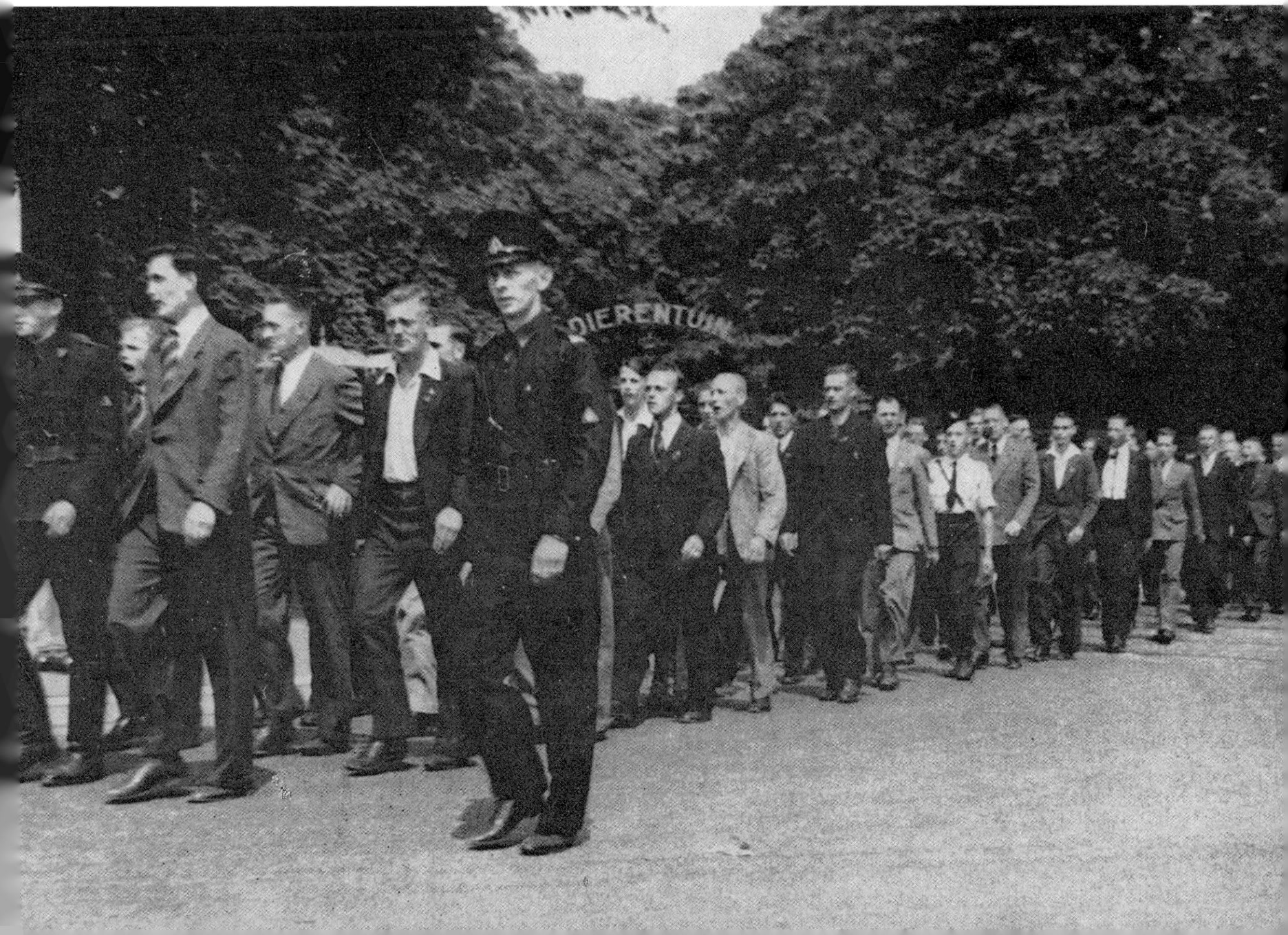
DIERENTUIN

Imponierend waren die Zahlen der Freiwilligen aus dem Osten: 110 000 Turkestaner, 35 000 Tataren, 35 000 Kosaken, die im Kavalleriekorps des Generals v. Pannwitz zusammengefaßt waren. 110 000 Kaukasier!

Bild links oben: Das Musikkorps des Soldatensenders Charkow, das aus Mitgliedern eines landeseigenen Verbandes besteht, marschiert zum Senderaum.

Bild unten links: Die Stabskompanie einer bosnischen Freiwilligendivision präsentiert.

Oben rechts: Ein Trupp »Ostreiter« kehrt von einem Spähtruppunternehmen zurück.

Unten rechts: Der Bataillonskommandeur gibt seinen russischen Unterführern die Parole bekannt. Eine Aufnahme vom 23. April 1943.

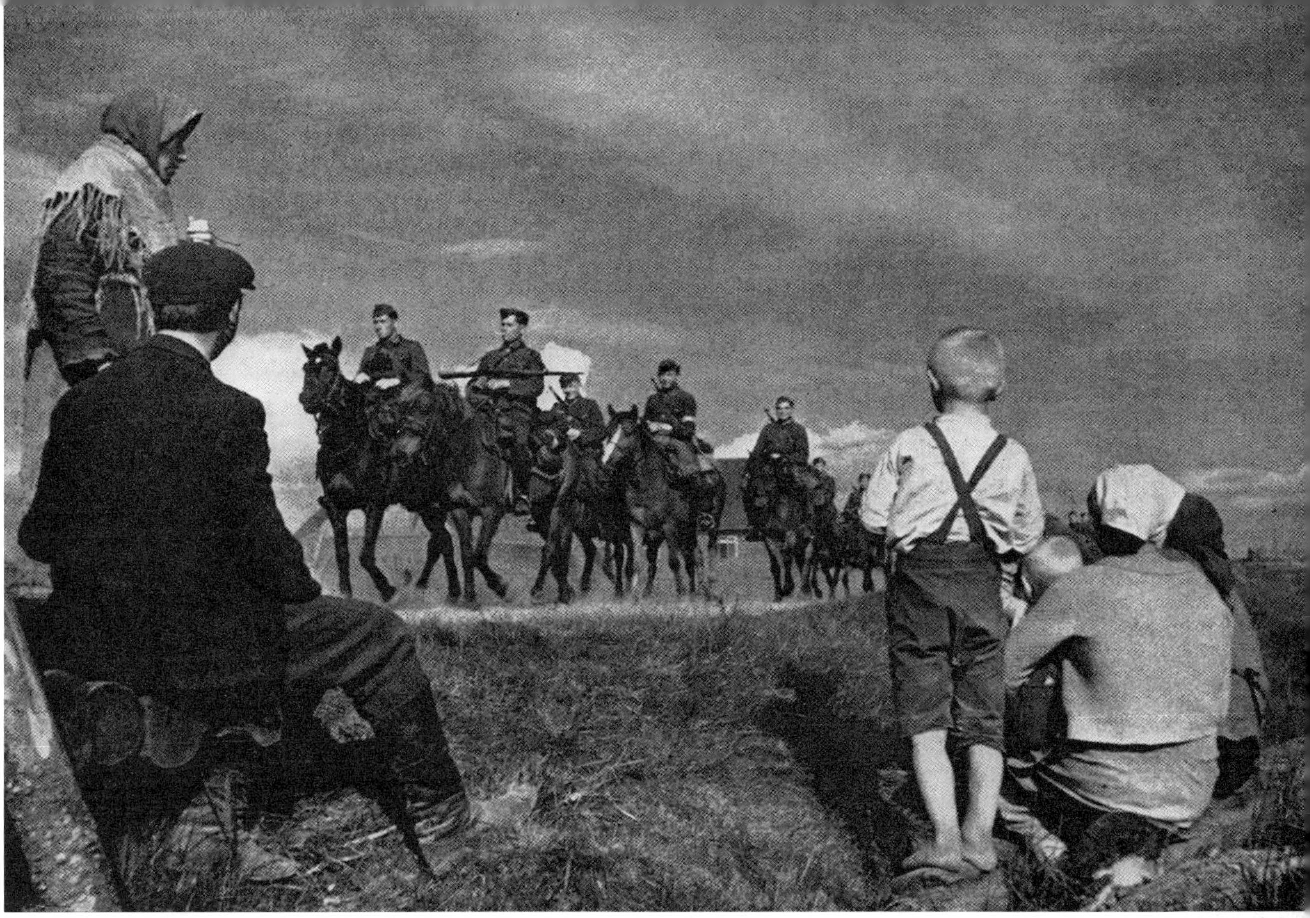

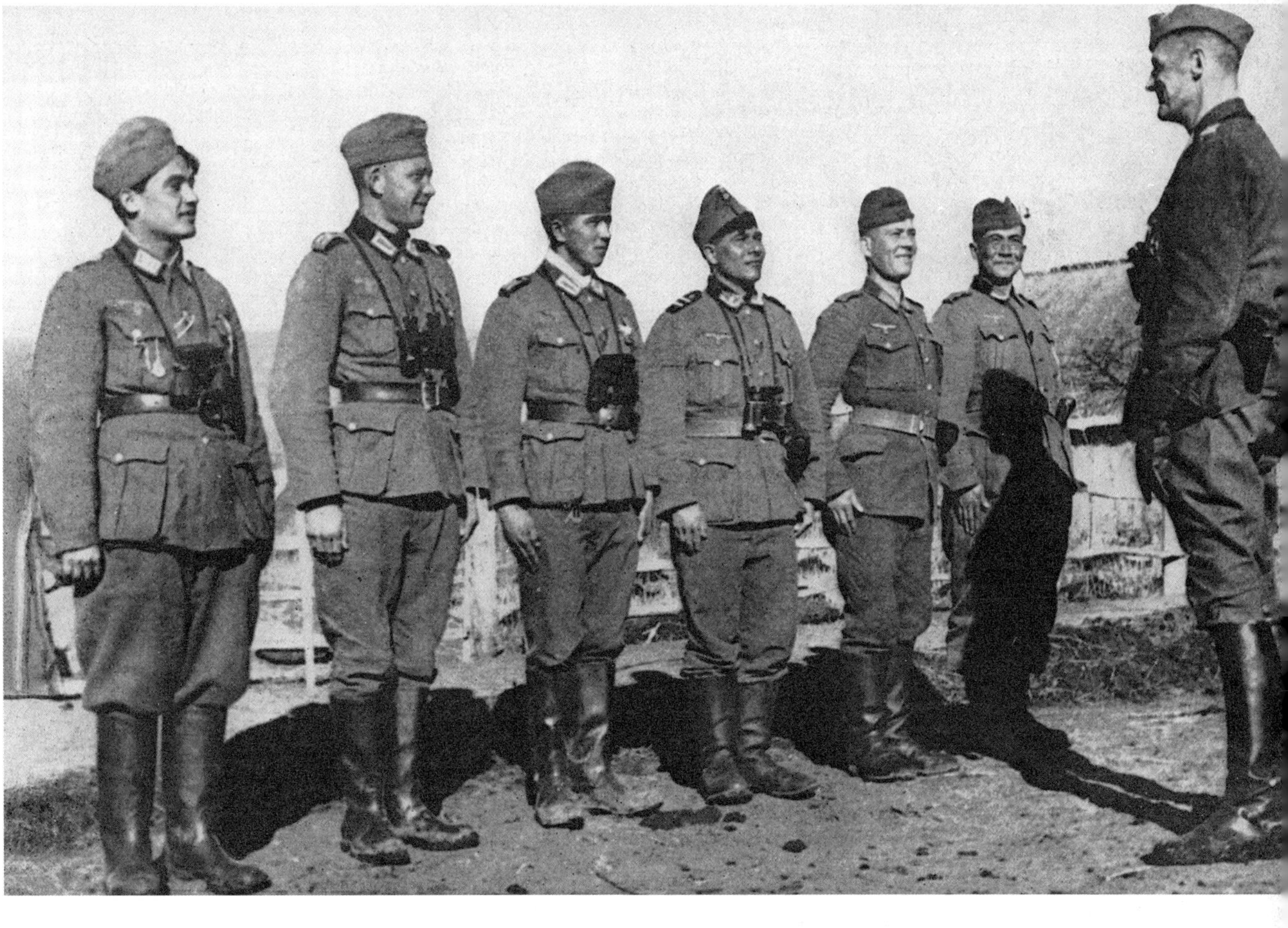

Die Heimatfront

Längst hat der Krieg auch die Menschen daheim in seinen Schreckenskreis gezogen. Wohl ist das Schlimmste für die Zivilbevölkerung der erbarmungslose Luftkrieg, aber auch sonst macht sich die Einbeziehung der Frauen und Kinder und der anderen Daheimgebliebenen in das Geschehen des Krieges immer mehr bemerkbar. Mancher Fronturlauber, der für kurze Zeit das Glück hat, seine Angehörigen wiederzusehen, ist erschrocken über das, was er zu Hause erleben muß.

Sind die Soldaten nicht deshalb in den Krieg gezogen, stehen sie nicht deshalb an allen Fronten rings um Europa, um die Menschen in der Heimat zu schützen, um Frauen und Kinder zu verteidigen? Aber manchem Urlauber kommt das Leben an der Front fast erträglicher vor als dieses Leben daheim. Mancher, der im Luftschutzkeller einen Bombenangriff über sich ergehen lassen muß, neben sich nicht wie an der Front die im Kampf erprobten harten Kameraden, sondern seine eigene Frau, seine Kinder, beginnt sich zu fragen, was für einen Sinn sein Einsatz gegen den Feind eigentlich noch haben soll, wenn dieser Feind schon mitten in der Heimat Krieg führt.

Auch sonst sind die Lebensbedingungen schwer. Schon seit einer Woche vor Kriegsbeginn sind die Lebensmittel rationiert. Gewiß, zu hungern braucht zunächst niemand, aber die Lebensmittelrationen werden bald geringer. Die Frauen müssen arbeiten, in der Rüstungsindustrie, im Verkehrswesen, überall müssen sie die Männer ersetzen, die an der Front sind.

Drei Jahre lang ist das Leben daheim noch halbwegs erträglich, bis etwa 1942.

»Schafft Waffen für die Front.« NS-Propagandaplakat. Die nach dem Blitzkrieg über Frankreich zunächst vorgenommene Drosselung der Kriegswirtschaft erwies sich als Fehlentscheidung. Als die schnelle Niederwerfung Rußlands entgegen der Erwartung Hitlers mißlang, rächte sich diese wirtschaftliche Nachlässigkeit.

Ein Schweizer Journalist erlebte 1942 Berlin im Krieg. Er sieht mit neutralen Augen, wie die Bevölkerung in jenen Tagen lebt:

»Der Berliner zeichnet sich von seinem Vorgänger aus der Friedenszeit vor allem dadurch aus, daß er ›wat sucht‹; er sucht kartenfreie Lebensmittel und auch solche auf Karten, er sucht Geschenkartikel für Kinder und Frau, er sucht einen Staubsauger oder einen Teppich. Nur etwas sucht er heute nicht, was er früher jahrelang suchte: Arbeit. Die gibt es in Hülle und Fülle. Die Zeitungen sind überfüllt mit Stellenangeboten ... Und wer in der Straße pendelt und sich den Anschein gibt, als hätte er nichts zu tun, muß erwarten, daß ihn jemand anspricht und ihm einen Posten offeriert. Arbeit ist also vorhanden, Geld ist auch sehr viel vorhanden, aber es fehlt an Waren, und es fehlt – an Wohnungen ... Nun war das ja immer ein wenig das Übel von Berlin. Dort, wo man zu wohnen wünschte, ging es ohnehin nie, hingegen fand man früher wenigstens eine halbe oder eine ganze Stunde mit Straßenbahn oder Stadtbahn entfernt eine würdige Bleibe. Aber seit der Machtergreifung des Nationalsozialismus im Jahre 1933 ist es mit den Bewohnern Berlins, wenigstens was ihre Zahl betrifft, rapide aufwärts gegangen ... Aus der Hauptstadt Preußens und eines Reiches von 65 Millionen wurde die Metropole eines Hundert-Millionen-Reiches, das Zentrum der Verwaltung eines großen Teiles des europäischen Kontinents, von dessen Wirtschaft und von dessen politischem und militärischem Leben ... Die Industrie führte aus dem Reich und dem Ausland neue Arbeiterheere heran ... Gleichzeitig kam aber auch das Bauverbot für Wohnbauten und die Baubeschränkung für Amtsgebäude. Und zur Vorsorge hat die Regierung noch gar manche Großwohnung beschlagnahmt, in die nötigenfalls künftige Bombengeschädigte einquartiert werden sollen. Die Wohnungsämter suchen für einen gewöhnlichen Sterblichen schon gar keine Wohnung mehr, und wehe einem auswärts entstandenen Amt, wenn es plötzlich Befehl erhält, nach Berlin zu übersiedeln. Seine Beamten werden sich für lange Zeit mit Gemeinschaftsräumen, vielleicht einer Gemeinschaftswohnung, begnügen müssen. Kurz: Der Auswärtige wird sich nach seiner Ankunft in Berlin erst mal die gar nicht bezugsscheinfreien Absätze schieflaufen müssen. Das Leben in den Berliner Straßen unterscheidet sich heute kaum von dem Betrieb der Vorkriegsjahre: Es ist noch gleich geschäftig, gleich lebendig, gleich bunt – nur alles ein wenig stärker aufgetragen. In den überfüllten D-Zügen, wo man nur aktentaschenbewehrten Geschäftsleuten und tornisterbewaffneten Urlaubern begegnet, hat man bereits eine Ahnung bekommen von dem Ameisenbetrieb. Kaum am Anhalter Bahnhof ausgestiegen, packt einen die Berliner Betriebsamkeit schon hundertprozentig. Der Berliner hat bekanntlich immer ›wat zu tun‹, was beileibe nicht nur Arbeit zu bedeuten braucht. Also tut man halt auch etwas. Man trägt seinen Koffer, läßt sich an der Hotelpforte abweisen, versucht am Alexanderplatz in einer Kneipe einen Platz zu bekommen, man beobachtet.

Die Menschen gehen im allgemeinen trotz der mannigfaltigen Einschränkungen immer noch gut gekleidet, auch dann, wenn sie keine Uniformen tragen. Nur scheint einem, als seien die Gesichter müde, die Haltung mancher Männer und Frauen im besten Alter nicht mehr straff. Das ist der Krieg im Hinterland: Er stellt die Nerven der Leute auf eine harte Probe, das Arbeitstempo laugt sie aus, die ewige Jagd nach den Gegenständen des täglichen Lebens ermüdet. Die Zeiten der raschen, glanzvollen Siege sind vorbei, und jedermann sieht, daß die Entwicklung in ein neues Stadium voller Komplikationen und Gefahren getreten ist. Im Gespräch sind die Menschen ernst und gemessen. Aber wo sich Gelegenheit bietet zu einer ungezwungenen Begegnung, da lebt rasch die humorvolle ursprüngliche Schlagfertigkeit des Berliners auf, was dem Leben automatisch eine heitere Note gibt.

Der Berliner ist, wie wohl jeder Großstädter, ein zeitungshungriges Wesen. Das möglichst rasche Einsaugen von Neuigkeiten, die fetten Schlagzeilen und das nervöse Bild des unregelmäßigen Zeitungssatzes sind ihm Bedürfnis. Obwohl die Presse um eine gewisse Eintönigkeit nicht herumkommt, erhascht sich der Berliner zwei, drei Zeitungen – wenn er kann. Denn wenn auch nicht die Zeitungen selbst, so ist doch das Papier knapp geworden in Deutschland. Finnland, der wichtigste Papierlieferant Deutschlands, ist durch den Krieg stark belastet, die Transportmittel sind knapp, und somit ist die Einfuhr an Zellulose geringer geworden. Aber davon geht noch ein großer Teil für die Herstellung von Kunstkleiderstoffen und anderen Werkstoffprodukten drauf – Papier ist bekanntlich geduldig –, so daß für die Zeitungen weniger übrigbleibt... Die Auflagen sind beschränkt. Wer also eine Zeitung haben will, der muß

sich schon am frühen Morgen sputen und – vor dem Kiosk erst einmal die Schlange abstehen, bis er in den Besitz seines Leibblattes gelangt. Nach neun Uhr wird er schwerlich noch eine deutsche Zeitung finden. Was bleibt, sind zumeist fremdsprachige Zeitungen, aus Italien, aus den mit der Achse verbündeten oder aus den besetzten Ländern. Hast du aber ein Blatt in der Tasche, dann brauchst du dich um Freunde nicht zu sorgen. ›Gestatten Sie einen Augenblick!‹ hört man dann in sein Ohr flüstern, und schon greift eine Hand nach dem Druckerschwärzefüllhorn...

In den Gaststätten werden ungefähr alle Sprachen Europas, vielleicht mit Ausnahme des Englischen, gesprochen. Dies nicht etwa wie früher nur Unter den Linden oder am Kurfürstendamm, sondern auch in den Markthallen, den Warenhäusern, in Tegel so gut wie in Schöneberg. Es sind die aus den besetzten Ländern, dem Protektorat, dem Generalgouvernement herangezogenen Arbeitskräfte, aber auch Leute, die aussehen wie Besucher, und von denen ich nicht zu sagen wüßte, weshalb sie eigentlich in Berlin sind. Der Berliner blickt nicht auf. Er ›fühlt sich‹ sogar dabei, wenn er ein babylonisches Sprachengewirr um sich hört. Und wenn er auch nicht versteht, was gesagt wird, so glaubt er eben doch daran, daß die vielen Sprachen kein Hindernis bilden für ein auf sein Ziel ausgerichtetes Denken. Und der Glaube versetzt bekanntlich Berge. Und jeder Berliner, auch wenn er zufälligerweise nichts tut, als hinter einem Bier zu sitzen, ist überzeugt, Wichtigeres zu tun zu haben als darüber nachzugrübeln, was nun eigentlich die Fremden an seiner Seite denken oder sprechen...

Man könnte über Essen berichten. Aber das ist langweilig. Suppe gibt's soviel man will, das meiste andere gegen Karten. Das wird erst in intimeren Kreisen interessant, wo man weiß, wo es was gibt. Wir denken dabei gar nicht an Schwarzhandel. Denn ein Händler hat auch von dem Erlaubten Besseres als der andere, vielleicht steht seine Waage schief und man bekommt für den gleichen Abschnitt zwei Gramm mehr, vielleicht ist er so freundlich, einem einen Tip zu geben – alles erlaubt natürlich. Unerlaubt ist es, Schuhe gegen Gans, Klavier gegen Leberpasteten und Kaninchen gegen Likör zu tauschen. Hingegen findet man an einem Ort besseres Fett als am anderen, hier Kartoffeln, dort Gemüse. Da muß sich einer auskennen.

Hingegen ist es erstaunlich, wie viele Großmütter heutzutage in Berlin unter die Zigarettenraucherinnen gegangen sind. Früher sprachen beim Tabakwarenhändler nur beleibte Männer, schneidige Jünglinge und junge weibliche Wesen vor. Als der Krieg kam, wurde der Händler von ›oben‹ zur höchsten Gerechtsamkeit angehalten. Da mußte sich einer schon mit einer bevorstehenden sehr langen Reise ausweisen, ehe er von seinem Freund – Tabakwarenhändler in Berlin sind nur Freunde – eine volle Packung Zigaretten auf den Weg mitbekam. Auch wenn einer sich als Feinschmecker in Zigarren zu erkennen gab und er deshalb in der Achtung des Händlers weit höher stand als das gewöhnliche Raucherpack, durfte er damit rechnen, eine etwas seltenere Kiste vorgehalten zu sehen. Andere gab es wieder, die hatten Zeit und Geld, um mehrere Schlangen täglich abzustehen. Die Gerechtigkeit hatte manchen Haken, bis plötzlich die Raucherkarte kam. Sie ist noch funkelnagelneu und hat fast soviel Aufregung hervorgerufen wie ein Sieg. Sie steht zuerst einmal den richtigen Männern zu, Alter von 18 bis X Jahren, dann, in halbem Wert, allen weiblichen Personen ab 25. Lebensjahr. Unter dieser Altersgrenze (pardon: Jugendlichengrenze) gibt es nichts, und wenn es einmal hieß: ›Die deutsche Frau raucht nicht!‹ so sagt man nun zutreffender: Das deutsche Fräulein bekommt nichts zu rauchen. Andererseits hat also nun die Frau Anrecht, gesetzliches Anrecht, auf Zigaretten, nicht auf viel: ein bis zwei Zigaretten alle zwei Tage, Männer das Doppelte, je nach Versorgungslage – und sie macht ausgiebig von diesem Recht Gebrauch. Im Tabakladen begegnet man nun neben dem beleibten Herrn auch der beleibten Frau mit vier Gören an den Rockschößen, die sich ihre regelmäßig zuerkannten Zigaretten abholt. Auch Großmutti stellt sich alle zwei Tage beim früher höchst verachteten Tabakhändler ein und kauft sich ihre Zigaretten. Aber wie Großmutti, so tun es die meisten anderen Frauen: Sie kaufen zwar, rauchen aber nicht, sondern schicken sie mit der Feldpost hinaus in die Länder, an den Sohn, an den Enkel, um deren Leben sie jeden Tag bangen und zittern... Mütter bleiben überall und immer Mütter. Aber verfallen wir nicht in Sentiments. Sagen wir vielmehr, daß man sich augenblinzelnd in der Männerwelt erzählt, daß zur Zeit bei den Soldaten die Bräute von über 25 Jahren, ob braun oder blond, bevorzugt werden.

Berlin ist heute von den gleichen Sorgen und Nöten bedrückt wie andere Städte des Reiches, in mancher Hinsicht sogar noch mehr, ja mehr als andere Städte des Kontinents. Aber das drängt nicht an die Oberfläche. Die Intensität des Berliner Lebens, der Stolz einer Reichshauptstadt, der rege Bevölkerungscharakter, die Tag und Nacht arbeitenden Industrien im Norden und im Osten der Stadt, die überfüllten Vergnügungsstätten, das alles verdeckt für den Betrachter die Sorgen, von denen das Individuum erfüllt sein mag. Und auch die Hoffnungen, wie sie überall durchsickern. Denn von den Hoffnungen auf Sieg und Frieden zehrt und lebt heute auch – dieses Berliner Volk.«

Doch so wie der Schweizer Journalist die Situation in Berlin schildert, war sie im Jahre 1942. Schon 1943 verschlechtert sich die Lage in der Heimat. Nach dem Desaster von Stalingrad hat Reichspropagandaminister Goebbels den Totalen Krieg verkündet. Kleinere und mittlere Betriebe werden geschlossen. Die alliierten Luftangriffe nehmen immer mehr zu. Die Mitteilungen von der Front, der Mann, Sohn oder Bruder sei »für Führer, Volk und Vaterland« gefallen, gelangen in immer größerer Zahl in die Heimat. Und – an die Front gelangen immer mehr Briefe, zumeist unterschrieben von Ortsgruppenleitern der Partei, aus denen Landser erfahren müssen, ihre Angehörigen seien im Bombenkrieg umgekommen. Fast kann der noch sich glücklich schätzen, der »nur« die Nachricht erhält, seine Familie sei »ausgebombt«, wie das Schlagwort dafür lautet. Dann gibt es »Bombenurlaub«, der Soldat darf für einige Tage zu seiner Familie und ist froh, der Hölle der Front für kurze Zeit entrinnen zu können. Oft allerdings erwartet ihn zu Hause eine ähnliche Hölle – die der Bombennächte in feuchten, schlecht geschützten Luftschutzkellern.

Noch ist die Versorgungslage der Bevölkerung nicht schlecht. Selbst bis kurz vor Kriegsende ist sie noch besser als in den ersten Nachkriegsjahren bis zur Währungsreform. Hitler selbst hat dafür gesorgt, um die Moral der Bevölkerung möglichst hochzuhalten. Selbst nach der Verkündung des Totalen Krieges sind in Deutschland längst nicht alle Hilfsquellen für die Kriegsproduktion ausgeschöpft worden.

Bis 1944 läuft noch immer in erstaunlich hohem Maß die Erzeugung von Konsumgütern. Lange Zeit hat Hitler sich auch der Heranziehung der Frauen zur Rüstungsproduktion widersetzt. In den ersten vier Kriegsjahren sind in England weit über zwei Millionen Frauen in der Kriegsindustrie eingesetzt worden, in Deutschland sind es in der gleichen Zeit nur 182 000. Nach Meinung der Naziideologen gehört die Frau ins Heim, sie ist die Hüterin der Familie, die Mutter der Kinder.

Als der neuernannte Reichsminister für Bewaffnung und Munition, der Architekt Albert Speer, im März 1943, von Hitler selbst einen Befehl erbittet, die Frauen zur Arbeit in der Rüstungsindustrie heranzuziehen, widersetzt Hitler sich immer noch und sagt zu Speer, die teuersten Ideale zu opfern, sei ein zu hoher Preis.

1944 aber ändert sich das gründlich. Am 1. August haben die Amerikaner es an der Invasionsfront geschafft, sind bei Avranches durchgebrochen und stoßen ins Innere Frankreichs vor. An der französischen Mittelmeerküste landen nun ebenfalls Invasionstruppen und stoßen mit großer Geschwindigkeit das Rhône-Tal entlang nach Norden. Die deutschen Truppen in Frankreich sind restlos geschlagen. Am 25. August geht Paris verloren, am 3. Dezember Brüssel. Gleich darauf fällt Lüttich, ohne daß die Wehrmacht Zeit gehabt hätte, die berühmte Festung mit dem Fort Eben Emael in Verteidigungszustand zu versetzen. Weiter südlich fällt Verdun, die alte Reichsstadt Metz wird eingeschlossen. Die Alliierten stehen an der Mosel und oben bei Aachen an der deutschen Westgrenze.

Mehr als 500 000 Mann hat die Wehrmacht im Westen seit Beginn der Invasion verloren. Fast sämtliche Panzer, Geschütze und Kraftfahrzeuge sind vernichtet oder als Beute in der Hand der Alliierten.

General Speidel sagt zu dieser Lage nach dem Krieg: »Keine nennenswerten deutschen Verbände befanden sich mehr auf der Erde, geschweige denn in der Luft!« Und Generalfeldmarschall von Rundstedt, den Hitler am 4. September wieder zum Oberbefehlshaber West gemacht hat, erklärt: »Wenn es nach mir gegangen wäre, wäre der Krieg im September beendet worden!« In der gleichen Zeit nähern sich die Russen der Grenze Ostpreußens. Es gibt keine »Festung Europa« mehr, es gibt nur noch die »Festung Deutschland«.

Jetzt erst wird der Totale Krieg in der Heimat volle Wirklichkeit. Jugendliche von 16 Jahren an werden eingezogen, nachdem schon vorher Schüler an die Flugabwehrgeschütze gestellt worden sind. Hitler ruft zur Bildung des »Volkssturms« auf. Alle Fabriken und Behörden werden noch einmal durchgekämmt, Universitäten geschlossen, ebenso alle kulturellen Institutionen. In Fabriken und Behörden wird der Platz der Ausgeschiedenen von Frauen eingenommen. Nun wird auch die Versorgung der Bevölkerung um vieles schlechter. Das Verkehrsnetz ist durch die ständigen Bombenangriffe nun weitgehend zerstört. Truppentransporte, Munitionstransporte und die Zulieferungen für die Kriegsindustrie haben absoluten Vorrang vor allem anderen.

Das Ende ist nahe, vielleicht spürt man das in der Heimat noch eher als an der Front. Schon jetzt strömen Flüchtlinge durch das Land – die Einwohner der östlichen Provinzen, die aus eigener Initiative in das Innere Deutschlands ziehen, wenn sie dort irgendwo Verwandte und Bekannte haben. Aus eigener Initiative – denn noch denken die Behörden und Parteidienststellen nicht daran, ihrerseits etwas zur Rettung der Bevölkerung in den von der Roten Armee bedrohten Gebieten zu tun. Im Gegenteil. Der Gauleiter von Ostpreußen, Erich Koch – der gleiche, der eben noch unumschränkter Herrscher über das »Reichskommissariat Ukraine« bis zum Schwarzen Meer war – hat die Evakuierung der Bevölkerung ausdrücklich verboten. Die große Wende des Krieges, der Endsieg stünde bevor, die Rote Armee würde keinen Schritt nach Deutschland hineingelangen. Um eines billigen propagandistischen Effektes willen werden Hunderttausende einem grausigen Schicksal überlassen.

Und noch andere Menschen strömen ins Innere Deutschlands zurück, auch aus dem Osten, aus dem Warthegau, aus Schlesien und Ostpreußen. Es sind die, die einst aus den durch die Luftangriffe bedrohten großen Städten evakuiert worden sind. Damals sind die östlichen Provinzen sicherer gewesen, niemand dort hat je den Bombenkrieg kennengelernt. Jetzt aber fühlen sich die Evakuierten trotz des Bombenkrieges daheim sicherer als hier im bisher so friedlichen Osten unter der ständigen Drohung eines Einfalls der Roten Armee.

Auch dadurch wird die Versorgungslage immer schwieriger – die Verkehrswege zerstört oder ständig kontrolliert von feindlichen Jagdbombern, die ins Reich strömenden Flüchtlingsmassen, das fast völlige Aufhören der Konsumgütererzeugung. Amtsstellen sehen sich genötigt, die Bevölkerung über Maßnahmen gegen Hungerödeme aufzuklären, Brennesseln als besonders wertvolles Gemüse zu empfehlen, Rezepte für Kartoffelsuppe mit Schalen herauszugeben.

Längst vergessen sind die Tage, da es in der Heimat noch Tanzveranstaltungen gab, Kabarettvorstellungen, als ein Heinz Goedecke das »Wunschkonzert für die großdeutsche Wehrmacht« über alle deutschen Sender verbreitete. Nun breitet sich allmählich das Chaos aus. Nur die Führung wartet noch immer auf ein Wunder und will nicht einsehen, daß der Krieg verloren ist. Die »Wunderwaffen« V 1 und V 2 haben nicht das gehalten, was man sich von ihnen versprach. Nun glaubt man an das Wunder einer Entzweiung der Alliierten. Schon im August 1944 nennt Hitler der immer mehr resignierenden Generalität den Grund, weshalb er noch immer auf den deutschen »Endsieg« hofft:

»Aber die Zeit kommt, wo die Spannungen zwischen den Alliierten so groß geworden sind, daß sie zum Bruch führen. Alle Koalitionen in der Geschichte haben sich früher oder später aufgelöst. Man muß nur auf den richtigen Augenblick warten, wenn es auch schwer ist!«

Mit seiner Voraussage hat Hitler schon recht, aber er täuscht sich über den Zeitpunkt, da sie sich verwirklichen wird. Erst nach Deutschlands Niederlage wird die Koalition der Westmächte mit der Sowjetunion zerbrechen und dem »Kalten Krieg« Platz machen, und damit der Gefahr eines neuen, des dritten Weltkrieges, unter dessen Drohung wir heute leben müssen.

Jedenfalls glaubt Hitler, das Ende bis zu diesem Augenblick hinauszögern zu können – mit allen Mitteln. Vor allem auch mit den Mitteln des Terrors, mit den Mitteln, die er schon während der »Kampfzeit« in der Weimarer Republik angewandt hat, während der Friedensjahre des Dritten Reiches gegen die innenpolitischen Gegner, gegen die Juden, gegen alle Andersdenkenden, im Krieg gegen die von der Wehrmacht besetzten Länder.

Mit dem Amtsantritt von Albert Speer als »Minister für Bewaffnung und Munition« am 8. Februar 1942 wurde die Produktion den Erfordernissen des Totalen Krieges entsprechend organisiert und rasch gesteigert, um im Sommer 1944 ihren Höhepunkt zu erreichen. Speer: »Entscheidend für die auffallenden Produktionssteigerungen war, jenseits aller organisatorischen Neuordnungen, die Tatsache, daß ich Methoden einer demokratischen Wirtschaftsführung anwendete. Grundsätzlich nämlich brachte sie den verantwortlichen Industrieführern solange Vertrauen entgegen, bis das Gegenteil erwiesen war; so wurde Initiative belohnt, Verantwortungsbewußtsein geweckt, Entscheidungsfreude hervorgerufen – bei uns dagegen war das alles seit langem verschüttet gewesen. Druck und Zwang erhielten die Produktion zwar aufrecht, ließen aber alle Spontaneität verschwinden. Ich erklärte, daß die Industrie ›uns weder wissentlich belügt, bestiehlt oder sonstwie versucht, unsere Kriegswirtschaft zu schädigen‹.« (Albert Speer: Erinnerungen)

Das Bild *oben* zeigt Albert Speer am Steuer einer Panzerlafette. Hinter ihm der Konstrukteur Ferdinand Porsche.

Links: Bevorzugte Behandlung ausgebombter Kunden.

»Wir haben das Christentum der Tat verwirklicht. Das WHW ist das christlichste Werk, Deutschland das christlichste Volk«, sagte der »Frankenführer« Streicher. Tatsächlich wurde das Winterhilfswerk mit immer neuen »Bettel-Ideen« zu einem wichtigen Pfeiler des Systems... weil die Aktion ethisch so verbrämt war, daß kaum einer zu dem Ansinnen zu spenden »nein« sagen konnte. Wie ein Spinnwebennetz mit stählernen Fäden zogen sich die Saugarme dieses Unternehmens über die 80 Millionen Deutschen... und schöpften zumal im Krieg die Kaufkraft ab. Es war so weit gekommen, daß die »freiwilligen Beiträge« zum WHW (10 Prozent des Bruttoeinkommens) regelmäßig auf der Lohn- und Gehaltstüte erschienen. Es hatte sich so eine neue, geschickt verbrämte Steuer eingeschlichen, gegen die kein »Volks«- und erst recht kein Parteigenosse zu rebellieren wagte. – *Bild oben:* Ob Hagel oder Schnee, Sturm oder Hitze, die Sammelbüchsen wurden am befohlenen Tag den Passanten halb bittend, halb drohend unter die Nase gehalten.

Fast 13 Millionen Menschen wurden durch das WHW im Winter 1943 unterstützt. Die Künstler auf unserem Bild oben (von links: Luise Ullrich, Hannes Stelzer, der später den Fliegertod starb, und Magda Schneider, Romy Schneiders Mutter) singen gemeinsam ein Terzett in die Mikrophone. Sari Barabas singt Lieder aus ihrer ungarischen Heimat *(unten links),* und die Frau von Viktor de Kowa, die gebürtige Japanerin Michiko Tanaka, hat ein Liebeslied aus dem Reich der aufgehenden Sonne angestimmt. Insbesonders die Prominenz vom Film, beliebte Schauspieler wurden in die Pflicht genommen.

Winterhilfswerk 1939/40 | 859

Warum aktuell:

Anfang Oktober Eröffnung des diesjährigen Winterhilfswerkes, verbunden mit Bekanntgabe des großen Rechenschaftsberichtes über die Leistungen des vorjährigen WHW. — 8. 10. 1939: erster Eintopfsonntag. — 14./15. 10. 1939: erste Straßensammlung, durchgeführt durch die Deutsche Arbeitsfront.

Ziel:

Das WHW. ist das große Gemeinschaftsopfer der Nation, zu dem jeder Deutsche das Seine beitragen muß. Gerade in der heutigen Zeit muß der Welt gezeigt werden, daß bei uns jeder für den anderen einsteht.

Zur Information:

Das Winterhilfswerk des deutschen Volkes wird diesmal als „Kriegswinterhilfswerk" durchgeführt. Die Vorbereitungen für das Kriegswinterhilfswerk sind bereits im Gange. — Eintopfsonntage (am 2. Sonntag im Monat) und Reichsstraßensammlungen (am 3. Sonntag im Monat) finden wie bisher statt. Die Eintopfsonntage werden in diesem Winter zu Opfersonntagen (Dank an Führer und Front!) ausgestaltet. — Die Pfundspenden fallen weg. — Der „Tag der nationalen Solidarität" wird zunächst zurückgestellt; ob und wann er stattfindet, wird später bekanntgegeben. — WHW.-Briefmarken kommen in 9 Werten heraus; sie zeigen Burgen und Schlösser aus allen deutschen Gauen. Daneben WHW.-Postkarten mit Bildnissen bedeutender Männer der deutschen Geschichte.

Zur Zeit ist es wünschenswert, daß in der Presse der ehrenamtliche Helfer, der auch in diesem Jahre wieder der Träger der gesamten Arbeit des Winterhilfswerks sein wird, im Rahmen seines vielfältigen Einsatzes innerhalb der gesamten Arbeit der NSDAP., Hauptamt für Volkswohlfahrt, entsprechend herausgestellt wird.

Ausrichtung:

Behandlung frei ab 2. Oktober.

Betonen: Losung für die Straßensammlungen des WHW.: für jeden Frontkämpfer ein Abzeichen mitkaufen!

Vermeiden: Nennung von Ergebniszahlen des letzten WHW. vor der Eröffnungskundgebung des WHW. für 1939/1940.

Themen und Anregungen:

Politisch:

Deutschland stellt dem Gedanken der „internationalen Solidarität" die nationale Volksgemeinschaft entgegen. — Das WHW., das größte Volksopfer der Geschichte. — In Großdeutschland: einer für alle und alle für einen! — Grundsatz des WHW.: Kein Volksgenosse soll hungern oder frieren! — Die Opfergemeinschaft der Nation: ein Dank an den Führer. — „Der Führer macht Geschichte" (der Titel der 6 Buchabzeichen, die bei der Reichsstraßensammlung der DAF. am 14./15. 10. 1939 verkauft werden; enthalten Bilder aus dem Werden des Großdeutschen Reiches). — Das Sammelprivileg für das WHW. im Winter 1939/1940.

Wirtschaftlich:

Arbeitsbeschaffung durch das WHW. (für Notstandsgebiete durch Aufträge zur Herstellung von WHW.-Abzeichen; für Handwerker durch Bekleidungs- und Wohnungsfürsorge; für Künstler durch Verkauf von Kunstwerken mittels des „Hilfswerks der deutschen Kunst"). — Zahlen aus dem WHW. und ihr wirtschaftlicher Hintergrund. — Der Gebrauchswert des Sachspenden des WHW.: ein Milliardenbetrag! — Die Verwaltungskosten des WHW. (bleiben unter 1 v. H.!).

Organisatorisch:

Begründung des WHW. im Herbst 1933. — Eröffnung des ersten WHW. am 13. 9. 1933 durch den Führer. — Gesetz über das WHW., das seine Rechtsstellung verankert: am 2. 12. 1936 erlassen. — Führung und Beaufsichtigung des „WHW. des deutschen Volkes" durch den Reichsminister für Volksaufklärung und Propaganda. Auf seinen Vorschlag wird vom Führer der Reichsbeauftragte für das WHW. bestellt. — Mit der Durchführung des WHW. beauftragt: der Hauptamtsleiter der NSV.

Rechtlich:

WHW. hat die Stellung einer rechtsfähigen Stiftung des bürgerlichen Rechtes. Sitz: Berlin.

Sozial:

Das WHW. sorgt für die Bedürftigen des Volkes in Stadt und Land: Verteilung von Lebensmitteln, Kohlen und Bekleidung. Freitische. Weihnachtsbescherungen. Soziale Seelsorge. — Ferienaufenthalte für Kinder. Mütterferien in Müttererholungsheimen. — Kindergärten für die Kinder berufstätiger, kranker und überlasteter Frauen.

Kulturell:

Nicht nur materielle, sondern auch kulturelle Betreuung durch das WHW. angestrebt. — Verteilung von Freikarten für Theater und Kinos an Bedürftige. — Das Weihnachtsbuch des WHW. „Ewiges Deutschland" 1938 an 3 Millionen Unterstützte verschenkt. — Das „Hilfswerk der deutschen Kunst" (Zweck: kameradschaftliche Hilfeleistung für leistungsfähige Künstler. Werbung zusätzlicher Käufer für Kunstwerke. Anbahnung neuer Beziehungen zwischen Künstlern und Käufern. Teilnahmeberechtigt: alle freien, d. h. nicht angestellten oder für längere Zeit mit festen Aufträgen beschäftigten Maler, Graphiker und Bildhauer).

Unterhaltend:

Der unbekannte Helfer. — Ein Blick in die Werkstatt des WHW. — Das WHW. spielt Weihnachtsmann. — Jugend bastelt für das WHW. — Erlebnisse bei den Straßensammlungen des WHW. — Der Abzeichensammler.

Quellen:

Reichsleitung der NS.-Volkswohlfahrt, Berlin-Neukölln, Maybachufer 48/51 (62 30 01). — Alle nachgeordneten Dienststellen der NSV.

Das WHW hatte einen festen Patz im »braunen« Jahreslauf. Die Presse wurde mit Rohmaterial für ihre vielfältigen Beiträge vom Propagandaministerium reichlich eingedeckt, wie es die gegenüberliegende Seite mit der Anordnung 859 deutlich widerspiegelt. Bei den großen »Reichsstraßensammlungen« flogen manchmal als Ansteckabzeichen eine Million Schmetterlinge nach Berlin *(Bild oben rechts)*, manchmal waren es buntbemalte Holzengel *(Bild darunter)*, mitunter eine Spitzenrosette, Trachtenmädchen in Porzellan, zwölf verschiedene Tierchen aus Leichtmetall, Blüten aus Bernstein, sogar kleine, aus Holz gefertigte Brettchen zum Speck- oder Wurstschneiden oder cremefarbene geklöppelte kleine Deckchen. Für solche Menschen, die an den Sammeltagen nicht auf die Straßen gingen, erfand man die monatliche Türplakette. Diese durften diejenigen Menschen an ihrer Haustür befestigen, die »regelmäßig 10% des Betrages ihrer Einkommensteuer an die Winterhilfe abführen«.

Im Zenit der WHW-Werbung: Das Wunschkonzert. – Das Fernsehen war damals noch im Experimentierstadium, der Rundfunk aber hatte bereits eine Millionengemeinde. Mit der Einführung des Wunschkonzertes, dessen »Schnorr-Kern« geschickt mit Musik, Schlagern, Babyschreien und Amateurgedichten versüßt wurde, war der große Wurf gelungen. Das Wunschkonzert war zum emotionalen Mittelpunkt des ganzen Sendebetriebes geworden. Der Mikrophonvater dieser ungemein populären Veranstaltung war Heinz Goedecke, der in einem Büchlein über das WHW den nachstehenden Steckbrief über sich veröffentlichte: »Heinz Goedecke. Fachschaft: Bühne. Beruf: Schauspieler. Beruf nach Hörermittlungen: Rundfunkonkel – Vater der Wunschkonzerte – ›Wuko‹-Stratege – Rundfunkheini. Ort der Beschäftigung: Haus des Rundfunks, Berlin. Kennzeichen: Augen blau – restliche Haare: blond. Besondere Vorliebe: Theater – Musik – Zigaretten – Kaffee – Blumen – kleine Kinder – und Reisen! – Zum *Bild links oben* lautet die Originalunterschrift: »Der Schütze Willi Pottschulte machte einen Gepäckmarsch von 150 km zum Wunschkonzert, um die Spende seines Bataillons – fast 1400 RM – zu überbringen. ›Befehl ausgeführt!‹ meldete er seinem Hauptmann durchs Mikrophon.« – *Unten links:* Paul Hörbiger singt das berühmte »Hobellied« aus dem »Verschwender«. – *Bild unten rechts:* Ordnungsfächer für die Korrespondenz der Musikbitten. Es führte das »Wolgalied« vor »Erika«, dann kam »Das kann doch einen Seemann nicht erschüttern«, die »Böhmische Polka« vor »La Paloma«. – In die Mikrophone des WHW sang alles, was Rang und Namen hatte. Die Künstler hätten sich – auch wenn sie wollten – der Aufforderung Goedeckes mitzumachen, nicht widersetzen können.

Am 28. August 1939 erschien eine Regierungsverordnung, die jedermann drastisch zum Bewußtsein brachte, was die Stunde geschlagen hatte. Der erste Satz lautete: »Berlin, 27. Aug. Seit Sonntag werden allen Haushaltungen in Deutschland Bezugsscheine für einige Arten von Lebensmitteln und andere lebenswichtige Verbrauchsgüter zugestellt.« Damit begann die Karte die Herrschaft über alle, eine Herrschaft, die über ein Jahrzehnt dauerte. Mit der Ausgabe dieser Lebensmittelkarte wurde die Macht des Staats absolut. Es war fast unmöglich, ohne Lebensmittelkarte das Leben zu fristen.

Nun waren alle Menschen, die im Bereich von Hitlers Macht lebten, mit einer »unzerreißbaren Kette« an den Staat gebunden. Hitler hatte seinen »Kriegskommunismus« eingeführt, der für die große Masse gleiche Lebensbedingungen schuf. Drakonische Gesetze verhalfen der Durchführung der Kartenwirtschaft zum Erfolg. *Bild rechts:* Nach des Tages Arbeit muß die Geschäftsfrau sorgsam die einzelnen Abschnitte für Ware, die sie empfing und ausgegeben hat, aufkleben.

Karten gab es für Brot, Fleisch, für Zucker, Marmelade, für Eier und Margarine, für Butter und Speiseöl, für Milch und Kaffee-Ersatz genauso wie für Nährmittel, Kartoffeln, Hülsenfrüchte . . . und Kohle und Seife.

A 1	A 2	B 1	Kartoffeln 1	Kartoffeln 2	Hülsenfrüchte 1	Hülsenfrüchte 2	Fleisch oder Fleischwaren 5	Fleisch oder Fleischwaren 4	Fleisch oder Fleischwaren 3	Fleisch oder Fleischwaren 2	Fleisch oder Fleischwaren 1
A	A	B									
A 3	A 4	B 2	Kartoffeln 3	Kartoffeln 4	Hülsenfrüchte 3	Hülsenfrüchte 4	Fleisch oder Fleischwaren 10	Fleisch oder Fleischwaren 9	Fleisch oder Fleischwaren 8	Fleisch oder Fleischwaren 7	Fleisch oder Fleischwaren 6
Kohle 1	Kohle 3	B 3						Fleisch oder Fleischwaren 11	Brot oder Mehl 4	Brot oder Mehl 1
		B								
Kohle 2	Kohle 4	B 4						Fleisch oder Fleischwaren 12	Brot oder Mehl 5	Brot oder Mehl 2
Seife 1	Seife 3	Zucker und Marmelade 4						Brot oder Mehl 7	Brot oder Mehl 6	Brot oder Mehl 3
Seife 2	Seife 4	Zucker und Marmelade 3						Brot oder Mehl 8	Milcherzeugnisse, Öle und Fette 6	Milcherzeugnisse, Öle und Fette 3
Eier 1	Eier 3	Zucker und Marmelade 2	Nährmittel 4	Nährmittel 3	Kaffee, Tee oder Kaffee-Ersatz 4	Kaffee, Tee oder Kaffee-Ersatz 3	Milch 4	Milch 3	Milcherzeugnisse, Öle und Fette 8	Milcherzeugnisse, Öle und Fette 5	Milcherzeugnisse, Öle und Fette 2
Eier 2	Eier 4	Zucker und Marmelade 1	Nährmittel 2	Nährmittel 1	Kaffee, Tee oder Kaffee-Ersatz 2	Kaffee, Tee oder Kaffee-Ersatz 1	Milch 2	Milch 1	Milcherzeugnisse, Öle und Fette 7	Milcherzeugnisse, Öle und Fette 4	Milcherzeugnisse, Öle und Fette 1

Ausweiskarte

Herrn
für Frau
Fräulein   (Vor- und Zuname)

Lebensalter: Jahre

Beruf:

Wohnort:

Straße: Nr.
(Platz)

Gebäudeteil:

Rückseite beachten!

Reichs- und Preußisches Ministerium des Innern

Warenwert der Abschnitte

Abschnitte		Abschnitte	
1 Taschentuch	1	1 Untertaille	6
1 Paar Strümpfe	4	1 Büstenhalter	4
1 Paar Socken	4	1 Strumpfhaltergürtel	4
1 Paar Handschuhe aus		1 Hüfthalter	8
Spinnstoff	5	1 Korselett	15
1 Schal	5	1 Wollkleid	40
1 Pullover od. Strickweste	25	1 sonstiges Kleid	30
1 Beinkleid (Schlüpfer)		1 Bluse	15
aus Wolle	16	1 Rock	20
1 Beinkleid (Schlüpfer)		1 Jacke	25
aus anderen Stoffen	8	1 Kostüm	45
1 Unterkleid	15	Zutaten für 1 Kostüm (falls	
1 Unterrock	15	Oberstoff vorhanden)	21
1 Taghemd od. Hemdhose	10	1 Windjacke od. Windbluse	25
1 Wäschegarnitur		1 Mantel aus kunstsei-	
(Hemdchen u. Höschen)		denem Pelzstoff	35
aus Wolle	20	1 Gummi- oder Staub-	
1 Wäschegarnitur		mantel	25
(Hemdchen u. Höschen)		1 sonstiger Regenmantel	
aus anderen Stoffen	12	oder Sommermantel	35
1 Hemdchen oder Höschen		1 Badeanzug	18
aus Wollstoffen	10	1 Bademantel	30
1 Hemdchen oder Höschen		1 Trainingsanzug	25
aus anderen Stoffen	6	1 Meter Wollstoff bis	
1 Polohemd m. kurz. Ärmel	12	94 cm breit	14
1 Trägerschürze	12	1 Meter Wollstoff über	
1 Kittelschürze	12	94 cm breit	18
1 Morgenrock	25	1 Meter anderer Stoff	
1 Schlafanzug	25	bis 94 cm breit	8
1 Nachthemd	18	1 Meter anderer Stoff	
1 Nachtjacke	12	über 94 cm breit	11
1 Bettjäckchen	12	100 g Strickgarn	7

Die im Verzeichnis genannten Waren können auf die Abschnitte 1 bis 100 bezogen werden. Der Bezug von Strümpfen oder Söckchen ist jedoch auf 6 Paar beschränkt. Davon sind 4 Paar gegen Entwertung von je 4 Abschnitten erhältlich. 2 weitere Paar Strümpfe oder Söckchen können nur gegen die doppelte Anzahl von Abschnitten – also 8 Abschnitte für 1 Paar – bezogen werden. Die Abschnitte I bis XII sind für den Bezug von Waren vorgesehen, die gegebenenfalls besonders bekanntgemacht werden. Bei Maßanfertigung wird nach besonderen Vorschriften, die bei jeder Schneiderin zu erfahren sind, die gleiche Anzahl von Abschnitten entwertet, wie beim Kauf fertiger Kleidungsstücke. Wird dagegen Stoff zur Selbstanfertigung gekauft, so richtet sich die Zahl der zu entwertenden Abschnitte nach der Menge des gekauften Stoffes.

91 Gültig ab 1. 8. 1940	81 Gültig ab 1. 8. 1940
92 Gültig ab 1. 8. 1940	82 Gültig ab 1. 8. 1940
93 Gültig ab 1. 8. 1940	83 Gültig ab 1. 8. 1940
94 Gültig ab 1. 8. 1940	84 Gültig ab 1. 8. 1940
95 Gültig ab 1. 8. 1940	85 Gültig ab 1. 8. 1940
96 Gültig ab 1. 8. 1940	86 Gültig ab 1. 8. 1940
97 Gültig ab 1. 8. 1940	87 Gültig ab 1. 8. 1940
98 Gültig ab 1. 8. 1940	88 Gültig ab 1. 8. 1940
99 Gültig ab 1. 8. 1940	89 Gültig ab 1. 8. 1940
100 Gültig ab 1. 8. 1940	90 Gültig ab 1. 8. 1940

Reichskleiderkarte

für   Frau
      Fräulein

Wohnort

Wohnung

(Mit Tinte auszufüllen)

Die Karte gilt bis 31. Oktober 1940; sie ist nicht übertragbar. Mißbräuchliche Benutzung wird bestraft. Verlorengegangene Karten werden nicht ersetzt. Aus dem Zusammenhang der Karte gelöste Kartenteile und Abschnitte sind ungültig. Auf die Karte können die umstehend genannten Waren bezogen werden. Bei jeder Ware ist angegeben, wieviel Abschnitte zum Kauf benötigt werden. Für nicht aufgeführte Spinnstoffwaren (z. B. Wintermäntel, Bett- und Tischwäsche) müssen, soweit sie bezugspflichtig sind, Einzelbezugscheine beantragt werden.

298-41

M

Nicht übertragbar!

L.-Wirtschaftsamt

Abschnitt für die Erneuerung

Kontrollkarte
für den
Einkauf von Tabakwaren

Inhaber: _____
Vor- und Zuname

Wohnort: _____
Straße

Ohne Nameneintragung ungültig

Stempel des Wirtschafts- amtes

April 42 29	April 42 18	April 42 7
April 42 28	April 42 17	April 42 6
April 42 27	April 42 16	April 42 5
April 42 26	April 42 15	April 42 4
April 42 25	April 42 14	April 42 3
April 42 24	April 42 13	April 42 2
April 42 23	April 42 12	April 42 1
April 42 22	April 42 11	März 42 31
April 42 21	April 42 10	März 42 30
April 42 20	April 42 9	März 42 29
April 42 19	April 42 8	März 42 28

Mit der Einführung der Kleiderkarte wurde den Frauen eine zusätzliche Last aufgebürdet: Sie konnten und mußten auf lange Sicht disponieren und das Wort Mode kleinschreiben. Als Motto stand auf der ersten Seite der Kleiderkarte: »Kaufe nur, was du wirklich dringend brauchst. Du mußt mit der Karte vom 1. 11. 1939 bis zum 31. 10. 1940 ausreichen. Die Karte enthält 100 Punkte; alle zwei Monate werden 25 Abschnitte gültig.« Die Statistik weiß zu berichten, daß 1943 von der gesamten deutschen Textilindustrie auf 1000 Einwohner 6 Polohemden für Knaben hergestellt wurden und daß 1 Taghemd für Mädchen und 1 Trägerhöschen für Säuglinge im gleichen Jahre pro 1000 Einwohner den Weg in die Läden fanden. *Bild links:* Die Raucherkarte (M für Männer, F für Frauen). Nichtraucher hatten mit ihr ein begehrtes Tauschmittel zur Hand. Der Tabak schmeckte nicht immer nach Tabak, aber die Führung sorgte dafür, daß die Arbeiter immer ihre Rationen erhielten, und in der Regel betrug die Tabakration für Soldaten das Drei- bis Vierfache der Zivilisten-Ration.

Rechte Seite unten links: »Kohlenklau«, die jedermann bekannte Schreckfigur, sollte zum sparsamen Gebrauch von Heizmaterial anhalten.

Christel Crantz, Olympiasiegerin bei den Winterspielen 1936, gibt im Nationaldreß auf einer Ortsgruppe ihre Skier zur Frontverwendung ab *(Bild oben)*.

Bild oben rechts: Am Wiener Rathaus wird eine Glocke herabgelassen. Sie soll zu Rüstungszwecken eingeschmolzen werden.

Bild unten rechts: Holz und Kork waren als Rohstoffe für Schuhsohlen gang und gäbe; denn Ledersohlen wurden zu einem kaum erreichbaren Luxus. Deshalb wurde eine harmlose Parodie nach »Es klappert die Mühle« vielfach von Kindern gesungen: »Es klappern die Sohlen am Kurfürstendamm, klipp, klapp.«

In den ersten Kriegsjahren wurde von der Führung Wert darauf gelegt, daß die Fassade des kulturellen Lebens aufrechterhalten wurde. Als guter Propagandist wußte Goebbels, daß in den schwierigen Zeiten das Volk bei Laune gehalten werden mußte. So fanden die Festspiele in Bayreuth weiterhin statt *(Bild oben links)*.

Bild oben rechts: In der Kaiserloge des Wiener Burgtheaters wurde am 15. November 1943 der 81. Geburtstag von Gerhart Hauptmann mit der Festaufführung seiner »Iphigenie in Aulis« gefeiert. Ehrengast war Richard Strauss (vierter von links).
Bild unten: Werkspausenkonzert in einer Rüstungsfabrik. Am Dirigentenpult kein Geringerer als Wilhelm Furtwängler.

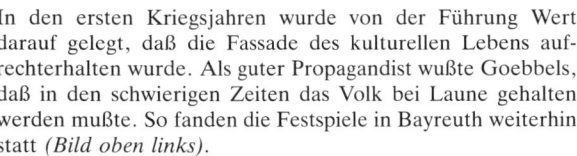

Für rund 120 Milliarden RM nach den Preisen des Jahres 1939 hat die deutsche Kriegsproduktion von 1939 bis Ende 1944 Waren für Wehrmachtszwecke geliefert. Hinter diesen Zahlen stand eine gewaltige Leistung der Frauen, der Männer und einer Unzahl ausländischer Arbeitskräfte. So arbeiteten am 20. August 1942 auf reichsdeutschem Boden 207 398 italienische Zivilarbeiter, davon 18 386 Frauen. Viele Millionen Frauen, die eigentlich als Mütter für Heim und Familie hätten sorgen sollen, waren bis Kriegsende in der Kriegsindustrie tätig *(Bild:* Sortieren von Patronenhülsen).

Komm!

Die **Deutsche Reichsbahn** braucht
für ihren kriegswichtigen und lebendigen Einsatz:

Zugschaffnerinnen • Aufsichtsbeamte
Fahrkartenverkäuferinnen
Kräfte für Fernmeldedienst
Wagenreinigungspersonal • Bürokräfte

Berücksichtigung deiner Fähigkeiten und Vorbildung beim Einsatz.
Deine Meldung nimmt jede Stelle der Deutschen Reichsbahn entgegen.

ALLE KRÄFTE FÜR DIE VOLKSGEMEINSCHAFT!

Hitlers Festung Europa hatte kein Dach. Deshalb wurde unter der Last der Bombardierungen die deutsche Rüstungsindustrie unter Tage verlegt, allerdings zunächst nur zögernd, ab Frühjahr 1944 dafür aber überstürzt. So verlagerten die Junkers-Flugzeugwerke von Juni 1944 an ihren Betrieb von Dessau in die Stollen bei Niedersachswerfen (Südharz). Geplant war, daß bis Ende 1945 unter der Erde monatlich 300 000 Tonnen Mineralölprodukte erzeugt werden sollten. Erreicht wurde im März 1945 immerhin eine Produktion von 52 000 Tonnen.

Links oben: Rüstungsbetrieb unter der Erde.

Links außen: Pause in den Argus-Motorenwerken in Oranienburg bei Berlin.

Daneben: Frauenwerbeplakat der Reichsbahn.

Zu den Bildern auf der rechten Seite: Frauen in der Rüstungsindustrie – *Bild unten:* Die Aufhängenuten von Bomben werden ausgeputzt und eingeölt. Der Lohn für alle Arbeiten war relativ niedrig; aber was zu großen Leistungen, vor allen Dingen der deutschen Arbeiter, lockte, waren die Essensrationen, die den Industriearbeitern zugeteilt wurden. So bekam im Mai 1941 ein einfacher Arbeiter 2400 g Brot in der Woche, 500 g Fleisch und 270 g Fett. Ein Schwerstarbeiter aber erhielt pro Woche 4800 g Brot, 1200 g Fleisch und 740 g Fett.

Linke Seite:
Belgische Arbeiter verlassen ihre Heimat, um zu ihrem Arbeitsplatz in Deutschland zu fahren. Es blieb ihnen keine andere Wahl, denn in Belgien hätte man ihnen die Lebensmittelkarten entzogen.

Bilder unten: Ostarbeiter und Ostarbeiterin beim Einsatz. Im Dezember 1944 arbeiteten je 1 Million russische Männer und Frauen in der Industrie. Alle zitterten vor einem Wort: Sabotage. Wer in den Verdacht einer Schädigung des Arbeitsvorganges kam, fiel in die Hände der Kriegsjustiz.

Rechte Seite:
Die erste Fernrakete der Geschichte, die V 2 (V = »Vergeltungswaffe«), wurde während des Krieges in Peenemünde entwickelt *(Bild oben)*. Die deutsche Luftwaffe sollte entlastet werden mit billigen unbemannten, weitreichenden Raketengeschossen. In der Nacht vom 13. auf den 14. Juni 1944 wurde die erste V 1 abgefeuert, die erste V 2 – weit gefährlicher als die V 1 – raste am 6. Sept. 1944 gegen England. Das letzte Geschoß fiel am 27. März 1945 auf London nieder. Das war die Wunderwaffe, von der die deutsche Propaganda jahrelang zehrte, der aber nicht das Wunder gelang, das Kriegsglück zu wenden.

Bild unten rechts: Oberschlesien ist verloren, das Ruhrgebiet eingekesselt; in kleinen Handwerksbetrieben und in Holzschuppen werden »fünf Minuten vor zwölf« Panzerfäuste hergestellt. Sicherheitsvorschriften gibt es nicht. Alles wird improvisiert, und das zu einer Zeit, da die amerikanische Rüstungsindustrie Rekordausstöße mit modernsten Methoden erzielt.

Bild unten: Wie »veraltet« ist »fünf Minuten vor zwölf« dagegen das Schaubild, das noch 1943 den Einsatz der deutschen Rüstungsindustrie rühmte! Die ins Bild umgesetzte vergleichende Statistik der Arbeitskräfte 1918 und 1943 beweist aber, in welch veränderter Situation die Kriegswirtschaften funktionierten.

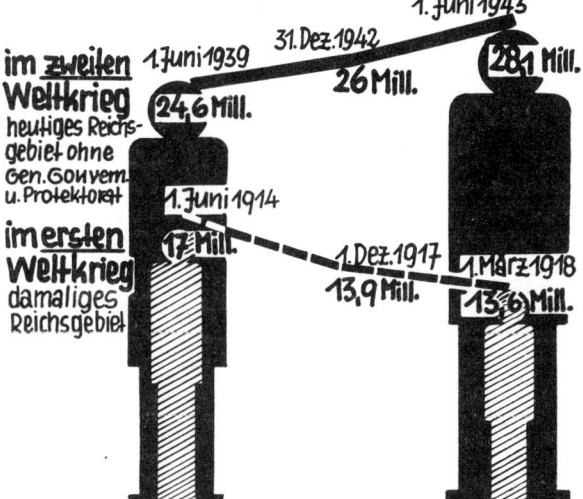

Arbeiter und Angestellte in Deutschland
(einschl. Ausländer – ohne Kriegsgefangene)

im zweiten Weltkrieg
heutiges Reichsgebiet ohne Gen.Gouvern. u. Protektorat

im ersten Weltkrieg
damaliges Reichsgebiet

1. Juni 1939 – 24,6 Mill.
31. Dez. 1942 – 26 Mill.
1. Juni 1943 – 28,1 Mill.

1. Juni 1914 – 17 Mill.
1. Dez. 1917 – 13,9 Mill.
1. März 1918 – 13,6 Mill.

Im 4. Jahr des zweiten Weltkrieges beträgt die Zahl der Beschäftigten in Deutschland weit über das Doppelte wie im 4. Jahr des ersten Weltkriegs.

»Endlösung«

Bis zur »Reichskristallnacht«, dem gelenkten Pogrom im November 1938, glaubten noch viele Juden in Deutschland, sich mit dem Nationalsozialismus arrangieren zu können. Doch schneller und gründlicher, als sie ahnten, wurde ihre systematische »Ausschließung aus dem deutschen Volkskörper« vorangetrieben. Und mit dem Beginn des Krieges gegen die Sowjetunion wurde »Ausschließung« gleichbedeutend mit Ausrottung.

Am 12. und 23. November 1938 werden die Juden in Deutschland aus dem Wirtschaftsleben ausgeschlossen: Alle Geschäfte, Handwerks- und Gewerbebetriebe dürfen nur noch in der Hand von »Ariern« sein. Soweit Juden nicht nur Pächter, sondern Besitzer von Betrieben sind, wird ihnen ihr Eigentum abgekauft – gegen niedrige Zwangspreise, versteht sich. Juden dürfen keine Grundstücke mehr kaufen; Aktien oder andere Wertpapiere sind auf einer Devisenbank zu deponieren, um »jüdischen Devisenschmuggel« zu verhindern. Schmuck oder Kunstgegenstände müssen an staatliche Ankaufstellen verkauft werden.

Dr. Joseph Goebbels erläßt in seiner Eigenschaft als »Präsident der Reichskulturkammer« am 12. 11. 1938 eine Anordnung, in der es heißt:

»Nachdem der nationalsozialistische Staat es den Juden bereits seit über fünf Jahren ermöglicht hat, innerhalb besonderer jüdischer Organisationen ein eigenes Kulturleben zu schaffen und zu pflegen, ist es nicht mehr angängig, sie an Darbietungen der deutschen Kultur teilnehmen zu lassen...«

Die Juden dürfen also nicht mehr ins Theater, dürfen kein Kino, kein Konzert, keinen Vortrag, kein Varieté und keine Kunstausstellung mehr besuchen.

Jagd auf jüdische Bürger in Amsterdam. Die auf der Wannsee-Konferenz am 20. Januar 1942 beschlossene Evakuierung der Juden in den Osten war Anfang der systematischen Vernichtung der Juden in Hitlers Herrschaftsbereich. »Im Wege der politischen Durchführung der Endlösung wird Europa von Westen nach Osten durchgekämmt.«

Zwei Tage darauf wird jüdischen Kindern der Besuch von Schulen verboten. Sie sollen in jüdische Schulen gehen, die es natürlich kaum gibt. Wenig später ergeht eine Polizeiverordnung über das »Auftreten der Juden in der Öffentlichkeit«, die jedoch örtlich verschieden gehandhabt wird. Vielerorts dürfen Juden nachts nicht mehr auf die Straßen, anderswo wird ihnen das Betreten von Parkanlagen, von Badeanstalten, von Gaststätten untersagt. Am 3. Dezember wird allen jüdischen Bürgern nicht nur der Führerschein entzogen, Juden dürfen auch kein Kraftfahrzeug mehr besitzen.

Das bereits bestehende Berufsverbot für jüdische Ärzte wird am 17. Januar 1939 auf Zahnärzte, Tierärzte und Apotheker ausgedehnt. Sie dürfen nur noch für Juden tätig sein. Für Tierärzte bedeutet das in der Praxis völliges Berufsverbot, denn es gab noch niemals viele landwirtschaftliche Betriebe in jüdischem Besitz, die ein Tierarzt hätte betreuen können, und jetzt sind ohnehin alle jüdischen Betriebe enteignet worden. Das gleiche gilt für Apotheker, die zumeist selbständig sind.

Mit all diesen Maßnahmen, die Schlag auf Schlag der »Kristallnacht« folgen, sind die Juden aus dem deutschen Wirtschaftsleben, an dem sie so hohen Anteil hatten, ausgeschieden. Und nicht nur das: Sie sind auch aus der Öffentlichkeit, aus dem gesamten bürgerlichen Leben vertrieben worden, sie leben faktisch jeder für sich, in einem kleinen Ghetto, isoliert von der übrigen Bevölkerung, zu der sie doch gehören.

Etwas über 500 000 jüdische Bürger hatte Deutschland 1933. Jetzt, Anfang 1939, sind es nur noch 234 000. Über die Hälfte also ist bereits ausgewandert, hat ihre Heimat verlassen müssen. Es sind die wohlhabendsten Juden gewesen, die große Teile ihres Vermögens zurücklassen mußten, oder solche, die helfende Verwandte im Ausland hatten.

Zu den 234 000 kommen noch über 70 000, die im »Protektorat« leben und nicht rechtzeitig flüchten konnten, oder in Österreich, das jetzt »Deutsche Ostmark« heißt, und noch keine Auswanderungsgenehmigung bekommen haben. Denn noch sind Auswanderungen möglich.

Noch ist das schreckliche Gespenst der »Endlösung der Judenfrage«, die Vernichtung der Juden, ein blasser Schemen. Um diese Zeit ist der Staat noch an zweierlei interessiert: Deutschland »judenfrei« zu machen durch Auswanderung aller Juden, zugleich aber daran zu verdienen und Devisen hereinzuholen.

So wird im Januar 1939 von der Sicherheitspolizei, der »Sipo«, die dem SS-Gruppenführer Heydrich untersteht, eine »Reichszentrale zur Förderung der jüdischen Auswanderung« ins Leben gerufen. Reinhard Heydrich – der Mann, der eineinhalb Jahre zuvor mit der Intrige gegen Marschall Tuchatschewski den schweren Schlag gegen die Rote Armee geführt hat – ist inzwischen, von der Öffentlichkeit völlig unbemerkt, einer der mächtigsten Männer Deutschlands geworden. Ihm unterstehen Sicherheitspolizei, Sicherheitsdienst (SD) und die Gestapo.

Vom »Anschluß« Österreichs bis Ende 1938 hat Heydrich für die Auswanderung allein von 45 000 österreichischen Juden »gesorgt«, wie er Göring stolz mitteilt. Aber Göring ist darüber gar nicht so sehr erfreut. Die reichsten Juden sind damit fort – ihm wäre lieber, wenn alle Juden gemeinsam Auslandswerte, dringend benötigte Devisen zur Verfügung stellten, und somit gegen Bezahlung auch alle Juden auswandern dürften. Einem solchen Zweck soll die neue »Reichszentrale« dienen.

Schon längst haben zwischen verschiedenen Staaten Verhandlungen über die Auswanderung von Juden stattgefunden, zunächst auf Initiative Polens, dessen Regierung ebenfalls die jüdischen Staatsbürger aus dem Lande haben will. Die Polen haben den Plan, auf der Insel Madagaskar vor der ostafrikanischen Küste einen eigenen Judenstaat errichten zu lassen, denn Palästina, die Heimat der Juden, ist seit fast zweitausend Jahren von arabischen Stämmen und Völkern bewohnt, in ihr Ursprungsland also können die Juden nicht zurück, wenn man nicht die Araber vertreiben will.

Madagaskar aber ist französische Kolonie, was sagen die Franzosen zu einem solchen Plan? In Frankreich beschäftigt man sich mit dieser Idee, wohlwollend sogar.

Madagaskar ist fast doppelt so groß wie Polen, zwölfmal so groß wie etwa die Slowakei, hat aber nur knapp vier Millionen Einwohner. Die Insel, die viertgrößte der Welt, ist reich an Bodenschätzen und Naturreichtümern. Eine größere Bevölkerungszahl kann nur zum Aufblühen der Insel und zum Wohlstand beitragen. Allerdings vergißt man eines – das Klima. Für die dort wohnenden verschiedenen Völkerschaften, die meist nicht aus Afrika, sondern aus dem südasiatischen Raum stammen, ist dieses Klima erträglich, kaum jedoch für Menschen aus Mitteleuropa.

Aber das interessiert weniger. Die Diskussion bleibt sowieso theoretisch und wird erst halbwegs ernsthaft

eineinhalb Jahre später wieder aufgenommen – von deutscher Seite, dann, als Frankreich militärisch besiegt worden ist.

Zunächst geht es in Deutschland darum, aus der Vertreibung der Juden möglichst noch ein Geschäft zu machen. Das ist eine Sache, an der zwar nicht Heydrich, wohl aber Göring interessiert ist. Reichsbankpräsident Dr. Schacht, zuvor Wirtschaftsminister und der Mann, von dem gesagt wird, er habe 1923 die schreckliche Inflation beendet, schlägt vor, das Ausland solle Deutschland eine Devisenanleihe zur Deckung aller Kosten für die jüdische Auswanderung geben, die innerhalb von drei bis fünf Jahren beendet sein soll. Als Deckung für diese Anleihe soll das zurückbleibende jüdische Vermögen dienen, das dann in 20 bis 25 Jahren zurückgezahlt werden soll.

Es scheint fast so, daß aus diesem Geschäft tatsächlich etwas wird. Denn das zwischenstaatliche Komitee für Auswanderung – das sich nach einer Konferenz über diese Fragen 1938 in dem Schweizer Städtchen Evian gebildet hat – ist nicht abgeneigt, diesen Vorschlag ernsthaft zu prüfen. Doch es kommt vieles dazwischen, was alle die nun geführten Verhandlungen schließlich scheitern läßt, scheitern lassen muß.

Dr. Schacht beschwört zwar nach dem Krieg: »Wäre sie (seine Absicht) durchgeführt worden, so wäre nicht ein einziger deutscher Jude ums Leben gekommen«, aber zunächst hätte eine geregelte Finanzierung der Auswanderung nichts genützt, wenn niemand die Auswanderer haben will. Außer dem vagen Madagaskar-Plan der Polen und Franzosen erwägen die Engländer, und sie machen auch offiziell über das »Zwischenstaatliche Komitee« diesen Vorschlag, jüdischen Auswanderern aus Deutschland die Ansiedlung in Rhodesien und Britisch-Guayana zu gestatten. Aber das ist auch alles. Danach verschärft sich die internationale Lage im Lauf des Jahres 1939 so, daß die Verhandlungen abgebrochen werden – und dann ist Krieg. An eine jüdische Auswanderung nach Madagaskar, Rhodesien oder Guayana ist selbst dann nicht mehr zu denken, wenn wirklich jemand ernsthaft daran interessiert wäre.

Während aber verhandelt worden ist – und man darf annehmen, daß auch Göring und Hitler an diesen Verhandlungen ernsthaft interessiert waren wegen der zu erwartenden Devisengewinne –, hat ein anderer bereits gehandelt: Heydrich. Im Auftrag seiner »Reichsstelle für jüdische Auswanderung« sind Tausende deutscher Juden in das »Protektorat« abgeschoben worden.

Der Feldzug gegen Polen ist kaum beendet, da verkündet Heydrich, daß aus dem »Warthegau« schon 87 000 Juden und Polen evakuiert worden seien, um Platz für die aus der Sowjetunion heimkehrenden Volksdeutschen zu schaffen. Zur gleichen Zeit hält Alfred Rosenberg, – Partei-Philosoph und Leiter des »Außenpolitischen Amtes« – eine internationale Pressekonferenz ab. Vor den versammelten Auslandsjournalisten erklärt er, daß aus bekannten Gründen – weil Araber und Engländer sich dagegen sträuben – Palästina nicht als Aufnahmegebiet für die Juden in Frage käme, und sagt dann weiter: ». . . so bleibt eben die einzige Frage zu lösen übrig, ob und welches in sich geschlossene Territorium die Demokratien bereitstellen wollen, um die Juden als Gesamtheit umzusiedeln. Dieses Territorium müßte eine Kapazität von rund 15 Millionen Juden vorsehen. Zu diesem Zweck müßten die jüdischen Millionäre und Milliardäre aus aller Welt etwa dem Büro der Evian-Konferenz . . . ihre Mittel zur Verfügung stellen . . .«

Aber die Ereignisse und Reinhard Heydrich sind schon längst über Alfred Rosenberg und seine Pläne hinweggegangen. In Polen sind Tausende von Juden nicht nur, wie Heydrich sagt, »evakuiert« worden, sondern den Massenerschießungen durch die Sicherheitspolizei und durch polnische Antisemiten zum Opfer gefallen. Nur nach dem Frankreichfeldzug taucht noch einmal der Madagaskar-Plan auf.

Aber das scheint wieder Görings Idee gewesen zu sein, der hier seinen Geschäftssinn beweist. Die Juden sollen auf der afrikanischen Insel selbst einen Staat mit weitgehender Selbstverwaltung aufbauen. Da man sich von der »Geschäftstüchtigkeit« der Juden einiges verspricht, soll der von Juden betriebene Außenhandel der Insel von einer jüdischen Genossenschaft geleitet werden, die aber direkt unter deutscher Aufsicht steht und Deutschland an den zu erwartenden Gewinnen beteiligt. Sämtliches jüdisches Kapital im deutschen Machtbereich soll für Madagaskar zur Verfügung gestellt werden.

Das Projekt ist in allen Einzelheiten durchdacht, so gründlich, daß es vielleicht sogar hätte realisiert werden können. Zur Verwirklichung fehlt – neben der Zustimmung der französischen Regierung – nur die Hauptsache: daß der Krieg aufhört. Denn es ist unmöglich, über die von Großbritannien beherrschten Meere nach Madagaskar zu gelangen. So muß dieser unsinnige Plan ein Plan bleiben.

Inzwischen sind die in Deutschland verbliebenen Juden noch rechtloser geworden. Bereits in den ersten Kriegstagen müssen sie als »Feinde des Reiches« ihre Rundfunkgeräte abgeben. Sie erhalten Lebensmittelkarten mit geringeren Rationen, als die übrige Bevölkerung sie erhält. Die Ausgangszeiten werden weiter beschränkt und auf einige wenige Stunden am Tag festgesetzt, was Einkäufe fast unmöglich macht. Schließlich wird, im September 1941, der Judenstern eingeführt, den jeder tragen muß, damit er von vornherein als Jude erkannt werden kann. Der Beginn des Krieges gegen die Sowjetunion, der Kampf der »Weltanschauungen«, bringt die endgültige Wende in dem, was die Nazis die

»Judenfrage« nennen. Bis dahin sind noch Hunderttausende von Juden aus den inzwischen von der Wehrmacht besetzten Ländern ausgewandert, zum Teil illegal, zum Teil noch immer auf Anweisung von Heydrichs »Reichszentralstelle«.

Jetzt ändert sich das, von verschiedenen Ausnahmen abgesehen. Wenn bisher die Ermordung von Juden die Ausnahme und die vom Dritten Reich selbst geförderte Auswanderung die Regel gewesen ist, so wird es nun umgekehrt. Die Judenvernichtung wird zur alles bestimmenden Regel, ab 1. Oktober 1941 wird die Auswanderung verboten. Am 20. Januar 1942 findet in Berlin eine Konferenz statt, die unter dem Namen »Wannsee-Konferenz« eine traurige Berühmtheit erlangen soll. Die Konferenz wird durchgeführt im Gebäude der jedem Kriminalromanleser bekannten »Interpol«, der Internationalen Kriminalpolizei-Kommission, Am Großen Wannsee 56/58.

Außer Heydrich nehmen vierzehn Beauftragte verschiedener Dienststellen und Ministerien teil. So vom Außenministerium, vom Wirtschaftsministerium, vom »Reichsministerium für die besetzten Ostgebiete« (das nun von Rosenberg geleitet wird), von der Regierung des »Generalgouvernements« in Polen, vom Innenministerium und vom Justizministerium, das auf dieser Konferenz von Dr. Roland Freisler vertreten wird, der einst in der Sowjetunion bolschewistischer Kommissar war und später als Präsident des Volksgerichtshofes die Verschwörer gegen Hitler dem Henker überliefern wird. Von den Heydrich unterstellten Behörden nehmen unter anderen teil Heinrich Müller, der Chef der Gestapo, und ein Mann mit relativ niedrigem Dienstgrad, den niemand kennt und von dem aufgrund seines Dienstgrades auch niemand annehmen kann, daß er sogar die Hauptperson der Tragödie sein wird, die sich aus dieser Konferenz entwickelt.

Obersturmbannführer Eichmann heißt dieser Teilnehmer. Er macht den Eindruck eines biederen, etwas pedantischen Beamten. Bisher hat er in Wien und später in Prag die Auswanderung der Juden organisiert. Auf welche Weise er seine Aufgabe gelöst hat, zeigt die Bemerkung, die er zum Vorsitzenden des Rates der Prager Kultusgemeinde, Dr. Kafka, machte, als dieser ihn auf die finanziellen Schwierigkeiten der Auswanderung hinwies: Er werde dann eben, sagte Eichmann, jeden Tag straßenweise 300 Juden verhaften und sie in KZs stecken. Dort bekämen sie dann sicher ein großes Interesse an der Auswanderung!

Jetzt ist dieser Eichmann Leiter des soeben gegründeten Referats IV B 4 des Reichssicherheitshauptamtes geworden. Hinter der nichtssagenden Numerierung eines der unzähligen Referate des RSHA verbirgt sich das technische Hirn der Judenausrottung. Eichmanns Freund Wisliceny sagt nach dem Krieg, als man Eichmann für tot hält, über ihn: »Er war in allen Dingen ein ausgesprochener Bürokrat. Über jede Unterredung, die er mit irgendeinem seiner Vorgesetzten hatte, fertigte er sofort eine Aktennotiz an. Er hat mich immer wieder darauf hingewiesen, daß dies das Wichtigste wäre, damit er jederzeit von oben gedeckt wäre. Er selbst scheute jede eigene Verantwortung ...«

Das erhalten gebliebene, leider unvollständige Protokoll der »Wannsee-Konferenz« gebraucht erstmals in einem offiziellen Schriftstück das Wort »Endlösung«, ohne jedoch zu sagen, daß diese Endlösung die Vernichtung, die Ausrottung der Juden im deutschen Herrschaftsbereich bedeuten soll. Man kann das aus einigen Stellen des Protokolls nur vermuten.

Dennoch gibt es Gewißheit darüber, was das harmlose Wort »Endlösung« bedeutet. Die Gewißheit besteht in den Maßnahmen, die nun durchgeführt werden, zum Teil schon vor der Konferenz durchgeführt worden sind: die Erschießungen und Pogrome nach der Besetzung Polens, die Tätigkeit der »Einsatzgruppen« des SD unmittelbar hinter der Ostfront – Zehntausende von baltischen, ukrainischen und russischen Juden werden zu Massenexekutionen geführt –, in der polnischen Stadt Chelmno wird bereits das KZ eingerichtet, das von vornherein zur Vernichtung seiner Insassen bestimmt ist.

Offen gesprochen wird im Protokoll der »Wannsee-Konferenz« nur von einer »Evakuierung« aller Juden nach den besetzten Ostgebieten, wo sich ihre Zahl durch schwere Arbeitseinsätze »auf natürliche Art« vermindern würde. Es ist durchaus möglich, daß der ganzen Besprechung nur deshalb ihre unbestrittene Bedeutung für die Judenvernichtung zukommt, weil in ihr eben nicht über die Wahrheit gesprochen wird, sondern den Vertretern der Dienststellen und Ministerien ein plausibler Grund für die nun einsetzenden Massendeportationen gegeben werden soll: Arbeitseinsatz im Osten. Also eine Besprechung zum ausdrücklichen Zweck der Tarnung der Absicht Heydrichs? Jedenfalls wird Europa jetzt systematisch nach Juden »durchgekämmt«.

Am einfachsten ist das in Polen, in der Ukraine, in Lettland, Litauen und Estland. Hier gab es schon immer einen starken Antisemitismus, und hier lebt der größte Teil bereits in Ghettos. Oftmals wird die Gestapo hier von der einheimischen Bevölkerung unterstützt, die Juden namhaft macht oder sogar durch eigene Polizei festnimmt und sie der Gestapo ausliefert. Die Deportationen in alte oder neu eingerichtete Ghettos gehen in diesen Ländern schnell voran.

Schwieriger ist es schon in den Balkanländern und in denen des Donaugebietes, mit der Ausnahme von Rumänien. Dort ist der Antisemitismus ebenfalls ziemlich stark und hat schon früher zu Pogromen geführt.

Die Regierung des Marschalls Antonescu sorgt selbst für die Deportation der rumänischen Juden in die Ukraine, längst bevor die deutsche Gestapo mit solchen Aktionen beginnt. Wieviel Hunderttausende Menschen dabei umgekommen sind, ist bis heute noch nicht bekannt.

In Ungarn, Bulgarien und der Slowakei hat man wenig Bedenken, die eingewanderten Juden zu deportieren. Die einheimischen Juden dagegen werden zunächst nicht ausgeliefert. Später, als sich Gerüchte verbreiten, die deportierten Juden würden nicht zum Arbeitseinsatz, sondern ins Todeslager geschickt, versucht die slowakische Regierung des Monsignore Tiso, allerdings vergebens, die angeblichen Arbeitslager in Osteuropa zu besichtigen, und Ungarn nimmt wieder geflüchtete Juden auf.

In den von der deutschen Wehrmacht besetzten Gebieten Jugoslawiens und Griechenlands – Teile der beiden Länder sind von italienischen Truppen besetzt – »durchkämmen« Gestapo und SD selbst die Städte und Dörfer nach Juden.

In den italienisch besetzten Gebieten, wie auch in Italien selbst, gibt es keine Deportationen. Zwar bestehen auch in Italien Gesetze, die die Rechte der Juden einschränken, aber es gibt keinen ausgesprochenen Antisemitismus, und die Gesetze gegen die Juden werden zumeist von den Behörden nicht beachtet.

In Nord- und Westeuropa haben es Heydrich und Eichmann am schwersten. Dort werden die Juden nicht wie in Osteuropa und einigen Balkanländern als Fremde empfunden, sondern als Einheimische, als vollwertige Staatsbürger.

In Dänemark werden Judenverschickungen fast ganz verhindert. In Frankreich ist für die Gestapo kaum festzustellen, wer überhaupt Jude ist. Denn die Juden sind Staatsbürger wie jeder Franzose, es gibt deshalb keinerlei Register, aus denen hervorginge, wer Jude ist – außer bei den jüdischen Gemeinden. In Holland hilft zwar zum Teil die holländische Polizei der Gestapo bei der Festnahme von Juden, aber hier ist der Widerstand der gesamten Bevölkerung besonders stark. In Norwegen hat es die Gestapo nur deshalb relativ leicht, weil es nur wenige Juden gibt, die deshalb natürlich auch als solche bekannt sind.

Die Juden werden zum Teil in Konzentrationslager gebracht, zum Teil in osteuropäische Ghettos. Hier ist das Ziel zunächst einmal, die Juden zu isolieren, zum anderen, sie durch Zwangsarbeit auszubeuten.

Dann aber tauchen Namen auf wie Treblinka, Majdanek, Auschwitz. Auschwitz – damit verbindet sich am schrecklichsten der Begriff der »Endlösung«, der Judenvernichtung. So soll dieses Lager hier nur als Beispiel für alle Lager stehen, die ausdrücklich der Ermordung von Menschen dienen sollen.

Auch hier gibt es wieder Ausnahmen. Es gibt auch Zwangsarbeit in diesem Lager, es gibt eine ganze Anzahl von Menschen, die die Hölle von Auschwitz überleben. Aber wie in Ghettos zunächst die geleistete Zwangsarbeit das Wichtigste ist und die zahlreichen Todesfälle eben in Kauf genommen werden, so ist in Auschwitz die Menschenvernichtung die Hauptsache und die von einem Teil der Lagerinsassen geleistete Zwangsarbeit die Nebensache.

Dabei ist gerade Auschwitz ursprünglich als riesiges Arbeitslager gedacht gewesen. Die IG Farben wollten hier, in unmittelbarer Nähe des oberschlesischen Industriegebietes, Fabriken zur Gewinnung von synthetischem Gummi und Benzin errichten, in denen ausschließlich KZ-Häftlinge arbeiten sollten.

Aber daraus wird nichts. Auschwitz eignet sich zu gut als Vernichtungslager. Es liegt ziemlich zentral in Europa, hat bereits Bahnanschluß und ist trotzdem weit genug von den nächsten Ortschaften entfernt, um die wahren Vorgänge im Lager vor der Außenwelt verbergen zu können. Dazu kommt, um die Tarnung perfekt zu machen, daß eben der ursprüngliche Plan, in Auschwitz riesige Anlagen der chemischen Industrie aufzubauen, für jeden nur Teil-Eingeweihten sowohl die Menschentransporte als auch die Lieferung von Chemikalien, den Bau von Gaskammern und anderes auf relativ harmlose Weise erklärlich machen kann. Ebenso spielen bei der Auswahl von Auschwitz als Hauptvernichtungslager die Proteste der Wehrmacht gegen die Massendeportationen nach Osten eine Rolle. Wehrmachtbefehlshaber der Ostfront haben dagegen protestiert, daß die für den militärischen Einsatz lebenswichtigen wenigen Eisenbahnstrecken für Judentransporte verwendet werden statt ausschließlich für Truppen- und Materialtransporte.

Der Lagerkommandant von Auschwitz in der für die Vernichtungsaktion entscheidenden Zeit von 1941 bis 1943 ist ein gewisser Rudolf Höss, am Ende seiner unheilvollen Laufbahn Obersturmbannführer.

Höss hat den größten Teil seines Lebens in Kerkeranstalten verbracht, als Häftling zunächst und dann als Kerkermeister. Dieser Mann, der nach seinem Geständnis zweieinhalb Millionen Menschen getötet hat, ist 1900 in Baden-Baden geboren als Sohn eines besonders frommen katholischen Kaufmanns. Er wurde von seinen Eltern auf die Priesterlaufbahn vorbereitet, trat aber schon 1922 der NSDAP bei. Wegen Beteiligung an einem politischen Mord wurde er Ende 1923 zu zehn Jahren Gefängnis verurteilt, die er nicht ganz abzubüßen brauchte.

Ein Mittäter von Höss ist Martin Bormann, der ihn deshalb später, als selbst die SS-Gerichtsbarkeit Höss zur Verantwortung ziehen will, in Schutz nimmt und unterstützt.

Aber als Höss 1928 aus dem Gefängnis entlassen wurde, war sein Freund Bormann noch ein Nichts. So wurde er Landarbeiter und blieb es auch noch bis 1934. Dann trat er in die Wachmannschaft des Konzentrationslagers Dachau ein.

Erst 1936 wurde er, obwohl ganz »alter Kämpfer«, Untersturmführer, und vier Jahre später, als er 1940 das Kommando über das zu diesem Zeitpunkt noch »harmlose« Auschwitz übernahm, war er noch immer nur Obersturmführer. Erst dann wurde er schneller befördert.

Höss hat nach dem Krieg ein umfangreiches Geständnis geschrieben. Seine Schilderungen über die Art der Menschenvernichtung sind von so vielen Überlebenden bestätigt worden, daß man ihnen Glauben schenken muß. So gesteht er:

»Die Art und Weise, in der wir unsere Opfer auswählten, war folgende: Zwei SS-Ärzte waren in Auschwitz tätig, um die einlaufenden Gefangenentransporte zu untersuchen. Die Gefangenen mußten an einem der Ärzte vorbeigehen, der bei ihrem Vorbeimarsch die Entscheidung fällte. Die Arbeitsfähigen wurden ins Lager geschickt. Kinder in sehr jungen Jahren wurden stets vernichtet, da sie auf Grund ihrer Jugend unfähig waren zu arbeiten ...«

Dann schreibt Höss über den Unterschied zu dem bereits vorher entstandenen Vernichtungslager Treblinka, wo die Ermordungen mit Kohlenmonoxid (CO) vorgenommen wurden, das aus Dieselmotoren in luftdicht isolierte Baracken geleitet wurde:

»Noch eine andere Verbesserung gegenüber Treblinka war, daß in Treblinka die Opfer fast immer wußten, daß sie vernichtet werden sollten, während wir uns in Auschwitz bemühten, die Opfer im Glauben zu lassen, sie hätten ein Entlausungsverfahren durchzumachen. Natürlich erkannten sie häufig unsere wahren Absichten, und wir hatten darum manchmal Aufruhr und Schwierigkeiten. Sehr häufig wollten Frauen ihre Kinder unter den Kleidern verbergen, aber wenn wir sie fanden, wurden die Kinder natürlich zur Vernichtung geschickt ...«

Man braucht nicht viel Phantasie, um sich die schrecklichen Szenen vorzustellen, die Höss hier nur barbarisch-nüchtern andeutet. Die von den Ärzten bei der Selektion, der Auswahl auf der Eisenbahnrampe, zur Ermordung bestimmten Deportierten müssen als erstes sämtliches Geld und alle Wertsachen abgeben. Es wird ihnen gesagt, daß sie nach der »Entlausung« ihr Eigentum zurückerhalten.

Dann geht es zu den »Baderäumen«. Die Kleider müssen zur Desinfizierung abgegeben werden, nackt betreten die Menschen jeden Alters und Geschlechts die Baderäume, von denen sie nicht wissen, daß es Todeskammern sind. Die Türen werden geschlossen, und dann strömt aus Brauseanlagen an der Decke das giftige Gas ein, Zyklon B genannt, kristallisierte Blausäure. »Es dauerte . . . 3 bis 15 Minuten, um die Menschen in der Todeskammer zu töten. Wir wußten, wann die Menschen tot waren, weil ihr Schreien aufhörte. Wir warteten gewöhnlich ungefähr eine halbe Stunde, bevor wir die Türen öffneten und die Leichen entfernten. Nachdem wir die Körper hinausgeschafft hatten, nahmen unsere Sonderkommandos den Leichen die Ringe ab und zogen das Gold aus den Zähnen der Leichname . . .«

Das Bild, das sich beim Öffnen der Gaskammern bietet, ist schrecklich. Viele der Opfer haben trotz aller Tarnungsmaßnahmen im letzten Augenblick bemerkt, was ihnen bevorsteht. In panischer Todesangst sind sie zur Tür gestürzt, haben sich ineinanderverkrallt, verschlungen. Die verkrampften, erstarrten, mit Blut und Kot behafteten Körper müssen mit hakenbewehrten Stangen gewaltsam auseinandergerissen werden.

Die grausige Aufgabe, die Toten zu entfernen, ist Häftlingskommandos übertragen, die dafür Sonderzuteilungen an Schnaps, Zigaretten und Lebensmitteln erhalten – und die vor allem glauben, dadurch selbst eine Überlebenschance zu haben. Aber in unbestimmten Zeitabständen werden auch sie in die Gaskammern getrieben. Doch bis dahin führen sie selbst die unmittelbare Vernichtungsaktion durch, von der Abnahme der Wertsachen bei der Ankunft über die Entkleidung und das Sortieren der Kleidung bis zur Räumung der Gaskammern und der Verbrennung der Toten.

Die Verbrennung geschieht in vier Krematoriumsöfen, von denen aber während eines größeren Zeitraums der Vernichtungsaktion nur zwei arbeiten. So wird der überwiegende Teil der Ermordeten im Freien verbrannt, entweder auf Eisenrosten oder in großen Gruben, die mit Benzin übergossen werden.

Die Gesamtzahl der Opfer, die das Vernichtungslager Auschwitz gefordert hat, ist bis heute ungewiß. Eine sowjetische Kommission, die das verlassene Lager 1945 untersuchte, erklärte:

»Unter Berücksichtigung der Tatsache, daß die Kapazität der Krematorien teilweise nicht erschöpft war, hat die technische Sachverständigenkommission festgestellt, daß während der Dauer des Bestehens des Auschwitzer Lagers die deutschen Henker nicht weniger als 4 Millionen Bürger aus der UdSSR, Polen, Frankreich, Jugoslawien, Tschechoslowakei, Rumänien, Ungarn, Bulgarien, Holland, Belgien und anderen Ländern umgebracht haben.«

Höss gibt vor dem Nürnberger Kriegsverbrecher-Gericht, wo er allerdings als Zeuge gegen die Angeklagten aussagt, eine Zahl von 2,5 Millionen an. Später, in seinem eigenen Prozeß, beschwört er die Zahl von 1 135 000 Opfern.

Die geringste Zahl, die sich mit Sicherheit feststellen läßt, sind die von der Lagerverwaltung selbst geführten Listen über die zur Vergasung geführten Menschen, nach deren Überprüfung sich eine Zahl von über 300 000 Opfern ergibt. Aber diese Zahl ist bei weitem zu niedrig, da nachweisbar bei einer Anzahl von Transporten die einzelnen Teilnehmer nicht registriert wurden.

Sicher ist dagegen, daß während der ganzen Zeit des Bestehens von Auschwitz – 1940 bis Anfang 1945 – allein im eigentlichen Arbeitslager rund 500 000 Menschen an Krankheit und Hunger starben oder wegen angeblicher Straftaten hingerichtet worden sind.

Inzwischen aber rauchen nicht nur die Krematoriumsöfen und benzingetränkten Leichenberge in Auschwitz, sondern auch in den anderen Vernichtungslagern. Und es gibt die große Zahl von Ghettos, aus denen nach und nach die Einwohner nicht nur in Vernichtungslager überführt, sondern an Ort und Stelle von besonderen Einsatzkommandos erschossen werden. Die Erschießungsaktionen beginnen – ebenso wie die Deportationen aus den Ghettos in die Vernichtungslager – damit, daß die von der Gestapo festgelegte Anzahl von Juden zusammengetrieben wird. Das besorgt stets die jüdische Selbstverwaltung des Ghettos, die auch eine eigene Miliz zur Verfügung hat. Lange Zeit glauben die jüdischen Funktionäre, daß die Transporte entweder in andere Ghettos, in neue Ansiedlungsgebiete oder zum Arbeitseinsatz gelangen sollen. So bemühen sie sich, eine entsprechende Auslese zu treffen. Einen Widerstand der Betroffenen gibt es kaum, denn auch sie glauben zunächst, was man ihnen über den Zweck des Abtransportes erzählt hat.

Über das, was dann mit den Transporten geschieht, gibt es viele Berichte. Teils sind es Aussagen der Mörder, die gefaßt werden konnten, teils Berichte von Überlebenden und zum Teil auch Berichte von Unbeteiligten, die durch Zufall Zeugen der Mordtaten geworden sind.

Zunächst aus dem Geständnis eines der Hauptschuldigen, der dafür in Landsberg gehängt wurde, des Leiters der »Einsatzgruppe D«, Ohlendorf:

»Nach der Registrierung wurden die Juden an einem Ort zusammengefaßt. Von da aus wurden sie später an den Hinrichtungsort gefahren. Der Hinrichtungsort war in der Regel ein Panzerabwehrgraben oder eine natürliche Gruft. Die Hinrichtungen wurden militärisch durchgeführt, durch Pelotons mit entsprechenden Kommandos. Auf der einen Seite sollte damit erreicht werden, daß die einzelnen Führer und Männer auf militärische Weise durch Befehl die Hinrichtung vollziehen konnten, und daher keinen eigenen Entschluß zu fassen brauchten. Zum anderen war mir bekannt, daß bei den einzelnen Hinrichtungen durch seelische Erregung sich Mißhandlungen nicht vermeiden ließen, da die Opfer zu

Kein Schaden an der Seele

Geheimrede Heinrich Himmlers, 5. 5. 1944

Den Juden war es vom Führer angekündigt worden, bei Beginn des Krieges oder vor dem Kriege: »Wenn ihr noch einmal die europäischen Völker in einen Krieg gegeneinander hetzt, dann wird das nicht die Ausrottung des deutschen Volkes bedeuten, sondern die Ausrottung der Juden.« Die Judenfrage ist in Deutschland und im allgemeinen in den von Deutschland besetzten Ländern gelöst. Sie wurde entsprechend dem Lebenskampf unseres Volkes, der um die Existenz unseres Blutes geht, kompromißlos gelöst. Ich spreche das zu Ihnen als Kameraden aus. Wir sind alle Soldaten, ganz gleich, welchen Rock wir tragen. Sie mögen mir nachfühlen, wie schwer die Erfüllung dieses mir gegebenen soldatischen Befehls war, den ich befolgt und durchgeführt habe aus Gehorsam und vollster Überzeugung. Wenn Sie sagen: »Bei den Männern sehen wir das ein, nicht aber bei den Kindern«, darf ich an das erinnern, was ich in meinen ersten Ausführungen sagte. In diesen Auseinandersetzungen mit Asien müssen wir uns daran gewöhnen, die Spielregeln und die uns lieb gewordenen und uns viel näher liegenden Sitten vergangener europäischer Kriege zur Vergessenheit zu verdammen. Wir sind m. E. auch als Deutsche bei allen so tief aus unserer aller Herzen kommenden Gemütsregungen nicht berechtigt, die haßerfüllten Rächer groß werden zu lassen, damit dann unsere Kinder und unsere Enkel sich mit denen auseinandersetzen müssen, weil wir, die Väter oder Großväter, zu schwach und zu feige waren und ihnen das überließen.

Wir sind nicht berechtigt, irgend etwas an Hartem und Schwerem, was heute getan werden kann, aufzusparen und zu sagen: »Die nach uns sollen es machen«, sondern wir haben es getan, wir haben 1918 verschuldet. So gnadenlos wie damals uns die Fahne des Sieges entrissen wurde, so gnadenlos wird jetzt der Kampf gekämpft. Das ist hart und ist furchtbar schwer für die Truppe, die es zu tun hat, aber sie hat es zu tun und hat es getan. Und ich kann hier etwas sagen – das ist etwas, was man nur in einem so kleinen Kreis sagen kann: Daß sie überstehen konnte, ohne daß sie an ihrer Moral oder an ihrer Seele Schaden gelitten hat, das rechne ich ihr als Gründer dieser SS und als Rechsführer-SS als das schwerste und als das am meisten in die Waagschale Fallende an.

---

früh von ihrer Hinrichtung erfuhren und daher nervenmäßig einer längeren Belastung nicht standhielten...« So stellt sich einer der schlimmsten Mörder der Geschichte selbst in seinem Geständnis noch als eine Art von Humanitätsapostel hin! »Hinrichtung« sagt er, obwohl es sich um glatten Mord an unschuldigen Männern, Frauen und Kindern handelt. Die »seelische Erregung« der Mörder dauert ihn, und noch mehr, daß sich, wenn ein Opfer sich zur Wehr setzt, »Mißhandlungen nicht vermeiden ließen«. So werden die Opfer auch noch von ihrem Mörder verhöhnt.

Berichte von Augenzeugen wie auch von den Mördern selbst stimmen darin überein, daß die Juden keinen Widerstand leisteten und, in ihr Schicksal ergeben, jede Anweisung befolgen.

Widerstand gibt es erst später – im Warschauer Ghetto, dem größten. Und dieser Widerstand ist von vornherein organisiert. Seit Anfang 1942 kursieren im Ghetto Gerüchte, wonach die Vernichtung aller Juden geplant sein soll. Es wird von den Lagern Belzec, Majdanek und Auschwitz gemunkelt. Bald bilden sich Gruppen, die den Beschwichtigungen des Judenrates nicht mehr glauben und nun beginnen, sich heimlich Waffen zu besorgen.

Der Judenrat, die Selbstverwaltungsbehörde des Warschauer Ghettos, hat genauere Nachrichten über die Vernichtungslager. Aber er glaubt auch von echten Umsiedlungen, von echten Arbeitseinsätzen zu wissen – und es herrscht die Überzeugung, daß das Warschauer Ghetto eine besondere Rolle spielt. Das Ghetto hat fast 400 000 Einwohner, die Bevölkerungszahl von Großstädten wie Nürnberg oder wie Wiesbaden und Würzburg zusammen.

Die Lebensverhältnisse im Ghetto sind schlecht, die fast viermal hunderttausend Menschen leben auf engem Raum zusammengedrängt, aber sie leben, und lange Zeit wiegt man sich in trügerischer Sicherheit, weil die Gestapo sich kaum um die inneren Angelegenheiten des Ghettos kümmert. Es gibt auch Restaurants, Kino und Theater im Warschauer Ghetto – ein Abglanz der früheren, normalen Welt.

Da stirbt am 4. Juni 1942 in Prag der ärgste Feind der Juden, Heydrich, an den Folgen eines Attentats, das tschechische Patrioten auf ihn verübt haben.

Heydrich erhält ein Staatsbegräbnis in Berlin. Bei dieser Gelegenheit wird zwischen Himmler, Eichmann und anderen Funktionären über die beschleunigte Vernichtung aller Juden gesprochen. Arbeitseinsätze, so wichtig sie für die Rüstungsindustrie und die übrige Wirtschaft sind, werden nun endgültig nebensächlich. Jetzt gibt es nur noch die Parole »Vernichtung«. Die Vernichtungsaktion erhält zu Ehren Reinhard Heydrichs den Decknamen »Aktion Reinhard«. Binnen nur zehn Wochen werden aus den Ghettos in Polen 500 000 Menschen umgebracht, zumeist durch Erschießungsaktionen, die von litauischen, lettischen und ukrainischen Milizsoldaten durchgeführt werden, aber auch in den Vernichtungslagern. Den Hauptanteil der Ermordeten stellen die Juden aus Warschau.

Am 22. Juli 1942 beginnt es. Der erste Transport mit 5000 Menschen fährt nach Treblinka, wo eben die Gaskammern und Krematorien fertiggestellt worden sind. Und so geht es nun Tag für Tag. Niemand im Ghetto kann mehr daran zweifeln, daß die Transporte in den Tod fahren.

Aber noch gibt es »Freistellungsbescheinigungen« deutscher Behörden, noch dürfen deutsche Unternehmer die bei ihnen arbeitenden Juden heraussuchen – so hofft mancher, dem Schicksal doch noch zu entgehen, zumal die »Freistellungen« in sehr großer Zahl erfolgen.

Der jüdische Ordnungsdienst stellt zunächst die Menschen aus den Sammelunterkünften für die Transporte zusammen. Sie sind die Ärmsten der Armen, die Verzweifeltsten. Für sie scheint es, Schlimmeres könne nicht mehr kommen, höchstens die Erlösung aus allem Elend. Danach kommen die Alten und Kranken an die Reihe, dann die Kinder des Waisenhauses. Nun muß man auch auf die Angehörigen der Inhaber von Freistellungsbescheinigungen zurückgreifen, um die tägliche Transportquote zu erfüllen. Dabei hat der jüdische Ordnungsdienst zum erstenmal Schwierigkeiten. Die Frauen und Kinder der auf Arbeit befindlichen Männer werden tagsüber zusammengetrieben – sie haben keine Bescheinigung.

Bei der Zusammenstellung des nächsten Transportes muß der Ordnungsdienst schon litauische Miliz zu Hilfe holen, um die Menschen zusammenzutreiben. Alle bisherigen Bescheinigungen werden mit einem Schlag für ungültig erklärt. Es gelten nur noch neu ausgegebene mit dem Stempel »SS-Polizeiführer, Aktion Reinhard«. Bis zum 15. August ist bereits die Hälfte der Einwohner des Ghettos abtransportiert in die verschiedenen Vernichtungslager – nun sind auch schon Angehörige des Judenrates und des Ordnungsdienstes dabei, die bisher glaubten, überleben zu können.

Von den 3800 Mann des jüdischen Ordnungsdienstes wird jeder Zehnte herausgesucht – und darf im Ghetto bleiben. Die anderen 3400 werden mit in die Vernichtungslager geschickt. Die Übriggebliebenen aber haben auch nicht mehr lange zu leben. Sie folgen mit wenigen Ausnahmen den anderen am 21. September nach Treblinka nach.

Am 3. Oktober sind nur noch knapp 70 000 Juden in Warschau. Das bisherige Ghetto existiert nicht mehr. Das neue Ghetto, eigentlich bereits ein KZ, ist eine kleine Ecke von rund 280 mal 950 Meter Seitenlänge im Nordosten des früheren Ghettos.

Noch besteht ein Judenrat, und ein neuer Ordnungsdienst hat sich ebenfalls gebildet. Er besteht zu einem Teil aus Angehörigen der Widerstandsgruppen, die nun entschlossen aktiv werden.

Ihre erste Handlung ist die Hinrichtung des Kommandeurs des Ordnungsdienstes, des früheren Berufsoffiziers Lejkin. Dr. Michael Mazor, ein Überlebender des Ghettos, berichtet später, warum das geschah: Der Ordnungsdienst, in den der deutschen Wehrmachtuniform nachgeschneiderten Uniformen, nutzte seine Macht aus und trieb Handel mit Menschenleben. Während der Großrazzien verbreitete ein jüdischer Polizist ebensoviel Schrecken wie ein litauischer oder wie ein SS-Mann. Ordnungsdienstleute holten auch Kinder aus ihren Verstecken und brachten sie zur Sammelstelle.

Die Gestapo verkennt die Entwicklung im Rest-Ghetto. Die 70 000 noch hier Lebenden sind fast ausnahmslos kräftige Männer und Frauen, die in der Lage sind, Waffen zu führen. Sie brauchen keine Rücksicht mehr auf Greise, Frauen, Kinder, eigene Angehörige zu nehmen, denn die sind nun längst den Weg in die Vernichtungslager gegangen. Und vor allem – die 70 000 wissen, daß sie keine Hoffnung mehr zu haben brauchen.

Von der längst bestehenden polnischen Untergrundarmee werden Waffen besorgt und über die Kanalisation oder den von Polen und Balten bewachten Friedhof ins Ghetto geschmuggelt. Auch verschiedene ausländische Wachtruppen liefern heimlich Waffen ins Ghetto. Alle Waffen müssen teuer bezahlt werden, ob sie von der polnischen »Heimatarmee« oder von den Italienern stammen – und sie werden bezahlt.

Die relativ wenigen »Umsiedler«, die man noch aus dem Ghetto herausholt, wehren sich jetzt. Im Januar 1943 gelingt es einer ganzen Kolonne, zu entkommen. Nun erst wird der SD auf die veränderten Verhältnisse aufmerksam.

Am 19. April rollen Panzer in das kleine Ghetto-Gebiet – der Aufstand der Juden bricht los, der erste jüdische Aufstand seit dem Jahre 66 nach Christi Geburt.

So bezeichnet dieser Aufstand vielleicht den entscheidenden Wendepunkt in der Geschichte des zweitausend Jahre lang verfolgten, alles in Demut ertragenden jüdischen Volkes. Erstmals trotzen Zehntausende von Juden dem sonst stets gläubig hingenommenen Schicksal.

Aber mehr als diese symbolische, moralische Bedeutung hat der Aufstand nicht. Er ist nicht viel mehr als ein Massenselbstmord, wenn es auch bis zur Vernichtung der letzten Kämpfer des Ghettos fünf Wochen dauert. Es werden nur rund 1200 reguläre Soldaten gegen die Aufständischen eingesetzt, dazu ausländische Miliz- und Polizei-Einheiten. Man hat Zeit, Warschau liegt noch weit im Rücken der Front, und der Aufstand bedeutet militärisch gar nichts. Niemand unterstützt die Aufständischen, auch nicht die polnische Untergrundarmee, die schon längst bereitsteht. Die Bevölkerung Warschaus lebt ihr Leben, als ob nicht in einem Stadtteil Warschaus etwas Besonderes geschähe. Zug um Zug wird das Ghetto zusammengeschossen, die Kanalisationsschächte werden mit Nebelgranaten ausgeräuchert, Wohnhäuser werden angezündet, 7000 Gefangene werden erschossen, viele tausend andere in Vernichtungslager überführt – alle anderen liegen unter den Trümmern begraben oder sind in den Feuerbränden zu Asche geworden. Ende Mai ist der letzte organisierte Widerstand gebrochen, obwohl noch immer aus Trümmern ab und zu ein Schuß fällt, eine Handgranate

Die NS-Propaganda wurde nicht müde, die Gefahr vor dem Bolschewismus zu beschwören.

Die Gefahr des Bolschewismus

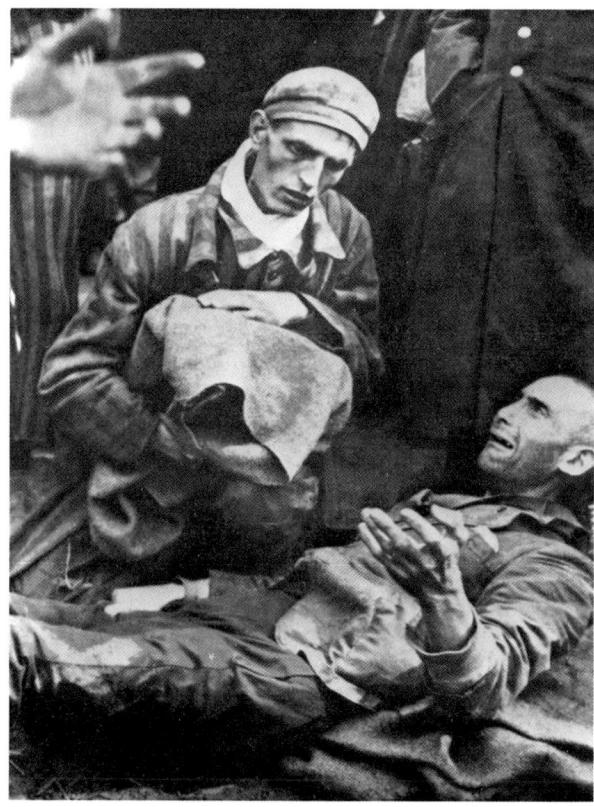

Konzentrationslager 1945: Häftlinge nach der Befreiung. Der Publizist Eugen Kogon, selbst langjähriger Häftling im KZ Buchenwald, schrieb dazu: »Wende den Blick zu den Leichenhügeln. Betrachter der Zeitgeschichte, halte nur einen Augenblick inne und denke, dieser arme Rest von Fleisch und Bein sei Dein Vater, Dein Kind, Deine Frau, sei der Mensch, der Dir lieb ist! Dich selbst und Deine Allernächsten, an denen Dein Herz und Dein Sinn hängt, sieh nackt in den Dreck geworfen, gequält, verhungernd, getötet...«

geworfen wird. Die Vernichtungsmaschine läuft überall weiter. Inzwischen sind auch die letzten deutschen Juden deportiert worden. Sie tauchen in allen Lagern auf, in Treblinka, in Auschwitz, in Bergen-Belsen, in Majdanek, in Buchenwald, in Theresienstadt. Dann scheint es, als ob der Vernichtungswille der Himmler und Eichmann allmählich nachlasse. Noch einmal gibt es eine Mordwelle in Auschwitz, nachdem aus Ungarn über 300 000 Juden deportiert worden sind. Aber der Arbeitskräftemangel nimmt immer mehr zu, und es hat bei vielen Dienststellen, auch der Gestapo und der SS, schon immer Leute gegeben, die sich gegen die Massenvernichtung gewandt haben, weil die Arbeitskräfte

Auch die Sowjetunion betonte ihre welthistorische Mission. »Menschenfresser Hitler« sollte nicht die ganze Welt verspeisen.

dringend gebraucht würden. Diese Ansicht setzt sich langsam durch, die Todesmühlen mahlen noch, aber sie mahlen langsamer. Schließlich bringt der Kriegsverlauf eine Wende. Mitte 1944 stehen die alliierten Truppen schon weit in Italien, die Invasion hat begonnen, auf dem Balkan wird längst gegen gut organisierte Partisanenarmeen gekämpft, die Sowjetarmee steht vor Warschau. Die östlich Warschau liegenden KZs sind bereits in die Hände der Sowjets gefallen.

Zu diesem Zeitpunkt erläßt Himmler einen Befehl an Heydrichs Nachfolger im RSHA, Dr. Ernst Kaltenbrunner:

»Ich verbiete mit sofortiger Wirkung jegliche Vernichtung von Juden und befehle im Gegenteil die Pflege von schwachen und kranken Personen. Ich halte Sie persönlich dafür verantwortlich, auch wenn der Befehl von untergeordneten Dienststellen nicht strikt befolgt wird.«

Himmler, der wohl glaubt, damit seinen Kopf noch retten zu können, dringt mit diesem Befehl jedoch nicht durch. Es gibt eine ganze Reihe von »untergeordneten Dienststellen«, die sich ihm nicht unterwerfen. Aber die Massenvergasungen werden erheblich eingeschränkt.

Die Todeswelle setzt noch einmal ein, als die alliierten Truppen aus Ost und West immer weiter nach Deutschland vorstoßen und schließlich Deutschland besetzen. Monatelang schleppen sich aus den evakuierten Lagern Hunderttausende in Richtung Deutschland. Zehntausende sterben unterwegs, erfrieren, verhungern, werden krank am Weg liegen gelassen, wegen »Marschbehinderung« erschossen.

Die Lager in Deutschland sind durch den nie vorgesehenen Zustrom solcher Menschenmassen längst überfüllt. Die Verpflegung reicht ebensowenig wie der Raum zum Schlafen und die sanitären Anlagen. Seuchen brechen aus, und so bietet sich den alliierten Truppen fast in jedem Lager, das sie betreten, das gleiche schreckliche Bild der lebenden und toten Skelette, ein Bild des Grauens.

Die schreckliche Bilanz, die der Nürnberger Gerichtshof 1946 im Prozeß gegen die Hauptkriegsverbrecher zieht, nennt eine Zahl von 5 700 000 europäischen Juden, die Opfer des Nationalsozialismus geworden sind, davon sei der größte Teil bewußt vernichtet, ermordet worden.

Diese Zahl wurde später oft angegriffen, und inzwischen steht auch fest, daß sie zu hoch war. Aber angesichts des für immer ungeheuerlich bleibenden Verbrechens, angesichts des unermeßlichen Leids kann man nicht um Zahlen feilschen. Es gilt voll und ganz das Wort des katholischen Schriftstellers Walter Dirks: »Es ist schimpflich, daß es Deutsche gibt, die in einer Verkleinerung der Zahl von 6 auf 2 Millionen eine Entlastung sehen.«

Der 20. Juli

Die Offiziere der Wehrmacht waren Hitler nie geheuer gewesen. Als er die Macht ergriff, hatten sie stillgehalten. Aber wer garantierte ihm, daß sie es immer tun würden? Er hatte ihnen eine Aufrüstung beschert, von der sie in der Reichswehrzeit nie zu träumen gewagt hätten, er hatte sie mit Titeln, Orden und Geschenken überhäuft – und dennoch, sein Mißtrauen blieb. Durchaus zu Recht, denn aus der Wehrmacht erwuchs der einzige erfolgversprechende Widerstand gegen sein Regime. Außenpolitische Erfolge Hitlers und die Blitzsiege der ersten Kriegsjahre vereitelten zwar noch alle Versuche, ihn aus der Macht zu drängen. Aber je länger der Krieg dauerte, desto radikaler wurden die Pläne. 18 gescheiterte Attentate zählen die Historiker. Den Verschwörern schien es zeitweilig, als sei an Hitlers stets beschworener Schutzmacht, der »Vorsehung«, wirklich etwas dran. Da betrat ein neuer Attentäter die Szene, Oberst Claus Graf Schenk von Stauffenberg, und mit ihm zog eine neue Geisteshaltung ein: daß etwas geschehen müsse, ein Zeichen gesetzt werden müsse, auch wenn der Erfolg nicht unbedingt garantiert sei. Indem sie sich opferten, wollten die Verschwörer wiedergutmachen, daß sie allzulange Helfer und Nutznießer Adolf Hitlers gewesen waren.

Stauffenberg, in Afrika schwer verwundet – er hatte ein Auge und den rechten Arm verloren –, war entschlossen, beides zu tun: Hitler umzubringen und zugleich den Staatsstreich zu leiten. Er würde das Attentat so durchführen, daß er selbst handlungsfähig blieb, um sofort danach wieder in Berlin zu sein, um den Putsch zu leiten. Am 8. Juni hatte Stauffenberg zum erstenmal in seiner neuen Eigenschaft als Stabschef des Ersatzheeres an einer Lagebesprechung im Führerhauptquartier teilgenommen. Drei Tage später, bei der nächsten Lagebesprechung, zu der er zum Berghof in Berchtesgaden befohlen war, brachte Stauffenberg in seiner Aktentasche bereits eine Sprengladung britischer Herkunft mit. In Berlin warteten die Verschwörer auf die Nachricht vom erfolgten Attentat. Aber anstelle einer Vollzugsmeldung erfuhr der General der Infanterie Olbricht in Berlin durch Stauffenberg, daß er die Bombe nicht gezündet habe. Der Reichsführer-SS, Heinrich Himmler hatte an der Lagebesprechung nicht wie vorgesehen, teilgenommen. Er galt als Staatsfeind Nr. 2 und sollte bei dem Attentat gleich mit erledigt werden.

Am 15. Juli war es dann wieder soweit. Zur angesetzten Lagebesprechung im Führerhauptquartier würde Himmler zugegen sein. Stauffenberg, wieder seine Bombe in der Aktentasche, rief General Olbricht in Berlin an und teilte ihm mit, daß er gleich das Attentat ausführen werde. Olbricht, als Chef des Allgemeinen Heeresamtes ebenso wie Stauffenberg selbst Vertreter des Generalobersten Fromm, löste sofort nach diesem Anruf den Putsch aus. Der Staatsstreich lief unter dem Decknamen »Walküre«. Hitler selbst hatte diese Operation vor einiger Zeit mit seiner Unterschrift abgesegnet. Admiral Canaris als Befehlshaber der Abwehr, hatte ihm den Plan »Walküre« vorgelegt, der alle Maßnahmen enthielt, die gegen einen möglichen Aufstand der Millionen Fremdarbeiter in Deutschland zu treffen wären. Natürlich war der Plan »Walküre« von vornherein nur als Tarnmantel für den Staatsstreich gegen die Regierung Hitler gedacht.

Denn unter dem Vorwand einer vom Führer selbst genehmigten Operation konnte das Heimatheer – dessen Stabschef Stauffenberg war – alle wichtigen Dienststellen besetzen, Funktionäre verhaften, Rundfunksender und Zeitungsredaktionen übernehmen und die tatsächliche Macht ausüben.

Doch eben, als General Olbricht in Berlin allen Beteiligten das Signal zum Staatsstreich gab, das Stichwort »Walküre«, mit den ersten dafür von Stauffenberg minutiös ausgearbeiteten Befehlen, kam aus dem Führerhauptquartier ein zweiter Anruf.

Stauffenberg wollte nach seinem ersten Anruf, der in Berlin die Aktion »Walküre« für den Staatsstreich aus-

»Wolfsschanze«, 15. Juli 1944; Begrüßung auf dem Vorplatz der »Lagebaracke«, im Hintergrund der frühere »Gästebunker«. Von links: Stauffenberg, Puttkamer, Bodenschatz, Hitler, Keitel. Fünf Tage später detonierte hier die Bombe des Attentäters Graf Stauffenberg.

gelöst hatte, zur Lagebesprechung zurückkehren. Aber die Teilnehmer an der Besprechung strömten in diesem Augenblick aus dem Lageraum. In eben der kurzen Zeit, die sein Anruf nach Berlin dauerte, hatte Hitler die Lagebesprechung kurzerhand abgebrochen. Das Attentat fand nicht statt, und in Berlin liefen die ersten Maßnahmen für den Staatsstreich an!

Stauffenberg beherrschte nur ein Gedanke: Sofort zum nächsten Telefon. In der Garderobe griff er nach seinem Mantel. Die Aktentasche mit der Bombe mußte er hierzu absetzen. Da wurde ihm unversehens der Mantel bereits von einem hilfsbereiten Mann zugereicht, der die Bemühungen des schwerverwundeten Obersten beobachtet hatte: »Bitte, Herr Oberst, wenn ich Ihnen helfen darf...?« Stauffenberg drehte sich um und erkannte in dem freundlichen Helfer den Reichsführer SS Heinrich Himmler, den Mann, den seine Bombe zerreißen sollte. Der nahm die erstaunlich schwere Aktentasche des Attentäters und trug sie freundlich plaudernd bis zum Wagen von Stauffenberg. Dort setzte er sie ziemlich hart auf den Boden. Schließlich gelang es Stauffenberg in einem zweiten Telefonat das bereits in Gang gesetzte Unternehmen »Walküre« auf halbem Weg abzustoppen. Am Tag danach wurde von den Verschwörern die Aktion als »Übung zur Herstellung der Einsatzbereitschaft des Heimatheeres« hingestellt, und das wurde zunächst auch geglaubt. Ein zweitesmal aber durfte so eine Panne nicht passieren.

Das »nächste Mal« – das ist der 20. Juli, diesmal nicht im Berchtesgadener Berghof, sondern im eigentlichen Führerhauptquartier »Wolfsschanze« bei Rastenburg in Ostpreußen. Weder Himmler noch Göring sind diesmal bei der Lagebesprechung zugegen, aber man kann nicht mehr warten.

In der Frühe ist Stauffenberg mit seinem Adjutanten Oberleutnant Werner von Haeften mit einer Kuriermaschine vom Flugplatz Rangsdorf bei Berlin nach Ostpreußen abgeflogen. Dritter Passagier im Flugzeug ist Generalmajor Helmuth Stieff, Chef der Organisationsabteilung des Heeres, der schon zweimal ein Attentat auf Hitler versucht hat.

Am Flugplatz bei Rastenburg wartet ein Wagen aus dem Führerhauptquartier auf die drei. Der bringt sie zu der 14 Kilometer entfernten »Wolfsschanze«. Hier müssen drei Sperrkreise passiert werden. Sie sind von außen nach innen mit den römischen Ziffern III, II und I numeriert. Stauffenberg steigt im Sperrkreis I aus. Sein Adjutant begleitet den Generalmajor Stieff noch die 18 Kilometer bis zum OKH-Quartier »Mauerwald«, um dann für die Rückkehr des Wagens zu sorgen, den Stauffenberg sofort nach dem Attentat wieder im Führerhauptquartier vorfinden muß, wenn die Flucht zum Flugplatz und von dort mit der wartenden Kuriermaschine nach Berlin gelingen soll.

Graf von Stauffenberg frühstückt im Kasino und nimmt anschließend an zwei Besprechungen teil. Die erste bei General Buhle, dem Chef des Heeresstabes im OKW, die zweite beim Chef des OKW, Generalfeldmarschall Keitel. Jetzt erfährt Stauffenberg, daß die Lagebesprechung wegen des anstehenden Staatsbesuchs von Mussolini um eine Stunde auf 12.30 Uhr vorverlegt wurde. Dadurch kann das Attentat wieder in Frage gestellt werden, denn die beiden Sprengstoffpakete, eins mit einem 10-Minuten-Zünder, das andere als Reserve mit einem 30-Minuten-Zünder versehen, befinden sich in der Aktentasche von Stauffenbergs Adjutant. Und der ist auf dem Weg zum OKH-Hauptquartier »Mauerwald«. Aber nach Beendigung der Besprechung bei Keitel sitzt Oberleutnant von Haeften bereits im Wartezimmer des OKW-Bunkers.

Ein neues Problem taucht auf. Die Sprengladungen müssen aus Haeftens Aktentasche in die von Stauffenberg umgepackt werden. Keitels Adjutant, Major von Freyend hilft unbewußt dem Attentäter, indem er Stauffenberg, der »sich frisch machen« möchte, sein Schlafzimmer zur Verfügung stellt. Stauffenberg und Haeften machen sich hier an die Arbeit. Inzwischen ist es wenige Minuten vor 12.30 Uhr, und Freyend schickt einen Oberfeldwebel zu seinem Schlafzimmer, der den Oberst Stauffenberg darauf aufmerksam machen soll, daß die Lagebesprechung gleich beginne.

Der Oberfeldwebel betritt Freyends Zimmer so eilig, wie ihm befohlen worden ist. Mit der sich nach innen öffnenden Tür stößt er gegen Oberst Stauffenberg, der eben hinter der Tür gestanden hat. Der Oberfeldwebel entschuldigt sich und richtet seinen Auftrag aus, daß höchste Eile geboten sei, wolle man den Führer nicht warten lassen.

Bei einem kurzen Blick durch die geöffnete Tür sieht der Oberfeldwebel, wie er später vor den vernehmenden Kriminalbeamten aussagt, daß auf dem Bett zwei Aktentaschen, eine Menge Papier und ein Paket liegen. Offensichtlich werden eben die beiden Aktentaschen umgeräumt. Stauffenberg schließt die Tür wieder hinter dem Oberfeldwebel und Oberleutnant von Haeften, der zusammen mit dem Oberfeldwebel den Raum verläßt, um den Mann mit Sicherheit fern von dem Schlafzimmer zu wissen, in dem die beiden Sprengladungen auf dem Bett liegen.

Inzwischen drückt der Oberst mit einer Flachzange den Zünder der ersten Zeitbombe ein. Die Zange hat er sich extra herrichten lassen, damit er in der Lage ist, sie mit den drei Fingern seiner linken Hand zu bedienen. Von diesem Moment an zerfrißt eine Säure allmählich einen in einer Glasampulle befindlichen Draht. Sobald der Draht reißt, schlägt eine von ihm bisher gespannt gehaltene Feder einen Schlagbolzen auf den eigentlichen Zünder – die Sprengladung detoniert. Die Dauer der

Säureeinwirkung bis zum Zerreißen des Drahtes ist auf zehn Minuten berechnet. Die Zündung nun noch einmal anzuhalten ist ausgeschlossen, Stauffenberg kann nun nicht mehr zurück. Die Bombe wird in zehn Minuten explodieren, ganz gleich, wo sie sich dann befindet. Stauffenberg begibt sich nach draußen und trifft dort General Buhle und Major von Freyend, mit denen er gemeinsam den Weg bis zur Lagebaracke zurücklegt. Buhle und Freyend versuchen dem schwerbeschädigten Oberst die Aktentasche abzunehmen, aber Stauffenberg lehnt ab, er trägt die Tasche lieber selbst. Doch unmittelbar vor der Lagebesprechung entschließt er sich anders. Er übergibt die Tasche an Freyend und bittet diesen, da er als Adjutant Marschall Keitels die Möglichkeit dazu hat, die Tasche und ihn selbst möglich nahe beim Führer zu placieren. Erstens wird er ja selbst einen Vortrag halten und dazu sowieso in der Nähe des Führers stehen müssen, und zweitens kann er so besser auf der Karte verfolgen, worum es geht.

Die drei kommen zu spät. Als die den langen Gang in der Mitte der Lagebaracke entlanggehen, hören sie aus dem quer am Ende der Baracke liegenden Lageraum gedämpft die Stimme General Heusingers, der über die Lage an der Ostfront Vortrag hält. General Buhle öffnet die Tür, nach ihm betreten Stauffenberg und Freyend den Raum. Hitler steht an dem großen Kartentisch genau hinter der Tür, mit dem Rücken zu ihr. Rechts neben ihm steht Heusinger, der seinen Vortrag kurz unterbricht. Links neben Hitler steht Marschall Keitel, neben diesem Generaloberst Alfred Jodl, der Chef des Wehrmachtführungsstabes.

Keitel sieht die Zuspätkommenden unwillig an, meldet dann den Obersten Graf von Stauffenberg bei Hitler. Freyend hat inzwischen den unmittelbar rechts neben General Heusinger stehenden Admiral Voß leise gebeten, dem Oberst seinen Platz zu überlassen. Der Admiral nickt und begibt sich auf die andere Seite des Tisches, genau Hitler gegenüber, während Stauffenberg dankend seine Aktentasche wieder an sich nimmt.

Heusinger nimmt seinen Vortrag wieder auf, während Stauffenberg nun neben ihm steht. Die Aktentasche setzt der Oberst vorsichtig auf den Boden, dicht neben den einen der beiden schweren Holzsockel, die den Kartentisch tragen. Die Tasche steht an der Innenseite des Sockels, in ihr frißt unaufhörlich die Säure an dem Draht, der nur noch für kurze Zeit die Feder des Schlagbolzens festhalten wird. Wenn die Sprengladung dann detoniert, wird sie als erstes Heusinger und Hitler zerreißen, da die beiden am nächsten stehen. Die Wucht der Detonation wird durch den massiven Eichensockel des Tisches in ihre Richtung, nach links, am stärksten wirken.

Aber noch steht der Attentäter selbst seiner Bombe am nächsten; wenn er nicht mit zerrissen werden will, muß er schleunigst verschwinden. Leise, wie um den Vortrag Heusingers nicht noch einmal zu stören, wendet sich der Oberst an seinen rechten Nebenmann, der an der Tischecke steht, genau außen neben dem Tischsockel. Dieser Nebenmann ist Oberst Heinz Brandt, Heusingers Stellvertreter, der gleiche Brandt, der vor einem Jahr aus Gefälligkeit zwei als Kognakflaschen getarnte Sprengbomben im Führerflugzeug mitgenommen hat, mit denen Hitler getötet werden sollte. Die Bomben waren jedoch nicht explodiert. Diesmal wird Brandt nicht davonkommen. Stauffenberg flüstert Brandt zu, er müsse noch einmal hinaus, um ein dringendes Telefongespräch entgegenzunehmen, dessen Inhalt er für seinen Vortrag dann brauche. Brandt möge auf die Aktentasche achtgeben. Brandt, freundlich und gefällig dem heutigen Attentäter gegenüber wie vor einem Jahr dem Attentäter Fabian von Schlabrendorff, nickt zuvorkommend.

Stauffenberg verläßt hinter dem Rücken Hitlers den Lageraum und begibt sich durch den langen Flur ins Freie – ohne die Telefonvermittlung aufzusuchen, die in einem der Barackenräume untergebracht ist. Aber das fällt niemandem auf, denn schließlich weiß niemand, unter welchem Vorwand Stauffenberg den Lageraum verlassen hat.

Der Oberst begibt sich hinüber zum Nachrichtenbunker, der ebenfalls im innersten Sperrkreis gelegen ist. Dort wartet der Chef des gesamten Nachrichtenwesens der deutschen Wehrmacht auf ihn, General Erich Fellgiebel, schon seit langem einer der wichtigsten Männer der Verschwörung. Ihm fällt die Aufgabe zu, sofort nach dem Attentat die Zentrale der Verschwörer in der Berliner Bendlerstraße zu verständigen, dem früheren Kriegsministerium und nunmehrigen Sitz des Befehlshabers des Ersatzheeres.

Inzwischen ist drinnen im Lageraum fast etwas schiefgegangen. Während Heusingers Vortrag hat Hitler eine Zwischenfrage gestellt. General Buhle hat gemeint, diese Frage falle genau in Stauffenbergs Fach, der Stabschef des Ersatzheeres könne darauf konkrete Antwort geben. In diesem Moment stellt man fest, daß Stauffenberg nicht mehr anwesend ist.

Oberst Brandt berichtet kurz von dem dringenden Telefonanruf, den Stauffenberg draußen in der Vermittlung abwarten will. Wütend begibt sich der Feldmarschall Keitel selbst zur Telefonvermittlung, während der Luftwaffengeneral Korten inzwischen die neueste Luftlagemeldung bekanntgibt. In der Telefonvermittlung berichtet der diensthabende Wachtmeister Adam dem Feldmarschall, daß der einarmige Oberst mit der schwarzen Augenklappe nicht bei ihm gewesen sei. Keitel begibt sich in den Lageraum zurück und schickt General Buhle hinaus, der den Obersten Stauffenberg telefonisch suchen lassen soll.

Als auch Buhle unverrichteter Dinge zurückkehrt, will Oberst Brandt etwas näher an seinen Chef Heusinger herantreten, um etwas auf der großen Lagekarte nachzusehen. Er stolpert fast über die Aktentasche Stauffenbergs, die ihm im Weg steht. Ärgerlich nimmt Brandt sie auf und stellt sie an die Außenseite des Tischsockels, wo sie ihn nicht mehr stören kann. Auch Hitler sucht etwas auf der Karte. Der Punkt, den er sucht, befindet sich weit im Norden, am oberen Ende der Karte. Und so liegt Hitler mit dem ganzen Oberkörper auf dem Tisch, sich mit den Ellenbogen aufstützend, als die Säure in der Glaskugel den Draht durchgenagt hat und die Schlagbolzenfeder freigibt. Das ist der Sekundenbruchteil, in dem sich das Geschick ganz anders entscheiden kann. Die Uhren zeigen auf 12.42 Uhr.

Die Sprengladung in der Aktentasche explodiert. Ihre stärkste Wirkung geht, anders als von Stauffenberg geplant, nach rechts, von Hitler weg, weil Oberst Brandt die Tasche an die Außenseite des Tischsockels gestellt hat. Dem Oberst Brandt wird von der Sprengladung sofort das rechte Bein abgerissen, sein Körper ist von Holzsplittern durchsiebt. Er erliegt den schweren Verletzungen. Außer ihm sterben General Korten, Hitlers Chefadjutant General Schmundt, der Stenograf Berger.

Alle anderen werden mehr oder weniger schwer verletzt. Gehirnerschütterungen und geplatzte Trommelfelle tragen alle davon, auch die sonst nur leichter Verletzten – mit einer Ausnahme, und das ist Marschall Keitel, dem gar nichts passiert ist, weil der neben ihm halb auf dem Tisch liegende Hitler die Detonationswelle von ihm abgehalten hat.

Hitler selbst ist ebenfalls nur leicht verletzt: Gehirnerschütterung mit vorübergehender Ohnmacht, Prellung des rechten Ellenbogens, Verbrennungen an den Beinen, Hautabschürfungen, beide Trommelfelle sind geplatzt.

Der Krach der Detonation ist weit über die Grenzen der Sperrkreise hinaus zu hören. In der Nähe vernimmt man unmittelbar das Schreien der Verwundeten. Die ersten Gestalten taumeln aus dem verwüsteten Lageraum. Einige Offiziere waren durch die wegen der Sommerhitze weitgeöffneten Fenster ins Freie geschleudert worden.

Jeder, der sich noch aus eigener Kraft bewegen kann, sucht das Freie zu gewinnen. Vielleicht gibt es noch eine zweite Explosion, mag jeder instinktiv befürchten. Hitler verläßt die Lagebaracke halb geschleppt, halb gestützt von Keitel. Über umherliegende Trümmer, vorbei an Verletzten und den herbeieilenden Helfern begibt er sich in seinen Bunker.

Keitel wendet sich wieder zurück. Er ist in einer geradezu begeisterten Stimmung. »Der Führer!« ruft er. »Die Vorsehung! Unser Führer lebt! Der Führer lebt!

Nun erst recht vorwärts zum Endsieg! Der Führer lebt!« Noch ahnt niemand, was eigentlich los ist. Eine Fliegerbombe aus großer Höhe? Ist bei den kürzlich vorgenommenen Bauarbeiten eine Mine mit eingebaut worden? Derjenige, der solche Fragen am besten beantworten könnte, hat kurz vor der Explosion noch einmal einen Schrecken hinter sich bringen müssen, den er unwissentlich selbst verursacht hat. Er ist von der Adjutantur gefragt worden, ob er einen Kraftwagen benötige. Stauffenberg hat darauf dankend abgelehnt – nein, er habe bereits seinen Wagen zur Verfügung. So kommt es, daß Stauffenberg, unmittelbar bevor er aus dem Führerhauptquartier flüchten muß, kein Fahrzeug hat. Die Adjutantur hat nämlich von dem gleichen Wagen gesprochen, den auch Stauffenberg meint, und so wird Stauffenbergs Wagen, der ja vom Hauptquartier-Kommandanten zur Verfügung gestellt worden ist, anderweitig eingesetzt.

Als Stauffenberg den lebensgefährlichen Irrtum erkennt, muß sein Adjutant Haeften alles in Bewegung setzen, um das Mißverständnis aufzuklären und den Wagen zurückzuerhalten. Das gelingt buchstäblich in letzter Sekunde.

Haeften fährt mit dem Wagen am Nachrichtenbunker vor, wo Stauffenberg mit General Fellgiebel steht, da dröhnt die Explosion herüber. Von Stauffenbergs Standort sieht man eine Staubwolke in der Nähe der Lagebaracke aufsteigen, einige Trümmerstücke durch die Luft wirbeln – mehr ist vom Nachrichtenbunker aus nicht zu erkennen. Stauffenberg fährt bei der Explosion zusammen. Major Sander von der Adjutantur steht dabei – er hat Stauffenberg eben den Wagen zurückbeschafft – und sagt später: »Noch nie in meinem Leben habe ich einen Menschen so zusammenzucken sehen!« General Fellgiebel fragt scheinbar verwundert – er kann jetzt nicht mehr offen sprechen, da Sander nicht zu den Verschwörern gehört –, was das wohl gewesen sei, worauf Sander gleichgültig erwidert, es gingen öfter mal Minen in die Luft, ausgelöst durch Rehe oder anderes Wild. Stauffenberg muß fort – aber da steht der unselige Sander, der ja weiß, daß Stauffenberg eigentlich bei der Lagebesprechung sein sollte. So sagt Stauffenberg wie nebenbei: »Ich gehe jetzt zurück zur ›Lage‹. Aber ich muß noch mal zum Kommandanten, ich nehme gleich den Wagen, damit's schnell geht!«

Stauffenberg und Haeften fahren los. Die erste Wache vom Sperrbezirk I und II passieren sie unangefochten. Stauffenbergs Ausweis genügt, noch ist kein Alarm gegeben worden. Bei der nächsten Wache ist es schon schwieriger. Der Wachoffizier dort hat aus eigener Initiative sofort nach der Detonation eine Sperre angeordnet. Stauffenberg versucht es mit einem Bluff. »Sonderauftrag des Führers, ich muß dringend zum Flugplatz, Generaloberst Fromm wartet auf mich.«

Der Leutnant zögert. Daraufhin greift Stauffenberg in der Wachstube zum Telefon, spricht mit jemandem, wendet sich dann wieder an den Leutnant und sagt: »Na bitte, ich kann passieren!«

Der Leutnant kennt Stauffenberg, dessen Ausweise sind ebenfalls in Ordnung, und so hebt er den Schlagbaum hoch.

Die letzte Außenwache aber wird fast zum Verhängnis. Inzwischen ist Alarm gegeben worden. An der Außenwache Süd ist die Straße bereits durch Spanische Reiter versperrt, die Wachmannschaft steht mit schußbereiten Waffen an der geschlossenen Schranke. Und der Wachhabende, Feldwebel Kolbe vom Führerbegleitbataillon, läßt sich nicht so leicht beeindrucken wie kurz zuvor der Leutnant.

Er läßt Stauffenberg nicht ans Telefon, sondern läßt sich den Teilnehmer nennen und ruft diesen selbst an. Stauffenberg nennt Rittmeister von Möllendorf, den Adjutanten des Kommandanten, denn der weiß nicht, ob Stauffenberg wirklich das Hauptquartier verlassen darf.

Möllendorf meldet sich, der Feldwebel übergibt den Hörer Stauffenberg. Der Oberst tut ahnungslos und fragt, was denn passiert sei? Er könne doch nicht hier hängenbleiben, sein Flugzeug warte schon auf ihn, für 13.15 Uhr sei der Start festgelegt. Er müsse unbedingt so schnell wie möglich nach Berlin.

Da Rittmeister von Möllendorf Stauffenberg gut kennt und außerdem in dieser Minute noch nicht weiß, weshalb der Alarm ausgelöst worden ist, erteilt er Stauffenberg die Erlaubnis zum Verlassen des Hauptquartiers. Der Feldwebel Kolbe läßt sich von Stauffenberg den Telefonhörer geben und vergewissert sich noch einmal, ob tatsächlich Rittmeister von Möllendorf die Erlaubnis gegeben hat. Erst dann läßt er Stauffenberg und Haeften passieren, die Stacheldrahtrollen werden ein wenig zur Seite gezogen.

Stauffenberg treibt den Fahrer zu höchster Eile an. In rasender Fahrt geht es in Richtung Rastenburg zum Feldflughafen. Punkt 13.15 Uhr startet die Heinkel zum Flug nach Berlin. Stauffenberg fiebert der Landung in Rangsdorf entgegen. Von dort wird er sofort in der Bendlerstraße anrufen, um zu erfahren, was bereits unternommen worden ist, und um erste Anweisungen zu geben.

Stauffenberg ahnt nicht, daß er ein weiteres Mal unerhörtes Glück gehabt hat – nur eine Minute nach dem Start der Heinkel ist für den Flugplatz Rastenburg ein allgemeines Startverbot befohlen worden. Wäre der Fahrer nur um eine Minute langsamer gefahren, dann säße Stauffenberg in Rastenburg fest – bis man ihn verhaften würde.

Und Stauffenberg ahnt auch nicht, daß jenes Flugzeug, das dem seinen auf dem halben Wege nach Berlin

entgegenkommt, bereits die Sonderkommission der Kriminalpolizei an Bord hat, die im Führerhauptquartier den Sprengstoffanschlag untersuchen soll. Was er aber noch weniger ahnt: In Berlin ist bis jetzt überhaupt nichts geschehen, die Verschwörer haben wieder einmal gezögert.

Sie sitzen im Kriegsministerium in der Bendlerstraße wie auf glühenden Kohlen. Bis man von General Fellgiebel aus der Wolfsschanze Nachricht erhält, kann man nichts tun. Nicht weit von ihnen, im Polizeipräsidium, warten Graf Helldorf, Polizeipräsident von Berlin und Graf Bismarck, Regierungspräsident des Bezirks Potsdam, zusammen mit Dr. Gisevius ebenfalls auf das erlösende Stichwort. Gisevius ist von seinem Außenposten aus der Schweiz angereist, um am entscheidenden Tag dabeizusein. Helldorf hat die führenden Leute der Berliner Gauleitung der NSDAP zu einer »Routinebesprechung« gebeten, um sie zu verhaften. Seine Polizei soll wichtige Gebäude besetzen, wenn der Befehl zum Losschlagen gegeben wird.

Ins Unerträgliche ist die Spannung ebenfalls in Paris, einem weiteren Zentrum der Verschwörung, gewachsen. Hier laufen die Fäden bei einem Vetter Stauffenbergs, dem Oberstleutnant Caesar von Hofacker und dem Obersten Finck zusammen. Der Kommandant von Paris, die Militärbefehlshaber und vor allem der Oberbefehlshaber der gesamten Westfront, Feldmarschall Kluge, sind Verbündete oder zumindest Mitwisser der Verschwörung. Hier liegt die militärische Kraft des Staatsstreichs und wartet darauf, eingesetzt zu werden.

Im Dienstgebäude des Befehlshabers des Ersatzheeres in der Bendlerstraße trifft um die Mittagsstunde der von Hitler aus der Wehrmacht ausgestoßene Generaloberst Hoepner ein. Er und der General Olbricht sollen die vorbereiteten Befehle und damit den Putsch in Gang setzen, sobald General Fellgiebel aus dem Führerhauptquartier Hitlers Tod gemeldet hat. Wenig später trifft auch Generaloberst Beck im Bendlerblock ein, er kommt in Zivil. Beck, der als neues Staatsoberhaupt vorgesehen ist und Generalfeldmarschall von Witzleben, der das Oberkommando über die Wehrmacht übernehmen soll, werden die Aktion mit ihren Namen moralisch stützen. So hofft man.

Aber in der Bendlerstraße unternimmt man nichts. Man wartet auf das Zeichen aus der »Wolfsschanze«. Das ist schon längst gegeben, man weiß es nur nicht. General Fellgiebel hat unmittelbar nach dem Attentat bei General Thiele in der Bendlerstraße angerufen. General Thiele ist in der entscheidenden Stunde aber gerade zum Mittagessen gegangen. So kann Fellgiebel Thieles Sekretärin nur beauftragen, ihrem Chef auszurichten, auf den Führer sei ein Attentat verübt worden, aber der Führer lebe. Es ist anzunehmen, daß die Sekretärin nicht vergessen hat, eine so sensationelle Meldung an

Bild links: Hitler selbst erlitt durch die Explosion der Stauffenbergschen Bombe nur geringfügige Verletzungen, während aus seiner nächsten Umgebung der Stenograph Dr. Berger, Oberst Brandt und die Generale Korten und Schmundt wenig später ihren Verletzungen erlagen.

Bild rechts oben: Bei der Hochzeit des Schahs von Persien in Teheran vertrat Botschafter Graf Schulenburg (zweiter von rechts) das Deutsche Reich.

Bild rechts unten: Graf Schulenburg, zuletzt deutscher Botschafter in Moskau, vor dem Volksgerichtshof, dessen »Urteil« wegen Teilnahme am 20. Juli auf Todesstrafe lautete.

ihren Chef weiterzugeben. Aber erst zwei Stunden später, um 15.15 Uhr, meldet sich Thiele telefonisch bei Olbricht, der im gleichen Haus sitzt. Er berichtet nur kurz, daß aus dem Führerhauptquartier ein Kommuniqué erwartet werde. Mehr wisse er auch nicht. Der erste Verschwörer hat versucht, seinen Hals aus der Schlinge zu ziehen.

Kurz darauf meldet sich Thiele noch einmal bei Olbricht. In der »Wolfsschanze« habe ein Attentat stattgefunden. Mehr sagt er auch diesmal nicht. Jetzt endlich will Olbricht Klarheit. Er versucht, eine Verbindung mit dem Führerhauptquartier zu bekommen, und er bekommt sie. Das ist ein schlechtes Zeichen, denn im Fall des geglückten Attentats sollte Fellgiebel alle Nachrichtenverbindungen unterbrechen. Olbricht aber hat Fellgiebel am Telefon. Der sagt nur einen Satz, geradezu ein Musterbeispiel von Doppeldeutigkeit: »Hier ist eine tolle Schweinerei passiert – der Führer lebt!«

Um 15.45 Uhr landet Stauffenberg mit seinem Adjutanten von Haeften auf dem Flugplatz Berlin-Rangsdorf. Der Wagen, der beide abholen soll, ist nicht da. Oberleutnant von Haeften ruft in Olbrichts Dienststelle an und erreicht dort Stabschef Oberst Mertz von Quirnheim. Der weiß nichts vom Wagen, aber von Haeften erfährt nun, daß der Staatsstreich noch gar nicht angelaufen ist. Entsetzt geht Stauffenberg selbst ans Telefon und verlangt erregt, endlich »Walküre« in Gang zu setzen. »Hitler ist tot!« schreit er ins Telefon. »Ich habe es doch selbst gesehen! Jede weitere Verzögerung ist Selbstmord. ›Walküre‹ muß sofort beginnen, sonst war alles umsonst.«

Nun endlich gehen die vorbereiteten Befehle für »Walküre« hinaus. Unterzeichnet von General Olbricht und Oberst Mertz von Quirnheim »im Auftrag des Befehlshabers des Ersatzheeres (BdE)«, Generaloberst Fromm. Fromm weiß zwar von der Verschwörung, hat sich aber noch nicht eindeutig auf die Seite der Verschwörer geschlagen. Olbricht muß nun versuchen, Fromm zur Teilnahme am Putsch zu bewegen. Er betritt eilig Fromms Zimmer und bittet um ein Gespräch unter vier Augen. »Herr Generaloberst – ich melde gehorsamst: Der Führer ist einem Attentat zum Opfer gefallen! Der Führer ist tot! Anscheinend handelt es sich um einen Putsch der SS.«

Fromm ist zunächst äußerst verwirrt. »Der Führer tot? Unvorstellbar!« Als er sich wieder gefangen hat, kommen ihm Zweifel. Die Meldung muß ein Schwindel sein, sonst hätte Generalfeldmarschall Keitel schon längst angerufen. »Woher wissen Sie das?« fragt er Olbricht. »Von General Fellgiebel«, behauptet Olbricht, und um Fromm keine Zeit zu geben, fordert er:

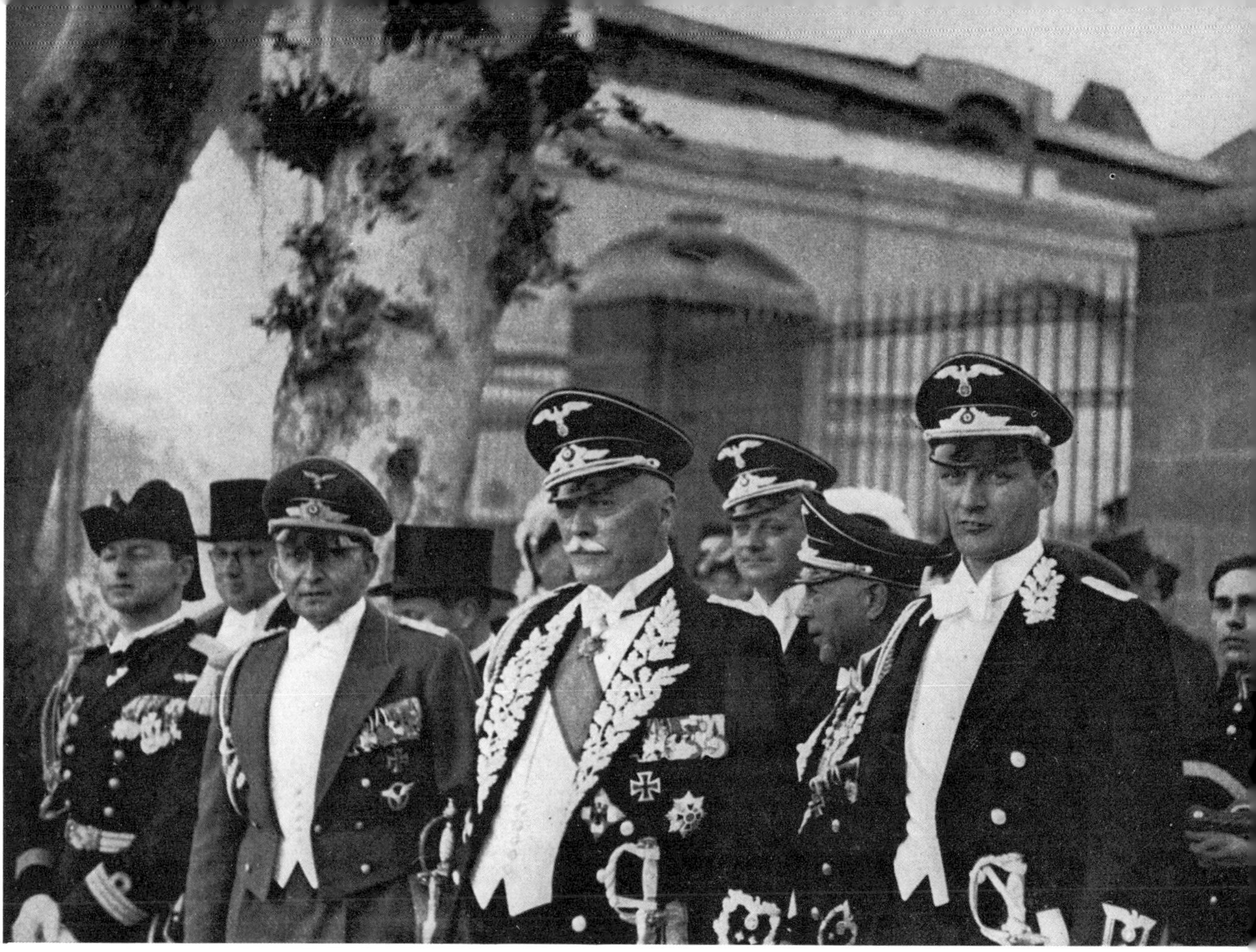

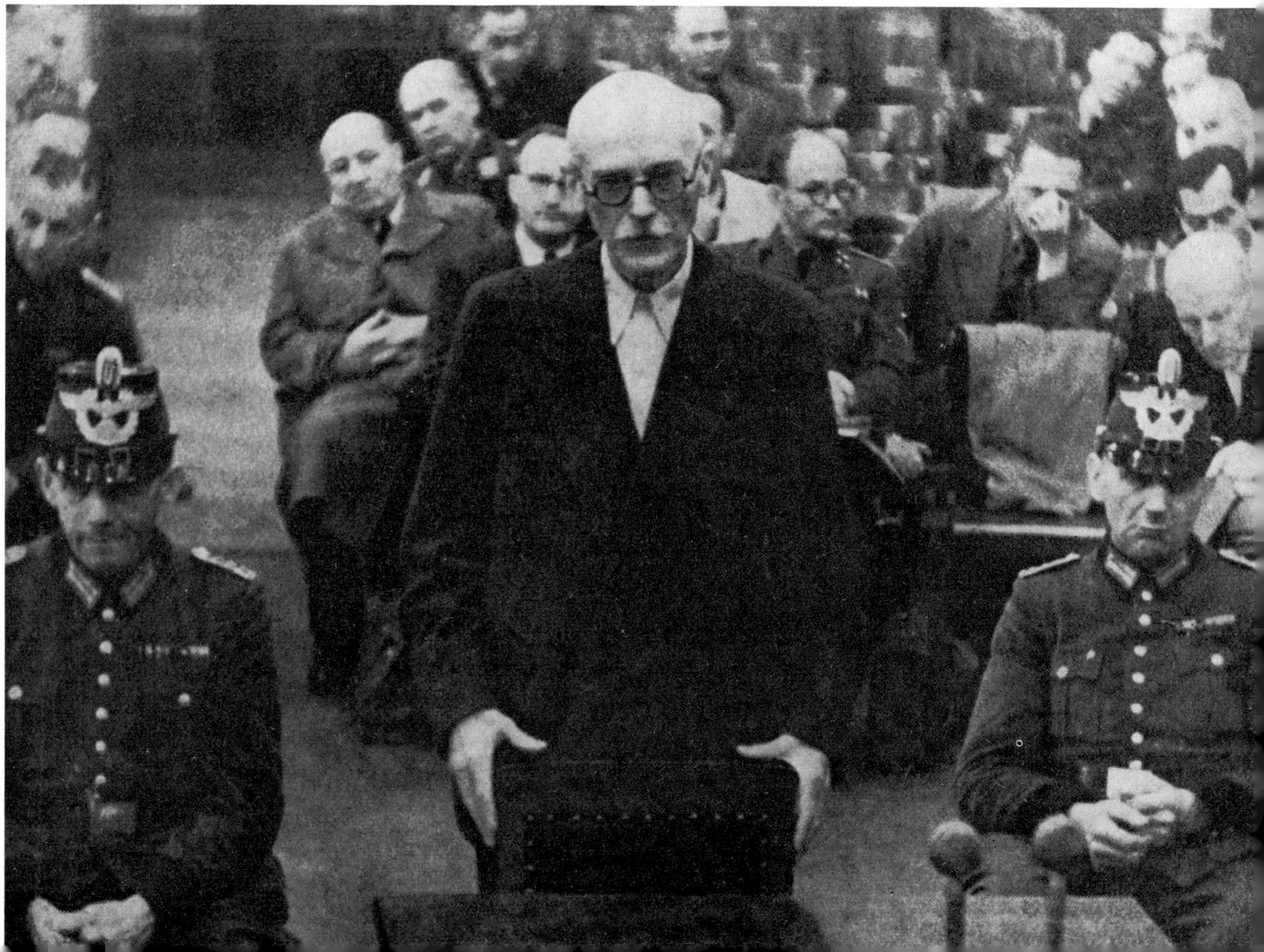

»Ich muß deshalb vorschlagen, Herr Generaloberst, sofort ›Walküre‹ auszulösen.« Fromm ist schwankend geworden. Olbricht wünscht, der Generaloberst Beck wäre hier. Doch der hat dieses Gespräch Olbricht zugeschoben. In diese Olbrichtsche Überlegung hinein schüttelt Fromm den Kopf: »Wie stellen Sie sich das vor? Ich weiß doch nicht, ob der Führer wirklich tot ist.«

Fromm meldet ein Blitzgespräch zum Führerhauptquartier und bekommt die Verbindung zu Generalfeldmarschall Keitel. Olbricht wird aufgefordert, den zweiten Hörer zu nehmen. Keitel: »Ach was! Das ist barer Unsinn! Es hat zwar ein Attentat gegeben, es ist aber zum Glück fehlgeschlagen. Der Führer lebt und ist nur unwesentlich verletzt. Wo ist übrigens Ihr Chef des Stabes, der Oberst Graf von Stauffenberg?« Fromm wundert sich: »Der Oberst Stauffenberg? Der ist noch nicht wieder bei mir eingetroffen.«

Keitel und Fromm legen die Hörer auf. Fromm denkt unter diesen Umständen nicht daran, »Walküre« auszulösen, und Olbricht wagt nicht zu sagen, daß dies durch ihn selbst bereits geschehen ist. Betreten kehrt er in sein Zimmer zurück. Was soll er tun? Sicher marschieren schon die ersten Truppen auf Berlin. Wenn nur Stauffenberg hier wäre. Olbricht weiß nicht, daß es eine Kleinigkeit wäre, den Putsch jetzt noch zu stoppen. Die Befehle sind nämlich noch gar nicht hinausgegangen.

Der diensthabende Offizier der Fernschreibzentrale, Leutnant Wolfram Röhrig, hat sich über den Inhalt der Fernschreiben gewundert. Aber schließlich ist er dafür nicht verantwortlich. Was ihn wirklich stört, ist die Tatsache, daß die Fernschreiben keinen Geheimhaltungsvermerk tragen. Er macht seinen Vorgesetzten Hauptmann Klausing darauf aufmerksam und schlägt vor, die Fernschreiben mit der höchsten Geheimhaltungsstufe als »Chefsache« laufen zu lassen. Klausing stimmt zu. »Chefsachen« aber dürfen nur von besonders autorisierten Mitarbeitern bearbeitet werden. In der Dienststelle ist nur eine einzige Fernschreiberin anwesend, die dazu berechtigt ist. So kommt es, daß die brennend wichtigen Fernschreiben nur mit großer Verzögerung hinausgehen, weil die eine von den hundert Fernschreiberinnen die Arbeit allein tun muß.

Im Bendlerblock breitet sich Unruhe aus. Die nicht in die Verschwörung Eingeweihten bemerken die Nervosität, das Auftauchen von Zivilisten. Gerüchte schwirren umher. Auch im Polizeipräsidium hat man durch eigene Kanäle Informationen erhalten, die Zweifel aufkommen lassen. Der Staatsstreich ist in eine Krise geraten. Aber dann gewinnt er mit dem Eintreffen von Stauffenberg in der Bendlerstraße an Dynamik. Stauffenberg stürzt in Olbrichts Zimmer und macht dem Ranghöheren und Dienstälteren, ungeachtet jeder formellen Disziplin, Vorwürfe: Warum ist »Walküre« erst jetzt angeordnet worden, warum sind so viele wertvolle, vielleicht entscheidende Stunden versäumt worden? »Hitler ist tot!« behauptet er. »Ich habe mit eigenen Augen gesehen, wie man ihn hinausgetragen hat. Die Bombe ist mit der Wirkung einer 15-cm-Granate hochgegangen, da kann keiner mehr leben!«

Stauffenberg geht sofort an das Telefon und verlangt Paris. Dort ist bisher noch niemand vom durchgeführten Attentat verständigt. Stauffenberg erreicht seinen Vetter Caesar von Hofacker und teilt auch ihm mit hastigen Worten mit, daß das Attentat erfolgt und Hitler tot sei. »Der Staatsstreich ist im Gange. Hier in Berlin wird schon das Regierungsviertel besetzt.«

Das nächste Telefonat führt Olbricht auf Wunsch von Stauffenberg mit dem Polizeipräsidenten von Berlin, Graf Helldorf. Helldorf begibt sich mit Dr. Gisevius zur Bendlerstraße. Dort treffen sie auf Oberst Stauffenberg, der in voller Aktion die entscheidenden Befehle gibt und Telefonate abwickelt. Beck informiert Helldorf, daß Nachrichten vorliegen, nach denen Hitler nicht tot sei. Beck fügt aber hinzu: »Für mich ist dieser Mann tot . . . Von dieser Linie dürfen wir nicht abweichen, sonst bringen wir unsere eigenen Reihen in Verwirrung.« Helldorf fährt zum Präsidium zurück.

Nun ist es höchste Zeit, Generaloberst Fromm zur Teilnahme am Putsch zu zwingen oder auszuschalten. Olbricht, diesmal von Stauffenberg begleitet, unternimmt zum zweitenmal den Versuch. Beide versichern Fromm, der Führer sei tot, und Olbricht bekennt, daß er den »Walküre«-Befehl bereits gegeben habe. Fromm ist empört und läßt den Oberst Mertz von Quirnheim rufen, der den »Walküre«-Befehl neben Olbricht unterschrieben hat. Fromm zu Mertz von Quirnheim: »Sie sind verhaftet!« Jetzt offenbart Stauffenberg, daß er selbst das Attentat ausgeführt hat und versichert wieder: »Der Führer ist tot.«

Fromm ist fassungslos: »Graf Stauffenberg, Ihr Attentat ist mißglückt. Sie müssen sich erschießen.« Stauffenberg lächelt überlegen: »Das werde ich keinesfalls tun.« Als nun auch Olbricht sich zu den Verschwörern bekennt, erklärt Fromm alle drei für verhaftet. Olbricht erwidert lakonisch: »Sie können uns nicht verhaften – Sie täuschen sich über die wahren Machtverhältnisse! Wir verhaften Sie, Herr Generaloberst.«

Es kommt zu einem Handgemenge. Fromm wird zunächst in einem Nebenzimmer festgesetzt, später wird ihm erlaubt, in seine Dienstwohnung, die im gleichen Gebäude liegt, zu gehen. Vorher hat er sein Ehrenwort gegeben, keinen Fluchtversuch zu unternehmen. Noch andere Generale und Offiziere, die sich den Verschwörern nicht anschließen wollen, werden festgesetzt.

Zwei wichtige Generale, der Generalinspekteur des Führungsnachwuchses, General Specht und der Chef des gesamten Ausbildungswesens der Wehrmacht, General Kunze, werden von Döberitz in die Bendlerstraße zitiert. Dort treffen sie auf den Generalobersten Hoepner, der eine Lodenjacke trägt. Mit ihm wollen sie nicht sprechen. Sie erkennen, was hier gespielt wird und weigern sich mitzumachen. Ungeschoren verlassen sie das Gebäude, obwohl sie nun eine akute Gefahr für das Gelingen des Staatsstreiches darstellen.

Tatsächlich gelingt es ihnen, mit Keitel in der »Wolfsschanze« Verbindung aufzunehmen, nachdem sie mit Generaloberst Fromm, der in seiner Dienstwohnung kaltgestellt ist, noch ein Gespräch geführt haben.

Von den Verschwörern ebenfalls festgesetzt wird der Oberst Glaesemer, der Kommandeur der Panzertruppenschule Krampnitz. Seine Panzer sollen das Rückgrat des Staatsstreichs bilden. Glaesemer weigert sich mitzumachen – seinen Adjutanten läßt man laufen. Ein anderer Besucher kommt fast unbemerkt in die Bendlerstraße. Unangemeldet steht ein großer, breitschultriger hoher SS-Führer im Zimmer Stauffenbergs. In seiner Begleitung ein Adjutant und zwei Zivilisten, Kriminalbeamte, wie sich später herausstellt. »Heil Hitler!« grüßt der Mann. »Ich suche den Oberst Graf von Stauffenberg.« Stauffenberg ruhig und gelassen: »Ja, bitte?« »Oberführer Piffrader« stellt sich der Mann vor. »Ich komme im Auftrag des Reichssicherheitshauptamtes … Ich habe einige Fragen an Sie zu stellen, Herr Oberst.« »Wenn es sein muß – bitte.« Stauffenberg deutet auf eine Tür, geht mit dem SS-Führer nach draußen und dann in ein Nebenzimmer, in dem sich zwei mit Maschinenpistolen bewaffnete junge Offiziere aufhalten. Stauffenberg kommt bald wieder zurück. Piffrader und seine Begleitung sind entwaffnet und werden im Nebenzimmer bewacht.

Im Führerhauptquartier ist man noch immer ahnungslos, aber der Staatsstreich läuft. Ja, jetzt kommt er endlich in Fahrt. Gemäß der »Walküre«-Anordnung hat sich Major Remer, Kommandeur des Wachbataillons »Großdeutschland« und Träger des Eichenlaubs zum Ritterkreuz, beim Berliner Stadtkommandanten General von Hase gemeldet. Hier bekommt er den Befehl, das Rundfunkhaus an der Masurenallee zu besetzen, Wachen für die Bendlerstraße zu stellen, das Gebäude der Gestapo und des Reichssicherheitshauptamtes zu isolieren und das Reichspropagandaministerium zu besetzen, den Minister Dr. Joseph Goebbels festzunehmen. Und der Major gibt die entsprechenden Befehle, damit dieser Auftrag ausgeführt wird.

Doch das Schicksal des Staatsstreichs und der Verschwörer ist schon besiegelt. Ein kleiner Leutnant, der nur zufällig in Berlin ist, mit dem niemand rechnen konnte, führt die Wende herbei.

Er heißt Dr. Hagen, ist durch schwere Verwundungen nicht kriegsverwendungsfähig und hat von Bormann den Auftrag bekommen, eine NS-Literaturgeschichte zu schreiben. Offiziell ist er Verbindungsoffizier vom Wachbataillon »Großdeutschland« zum Reichspropagandaministerium, dem er einmal angehört hat. Am 20. Juli hat Hagen nachmittags vor Unteroffizieren des Wachbataillons einen Vortrag über NS-Führungsfragen gehalten und anschließend Major Remer in seiner Dienstwohnung zu einem Umtrunk aufgesucht. Hier wird er Zeuge, wie Remer der »Walküre«-Befehl überbracht wird und er sich zum General von Hase begibt. Wie Remer zurückkehrend vom Attentat auf den Führer berichtet und von der Übernahme der Regierungsgewalt durch die Wehrmacht spricht.

Hagen fällt ein, daß er am Abend zuvor den Generalfeldmarschall von Brauchitsch in einem Auto an sich hat vorbeifahren sehen. Zuerst hatte er geglaubt, sich geirrt zu haben; jetzt kommt ihm seine Wahrnehmung durchaus richtig vor: Der ehemalige Oberbefehlshaber des Heeres könnte etwas mit der »Walküre«-Aktion zu tun haben.

Zwar befindet sich Hagen immer noch im Irrtum, jedenfalls was die Person Brauchitschs angeht – der war nicht in Berlin –, aber die Kombination ist richtig: Es ist das Militär, von dem der Staatsstreich ausgeht.

Um 17.45 Uhr ist Hagen bei Goebbels in dessen Privatwohnung und berichtet dem Minister von seinem Verdacht und über die Vorgänge beim Wachbataillon. Als Goebbels bemerkt, wie auf der anderen Straßenseite Soldaten hinter Büschen in Deckung gehen, glaubt er dem Leutnant Hagen. Per »Führerblitz« wird der Minister mit dem Führerhauptquartier verbunden.

Hier erfährt man nun endlich vom Staatsstreich, der in Berlin angelaufen ist. Hagen fährt zum Stadtkommandanten und verständigt dort einen Leutnant des Wachbataillons davon, daß Remer sofort zu Goebbels kommen solle. Remer zögert mißtrauisch, entschließt sich aber doch, zu Goebbels zu fahren. Sicherheitshalber läßt er vorher einen Stoßtrupp zusammenstellen, der ihn befreien soll, wenn er nicht innerhalb von 20 Minuten wieder aus der Wohnung herauskommt.

Goebbels informiert Remer über die wahren Umstände der Situation und stößt dabei auf Unglauben. Goebbels hat die rettende Idee, greift zum Telefon: »Führerblitz! Das Führerhauptquartier, schnell, sofort, den Führer persönlich!«

Der Major stutzt. Den Führer? Einen Toten? Da hört er Goebbels: »Heil mein Führer! Bei mir ist der Kommandeur des Wachbataillons »Großdeutschland«. Er hat von den Putschisten den Befehl, das Regierungsviertel zu zernieren … Jawohl mein Führer!« und gleich weiter: »Der Führer möchte Sie persönlich sprechen.« Goebbels reicht dem Major den Hörer. »Hier Major Remer, Kommandeur Wachbataillon Großdeutschland!«

EIN DEUTSCHES FLUGBLATT

DIES ist der Text eines deutschen Flugblatts, von dem ein Exemplar nach England gelangt ist. Studenten der Universität München haben es im Februar dieses Jahres verfasst und in der Universität verteilt. Sechs von ihnen sind dafür hingerichtet worden, andere wurden eingesperrt, andere strafweise an die Front geschickt. Seither werden auch an allen anderen deutschen Universitäten die Studenten „ausgesiebt". Das Flugblatt drückt also offenbar die Gesinnungen eines beträchtlichen Teils der deutschen Studenten aus.

Aber es sind nicht nur die Studenten. In allen Schichten gibt es Deutsche, die Deutschlands wirkliche Lage erkannt haben ; Goebbels schimpft sie „die Objektiven". Ob Deutschland noch selber sein Schicksal wenden kann, hängt davon ab, dass diese Menschen sich zusammenfinden und handeln. Das weiss Goebbels, und deswegen beteuert er krampfhaft, „dass diese Sorte Mensch zahlenmässig nicht ins Gewicht fällt". Sie sollen nicht wissen, wie viele sie sind.

Wir werden den Krieg sowieso gewinnen. Aber wir sehen nicht ein, warum die Vernünftigen und Anständigen in Deutschland nicht zu Worte kommen sollen. Deswegen werfen die Flieger der RAF zugleich mit ihren Bomben jetzt dieses Flugblatt, für das sechs junge Deutsche gestorben sind, und das die Gestapo natürlich sofort konfisziert hat, in Millionen von Exemplaren über Deutschland ab.

Manifest der Münchner Studenten

Erschüttert steht unser Volk vor dem Untergang der Männer von Stalingrad. 330.000 deutsche Männer hat die geniale Strategie des Weltkriegsgefreiten sinn- und verantwortungslos in Tod und Verderben gehetzt. Führer, wir danken Dir !

Es gärt im deutschen Volk. Wollen wir weiter einem Dilettanten das Schicksal unserer Armeen anvertrauen ? Wollen wir den niedrigsten Machtinstinkten einer Parteiclique den Rest der deutschen Jugend opfern ? Nimmermehr !

Der Tag der Abrechnung ist gekommen, der Abrechnung unserer deutschen Jugend mit der verabscheuungswürdigsten Tyrannei, die unser Volk je erduldet hat. Im Namen des ganzen deutschen Volkes fordern wir von dem Staat Adolf Hitlers die persönliche Freiheit, das kostbarste Gut der Deutschen zurück, um das er uns in der erbärmlichsten Weise betrogen hat.

In einem Staat rücksichtsloser Knebelung jeder freien Meinungsäußerung sind wir aufgewachsen.

G.39

Manifest der Münchner Studenten

— Fortsetzung —

HJ, SA und SS haben uns in den fruchtbarsten Bildungsjahren unseres Lebens zu uniformieren, zu revolutionieren, zu narkotisieren versucht. Weltanschauliche Schulung hieß die verächtliche Methode, das aufkeimende Selbstdenken und Selbstwerten in einem Nebel leerer Phrasen zu ersticken. Eine Führerauslese, wie sie teuflischer und zugleich bornierter nicht gedacht werden kann, zieht ihre künftigen Parteibonzen auf Ordensburgen zu gottlosen, schamlosen und gewissenlosen Ausbeutern und Mordbuben heran, zur blinden, stupiden Führergefolgschaft. Wir „Arbeiter des Geistes" wären gerade recht, dieser neuen Herrenschicht den Knüppel zu machen.

Frontkämpfer werden von Studentenführern und Gauleiteraspiranten wie Schulbuben gemaßregelt, Gauleiter greifen mit geilen Späßen den Studentinnen an ihre Ehre. Deutsche Studentinnen haben an der Münchner Hochschule auf die Besudelung ihrer Ehre eine würdige Antwort gegeben, deutsche Studenten haben sich für ihre Kameradinnen eingesetzt und standgehalten. Das ist ein Anfang zur Erkämpfung unserer freien Selbstbestimmung, ohne die geistige Werte nicht geschaffen werden können. Unser Dank gilt den tapferen Kameradinnen und Kameraden, die mit leuchtendem Beispiel vorangegangen sind.

Es gibt für uns nur eine Parole: **Kampf gegen die Partei! Heraus aus den Parteigliederungen,** in denen man uns politisch weiter mundtot machen will! Heraus aus den Hörsälen der SS-Unter- und Oberführer und Parteikriecher! Es geht uns um wahre Wissenschaft und echte Geistesfreiheit! Kein Droh-

mittel kann uns schrecken, auch nicht die Schließung unserer Hochschulen. Es gilt den Kampf jedes einzelnen von uns um unsere Zukunft, unsere Freiheit und Ehre in einem seiner sittlichen Verantwortung bewußten Staatswesen.

Freiheit und Ehre! Zehn Jahre lang haben Hitler und seine Genossen die beiden herrlichen deutschen Worte bis zum Ekel ausgequetscht, abgedroschen, verdreht, wie es nur Dilettanten vermögen, die die höchsten Werte einer Nation vor die Säue werfen. Was ihnen Freiheit und Ehre gilt, das haben sie in zehn Jahren der Zerstörung aller materiellen und geistigen Freiheit, aller sittlichen Substanz im deutschen Volk genugsam gezeigt. Auch dem dümmsten Deutschen hat das furchtbare Blutbad die Augen geöffnet, das sie im Namen von Freiheit und Ehre der deutschen Nation in ganz Europa angerichtet haben und täglich neu anrichten. Der deutsche Name bleibt für immer geschändet, wenn nicht die deutsche Jugend endlich aufsteht, rächt und sühnt zugleich, seine Peiniger zerschmettert und ein neues, geistiges Europa aufrichtet.

Studentinnen! Studenten! Auf uns sieht das deutsche Volk. Von uns erwartet es, so wie in 1813 die Brechung des napoleonischen, so 1943 des nationalsozialistischen Terrors aus der Macht des Geistes. Beresina und Stalingrad flammen im Osten auf, die Toten von Stalingrad beschwören uns: Frisch auf, mein Volk, die Flammenzeichen rauchen!

Unser Volk steht im Aufbruch gegen die Verknechtung Europas durch den Nationalsozialismus, im neuen gläubigen Durchbruch von Freiheit und Ehre!

»Kennen Sie mich, Major Remer, kennen Sie meine Stimme?« tönt es aus dem Hörer. »Jawohl, mein Führer!«

»Major Remer! Ich spreche zu Ihnen als Oberbefehlshaber der Großdeutschen Wehrmacht und als Ihr Führer! Ich gebe Ihnen hiermit den Befehl: Unterdrücken Sie jeden Widerstand mit erbarmungsloser Strenge! Major Remer, Sie sind mir so lange direkt unterstellt, bis der Reichsführer SS Himmler in Berlin eintrifft! Hören Sie, Remer, mit sofortiger Wirkung befördere ich Sie hiermit zum Oberst! Greifen Sie rücksichtslos durch, Oberst Remer! Sie haben von mir jegliche Vollmacht, den Putsch niederzuschlagen!«

In dieser Minute kehrt sich die militärische Macht des Staatsstreiches gegen seine Urheber. Die bedingungslose Bereitschaft Remers, Befehle seiner Vorgesetzten auszuführen, gehört nun nicht mehr den Verschwörern, sondern Hitler. Aus dem zu isolierenden Regierungsviertel wird eine vom Wachbataillon beschützte Festung, aus dem Bendlerblock, dem Zentrum der Verschwörer, eine belagerte Burg.

Hier mehren sich die Zeichen, daß irgend etwas schiefgegangen ist. Über den Rundfunk gibt Chefkommentator Dr. Fritzsche die Meldung über das Attentat bekannt. Über den Rundfunk, der längst vom Wachbataillon besetzt sein sollte.

Der Generalfeldmarschall von Witzleben ist immer noch nicht in der Bendlerstraße eingetroffen. Generaloberst Hoepner sitzt hinter Fromms Schreibtisch, nun in voller Uniform. Aber er hat resigniert und starrt müde vor sich hin. Keine Nachricht von Graf Helldorf, der die Naziprominenz verhaften lassen soll. Keine Nachricht von SS-Obergruppenführer Nebe, der seine Kriminalpolizei in den Dienst des Putsches stellen wollte. Beide sitzen im Polizeipräsidium und warten auf Weisungen. Die Panzer der Panzertruppenschule Krampnitz sind auf dem Marsch nach Berlin. Sie werden vom Wachbataillon gestoppt. Man befolgt zwar nicht Remers Anweisungen, führt aber auch nicht den »Walküre«-Befehl durch. Man wartet ab. Dann gewinnt in der Bendlerstraße noch einmal der Optimismus die Oberhand. Generalfeldmarschall von Witzleben fährt im offenen Mercedes vor. Er trifft auf Stauffenberg, und seine ersten Worte sind kein Gruß, sondern Kritik: »Schöne Schweinerei, das!« Dann erweist Witzleben dem »Staatsoberhaupt« Generaloberst Beck mit dem Marschallstab seine Reverenz. Als nächstes unterzeichnet er ein Fernschreiben, das feststellt, der Führer sei tot, und ihm, Witzleben sei der Oberbefehl über die Wehrmacht übertragen worden. Damit gibt er den letzten Anstoß für die Verschwörer in Paris, loszuschlagen. Trotz der zögernden Haltung des Generalfeldmarschalls Kluge wickeln hier die Verschwörer ihre Aktionen völlig planmäßig ab. Der Staatsstreich läuft hier, bis

Oberst von Linstow mit Stauffenberg das letzte Telefongespräch führt. Stauffenberg sagt zu ihm: »Es ist alles verloren, alles aus.« Dann sind Kampfgeräusche am Telefon zu hören, Schüsse fallen, dann noch einmal Stauffenbergs Stimme, atemlos, abgehetzt: »Hören Sie? Meine Mörder toben schon draußen in den Gängen!« Dann Stille, Stauffenberg oder jemand anders hat den Hörer aufgelegt. General Stülpnagel, der Kopf der Verschwörer in Paris, muß in seinem Bereich den Staatsstreich abbrechen.

In Berlin hat Witzleben, nachdem sein Fernschreiben abgesetzt ist, die Putschzentrale wieder verlassen. Man faßt wieder Mut. Jetzt, um 21 Uhr, kommen endlich die erwarteten Soldaten vom Wachbataillon. Sie postieren sich im Gebäude, und niemand merkt, daß sie als Vertreter der Gegenseite erschienen sind. Aber die unmittelbare Bedrohung geht auch nicht von ihnen aus, sie kommt von innen.

Unter den von den Verschwörern Festgehaltenen befindet sich der Befehlshaber des Wehrkreises Berlin, General Kortzfleisch. Sein Stabschef ist in Freiheit und kann über die Dienstleitung dem Führerhauptquartier melden, daß er die Lage militärisch in der Hand habe. Die Verschwörer erhalten die Meldung zur gleichen Zeit. Es wird bekannt, daß von den wichtigsten Befehlshabern der Wehrmacht sich keiner dem Putsch angeschlossen hat. Die festgehaltenen Offiziere entschließen sich, die »Burg« von innen aufzurollen.

Ohne daß man sie daran hindert, besorgen sie sich Waffen, dringen bei Olbricht ein und verlangen Aufklärung, »was hier eigentlich gespielt wird«. General Olbricht spricht offen aus, was hier vor sich geht. Er wird verhaftet. Der nächste ist Mertz von Quirnheim, der gerade Olbrichts Zimmer betreten will. Auf dem Flur fallen Schüsse. Sie gelten Stauffenberg, der ebenfalls zu Olbricht gehen wollte.

Stauffenberg läuft zurück, ein Stockwerk höher zu Beck, der in Fromms Dienstzimmer sitzt. Er zieht eine Blutspur hinter sich her, sein Arm ist getroffen. Von Fromms Zimmer telefoniert er noch einmal – es ist jenes Gespräch mit dem Oberst von Linstow in Paris: »Meine Mörder toben schon auf den Gängen...«

Generaloberst Fromm, aus seiner Dienstwohnung befreit, betritt nun mit gezückter Pistole das Zimmer. »So, meine Herren, jetzt mache ich mit Ihnen das, was Sie heute nachmittag mit mir gemacht haben. Legen Sie sofort die Waffen nieder!« Stauffenberg folgt der Aufforderung, Beck weigert sich: »An mich, Ihren alten Vorgesetzten, werden Sie diese Forderung nicht stellen. Ich werde aus dieser verfahrenen Situation selbst die Konsequenzen ziehen...« Fromm ungerührt: »Bitte sehr, tun Sie das. Dann aber sofort, wenn ich bitten darf!« Als Beck noch einmal zu sprechen anhebt, unterbricht Fromm: »Beeilen Sie sich.«

Der Hinrichtungsraum in der Strafanstalt Plötzensee, in dem 89 Opfer des 20. Juli gehenkt wurden, heute eine Gedenkstätte des deutschen Widerstandes. So unterschiedlich die Motive der einzelnen Widerstandskämpfer auch gewesen sein mögen, sie alle hätten sich wohl zu den Worten bekannt, mit denen Hans Scholl und Stauffenberg in den Tod gingen. Scholl rief: »Es lebe die Freiheit!« Und Stauffenberg: »Es lebe unser heiliges Deutschland!«

Beck richtet die Pistole mit verzweifelten Blick auf seine rechte Schläfe, drückt ab. Der Schuß dröhnt, doch der Generaloberst wankt nur.

»Ist denn das richtig losgegangen?« fragt er mit zitternder Stimme. Fromm zu einem anwesenden Hauptmann: »Helfen Sie dem alten Herrn!« Der Hauptmann führt Beck zu einem Sessel. Der Generaloberst versucht ein zweitesmal, seinem Leben ein Ende zu setzen. Er trifft wieder nicht tödlich. Ein Feldwebel macht schließlich mit einem gezielten Schuß seinen Qualen ein Ende. Inzwischen ist ein Standgericht aus den von den Verschwörern inhaftierten Generälen zusammengetreten. Im Licht der Scheinwerfer der Wachbataillon-Fahrzeuge werden Stauffenberg, Haeften, Olbricht und Mertz von Quirnheim an der hinteren Mauer des Hofes in der Bendlerstraße erschossen. Fromm, der Mann, der längst in die Verschwörung eingeweiht war, triumphiert als Sieger. Nicht lange. Am nächsten Tag wird auch er verhaftet und fällt der »Abrechnung« Hitlers zum Opfer, die der Führer in seiner mitternächtlichen Rede angekündigt hat: »Nun aber werden wir so abrechnen, wie wir das als Nationalsozialisten gewöhnt sind . . .«

Die »Abrechnung« war gründlich und umfassend. Die Gestapo verhaftete nicht nur die Verschwörer und ihre Sympathisanten, sondern auch gleich alle anderen, die als Gegner des Nationalsozialismus angesehen wurden, nach Schätzungen etwa 7000 Personen. Die an der Verschwörung beteiligten Offiziere wurden von einem »Ehrenhof«, dem u. a. Keitel, Guderian und Rundstedt angehörten, aus der Wehrmacht ausgeschlossen. Damit unterstanden sie nicht mehr der Militärgerichtsbarkeit, der Weg war frei für Roland Freislers Volksgerichtshof. In Schnellverfahren, die gerade eben noch äußere Ähnlichkeit mit herkömmlichen Prozessen besaßen, wurden zumeist Todesurteile verhängt.

Krieg in Deutschland

Vor vier Jahren hatten in Frankreich die deutschen Panzerdivisionen der Welt gezeigt, wie man bravourös siegt. Nun, im Sommer 1944, zeigten Amerikaner, Engländer und Kanadier den Deutschen, wie man mit schier unbegrenzten materiellen Möglichkeiten zu Lande und aus der Luft gnadenlos zuschlägt.

In Südfrankreich landen amerikanische Truppen und marschieren das Rhônetal aufwärts. Am 12. September traf der von Hauptmann Guerard geführte Panzerspähtrupp der 1. Division »Freies Frankreich« im Dorf Nod – zwischen Troyes und Dijon – auf den vom Hauptmann Gaudet geführten Panzerspähtrupp des 12. Kürassierregiments der 2. Panzerdivision des Generals Leclerc. Die Invasionstruppen vom Süden und vom Norden begannen sich zu vereinigen.

Bereits am 1. September hatte der US-General Eisenhower den Oberbefehl über alle in Frankreich gelandeten alliierten Truppen übernommen. An diesem Tage unterstanden ihm die britisch-kanadische und die US-amerikanische Heeresgruppe mit zusammen 37 Divisionen – eine halbe Million Soldaten. Damit wollte er »in breiter Front« dem Deutschen Reich entgegenmarschieren und dann zu einem Stoß ins Saargebiet ansetzen – wo das Gelände bergig und voller Hindernisse ist. Montgomery dagegen schlug vor, alle Kräfte zusammenzufassen und wie mit einer Axt weit nach Deutschland hinein zuschlagen und es aufzuspalten – entweder im Saarland oder in der norddeutschen Tiefebene. Im

»Zur Verstärkung der aktiven Kräfte unserer Wehrmacht und insbesondere zur Führung eines unerbittlichen Kampfes überall dort, wo der Feind den deutschen Boden betreten will, rufe ich daher alle waffenfähigen deutschen Männer zum Kampfeinsatz auf«, heißt es in dem Erlaß Hitlers vom 25. September 1944 über die Bildung des Volkssturms. Ihm schwebte dabei der »Aufruf an mein Volk« des preußischen Königs Friedrich Wilhelm III. aus dem Jahr 1813 vor. Aber wie anders war die Wirklichkeit: Es gab kaum jemanden, der noch an einen deutschen Sieg glauben konnte; alles, was Hitler noch blieb, war das quälende und sinnlose Hinauszögern seines Endes und des Endes seines Regimes.

Norden, wo Montgomerys Soldaten ohnedies vormarschierten, in flachem Panzergelände, erschien ihm die Situation allerdings günstiger.

Wieder einmal wurde in diesem Krieg auf der Feindseite ein für die Deutschen entscheidender Entschluß gefaßt, der die Nachkriegspolitik bis heute beeinflußt: Eisenhower schloß einen Kompromiß. Er ging weiterhin bedächtig vor. Montgomery durfte zum Niederrhein vordringen. Ihm wurden die ohnedies tatenlos herumsitzenden amerikanischen, britischen und exilpolnischen Luftlandetruppen unterstellt, um zunächst die Brücken zwischen den niederländischen Städten Eindhoven und Nimwegen, vor allem jedoch die Niederrhein-Brücke von Arnheim in überraschender Luftlandung zu nehmen.

Von dort aus lag das Ruhrrevier – das wichtigste deutsche Industriegebiet – von Heerestruppen nahezu entblößt – in Reichweite: Luftlinie Arnheim – Oberhausen = knapp 90 Kilometer. Von dort aus waren die nur von Truppen des Ersatzheeres belegten Städte Bremen, Hamburg, Hannover, ja sogar Berlin zu erreichen. Ganz nebenbei mußten dann die noch von den Deutschen besetzten Staaten Belgien und die Niederlande in alliierte Hände fallen – was die entscheidend wichtige Nachschubversorgung der alliierten Truppen erheblich verbessert hätte. Das Gelingen der »Operation Market Garden« Montgomerys hätte den Krieg auf Europas Boden wohl bereits Ende 1944 beendet. Zu diesem Zeitpunkt standen die Truppen der Roten Armee noch nicht auf deutschem Boden. Eine »Sowjetische Besatzungszone« und spätere DDR hätte es wohl nicht gegeben, wahrscheinlich nicht einmal ein sowjetisches Satellitenreich vom gegenwärtigen Ausmaß.

Am Mittag des 17. September 1944 begann die bis dahin größte Luftlandeschlacht der Kriegsgeschichte. Im Arnheimer Vorort Oosterbeek saß der deutsche Generalfeldmarschall Walter Model mit den Herren seines Stabes bei einem Glas Mosel zusammen. Er war verhältnismäßig zufrieden: Nach der Schlacht von Falaise hatte zwar ein alliierter Vormarsch in atemberaubendem Tempo begonnen, doch verlangsamte er sich immer

mehr. Die mindestens 20 000 Tonnen Versorgungsgüter, die Eisenhowers Riesenarmee täglich benötigte,
kamen nicht mehr an. Zwar hatten die Briten den
Hafen von Antwerpen besetzt, doch dessen Zufahrts-
straßen waren von starken deutschen Kräften blockiert.
Der Nachschub mußte mühselig in Cherbourg gelöscht
und von dort auf zerbombten Straßen mindestens 700
Kilometer weit transportiert werden. Das französische
Eisenbahnnetz hatten die Alliierten vor Invasionsbe-
ginn mit Bombenteppichen zerstampft. Der US-Panzer-
general Patton – bereit zum Stoß auf das Saargebiet –
schimpfte: »Meine Soldaten können ihre Koppel fressen, aber meine Tanks brauchen Benzin!«
Generalfeldmarschall Model, Oberbefehlshaber der
Heeresgruppe B, hatte seinen Anteil an den alliierten
Nachschubsorgen: Ihm war es zu verdanken, daß die
Unterschelde gehalten und damit der Antwerpener
Hafen geschlossen blieb. An diesem 17. September
hatte sich Model inzwischen im Tafelberg-Hotel zum
Mittagessen niedergelassen, als kurz nach 14 Uhr in
unmittelbarer Nähe Bombeneinschläge die Fensterscheiben splittern ließen. Model und seine Offiziere
lagen auf dem Fußboden und rannten danach in den
Garten: Der Himmel war schwarz von Flugzeugen. Der
1a – Erster Generalstabsoffizier – meldete: »Ein bis
zwei Divisionen Fallschirmjäger über uns!«
Die deutsche Führung arbeitete rasch und präzise –
auch das Glück stand auf ihrer Seite: Arnheim war
»Auffrischungsbereich« für SS-Panzerverbände, die
kurz zuvor aus der Front herausgelöst worden waren.
Eine Kampfgruppe der SS-Panzerdivision »Hohenstau-
fen«, ein SS-Ausbildungsbataillon und mehrere Alarmverbände befanden sich unmittelbar am oder im Luft-
landeraum der Alliierten. Obergruppenführer Bittrich,
kommandierender General des II. SS-Panzerkorps,
befahl den Sofortangriff gegen überall auftauchende
Gegner: »Feind ist da, wo Gefechtslärm ist!«
Die amerikanische 82. und 101. Luftlandedivision
besetzten am ersten Tag der Schlacht programmgemäß
die Brücken zwischen Eindhoven und Nimwegen. Für
die 1. britische Luftlandedivision und die exilpolnische
Fallschirmjägerbrigade reichte der Lufttransportraum
nicht aus. Zusätzlich noch durch schlechtes Wetter verzögert, zog sich das Absetzen an Fallschirmen und mit
Lastenseglern an der am weitesten entfernt liegenden,
aber strategisch am wichtigsten angesehenen Brücke
von Arnheim über drei Tage hin. Der Überraschungs-
effekt war längst verloren.
Ein britisches Fallschirmjägerbataillon unter Oberstleutnant John Frost schwebte 10 Kilometer von der
Arnheimer Brücke entfernt zur Erde und zog im Eil-
marsch seinem Ziel entgegen, zunächst von in Scharen
herbeieilenden Holländern bejubelt. Aber dann brach
die Hölle los. Frosts Bataillon erreichte zwar noch

mitten in wütendem Abwehrfeuer die nördliche Brük-
kenauffahrt, konnte aber nicht mehr zur Nordrampe
vorgehen.
Der Divisionskommandeur war verschwunden. Er war
am Schirm mitten zwischen deutschen Truppen heruntergekommen und mußte sich 36 Stunden lang auf
einem Dachboden verstecken. In Arnheim brannten
zahlreiche Häuser. Alliierte Lufttransportverbände
warfen den Nachschub für die Fallschirmjäger hinter
den deutschen Linien ab.
Aber auch die von der Front aus den gelandeten Fallschirmjägern entgegenrückenden alliierten Panzertruppen kamen nicht voran: Einzelne deutsche, gut getarnte
Panzerabwehrstellungen hielten sie tagelang auf.
Erst am 20. September erreichten die Panzer die Waal-
brücke in Nimwegen. An diesem Tag sprangen die 3000
polnischen Fallschirmjäger bei tieffliegender Wolkendecke in das konzentrierte deutsche Flakfeuer bei Arnheim. Nur 50 von ihnen gelang es, sich bis zu den
eingekesselten Briten bei Arnheim durchzuschlagen.
Das Bataillon Frost an der Brücke war von 600 auf 140
Mann zusammengeschmolzen. Oberstleutnant Frost lag
schwer verwundet in einem Keller. Drei Tage später
ergaben sich die Briten, nachdem sie die letzte Patrone
verschossen hatten.
Auf deutscher Seite war zusammengekratzt worden,
was in der Nähe lag und schießen konnte: ein Versehr-
tenbataillon, geführt von einem auf Krücken gehenden
Major mit Holzbein, Arbeitsdienstabteilungen mit
17jährigen Jungen, dann Pionier- und Polizeiverbände.
Aus dem Ruhrgebiet rollten Flakeinheiten heran, dazu
auch Alarmverbände der Luftwaffe, sogar der Marine.
Die Briten und Polen versuchten aus Arnheim heraus
sich zu den eigenen Linien durchzuschlagen. Von den
10 000 in und bei Arnheim eingesetzten Fallschirmjägern schafften 2400 Mann die Rückkehr.
Die gesamte Luftlandeschlacht wurde, nach dem deutschen Wehrmachtsbericht vom 27. September 1944, von
rund 21 000 alliierten Fallschirm- und fast 14 000 Luft-
landesoldaten geführt. Es wurden 1000 Lastensegler
und 100 Flugzeuge abgeschossen. Die Zahl der alliierten Gefallenen wurde pauschal mit »Tausende«, die der
Kriegsgefangenen mit 6450 angegeben.
General Omar Bradley hat das Unternehmen von Arnheim und Nimwegen als »bravouröse Niederlage«
bezeichnet. Mit hoher Wahrscheinlichkeit war es eine
Niederlage für alle Europäer – für die Deutschen besonders. Für den unmittelbaren Kriegsverlauf führte es
geradenwegs zu einer neuen blutigen Dauerschlacht –
der von Aachen. Die zu 65 Prozent zerstörte Stadt fiel
am 21. Oktober 1944 in die Hände amerikanischer
Truppen – als erste deutsche Großstadt.
Selbst die alliierten Eliteeinheiten waren zermürbt:
Immer noch mußte der Nachschub aus Cherbourg her-

angekarrt werden. Die in drei Schlachten verlaufenen Kämpfe um Aachen und das folgende Ringen im Hürtgenwald und an der Rur waren entsetzlich.

Die deutsche Wehrmacht hatte zwar allein in den Monaten Juli, August, September 1944 1,2 Millionen Mann an Gefallenen, Verwundeten, Vermißten und Kriegsgefangenen verloren – aber viele Soldaten lebten von der Hoffnung, daß doch noch alles gutgehen werde. Den größten Anlaß zur Hoffnung sah Adolf Hitler, der bereits am 16. September auf die Landkarte schlug und sagte: »Ich will die Offensive – hier in den Ardennen! Über die Maas und weiter nach Antwerpen!«

Die strategische Grundidee hatte manches für sich. Ein solcher Vorstoß würde im südlichen Holland und nördlichen Belgien rund 30 alliierte Divisionen abschneiden. Andererseits: Auch 30 deutsche Divisionen waren für das Unternehmen nötig – und bei dem oft fluchtartigen Rückzug aus Frankreich waren über 2000 Panzer und Sturmgeschütze verlorengegangen.

Aber noch zählte die Wehrmacht an die 10 Millionen Mann! Im November 1944 standen allein 18 frische, wohlausgerüstete Volksgrenadierdivisionen bereit – deren Soldaten oft nur eine Kurzausbildung hinter sich hatten. Dem Führer Adolf Hitler war das recht. Er befahl als Decknamen der Großoffensive: »Wacht am Rhein«.

Zwei Voraussetzungen mußten erfüllt sein, um einen Offensiverfolg zu gewährleisten:

Die Infanterie mußte es schaffen, die amerikanische Front so schnell und so weit aufzureißen, daß die durch die Lücke brechenden Panzerdivisionen noch den Vorteil der Überraschung für sich hatten, wenn sie das Hinterland aufrollten.

Die winterliche Tief-Wetterlage mit auf den Bergen schleifenden Wolken mußte bestehen bleiben, um die den Himmel beherrschende Luftwaffe der Alliierten am Boden zu halten.

Wenn alles nach Plan gegangen wäre, dann hätten die deutschen Panzer immerhin schon in Antwerpen gestanden, als um den 22. Dezember langsam der Himmel aufriß. Aber sie waren noch nicht einmal an der Maas, als sich die Lightnings, Typhoons und Mustangs im Tiefflug auf sie und ihre Nachschubkolonnen stürzten, die dröhnenden Verbände der Fortress, Liberator und Marauder ihre Bombenklappen öffneten. Und das war weitgehend eine Folge der Tatsache, daß auch die erste Voraussetzung nicht erfüllt worden war.

Die wehrmacht-interne Meinung über US-Soldaten, nach den ersten Kontakten zwischen völlig unerfahrenen GIs und deutschen Elitetruppen in Afrika noch überaus geringschätzig, hatte sich inzwischen schon sehr gewandelt. Aber immer noch herrschte die Meinung vor, daß die Amerikaner zwar einigermaßen schneidig in der Offensive sein könnten, zu zäher Verteidigung

unter ungünstigen Umständen aber, anders als die »sturen« Engländer, unfähig seien. Das erwies sich als fataler Irrtum.

Der deutsche Angriff brach ohne jede Vorwarnung über die Amerikaner herein. Der alliierte Nachrichtendienst konnte – wohl hauptsächlich wegen des Wetters, das eine kontinuierliche Luftbeobachtung unmöglich machte – vollständig getäuscht werden. Dabei waren gewaltige Truppenbewegungen nötig, außer den neu aufgestellten Divisionen wurden Einheiten buchstäblich aus allen Gegenden von Norwegen bis zum Balkan in die Eifel gebracht. Während die Bewegungen in diesem Bereich sorgfältig verschleiert wurden, zeigte man auffällige Aktivität weiter nördlich; dort begann sogar eine nicht existierende Armee, die 25., einen heftigen Funkverkehr mit zahlreichen Sendern.

Die logistische Leistung war angesichts eines schon schwer angeschlagenen Eisenbahnnetzes gigantisch. Eine gewaltige Streitmacht war zusammengebracht worden, geräuschlos und pünktlich, zusammen mit mächtigem Kriegsgerät, das auf den wichtigsten Gebieten – Panzer und Infanteriewaffen – dem der Alliierten immer noch überlegen war.

In der Nacht vor dem Angriff rollte diese tödliche Kriegsmaschine auf strohbestreuten Straßen in die Bereitstellungsräume. Es machten sich bereit:

Im Norden die 6. SS-Panzerarmee unter SS-Generaloberst Sepp Dietrich, die mit 4 Panzer- und 5 Infanteriedivisionen den Hauptstoß zu führen hatte. Ziel: Antwerpen.

Im Mittelabschnitt die 5. Panzerarmee unter General von Manteuffel, die mit 3 Panzer- und 4 Infanteriedivisionen Sepp Dietrichs linke Flanke schützen sollte, wobei Manteuffel ebenfalls weit ausholend vormarschieren mußte.

Im Süden die 7. Armee unter General Brandenberger, der nur über 4 Infanteriedivisionen verfügte. Sie sollte Manteuffels linke Flanke schützen.

Als Reserve standen 2 Panzer- und 5 Infanteriedivisionen bereit.

Die Nacht zum 16. Dezember war in den Ardennen feuchtkalt und dunstig. In der Spitze des Wasserturms von Hosingen, ungefähr in der Mitte der »Geisterfront«, saß als Beobachtungsposten ein junger GI vom 110. US-Infanterieregiment. Wie die meisten seiner Kameraden hatte er noch keine Kampferfahrung.

Um 5.30 früh rief er pflichtgemäß den Gefechtsstand seiner »K«-Kompanie an, um seine Routinemeldung durchzugeben: »Keine besonderen Vork...«

Er brach mitten im Wort ab und sagte dann: »Merkwürdig, die ganze deutsche Front ist auf einmal voller komischer Lichtpünktchen!«

Im nächsten Augenblick detonierten rundum Granaten. Wie fast überall an der Front hatte die Artillerievorbereitung begonnen. Zugleich setzten die Einheiten der 26. Volksgrenadierdivision, Manteuffels bester Infanteriedivision, über das Flüßchen Our. Sie sollten für die Panzer, die bei Gemünd und im einige Kilometer nördlich gelegenen Dasburg den Flußlauf überquerten, den Weg freikämpfen. Das schien gegen das »grüne« 110. US-Infanterieregiment, das einen beträchtlichen Abschnitt im Bereich der Ortschaften Marnach, Clervaux, Munshausen, Hosingen, Holzthum, Wahlhausen und Consthum zu halten hatte, kein Problem zu sein. Es wurde eine harte Nuß. Das etwas weiter östlich gelegene Wahlhausen ging nach hartem Kampf verloren. Aber es dauerte bis zum Abend des 16. Dezember. Zu dieser Zeit ging den letzten Überlebenden des Zuges, der Wahlhausen verteidigte, die Munition aus. Sie forderten Artilleriefeuer auf die eigene Stellung an. Nur einer von ihnen überlebte.

In den anderen Orten igelten sich die Amerikaner ein und leisteten wütenden Widerstand.

Als der kurze Wintertag zu Ende ging, waren die Brükken bei Gemünd und Dasburg geschlagen, aber vorn ging es nicht voran. Das Verkehrschaos auf den von »Tiger«-Ketten zermalmten Straßen nahm katastrophale Formen an.

Und die Männer des 110. Regiments hielten noch 36 Stunden lang aus, obwohl nun auch die Panzer der berühmten 2. Panzerdivision, deren »Panther« zum Teil mit Infrarot-Nachtzielgeräten ausgerüstet waren, in den Kampf eingriffen. Erst im Morgengrauen des 18. Dezember ergaben sich in Clervaux, Hosingen und Holzthum die letzten Überlebenden oder schlugen sich nach Westen durch. Kaum 2000 Mann hatten den Vormarsch zweier Elitedivisionen entscheidend verzögert.

Die Chancen für »Wacht am Rhein« hatten sich damit ganz beträchtlich vermindert. Denn der entscheidende, große Durchbruch war auch an den anderen Frontabschnitten nicht gelungen. Eine der beiden Voraussetzungen für einen Erfolg war nicht eingetroffen: Es würde keinen überraschenden, zermalmenden Panzersturm durch das Hinterland des Feindes geben. Zwischen den Ardennen und der Maas begann der Gegner sich zu organisieren.

Hasso von Manteuffel hatte nicht von ungefähr seine beiden besten Divisionen – noch verstärkt durch Teile der Panzerlehrdivision, die Hitler ihm zusammen mit der Führer-Begleitbrigade noch im letzten Augenblick unterstellt hatte – im Bereich Dasburg-Gemünd eingesetzt. Es galt, innerhalb der ersten 24 Stunden den Fluß Clervé zu überwinden und sofort Bastogne zu nehmen, den wichtigsten Verkehrsknotenpunkt im ganzen Operationsbereich, in dem sich drei Eisenbahnlinien und fünf wichtige Straßen kreuzen. Die Verzögerung hatte genügt. Die amerikanische Führung warf Verstärkung nach Bastogne. Es wurde zwar eingeschlossen, aber nie

genommen. Als der deutsche Kommandeur einen Parlamentär mit der Aufforderung zur Kapitulation in die Stadt schickte, schrieb der amerikanische General McAuliffe als Antwort nur ein Wort auf einen Zettel: »Nuts!« Es bedurfte einer ausgedehnten Rundfrage bei den deutschen Kommandostellen, um zu klären, was das Wort aus dem US-Militär-Slang bedeutete: »Quatsch«.

So langsam es auch bei Manteuffel voranging, die beiden anderen Armeen hatten noch größere Schwierigkeiten. Insbesondere bei Sepp Dietrich, auf den Hitler seine größten Hoffnungen gesetzt hatte, war der Geländegewinn unbedeutend und blieb weit hinter dem Plan zurück. Trotzdem sagte Hitler am zweiten Angriffstag zu General Balck, dessen 1. Armee im Raum Saarbrücken-Trier in schweren Abwehrkämpfen gegen Pattons Armee stand: »Vom heutigen Tag an darf kein Fußbreit Boden mehr preisgegeben werden. Wir marschieren wieder. Balck, Balck, das ist der große Umschwung im Westen! Der Sieg, der Endsieg...«

Gewiß, ein Fähnchen konnte man in den ersten Tagen der »Wacht am Rhein« ziemlich weit westlich in die Lagekarte bohren: Der erst 28 Jahre alte SS-Obersturmbannführer Jochen Peiper, ein schon von der Ostfront als furcht- und rücksichtslos bekannter Panzeroffizier, jagte mit der ersten Kampfgruppe der SS-Division »Leibstandarte« zunächst fast ungehindert durch das feindliche Hinterland.

Auch in seinem Angriffstreifen Losheimer Graben, dem deutschen Einfallstor nach Westen von 1870, 1914 und 1940, war die Infanterie zunächst nicht vorangekommen. Keuchend vor Ungeduld »pumpte« Peiper sich ein Bataillon von der 3. Fallschirmjägerdivision und setzte seine Kampfgruppe mit ihrer gewaltigen Feuerkraft als Rammbock ein; zu ihr gehörten Panzer IV, schwere »Tiger«, schnelle »Panther«, zahlreiche »Jagdtiger«, mächtige 12,8-cm-Kanonen auf Selbstfahrlafette, einige Batterien »Acht-acht« sowie Panzergrenadiere und Brückenbaupioniere in Schützenpanzerwagen. Nachdem er sich aus einem amerikanischen Treibstofflager bei Bullingen bedient hatte, rasselte Peiper schon am 17. Dezember auf Stavelot zu, weit vor jeder anderen Einheit. Aber viel weiter sollte auch er nicht mehr kommen; zusammengewürfelte Truppen, oft nicht einmal mit Pak ausgerüstet, bremsten seinen Vormarsch. Ein paar Tage später saß die Kampfgruppe eingekesselt jenseits der Amblève, deren Brücken nun gesprengt oder schwer verteidigt waren. Nicht einmal zurück gab es einen Weg; die Kampfgruppe mußte schließlich ihre Fahrzeuge sprengen und sich zu Fuß nach Osten durchschlagen. Zu dieser Zeit traf auch die zweite Voraussetzung für ein Gelingen der »Wacht am Rhein« nicht mehr zu: Am wolkenlosen Himmel erschienen die Jabos und Bomber der Alliierten.

Inzwischen hatte Manteuffels Speerspitze immerhin fast die Maas erreicht. Die zweite Panzerdivision stand bei Celles, kurz vor Dinant, aber auch dies bedeutete nicht mehr als ein trügerische Hoffnungen erweckendes Fähnchen auf Hitlers Lagekarte: Angesichts der zurückhängenden Armeen Dietrichs und Brandenbergers fehlte der Flankenschutz. Bastogne band immer noch entscheidend wichtige Kräfte; über eine Woche war vergangen, eigentlich sollte man in Antwerpen sein. Koordinierte Gegenmaßnahmen der Alliierten liefen an.

Von Südwesten her schlug Pattons 4. Panzerdivision einen Korridor nach Bastogne hinein. Hitler, den die Berichte über General McAuliffes »Nuts«-Brief schon rasend gemacht hatten, schäumte und befahl, weitere Einheiten gegen diesen Pfahl im Fleisch einzusetzen, darunter die im Raum Rochefort-St. Hubert stehende

Mit der Ardennen-Offensive, dem Unternehmen »Wacht am Rhein«, wollte Hitler die Initiative im Westen wieder zurückgewinnen. Im Mai 1940 war die deutsche Wehrmacht durch die Ardennen nach Belgien und Frankreich einmarschiert. Im Dezember 1944 sollte sie dieses Bravourstück wiederholen. Doch es waren nicht mehr dieselben siegesgewissen Landser, und es war auch nicht mehr derselbe Feind, gegen den sie zogen. Fünf Jahre Krieg hatten die Rollen gründlich vertauscht. Nach anfänglichen Erfolgen *(Bild oben:* Tiger-Panzer in Bereitschaft) brach die Ardennen-Offensive unter schweren Luftangriffen und der amerikanischen Gegenoffensive Mitte Januar 1945 zusammen.

Panzerlehrdivision. Das entblößte die linke Flanke der vorgeprellten 2. Panzerdivision völlig. Doch Bastogne hielt. Was folgte, war nur noch auf die Manie Hitlers zurückzuführen, der es sich nie versagen konnte, in einen offensichtlichen Mißerfolg soviel Menschen und Material wie nur möglich zu investieren.

Die Menschen machten Grausiges durch. Mit erfrorenen Gliedern, jede Minute von Tieffliegern gejagt, schleppten sich die geschlagenen Armeen in der ersten Januarhälfte zurück in ihre Ausgangsstellungen. Offizielle Verlustzahlen liegen nicht vor; Schätzungen besagen, daß auf deutscher Seite fast 70 000 Mann getötet, verwundet oder gefangengenommen worden sind. Die Verluste auf alliierter Seite waren noch höher.

Unter den Toten waren zahlreiche Amerikaner, die als wehrlose Gefangene von SS-Einheiten niedergeschossen wurden. Als das bekannt wurde, nahmen wiederum US-Einheiten an deutschen Gefangenen Rache.

Kaum Überlebende gab es bei einer Sondereinheit, auf die Hitler große Hoffnungen gesetzt hatte: Unter dem Kommando von Otto Skorzeny sollten SS-Leute in amerikanischen Uniformen im Hinterland Brücken besetzen, schwächere Einheiten überrumpeln und Verwirrung stiften. Eigentlich wurde nur das letzte Ziel erreicht: Es entstand eine Art »5.-Kolonne-Hysterie«, Eisenhower wurde von seinen gestrengen Bewachern sogar an Spaziergängen gehindert, und ältere US-Offiziere erlebten gelegentlich peinliche Stunden, wenn sie Testfragen nach Kino-, Baseball- und Comicstrip-Stars nicht beantworten konnten.

Das einzige erkennbare Ergebnis der letzten Großoffensive der Wehrmacht liegt in einer erheblichen Verschiebung der Demarkationslinie zwischen West und Ost. Die Rote Armee begann, auf einen Hilferuf Churchills an Stalin vorzeitig am 12. Januar ihren Angriff aus dem Baranow-Brückenkopf. Das Fehlen der im Westen verheizten Divisionen machte sich katastrophal bemerkbar. Auf der Konferenz von Jalta traf ein strahlender, siegesbewußter Stalin seine westlichen Partner (und zukünftigen Gegner). Seine Panzer standen nun 65 Kilometer vor Berlin.

Am 2. Januar 1945 hatte Hitler befohlen, den Angriff bei Bastogne erneut aufzunehmen und die frühere Front herzustellen. Der Generalfeldmarschall Walter Model meldete ihm, daß der Angriff aus Kräftemangel nicht mehr zu führen sei.

Ein wenn auch die letzten Illusionen zerstörender Erfolg der Ardennenoffensive war für die deutsche Führung ein beim Vorstoß erbeutetes, streng geheimes amerikanisches Dokument. Der Plan der »Operation Eclipse« – »Unternehmen Sonnenfinsternis«. Generalmajor Reinhard Gehlen – Chef der Generalstabsabteilung »Fremde Heere Ost« – zeigte den Eclipse-Plan Monate später dem Generaloberst Gotthard Heinrici.

Der sagte: »Das ist das Todesurteil.« »Eclipse« beschrieb die alliierten Absichten nach dem deutschen Zusammenbruch: Bedingungslose Kapitulation, Einteilung des Reichsgebietes in eine russische, amerikanische und britische Besatzungszone (eine französische Zone war nicht vorgesehen) und die Einteilung Berlins in drei Sektoren.

Dem Oberkommando der Wehrmacht war nun klar, daß mit einem Angriff der Russen auf Berlin zu rechnen sei, nicht jedoch mit einem der Westalliierten. Diese aber wollten sehr wohl nach Berlin, hatten jedoch einen harten, langen Weg vor sich: Die Heeresgruppe B unter Generalfeldmarschall Model kämpfte noch immer verzweifelt in der Eifel und verzögerte den Vormarsch der Amerikaner, die erst Ende Januar 1945 über die Our bis ans Vorfeld des Westwalls und vor die Rur-Talsperren gelangten. Der vor dem Krieg von der deutschen Propaganda hochgelobte Westwall war indessen bereits in den drei Schlachten um Aachen durchbrochen worden – und hatte sich beileibe nicht als das angepriesene, unüberwindliche Bollwerk gezeigt. Einige Bunker waren verschlossen, andere aufgebrochen und ausgeplündert, wieder andere standen unter Wasser. Die Waffen, die man zur Ausrüstung des Atlantikwalls entnommen hatte, waren bei weitem nicht ausreichend ergänzt.

Außerdem war die Heeresgruppe B, die auf 250 Kilometer Breite kämpfte, nicht nur durch die Verluste der Ardennenoffensive, sondern auch durch den Abtransport der 6. Panzerarmee mit ihren vier Panzerdivisionen, zwei Brigaden und drei Volkswerfer- und drei Volksartilleriekorps geschwächt worden: Nach dem Beginn der sowjetischen Januar-Offensive hatte Hitler befohlen, die 6. Panzerarmee nach dem Osten zu verlegen – nicht etwa zum Schutze des bedrohten Schlesiens – sondern nach Ungarn. Der geringe Mannschaftsersatz, der statt dessen zur Heeresgruppe B kam, war schlecht ausgebildet und von unzureichendem Kampfwert.

Da aber begann der Großangriff von General George S. Pattons amerikanischer 3. Armee in der Südeifel. Deutsche Soldaten flüchteten über den Westwall zurück, der nun auch bei Prüm von den Amerikanern überrannt wurde. Generalfeldmarschall Model ließ die Rur-Talsperren sprengen – das brachte einen Zeitgewinn von zwei Wochen, dann setzten die Amerikaner alles ein, was ihnen an Material zur Verfügung stand. Die Artillerie trommelte auf die deutschen Stellungen an der Rur – die nach fünf Tagen erbitterter Kämpfe genommen wurden. Die Amerikaner nahmen die »Erft-Linie« wenig später, Ende Februar 1945 setzten sie zum Stoß auf Köln an.

Sie erreichten Neuss, andere Teile marschierten in Richtung Köln, einige auf Euskirchen und Bonn zu.

Nach der mißglückten Ardennen-Offensive *(Bild: amerikanische Reserven)* hatten die Deutschen 17 200 Tote zu beklagen, 16 000 Gefangene und 34 439 Verwundete. Die Amerikaner verzeichneten 79 751 Tote und Vermißte sowie 47 129 Verwundete.

Am 6. März schlugen sich amerikanische Soldaten mit kleinen deutschen Kampftruppen inmitten der Trümmerwüste von Köln – US-Panzer rasselten über den Domplatz.

Am 7. März um 11 Uhr übernahm Major Scheller den Befehl als Kampfkommandant von Remagen. Ein Funktrupp, der ihn begleitet hatte, war auf dem Weg in die Stadt wegen Benzinmangels liegengeblieben. Die strategisch wichtige Eisenbahnbrücke über den Rhein – die Ludendorff-Brücke – war von Flak gesichert. Eine schwache Pionierkompanie hatte die Sprengung der Brücke vorbereitet. Um die Mittagszeit – deutsche Soldaten und Fahrzeuge überquerten die Brücke – tauchte plötzlich am westlichen Rheinufer eine amerikanische Aufklärungseinheit unter einem Leutnant Timmerman auf. Um 15.30 Uhr rasselten US-Panzer auf die Brücke zu. Major Scheller befahl die Sprengung – aber die Zündung versagte. Im rasenden Feuer der Panzer gelang es nicht, die Zündkabel neu zu verlegen – Panzer, gefolgt von amerikanischen Infanteristen, rollten auf das Ostufer des Rheins. Der Ortskommandant und der Chef der Pionierkompanie gerieten in Gefangenschaft, Major Scheller, der Kampfkommandant, entkam dem Debakel und meldete den Übergang der Amerikaner über die Brücke von Remagen. Er wurde

am 11. März vom »Fliegenden Sonderstandgericht West« zum Tod verurteilt und erschossen, ebenso die Majore Strobel und Kraft, die als Bataillonskommandeure für den Ortskommandanten bzw. den Chef der Pionierkompanie von Remagen verantwortlich gewesen waren. Derweil überquerten acht amerikanische Divisionen die Brücke von Remagen.

Weiter im Norden überschritt die von Montgomery geführte 21. Armeegruppe am 23. März bei Wesel den Rhein und stieß nördlich des Ruhrgebiets nach Westfalen vor.

Am 25. März brach die 1. US-Armee aus dem mächtig erweiterten Brückenkopf von Remagen hervor. General Patton hatte inzwischen bei Oppenheim ebenfalls den Rhein überquert, und seine Soldaten marschierten, so schnell es ging, nach Osten, in das Herz des Deutschen Reiches hinein.

Im Süden kämpfte sich die französische 1. Armee – erst vor sechs Monaten aufgestellt – zunächst durch die Vogesen, dann über den Rhein, dann durch den Schwarzwald. Hitlers Befehl, auf dem Westufer des Rheins zu kämpfen und den Strom nicht zu überschreiten, kostete die Wehrmacht ungefähr 60 000 Tote und Verwundete sowie den Verlust von 300 000 in Gefangenschaft geratenen Soldaten. Das entsprach mehr als

25 Divisionen. Nach alliierten Schätzungen konnten die Deutschen an der gesamten Westfront nur noch 26 schlecht ausgerüstete und versorgte Divisionen haben.

Doch die Katastrophe verschlimmerte sich noch: drei nach Osten marschierende US-Armeen schwenkten plötzlich um das Ruhrgebiet herum und kesselten die Reste der Heeresgruppe B ein. Sie hatte kurz zuvor noch die 11. Panzerdivision abgeben müssen: Zum Schutz von Frankfurt am Main – die Division blieb größtenteils wegen Benzinmangels auf dem Marsch dahin liegen.

Im Harz – so wurde die Heeresgruppe B getröstet – werde eine Armee zum Entsatz des Ruhrkessels zusammengestellt.

Die Amerikaner drückten ihn ganz allmählich zusammen. Sie waren sich ihres Sieges gewiß. Die deutschen Truppen kämpften kaum noch, sie wichen vor Feindangriffen zurück. Es fehlte an Munition, an Verpflegung und – verständlich bei solcher Lage – an Kampfmoral. Generalleutnant Bayerlein kapitulierte eigenmächtig mit seinem III. Korps. Versprengte Soldaten lagerten in den Wäldern. Ganze Einheiten verschwanden über Nacht. Mitte April wurde der Kessel von den Amerikanern in zwei Hälften zerschnitten. Generalfeldmarschall Model entschloß sich, die Heeresgruppe B aufzulösen. Wer sich durchschlagen wollte, konnte dies tun. Junge und alte Soldaten wurden aus der Wehrmacht entlassen. Am 20. April hörten die Reste des Heeresgruppenführungsstabes im Rundfunk die Ansprache von Reichsminister Dr. Goebbels zum Geburtstag Hitlers, dabei erwähnte Goebbels die »verräterische Ruhrarmee«.

Am Tag darauf, gegen 16 Uhr, erschoß sich Generalfeldmarschall Model in einem Wald bei Wedau südlich von Duisburg.

Die westalliierten Truppen marschierten weiter nach Osten – über die Ränder ihrer Karten hinaus. Manche Offiziere orientierten sich nach den winzigen Karten des Baedeker. Montgomery hatte sich sein Ziel gesetzt: Berlin. Winston Churchill nannte Montgomerys Vormarschroute »die kürzeste Straße nach Berlin«. Churchills Glaube an die demokratische Gesinnung Josef Stalins war tief erschüttert worden: Bereits sechs Wochen nach der Unterzeichnung des Jalta-Abkommens hatte Stalin es bereits zum erstenmal verletzt. Die Regierung von Rumänien war auf Befehl Moskaus gestürzt und durch Kommunisten ersetzt worden. Die versprochenen freien Wahlen der Polen hatten nicht stattgefunden. Der Teilungsplan »Eclipse« mußte somit nicht eingehalten werden, Churchill sagte am 24. März zu seinem Sekretär: »Es paßt mir gar nicht, Deutschland zu zerstückeln, bevor meine Zweifel an den russischen Absichten beseitigt sind.« Auch Roosevelt war von Stalins Haltung tief betroffen. Als er am gleichen Tage über die Lage in Polen unterrichtet wurde, bekam er einen Wutanfall.

Die Alliierte 1. Luftlandearmee bereitete sich zu dieser Zeit auf die Eroberung Berlins aus der Luft vor: Die 82. US-Luftlandedivision sollte über dem Flughafen Tempelhof abspringen, die 101. US-Luftlandedivision über Gatow und eine britische Fallschirmjägerbrigade über dem Flugplatz von Oranienburg.

Doch Generalleutnant William Simpson, Befehlshaber der 9. US-Armee wollte ebenfalls nach Berlin. Er hatte von Eisenhower den Befehl erhalten, »den Vorstoß auf Berlin oder nach Nordosten fortzusetzen...« Seine 2. Panzerdivision »Hell on wheels« (Hölle auf Rädern) hoffte, nach Errichten eines Elbe-Brückenkopfes bei Magdeburg, in 48 Stunden Berlin zu erreichen.

Der »Hölle auf Rädern« erwuchs eine erbitterte Konkurrenz: die 83. US-Infanteriedivision. Diese pflegte unterwegs alles, was sich an brauchbaren Feindfahrzeugen fand, in ihre Verbände einzureihen, oliv anzupinseln und mit einem weißen Stern zu versehen: Tiger-Panzer, Mercedes-Pkws, Motorräder, Feuerwehrwagen und zwei Omnibusse – auf einem stand: »Nächste Haltestelle: Berlin«. Sogar eine Me 109 hatte die »Lumpensammler-Division« – und jemanden, der sie fliegen konnte. Auf den Tragflächen stand: 83. Infanteriedivision.

Nach Berlin wollte auch die 5. US-Panzerdivision, die fast ohne Unterbrechung marschierte. Als Sieger in Berlin sahen sich ebenfalls die Soldaten der 30. und der 102. US-Division. Am 8. April hatte die 84. US-Division Hannover erreicht. Eisenhower fragte den Kommandeur: »Was haben Sie jetzt vor?« – »... auf Berlin vorstoßen...« Eisenhower sagte: »Viel Glück, lassen Sie sich von niemanden aufhalten!« Die 84. Division war überzeugt, zuerst in Berlin zu sein.

Doch dann trat plötzlich – rund zweihundert Kilometer vor Berlin – eine Vormarschpause ein. Sie wurde durch viele Gründe veranlaßt. Hauptsächlich aber durch ein Phantom, das durch amerikanische Geheimdienstmeldungen geisterte und in Karteneinzeichnungen seinen Niederschlag fand: die »Alpenfestung«. Dort, in den bayerischen, österreichischen und Südtiroler Bergen sollte sich ein gigantisches Reduit befinden, mit unterirdischen Fabriken, Munitionslagern und uneinnehmbaren Stellungen. Hitler selbst sollte dort den Oberbefehl über die Elitetruppen des Reiches führen. Eisenhower, Oberbefehlshaber der westalliierten Streitkräfte, dachte militärisch und nicht politisch. Berlin, ein Trümmerhaufen, in dessen Nähe ohnedies die verbündeten Russen standen, schien ihm nicht so wichtig wie die geheimnisvolle, offenbar äußerst gefährliche Alpenfestung.

Aber auch die Deutschen selbst hinderten den Vormarsch Eisenhowers auf Berlin: General Walther

Als Vortruppen der amerikanischen 1. Armee am 7. März bei Remagen eintrafen, fanden sie die wichtige Ludendorff-Brükke »zehn Minuten vor der beabsichtigten Sprengung« unbeschädigt und so gut wie unverteidigt vor. Handstreichartig nahmen sie die Brücke, warfen über sie auf das rechte Rheinufer, was an Truppen und Material herbeizuschaffen war, und hatten bereits am 8. März einen starken rechtsrheinischen Brückenkopf gebildet. Die deutschen Bemühungen, die Brücke durch Fernkampfartillerie und Bombenangriffe wenigstens nachträglich zu zerstören, führten zwar dazu, daß sie am 17. März einstürzte, aber da war die Zerstörung bereits nutzlos und überflüssig geworden.

Wenck hatte die 12. Armee übernommen. Sie war hauptsächlich aus angeschlagenen Einheiten und Offiziersanwärtern verschiedener Lehrgänge und Kriegsschulen zusammengekratzt, besaß kaum schwere Waffen und nur ein Dutzend Panzer. Aber die Offiziersanwärter waren gut ausgebildet, von fronterfahrenen Ausbildern geführt und verfügten über den Mut der Verzweiflung. Insgesamt bestand die Armee Wenck aus etwa 55 000 Mann. Sie schickten sich an, den Elbübergang der Amerikaner zu vereiteln. Tatsächlich war dort der amerikanische Vormarsch wieder in Gang gekommen, wenngleich große Teile nun auf München und Salzburg abgedreht worden waren. Teile der 2. US-Panzerdivision waren bereits in Magdeburg eingedrungen. Die Autobahnbrücke über die Elbe war unversehrt.

Der bisher schwache deutsche Widerstand hatte sich unversehens versteift: Rasendes Feuer schlug den Amerikanern entgegen. Sie vermochten die Brücke nicht zu stürmen. Blutige Kämpfe auch um die Brücke von Schönebeck. – Kurz bevor die Amerikaner sie erobern konnten, flog sie in die Luft. Das war am 12. April.

Die 5. US-Panzerdivision hatte bereits Tangermünde erreicht und erlebte die Hölle: Mitten in der Stadt wurden die Panzer aus Fenstern, Dachluken und Kellern mit Panzerfäusten eingedeckt. Mitten zwischen den Detonationen eine fürchterliche Explosion: Die Elbbrücke war von deutschen Pionieren gesprengt worden. Nach Berlin waren es nur noch 85 Kilometer.

Aber an der Elbe gab es kein Remagen, und die 2. Panzerdivision mußte versuchen, die Elbe kämpfend zu überqueren. Am Abend des 12. April setzten bei Westerhüsen, in der Nähe von Magdeburg, die ersten Amphibienfahrzeuge über. Um Mitternacht lagen zwei Infanteriebataillone auf dem Ostufer. Amerikanische Pioniere begannen mit dem Bau einer Kriegsbrücke. Da jaulten deutsche Granaten heran. Die kümmerliche Artillerie der Armee Wenck zerschlug den Brückenbau mit präzisem Feuer.

Am 13. April hatten Teile der 83. »Lumpensammler«-Division bei Barby die Elbe erreicht und eine gesprengte Brücke vorgefunden. Doch die Soldaten gingen sofort in Sturmbooten und Amphibienfahrzeugen über den Fluß. Am Abend des 13. hatten die Pioniere ihre Brücke fertig – die gesamte Division befand sich auf dem Ostufer. Die 2. Panzerdivision hatte inzwischen ein Kabel über die Elbe gezogen und einen Fährbetrieb eröffnet. Es konnte weitergehen: nach Berlin. Doch als die erste Pontonfähre in der Mitte der Elbe schwamm, rauschte eine einzelne deutsche Granate heran und traf zufällig das Fährkabel. Die bereits auf dem Ostufer befindlichen Teile der 2. Panzerdivision wurden gleichzeitig von deutschen Panzern angegriffen. Die amerikanischen Jagdbomber lagen

soweit zurück, daß sie kaum noch eingreifen konnten. Die Amerikaner auf dem Ostufer kämpften verzweifelt, mußten sich dann aber auf das Westufer zurückziehen. Der Vorstoß der 2. Panzerdivision auf Berlin war abgeschlagen.

Am 14. April um 15 Uhr entschloß sich General Eisenhower, den Vormarsch in dieser Richtung zu stoppen: »Berlin ist kein militärisches Ziel mehr.« Die Nachschublinien für die 4 600 000 westalliierten Soldaten waren überlastet, es gab nur eine Eisenbahnbrücke über den Rhein. Die Versorgung rollte fast ausschließlich per Lastwagen über die Straßen, wenngleich auch Hunderte von Transportflugzeugen Eilgüter einflogen. Bei den amerikanischen Soldaten breitete sich Niedergeschlagenheit und Enttäuschung aus, als sie den Haltebefehl erhielten. Stalin – von Eisenhower informiert – hielt in seinem Mißtrauen den Stop der Westalliierten für eine bloße Finte der Kapitalisten – und befahl den Angriff auf Berlin zu einem früheren Termin als ursprünglich vorgesehen. Den US-Botschafter in Moskau informierte er zwar davon, daß eine Offensive der Roten Armee bevorstehe, als Angriffsziel aber nannte er Dresden.

Am 25. April 1945 um 16.40 Uhr traf der US-Leutnant William D. Robinson am Elbufer bei Torgau eine Gruppe Rotarmisten. Vier davon nahm er zu seinem Gefechtsstand mit. Später wurde das zum offiziellen historischen Treffen der Amerikaner und Russen an der Elbe erklärt.

Doch die erste Begegnung hatte bereits 3 Stunden und 10 Minuten früher bei dem Dorfe Leckwitz stattgefunden. Der US-Leutnant Albert Kotzebue von der 69. Division traf dort einen Russen, der auf einem Pony ritt und ohne jede Gemütsbewegung erklärte, daß seine Truppe am ostwärtigen Elbufer liege.

Kotzebue setzte mit einigen seiner Soldaten über die Elbe. Am Ufer lagen über mehrere hundert Meter hinweg tote Zivilisten: Männer, Frauen und Kinder, verstreut zwischen umgekippten Planwagen, Gepäck- und Kleidungsstücken. Eine Gruppe russischer Soldaten befand sich in der Nähe des niedergemetzelten Flüchtlingstrecks.

Amerikaner und Russen grüßten sich stumm. Keine Freude, kein Lachen, Umarmen oder Schulterklopfen. Das erste Zusammentreffen zwischen Amerikanern und Russen fand am Ort eines grauenvollen Massakers statt.

Am 5. Oktober 1939 – der Zweite Weltkrieg war erst 35 Tage alt – nahm Hitler in Warschau die Siegesparade seiner Truppen ab. Am gleichen Tag und zur selben Stunde kamen im Tresorraum der Polnischen Kreditbank in Warschau einige Dutzend Zivilisten zusammen und gründeten eine Widerstandsbewegung. Im Februar verlieh ihr der General Wladislaw Sikorski – Chef der in

London residierenden polnischen Exilregierung – den Namen »Arma Krajowa« (AK), was soviel wie »Heimatarmee« bedeutet.

Nach dem Zusammenbruch der deutschen Heeresgruppe Mitte im Sommer 1944 beschloß General Bor-Komorowski, der Chef der AK, in Warschau den militärischen Aufstand auszulösen. In der letzten Juliwoche war der letzte deutsche Kampfverband aus der Stadt abgerückt. In Wolomin, 20 Kilometer ostwärts Warschau, waren am anderen Weichselufer sowjetische Panzerspitzen aufgetaucht. Was die Polen taten, war ebenso kühn wie wahnwitzig: Sie erhoben sich gegen zwei Feinde, nämlich gegen Deutschland und – indirekt – gegen die Sowjetunion. Der Aufstand begann am 1. August um 17 Uhr; einige Hitzköpfe legten bereits um 14 Uhr los. Doch die deutschen Dienststellen und Stützpunkte in Warschau waren bereits gewarnt und wehrten sich verzweifelt. Am Abend hatte die AK keines ihrer Ziele erreicht, jedoch ein SS-Nachschublager erobert. Fortan trug die AK gefleckte SS-Tarnanzüge mit rotweißen Armbinden. Aus der Umgebung zogen die Deutschen rund 3000 Mann Kampftruppen zusammen. In den folgenden Tagen raffte die deutsche Führung zusammen, was sie fassen konnte – und das war zum Teil eine schlimme Soldateska: neben Polizei- und Ersatzeinheiten aus Posen rückte das berüchtigte SS- und Polizeiregiment Dirlewanger heran, in dem Kriminelle dienten. Dann kam die aus Russen gebildete Sturmbrigade RONA, Abkürzung für »Russische nationale Befreiungsarmee« unter SS-Brigadeführer Mieczyslaw Kaminski. Die Wehrmacht entsandte zwei Infanteriebataillone mit aserbeidschanischen Freiwilligen sowie ein Sicherungsregiment. Erst ab 10. September wurden schwere Waffen, ein schwerer »Thor«-Mörser, ein Bataillon Fernlenk-Kleinpanzer »Goliath« und zwei Pionier-Züge mit »Taifun«-Sprenggas zur Sprengung unterirdischer Gänge nach Warschau verlegt.

Dirlewangers Kriminelle richteten in Wola ein Blutbad an. Die Brigade RONA plünderte und erschoß wahllos Zivilisten – verdächtige wie unverdächtige. RONA-Soldaten drangen in das Curie-Skodowska-Röntgenkrankenhaus ein und vergewaltigten die krebskranken Patientinnen und die Krankenschwestern.

Die Rote Armee auf der anderen Seite der Weichsel aber blieb stehen und sah dem Untergang der polnischen Heimatarmee zu. 110 US-Bomber warfen Versorgungsbehälter mit Waffen und Nahrung über Warschau ab, doch 90 Prozent landen bei den Deutschen. Nach 63 Tagen kapituliert die AK. Im Gegensatz zur Brutalität der ersten Aufstandstage war die Kapitulation geradezu ritterlich: Die aufständischen Frauen wurden als Kriegsgefangene wie Offiziere behandelt, von deutscher Seite wurden keine fremdvölkischen Truppen zur Bewachung der Gefangenen eingesetzt, die drei polnischen Infanterieregimenter der AK durften Warschau in militärischer Ordnung und mit allen Waffen verlassen. Mehr als 9000 Mann gingen in Gefangenschaft, 3000 in den Untergrund. 16 000 AK-Kämpfer waren gefallen, 6000 schwer verwundet und an die 150 000 Zivilisten durch Beschuß, Hunger und Seuchen ums Leben gekommen. Der Sieger war Stalin.

An der Ostfront war Stille eingetreten – soweit ein Krieg still sein kann. Nachts zogen bunte Leuchtkugeln ihre Bahn, einzelne Schüsse fielen, gelegentlich tockte der Feuerstoß eines Maschinengewehrs, Aufklärungsflugzeuge brummten. Stoßtrupps brachen in Feindstellungen ein und machten Gefangene.

Ab Mitte November 1944 war wieder eine durchgehende, leidlich stabilisierte Front entstanden. Sie begann am Kurischen Haff im Norden, führte dann an der ostpreußischen Grenze entlang und durch ostpreußisches Grenzgebiet bis zum Narew. Die Frontlinie folgte dann diesem Fluß bis zu dessen Mündung in die Weichsel, dann der Weichsel bis quer durch Warschau hindurch. Südlich Warschau umschloß die Front zwei russische Brückenköpfe auf dem Westufer der Weichsel – den nördlichen im Weichselknick bei Pulawy-Zwolen, den südlicheren, weit größeren und gefährlicheren, im Weichselbogen vor Baranow. Südlich dieses russischen Brückenkopfes folgte die Front nur noch kurz dem Weichselufer, durchschnitt den Strom dann und verlief fast geradeaus südwärts bis Kaschau im ungarisch-tschechischen Grenzgebiet, wo dann die Front der Heeresgruppe Süd anschloß. Eine immer noch rund 1000 Kilometer lange Front, gehalten von ganzen zwei deutschen Heeresgruppen. Gegenüber dieser dünnen deutschen Front begann, kaum daß sie sich stabilisiert hatte, der Neuaufmarsch der Roten Armee.

Ihre vier Heeresgruppen wurden in raschem Tempo derart mit Menschen und Material aufgefüllt, daß schon Mitte Dezember das Kräfteverhältnis der beiden Seiten der Front wieder fast groteske Formen annahm: russische Überlegenheit bei Infanterie 9 zu 1, bei Panzern 6 zu 1, bei Artillerie 10 bis 15 zu 1, je nach Frontabschnitt.

Luftwaffe war auf deutscher Seite praktisch gar nicht mehr, auf russischer überreichlich vorhanden – auch im Osten war die Luftherrschaft, in den Anfangsjahren des Krieges einer der Schlüssel zu den deutschen Erfolgen, längst an den Gegner übergegangen.

Wann diese Übermacht abermals auf die dünne deutsche Front losrennen würde, war nur eine Frage der Zeit, und was dann geschehen würde, war kaum eine Frage mehr, nicht für die Armee- und Heeresgruppenkommandeure an der Front, und auch nicht für Generaloberst Guderian, den Panzergeneral, der seit Juli 1944 Generalstabschef des Heeres und zugleich Oberbefehlshaber der gesamten Ostfront war.

Guderian verlangte, und das nicht erst im Dezember, wieder und wieder von Hitler, die in Kurland stehende Heeresgruppe Nord – an die 30 intakte Divisionen, die da fast tatenlos herumstanden – zur Verstärkung der eigentlichen Ostfront zurückzuholen. Das war militärisch nötig und technisch möglich, aber Hitler lehnte ab, wie er seit langem jede Rückwärtsbewegung ablehnte. Hitler begann – ohne die Gefahr im Osten sehen zu wollen – seine Ardennenoffensive gegen die Westalliierten. Guderian forderte Truppen für die Ostfront – Hitler lehnte ab.

Deshalb zogen Guderian und die Oberbefehlshaber der beiden Heeresgruppen die wenigen beweglichen Verbände aus der Front heraus und brachten so eine Reserve von 14 mageren Divisionen zusammen. Jede Panzerdivision dieser Reserve zählte 70 bis 80 Panzer – nur ein Drittel der Sollstärke. Es lag nahe, daß die deutschen Generale bestrebt waren, was ihnen an Masse fehlte, nach Möglichkeit durch Taktik wettzumachen. Aus diesem Bestreben war der Plan »Schlittenfahrt« entstanden, entwickelt vor allem vom Generalstabschef der Heeresgruppe A, dem noch relativ jungen Generalleutnant Wolfdietrich Ritter von Xylander.

Weil die Sowjets ihre Angriffe stets mit einem langen, mörderischen Trommelfeuer begannen, das schwerste deutsche Verluste kostete, schlug er vor, unmittelbar vor Angriffsbeginn die Stellungstruppen aus der vorderen Linie zurückzuziehen. Erfahrungsgemäß erkannte die deutsche Feindaufklärung den Angriffsbeginn stets rechtzeitig genug.

Der Artillerie-Orkan hagelte hauptsächlich auf die – geräumte – Hauptkampflinie (HKL), deren Truppen weitgehend vom Feuer verschont, dann den Angreifern in die Flanke gehen könnten. Hitler verwarf das Schlittenfahrtkonzept und beharrte auf sturem Ausharren in vorderster Linie. Auch die Reservedivisionen waren nur 10 bis 12 Kilometer hinter der Front bereitzuhalten. Gebraucht wurden sie, laut Hitler, sowieso nicht; der Führer hielt alle Meldungen über den sowjetischen Aufmarsch – Überlegenheit der Russen in den Weichselbrückenköpfen inzwischen auf Infanterie 11 zu 1, Panzer 7 zu 1, Artillerie 20 zu 1 angestiegen – für Phantasieprodukte, er war überzeugt, die Russen seien viel zu schwach, um überhaupt anzugreifen.

Guderian wußte es besser, Generalmajor Gehlens Feindaufklärung, Abteilung »Fremde Heere Ost«, arbeitete in dieser Phase, anders als oft früher, gut; sie hatte sogar den Zeitpunkt des russischen Angriffs korrekt vorausgesagt: 12. Januar 1945.

An diesem Tage, nachts um 1.30 Uhr, begann an der Front des Baranow-Brückenkopfes das erwartete und gefürchtete russische Trommelfeuer.

Die Feuerdichte auf russischer Seite betrug 250 Geschütze und Stalinorgeln pro Kilometer – alle 4 Meter eins. Es dokumentierte die Ohnmacht der Wehrmacht, daß sie nicht imstande war, einen derart dichten Artillerie-Aufmarsch zu zerschießen, zu zerbomben oder sonstwie unmöglich zu machen.

Bis 6 Uhr morgens trommelte der Geschoßhagel auf die dünnen deutschen Linien, dann hörte er auf. Doch grade als die Überlebenden sich zu sammeln begannen und das, was von ihren Waffen übriggeblieben war, brach das Inferno abermals los, mit doppelter Gewalt, bis 7 Uhr. Dann waren Stellungen und Truppe der 4. Panzerarmee, die vor dem Baranow-Brückenkopf lag, buchstäblich zermalmt, nicht mehr in der Lage, die Russen zu halten, die nun in schmalen Keilen, dichte Panzerrudel voran, durch die zerstampfte deutsche Front stießen und vorwärts rollten, ohne sich um Flankenschutz oder dergleichen zu scheren. Die dürftigen Reserven, viel zu dicht hinter der Front aufgestellt, wurden – noch ehe überhaupt über die Lage Klarheit gewonnen war und sie wirksam angesetzt werden konnten – von den vorpreschenden Sowjetpanzern erreicht, angegriffen und in den Versammlungsräumen in wütende Kämpfe verwickelt, sie wurden damit operativ wertlos.

Konjews Durchbruch im Süden der Ostfront folgten Schlag auf Schlag die nächsten Katastrophen. Am 13. Januar brach im Norden die Heeresgruppe Tscherniakowski durch die deutschen Linien an der ostpreußischen Grenze und südlich davon die Heeresgruppe Rokossowski über den Narew. Tscherniakowskis Stoß zielte auf Königsberg und Samland, Rokossowskis Angriffsdivisionen stürmten Richtung Elbing-Danzig – eine großräumige Klammerbewegung, um Ostpreußen vom Reich abzutrennen.

Am nächsten Tag, dem 14. Januar, stürmten Schukows Armeen südlich und nördlich von Warschau über die zugefrorene Weichsel in den Warthegau.

An allen drei Frontabschnitten war der sowjetische Vormarsch zwar stürmisch, aber deswegen nicht leicht. Denn wenn auch die deutschen Linien fast durchweg im ersten Ansturm überrannt wurden – was übrigblieb, sich wieder sammelte, warf sich dem Ansturm mit verzweifeltem Kampfgeist entgegen, focht mit einer Härte und einer Erbitterung, wie niemals zuvor in diesem Krieg.

Wenn irgendwo in den Rückzugskämpfen zwischen Kurischem Haff und den Karpaten dieser oder jener Gegenstoß in zuvor vom Feind besetzte Dörfer, Flekken, Kleinstädte führte oder wenn eingeschlossene Truppenteile sich als »wandernde Kessel« westwärts durch den Feind zurückkämpften, sahen sie in namenlosem Entsetzen immer wieder das gleiche. Das ließ sie nicht mehr fragen, nur noch kämpfen.

Die Greueltaten der Roten Armee in den deutschen oder von Deutschen besiedelten Gebieten, in die sie in den letzten Januarwochen des Jahres 1945 einbrachen, sind gewiß durch nichts zu entschuldigen. Zweierlei aber ist zu bedenken. Zum einen waren die russischen Kampftruppen auf ihrem Weg zu den Grenzen Deutschlands durch ein Meer von Blut gewatet, und zwar vornehmlich durch das ihrer Kameraden. Der gesamte russische Vormarsch war immer und überall mit einem kaum vorstellbaren Blutzoll erkauft worden. Überdies waren diese Truppen nicht durch Feindesland, sondern durch ihr eigenes, vom Feind total verwüstetes Land vormarschiert – beides Grund genug, die Truppe in einen wilden Blut- und Racherausch zu versetzen, der alle Grenzen sprengte.

Hinzu kam die Auswirkung einer von den Politoffizieren getragenen unablässigen Haß-Agitation, die alle inneren Hemmungen der Soldaten abbaute.

Verantwortlich aber waren auch auf deutscher Seite einige Männer: Die Gauleiter des Warthegaus, Ostpreußens und Schlesiens sowie ihr Vorgesetzter Bormann und Hitler selbst: Sie ließen zwar die Bevölkerung unmittelbar vor Ausbruch des Sturmes Panzergräben und Feldbefestigungen anlegen, verboten jedoch strikt jede Flucht. Sie befürchteten, eine solche Flucht wäre das Eingeständnis der bevorstehenden Niederlage.

Technisch möglich wäre eine relativ geordnete Rückführung der Bevölkerung aus den Ostgebieten ins Reichsinnere gewesen. Sie hätte Tausenden und Abertausenden Tod und Martyrium erspart, sei es durch die rasenden Russen, sei es durch grauenvolle Flucht inmitten des Kampfstrudels bei eisiger Kälte von 20 Grad und mehr. Denn die Flucht begann fast überall erst, als näherkommender Kampflärm und Rauchschwaden vom brennenden nächsten Dorf der Bevölkerung klarmachten, daß alle Beteuerungen ihrer Ortsgruppen- und Kreisleiter falsch gewesen waren, daß die Russen buchstäblich vor der Tür standen.

Und so mischten sich überall die elenden Trecks, nur mit dem Notdürftigsten ausgerüstet, in die rückflutenden Etappendienste, erbarmungswürdig hilflos, ohne recht zu wissen, wohin. Die verzweifelt kämpfende Truppe mühte sich, die Flüchtenden in die Mitte zu nehmen, sie zu schützen, wurde aber natürlich dadurch zusätzlich in ihrer Bewegungsfreiheit behindert.

Das Tempo des russischen Vormarschs ist enorm. Im Süden erreichen Konjews Angriffsspitzen bereits nach 8 Tagen, am 20. Januar, die schlesische Grenze, am 22. Januar fallen Gleiwitz und Beuthen, am 25. wird die Oder bei Brieg und Steinau überschritten.

In der Mitte jagen Schukows Armeen quer durch Polen: am 17. Januar fällt Lodz – damals Litzmannstadt – und am 18. Krakau, am 27. Januar wird Posen eingeschlossen, am 30. Januar erreichen Panzerspitzen zwischen Frankfurt und Küstrin die Oder, überqueren den fest

zugefrorenen Fluß; gleich darauf werden beiderseits Küstrin zwei starke Brückenköpfe gebildet.

Im Norden ist Rokossowski, in Süd-Nord-Richtung angreifend, binnen 10 Tagen bis zur Ostsee durchgestoßen. Er erreicht sie am Südende des Frischen Haffs. Damit sind alle Landverbindungen zwischen Ostpreußen und dem Reich abgeschnitten, nur über das zugefrorene Haff und die schmale Nehrung besteht noch ein Durchschlupf.

Zwei Tage nach Beginn des russischen Angriffs begreift Hitler, bis dahin immer noch mit dem fehlgeschlagenen Verzweiflungsangriff im Westen beschäftigt, endlich die tödliche Gefahr, die im Osten droht, und verlegt sein Hauptquartier aus dem Westen nach Berlin in die Reichskanzlei. Er beschließt, die Westfront auf Verteidigung umzustellen und die frei werdenden Verbände, vor allem die 6. SS-Panzerarmee, zu Guderians hellem Entsetzen, nicht an die Ostfront, sondern nach Ungarn zu werfen, um Budapest zurückzuerobern. Weitere Führerentschlüsse der letzten Januarwochen:

Hitler ernennt Himmler zum Oberbefehlshaber der neuzubildenden Heeresgruppe Weichsel, die das weit klaffende Loch zwischen nördlicher Weichsel und der Reichsgrenze schließen soll – entstanden dadurch, daß der größte Teil der Heeresgruppe Mitte nach Ostpreußen abgedrängt und dort eingeschlossen ist.

Ein fataler Beschluß. Himmler mochte im nationalsozialistischen Sinne seine Meriten haben; von der überaus schwierigen Generalstabsaufgabe, fast aus dem Nichts – aus rückflutenden Restverbänden, frisch ausgehobenen Volksgrenadiereinheiten, zweckentfremdeten Etappensoldaten aller Art und dergleichen – eine neue, einsatzfähige Heeresgruppe aufzubauen, verstand Himmler überhaupt nichts, und der Stab, den er sich auf Hitlers ausdrücklichen Wunsch selbst zusammensuchte, nicht viel mehr.

Ein anderer Führerbefehl betraf das oberschlesische Industriegebiet, das unbedingt gehalten werden müsse. Hitler ersetzte den nach seiner Auffassung zu schlappen Oberbefehlshaber der Heeresgruppe A, die in Oberschlesien kämpfte, Generaloberst Harpe, durch den ihm ergebenen Generaloberst Schörner, einen Mann, der es erklärtermaßen für richtig hielt, Truppen mit Terrormethoden in den Kampf zu jagen (»Mehr Angst im Rücken als von vorne!«).

Als die gegen Ende Januar im oberschlesischen Industriegebiet kämpfende 17. Armee fast umzingelt war, befahl Schörner auf eigene Faust Aufgabe des Industriegebietes und Rückzug der 17. Armee über die Oder. Das war am 27. Januar.

Schörner selbst teilte diese, in der Sache richtige, Hitlers Befehlen aber kraß widersprechende Entscheidung seinem Führer telefonisch mit. Ohne diesen Rückzugsbefehl, begründete er, sei die ganze 17. Armee in kürzester Zeit zum Teufel, und das könne er nicht riskieren, die brauche er noch.

Generalleutnant Ritter von Xylander, nach wie vor Generalstabschef der Heeresgruppe, der das Gespräch mithörte, erwartete danach, daß Hitler den ungehorsamen Schörner, wenn nicht sofort erschießen, so doch mindestens sofort ablösen lassen würde. Statt dessen hörte er einen müden Hitler sagen: »Ja, wenn Sie meinen, Schörner. Sie führen ja schon richtig.«

War das schon wunderbar, so geschah – nachdem Schörners Heeresgruppe bis über die Görlitzer Neiße zurückgedrängt worden war – noch Wunderbareres: die Russen blieben, Mitte Februar, stehen. Ihre Nachschubwege waren überdehnt, die Fronttruppen erschöpft und ausgeblutet, und die Kommandeure hatten ihre Truppen oft nicht mehr in der Gewalt. Die Sowjetsoldaten erlebten Deutschland als eine Wunderwelt, in der sie alles durften, was bisher verboten war, in der sie vieles bekommen konnten, was sie bisher nur erträumen konnten. Sie vergewaltigten, sie plünderten und betranken sich an vorgefundenen Alkoholvorräten. Ganze Truppenteile verweigerten in diesem Taumel Befehle.

Das hieß freilich nicht, daß die Russen den Angriff überall einstellten. In den Wochen von Mitte Februar bis Mitte März wurde die Heeresgruppe Weichsel aus Pommern hinausgedrängt. In der gleichen Zeit vollzog sich das Schicksal Ostpreußens. Dort ging, auf einen immer kleiner werdenden Kessel um Heiligenbeil zusammengedrängt, die 4. Armee unter, bis zuletzt erbittert kämpfend, um möglichst vielen die Flucht über das gefrorene Haff und die Nehrung zu ermöglichen. In Pommern zerfaserte die ausgeblutete 2. Armee unter dem Ansturm von Schukows Panzern, die auf breiter Front fächerförmig zur Küste durchstießen.

Am 20. März ernannte Hitler auf Drängen Guderians den Generaloberst Gotthard Heinrici zum neuen Oberbefehlshaber der Heeresgruppe Weichsel.

Der eher kleine, schlanke General, grauhaarig, damals 56 Jahre alt, war ein Verteidigungsspezialist, von dem die Rede ging, er gehe erst zurück, wenn die Luft nur noch aus Blei bestehe, aber auch dann erst nach reiflicher Überlegung. Das hieß jedoch nicht, daß er seine Truppen verheizte, ganz im Gegenteil; Heinrici verstand sich auf die Kunst, bei geringsten eigenen Verlusten auch weit überlegene Gegner aufzuhalten.

Was er allerdings bei Übernahme seines Kommandos vorfand, ließ ihn an der Möglichkeit eines Erfolges zweifeln. Die Front der Heeresgruppe Weichsel folgte jetzt dem westlichen Oderufer, von der Mündung – wo die Inseln Usedom und Wollin noch in deutscher Hand waren – bis zur Einmündung der Görlitzer (Lausitzer) Neiße. Dort schloß die Front der Heeresgruppe Schörner an, die durch die Lausitz und dann entlang dem

Riesengebirge und den anschließenden Höhenzügen bis zur Slowakei verlief.

Heinricis Frontabschnitt wurde von zwei Armeen gehalten, die nördliche Hälfte – Odermündung bis Eberswalde – von der 3. Panzerarmee unter General von Manteuffel; die südliche Hälfte – Eberswalde bis Neißemündung – von der 9. Armee unter General Busse.

Manteuffel und Busse waren beide energische, fronterfahrene Armeeführer. Ihre Armeen waren bunt zusammengewürfelte Haufen, zusammengestellt aus dem, was sich im Inferno der Januar-Offensive über die Oder gerettet hatte, wahllos aufgefüllt mit Halbgenesenen aus Lazaretten, kaum ausgebildeten jungen Rekruten, Volkssturmeinheiten und dergleichen. Die Kommandostellen waren mit Offizieren und Unteroffizieren besetzt, die zum erheblichen Teil den Krieg bis dahin nur am Schreibtisch erlebt hatten. Nur wenige intakte, kampferprobte Divisionen waren dabei.

Ähnlich stand es mit der Ausrüstung. Die wenigen alten Divisionen hatten im wesentlichen, was sie brauchten. Den neu auf- oder zusammengestellten Verbänden dagegen fehlte es an allem, Waffen, Munition, Sprit, sogar an Schanzgerät wie Spaten und Pickel. Einziger Lichtblick: 850 Panzer waren da, zum größten Teil neu, sozusagen letzter Ausstoß der nun erlahmenden Rüstungsindustrie. Dafür gab es zwar noch nicht sofort genug erfahrene Besatzungen und Offiziere, doch die würden sich finden. Das ergibt ein paar leidliche Panzerdivisionen, die annähernd diesen Namen verdienten.

Emsig bemühten sich Heinrici und seine Armeekommandeure, aus diesem Mischmasch kampffähige Verbände zu machen. Das gelingt auch, doch genug war das angesichts dessen, was sich am anderen Ufer der Oder zusammenbraute, ganz und gar nicht. Hinzu kam noch Hitlers Unwillen über die russischen Brückenköpfe westlich der Oder, die Guderian nicht hatte beseitigen können. Der aber wies die Kritik in einem Brief zurück, woraufhin er mit General Busse vor den Diktator zitiert wurde.

Guderian und Busse waren pünktlich in der Reichskanzlei erschienen. Busse begann seinen Vortrag, doch Hitler ließ ihn nicht ausreden, sondern überschüttete Busse mit Vorwürfen. Guderian hörte das nur einige Augenblicke an, dann unterbrach er lautstark Hitlers Suada. Er erklärte exakt, warum Busse und seine Soldaten beim besten Willen keinen Erfolg haben konnten. Hitler, der es nicht gewohnt war, unterbrochen zu werden, sprang zornbebend auf. Er war zwar in den letzten Jahren körperlich zu einem zitternden Tattergreis ausgebrannt, konnte aber gleichwohl immer noch erstaunliche Energien mobilisieren. Und nun entlud sich all sein aufgestauter Haß gegen den Generalstab, diesen Hort des Defätismus, der seine Ideen hintertrieben habe, nichts begreife...

Was im Ersten Weltkrieg 1914–18 vermieden werden konnte, wurde 1945 Wirklichkeit: Deutschland wurde zum Kriegs- schauplatz. Engländer, Amerikaner, Franzosen, Polen und Russen besetzten Deutschland. Mit welchen Gefühlen sie das taten, zeigt das Bild oben. Es ist ein Plakat, das an der Grenze bei Aachen aufgestellt war und dessen Text lautete: »Deutsch- land – Ihr betretet jetzt ein feindliches Land. – Seid wachsam!« Feindliche Armeen überfluteten Deutschland bis in die entle- gensten Gegenden und ließen die letzte Etappe der totalen Niederlage Wirklichkeit werden.

Solange Hitler in Deutschland an der Macht war, hatte in Konferenzen oder Besprechungen mit ihm, wenn überhaupt, nur einer gebrüllt: er selber. Das änderte sich an diesem Tag: Guderian brüllte zurück. Nicht nur das, der General, ohnehin von der Natur mit einer lauten, polternden Stimme beschenkt, überbrüllte Hitler.

Auch bei Guderian kam alles hoch: die nicht zurückgeholte, nutzlos im Norden herumstehende Kurlandarmee, die sinnlose Ardennenoffensive, der idiotische Versuch, Budapest zurückzuerobern – alles auf Kosten der Ostfront, die noch 500 Kilometer vom Reich entfernt stehen könnte, ohne diesen ganzen Unfug...

Hitler schrie derweil unentwegt, er habe es satt, er brauche keinen Generalstab mehr, da sitze der ganze 20. Juli, er brauche keinen Generalstab mehr...

Das Zorngebrüll der beiden Männer hatte die Umgebung zunächst erstarren lassen, dann trat General Burgdorf hinter Hitler und zerrte ihn mit den Worten »Mein Führer, so beruhigen Sie sich doch!« in den Sessel zurück, in den sich Hitler, plötzlich erschlafft, dann auch fallen ließ.

Jodl packte den vor Wut krebsroten Guderian am Arm und führte ihn dann an der entferntesten Wand des riesigen Hitler-Arbeitszimmers auf und ab. Das nützte nicht viel. Unentwegt dröhnte Guderians polternde Stimme durch den Raum, das »Verhängnis« beschwörend, das »Er« mit seinen Fehlentscheidungen über die Ostfront gebracht habe.

Guderians Adjutant, Major Bernd von Freytag-Loringhoven, bekam es mit der Angst, fürchtete, Hitler werde seinen Chef verhaften, wenn nicht gar erschießen lassen. Er sorgte dafür, daß Guderian aus seinem Zossener Hauptquartier angerufen und längere Zeit am Telefon festgehalten wurde.

Inzwischen beruhigte sich Hitler, setzte die Lagebesprechung fort, und auch Guderian hatte mindestens äußerlich seine Selbstbeherrschung wiedergefunden, als er dann in Hitlers Arbeitszimmer zurückkehrte. Er blieb stumm, bis die Lage beendet war. Dann Hitler: »Guderian und Keitel, bitte bleiben Sie noch.«

Hitler, als alle anderen das Arbeitszimmer verlassen hatten: »Guderian, Ihre Gesundheit erfordert Ihre sofortige Beurlaubung. Ihr Herz macht Ihnen wieder zu schaffen. Ich hoffe, in sechs Wochen sind Sie wiederhergestellt.«

Guderian: »Ich melde mich beurlaubt!«

Damit verließ der letzte Mann aus der Umgebung Hitlers, der noch nicht den Kontakt zur Wirklichkeit verloren hatte, die Kommandobrücke des OKH.

Zurück in der militärischen Führungsspitze des Deutschen Reiches blieben nur noch Gestalten, die längst zu ergebenen Marionetten des gleichermaßen tatterigen wie in seinem schrumpfenden Herrschaftsbereich

unverändert allmächtigen Diktator-Greises geworden waren: Jodl, Keitel, Burgdorf, Krebs; letzterer wurde Guderians Nachfolger.

Mit Guderian hatte Heinrici seine letzte Stütze im Führerhauptquartier verloren, nun mußte er allein versuchen, die dünne Oderfront zu verstärken und vor allem Reserven im rückwärtigen Frontgebiet aufzubauen. Doch so sehr er Hitler auch drängte, er bekam keine Reserven, im Gegenteil, am 6. April nahm ihm Hitler auch noch die Hälfte seiner 850 Panzer weg und schickte sie zu Schörner, weil er plötzlich der Meinung war, der russische Hauptangriff werde im Süden, durch die Lausitz, angesetzt werden.

Am Nachmittag dieses 6. April hielt Heinrici in der »Führerlage« Vortrag; er zeichnete ein düsteres Bild von der Oderfront, die – so Heinrici – einem sowjetischen Großangriff schwerlich auf Dauer werde standhalten können. Hitlers Antwort war eine Tirade über den »fanatischen Glauben«, auf den es jetzt ankäme, der jeden Soldaten erfüllen müsse: »Jetzt kommt es nur noch darauf an, wer stärker glaubt.«

Müde, auch entmutigt, kehrte Heinrici an diesem Tage in sein Hauptquartier bei Prenzlau zurück. »Es hat alles keinen Zweck«, sagte er bedrückt zu seinem Ia, Oberst Eismann, »es ist alles so sinnlos.« Und doch brachte Heinrici zehn Tage später, als der Sturm auf Berlin begann, zusammen mit General Busse ein militärisches Kunststück von hohen Graden fertig. Es war ihm gelungen – obwohl die Russen eisern Funkstille hielten und Luftaufklärung so gut wie unmöglich war – Ort und Zeit des russischen Angriffs richtig abzuschätzen. Und er hatte es fertiggebracht, in der Nacht vom 15. zum 16. April geräuschlos seine Truppen aus den Stellungen gegenüber dem waffenstarrenden sowjetischen Brückenkopf vor Küstrin auf die dahinterliegende Stellung am Ostrand der Seelower Höhen zurückzuführen.

Marschall Schukow, der am 16. April um 4 Uhr morgens aus dem Küstriner Brückenkopf heraus angriff, hatte sich dafür etwas Besonderes ausgedacht: Er ließ das Schlachtfeld mit 140 gleißenden Scheinwerfern ausleuchten, um die Deutschen zu blenden und sie gegen das mörderische Trommelfeuer seiner Artillerie noch wehrloser zu machen. Mit 20 000 Geschützen schoß Schukow in den schmalen Angriffstreifen hinein. Der Feuerorkan war so gewaltig, daß er noch weit entfernt erdbebenartige Wirkungen auslöste; der Druck der gleichzeitigen Abschüsse zerfetzte die Trommelfelle der russischen Geschützbedienungen.

Doch Schukows Scheinwerfer hatten niemanden geblendet, sein Artillerie-Orkan war ins Leere gegangen: Er merkte es, als gegen Morgen seine Truppen

Deutsche Kriegsplakate werben um Freiwillige. Die russische Karikatur zeigt Hitler im Würgegriff der Alliierten.

Freiwillig zur
KRIEGSMARINE

Hilf siegen
als Luftnachrichtenhelferin
Auskunft erteilt jede Luftwaffendienststelle

ИЗ ПЕТЛИ, ИЗ ЭТОЙ ЕМУ НЕ УЙТИ!

СОГЛАШЕНИЕ

ДОГОВОР

МЕЖДУ СССР
АНГЛИЕЙ и США

durch das sumpfige Oderbruch gegen die Seelower Höhen stürmten. Sie kamen nicht weit. Oben saßen die Deutschen und feuerten, was aus den Rohren ging, »und die brauchten nicht mal groß zu zielen!«, wie sich ein russischer Major des blutigen Gemetzels erinnerte. Schukow tobte; er war ganz sicher gewesen, die Deutschen überrennen zu können. Statt dessen lag er vor den Seelower Höhen zunächst einmal fest, während sein Rivale Konjew weiter südlich flott vorwärtsstürmte.

Stalin hatte eine Grenzlinie zwischen den Heeresgruppen der beiden Rivalen festgelegt, die Schukow begünstigte. Konjew hatte den weiteren Weg. Aber ihm glückte auf breiter Front der Übergang über die Neiße, einen Tag später auch über die Spree.

Das war in Schörners Abschnitt. »Dieser große Soldat«, bemerkte Heinrici bitter in seinem Hauptquartier am Abend des 16. April »hat seine Front nicht mal einen Tag lang halten können.«

Heinricis Front hielt noch immer. Sie hielt zwei Tage lang, so lange, wie überhaupt noch etwas zum Schießen da war. »Aber dann«, klagte General Busse, »werden sie doch überrannt.« Am 18. April siegte der übermächtige Druck, Schukow eroberte die Seelower Höhen. Doch seine Truppen waren in der wüsten, enorm verlustreichen Schlacht so durcheinandergeraten, daß er eine Reorganisationspause brauchte.

Hitler schlief, als der Morgen des 20. April 1945 heraufdämmerte, sein 56. Geburtstag. An diesem Morgen näherten sich sowohl Schukows als auch Konjews Panzerspitzen den Außenbezirken der Reichshauptstadt. Die Amerikaner hatten bei Barby die Elbe überschritten. Busses 9. Armee hing mit einem Flügel noch an der Oder, war aber auf der anderen Seite bis Fürstenwalde zurückgedrängt und in Gefahr, eingeschlossen zu werden. Auf Manteuffels sogenannte 3. Panzerarmee am Unterlauf der Oder stürmte an diesem Morgen, nach mörderischem Artilleriefeuer, Rokossowskis Heeresgruppe mit gewaltiger Übermacht los.

Die Szene zum größten Drama dieses Jahrhunderts war gerichtet.

Bevor noch der Höhepunkt der Tragödie erreicht war, versuchten große Teile der Wehrmacht, sich aus entlegenen und besonders gefährlichen Gebieten zurückzuziehen. Gefährlich war der Balkan. Seine Bewohner sind dem Leben und der Freude zugetan, aber auch leicht entflammbar in Feindschaft und in Haß, der in Grausamkeit ausarten kann.

Die Wehrmacht hatte 1941 Griechenland, die Inseln der Ägäis und Jugoslawien in einem kurzem Feldzug

»Erinnerung an Stalingrad«. Gemälde von Franz Eichhorst für die Große Deutsche Kunstausstellung 1943.

erobert. Im Sommer 1943 unterstanden dem Oberbefehlshaber Südost Generalfeldmarschall Maximilian Freiherr von Weichs 33 Divisionen – und das waren keine besonders erstklassigen. Ihre Soldaten gehörten meist älteren Jahrgängen an, die Materialausstattung war unzureichend, die Beweglichkeit gering. Dafür aber verstärkte sich die Partisanentätigkeit erheblich, zunehmend unterstützt durch die britisch-amerikanische Luftwaffe. Die alliierten Flotten beherrschten das Mittelmeer. Es wurde zusehends schwieriger, die Besatzungen der Ägäis-Inseln zu versorgen. Selbst kleine Motorsegler wurden von den Alliierten abgefangen und versenkt.

Am 25. August 1944 erklärte das bisher verbündete Rumänien dem Deutschen Reich den Krieg, und Bulgarien stand gleichfalls kurz vor dem Abfall. Damals bereits begannen die deutschen Rückzugsbewegungen. Die zahlreichen kleinen Inseln wurden unter größter Anstrengung der schwachen Luft- und Seestreitkräfte verlassen. Kreta und Rhodos wurden teilweise geräumt, danach der Peloponnes. Im September 1944 marschierte die sowjetische 3. Ukrainische Front unter Marschall Tolbuchin in Bulgarien ein – neuerlicher Rückzug der Deutschen. Sowjetische und jugoslawische Verbände eroberten Belgrad unter erheblichen deutschen Verlusten. In Albanien und Montenegro kämpften sich deutsche Soldaten durch Partisanengebiete nach Norden zurück. Das XXI. Gebirgskorps marschierte kämpfend viereinhalb Monate lang ohne Pause – überstand Partisanenangriffe, Hinterhalte, Bombenwürfe und Bordwaffenbeschuß alliierter Jagdbomber, quälte sich – unter hohen Fahrzeugverlusten – durch ungangbares, felsiges Gelände und geriet auch noch in eine Hochwasserkatastrophe. Die Masse der Soldaten aber kam zurück.

Als Ungarn abzufallen drohte, entsandte Hitler den SS-Sturmbannführer Otto Skorzeny mit einem Sonderkommando nach Budapest. Gleichzeitig kamen deutsche Truppen in die ungarische Hauptstadt, in der Ungarns Reichsverweser Horthy gerade den Waffenstillstand mit der UdSSR vorbereitete. Deutsche SD-Leute kidnappten zwei ungarische Generale und Horthys Sohn. Bald danach, am 15. 10. 1944 mittags, sendete Radio Budapest die Nachricht vom Waffenstillstand. Doch die Sendung wurde unterbrochen. Skorzeny ließ die königliche Burg besetzen. Horthy mußte seine Waffenstillstandsproklamation widerrufen und wurde nach Deutschland gebracht.

Die Rote Armee drang inzwischen in Ungarn ein. Fast zwei Monate dauerten die Kämpfe um Budapest. Die 6. SS-Panzerarmee kämpfte verbissen am Plattensee – sie wäre gewiß zur Verteidigung Berlins oder Schlesiens nötiger gewesen. In ihren Reihen stand auch die 12. SS-Panzerdivision »Hitlerjugend«. 1943 war sie aus 17jäh-

335

Schützt unsere Frauen u. Kinder vor den roten Bestien

In Berliner Vororten waren im April 1945 Hilferufe wie *oben links* gezeigt, zu lesen: *Bild links unten:* Auf den Berliner Bahnhöfen herrschte völliges Chaos unter den Flüchtlingen, die versuchten, sich vor der Roten Armee in Sicherheit zu bringen.

Bild rechts: Deutsche Gefangene hinter Stacheldraht. Zu Hunderttausenden gerieten Landser in Gefangenschaft, während die Führung des Reiches eine großzügige Propaganda für die Verwendung der Panzerfaust startete *(Bild unten)*, die nach der Meinung der braunen Propagandisten auch mit Erfolg von Frauen bedient werden konnte.

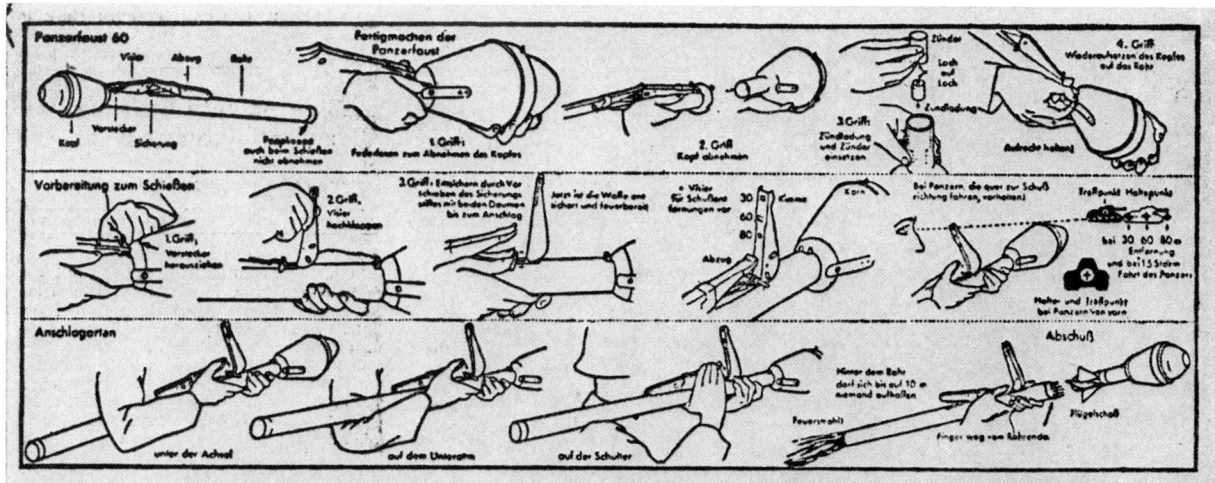

Aufn.: TO-EP.

Mut und Panzerfaust besiegen jeden Panzer!

Die Panzerfaust durchschlägt auch die stärksten zur Zeit vorkommenden Feindpanzer. Treffer auf den Kampfraum machen die Besatzung fast immer kampfunfähig. Meist brennt der Panzer, oft geht seine Munition in die Luft.

Die Panzerfaust ist rückstoßfrei. Sie ist Waffe und Geschoß in einem Stück.

Die Panzerfaust 60 wird gebrauchsfertig in Packkästen zu 4 Stück geliefert.

Der Kopf der Panzerfaust muß, wie eine Handgranate, scharf gemacht werden.

Zündladungen und Zünder dafür liegen gesondert bei.

Die Treibladung im Rohr ist immer scharf. Daher Vorsicht beim Üben mit der Waffe. Beim Schuß tritt hinten aus dem Rohr ein Feuerstrahl, der bis zu 3 m tödlich wirkt!

Deshalb darf bis auf 10 m hinter dem Rohr sich niemand aufhalten!

Der Feuerstrahl muß etwa 1 m unbehindert austreten können, da er sonst auf den Schützen zurückschlägt.

Bei Zündversager 7 bis 10 Sekunden abwarten! Dann Panzerfaust so fortlegen.

daß durch spätere Zündung niemand gefährdet wird.

Blindgänger nicht berühren! Sprengen mit Sprengladung!

Die Panzerfaust ist die panzerbrechende Waffe des Einzelkämpfers. Sie ist jedem Feindpanzer gewachsen. Aber auch die beste Waffe ist nur wirksam in der Hand eines unerschrockenen Soldaten. Kaltblütig läßt er den Panzer auf sich zukommen; er weiß, daß er sich auf seine Panzerfaust verlassen kann.

In dem von Granaten umgepflügten Hürtgenwald im Westen des Reiches stehen nur noch kahle Baumstümpfe *(Bild oben)*. Im Hagenauer Forst geht eine Alarmeinheit vor *(Bild Mitte)*. *Bild unten:* Amerikanische Truppen passieren nach der Besetzung Münchens die Eingangspforte des Bürgerbräukellers, in dem Hitler 1923 bei seinem gescheiterten Putsch den Griff nach der Macht verfehlte und statt dessen auf der Festung Landsberg landete.

An den Mauern der Straßen, die fast sieben Jahre lang mit Aufrufen, Erlassen, Bekanntmachungen und Befehlen der braunen Führung bedeckt waren, klebten alsbald Plakate mit harten Anordnungen der Sieger. Die Häuser, die noch standen, zeigten alle weiße Tücher, mit denen die Bevölkerung ihren Willen bekundete: Kein Widerstand mehr!

Rechte Seite: Hauptverbandsplatz im Westen *(oben links)*. Vierlingsflak im Einsatz im Raum Trier *(oben rechts)*. *Unten links:* Kampfhandlungen in Würselen b. Aachen und *(unten rechts)* ein trostloser Blick auf den Marktplatz der »Festung« Küstrin.

Nr. 355, Freitag, 6. April 1945

NACHRICHTEN FÜR DIE TRUPPE

Weser auf breiter Front überquert

Alliierte 35 km vor Hannover

STARKE alliierte Verbände haben die Weser auf breiter Front überschritten, 12 Tage nach Beginn der Grossoffensive über den Niederrhein. Sie wurden gestern abend 35 km vor Hannover gemeldet.

Nirgends stösst der alliierte Vormarsch auf Widerstand. Die deutsche Besatzung in Minden hat den Kampf eingestellt. Weit hinter der Front haben die Kampfkommandanten von Bielefeld, Osnabrück und Detmold sich mit ihren Truppen ergeben.

Vor Hannover, Braunschweig und Hamburg stehen keine Reserven mehr, und das Gebiet zwischen Weser und Elbe wird jetzt von den Alliierten im gleichen Tempo überrannt wie ganz Nordwestdeutschland zwischen Rhein und Weser in den ersten 12 Tagen der Vernichtungsoffensive im Westen.

Die Sowjets kündigen Japan-Pakt

Sowjet-Russland hat gestern den russisch-japanischen Nichtangriffspakt gekündigt.

Wenige Stunden später trat das japanische Kabinett Koiso zurück. Mit der Bildung einer neuen japanischen Regierung wurde der 77 jährige Admiral Baron Kantaro-Suzuki betraut.

Die Kündigung des russisch-japanischen Nichtangriffspakts ist nach Ansicht diplomatischer Kreise ein Zeichen dafür, dass die Sowjetregierung jetzt mit der Beendigung des Krieges in Europa in wenigen Wochen rechnet.

Oben ein alliiertes Flugblatt. Am 23. März 1945 wurde die Weser überschritten, am 18. Januar 1945 war Warschau verlorengegangen, am 13. März Budapest, am 13. April Wien, am 5. Mai besetzte Stalin Prag und in den letzten Apriltagen

Berlin... *Bild unten links:* Mit der Panzerfaust versucht man die schweren Panzer der Alliierten aufzuhalten. *Unten rechts:* Ein mit Ritterkreuz ausgezeichneter Offizier instruiert frisch eingezogene Jugendliche im Gebrauch dieser Waffe.

Schreckliches finden die vormarschierenden feindlichen Truppen in den Konzentrationslagern Deutschlands. *Bild unten:* General Eisenhower in Bergen-Belsen. Diese Bilder von Leichenbergen, Gaskammern, Verbrennungsöfen, von Menschen, die zu hilflosen Wracks geworden waren, gingen in die ganze Welt. Keine Zeitung, keine Wochenschau, keine Rundfunksendung, die nicht über diese schandbaren Greuel berichtet hätte.

РЕКА ЭЛЬБА

Als sich die Amerikaner und Russen am 25. April 1945 an der Elbe die Hand reichten (auf dem Bild ein amerikanischer Soldat mit zwei russischen Soldatinnen, die weiße Glacéhand- schuhe tragen), trieben im Strom unzählige Leichen von Solda- ten und Flüchtlingen, die alle noch versucht hatten, schwim- mend das rettende westliche Ufer zu erreichen.

rigen Freiwilligen aufgestellt und besonders gut ausgebildet worden. Nach den Kämpfen bei der Invasion in Frankreich waren von den 10 000 Jungen noch etwa 200 übrig. Neu aufgestellt, war die Division »Hitlerjugend« bei der Ardennenoffensive dabei und zahlte wiederum einen hohen Blutzoll. Was noch übrig war, kam Anfang Februar nach Ungarn. Nur wenige kehrten in die Heimat zurück.

Ungarn ging verloren, danach Preßburg und schließlich Wien. In Kroatien erwehrte sich die Heeresgruppe E mühsam der Angriffe der Roten Armee einerseits und der Tito-Partisanen andererseits. Am 1. Mai 1945 trafen Titos Streitkräfte in Triest auf die britische 8. Armee. Viele der in die Hände der rachedurstigen Tito-Partisanen gefallenen deutschen Soldaten kamen ums Leben.

An seinem 56. Geburtstag, dem 20. April 1945, schlief Adolf Hitler bis 10 Uhr morgens. Bereits seit vier Wochen hauste er im Bunker der Reichskanzlei in Berlin, 16 Meter tief unter der Erde. Es war ein elendes Quartier, bestehend aus sechs bis acht Quadratmeter großen Zellen mit nackten Betonwänden.

Bei der Lagebesprechung um 11 Uhr wurde die Katastrophe im ganzen Umfang offenbar: Im Süden Berlins waren die Panzer des Sowjetmarschalls Konjew über Lübben und Baruth bis nach Zossen vorgestoßen – wo sich das Oberkommando des Heeres und der Wehrmachtführungsstab befand. (Seit dem Ende des Zweiten Weltkrieg ist dort das Hauptquartier der »Gruppe der sowjetischen Streitkräfte in Deutschland« und das der ihr unterstellten 16. Frontluftarmee.)

Zwei Tage zuvor hatte Konjews erbitterter Konkurrent, Marschall Schukow, die letzte Feldstellung vor der Reichshauptstadt, die verzweifelt verteidigten Seelower Höhen, durchbrochen. Am Morgen von Hitlers Geburtstag waren Schukows Panzerspitzen in Bernau erschienen. Dadurch war die noch an der Oder stehende deutsche 9. Armee – die zurückzunehmen sich Hitler beharrlich geweigert hatte – von der Einschließung durch Schukows und Konjews Soldaten bedroht. Generaloberst Gotthard Heinrici, der Oberbefehlshaber der Heeresgruppe Weichsel (ein Fluß, der in seiner ganzen Länge längst verloren war) wollte bei Rücknahme seiner Truppen Berlin und einen Kampf in der Großstadt vermeiden. Hitler aber befal: Die 9. Armee bleibt an der Oder mit der Aufgabe, Konjews Angriffskeil abzuschneiden. Doch die zusammengeschossene 9. Armee war dazu schon lange nicht mehr in der Lage.

In den frühen Morgenstunden des 20. April begann auch südlich Stettin der Großangriff. Hitler schenkte ihm wenig Beachtung. Von der Westfront war ohnedies kaum mehr die Rede: Die im Ruhrgebiet eingekesselte Heeresgruppe B hatte kapituliert, die Westalliierten drangen durch Niedersachsen. Hessen und Sachsen fast unbehindert zur Elbe vor.

An diesem 20. April hatte Hermann Göring sein Jagdschloß Karinhall gesprengt. Zwei Lastwagen mit seinem wertvollsten Besitz rollten bereits Bayern entgegen. Er selber machte sich ebenfalls dorthin auf den Weg.

Hitler aber führte Phantom-Armeen. Der SS-Gruppenführer Steiner, so meldete man ihm, sei dabei, aus zurückflutenden Truppen kampfkräftige Einheiten aufzustellen. Hitler kannte Steiner als einen besonders energischen, kampffreudigen Truppenführer, und seine Phantasie sah plötzlich einen schlagkräftigen Truppenverband.

Die »Kampfgruppe Steiner«, befahl Hitler, habe nicht die Flanke der 3. Panzerarmee zu sichern, sondern binnen 24 Stunden aus dem Raum Oranienburg-Eberswalde südwärts anzugreifen, Schukows Angriffsspitzen abzuschneiden und zu vernichten und eine Verbindung zwischen 3. Panzerarmee und Berlin herzustellen.

Euphorisch befal Hitler in dieser Nacht abermals, die 9. Armee (inzwischen von Einschließung bedroht) müsse südwärts, Schörners 4. Panzerarmee (inzwischen weit nach Süden abgedrängt) nordwärts angreifen, um so wieder eine geschlossene Front herzustellen.

Raschelnd zeichnete Hitler mit zitternder Hand die entsprechenden Keile und Pfeile in die vor ihm liegende Karte ein – und keiner von denen, die um ihn herumstanden – Keitel, Jodl, Krebs – fanden den Mut, ihm zu sagen, daß es Phantome waren, denen er da Befehle erteilte.

Die »Kampfgruppe Steiner« vor allem war das Phantom, auf das Hitler seine irrealen Hoffnungen setzte. Doch Steiner hatte nichts zum Angreifen, sondern die größte Mühe, mit dem wenigen, was er auf Heinricis Befehl in Südmecklenburg zusammengekratzt hatte, die Flanke der 3. Panzerarmee einigermaßen nach Süden abzudecken. Und deshalb griff er, Führerbefehl hin oder her, nicht an.

Nicht viel anders sah es bei der sogenannten 12. Armee, der Armee Wenck, aus. General Walther Wenck war einer der begabtesten jüngeren Generale der Wehrmacht. Er war im Februar, völlig erschöpft selber am Steuer, auf der Fahrt von Berlin zur Oderfront mit seinem Kübelwagen gegen einen Baum geprallt. Ende März hatte er das Lazarett mit knapp ausgeheiltem Schädelbruch verlassen und war sogleich mit der Aufgabe betraut worden, im Raum Dessau-Wittenberg eine neue Armee aufzustellen aus dem besten Menschenreservoir, das in dieser späten Stunde noch da war: aus dem Personal der Offizierschulen, Panzertruppenschulen, RAD-Führerschulen, die im noch unbesetzten Gebiet des Reiches lagen. Diese Armee der letzten Stunde, personell gut, aber ohne schwere Waffen, hatte Hitler für den Kampf im Westen bestimmt. Der erste –

absurde – Kampfauftrag lautete, über ein paar hundert Kilometer hinweg die im Ruhrgebiet eingeschlossene Heeresgruppe Model zu entsetzen. Zu dieser Zeit stand die 12. Armee im wesentlichen auf dem Papier; gegen Ende April gab es sie wirklich. Schwach, aber von dem energischen Wenck zusammengehalten – ein neuer Faktor für die Phantasien im Bunker.

Die neue Krise kam am 22. April. Der Ring um die Stadt hatte sich an diesem Tag nahezu geschlossen, im Süden standen Konjews Spitzen am Teltowkanal, im Westen waren sie über die Havel bis Spandau vorgestoßen, im Osten stießen Schukows Panzer von Weißensee, nur noch 10 Kilometer vom Stadtkern entfernt. Die 9. Armee war, wie es General Heinrici vorhergesehen hatte, südöstlich von Berlin eingekesselt und in verzweifelter Rundumverteidigung gebunden. Am Vormittag dieses Tages war Hitler noch ruhig.

Dann kommt es heraus: Steiner ist überhaupt nicht angetreten. Der SS-Obergruppenführer hat es glattweg abgelehnt, den Führerbefehl zum Entsatzangriff, den er korrekt als für seine schwachen Kräfte sinn- und aussichtslos einschätzte, zu befolgen.

Vor Keitel, Jodl, Krebs, Burgdorf und Bormann – den engsten Mitarbeitern – brach es aus Hitler heraus, ein kaum verständliches Zorngebrüll. Die fünf Männer konnten dem sich überstürzenden Wortschwall nicht folgen. Nur die Hauptvokabeln prägten sich ein, »Verrat, Lüge, Heuchelei, keinem könne er mehr glauben, keiner verstehe ihn, alle zu klein für ihn, für seine Ziele, das Volk, seine Generale, die SS, alle, ach...« und dann sank der Führer des Großdeutschen Reiches, wenige Jahre zuvor noch der vielleicht mächtigste Mensch auf diesem Planeten, von einem Weinkrampf geschüttelt, vornüber auf den Kartentisch.

Noch ehe die stumme Runde sich aus der Erstarrung lösen konnte, hob Hitler den Kopf, sprach leise, immer noch vom Weinen geschüttelt, weiter – und nun erstarrten sie erst recht.

Denn jetzt sprach Hitler aus, was sie alle längst wußten, aber nicht wahrhaben wollten und vor allem in seiner Gegenwart kaum zu denken, geschweige denn zu sagen gewagt hätten: Es habe alles keinen Zweck mehr, es sei aus, der Krieg verloren, der Nationalsozialismus und er mit ihm gescheitert. Wer Berlin verlassen wolle, fügte er hinzu, der möge es tun, er selbst werde bleiben, und da er aus körperlichen Gründen nicht mehr kämpfen könne, seinem Leben selbst ein Ende machen.

Aber seine Paladine, die in diesem Augenblick um ihn herumstanden, waren dazu nicht bereit. Ohne sich darum zu scheren, daß jeder Tag länger Zigtausende hüben und drüben das Leben kosten mußte, machten sie sich daran, ihren Führer wieder aufzurichten. Sie bestürmten ihn, nicht im letzten Augenblick aufzugeben, beteten ihm sein eigenes Märchen vor, daß noch

längst nicht alles verloren sei, noch stünde im Süden des Reiches ein kampfkräftiges Millionenheer, dorthin solle er gehen ...

Das lehnte Hitler zwar ab, aber seine Umgebung schaffte es, Hitler aus der Realität wieder in die Scheinwelt zurückzuholen, in der krampfhafte historische Parallelen (wir haben uns vor Moskau fast verblutet, jetzt werden die Russen vor Berlin verbluten) und irreale Erwartungen (wenn wir solange aushalten, bis Russen und Amerikaner sich beschießen, haben wir gewonnen) ausreichten, um sich am Glauben an den »Endsieg« festzuklammern.

Hitler rafft sich zu einigen Entscheidungen auf: Er teilt, nachdem erkennbar ist, daß in wenigen Tagen das Reichsgebiet in zwei Teile zerschnitten sein wird, die Befehlsgewalten auf: Nordhälfte Großadmiral Dönitz, Südhälfte Generalfeldmarschall Kesselring. Er schickt seine engsten militärischen Berater, Generalfeldmarschall Keitel und Generaloberst Jodl, los, um die Entsatzangriffe von Steiner und Wenck in Gang zu bringen. Er feuert Göring, den das im angenehmen Berchtesgaden wenig kümmert, aus allen seinen Ämtern und ernennt den Generaloberst Ritter von Greim zum neuen Oberbefehlshaber der praktisch nicht mehr existierenden Luftwaffe und befördert ihn nebenher zum Generalfeldmarschall. Befiehlt ihm allerdings auch, sich im Bunker zu melden. Das führt dazu, daß die Starpilotin Hanna Reitsch den Oberbefehlshaber ohne Luftwaffe inmitten des Kampfgetümmels ein- und wieder ausfliegt.

Und schließlich ernennt Hitler den General der Artillerie Weidling, den Kommandierenden General des LVI. Panzerkorps – ohne Panzer –, den er in den Bunker bestellt hat, um ihm sein Todesurteil – wegen angeblicher Feigheit – mitzuteilen, spontan zum Kampfkommandanten von Berlin. Weidlings LVI. Korps wird auf die Stadt zurückgezogen, und es entbrennt in entsetzlicher Härte das, was Heinrici und andere zu verhindern gehofft hatten: der Kampf um die und in der Stadt.

45 000 Soldaten, 40 000 unzureichend bewaffnete Volkssturmmänner und etwa 4000 Hitlerjungen verteidigten Berlin erbittert. Die Russen mußten sich unter schwersten Verlusten Straße um Straße in das Häusermeer hineinkämpfen. Aufzuhalten waren sie dennoch nicht, dazu war ihre materielle Überlegenheit viel zu groß und umgekehrt die Versorgung der Verteidiger mit Waffen und Munition viel zu kärglich.

So zog sich der Ring um die Stadt von Tag zu Tag enger zusammen. Am 24. April tobten bereits schwere Straßenkämpfe in Zehlendorf, Tempelhof und Neukölln, tags darauf belegten die Russen die Innenstadt mit Trommelfeuer, bereiteten sich darauf vor, in den Stadtkern einzudringen.

Die Atmosphäre in Hitlers Bunkerverlies wurde seit

dem Zusammenbruch des Führers am 22. noch unwirklicher, als sie zuvor schon war. Die Gewißheit, daß der Untergang nahe war, einmal von Hitler ausgesprochen, blieb und führte dazu, daß sich langsam eine euphorisierte Weltuntergangsstimmung ausbreitete.

Die bis dahin strenge Ordnung wich allmählich, den überaus reichlichen Alkoholvorräten wurde mehr und mehr zugesprochen. General Krebs und auch General Burgdorf erschienen gelegentlich angetrunken zu den nun völlig bedeutungslos gewordenen Lagebesprechungen, ohne daß Hitler das rügte. Hitler selbst, bis dahin stets auf peinlich korrektes Äußeres bedacht, begann sich zu vernachlässigen, lief in den letzten Tagen in einer befleckten, verknautschten Jacke umher.

Zwischen all dem spielten seit dem 22. April fröhlich und unbefangen die sechs vier- bis zwölfjährigen Goebbels-Kinder.

Magda Goebbels hatte den Entschluß, mit ihrem Mann zu sterben und auch die Kinder mit in den Tod zu nehmen, schon vor einiger Zeit gefaßt, und niemandem war es gelungen, sie von diesem entsetzlichen Vorhaben abzubringen. Magda Goebbels verließ Berlin nicht, und es blieb auch Eva Braun an der Seite des Mannes, den sie liebte, ganz offensichtlich in dem klaren Bewußtsein, daß dies bedeutete – mit ihm zu sterben. Alle überlebenden Zeugen, die Eva Braun in den letzten Wochen und Tagen im Bunker trafen, bekunden übereinstimmend, sie sei die einzige gewesen, die dem Unvermeidlichen mit einer gelassenen Schicksalsergebenheit entgegengesehen habe, die es ihr erlaubte, bis zuletzt so zu bleiben, wie sie immer war, äußerlich wie innerlich adrett, ein wenig naiv und auf eine stille Art immer noch heiter. Sie war allerdings auch der einzige Mensch unten im Bunker, der über die schützenden Betondecken hinausdachte an die grauenvollen Kämpfe, die oben – nun schon in nächster Nähe – tobten.

»Warum müssen denn so viele fallen, wo es doch keinen Sinn mehr hat?« fragte sie sehr berechtigt den einen oder anderen Vertrauten, ohne eine sinnvolle Antwort zu bekommen. Ob sie solche Fragen auch an Hitler richtete – niemand weiß es.

Hitler spielt, nachdem sein erster Impuls zum Aufgeben unterdrückt worden war, die Rolle des Alleinherrschers halbherzig weiter; beschäftigt sich einerseits damit, Papiere zur Vernichtung auszusortieren, läßt andererseits immer wieder drängelnde Anfragen funken, wo denn die Entsatzangriffe der Kampfgruppe Steiner, der Armee Wenck, der 9. Armee blieben? Alle diese Einheiten kämpfen noch. Busses eingeschlossene 9. Armee schiebt sich langsam westwärts. Steiners schwache Kräfte versuchen doch noch nach Berlin durchzubrechen, bleiben aber, wie von Steiner vorhergesehen, sogleich liegen. Wenck bringt das Kunststück fertig,

seine mit Front nach Westen frisch aufgestellte, unerprobte 12. Armee umzudrehen und nach Osten auszurichten.

Aber zu einem Entsatzangriff für Berlin mag sich der General nicht entschließen. Er weiß, daß das aussichtslos ist. Aber etwas anderes scheint Wenck noch möglich und sinnvoll – südlich von Berlin so weit ostwärts vorzudringen, um einen Anschluß an die eingeschlossene 9. Armee zu gewinnen und deren Resten sowie den im Kessel befindlichen Zivilisten einen Rettungsweg nach Westen zu öffnen.

Wencks 12. Armee schafft das, kämpft sich hin in die Gegend von Ferch vor, und da sind die Kameraden von der 9. – für kurze Zeit entsteht ein Schlauch, durch den Überlebende – in Uniform oder auch in Zivil – westwärts strömen.

Unten im Bunker wütet derweilen Hitler noch einmal ein wenig nach Tyrannenart: Unter anderem feuert er den General Heinrici, enthebt Himmler – der mit dem Westen verhandelt – aller Ämter und läßt Himmlers Abgesandten im Führerhauptquartier, den SS-Gruppenführer Fegelein, einen Schwager Eva Brauns, unter dem fadenscheinigen Vorwurf des Verrats kurzerhand erschießen.

Gleich nebenan, im Keller der Neuen Reichskanzlei, ist ein Notlazarett, in dem ununterbrochen operiert wird. Der selbst schwerkranke Professor Haase arbeitet rund um die Uhr.

In den Morgenstunden des 30. April bittet Hitler den erschöpften Haase zu sich – um mit ihm Methoden sicheren Selbstmords zu erörtern; das Ende ist nahe.

Am Vortag hat Hitler Eva Braun geheiratet und seine beiden Testamente diktiert, als Nachfolger ein Doppelgespann bestimmt: Dönitz Reichspräsident, Goebbels Reichskanzler. Nach dem Gespräch mit Haase bestellt Hitler den SS-Brigadeführer Mohnke, den Kampfkommandanten der Reichskanzlei, zu sich. Die Russen sind nur noch 400 bis 500 Meter vom Führerbunker entfernt.

»Was glauben Sie, Mohnke, wie lange können Sie noch halten?« fragt Hitler.

»Vierundzwanzig Stunden, mein Führer, nicht länger«, lautet die knappe Antwort. »Dann ist es soweit«, erwidert Hitler – Worte, die Mohnke zunächst nicht versteht. Was sie bedeuten, sagt ihm kurz darauf der Sturmbannführer Otto Günsche, Hitlers SS-Adjutant. Ihm hat Hitler aufgetragen, unter allen Umständen für eine vollständige Vernichtung seiner Leiche zu sorgen.

Kurz nach 15 Uhr ist es soweit. Hitler und Frau verabschieden sich von den Resten des Hofstaates – Goebbels, Bormann, Krebs, Burgdorf, Botschafter Hewel, Vizeadmiral Voß, SS-Brigadeführer Rattenhuber, Sekretärinnen, Diener, Köchin – und ziehen sich dann in ihre Räume zurück. Günsche bewacht die Tür. Hysterisch weinend kommt Magda Goebbels ange-

Die HJ – die Hitlerjugend –, die nach Hitlers Willen »hart wie Kruppstahl« sein sollte, war das Menschenreservoir für die Wehrmacht. Über den Einsatz der jungen Menschen schrieb die Schweizer Zeitung »Die
Tat« wie folgt:
»Seit diese Jungen mit einigem Bewußtsein
ihr Leben lebten, gibt es für sie nur Mangel
und Entbehrung, nur eine Rationierung der
Lebensmittel, der Kleider und all der vielen
Kleinigkeiten, die Kinder auch dann noch
lieben, wenn ihnen eine harte Erziehung
bereits die Angst vor dem Sterben nahm.
Seit diese Jugend mit offenen Augen durch
das Leben schreitet, kennt sie die Sorgen
der schwer arbeitenden Mutter, die noch die
Last des im Felde stehenden Vaters zu tragen hat, kennt sie nur Arbeit, Arbeit und
noch einmal Arbeit. Seit mehr als zwei Jahren gesellt sich dazu noch das Leben unter
den Bomben des Feindes. Niemand braucht
sich deshalb zu wundern, wenn diese Jugend
hart geworden ist, hart nach außen, hart im
Herzen und im Denken. Kaum, daß sie
noch einige Tränen unterdrückt, wenn die
Nachricht vom Heldentod des Vaters oder
Bruders kommt, die sie beide kaum gekannt
haben und die mehr durch die Erzählungen
der Mutter und aus Briefen in ihrer Vorstellung eine fest umrissene Gestalt annahmen.
Niemand braucht sich zu wundern, wenn
diese 16jährigen ganz gute Soldaten werden.
Sie verkörpern im wahren Sinne des Wortes
zu einem großen Teil den Nachwuchs der
Toten des Dritten Reiches.«

Rechts oben: Das letzte Aufgebot: Junge
Burschen der HJ. Sie werden eingesetzt irgendwo in Westdeutschland gegen feindliche Panzer, gegen erfahrene Frontsoldaten.
Die Jungen, fast noch Kinder, haben Panzerfäuste an den Lenkstangen ihrer Fahrrä-
der befestigt, auf dem Rücken den Karabiner, so fahren sie »fünf Minuten nach
zwölf«, im April 1945 an die Front.

Bild unten: Junge Flakhelfer werden ausgebildet.

Sonder-Ausgabe

HAMBURGER ZEITUNG

Kriegsarbeitsgemeinschaft der Zeitungen

HAMBURGER ANZEIGER · HAMBURGER FREMDENBLATT · HAMBURGER TAGEBLATT

Mittwoch, 2. Mai 1945

Nr. 102

Der Führer gefallen

Führerhauptquartier, 1. Mai 1945

Der Führer Adolf Hitler ist heute nachmittag auf seinem Befehlsstand in der Reichskanzlei, bis zum letzten Atemzuge gegen den Bolschewismus kämpfend, für Deutschland gefallen.

Die Lüge der Sonderausgabe der »Hamburger Zeitung« vom 2. Mai. Der Schöpfer des Dritten Reichs war nicht gefallen, sondern hatte sich durch Selbstmord der Verantwortung entzogen *(oben)*.

Bild links: Auf der Quadriga des Brandenburger Tors wird die rote Fahne der bolschewistischen Weltrevolution gehißt.

Unten links: Das Hotel »Kaiserhof« in Berlin, Hitlers Hauptquartier in den Monaten vor der »Machtergreifung«.

Unten rechts: Der »historische« Balkon der Reichskanzlei in Schutt und Asche.

stürzt, überrumpelt Günsche, dringt zu Hitler vor und beschwört ihn, Berlin zu verlassen. Hitler weist sie barsch ab.

Stummes Warten. Einige wollen kurz nach 15.30 Uhr einen Schuß gehört haben. Günsche: »Der Schuß war nicht zu hören«, was zutreffen dürfte, denn die Reichskanzlei lag unter schwerstem Artilleriebeschuß, und das war selbst in dem 16 Meter tiefen Bunkerverlies zu hören. Nachdem zehn Minuten lang keinerlei Geräusch mehr aus Hitlers Wohnraum zu hören ist, geht Diener Linge befehlsgemäß hinein. Schon im Vorraum herrscht starker Bittermandelgeruch, Linge mag allein nicht weitergehen, holt Bormann, zusammen öffnen sie die Tür zum Wohnzimmer. Hitler und seine Frau sitzen tot auf dem kleinen Sofa; Hitler hat sich in die rechte Schläfe geschossen und offenbar im gleichen Augenblick eine Blausäurekapsel zerbissen, seine Frau hat nur die Giftkapsel benutzt.

Günsche geht ins Lagezimmer, sagt mit belegter Stimme »Der Führer ist tot«, geht zurück zum Sterbezimmer, mit ihm gehen Goebbels und Axmann. Zu fünft stehen sie dann, wie gelähmt, schweigend in dem engen Raum, starren auf die Leichen.

Als erste lösen sich Günsche und Linge aus der Erstarrung, besinnen sich auf das, was der Tote ihnen befohlen hat – für schleunige und vollständige Vernichtung der Leichen zu sorgen. Dabei erweist sich, daß jedenfalls die SS-Garde in Hitlers engster Umgebung von Leichenverbrennung keine Ahnung hat. Zwar ist reichlich Benzin bereitgestellt worden, aber da man die beiden Leichen in einer flachen Grube direkt auf den Boden gelegt hat, verbrennt viel Benzin, nicht aber das tote Paar. Bis in den späten Abend hinein muß immer wieder Benzin nachgegossen, gestochert, das Feuer neu entfacht werden – doch die vollständige Vernichtung, die der Führer gewollt hatte, gelingt trotz aller Mühe nicht.

Das abrupte Ende der Macht des einsamen Tyrannen wird unten im Bunker auf fast makabre Art deutlich: der tote Hitler ist noch nicht zur Verbrennung nach oben gebracht, da durchzieht bis dahin unbekannter Duft das Bunkerverlies: Der Führer ist tot – es darf geraucht werden.

Und noch etwas ändert sich schlagartig: Martin Bormann, seit 1943 »Sekretär des Führers«, der Quelle seiner Macht beraubt, schrumpft von einer Stunde auf die nächste auf fast Null zusammen, von niemandem mehr ernst, sondern nur noch mürrisch, weil noch da, in Kauf genommen.

Am frühen Morgen des 1. Mai – immer noch wird gekämpft – schickt der neue Reichskanzler Goebbels den General Krebs zu Tschuikow mit einem Brief für Stalin. Goebbels teilt Hitlers Tod mit, schlägt Waffenstillstand im Berliner Raum vor, damit sich die neue

Reichsregierung konstituieren und über die nächsten Schritte klar werden könne.

Tschuikow ist höflich, telefoniert die Goebbels-Botschaft nach Moskau durch, obwohl er die Antwort weiß: keine Verhandlungen, bedingungslose Kapitulation, sonst nichts. Krebs kehrt, gegen Mittag, in den Bunker zurück, berichtet. Goebbels, im Lagevorraum auf und ab humpelnd, kettenrauchend: »Eine Kapitulationsurkunde mit meiner Unterschrift wird es nicht geben!«

Am Abend des 1. Mai bringt Magda Goebbels ihre sechs Kinder um, legt anschließend weinend Patiencen, rafft sich auf, kocht Kaffee, setzt sich mit ihrem Mann, Bormann und Axmann zu einem längeren Nostalgie-Gespräch zusammen über die glorreichen Tage der »Kampfzeit« und der herrlichen Zeit bis 1939. Dann machen sich der letzte Reichskanzler und seine Frau zum Sterben bereit, verabschieden sich von den wenigen, die noch im Bunker sind – gegen 21 Uhr sind auch sie tot.

Auch Goebbels hatte angeordnet, seine und seiner Frau Leiche zu verbrennen, und darum mühte sich sein SS-Adjutant, der Obersturmführer Schwägermann. Er hatte für Benzin gesorgt, ließ auch die Leichen nach oben schaffen, aber nun wurde die Zeit knapp: Kampfkommandant Mohnke hatte, einer letzten Führerweisung folgend, für 23 Uhr den Ausbruch der Restbesatzung der »Zitadelle« vorbereitet. So blieben die Körper des Ehepaares Goebbels nahezu unverbrannt.

Sie brachen aus. In kleinen Gruppen verließen sie die Reichskanzlei, eine nach der anderen – einige Zeit nach Mitternacht war der Führerbunker leer.

Großadmiral Dönitz, Oberbefehlshaber der Kriegsmarine und Oberster Befehlshaber im Nordraum des »Großdeutschen Reiches«, erhielt in seinem Hauptquartier in Plön/Holstein am 30. April 1945 um 18.45 Uhr ein Telegramm aus dem Berliner Führerbunker. Der Reichsleiter Martin Bormann teilte darin mit, daß der Führer Dönitz anstelle von Göring zum Nachfolger bestimmt habe. Er solle alle nötigen Maßnahmen treffen.

»Heldenkämpfe«, sagte Dönitz zu seinem Chef des Stabes, seien genug »gekämpft« worden. Der Krieg sei verloren und rasch zu beenden. An diesem Abend erschien Heinrich Himmler bei Dönitz. Er verlangte, der »zweite Mann« im Staat zu werden. Dönitz lehnte dieses Ansinnen ab.

Von Hitlers Selbstmord am 30. April erfuhr man in Plön erst am 1. Mai. Bormann verkündete in zwei Funksprüchen, der »Führer« sei »verschieden« und Dönitz sei nun zum Reichspräsidenten ernannt. Goebbels sei neuer Reichskanzler.

Am Abend ließ Dönitz über den Sender Hamburg bekanntgeben, der »Führer« sei »gefallen«.

Dönitz erfuhr, daß der Oberbefehlshaber Südwest und der SS- und Polizeiführer in Italien, Karl Wolff, auf eigene Faust eine Teilkapitulation vorgenommen hatten. Am 2. Mai gingen in Norditalien rund eine Million deutscher Soldaten in US-Kriegsgefangenschaft.

Am 2. Mai stellte der letzte Kampfkommandant von Berlin, General Weidling, mit dem Rest seiner Truppen den Kampf ein.

Doch Dönitz gebot am 1. Mai noch über ein weites Gebiet: Norwegen, die Niederlande, Dänemark waren noch besetzt. In Böhmen und Mähren hielt die Heeresgruppe Mitte mit 1,2 Millionen Mann gegen die Sowjets, im Baltikum verteidigte sich noch die Heeresgruppe Kurland, auf der Halbinsel Hela standen noch Reste der Armee Ostpreußen. Seit Anfang Februar verteidigte sich die Garnison der zur Festung erklärten Stadt Breslau, in der sich noch große Teile der Zivilbevölkerung befanden. An der Kanal- und Atlantikküste hielten die Festungen Dünkirchen, die Kanalinseln, die einstigen U-Boot-Basen Lorient und La Rochelle, im Süden die Inseln Kreta und Rhodos. Insgesamt standen zwischen Nordkap und Kreta noch drei Millionen deutscher Soldaten unter Waffen.

Dönitz versuchte durch Teilkapitulationen zu verhindern, daß große Teile des deutschen Ostheeres in sowjetische Gefangenschaft gerieten. Auf seinen Befehl hin begab sich der Generaladmiral von Friedeburg in das Hauptquartier Montgomerys bei Lüneburg. Es gelang Friedeburg, für den 5. Mai um 8.00 Uhr eine »Nordwestkapitulation« in Kraft treten zu lassen, die für alle deutschen Truppen in den Niederlanden, in Dänemark und Nordwestdeutschland galt.

Am 6. Mai um 13 Uhr trat für die Festung Breslau die Kapitulation in Kraft. Am 6. Mai flogen von Friedeburg und General Kinzel in einem deutschen Flugzeug nach Brüssel und im alliierten Kraftwagen nach Reims ins Hauptquartier Eisenhowers. Am 7. Mai um 2.41 Uhr wurde im Sprechzimmer der Berufsschule von Reims die Gesamtkapitulation der Wehrmacht von Friedeburg, Generaloberst Jodl und dem General der Flieger Oxenius unterzeichnet. Stalin bestand darauf, daß die Zeremonie vor dem sowjetischen Oberkommandierenden in Deutschland, Marschall Schukow, in dessen Hauptquartier Karlshorst bei Berlin wiederholt werden müsse. Deshalb flogen Keitel, Friedeburg und Generaloberst Stumpff nach Berlin. Die Zeremonie fand kurz vor Mitternacht des 8. Mai im Kasino der Pionier- und Ingenieursschule des deutschen Heeres statt. In einer kleinen Villa daneben wurde dann den Deutschen ein opulentes Essen mit Sakuska und anderen russischen Spezialitäten serviert. Der 8. Mai 1945 war der letzte Tag des Zweiten Weltkrieges in Europa. Um 0,01 Uhr

des 9. Mai war die erste Minute des Friedens vergangen – die meisten Deutschen merkten nichts davon.

In Böhmen ergab sich der Generalfeldmarschall Schörner erst zwei Tage später – am 11. Mai, mit den Resten der Heeresgruppe Mitte.

Eine winzige Enklave in Mürwik bei Flensburg – kleiner als das Fürstentum Monaco – war das letzte, von den Truppen der Alliierten nicht besetzte Territorium des Deutschen Reiches. Für 14 Tage nach der bedingungslosen Kapitulation amtierte hier eine Reichsregierung ohne Reich; wurde der von Hitler zum Reichspräsidenten bestimmte Großadmiral Dönitz mit allem militärischen Zeremoniell von seinem aus treu ergebenen U-Boot-Männern gebildeten Wachbataillon beschirmt.

Dönitz hatte damals in zwei Regierungswochen versucht, nach der bedingungslosen Kapitulation der Wehrmacht, zumindest theoretisch-völkerrechtlich das Deutsche Reich über den Zusammenbruch hinweg als staatliche Einheit zu bewahren.

Er dachte allerdings nicht daran, das ihm von Hitler diktierte Kabinett zu akzeptieren. Er gab Befehl, Goebbels und Bormann zu verhaften, falls diese auftauchen sollten. Ribbentrop, der sich dem neuen Staatsoberhaupt in den ersten Maitagen wiederholt als Außenminister andiente, wurde kühl verabschiedet. Schwieriger war es, sich des aufdringlichen Heinrich Himmler zu entledigen, der sich in maßloser Selbstüberschätzung für den am besten geeigneten Kabinettschef und Außenminister hielt, für den Mann, der mit Eisenhower und Montgomery am besten verhandeln könne. Er glaubte, mit seiner SS als »Ordnungsfaktor« im Ausland eine große Resonanz zu haben.

Nach der bedingungslosen Kapitulation war Dönitz drauf und dran, zurückzutreten. Albert Speer ist dafür, doch die Minister Graf Schwerin von Krosigk und Dr. Stuckart argumentieren:

Reichspräsident und Reichsregierung sind die Verkörperung der Einheit des Reiches.

Um Hunger und Chaos zu vermeiden, um die Ernährung der Bevölkerung zu steuern und den Verkehr wieder in Gang zu bringen, darf man sich nicht durch vorzeitigen Abgang die Möglichkeit verbauen, hier Einfluß auszuüben.

Die Person des Großadmirals selbst ist zumindest in Tagen des Übergangs ein Ordnungsfaktor ersten Ranges.

Es besteht die Möglichkeit, daß der Gegner selbst Interesse am Verbleib der Regierung hat.

Ein Rücktritt würde außerdem ein staatsrechtliches Vakuum schaffen und völkerrechtlich das Ende des Deutschen Reiches bedeuten.

Als am Nachmittag dieses Tages Churchill in einer Rundfunkrede von Dönitz als dem »designierten Ober-

Bild oben: Generalfeldmarschall Erwin Rommel.

Nachdem Generaloberst Jodl die Kapitulation vor den Westalliierten am 7. Mai 1945 in der französischen Stadt Reims vollzogen hatte, unterzeichnete Generalfeldmarschall Keitel einen Tag später die Kapitulation vor den Russen in Berlin-Karlshorst:

»Wir, die hier Unterzeichneten, handelnd in Vollmacht für und im Namen des Oberkommandos der deutschen Wehrmacht, erklären hiermit die bedingungslose Kapitulation aller am gegenwärtigen Zeitpunkt unter deutschem Befehl stehenden oder von Deutschland beherrschten Streitkräfte auf dem Lande, auf der See und in der Luft gleichzeitig gegenüber dem Obersten Befehlshaber der alliierten Expeditionsstreitkräfte und dem Oberkommando der Roten Armee.«

Mit Inkrafttreten des Waffenstillstandes war der Zweite Weltkrieg in Europa beendet. Hitlers totaler Krieg hatte zur totalen Niederlage geführt. Wehrlos den Siegern preisgegeben, war Deutschland am Tiefpunkt seiner Geschichte angelangt.

Die Unsicherheit der Alliierten, was mit dem besiegten Deutschland anzufangen sei, begünstigte über die Kapitulation hinaus den Fortbestand einer regelrechten Reichsregierung. In einem Marinestützpunkt an der Flensburger Förde residierte Großadmiral Dönitz als Reichspräsident mit Ministern, Angestellten und einem Wachbataillon. Er hatte sich durchaus für länger eingerichtet. Am 23. März 1945 war es mit dieser »Staatlichkeit« vorbei, die Geschäftsführende Reichsregierung wurde verhaftet. *Bild unten:* Von links: Speer, Dönitz und Jodl nach ihrer Verhaftung.

Linke Seite: Inmitten der völlig zerstörten Stadt ist der Kölner Dom stehen geblieben.

haupt des deutschen Staates« spricht, entschließt sich Dönitz, im Amt zu bleiben.

Während der größte Teil des deutschen Volkes noch nicht einmal von der Existenz einer Regierung in Flensburg weiß, fängt man im Backsteinhaus von Mürwik an zu »regieren«. Insgesamt besteht die Geschäftsführende Reichsregierung aus rund 350 Personen einschließlich Sekretärinnen und Hilfskräften.

Kurz nach der Kapitulation trifft in Flensburg eine »Alliierte Kontrollkommission beim Oberkommando der Wehrmacht« ein. Ihre Aufgabe ist es, die loyale Durchführung der Kapitulationsbedingungen zu überwachen. Zunächst besteht sie nur aus Engländern und Amerikanern unter der Leitung von Generalmajor Rooks (USA) und Brigadegeneral Foord (Großbritannien). Hauptquartier der Kommission wird der in der Förde vor Flensburg liegende, zu einem Salonschiff umgebaute Passagierdampfer »Patria«.

Der Umgangston zwischen Siegern und Besiegten ist höflich. Es entwickelt sich ein lebhafter Verkehr zwischen »Patria« und Reichsregierung. Als die Reichsminister Backe und Dorpmüller am 15. Mai in Eisenhowers Hauptquartier geflogen wurden, glaubt man in Flensburg fest daran, daß die Alliierten die Dienste dieser beiden Deutschen für den Wiederaufbau der deutschen Wirtschaft in Anspruch nehmen werden. Doch nein – im Alliierten Hauptquartier werden sie gefangengesetzt.

Auch am 13. Mai wird dem Großadmiral klar, daß man ihm von alliierter Seite zwar die seinem Rang gebührenden Respektbezeigungen entgegenbringt, daß man aber nicht daran denkt, die deutsche Regierung als völkerrechtlich immun zu betrachten. Schon drei Tage zuvor war Befehl gegeben worden, die Reichskriegsflagge vom Dach des »Regierungsgebäudes« einzuziehen.

Für 12 Uhr hat Generalmajor Rooks den Großadmiral zu einer Unterredung an Bord der »Patria« gebeten. Bei der Ankunft am Fallreep wird der Großadmiral mit dem üblichen militärischen Zeremoniell empfangen. Dann unterrichtet Rooks ihn mit dem Ausdruck des Bedauerns, daß er einen Befehl vorliegen habe, Generalfeldmarschall Keitel zu verhaften.

In diesen Tagen aber kommt auf Dönitz ein Problem zu, das die Feindseligkeit des Auslands gegenüber der deutschen Interimsregierung von Tag zu Tag steigert. Die Berichte über unmenschliche Greuel in den Konzentrationslagern der Nationalsozialisten häufen sich. Verbindungsoffiziere, die von den Stäben Montgomerys und Eisenhowers zurückkehren, bringen überzeugende Dokumentarfotos mit. Der Großadmiral muß erkennen: Hier handelt es sich nicht um Greuelpropaganda des Feindes. Vieles spricht dafür, daß Dönitz' Erschütterung über die Enthüllungen echt und glaubwürdig ist. In einer Regierungssitzung sagt er, wären

ihm diese Tatsachen vorher bekannt gewesen, dann hätte er Himmler sofort verhaftet. Seine Reaktion aber mutet geradezu rührend-grotesk an, obgleich sie aus seiner Sicht als deutsches Staatsoberhaupt theoretisch korrekt zu sein scheint: Er beauftragt das Reichsarbeitsgericht mit der Untersuchung und Ahndung der Vorkommnisse! Er bittet General Eisenhower, dem Gericht diese Untersuchung zu ermöglichen.

Die ausländischen Presseberichte über die Regierung Dönitz werden immer aggressiver. Die New York Herald Tribune spricht von der »grotesken Komödie einer deutschen Scheinregierung«. Es sei höchste Zeit, Dönitz und Konsorten als Kriegsverbrecher festzusetzen und dem Spuk von Mürwik ein Ende zu machen.

Aber ist es nach den Bestimmungen des Völkerrechts überhaupt möglich, die Dönitz-Regierung abzusetzen? Immerhin hat Dönitz als deutsches Staatsoberhaupt die Vollmacht zur Führung der Kapitulationsverhandlungen gegeben.

Robert Murphy, Eisenhowers politischer Berater, löst das Dilemma durch einen Trick. Als Generalmajor Rooks Dönitz zum zweitenmal auf die »Patria« bittet, ist auch Murphy zugegen. Das Gespräch dreht sich um die Frage der Legitimation von Dönitz als Staatsoberhaupt. Murphy: »Herr Großadmiral, können Sie mir eine Urkunde vorweisen, die Sie als deutsches Staatsoberhaupt legitimiert?« Das kann Dönitz nicht. Es gibt keine solche Urkunde. Es gibt nur die von Martin Bormann gezeichneten Funksprüche aus der Reichskanzlei. Murphy lächelt skeptisch und fliegt zurück zu Eisenhower. Jetzt sind die Tage der Mürwiker Regierung endgültig gezählt.

Mittwoch, 23. Mai 1945. Der letzte Akt beginnt. Für 9.45 Uhr sind Dönitz, Jodl und von Friedeburg auf die »Patria« bestellt. Bei der Ankunft ist den drei Deutschen klar, was jetzt folgen wird. Es gibt keinen Empfang am Fallreep, keinen Offizier, kein Pfeifsignal, keinen präsentierenden Posten. Statt dessen umlagern Dutzende von Fotoreportern das Schiff. An einem Tisch der zum Konferenzraum umgebauten Schiffsbar nehmen die Deutschen Platz. Nach fünf Minuten erscheinen Generalmajor Rooks, Brigadier Foord, Generalmajor Truskow, setzen sich an die gegenüberliegende Seite. Rooks erhebt sich und verliest ein Schreiben, das die Geschäftsführende Reichsregierung, das Oberkommando der Wehrmacht und seine verschiedenen Angehörigen sowie das Staatsoberhaupt selbst zu Kriegsgefangenen erklärt. Das Schreiben stammt von Eisenhower. Auf Rooks' Frage, ob Dönitz eine Erklärung abgeben wolle, sagte dieser nur: »Jede Antwort erübrigt sich.«

Bis jetzt ist alles durchaus korrekt verlaufen. Aber was sich nun abspielt, ist ein ebenso unnötiges wie unwürdiges Schauspiel. Während Dönitz mit seinem Adjutan-

Die von Hitler selbst entworfene Hakenkreuzfahne schmückt an seinem letzten Geburtstag, dem 20. April 1945, Ruinen der Reichshauptstadt Berlin. Fünf Tage vor der Kapitulation sprach Reichsminister Albert Speer im deutschen Rundfunk: »Nie ist ein Land durch die Furie des Krieges so sehr verwüstet worden wie Deutschland. Ihr alle seid jetzt entmutigt, eure Herzen sind mit Verzweiflung erfüllt. Die Verwüstungen, die in Deutschland angerichtet wurden, lassen sich nur mit denen des Dreißigjährigen Krieges vergleichen.«
400 Millionen Kubikmeter Schutt lagen auf Deutschland. Rund 5 Millionen Wohnungen waren entweder total vernichtet oder stark beschädigt. Fast die Hälfte aller Verkehrsanlagen war zerstört. Deutschland zeigte das Gesicht einer gespenstischen Landschaft des Todes.

Bild unten: »Werwolf« war der verzweifelte Versuch, einen Partisanenkrieg gegen die Besatzer zu entfesseln. Hier wird ein erschossener »Werwolf« öffentlich zur Schau gestellt.

ten Lüdde-Neurath die Koffer packt, erscheint ein britischer Captain mit einigen Soldaten und treibt zur Eile an. Das Haus wird durchsucht und regelrecht ausgeplündert. Generaladmiral von Friedeburg vergiftet sich mit Zyankali.

Unter scharfer Bewachung wird der Großadmiral mit seiner Begleitung zum Polizeipräsidium in Flensburg gefahren. Dort findet eine sehr genaue Leibesvisitation statt. Währenddessen plündern britische Soldaten das Gepäck des Großadmirals, entwenden private Wertgegenstände, Füllhalter, Zigarettenetuis und den Marschallstab.

Noch schlimmer geht es den Mitgliedern und Angestellten der Geschäftsführenden Reichsregierung: 10 Uhr morgens. Die »Enklave« wird besetzt. In den Konferenzraum, in dem Schwerin von Krosigk gerade die Vormittagssitzung abhält, dringen britische Soldaten mit schußbereiten Maschinenpistolen ein, brüllen »Hände hoch!«, anschließend »Hosen runter!« Alle Deutschen werden gezwungen, sich völlig auszuziehen. Dann wird ihre Kleidung »gefilzt« und geplündert. In einem anderen Raum müssen Offiziere und Sekretärinnen diese peinliche Leibesvisitation sogar gemeinsam über sich ergehen lassen – in Gegenwart von Journalisten.

Am späten Nachmittag geht es auf LKWs zum Flugplatz und von dort aus nach Bad Mondorf in Luxemburg in die Internierung. Das Interregnum Dönitz ist vorbei.

Am 5. Juli 1945 übernahmen die vier Alliierten in einer gemeinsamen Erklärung offiziell die oberste Regierungsgewalt auf dem Territorium des Deutschen Reiches. Jetzt hatte für die Deutschen nicht nur militärisch, sondern auch völkerrechtlich die »Stunde Null« geschlagen.

Der Krieg im Pazifik

Während Berlin durch den Stadtkommandanten, General Weidling, am 2. Mai, zwei Tage nach Hitlers Selbstmord, kapituliert, während am 7. Mai in Reims und am 8. Mai in Berlin-Karlshorst die bedingungslose Kapitulation unterzeichnet wird, geht dennoch der Krieg weiter. Nicht in Deutschland, nicht in Europa. Aber der Zweite Weltkrieg wird im Fernen Osten weitergeführt, dort, wo der Krieg am 7. Dezember 1941 zum Weltkrieg geworden ist.

Schon seit fast einem Jahrzehnt führt Japan Krieg in China. Ununterbrochen hat es darum mit den USA, die China als ihr Einflußgebiet betrachten, Auseinandersetzungen gegeben. Schließlich haben die USA unter Präsident Roosevelt als Druckmittel die japanischen Guthaben in Amerika gesperrt und eine Ölsperre gegen Japan verhängt. Vor allem die Ölsperre ist ein schwerer Schlag für Japan. Das Inselreich der aufgehenden Sonne besitzt selbst keine Ölquellen. Öl aber ist das Blut der Wirtschaft, ohne Öl auch keine Armee und keine Flotte. Es gibt nur zwei Wege zur Rettung Japans – entweder man beugt sich dem amerikanischen Druck und gibt China auf, oder man setzt sich zur Wehr, führt Krieg gegen Amerika, solange man noch stark genug ist.

Im japanischen Reichsrat gibt es heftige Auseinandersetzungen um diese Frage. Schließlich siegt die Kriegspartei.

Am 7. Dezember – in den USA ist der 8. Dezember 1941, und es ist ein Sonntag – greifen japanische Trägerflugzeuge den amerikanischen Flottenstützpunkt von Pearl Harbor auf Hawaii an. Die Amerikaner sind völlig überrascht. 183 Flugzeuge stürzen aus dem heiteren Sonntagshimmel herab, 49 Bomber, 51 Sturzkampfbomber, 40 Torpedoflugzeuge und 43 Jäger.

Um 7.49 Uhr gibt der Kommandeur des Flugzeugverbandes, Kapitän Fuchida, den Befehl zum Angriff. Zuerst werden die Flugplätze Hickam Field, Fort Island und Wheeler Field angegriffen. Die amerikanischen Flugzeuge dürfen gar nicht erst in die Luft kommen, um den Angriff abzuwehren.

Sofort danach greifen die japanischen Horizontalbomber, die Stukas und die Torpedoflugzeuge die ungeschützt nebeneinanderliegenden Kriegsschiffe an.

Gleich darauf kommt eine zweite Welle japanischer Flugzeuge heran – 171 Maschinen. Mittlerweile hat sich die amerikanische Abwehr gefunden. Die Flak hat gleich fünf Minuten nach Beginn des ersten Angriffes eingegriffen, und inzwischen ist es einigen der unzerstört gebliebenen amerikanischen Jäger gelungen, aufzusteigen.

Knapp zwei Stunden dauert der japanische Angriff. In dieser Zeit, so geben die Amerikaner später bekannt, sind neun der angreifenden Jagdflugzeuge, fünf Torpedoflugzeuge und fünfzehn Sturzkampfflugzeuge vernichtet worden. Die Amerikaner aber verlieren vier Schlachtschiffe, zwei Zerstörer und ein als Zielschiff umgebautes Schlachtschiff. Vier Schlachtschiffe, drei Kreuzer und zwei Zerstörer werden schwer beschädigt. 177 Flugzeuge sind vernichtet worden, 2177 Amerikaner sind gefallen.

In Amerika herrscht große Empörung über den Überfall. Bisher hat Präsident Roosevelt die Zustimmung des Kongresses, Krieg gegen Deutschland zu führen, nie bekommen. Nun aber hat einer der »Dreierpakt«-Staaten die USA heimtückisch überfallen, nun ist doch Krieg! Die Japaner begnügen sich nicht mit ihrem Anfangserfolg. Sie wissen, daß sie gegen das reiche Amerika niemals längere Zeit durchhalten können. Wenn sie den Sieg erringen wollen, müssen sie soviel wie möglich auf einmal und schnell hintereinander erreichen.

Gefallene amerikanische Soldaten am Strand der Insel Buna. Von Roosevelts USA wirtschaftlich systematisch in die Enge getrieben, wagten die Japaner mit ihrem Angriff auf Pearl Harbor die Flucht nach vorn. Amerikas Kriegsminister zeigte sich zufrieden. Denn so notierte er in seinem Tagebuch: »Lief doch alles darauf hinaus, wie wir Japan dahin manövrieren sollten, den ersten Schuß zu tun.«

Schon zwei Tage nach Kriegsbeginn erobern die Japaner den amerikanischen Stützpunkt Guam. Vor der Insel Wake allerdings erleiden die Japaner gleich ihre erste Niederlage. Zwei ihrer Zerstörer werden von amerikanischen Flugzeugen versenkt. Aber wenige Zeit später ist ein stärkerer japanischer Flottenverband vor Wake, und diesmal glückt die Landung. Am 23. Dezember 1941 müssen die Amerikaner auch diesen Stützpunkt räumen.

Einen Tag schon nach Pearl Harbor haben die Japaner mit dem Angriff auf die Philippinen, den mächtigsten amerikanischen Stützpunkt im Pazifik, begonnen. Hier dauert der Kampf länger, aber am 9. April 1942 müssen auch hier die letzten Amerikaner kapitulieren. Nur die Seefestung Corregidor kann sich noch bis zum 6. Mai halten.

General MacArthur, der amerikanische Oberbefehlshaber im Pazifik, hat von vornherein erkannt, daß die Philippinen nicht zu halten sind. Nachschub aus den USA war nicht zu erwarten, denn die japanische Flotte und insbesondere ihre U-Boote kontrollieren den langen Seeweg – und für Flugzeuge ist die Strecke viel zu groß. MacArthur zieht sich nach Australien zurück und verkündet in einem Aufruf: »Keine Angst, wir kommen wieder!«

Inzwischen sind die Japaner auch gegen ihren anderen Gegner im Pazifik zum Angriff angetreten, gegen das mächtige britische Empire. Am 25. Dezember schon muß Hongkong vor den vom Festland her anstürmenden japanischen Truppen kapitulieren. Die Hauptsache aber ist die »uneinnehmbare« Seefestung Singapur. Wer Singapur hat, beherrscht den Indischen Ozean und den Westpazifik. Aber die Festung ist von See her nicht anzugreifen, jede Flotte würde hier verbluten. Admiral Yamamoto – der nach seinem Tode von Hitler das Ritterkreuz mit Eichenlaub und Schwertern verliehen bekommt – und General Jamashito beschließen, Singapur von Land her zu nehmen. Jeder Fachmann hält das für unmöglich, denn hinter Singapur liegt der undurchdringliche malayische Dschungel. Hier kommt kein Mensch durch, geschweige denn eine Armee mit Waffen und Fahrzeugen, die sie braucht, wenn sie eine starke Festung erobern will. Aber die Japaner haben einige Vorteile für sich. Nicht nur, daß ihre Soldaten erfahrene Dschungelkämpfer sind, sondern auch Vorteile, die in den bisherigen Eroberungen bestehen.

Indochina ist seit längerem schon unter japanischer Kontrolle. Die Bevölkerung hat die Japaner als Befreier von der französischen Kolonialherrschaft begrüßt. Thailand hat den Japanern die Rückgabe der einst von den Franzosen okkupierten Gebiete von Laos und Kambodscha zu verdanken und ist so zum natürlichen Verbündeten Japans geworden. Thailand hat den USA und England den Krieg erklärt. Auch in Siam sind die Japaner. Das Hinterland von Singapur ist somit in japanischer Hand, alle Truppen dort können gegen Singapur angesetzt werden.

Admiral Yamamoto unternimmt zunächst ein Ablenkungsmanöver. Durch gefälschte Funksprüche lockt er die beiden britischen Großkampfschiffe, die zur Unterstützung Singapurs entsandt wurden, in eine tödliche Falle. Es sind zwei Schlachtschiffe, deren Namen auch in Deutschland gut bekannt sind: die »Repulse«, die Günther Prien mit »U 47« in Scapa Flow versenkt zu haben glaubte, als er neben der »Royal Oak« den Flugzeugträger »Pegasus« traf, und die »Prince of Wales«, die am Kampf mit der »Bismarck« teilgenommen hatte.

Die beiden Schiffsgiganten laufen dem japanischen Geleitzug entgegen, den es gar nicht gibt, den Admiral Yamamoto eigens erfunden hat. Aber dafür liegen in diesem Seegebiet japanische Flugzeugträger, deren Torpedoflugzeuge beim Herannahen der beiden britischen Schlachtschiffe aufsteigen. 29 japanische Maschinen werden abgeschossen, am Mittag des 10. Dezember 1941 ereilt die beiden Riesen dennoch ihr Schicksal. Sie versinken – von vielen Torpedos getroffen wie ein halbes Jahr zuvor die »Bismarck« – im Pazifik.

Nun beginnt der Angriff auf Singapur. Die Engländer fühlen sich sicher. 50 000 gut ausgebildete und bewaffnete Soldaten sind in der Festung, die über genügend Artillerie und auch Flugzeuge verfügt, um jedem Angriff von See her standhalten zu können. Doch die Japaner kommen von Land her. Ende Januar schon haben sie sich, ohne Nachschub, ganz auf sich selbst gestellt, bis an Singapur herangearbeitet. Ein Kampf entbrennt, der wahrhaft mörderisch ist. Singapur ist eingeschlossen, denn zur See hin, die nach der Versenkung der beiden Schlachtschiffe von den Japanern beherrscht wird, ist kein Weg offen.

Am 9. Februar dringen die ersten Japaner bis auf die Halbinsel vor, nachdem sie die gut gesicherte Landenge überwunden haben. Als erstes fallen die beiden Wasserwerke von Singapur in ihre Hand. Damit ist der Kampf auch schon entschieden, denn ohne Wasser kann es kein Mensch aushalten, auch der tapferste Soldat nicht. Am 15. Februar muß die Festung kapitulieren. Die beiden Brigaden aus Nordafrika, die vom Kampf gegen Rommels Deutsches Afrikakorps zur Verstärkung nach Singapur geschickt worden sind, kommen gerade recht, um mit in Gefangenschaft zu gehen.

Admiral Yamamoto kann seinem Kaiser melden: »Die feindliche Einkreisung unseres Landes ist zerschlagen. Die Götter haben unser Wirken gesegnet. Mögen die Feinde heute schon auf Revanche sinnen – Japan ist durch seine Eroberungen stärker geworden, und es wird so stark werden, daß es keinen Feind mehr zu fürchten braucht!«

Tatsächlich wird Japan zunächst wirklich noch stärker. Burma wird erobert und damit der chinesische Marschall Tschiang Kai-schek von seiner Nachschubstraße abgeschnitten. Jetzt kommen die niederländischen Kolonien an die Reihe – Java, Celebes, Borneo, Sumatra. Der holländische Admiral Doormann hat sich alle in den bedrohten Gebieten vorhandenen holländischen, australischen, britischen und amerikanischen Kriegsschiffe unterstellen lassen, um eine konzentrierte Abwehr der japanischen Invasion schaffen zu können. Sein Gegner Yamamoto leitet den Angriff von seinem Flaggschiff »Yamato« aus, das im Inselgewirr der ebenfalls mittlerweile von den Japanern eroberten Karolinen liegt. Die »Yamato« ist das größte Schlachtschiff, das die Welt je gesehen hat. Eben erst fertiggestellt, hat es einen Schiffsraum von 78 000 Tonnen (Deutschlands »Bismarck« und die britische »Hood«, bis dahin die größten Schlachtschiffe, waren nur etwas mehr als halb so groß), läuft 28 Seemeilen, verfügt über 9 Geschütze vom Kaliber 46 cm, vier 15,5-cm-Drillingstürme, allein 24 12,7-cm-Flak, von den nahezu hundert kleinen Flugabwehrgeschützen ganz zu schweigen. Der Panzer dieses Riesenschiffes ist an Deck bis zu 23, an den Seiten bis zu 65 Zentimeter stark.

Admiral Doormann verliert die Schlacht. Die beiden holländischen Kreuzer »De Ruyter« und »Java« sind die ersten Opfer, zwei britische und ein holländischer Zerstörer folgen. In der kommenden Nacht, es ist die Nacht zum 1. März 1942, werden auch der US-Kreuzer »Houston« und der australische Kreuzer »Perth« versenkt sowie ein Zerstörer. Am nächsten Tag ereilt den britischen Kreuzer »Exeter« und zwei Zerstörer ihr Schicksal in der Straße von Java. Von Admiral Doormanns internationalem Flottenverband sind nur noch zwei Zerstörer und zwei Kanonenboote übriggeblieben, die alle vier am 4. März von der japanischen Flotte versenkt werden.

Jetzt werden die holländischen Kolonialinseln erobert, das heutige Indonesien. Es ist der weitaus wichtigste Sieg Japans, jetzt steht der japanischen Wirtschaft all das zur Verfügung, was im Inselreich an Rohstoffen selbst nicht vorhanden ist: Kautschuk, Edelmetalle aller Art, Baumwolle, Bauxit und Öl!

Weiter gehen die japanischen Eroberungen, bis zum Juni 1942. Da aber kommt schon die große Wende. Admiral Nimitz, der Oberbefehlshaber der amerikanischen Pazifikflotte, hat aus den bisherigen Niederlagen gelernt. Er setzt »Köderverbände« ein wie Admiral Yamamoto, und er operiert mit kleinen Flugzeugträgerverbänden, die verschwinden, sobald der Gegner zum Schlag ausholt.

Die erste Seeschlacht zwischen der japanischen und der amerikanischen Flotte findet am 7. Mai 1942 im Korallenmeer statt. Die Japaner wollen nun auch Australien angreifen, ein stark gesicherter Geleitzug soll Landungstruppen nach Port Moresby auf Neuguinea bringen. Port Moresby ist das Sprungbrett, von dem aus der australische Kontinent erobert werden kann. Die Amerikaner stellen den japanischen Flottenverband im Korallenmeer, und es kommt zur ersten Seeschlacht der Geschichte, an der nur die Flugzeuge der Flugzeugträger beteiligt sind. Die amerikanischen Flugzeuge fliegen auf die japanischen, die japanischen Flugzeuge auf die amerikanischen Flugzeugträger ihre Angriffe. Wohl halten sich die gegenseitigen Verluste die Waage, aber die japanischen wiegen dennoch schwerer. Sie haben ihr Ziel nicht erreicht, den Geleitzug durchzubringen – die erste schwere Niederlage, die sie hinnehmen müssen. Ihnen dämmert die Erkenntnis, daß es nun mit der Seeherrschaft und dem immer weiteren Vordringen im Pazifik zu Ende ist. Der Plan einer Eroberung Australiens wird dennoch nicht aufgegeben.

Ein Ziel aber muß vor allem noch erreicht werden: die Eroberung der Midway-Inseln, die 2000 Kilometer westlich Pearl Harbor auf der Datumgrenze liegen, von der sie ihren Namen haben. Dieser amerikanische Stützpunkt muß fallen, denn von ihm aus kann der japanische Nachschubverkehr empfindlich gestört werden, von hier aus könnte das japanische Inselreich selbst bedroht werden.

Alle Kräfte, über die Japan nur verfügt, werden zur Eroberung der Midways eingesetzt. Eine riesige Flotte setzt sich in Marsch. Neben den leichten und mittleren Seestreitkräften, die die Landungsflotte begleiten, dampfen neun Schlachtschiffe und vier Flugzeugträger den Midways entgegen.

Admiral Yamamoto hat noch zur Täuschung der Amerikaner einen Angriff auf die Aleuten durchführen lassen. Dadurch sollen nicht nur die dortigen Verteidigungsanlagen der Amerikaner vernichtet und so die nördliche japanische Flanke gesichert werden, sondern er will Admiral Nimitz damit verlocken, mit seiner Flotte in See zu gehen, und die Aleuten zu schützen. Auf halbem Wege dann wird Yamamotos Riesenflotte die Amerikaner auf hoher See stellen und vernichten. Sofort darauf soll die erste Trägerflotte zur Vorbereitung der Invasion auf den Midways Luftangriffe durchführen und vor allem die amerikanischen Flugzeuge zerstören.

Dann – im Besitz der Midway-Inseln, die amerikanische Flotte vernichtet – ist Japan endgültig Herr über den Pazifischen Ozean. Die Rechnung Yamamotos geht nicht auf. In ihr fehlt neben dem Posten Radar – der zur gleichen Zeit die Schlacht im Atlantik gegen Deutschland zu entscheiden beginnt – noch ein Posten, den Yamamoto nicht kennt: Der japanische »Purpurcode« ist längst von den Amerikanern entziffert, und wie schon bei der See–Luftschlacht im Korallenmeer ist auch hier die amerikanische Führung darüber unterrichtet, daß die Japaner eine neue Aktion zur See vorhaben. So wird es nichts mit der Waffe der Überraschung, die Yamamoto einkalkuliert hat.

Allerdings wissen die Amerikaner noch nicht, wo diese Aktion stattfinden soll. Trotz des Codes, den die Japaner für sicher halten, bezeichnen sie das Angriffsziel als »AF«. Was ist »AF«? In Washington tippt man auf die Insel Oahu. Admiral Nimitz dagegen ist der Überzeugung, daß die Midway-Inseln gemeint sind. Er trifft alle Vorbereitungen, Midway zu verteidigen. Von der Inspektionsreise zu den Midways nach Pearl Harbor zurückgekehrt, beordert Nimitz sämtliche entbehrlichen Flugzeuge nach Midway. Mitte Mai gibt er dem Konteradmiral Fletcher den Befehl, mit seinen Schiffen den Südpazifik zu verlassen und nach Hawaii zu laufen. Auch die Flugzeugträger »Hornet« und »Enterprise« werden dahin beordert. Nimitz will seine Flotte zusammenhaben.

Er weiß – wenn er sich irrt, wenn »AF« nicht die Midway-Inseln sind, dann hat er durch die Entblößung der Hawaii-Inseln von den Flugzeugen, zugleich aber mit der Zusammenziehung seiner Seestreitkräfte am gleichen Ort einen Fehler gemacht, der den Untergang der amerikanischen Pazifikflotte bedeuten kann.

Nimitz will sichergehen. So greift er zu einem Trick. Er läßt im Klartext eine Meldung von Midway an einen nicht vorhandenen Empfänger senden. In dieser Meldung beschwert sich der amerikanische Sützpunktkommandant darüber, daß die Wasserdestillationsanlage defekt sei. Die Trinkwasserversorgung sei dadurch gefährdet. Der Trick klappt. Kurz darauf entschlüsseln die amerikanischen Nachrichtenleute einen japanischen Funkspruch, in dem wieder einmal von »AF« die Rede ist. »In ›AF‹ ist das Trinkwasser knapp«, lautet diese Meldung im Klartext. Nun steht fest – »AF«, das ist tatsächlich Midway. Nimitz hat keinen Fehler gemacht und kann nun seine Vorbereitungen noch verstärken, da er das japanische Angriffsziel jetzt mit Sicherheit kennt. Admiral Nimitz ist davon überzeugt, daß der Fuchs Yamamoto ihm eine Falle stellen will, und er weiß mit Sicherheit, daß die japanische Flotte stärker sein wird als die amerikanische. Aber gerade deshalb muß er die Herausforderung annehmen und noch ein übriges tun – selbst den Gegner überraschen, der nichts davon ahnt, daß sein kluger Plan erkannt worden ist.

Und nun, am 3. Juni, ist es soweit. Die Seeschlacht über den weitesten Raum hinweg, in dem je ein solcher Kampf geführt wurde, hat begonnen. Wie die Schlacht im Korallenmeer ist auch diese wieder zugleich eine Luftschlacht gigantischen Ausmaßes.

Die Japaner sind über das Auftauchen der amerikanischen Flotte weit vor dem Punkt, wo man selbst sie zum Kampf stellen wollte, aufs höchste überrascht. Sie erkennen zunächst nicht einmal die tödliche Gefahr. Das Wetter ist miserabel, die Japaner sehen kaum etwas und erkennen den Feind nur ab und zu. Die amerikanische Flotte aber verfügt über die Augen, die auch bei Nebel und in der Dunkelheit sehen können, eben Radar. So können Admiral Nimitz und seine Flottenbefehlshaber den sonst so weit überlegenen Gegner immer wieder ausmanövrieren und immer wieder von einer Seite zupacken, von der der Gegner sie nicht erwartet, und sich dann schnell wieder zurückziehen.

In den Vormittagsstunden des nächsten Tages, des 4. Juni 1942 – eben hat viele Tausende Kilometer weiter westwärts der deutsche Sturm auf die russische Seefestung Sewastopol begonnen –, geschieht es. Aus dem Glas der Weltuhr rinnen die entscheidenden fünf Minuten dieser gewaltigen See-Luftschlacht. Noch steht der Kampf unentschieden. In fünf Minuten aber, einer geradezu lächerlichen Spanne Zeit, geht die Hauptmacht der japanischen Flotte unter und beginnt der unaufhaltsame Zusammenbruch des alten japanischen Kaiserreichs, entscheidet sich auch in Wahrheit, ein halbes Jahr vor Stalingrad schon, der Ausgang des Zweiten Weltkrieges: Am 4. Juni 1942 von 10.05 Uhr bis 10.10 Uhr.

Eben sind die Flugzeuge der vier japanischen Flugzeugträger aufgestiegen, um den Gegner zu suchen. Die Sturzkampfbomber und Torpedoflugzeuge werden zu ihrem Schutz von den Jägern begleitet. Solange sie unterwegs sind, müssen die Flugzeugträger sich allein auf ihre Schiffsflak und die der anderen Kriegsschiffe verlassen.

Und ausgerechnet in dieser Zeitspanne erscheinen die amerikanischen Bomber und Torpedoflieger über dem japanischen Verband, von dem der Jagdschutz sie fernhalten sollte. Als die japanischen Flugzeuge zurückkehren, finden sie ihre schwimmenden Landebahnen nicht mehr vor. Drei der japanischen Flugzeugträger hat der Pazifik verschlungen! Der schwerbeschädigte verbleibende wird am nächsten Tag selbst versenkt. Die meisten Piloten, die ihrerseits den amerikanischen Flottenverband nicht gefunden haben, müssen sterben. Sie können nirgends landen und stürzen mit ihren Maschinen in den Ozean. Nur ein paar von ihnen können gerettet werden.

Die Japaner müssen das Gefecht abbrechen und sich zurückziehen. Der Krieg im Pazifik ist damit – auch wenn er noch drei Jahre dauert – entschieden. Denn Japan verfügt nun nur noch über zwei Flugzeugträger, und diese beiden sind in der Schlacht im Korallenmeer schwer beschädigt worden. Flugzeugträger aber sind nicht so schnell zu bauen, darüber vergehen Jahre! Aber eben Flugzeugträger sind es, die eine moderne Seeschlacht über weite Entfernungen entscheiden. Nichts zeigt das besser als das Schicksal der deutschen

Krieg im Pazifik

In den riesigen Weiten des Pazifischen Ozeans und auf seinen Inseln wurde zwischen zwei großen Seemächten ein Kampf gekämpft, von dem man vielleicht zu wenig weiß, der aber unstreitig eine entscheidende Rolle im Geschehen des 2. Weltkriegs spielt. Der Angreifer Japan und der Angegriffene – die Vereinigten Staaten – führten beide zum erstenmal einen »amphibischen« Krieg, bei dem alle Wehrmachtsteile zu einer grandiosen Zusammenarbeit untereinander kamen. Die Niederringung der japanischen Macht ist für die amerikanische Führung ein Ruhmesblatt. Es ist der Triumph der Schulung der hohen Offiziere zur See und zur Luft. In diesem Krieg wurde bei Midway das japanische »Stalingrad« ausgetragen. Es

wurde die größte See- und Luftschlacht des 2. Weltkriegs. Mit einer außerordentlichen Massierung von Seestreitkräften waren die Japaner siegesgewiß ausgefahren, um der amerikanischen Pazifikflotte den Todesstoß zu versetzen. Sie erlitten aber eine schwere Niederlage, und ihr Sonnenbanner begann fortan zu sinken. Und das geschah im Mai 1942, obwohl erst am 7. Dezember 1941 in einem Überraschungsangriff *(Bild unten)* 354 japanische Bomber, Torpedoflugzeuge, Stukas und Jäger im Hafen von Pearl Harbor die damalige Pazifikflotte auf einen Schlag außer Gefecht setzten. Von der entscheidenden Niederlage bei den Midway-Inseln erfuhr die deutsche Öffentlichkeit während des Krieges kein Wort. Diese Hiobsbotschaft glaubte Goebbels dem deutschen Volk nicht zumuten zu können.

Nach der Landung von Marineinfanterie auf den Marshallinseln im Pazifik wird einem Schwerverwundeten Blutplasma übertragen *(Bild links)*.

Bild oben: Admiral Nimitz, einer der führenden Köpfe der amerikanischen Seekriegführung. *Daneben* ein Blick in die Offiziersmesse eines Schlachtschiffs. Die Führung legte größten Wert darauf, daß ein erheblicher Komfort, hervorragende Verpflegung und beste hygienische Bedingungen die Moral von Offizieren und Matrosen aufrechterhielten. Die Aufgabe der Amerikaner nach dem Überfall auf Pearl Harbor war außerordentlich schwer. Sie mußten ihre Pazifikflotte neu aufbauen und einen See-Luft-Krieg größten Stils entwickeln,

deren Kern der Flugzeugträger war. In den großen See-Luft-Schlachten in der Korallensee und bei den Midways wurde die japanische Flugzeugträgerflotte zerschlagen. Damit begann die Durchbrechung des japanischen Verteidigungsringes. Es folgte das Langsam-sich-Vorarbeiten gegen das Zentrum des Inselreichs im sogenannten »Inselspringen«. Es kostete Kämpfe von einer beispiellosen Härte auf den einzelnen Inseln, die die Amerikaner besetzten; denn die Japaner wehrten sich mit unvergleichlichem Mut. Vom Vorgehen einer sogenannten »Task Force« (Spezial-Kampfgruppe aus gemischten Verbänden) gibt das *Bild auf der folgenden Doppelseite,* aufgenommen im Küstenstreifen der Insel Guadalcanal, Zeugnis.

Bild links: Ein angreifender US-Sturzbomber im Flakfeuer eines japanischen Schlachtschiffes. Er wird, bevor er seine tödliche Last abwerfen kann, selbst getroffen. Um amerikanischen Flakkanonieren solche Erfolge unmöglich zu machen, stellten die Japaner die sogenannten »Kamikaze-Verbände« auf. Die Piloten suchten sich mit ihrer Maschine und der Bombenlast mitten auf das befohlene Ziel zu stürzen. Sie hatten keine Chance, ihr Leben dabei zu retten, und deshalb verabschiedeten sie sich vor ihrem letzten Start mit tiefer Verbeugung vor dem heiligen Schrein, der schon ihren Namen trug.

Bild oben: Admiralsbesichtigung an Bord eines amerikanischen Flugzeugträgers. Der Einsatz der Flugzeugträger erlebte im pazifischen Krieg den Höhepunkt. Allein in der Schlacht bei den Midways gelang es Flugzeugen der amerikanischen Flugzeugträger, vier große japanische Flugzeugträger (»Akagi«, »Kaga«, »Hiryu« und »Soryu«) und einen Schweren Kreuzer zu versenken.

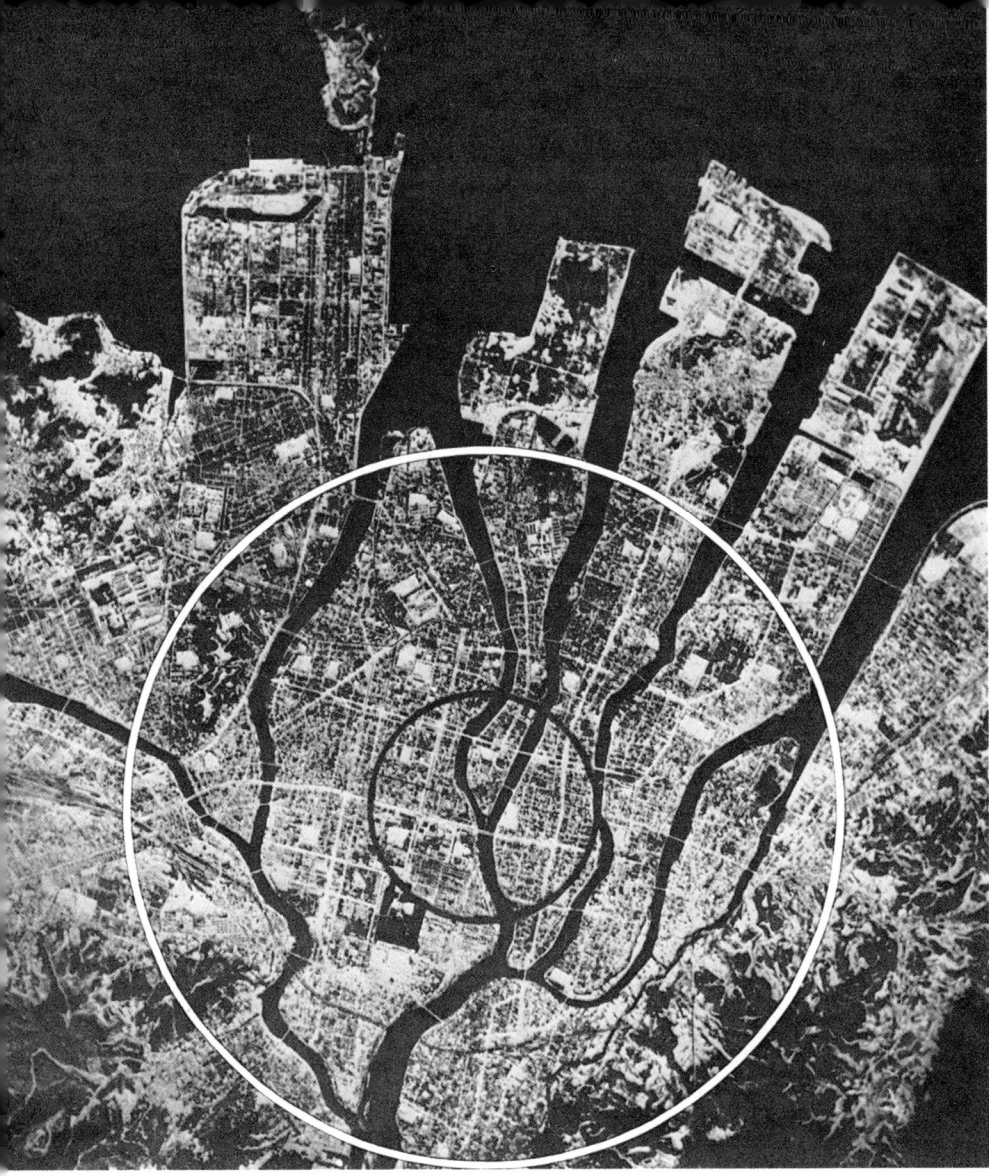

Das Bild zeigt die Kreise der Verwüstungen, die die Atombombe in Hiroshima am 6. August 1945 anrichtete. Bereits am 10. erfolgte die Ankündigung der Kapitulation Japans. So endete der pazifische Krieg mit dem Einsatz einer bis dahin völlig unbekannten Waffe, für deren Entwicklung Präsident Roosevelt mehr als 2 Milliarden Dollar aufgewendet hatte. Japans Kaiser sprach am 15. August das prophetische Schlußwort des Krieges: »Die Fortsetzung unseres Kampfes würde nicht nur mit dem endgültigen Zusammenbruch und der Vernichtung der japanischen Nation enden, sondern zur völligen Auslöschung der menschlichen Zivilisation führen.«

Kriegsmarine und ihrer wenigen schweren Einheiten, die fast alle der feindlichen Luftwaffe – nicht feindlichen Kreuzern oder Schlachtschiffen – zum Opfer gefallen sind, und zwar oft der Marineluftwaffe, den Trägerflugzeugen.

Im Gegensatz zur deutschen Führung hat man in Japan viel fortschrittlicher gedacht und schon gleich nach dem Ersten Weltkrieg die Bedeutung von Flugzeugträgern erkannt. Japan ist sogar das Land, das den ersten echten Flugzeugträger überhaupt gebaut hat. Und nun verfügt ausgerechnet die japanische Flotte über keinen einsatzbereiten Flugzeugträger mehr!

Noch im gleichen Jahr werden die Japaner auch zu Lande erstmals in die Verteidigung gedrängt und geschlagen. Wieder gibt es dazu auch eine Seeschlacht.

Im August 1942 landen die Amerikaner auf der von Japan besetzten Insel Guadalcanal. Dort befindet sich eine besonders starke japanische Besatzung, die den eminent wichtigen Flugplatz beschützen soll. Guadalca-

nal nämlich liegt in der Reichweite von Port Moresby, das die Japaner wegen der noch nicht aufgegebenen Eroberung Australiens unbedingt haben wollen. Auch die Amerikaner wissen das, und deshalb ist der Besitz von Guadalcanal so wichtig.

Die Wegnahme des Flugplatzes gelingt den Amerikanern, im Westteil der Insel behaupten sich noch die Japaner. Mit allen Mitteln wird jetzt ein wahrhaftig grausamer Dschungelkrieg um den Besitz von Guadalcanal geführt. Immer wieder kommt es auch zu Seegefechten, denn beide Seiten versuchen, mit geschützten Geleitzügen Truppenverstärkungen sowie Nachschub heranzubringen. In einer nächtlichen Seeschlacht am 12./13. November 1942 geraten zwei große Flotten, die Truppentransporter begleiten, ins Gefecht. Es gibt ein wildes Durcheinander, amerikanische Kreuzer beschießen amerikanische Schlachtschiffe, und den Japanern geht es ebenso, auch sie feuern zuweilen in der nächtlichen Schlacht aufeinander, statt auf den Gegner.

Viele Großkampfschiffe beider Seiten werden in dieser Schlacht vernichtet, zwei amerikanische Admirale finden den Tod. Die Amerikaner sind es diesmal, die den Kampf abbrechen. Aber die Japaner können trotzdem nur einen Teil ihrer Truppen landen, denn sechs der zehn Transporter werden von amerikanischen Flugzeugen versenkt.

Im Februar 1943 ist die amerikanische Armee auf Guadalcanal so stark geworden, daß die Japaner die Insel räumen müssen. Der erste amerikanische Landsieg im Pazifik ist errungen. Von da an geht es, nur gelegentlich durch Rückschläge unterbrochen, für die USA-Streitkräfte vorwärts, für die Japaner beginnt die Abwärtsentwicklung, die seit der verlorenen Seeschlacht von Midway unausbleiblich geworden ist.

Die Amerikaner beginnen mit ihrem »Inselspringen«, wie die GIs die Strategie der militärischen Führung so treffend nennen. Es ist dabei gar nicht so viel Unterschied zu der Methode, von der der deutsche Panzergeneral Guderian sagt: »Klotzen, nicht kleckern!« Die Amerikaner greifen nicht überall gleichzeitig an, wie die Japaner es vorher getan haben, sondern nehmen sich Schwerpunkte vor. Deshalb geht es bei ihnen auch nicht so schnell wie bei den Japanern. Nachdem die ersten Erfolge errungen sind, macht sich auch bald die nun auf Hochtouren laufende amerikanische Rüstungsproduktion bemerkbar, während umgekehrt die Japaner mit jeder Bastion, die sie im einst eroberten Raum wieder aufgeben, auch die unentbehrlichen Rohstoffquellen verlieren und sie so ihre Kriegsproduktion immer weiter einschränken müssen.

Der Krieg kann gar nicht mehr anders ausgehen als mit einem amerikanischen Sieg. Dieser Sieg muß kommen wie einem Naturgesetz folgend. Das steht schon 1943 unabänderlich fest.

Noch aber hat General MacArthur sein Versprechen nicht wahrmachen können, das er beim Verlassen der Philippinen gab: »Keine Angst, wir kommen wieder!« Im Oktober 1944 soll es soweit sein. Während in Deutschland die Gegner schon an den Reichsgrenzen stehen, haben die Japaner noch immer große Teile der erst 1942 besetzten Gebiete in ihrer Hand. Das wichtigste sind die Philippinen, die Verbindung zwischen dem japanischen Mutterland und den anderen Gebieten, der Hauptstützpunkt der japanischen Flotte, die hauptsächliche Treibstoffquelle. Wenn die Japaner von den Philippinen vertrieben sind, müssen sie auch aus Singapur weichen, haben sie kein Öl mehr für ihre Flotte.

Bei Leyte entwickelt sich abermals eine Seeschlacht, die diesmal wieder für die Japaner verlorengeht. Sie erleiden so schwere Verluste, daß die japanische Flotte von da an niemals wieder als Flotte in Erscheinung tritt.

Nun können die Amerikaner auf den Philippinen landen. Es dauert noch bis Ende April 1945, ehe die letzte Insel dort besetzt ist, aber dann ist tatsächlich nur noch das japanische Mutterland zu erobern. Was die Japaner sonst noch immer besetzt halten, ist unwichtig geworden.

Dennoch schließen die Amerikaner während der Konferenz in Jalta ein Abkommen mit den Sowjets, das diese verpflichtet, bald in den Krieg gegen Japan einzugreifen. Und der Einsatz der Atombombe wird geplant. Der japanische Widerstand auf den dem Mutterland vorgelagerten Inseln Iwo Jima und Okinawa ist derart hartnäckig und verbissen gewesen – über 100 000 Japaner sind auf Okinawa lieber gefallen, als sich wie die nur 7000 Überlebenden gefangenzugeben! –, daß bei der Eroberung Japans mit noch größerer Erbitterung gerechnet werden muß. So wird zunächst, wie vorher in Deutschland, wo der Krieg bereits zu Ende gegangen ist, der Luftterror gegen die Zivilbevölkerung verstärkt, um die Japaner zu demoralisieren.

Am 6. August detoniert über Hiroshima die erste amerikanische Atombombe. Ihr folgt drei Tage später die zweite Atombombe auf Nagasaki, am gleichen Tag tritt die Sowjetunion in den Krieg gegen das bereits geschlagene Japan ein, und einen Tag darauf, am 10. August, kapituliert Japan. Mit der Unterzeichnung dieser Kapitulation auf dem amerikanischen Schlachtschiff »Missouri« am 2. September 1945 ist der Zweite Weltkrieg zu Ende. Ein neues Zeitalter aber, das Atomzeitalter, hat begonnen.

Flucht und Vertreibung

Über das Grauen der Vertreibung der Deutschen aus den Ostgebieten gibt es zahllose Augenzeugenberichte. Der amerikanische Jurist Alfred Maurice de Zayas hat die größte Völkerwanderung der Geschichte unter völkerrechtlichen Aspekten untersucht:
Zwangsweise Ausweisungen oder Umsiedlungen größerer Bevölkerungsgruppen sind in den letzten Jahrzehnten keine Seltenheit. Schon ein Vierteljahrhundert vor der Vertreibung der Deutschen wurden am Ende des Ersten Weltkrieges rund eine Million Griechen von Kleinasien nach Griechenland und etwa halb so viele Türken in umgekehrter Richtung umgesiedelt – ein Vorgang, der unter der Obhut des Völkerbundes Jahre dauerte und trotzdem schlimmste Härten für die Betroffenen mit sich brachte.
Bevölkerungsumsiedlungen sind nicht von vornherein völkerrechtswidrig. Denn es sind durchaus Umstände denkbar, in denen auch eine Zwangsabschiebung größerer Bevölkerungsteile gerechtfertigt sein kann: Im Krieg beispielsweise wird es mitunter nicht nur erlaubt, sondern nötig sein, gefährdete Zivilbevölkerung zu evakuieren.
Ebenso wird man keinem Staat das Recht bestreiten können, sich gegen illoyale Gruppen (»Fünfte Kolonne«) zu verteidigen, d. h. solche Gruppen gegebenenfalls auszubürgern und auszuweisen. Allerdings ist eine echte Fünfte Kolonne, beziehungsweise politische Untergrundorganisation, von einer nationalen Minderheit zu unterscheiden, die nichts dafür kann, daß sie gerade eine Minderheit ist. Doch in diesen, wie in allen anderen Fällen kann eine Zwangsausweisung nur dann völkerrechtlich legal sein, wenn gewisse Voraussetzungen erfüllt sind.

Je mehr sich die Rote Armee Deutschland näherte, desto größer wurde der Flüchtlingsstrom von Osten nach Westen. Die Angst vor marodierenden Truppen und Racheakten ließ Millionen in großen Trecks oder über die Ostsee ihre Heimat verlassen. – Das Bild zeigt die Einschiffung von Flüchtlingen in Riga.

1. Ausweisender Staat: Ein Staat, der eine Bevölkerungsgruppe zwangsweise ausweisen will, muß im Besitz der vollen Souveränität über das Gebiet sein, in dem die Auszuweisenden leben. Darüber hinaus darf die Ausweisung oder Umsiedlung nicht den eigenen Gesetzen (Verfassung) des ausweisenden Staates widersprechen. Ebensowenig dürfen internationale Verträge und Konventionen verletzt werden. Typisches Beispiel für nach diesem Grundsatz unzulässige Maßnahmen: die Deportation von Bevölkerungsteilen aus im Krieg besetzten Gebieten durch die Besatzungsmacht. Das ist ein Verstoß gegen eine internationale Konvention, und zwar gegen Artikel 49 der 4. Genfer Konvention von 1949, der derartiges verbietet.
Nun gab es diese Konvention zur Zeit der Vertreibung der Deutschen während und nach dem Zweiten Weltkrieg noch nicht. Grundlage des Kriegsrechts im Zweiten Weltkrieg war die Haager Landkriegsordnung von 1907. Diese enthält zwar kein direktes Verbot von Deportation aus besetzten Gebieten, aber sie schränkt die Rechte einer kriegführenden Macht im besetzten Gebiet ein (occupatio bellica), verbietet Kollektivstrafen, schützt Leben, Rechte und Eigentum der Zivilbevölkerung (Art. 43, 46, 50). Mit anderen Worten: Eine Besatzungsmacht übt keineswegs volle Souveränität über das besetzte Gebiet aus, Zwangsdeportationen aus nichtmilitärischen Gründen, die sie trotzdem vornimmt, sind folglich völkerrechtswidrig.
2. Aufnehmender Staat: Eine Zwangsausweisung größerer Bevölkerungsgruppen betrifft nicht nur den ausweisenden Staat und die Ausgewiesenen, sondern immer auch das Bestimmungsland, den Staat, der die Ausgewiesenen aufnimmt. Grundsätzlich ist kein Staat verpflichtet, seine Grenzen für unerwünschte Einwanderer zu öffnen. Ausweisungen, die so vor sich gehen, daß die Ausgewiesenen kurzerhand und ungefragt über die nächste Grenze abgeschoben werden, sind deshalb allemal völkerrechtswidrig.
Aber auch die erklärte Bereitschaft eines Staates, die Ausgewiesenen aufzunehmen, genügt allein noch nicht:

Das Empfängerland muß nicht nur bereit, sondern auch in der Lage sein, die Ausgewiesenen aufzunehmen, d. h. sie unterzubringen, sie zu ernähren, etc.

Wenn diese Voraussetzungen nicht erfüllt sind, macht auch die Zustimmung des Empfängerlandes die Ausweisung nicht legal: Menschen in den sicheren Tod durch Hunger, Erschöpfung oder Kälte zu deportieren, kann niemals legal sein, sondern ist Massen- bzw. Völkermord, ein »Verbrechen gegen die Menschlichkeit«.

3. *Durchführung:* Sofern die beiden ersten Voraussetzungen gegeben sind – volle Souveränität und keine entgegenstehenden nationalen Gesetze oder völkerrechtliche Konventionen beim ausweisenden Staat, empfangender Staat sowohl aufnahmebereit als auch aufnahmefähig –, steht rein theoretisch einer Zwangsausweisung nichts mehr entgegen.

Dies jedoch nur, sofern die tatsächliche Durchführung geordnet und menschlich vor sich geht. Das heißt: ausreichende Zeit für die Betroffenen zur Vorbereitung, keine Familientrennung, das Recht, bewegliche Habe mitzunehmen, angemessene Entschädigung für zurückbleibende Habe, nach Möglichkeit Kontrolle des ganzen Vorgangs durch eine humanitäre Organisation (etwa: Internationales Rotes Kreuz und UN-Hochkommissar für Flüchtlinge).

Sind diese Bedingungen nicht erfüllt, so wird eine ansonsten legale »Umsiedlung« zur eindeutigen völkerrechtswidrigen »Vertreibung«.

4. *Das Recht auf Heimat:* Neben den Rechten und Pflichten der Staaten soll bei einer Erörterung der Recht- oder Unrechtmäßigkeit von Aus- bzw. Umsiedlungen auf ein persönliches Recht der Betroffenen hingewiesen werden: das sogenannte »Recht auf Heimat«.

Dieses Recht, nicht von dort verjagt zu werden, wo man geboren und aufgewachsen ist, die Familie seit Generationen ansässig ist, wurde bis vor kurzem jedoch in völkerrechtlichen Verträgen und Konventionen nirgendwo ausdrücklich formuliert, vermutlich weil es ein so offensichtliches, selbstverständliches Recht ist, daß eine Kodifizierung nicht nötig schien.

Heute gilt das vierte Protokoll der Europäischen Menschenrechtskonvention als Kodifizierung des Rechts auf Heimat:

Art. 3: Niemand darf aus dem Hoheitsgebiet des Staates, dessen Staatsangehöriger er ist, durch eine Einzel- oder eine Kollektivmaßnahme ausgewiesen werden...

Art. 4: Kollektivausweisungen von Fremden sind nicht zulässig.

Dieses Zusatzprotokoll trat aber erst 1968 in Kraft und wurde bisher nur von wenigen Staaten unterschrieben, und zwar von Luxemburg, Belgien, Österreich, Schweden, Norwegen, Island, Dänemark und der Bundesrepublik Deutschland.

Von allgemeiner Gültigkeit ist die UNO-Erklärung der Menschenrechte, die 1948 einstimmig von der Generalversammlung der UNO ausgesprochen wurde, trotz der Stimmenthaltung sämtlicher Sowjetblock-Staaten.

Art. 9: Niemand darf willkürlich festgenommen, in Haft gehalten oder des Landes verwiesen werden.

Art. 13 (2): Jeder Mensch hat das Recht, jedes Land, einschließlich seines eigenen, zu verlassen sowie in sein Land zurückzukehren.

Die UNO-Erklärung der Menschenrechte ist aber nur eben eine Erklärung und hat nicht die völkerrechtliche Bedeutung einer Konvention.

Andererseits ist dieses Recht auf die Heimat eine untrennbare Voraussetzung eines anderen anerkannten völkerrechtlichen Prinzips: des Rechts der Selbstbestimmung (UNO-Charta Art. 1, 55 und zahllose UNO-Resolutionen). Ganz offensichtlich kann ein Volk dieses Recht, über eine Regierungsform und Staatsangehörigkeit frei zu bestimmen, nur dann ausüben, wenn es zunächst einmal das Recht hat, dort zu leben, wo es lebt!

Bereits während des Zweiten Weltkrieges wurde durch die Anti-Hitler-Koalition das Recht auf Heimat anerkannt und für sich in Anspruch genommen. Mit Recht verurteilte die Welt Hitlers Lebensraumpolitik, weil sie eine Austreibung von altansässigen Bewohnern mit sich brachte.

In der »Allied Declaration on German War Crimes« in London am 13. Januar 1942 von den Vertretern neun besetzter Staaten, darunter Polen und Tschechoslowakei, angenommen und unterzeichnet, heißt es beispielsweise:

»In Anbetracht dessen, daß Deutschland seit Beginn des Krieges... in den besetzten Ländern ein Terror-Regime errichtet hat, besonders gekennzeichnet durch ... Massenvertreibungen... betrachten die Unterzeichneten als eines ihrer grundsätzlichen Kriegsziele die Bestrafung... der für diese Verbrechen Verantwortlichen...«

Am 17. Oktober 1942 billigte die polnische Exilregierung ein Dekret über die Bestrafung der in Polen begangenen deutschen Kriegsverbrechen. Darin heißt es:

»Handlungen, die Tod, Qualen, Deportationen oder Bevölkerungsumsiedlungen bewirkt haben, werden mit lebenslänglicher Haft oder dem Tode bestraft...«

In dem Londoner Statut für die Nürnberger Prozesse vom 8. August 1945 wurde als »Verbrechen gegen die Menschlichkeit« u. a. definiert:

»...Mord, Ausrottung, Versklavung, Deportation und andere unmenschliche Akte, begangen gegen die Zivilbevölkerung...«

Im Anklagepunkt 3 wurde die Germanisierung besetzter Gebiete behandelt:

»In gewissen besetzten, als von Deutschland annektiert ausgegebenen Gebieten, zielten die Bestrebungen der Ankgeklagten methodisch und fortgesetzt darauf ab, diese Gebiete politisch, kulturell, sozial und wirtschaftlich dem Deutschen Reiche anzugleichen. Die Angeklagten bemühten sich, den bisherigen Volkscharakter dieser Gebiete zum Verschwinden zu bringen. In Verfolgung dieses Planes und Bestrebens deportierten die Angeklagten gewaltsam Einwohner, die überwiegend nicht-deutsch waren und brachten dafür Tausende von deutschen Siedlern in die betreffenden Gebiete.«
Ausdrücklich für Mitwirkung an diesen Deportationen wurden im Nürnberger Prozeß u. a. Hermann Göring, Hans Frank und Joachim Ribbentrop verurteilt. Aber zur gleichen Zeit liefen die großen Vertreibungen der Deutschen aus den Ostgebieten und der Tschechoslowakei. Die Frage der Rechtmäßigkeit dieser letzten Vertreibungen wurde schon während des Nürnberger Prozesses durch die Verteidigung angeschnitten, aber das Gericht erklärte, alle Hinweise auf die Potsdamer Konferenz und auf die Vertreibung der Deutschen seien »unerheblich«.

Selbst wenn man unterstellen würde, daß die Deutschen durch ihre Niederlage völlig entrechtet wurden und die Austreibung aus ihrer Heimat eine zulässige Strafe hätte sein können, dann bliebe noch, das Verhalten der Staaten an den im Folgenden unter *I–III* dargelegten völkerrechtlichen Maßstäben zu messen.

I. Rechte der ausweisenden Staaten. Bei der Untersuchung der Frage, wie weit die Vertreibung der Deutschen aus Osteuropa rechtmäßig war oder nicht, müßten sowohl die verschiedenen Phasen der Vertreibung, als auch der unterschiedliche Status der Vertriebenen berücksichtigt werden, da sich aus diesen Verschiedenheiten auch unterschiedliche rechtliche Aspekte ergeben.
Zunächst sollte die Frage geprüft werden, ob die ausweisenden Staaten, die volle Souveränität (Hoheitsbefugnisse) über die Vertreibungsgebiete besaßen, und von welchem Zeitpunkt an sie diese hoheitlichen Rechte ausüben durften. Denn selbstverständlich mußte eine Vertreibung rechtswidrig sein, die auf dem Boden eines Staates durchgeführt wurde, über den man keine Souveränität hatte.
Nach internationalem Recht fällt die Hoheitsgewalt im Kriege besetzter Gebiete an den früheren Souverän zurück, sobald der Eroberer, aus welchen Gründen auch immer, sie aufgibt, keine Macht mehr ausübt.
Das bedeutet für Polen (im Zuge des Vormarsches der Roten Armee) sofortigen Wiedergewinn der Hoheitsgewalt in den Gebieten, die bei Kriegsausbruch polnisches Staatsgebiet waren, einschießlich Warthegau und Korridor (nicht aber Danzig und Ostpreußen!). Dort lebten

und rund 2 Millionen Deutsche, darunter 1 Million Volksdeutsche, Umsiedler aus dem Baltikum, der Bukowina, Bessarabien usw. Diese waren in den ersten Kriegsjahren dort im Zuge von Hitlers »Heim ins Reich«-Aktion überwiegend den dem Reich einverleibten polnischen Woiwodschaften Posen und Pomerellen (Korridor) angesiedelt worden. Es kann kaum zweifelhaft sein, daß Polen das Recht hatte, diese Siedler als »feindliche Ausländer« zu betrachten und auszuweisen. Ähnlich die Situation in Jugoslawien, wo im nördlichen Teil des Landes – in Slowenien – ebenfalls Volksdeutsche angesiedelt worden waren. Auch die Tschechoslowakei erlangte im Verlauf der letzten Kriegsereignisse Hoheitsgewalt über ihre Staatsgebiete vom Stand nach dem Münchner Abkommen. Das Sudetenland blieb vorerst rechtlich deutsches Reichsgebiet. Soweit die Tschechen die 400 000 tschechoslowakischen Staatsbürger deutscher Herkunft und die 1 Million reichsdeutscher Flüchtlinge aus Schlesien als »feindliche Ausländer« oder als »Fünfte Kolonne« auswiesen, war dies innerhalb der Hoheitsbefugnisse des tschechoslowakischen Staates.
Gleiches gilt für die großen Gruppen ungarischer, rumänischer und jugoslawischer Staatsbürger deutscher Herkunft, die ausgewiesen wurden, wenn es auch im Fall Ungarns und Rumäniens etwas merkwürdig anmutet, daß in diesen Menschen nun plötzlich »feindliche Ausländer« gesehen wurden; immerhin waren Ungarn und Rumänien mit dem Deutschen Reich verbündet gewesen.
In allen Fällen war die erste Voraussetzung einer legalen Ausweisung – volle Hoheitsgewalt über die Ausweisungsgebiete – gegeben.
Diese Fälle umfassen jedoch nur einen Bruchteil der Vertreibungen. Die Masse – über 9 Millionen Menschen – wurde von den Polen aus den reichsdeutschen Gebieten Ostpreußen, Pommern, Ostbrandenburg und Schlesien vertrieben. Weitere 3 Millionen wurden von den Tschechen aus dem Sudetenland vertrieben.
Die Vertreibungen begannen noch vor Kriegsende, jeweils kurz nachdem die Rote Armee die fraglichen Gebiete erobert hatte. Diese Vertreibungen waren eindeutig völkerrechtswidrig, denn weder die Sowjetunion noch Polen oder die Tschechoslowakei konnten während des Krieges Souveränität über deutsches Reichsgebiet erlangen.
Auch die bedingungslose Kapitulation der deutschen Wehrmacht am 8. Mai 1945 änderte daran nichts. Denn es war eine rein militärische, keine politische Kapitulation. Das geht nicht nur aus dem Text der Kapitulationsurkunden hervor, sondern auch aus der Tatsache, daß die Reichsregierung unter Großadmiral Karl Dönitz, wenn auch praktisch machtlos, weiter bis zu ihrer gewaltsamen Absetzung am 23. Mai 1945 im Amt

blieb; bis zu diesem Datum waren alle Vertreibungen aus deutschem Reichsgebiet gemäß Haager Landkriegsordnung (Art. 42–56) völkerrechtlich illegal. Ob die Haager LKO nach diesem Datum, oder nach der »Berliner Deklaration« vom 5. Juni 1945 in Kraft blieb, ist umstritten. Mit der »Berliner Deklaration« übernahmen die »Großen Vier« (USA, UdSSR, Großbritannien, Frankreich) offiziell die Souveränität über Deutschland in den Grenzen von 1937, jedoch aber ohne Deutschland zu annektieren. Auf vollständige Aufhebung des Kriegszustandes verzichteten die alliierten Mächte, um eine vorübergehende Unterwerfung Deutschlands *(temporary subjugation)* durchzusetzen. Dies war ein Akt, für den es im Völkerrecht bis dahin kein Beispiel gab, ganz offensichtlich mit dem Ziel, ohne das besetzte Land zu annektieren und das Friedensrecht einzuführen, die weitere Anwendbarkeit der Haager Landkriegsordnung auszuschließen, vor allem Artikel 43, der bestimmt, daß im besetzten Gebiet dessen Gesetze weiter gelten. Die Alliierten hatten in einem langen erbitterten Krieg die nationalsozialistische Gewaltherrschaft niedergekämpft, und dies nicht, um nun die nationalsozialistischen Gesetze zu bewahren!

Deshalb wird man die Berliner Deklaration, obschon sie völkerrechtlich ein Novum war, als gültig und wirksam betrachten müssen. Denn Völkerrecht ist weder Naturrecht noch Ethik, sondern eine Ordnung, die im wesentlichen Großmächte (sowie in neuerer Zeit internationale Organisationen) durch ihre Handlungen und ihre Verträge geschaffen haben und kontinuierlich weiterentwickeln.

Der Übergang der Hoheitsrechte über das Reichsgebiet in den Grenzen von 1937 auf die Alliierten machte den Weg frei für eine Änderung des Rechtsstatus: das Sudetenland schied aus, erst jetzt konnte die Tschechoslowakei das Sudetenland annektieren. Dies bedeutet, daß alle Austreibungen aus dem Sudetenland mindestens bis zum 5. Juni eindeutig rechtswidrig waren. Dagegen konnte Polen keine Gebiete innerhalb der deutschen Grenzen von 1937 rechtswirksam annektieren, denn diese Gebiete lagen unter der gemeinsamen Verantwortung der vier Besatzungsmächte. Ebenfalls aus diesem Grunde durfte die Sowjetunion keine Gebiete einseitig zugunsten Polens abtrennen. Dafür wäre zuvor die Zustimmung der anderen Besatzungsmächte unbedingt notwendig gewesen. Die für eine völkerrechtliche Annexion erforderliche Zustimmung wurde jedoch von den Westalliierten in Potsdam verweigert. Im Artikel IX des Potsdamer Protokolls heißt es: »Die Häupter der drei Regierungen bekräftigen ihre Auffassung, daß die endgültige Festlegung der Westgrenze Polens bis zur Friedenskonferenz zurückgestellt werden soll.«

In diesem Artikel wurde Polen zwar die provisorische Verwaltungsgewalt über die deutschen Gebiete östlich der Oder-Neiße zugesprochen, aber es wurde keineswegs die volle Souveränität übertragen.

II. Aufnehmender Staat. Einmal angenommen, es wäre völkerrechtlich demnach zulässig, die gesamte ansässige Bevölkerung annektierter Gebiete zu vertreiben, so bleibt die Frage zu prüfen, ob es völkerrechtlich zulässig wäre, die Ausgewiesenen in ein Land zu verjagen, das die Vertriebenen gar nicht aufnehmen will, oder – selbst wenn es dazu bereit ist – nicht aufnehmen kann, weil es dazu an Möglichkeiten der Ernährung, Unterbringung usw. mangelt.

Der Staat, der die Vertriebenen aufzunehmen hatte, war Deutschland. Obwohl die Reichsregierung in den letzten Kriegsmonaten eine umfangreiche Evakuierung der deutschen Bevölkerung von Osten unternommen hatte, hat sie bis zu ihrer Absetzung einer Vertreibung der Ostbevölkerung nicht zugestimmt. Die von ihr selbst vorgenommene und als provisorisch betrachtete Evakuierung sollte lediglich die Bevölkerung vor Gewalttaten der undisziplinierten Roten Armee schützen und nicht zugleich Gebietsabtretungen anerkennen. Insoweit fehlt es zumindest bis zum 23. Mai 1945, dem Tag, an dem die Regierung Dönitz aufgelöst wurde, an einer rechtswirksamen Zustimmung des aufnehmenden Staates, ohne die eine »Einwanderung« niemals legal sein kann.

Am 5. Juni 1945 (Berliner Deklaration) übernahmen die Regierungen der USA, Großbritanniens, der Sowjetunion und Frankreichs gemeinsam die »absolute Autorität« über Deutschland in den Grenzen von 1937. Nun wäre es an ihnen bzw. ihrer bevollmächtigten Vertretung, dem Alliierten Kontrollrat, gewesen, der Aufnahme der vertriebenen Deutschen zuzustimmen. Das tat der Kontrollrat jedoch noch nicht. Vielmehr wiederholten die Außenminister der USA und Großbritanniens in Telegrammen an die polnischen und tschechischen Instanzen, daß keine Umsiedlung ohne die endgültige Zustimmung des Kontrollrats vorgenommen werden dürften. Diese Rechtslage blieb so bis zum August 1945, an dem das Potsdamer Protokoll verkündet wurde. Artikel XIII dieses Protokolls beginnt so:

»Die drei Regierungen haben die Frage unter allen Gesichtspunkten beraten und erkennen an, daß die Überführung der deutschen Bevölkerung oder Bestandteile derselben, die in Polen, in der Tschechoslowakei und Ungarn zurückgeblieben sind, nach Deutschland durchgeführt werden muß. Sie stimmen darüber überein, daß jede derartige Überführung, die stattfinden wird, in ordnungsgemäßer und humaner Weise erfolgen soll.«

Diesen Text, dem auch Frankreich (das an der Konferenz nicht teilnahm) unter Vorbehalt zustimmte, geben polnische und sowjetische Völkerrechtler als Beleg dafür an, daß die Vertreibung der Deutschen rechtmäßig, von den Alliierten angeordnet war.

Selbst wenn dies richtig wäre, so bedeutet es immerhin, daß die Vertreibungen bis zum 2. August jedenfalls nicht legal waren – und zu diesem Zeitpunkt waren bereits einige Millionen aus Ostpreußen, Pommern und Schlesien verjagt worden. Auch Hunderttausende von deutschen Flüchtlingen, die im Sommer 1945 versuchten, in die Heimat zurückzukehren, wurden gewaltsam daran gehindert.

Es stimmt jedoch nicht, daß Artikel XIII des Potsdamer Protokolls eine Art Freibrief für Massenvertreibungen war. Es war eine Ordnung, die die Westmächte verlangt haben, um die laufenden Deportationen in Bahnen zu bringen.

Man muß sich die Situation der westlichen Alliierten im Juli 1945 vor Augen führen. Sie sahen sich, als die Potsdamer Konferenz begann, einem *fait accompli* gegenüber, die Inbesitznahme der deutschen Ostprovinzen war erfolgt, die Vertreibung der Bevölkerung war in vollem Gang. Es waren vollendete Tatsachen geschaffen, die sie in diesem Umfang und dieser Form nicht gewollt hatten, die sie jedoch nicht rückgängig machen konnten – es sei denn mit militärischen Mitteln. Militärisches Vorgehen gegen die Rote Armee und Polen lag aber damals noch außerhalb des Denkbaren. Die psychologische Umstellung von Kooperation auf Konfrontation war einfach zu groß. Es blieb den Westalliierten nur der Versuch übrig, das Unvermeidliche wenigstens in einigermaßen erträgliche, geordnete Bahnen zu lenken.

Das Ergebnis dieses Bemühens war Absatz 2 des oben genannten Artikels des Potsdamer Abkommens. Dieser Paragraph weist zunächst den alliierten Kontrollrat an, unverzüglich das Problem des Zustroms großer Menschenmassen zu untersuchen und so bald wie möglich über die Zahl der bereits Vertriebenen zu berichten, sowie darüber, ob wann und in welchem Umfang weitere Umsiedler angenommen werden könnten, dies unter Berücksichtigung der kritischen Verhältnisse im besetzten Deutschland. Und weiter im Absatz 3 wörtlich: »Die tschechoslowakische Regierung, die provisorische polnische Regierung und der Kontrollrat in Ungarn werden ... aufgefordert, vorerst alle weiteren Ausweisungen einzustellen.«

Wenn Polen und die Tschechoslowakei für ihre Maßnahmen den Anschein von Legalität hätten erhalten wollen, hätten sie der Aufforderung der großen Drei Folge leisten und mit der Vertreibung aufhören müssen. Sie taten es nicht, lediglich Ungarn beachtete die Stop-Order aus Potsdam.

Erst am 20. November 1945 verkündete der Alliierte Kontrollrat in Berlin Anweisungen für die Aussiedlung der Deutschen. Es folgten die ersten geordneten und genehmigten Aussiedlungen im Januar 1946. Bis dahin aber hatten die Polen und die Tschechen Millionen Deutsche illegal über die Grenze abgeschoben.

Zu prüfen wäre in diesem Zusammenhang, ob und inwieweit die Zustimmung der Westalliierten zur Ausweisung der Deutschen auf rechtlich einwandfreie Weise zustande gekommen ist. Dazu ist es nötig, sich die Vorgeschichte vor Augen zu halten. Sie reicht zurück bis 1939, als Hitler und Stalin sich Polen teilten, ungefähr entlang der sogenannten Curzon-Linie. Die Hälfte Polens, die 1939 Stalin zufiel, wollte dieser 1945, nach langem und blutigem Krieg, nicht wieder zurückgeben.

Für die westlichen Alliierten ergab sich dadurch ein schwieriges Problem: Sie konnten einerseits ihren östlichen Verbündeten nicht dazu bewegen, die Gebiete östlich der Curzon-Linie an Polen zurückzugeben; andererseits waren England – und ihm zu Hilfe die USA – für Polen in den Krieg gezogen, und zwar für dessen territoriale Unversehrtheit. Wenn also die Polen ihr östliches Staatsgebiet den Russen überlassen mußten – woran nichts zu ändern war –, dann blieb nichts anderes übrig, als sie im Westen zu entschädigen, zwangsläufig auf Kosten des Kriegsverlierers, also Deutschlands.

Daß es so und nicht anders gehandhabt werden mußte, darüber bestand bereits seit der Teheran-Konferenz prinzipiell Einigkeit; auch daß dadurch einige Umsiedlungen nötig würden – schon um künftige Minderheitsprobleme zu vermeiden – schreckte weder Churchill noch Roosevelt ab. Die geordnete Umsiedlung einer nicht allzu großen Bevölkerungsgruppe, das war es etwa, was Winston Churchill und F. D. Roosevelt sich vorstellten und zu billigen bereit waren.

Nicht so Stalin: er erklärte unmißverständlich, die polnische Westgrenze müsse entlang der Oder und der westlichen Neiße verlaufen. Die neuen polnischen Gebiete müßten frei von Deutschen sein. Mindestens Churchill, weniger wohl der schon sehr kranke Roosevelt, begriff damals, was das bedeutete. Er erklärte am 7. Februar 1945, er sei zwar immer dafür gewesen, den Polen Gebiete im Westen als Ersatz für Verluste im Osten zuzusprechen, aber »es wäre höchst bedauerlich«, so Churchill wörtlich in seiner berühmt bildhaften Sprache, »die polnische Gans dermaßen mit deutschem Futter zu mästen, daß sie an Verdauungsbeschwerden eingeht«. Wenn Polen Ostpreußen und Schlesien bis zur Oder erhalte, erklärte Churchill weiter, bedeute das allein schon die Verpflanzung von rund 6 Millionen Menschen. Das lasse sich technisch möglicherweise machen, über die moralische Seite der Sache würde er sich jedoch mit seiner eigenen Nation auseinandersetzen müssen.

Am nächsten Tag schlug Roosevelt in dieselbe Kerbe.

Polen müsse zwar auf Kosten Deutschlands entschädigt werden, aber »die Grenze bis zur westlichen Neiße vorzuschieben, dafür scheint geringe Rechtfertigung zu bestehen«. Das britische Kriegskabinett in London, von Churchill über den Verlauf der Verhandlung informiert, schickte seinem Chef ein Telegramm, in dem nachdrücklich gegen die Grenze an der westlichen Neiße gewarnt wurde; weil eine derartig umfangreiche Bevölkerungsumsiedlung allzuschwere Probleme mit sich bringe.

Stalin sagte zu alledem in Jalta nicht viel; er beschränkte sich im wesentlichen auf den Hinweis, daß die Sache nicht annähernd so problematisch sei, wie seine geehrten Verbündeten glaubten, denn in den fraglichen Gebieten befänden sich ohnehin keine Deutschen mehr, die seien alle geflohen. Er insistierte nicht, seine Grenzvorstellungen in die gemeinsame Abschlußerklärung der Konferenz aufzunehmen, und so konnten Churchill und Roosevelt die Jalta-Konferenz in dem guten Glauben verlassen, sich weder hinsichtlich der polnischen Westgrenze festgelegt noch gewaltigen Massenvertreibungen zugestimmt zu haben.

Ein knappes halbes Jahr später mußten Churchill und Roosevelts Nachfolger Truman in Potsdam erkennen, daß ihr Verbündeter Stalin die Sache entschieden anders sehen wollte. Als die Potsdamer Konferenz begann, hatte die Sowjetunion die Gebiete östlich von Oder und Lausitzer Neiße sowie das südliche Ostpreußen längst den Polen überlassen, und die Vertreibung der Deutschen war in vollem Gange. Den westlichen Alliierten blieb nur die Möglichkeit, dagegen zu protestieren.

Churchills Standpunkt war unmißverständlich; er war nicht bereit, einer Massenvertreibung zuzustimmen. US-Präsident Truman war ebensowenig dazu bereit. Aber weder Churchill noch Truman besaßen genaue Informationen über das, was tatsächlich vorging. Inzwischen war – wie Churchill es schon einige Zeit vorher in einem Telegramm an Truman genannt hatte – ein eiserner Vorhang zwischen Ost und West niedergegangen. Was dahinter geschah, wußten nur die Sowjetunion und Polen, sie allein besaßen die Informationen, die als Grundlage für eine Entscheidung der Großen Drei notwendig waren. Stalin und sein Außenminister Molotow erklärten auch in Potsdam beharrlich, in den Polen zugedachten Gebieten seien gar keine Deutschen mehr. Die in beratender Funktion anwesende polnische Delegation unter Bierut erklärte, es hielten sich noch schätzungsweise 1,5 Millionen Deutsche in den fraglichen Gebieten auf, die jedoch nach der Ernte freiwillig gehen würden.

Tatsache ist, daß zur Zeit der Potsdamer Konferenz mindestens 4 Millionen Deutsche noch in den Ostprovinzen lebten und rund eine weitere Million vor den Kampfhandlungen Geflüchtete versuchten, in ihre Heimat zurückzukehren.

Es ist völlig unmöglich, daß Stalin, Molotow und Bierut dies nicht wußten. Mit anderen Worten: Sie sagten absichtlich die Unwahrheit, um die westlichen Partner über das tatsächliche Ausmaß der Vorgänge zu täuschen. Und daraus ergibt sich die Rechtsfrage: Wenn Truman und Churchill durch absichtliche Falschinformationen dazu bewogen wurden, einer Bevölkerungsumsiedlung zuzustimmen, kann die so zustande gekommene Abrede (Art. XII, Absatz 1) dann gültig sein? Das ist nicht eigentlich eine völkerrechtliche Frage – obschon mit völkerrechtlichen Auswirkungen – sondern eine Frage, die nach allgemein üblichen Grundsätzen des Vertragsrechts zu beurteilen ist. Und da gilt weltweit: ein Vertrag, der durch betrügerische Manöver zustande kommt, ist nichtig oder zumindest anfechtbar.

Im übrigen wäre die Zustimmung zur Vertreibung von weiteren 4 bis 5 Millionen Deutschen aus den Ostgebieten auch aus tatsächlichen Gründen nicht wirksam gewesen: wie eingangs dargelegt, muß der aufnehmende Staat nicht nur Willens, sondern auch in der Lage sein, die Ausgewiesenen aufzunehmen, d. h. sie hinreichend unterzubringen und zu versorgen. Daß das zerstörte Rumpfdeutschland dazu keineswegs in der Lage war, ist so offensichtlich, daß es weiterer Begründung nicht bedarf.

III. Durchführung. Die dritte Voraussetzung dafür, daß eine Umsiedlung großer Bevölkerungsschichten theoretisch völkerrechtlich zulässig sein könnte, ist ihre Durchführung in geordneter und humaner Weise.

In diesem Lichte ist auch die Vertreibung der Deutschen zu betrachten. Ich verzichte dabei bewußt auf deutsche Darstellungen; es genügt vollständig, zeitgenössische Quellen der Westalliierten und neutraler Beobachter zu zitieren.

Zu den interessantesten Dokumenten aus dieser Zeit zählen die seit 1967 veröffentlichten Papiere des US State Department über die Vertreibung der Deutschen. Darin beschwert sich der amerikanische politische Berater für Deutschland, Robert Murphy, öfter darüber, daß die Vertriebenen in einem entsetzlichen Zustand in Berlin ankämen. Am 10. Oktober 1945 berichtete Murphy aus Berlin nach Washington unter anderem:

»Allein auf dem Lehrter Bahnhof in Berlin sind nach Feststellungen unserer Ärzte im Tagesdurchschnitt zehn davon (d. h. Vertriebenen) an Erschöpfung, Unterernährung und Krankheit gestorben. Angesichts der Not und Verzweiflung dieser menschlichen Wracks, beim Geruch ihres dreckigen Zustandes, kehren die Gedanken nach Dachau und Buchenwald zurück. Hier handelt es sich um Vergeltung im großen Maßstab, aber ausge-

Bild oben: Erschossener schlesischer Bauer. In weit höherem Maße als in früheren Kriegen wurde im Zweiten Weltkrieg die Zivilbevölkerung in Mitleidenschaft gezogen. Ihre Toten zählen nach Millionen.

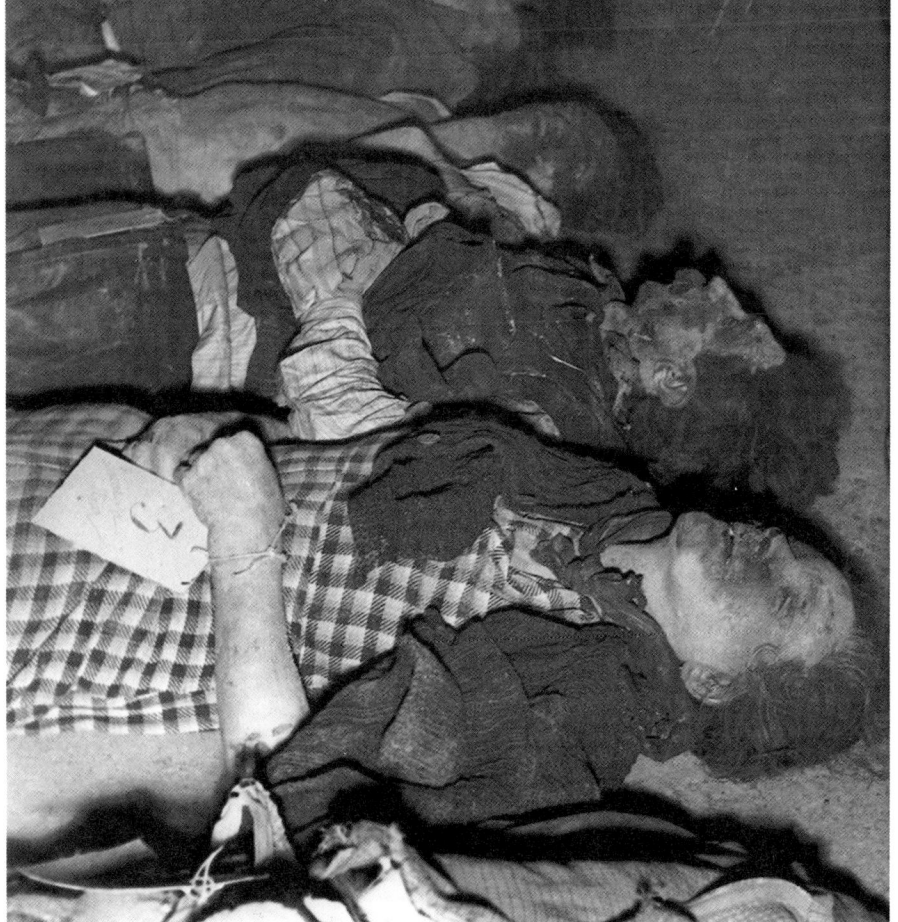

Bild unten: Ermordete Volksdeutsche in Jugoslawien. Mißhandlungen und Vergewaltigungen, schlechteste Lagerverhältnisse, Krankheiten und Hunger – die Opfer der Vertreibung, Männer, Frauen und Kinder, hatten unerträgliche Qualen zu erdulden.

übt nicht an Parteibonzen, sondern an Frauen und Kindern, den Armen, den Schwachen.«

Am 9. Oktober berichtet Murphy:

»Amerikanisches Militärpersonal ist Augenzeuge von Vorfällen gewesen, bei denen sich deutsche Einwohner böhmischer Dörfer an einem Sammelplatz einfinden mußten, zwangsweise davongetrieben und häufig an Ort und Stelle oder auf der Straße ihrer wenigen persönlichen Habseligkeiten beraubt und noch dazu geschlagen wurden, wenn sie sich der Ausweisung widersetzten.«

Diese Behandlung der Deutschen sei so häufig vorgekommen, daß sich die amerikanischen Kommandeure über eine aufkommende antitschechische Haltung ihrer Truppen Sorgen machen mußten. Weiter betonte Murphy, die USA sollten bei den Regierungen von Polen und der Tschechoslowakei energisch protestieren, was auch geschah. Besonders aufschlußreich sind die Telegramme von Außenminister Byrnes an die amerikanischen Botschafter in Warschau und Prag mit der Anweisung, diesen Regierungen mitzuteilen, daß die Umsiedlungen in humaner und geordneter Weise durchgeführt oder sonst ganz eingestellt werden müßten. Die britische Regierung hat ähnliche Anweisungen an ihre Botschafter gegeben.

Diese Dokumente zeigen auch, daß die Westalliierten eine geordnete Umsiedlung mit dem Gedanken einer Entschädigung verbunden hatten, jedoch angesichts der Tatsachen mußten die Entschädigungspläne für die vertriebenen Deutschen aufgegeben werden, weil die überstürzte Vertreibung eine geordnete Feststellung von in der Heimat verbliebenem Eigentum illusorisch machte. Eigentlich wollten die Westalliierten keine Umsiedlungen bis zum Frühjahr 1946, aber alle dahinzielenden diplomatischen Vorstöße bei den Regierungen in Prag und Warschau blieben erfolglos.

Am 15. September 1945 kommentierte der Londoner »Economist«:

»Im Widerspruch zur Potsdamer Deklaration, die diesen ungeordneten und unmenschlichen Massenvertreibungen von Deutschen Einhalt gebot, geht die Zwangsausweisung aus den Provinzen Ostpreußens, Pommerns, Schlesiens und Teilen von Brandenburg unverändert weiter. Ebenso die Vertreibung der 3,5 Millionen Sudetendeutschen. Der Rat der Außenminister muß dieser entsetzlichen Tragödie ein Ende machen. Die vertriebenen Millionen sind praktisch ohne Nahrung und obdachlos. Die bewohnbaren Teile der großen Städte waren schon überfüllt, ehe sie kamen, und auf dem Land gibt es nur sehr begrenzte Möglichkeiten, sie unterzubringen. Die unausweichliche Folge wird sein, daß Millionen an Hunger und Erschöpfung sterben werden. Die Deutschen haben zweifellos Strafe verdient – aber keine Tortur von dieser Art. Wenn die

Polen und Tschechen als zivilisierter gelten wollen als die Nazis, dann müssen sie sofort mit der Vertreibung aufhören.«

Aus einem Bericht der »Joint Relief Commission« des Internationalen Roten Kreuzes heißt es:

»Am 27. Juli 1945 traf im Berliner Westhafen ein Lastkahn ein, mit einer tragischen ›Fracht‹ von 300 Kindern, halb tot vor Hunger. Sie kamen aus Finkenwalde in Pommern, Kinder im Alter von zwei bis 14 Jahren lagen am Boden des Kahns, reglos, von Krätze und Ungeziefer zerfressen, die Gesichter vom Hunger verzerrt. Die kleinen Körper, die Knie und die Füße waren aufgeschwollen – typische Hungerödeme . . .«

Bertrand Russell, am 19. Oktober 1945 in der »Times«:

». . . in Osteuropa werden von unseren Alliierten Massendeportationen in einem nie dagewesenen Umfang durchgeführt, und anscheinend wird dort mit voller Absicht versucht, einige Millionen Deutsche auszurotten, nicht durch Gas, sondern indem man sie ohne Obdach und Nahrung einem langsamen, qualvollen Hungertod überläßt . . «

Ebenfalls Bertrand Russell am 8. Dezember 1945 in »New Leader«:

». . . ohne Vorankündigung werden Frauen und Kinder zu den Zügen getrieben, jeder nur mit einem Koffer, der ihnen meistens noch geraubt wird. Die Bahnfahrt nach Berlin dauert Tage, Verpflegung gibt es keine. Viele sind tot, wenn sie in Berlin ankommen; Kinder, die unterwegs sterben, werden aus dem Fenster geworfen. Ein Mitglied der *Friends Ambulance Unit* beschreibt den Berliner Bahnhof, auf dem die Transporte eintreffen, mit den Worten: ›Bergen-Belsen noch einmal – Tote werden auf rohen Pritschenwagen weggekarrt . . .‹

Ein großer Teil der von Haus und Hof Vertriebenen wird nicht mit der Bahn abtransportiert, sondern muß zu Fuß nach Westen wandern.«

Und die Armen, die nicht sofort vertrieben, sondern in Zwischenlager gebracht wurden, um dort bis zur eigentlichen Deportation zu warten, die hatten es noch schlimmer. H. G. Adler, der als Jude im Lager Theresienstadt den Krieg verbrachte, berichtet in seinem Buch »Theresienstadt« auch über die neuen Lagerinsassen nach Kriegsende:

»Bestimmt gab es unter ihnen welche, die sich während der Besetzungsjahre manches hatten zuschulden kommen lassen, aber die Mehrzahl, darunter viele Kinder und Halbwüchsige, wurden bloß eingesperrt, weil sie Deutsche waren. Nur weil sie Deutsche waren . . .? Der Satz klingt erschreckend bekannt; man hatte nur das Wort »Juden« mit »Deutschen« vertauscht. Die Fetzen, in die man die Deutschen hüllte, waren mit Hakenkreuzen beschmiert. Die Menschen wurden elend ernährt, mißhandelt und es ist ihnen um nichts besser ergangen, als man es von deutschen Konzentrationslagern her gewohnt war . . .«

Das Internationale Komitee des Roten Kreuzes tat, was es überhaupt konnte, um die Misere zu lindern. Es durfte aber nur wenige Internierungslager in der Tschechoslowakei und noch weniger in Polen besuchen. Die Zustände in diesen wenigen Zwischenlagern waren nach Beurteilung des Roten Kreuzes *peu satisfaisantes* – wenig zufriedenstellend.

Die Reihe solcher Berichte aus nicht-deutscher Quelle ließe sich beliebig lange fortsetzen. Berichte auch über – klar rechtswidrige – Deportationen von Deutschen nicht nach Deutschland, sondern zur Zwangsarbeit in der Sowjetunion, wo 300 000 deutsche Zivilverschleppte starben, über den Einsatz (vor der Ausweisung) internierter deutscher Zivilpersonen zum todbringenden Minenräumen (z. B. im Lager Svidnik in der Tschechoslowakei), doch genügen schon diese wenigen Zeugnisse durchaus zur Beantwortung der Frage, ob die Durchführung der Vertreibung im Rahmen des völkerrechtlich Zulässigen vollzogen wurde.

Wie allgemein bekannt, blieb nach der Flucht und Vertreibung der Deutschen eine Bilanz von etwa 2,2 Millionen »ungeklärter Fälle.« Davon sind mit Sicherheit einige Hunderttausende echte Vertreibungsverluste, d. h. Frauen, Kinder und Greise, die brutal aus ihren Häusern gejagt wurden, die ohne Verpflegung in offenen oder ungeheizten Zügen sogar mitten im Winter nach Westen geschickt wurden; Frauen, die mehrfach vergewaltigt wurden; Greise, die tot geprügelt wurden, als sie versuchten, ihre letzte Habe vor Plünderern zu verteidigen; Menschen, die in Internierungslagern verhungerten, bevor sie überhaupt vertrieben werden konnten. Dabei soll man berücksichtigen, daß die späteren Vertreibungen doch etwas »humaner« durchgeführt wurden. Aber dies war die Folge von wiederholten Protesten der Engländer und Amerikaner, die nicht wußten, was mit den halbverhungerten und ausgeplünderten Vertriebenen anzufangen war. Sicherlich wäre ohne die Maßnahme der westlichen Alliierten die Zahl der Vertreibungsopfer noch größer gewesen.

Andererseits gab es auch zahlreiche Fälle, in denen polnische und tschechische Bürger versucht haben, die Härte der Vertreibung zu lindern, indem sie ausgeplünderten Deutschen Lebensmittel schenkten. Trotz einer unmenschlichen Regierungspolitik zeigte sich oft die Menschlichkeit einzelner Bürger. Doch die allgemeine Haltung war hart. Die Nazi-Herrschaft in Polen und der Tschechoslowakei hatte enorme Rachegefühle hervorgerufen. Es bleibt tragisch, daß die Untaten der SS und Gestapo später an unschuldigen deutschen Zivilpersonen gerächt wurden. Rachegefühle sind verständlich. Doch je mehr Grund es für sie gibt, um so notwendiger ist es, den Gesetzen Geltung zu verschaffen. Dies macht jedenfalls einen Staat zu einem Rechtsstaat.

Die Vertreibung der Deutschen aus den deutschen Ostprovinzen, der Tschechoslowakei und Osteuropa, entsprach – von wenigen Ausnahmen abgesehen – nicht den drei wichtigsten Kriterien, die erfüllt sein müssen, wenn eine Zwangs-Umsiedlung großen Ausmaßes wenigstens theoretisch völkerrechtlich zulässig sein sollte. Mehr als das, sie stellte – wiederum mit geringfügigen Ausnahmen – ein Verbrechen gegen die Menschlichkeit dar. Die Tatsache, daß unter Hitlers Herrschaft von Deutschen wahrhaft unsägliche Verbrechen gegen die Menschlichkeit begangen wurden, kann an der rechtlichen Bewertung dessen, was nachher geschah, nichts ändern. Es mag verschiedene Auffassungen darüber geben, was der Begriff »Verbrechen gegen die Menschlichkeit«, eigentlich bedeutet. Wenn aber die Vertreibung der Deutschen in der Art und Weise, wie sie durchgeführt wurde, kein »Verbrechen gegen die Menschlichkeit« darstellt, so hat dieser Begriff überhaupt keine Bedeutung.

NURNBERG

Schuldig!

Der Nürnberger Prozeß

Der Totale Krieg hatte ein Crescendo von Haß mit sich gebracht, und die Alliierten, die stets mit dem Sieg rechneten, bezeichneten bereits in der Erklärung von St. James vom 13. Januar 1942 »als eines ihrer wichtigsten Kriegsziele die Bestrafung der für die Verbrechen Verantwortlichen, und zwar im Wege der Rechtsprechung, gleichgültig, ob die Betreffenden alleinschuldig oder mitverantwortlich für diese Verbrechen waren, ob sie sie befohlen oder ausgeführt haben oder ob sie daran beteiligt waren«.

Bei der Konferenz von Teheran im Dezember 1943 hatte Stalin die summarische Erschießung von 50 000 deutschen Offizieren, Politikern und Mitläufern verlangt. Diese Idee wurde von Churchill scharf abgelehnt. Gegenüber dem Gerede, man solle »alle Schuldigen erschießen«, war für die Westalliierten jedes vorgesehene gerichtliche Verfahren eine willkommene Verbesserung. Nur, vor welches Tribunal sollten die nationalsozialistischen Führer gestellt werden? Würden die Siegermächte diese Aufgabe den Deutschen überlassen? Bereits am 15. Mai 1945, kurz nach der deutschen Kapitulation, hatte Großadmiral Dönitz auf Vorschlag seines Außenministers Graf Schwerin von Krosigk eine Anordnung erlassen, in der das Reichsgericht als zuständige Rechtsinstanz mit der Untersuchung und Aburteilung aller Mißstände in den Konzentrationslagern beauftragt wurde. Diese Verordnung wurde dann mit der Bitte an Eisenhower weitergeleitet, den deutschen Instanzen die Ausübung dieser Tätigkeit zu ermöglichen. Eine Antwort blieb aus. Statt dessen wurden beide, Dönitz und Schwerin von Krosigk, selber als Kriegsverbrecher verhaftet.

Hitler als Hauptschuldiger auf einem Plakat von 1946. Juristisch umstritten, ist der Mammutprozeß von Nürnberg für die Historiker dennoch von größter Bedeutung. Das umfangreiche Quellenmaterial der Ankläger, der Angeklagten und der Zeugen ist nach wie vor für die Erforschung der Hitlerzeit unentbehrlich.

Am 8. August 1945 unterzeichneten Vertreter der Regierungen von Großbritannien, Frankreich, der Vereinigten Staaten und der Sowjetunion das Londoner Abkommen über die Verfolgung und Bestrafung der Hauptkriegsverbrecher Hitlerdeutschlands. Eine Anklage wurde gegen 24 Einzelpersonen und gegen mehrere »verbrecherische Organisationen« (Reichsregierung, SS, SD, SA, Gestapo, Generalstab und Oberkommando der Wehrmacht) vorbereitet. Damit wurde das Internationale Militärtribunal (IMT) in Nürnberg am 14. November 1945 eröffnet.

Auf der Anklagebank saßen:

1. Hermann Göring, Reichsmarschall und designierter Nachfolger Hitlers
2. Rudolf Hess, Hitlers Stellvertreter als Parteiführer
3. Joachim von Ribbentrop, Außenminister
4. Wilhelm Keitel, Chef des Oberkommandos der Wehrmacht
5. Alfred Rosenberg, Parteitheoretiker und Minister für die besetzten Ostgebiete
6. Ernst Kaltenbrunner, Chef des Reichssicherheitshauptamts
7. Hans Frank, Generalgouverneur für die besetzten polnischen Gebiete
8. Wilhelm Frick, Reichsprotektor für Böhmen und Mähren
9. Julius Streicher, Herausgeber der antisemitischen Wochenschrift »Der Stürmer« und Gauleiter von Franken
10. Walter Funk, Generalbevollmächtigter für die Kriegswirtschaft
11. Karl Dönitz, Oberbefehlshaber der Kriegsmarine und Hitlers Nachfolger
12. Erich Raeder, Dönitz' Vorgänger als Oberbefehlshaber der Kriegsmarine
13. Baldur von Schirach, Gauleiter von Wien und ehemaliger Reichsjugendführer
14. Fritz Sauckel, Generalbevollmächtigter für den Arbeitseinsatz
15. Alfred Jodl, Chef des Wehrmachtführungsstabes im OKW

16. Franz von Papen, Botschafter in der Türkei und ehemaliger Vizekanzler
17. Arthur Seyß-Inquart, Reichskommissar für die besetzten Niederlande
18. Albert Speer, Minister für Bewaffnung und Munition
19. Konstantin von Neurath, ehemaliger Reichsprotektor in Böhmen und Mähren
20. Hans Fritzsche, Leiter der Rundfunkabteilung im Propagandaministerium
21. Hjalmar Schacht, bis 1939 Reichsbankpräsident
Gegen Martin Bormann, Sekretär des »Führers« und Leiter der NS-Parteikanzlei, wurde in Abwesenheit verhandelt.

Abgesehen von allen sonstigen Besonderheiten, stellte der Nürnberger Prozeß auch schon rein mengenmäßig alles bisher Dagewesene in den Schatten. An 218 Tagen wurde verhandelt. Das Sitzungsprotokoll umfaßt 4 Millionen Wörter und füllte 16 000 Seiten. Von der Anklage wurden 2360 Beweisdokumente vorgelegt, von der Verteidigung 2700. Das Gericht hörte 240 Zeugen und prüfte 300 000 eidesstattliche Erklärungen. 27 Hauptverteidiger traten auf, unterstützt von 54 Assistenten und 67 Sekretärinnen. Für die Vervielfältigung aller Schriftstücke wurden 5 Millionen Blatt Papier verbraucht, 780 000 Fotokopien kamen in Umlauf. Zur Korrektur der Stenogramme wurden die Verhandlungen auf 27 000 Meter Tonband und 7800 Schallplatten mitgeschnitten. 550 Büros, Sekretariate und Abteilungen verschrieben 22 000 Bleistifte. Die Fernschreiber der Nachrichtenagenturen tickerten über 14 Millionen Wörter in alle Erdteile.

Am 30. September 1946 wurden die Urteile verkündet: Tod durch den Strang für Göring, Ribbentrop, Keitel, Rosenberg, Kaltenbrunner, Frank, Frick, Streicher, Sauckel, Jodl, Seyß-Inquart und Bormann (in Abwesenheit); lebenslänglich Gefängnis für Heß, 20 Jahre für Speer, 15 für Neurath, 10 für Raeder und Dönitz; Freispruch für Papen, Fritzsche und Schacht.

Recht oder Rache? Diese Frage stellte sich seit Beginn des Prozesses und ist bis heute nicht verstummt.

Das erste Problem, das mit Nürnberg verbunden ist, ist natürlich das der Gerichtsbarkeit bzw. Zuständigkeit dieses außerordentlichen Tribunals.

Die Haager und Genfer Konventionen enthalten keine Anweisungen über ein internationales Gerichtsverfahren, so daß man freilich denken konnte, daß die Bestrafung von Kriegsverbrechen an und für sich Sache des Staates sein sollte, dem die Schuldigen angehören.

Die Nürnberger Verteidigung vertrat den Standpunkt, daß dem Tribunal die notwendige Zuständigkeit fehle und es daher kein rechtmäßiges Tribunal sei. Dazu heißt es in der Urteilsbegründung: »Dem Gerichtshof ist die Vollmacht verliehen worden, alle Personen abzu-

urteilen, die Verbrechen gegen den Frieden, Kriegsverbrechen und Verbrechen gegen die Menschlichkeit nach den im Statut festgelegten Begriffsbestimmungen begangen haben.« Ferner wurde diese Zuständigkeit aus der »bedingungslosen Kapitulation Deutschlands« hergeleitet. Jedoch trennen sich die Meinungen der Völkerrechtler weiter. Bemerkenswert bleibt die Tatsache, daß es weder vor noch nach Nürnberg ein anderes internationales Gericht mit Zuständigkeit für Strafsachen gegeben hat. Der internationale Gerichtshof in Den Haag, an den man in diesem Zusammenhang möglicherweise denken mag, hat Zuständigkeit nur für völkerrechtliche Streitigkeiten zwischen Staaten. Eine »Strafgerichtsbarkeit« ist nach seinen Statuten völlig ausgeschlossen.

Auch wenn es unter gewissen Umständen zulässig sein mag, Angehörige einer fremden kriegführenden Macht durch Gerichte aburteilen zu lassen, die ausschließlich mit Angehörigen des eigenen Staates besetzt sind, haftet den Urteilen eines solchen Gerichts ein Makel an, der schon psychologisch nicht zu entfernen ist. Schuldsprüche eines Gerichts, das ausschließlich von Richtern der Siegermächte besetzt ist, werden von vielen als willkürliche Machtsprüche empfunden. Nach uralter Rechtstradition ist das Wesen eines gerechten Prozesses eben die unparteiische Entscheidung eines nicht befangenen Richters. Es ist kaum vorstellbar, daß unmittelbar nach dem Zweiten Weltkrieg Richter aus den alliierten Ländern ohne Vorurteile über die deutsche Führung entschieden hätten oder überhaupt entscheiden hätten können.

Als gerechte Rechtsfindung gilt nur der Spruch eines Unbefangenen, Unbeeinflußten und Unparteiischen. Auch der Spruch gegen einen Mörder verliert an Überzeugungskraft, wenn der Richter mit dem Ermordeten verwandt war.

Noch bedrückender als ein befangener Richter ist für das Rechtsempfinden der Richter, der nur über die Verbrechen der einen Seite, nicht aber über die Verbrechen der anderen Seite urteilen darf.

Wenn schon ein internationales Militärtribunal gebildet werden mußte, so wäre es sinnvoll gewesen, dieses Tribunal mit alliierten, neutralen und deutschen Richtern zu besetzen. Um glaubwürdig zu sein, hätte dieses Tribunal allgemeine Zuständigkeit haben müssen, das heißt Zuständigkeit über die Verbrechen, die von den Besiegten, aber auch von den Siegermächten begangen worden waren.

Bei den Anklägern wäre manchmal auch eine bessere Wahl möglich gewesen. Auch Neutrale und Deutsche hätten diese Aufgabe wahrnehmen können. Man muß aber zugeben, daß die britischen, amerikanischen und französischen Ankläger durchaus ernstzunehmende Juristen waren. Der russische Hauptankläger, Roman

Hermann Göring (links) und
Rudolf Heß auf der Anklagebank in Nürnberg. Göring
wußte, daß er vor diesem Gericht der Sieger keine Chance
hatte. Dem Urteil, Tod durch
den Strang, kam er zuvor, indem er sich in seiner Zelle ver-
giftete. Rudolf Heß, der als
einziger Angeklagter lebenslänglich erhielt, wird seine
Strafe wohl bis zum Tod im
Spandauer Gefängnis absitzen
müssen. Alle Versuche einer
Begnadigung scheiterten am
Nein der Sowjetunion.

Rudenko, war aber von vornherein wegen seiner Tätigkeit als Staatsanwalt während der stalinistischen Säuberungen der dreißiger Jahre für seine neue Rolle als Hauptankläger in einem Prozeß, der eben nicht politisch sein sollte, höchst ungeeignet. Seine Anwesenheit in Nürnberg ist ein Makel, der auch den Ruf der anderen Ankläger beeinträchtigt.

Mehrfach versuchte die Verteidigung in Nürnberg vom *tu-quoque*-Grundsatz (gleiches Maß für gleichen Tatbestand) Gebrauch zu machen. Beinahe ausnahmslos reagierte das Gericht mit dem Satz, die Ausführungen der Verteidigung seien »unerheblich«. Das Statut beschränkte die Zuständigkeit des Gerichts nur darauf, über deutsche Kriegsverbrechen zu urteilen, nicht aber über völkerrechtswidrige Handlungen der Siegermächte.

Nur in einem einzigen Fall gelang es der Verteidigung, den *tu-quoque*-Grundsatz zugunsten zweier Angeklagter, nämlich der Großadmirale Raeder und Dönitz, anzuwenden: »In Anbetracht dieser Beweise und insbesondere eines Befehls der britischen Admiralität vom 8. Mai 1940 des Inhalts, daß alle Schiffe im Skagerrak bei Sicht versenkt werden sollten, und in Anbetracht der Beantwortung des Fragebogens durch Admiral Nimitz, daß im Pazifischen Ozean von den Vereinigten Staaten vom ersten Tag des Eintritts dieser Nation in den Krieg der uneingeschränkte U-Boot-Krieg durchgeführt worden ist, ist die dem Angeklagten zuteil werdende Strafe nicht auf seine Verstöße gegen die internationalen Bestimmungen für den U-Boot-Krieg gestützt.«

In diesem Fall wirkte der *tu-quoque*-Grundsatz als Schirm. Er wurde in einem anderen Fall indirekt anerkannt, soweit es den von deutscher Seite geführten Luftkrieg betraf. Es war offensichtlich, daß die Flächenbombardierung deutscher Städte, die ohne Rücksicht auf militärische oder zivile Ziele erfolgte und die in der Katastrophe von Dresden kulminierte, den Hintergrund dafür bildete, daß die Anklageschrift über die Bombardierungen von Rotterdam, Coventry und London keine Punkte enthielt.

Ungeschickterweise wurde aber der Massenmord an den polnischen Offizieren im Walde von Katyn bei Smolensk im Anklagepunkt 3 Absatz C den Deutschen vorgeworfen. Im Laufe des Prozesses erwies sich dieser Vorwurf als unhaltbar, und das Urteil schwieg ganz über Katyn. Eine genauere Untersuchung hätte auch nur zu Tage gebracht, daß dieser Massenmord zu Lasten der Sowjetunion ging. Auch das ist ein Faktum, das von vielen Juristen als peinlich und mitunter untragbar empfunden wurde und wird, nämlich, daß nur die Verbrechen der Besiegten bestraft werden, während die Siegerländer entweder Amnestiegesetze für ihre Landsleute erließen oder sich wenig Mühe gaben, die eigenen Verbrechen zu untersuchen oder gar zu verfolgen.

Wie oben erwähnt, legte das Nürnberger Statut drei Verbrechen fest, für deren Aburteilung der Gerichtshof zuständig sein sollte. Diese waren (a) Verbrechen gegen den Frieden, (b) Kriegsverbrechen und (c) Verbrechen gegen die Menschlichkeit. Die Täter solcher Verbrechen waren persönlich verantwortlich.

Juristisch gesehen bereitete die zweite Kategorie »Kriegsverbrechen« die wenigsten Schwierigkeiten, wenn einwandfreie Verletzungen der Haager- und Genfer Konventionen vorlagen. Obwohl der Begriff »Verbrechen gegen die Menschlichkeit« ein Novum darstellte, konnten diese weitgehend als grobe Kriegsverbrechen verstanden werden. Das sogenannte Verbrechen gegen den Frieden war, weil bisher jeglicher Definitionsansatz dafür fehlte, für viele Juristen äußerst schwierig zu erfassen.

Bei der Eröffnung des Nürnberger Prozesses hat die Verteidigung mit allem Nachdruck behauptet, die Angeklagten als Einzelpersonen für Staatshandlungen verantwortlich zu machen, sei *ex post facto* (Erlaß von Gesetzen, die die Strafbarkeit einer Handlung erst nach der Tat bestimmen = rückwirkende Straftatbestände) und unrechtmäßig, denn bis zu diesem Prozeß hätten Juristen und Staaten niemals auch nur daran gedacht, Staatsmänner, Generäle und Wirtschaftsführer eines Staates wegen Anwendung von Gewalt anzuklagen, geschweige denn sie vor einen internationalen Strafgerichtshof zu stellen.

Diese Behauptung war historisch falsch, denn nach den Napoleonischen Kriegen wurden in gewissen Kreisen die Frage der gerichtlichen Bestrafung von Napoleon ernsthaft erwogen. Ein energischer Befürworter dieser Idee war der deutsche General Gneisenau. Nach dem Deutsch-Französischen Krieg 1870/71 wollten einige deutsche Generäle Napoleon III. wegen der Entfesselung eines Angriffskrieges bestrafen. Bismarck lehnte diese Idee energisch ab. Nach dem Ersten Weltkrieg wollten die Entente-Mächte zahlreiche deutsche Politiker und Generäle vor einen internationalen Strafgerichtshof stellen. Sie verzichteten nur darauf, weil die Deutschen selber einige von den in Frage kommenden Personen bestraft haben. Was bei Nürnberg aber doch *ex post facto* erschien, war der Anklagepunkt wegen sogenannter »Verbrechen gegen den Frieden«, die definiert wurden als:

»Planen, Vorbereitung, Einleitung oder Durchführung eines Angriffskrieges oder eines Krieges unter Verletzung internationaler Verträge, Abkommen oder Zusicherungen oder Beteiligung an einem gemeinsamen Plan oder an einer Verschwörung zur Ausführung einer der vorgenannten Handlungen.« Zu diesem Punkt erklärte die Verteidigung: »Soweit es sich um Verbrechen gegen den Frieden handelt, hat daher der gegenwärtige Prozeß keine gesetzliche Grundlage im internationalen Recht, sondern ist ein Verfahren, das auf einem neuen Strafrecht basiert, einem Strafrecht, das erst nach der Tat geschaffen wurde.«

Der Vorsitzende des Gerichts, Lordrichter Geoffrey Lawrence, lehnte den Antrag der Verteidigung ab. Auch viele namhafte Völkerrechtler haben seitdem die Auffassung der Verteidigung bestritten. Professor Sheldon Glueck von der Harvard Universität schrieb z. B.: »Der Fortschritt des völkerrechtlichen Gewohnheitsrechtes hat die Tatsache anerkannt und reichlich Beweismaterial dazu geliefert, daß ein Angriffskrieg nicht nur ein unrechtmäßiger, sondern geradezu ein verbrecherischer Krieg ist. Wenn man aber Verantwortlichkeit und Strafbarkeit auf schuldige Staaten als solche beschränkt, so wird dieser außerordentlich wichtige völkerrechtliche Grundsatz ausgehöhlt.

Nur die Verfolgung und Züchtigung machttrunkener Staatsoberhäupter und Regierungsmitglieder verspricht eine abschreckende Wirkung, wenn überhaupt eine angemessene Strafe erfolgen kann.« In diesem Sinne entschied auch das Nürnberger Tribunal. Um den Grundsatz *nullum crimen sine lege, nulla poena sine lege* (kein Verbrechen und keine Strafe ohne vorher bestehende gesetzliche Strafbarkeit) zu umgehen, wurde auf den Kellogg-Briand-Pakt von 1928 zurückgegriffen, der plötzlich als Strafgesetz neu ausgelegt wurde, obwohl dieser Pakt nicht ausdrücklich festlegte, daß Angriffskriege strafbare Handlungen seien und auch nicht Gerichtshöfe zur Aburteilung derjenigen einsetzte, die solche Kriege herbeiführten.

Und gewiß noch schlimmer als die Verurteilung eines besiegten Gegners durch ein Sonderstrafgesetz gegen Angriffskriege war die Teilnahme der Sowjetunion an der Anklage, obwohl Stalin selber den Angriffskrieg auf Polen zusammen mit Hitler geplant und durchgeführt hatte und später ganz allein neue Angriffskriege und rechtswidrige Invasionen gegen Finnland (aus diesem Grunde wurde die Sowjetunion vom Völkerbund ausgestoßen), Estland, Lettland und Litauen führte. Die sowjetische Anwesenheit in Nürnberg machte den Anklagepunkt »Verbrechen gegen den Frieden« zu einer bedauerlichen Farce.

Obwohl die Nürnberger Prozesse schlecht konzipiert und durchgeführt wurden, bilden sie die Grundlage für die Fortentwicklung von Völkerrecht, denn Völkerrecht bildet sich nicht nur durch internationale Gesetzgebung fort, sondern auch durch internationale Staatenpraxis. Der wichtigste Grundsatz, der durch Nürnberg geformt wurde, verbietet den Angriffskrieg und droht mit persönlichen Strafen für das Begehen eines Verbrechens gegen den Frieden. Mit Blick auf die Erfahrung, die 30 Jahre brutalster Kriege seit Nürnberg zeigen, ist es berechtigt zu fragen, wie viele Politiker sich wegen Nürnberg irgendwie gehindert fühlten, sich gegen den Frieden zu verschwören oder eindeutige Angriffskriege zu führen. Es ist offenbar, daß als Abschreckung gegen Angriffskriege Nürnberg vollkommen versagt hat.

Kriegsverbrecher und Verbrechen gegen die Menschlichkeit gab es auch nach Nürnberg. Die Truppen der Staaten, die in Nürnberg die Richter und Ankläger stellten, haben diese Verbrechen begangen. Sind die verantwortlichen Soldaten und Politiker vor Gericht gestellt worden?

Zwanzig Jahre nach Nürnberg beschäftigte sich General Taylor, Hauptankläger bei den amerikanischen Nachfolgeprozessen, erneut mit Kriegsverbrechen, diesmal mit amerikanische. In seinem Buch »Nürnberg und Vietnam: Eine amerikanische Tragödie« stellte Taylor die These auf, daß die USA die Nürnberger Grundsätze mißachtet und daß amerikanische Truppen in Vietnam erstmalig Kriegsverbrechen begangen hätten. Es ist durchaus zu begrüßen, daß Verbrechen wie My Lai untersucht und bestraft werden, aber man fragt sich, ob die Bereitschaft für ein Strafverfahren vorhanden gewesen wäre, wenn die USA den Krieg gewonnen hätten oder wenn der Krieg die Unterstützung des »liberalen Establishment« genossen hätte. Ebenso: sind Vietnam die ersten oder gar die schlimmsten amerikanischen Verbrechen begangen worden? Die Massaker von Dresden, Hiroshima und Nagasaki als Kriegsverbrechen zu übersehen, steht außer Verhältnis zu der Empörung über My Lai. Über sowjetische Kriegsverbrechen vor und nach Nürnberg erübrigt sich jedes Wort.

Historisch werden die Nürnberger Prozesse immer mit gewissem Zynismus zu betrachten sein, weil die Siegermächte es damals nicht fertig brachten, ihre eigenen Handlungen nach den gleichen Regeln und mit der gleichen Schärfe abzuurteilen, wie sie sie bei der Bestrafung der Besiegten anwandten. Positiv wird der Betrachter die menschliche Qualifikation und Würde des englischen Hauptrichters Lawrence vermerken müssen, die verhinderte, daß Nürnberg auf das Niveau von Schauprozessen à la Freisler und Benjamin abglitt. Der Kreuzzugs-Eifer mancher Ankläger war auch sicherlich von gutem Willen getragen. Aber der Versuch, für das Rechtsempfinden der »zivilisierten« Nationen zu sprechen, scheiterte an den aufgezeigten fundamentalen Fehlern.

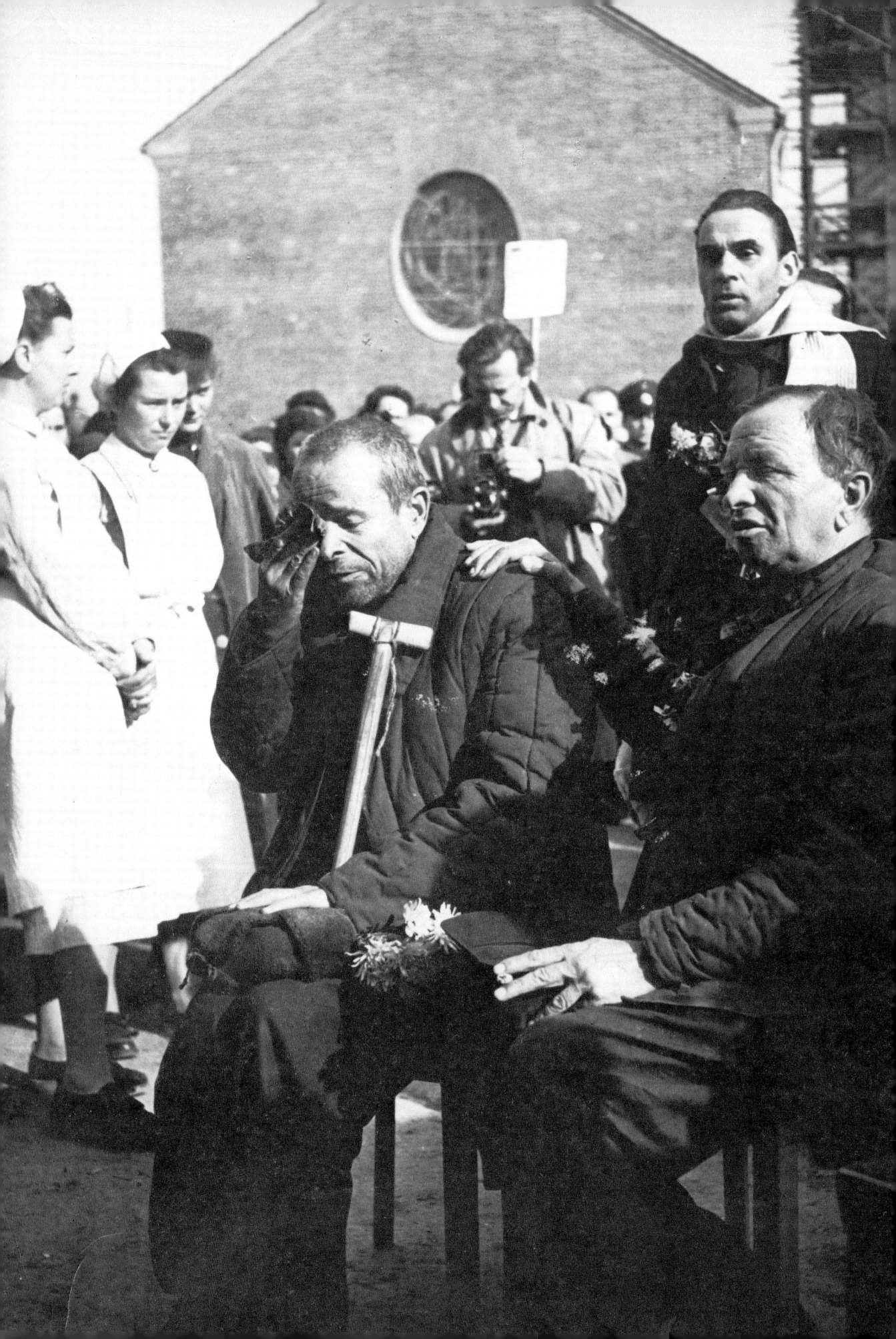

Die Kriegsgefangenen

Für die Gewahrsamsstaaten, ausgenommen die Sowjetunion, war das Genfer Kriegsgefangenenabkommen vom 27. Juli 1929 bindend. Die Sowjetunion hatte dieses Abkommen nicht ratifiziert, fühlte sich jedoch, wie sie im Nürnberger Kriegsverbrecherprozeß erklärte, an die Haager Landkriegsordnung von 1907 und an den Geist des Genfer Abkommens gebunden. Der »Erlaß des Rates der Volkskommissare der UdSSR über Kriegsgefangene« vom 1. 7. 1941 beruhte in der Tat weitgehend auf der Haager Konvention. Hierauf bezog sich auch eine »Note des Volkskommissariats für auswärtige Angelegenheiten« vom 27. 4. 1942, in der es hieß, die Sowjetregierung bleibe »ihren Grundsätzen der Humanität« treu und halte sich »an die Verpflichtungen, die sie in der Frage der Behandlung der Kriegsgefangenen nach der Haager Konvention von 1907 auf sich genommen« habe, auch wenn diese von Deutschland verletzt werde.

Für die Kriegsgefangenen in der Sowjetunion ergaben sich dennoch drei grundsätzliche Nachteile: sie hatten zu keinem Zeitpunkt eine Schutzmacht, das IKRK (Internationales Komitee vom Roten Kreuz) konnte ihre Lager nicht besuchen (im Westen hat das IKRK über 11 000 Lagerbesuche gemacht), und Moskau gab keine Meldungen nach Genf, so daß die Familien lange Zeit im Ungewissen über den Verbleib ihrer Männer und Söhne blieben. Auch verliefen die Bemühungen des IKRK 1941−45, den Austausch von Gefangenenlisten zwischen dem Deutschen Reich und der Sowjetunion zu erreichen, leider erfolglos.

Wie zwiespältig die Rechtsauffassung an sich im Verlauf des in starkem Maße ideologisch geführten Krieges geworden war, dafür einige Beispiele. Das neutrale Schweden lieferte 2500 Militärinternierte, die sich vom östlichen Kriegsschauplatz nach Schweden gerettet hatten, an die Sowjetunion aus. Dieses Vorgehen ist heute noch völkerrechtlich umstritten. Umstritten ist auch, ob die Westalliierten berechtigt waren, im Zusammenhang mit der bedingungslosen Kapitulation Deutschlands den Begriff des SEP (Surrendering Enemy Personal = Übergelaufenes Feindpersonal = Kapitulationsgefangene) einzuführen, das nicht als kriegsgefangen anerkannt wurde und für dessen Versorgung die Gewahrsamsmacht nicht verantwortlich sein wollte. Umstritten ist ferner die Umwandlung von Kriegsgefangenen in sogenannte »Freie Zivilarbeiter« (138 000 in Frankreich, 4000 in Jugoslawien), die der Sowjetunion Veranlassung zu dem Vorwurf gab, man wolle auf diese Weise den Beschluß der Moskauer Außenministerkonferenz von 1947, alle Gefangenen bis Ende 1948 zu repatrieren, umgehen. Umstritten ist schließlich die Umwandlung von Kriegsgefangenen in Untersuchungsgefangene − ohne vorherige faktische (nicht nur formale) Entlassung −, wie sie in Ost und West geübt wurde.

Die Kriegsgefangenen steckten nach Kriegsende infolge der bedingungslosen Kapitulation gleichsam in einem »völkerrechtlichen Vakuum«, weil es keine Zentralregierung mehr gab, die ihre Interessen durch Schutzmächte hätte wahrnehmen lassen können; eine ungewöhnliche Situation, die kein Vorbild hatte. Allein die klassische Schutzmacht Schweiz hatte die deutschen Interessen in zwölf Ländern vertreten.

Diese Kriegsgefangenschaft hat jedoch noch ein anderes Problem aufgeworfen. Die Nichtanerkennung der Partisanen als Kriegsführende, wie sie die Besatzungsmacht praktizierte, stimmte durchaus mit dem geltenden Völkerrecht überein. Um der illegalen Kriegführung mit ihren Hinterhältigkeiten Herr zu werden, waren äußerst harte Gegenmaßnahmen unumgänglich. Die Repressalie kam auf. An sie erinnerte sich der Partisan nach dem Sieg und daran, daß ihn die anderen als Räuber, Mörder und Wegelagerer bezeichnet hatten. Jetzt sollten sie sehen, wozu er fähig war. War er schon zum Räuber, Mörder und Wegelagerer abgestem-

Nach Adenauers Moskaureise im September 1955 kehrten die letzten 10 000 deutschen Kriegsgefangenen aus der Sowjetunion in die Heimat zurück. Im Heimkehrerlager Friedland spielten sich die erschütterndsten Szenen ab.

pelt, so fand er keine Veranlassung, die Gefangenen eines besseren zu belehren. Er hatte keinen Pardon gewollt, und er gab keinen. Zu fragen bleibt indessen, ob die Nichtanerkennung der Partisanen als Kriegführende auch dann noch berechtigt war, als sie feste militärische Einheiten – wie in Jugoslawien und ab 1944 in Frankreich – bildeten. Die deutschen Heerführer waren sich darüber nicht einig. Wie dem aber auch sei, es ändert nichts daran, daß der Meuchelmord und die Folterung von Gefangenen ebenso verwerflich sind wie die Vergeltung an unschuldigen Geiseln. Die Absicht, sein Land zu befreien, darf nicht die reglementierten Grundsätze verletzen, die »Sitten und Gebräuche des Krieges« heißen.

Die Humanität, ob sie nun im Haager oder Genfer Recht gefordert wurde, war zeitweise von der ideologischen Kriegführung überlagert, die dann auch vor den Gefangenen nicht halt machte. Roosevelts Forderung nach dem *unconditional surrender* der Deutschen und Eisenhowers *Crusade in Europe* waren nicht weniger Ausdruck dieser Haltung als Stalins Befehl, den Faschismus mit Stumpf und Stil auszulöschen. Hitler selbst hatte den ideologischen Krieg ausgerufen, spätestens im November 1943, als er 20 000 Offiziersanwärtern erklärte, es gehe nicht nur um eine militärische Auseinandersetzung, sondern »um ein gigantisches Ringen zwischen Völkern und Rassen, in dem die eine Weltanschauung siegt und die andere unbarmherzig vernichtet wird«.

Einmal angelaufen, forderte die Propagandawalze vor allem im Osten geradezu heraus, daß der Gefangene mit dem verhaßten System identifiziert und dementsprechend behandelt wurde. Am Ende erwies sich die eingeimpfte Ideologie beim einfachen Mann stärker als etwa völkerrechtliche Bedenken. Jeder Sieg war nicht nur ein Triumph der Waffen, des Mutes, der Tapferkeit, der strategischen und taktischen Überlegenheit, sondern auch ein Triumph der Weltanschauung, eine sichtbare Bestätigung dafür, daß der viel zitierte Gott der Heerscharen den neuen Glauben gutheiße. So aufgeputscht, vergaß der Sieger im Siegesrausch oft die gewöhnlichsten Anstandsregeln gegenüber dem wehrlosen Gefangenen.

Das Empfinden, der Gefangene sei als Vertreter des bekämpften Regimes ein Verbrecher und daher strafwürdig, war stark verbreitet. Die vom Völkerrecht zur Kennzeichnung der Kriegführenden vorgeschriebenen äußeren Abzeichen, deren Aussehen jedem Staat überlassen bleibt, verwandelten sich an der Uniform des Gefangenen zu einer Provokation. Sie waren Anlaß zu Übergriffen und Verdächtigungen. Gefangene aus Elitetruppen galten als die Personifikation des Bösen schlechthin. Wo sie liquidiert wurden, glaubte der Sieger, ein Stück des feindlichen Systems liquidiert zu

haben. Im Labyrinth der eigenen Ideologie gefangen, konnte er nicht mehr zwischen den Verantwortlichen und den Abhängigen unterscheiden. Der Untergang des Feindes sollte vollkommen sein.

Als Gefangener wehrlos zu sein, war Verrat an der neuen Religion, die nur Helden kannte. Der Gefangene war nicht den Federstrich wert, mit dem sein Los hätte erleichtert werden können. Zweiseitige Vereinbarungen im Westen über die Behandlung der Gefangenen kamen daher nicht oder nur schleppend und fragmentarisch zustande. Ihre Einhaltung wurde durch Mißtrauen, Vorwürfe, Vorurteile und Gleichgültigkeit erschwert.

Die Post deutscher Kriegsgefangener aus dem Osten wurde von Goebbels zum möglichen »Einfallstor für bolschewistische Propaganda in Deutschland« erklärt und, wie sein Tagebuch – Eintrag vom 17. 12. 1942 – beweist, künftig den Angehörigen nicht mehr ausgeliefert. Bis Kriegsende gab es daher keinen Kontakt mit der Außenwelt, danach einen von unterschiedlicher Regelmäßigkeit. Die Existenz sogenannter »Schweigelager« im Osten war nicht nachweisbar.

Neu, weder in den Haager noch in den Genfer Regeln über die Behandlung der Kriegsgefangenen vorgesehen, aber eben typisch für diese Kriegsgefangenschaft mit ihrer ideologischen Prägung, waren die Versuche der Gewahrsamsstaaten, die Eingesperrten politisch umzuerziehen. Eine Vereinbarung hierüber gab es nicht, wenn sich auch die Siegermächte nach Kriegsende auf die Potsdamer Beschlüsse über die »endgültige Umgestaltung des deutschen politischen Lebens auf demokratischer Grundlage« berufen mochten.

Schon während des Krieges zeigten sich in der Sowjetunion Ansätze für eine politische Beeinflussung der Gefangenen (Kommitee Freies Deutschland, Bund deutscher Offiziere), während sich die USA noch zurückhielten und sich aus Sicherheitsgründen (Fememorde) lediglich auf die Schaffung von Nazi- und Antinazilagern beschränkten. Später wurde nur etwa jeder zehnte Kriegsgefangene im Westen von der Umerziehung erfaßt, vor allem in Großbritannien, weniger in den USA und im Nahen Osten, kaum in Frankreich, Belgien, Luxemburg und den Niederlanden. Im Osten folgten dem sowjetischen Beispiel Jugoslawien, weniger Polen und gar nicht die Tschechoslowakei.

Hatten die *re-education* (Umerziehung) im Westen und die antifaschistische Bewegung im Osten übereinstimmend zum Ziel, den Nationalsozialismus aus den Köpfen der Gefangenen auszutreiben, so waren Methoden und Absichten doch sehr unterschiedlich. Im Westen beruhte die Teilnahme auf der Freiwilligkeit, wenn auch das britische *screening* (politische Einstufung) als unangenehm und oft ungerecht empfunden wurde. Da ein *Training Adviser* (Schulungs-Berater) mehrere Lager unter sich hatte, war der Unterricht zwangsläufig recht aufgelockert.

Anders im Osten. Dort gab es in jedem Lager einen Politinstruktor, der die regelmäßige und pflichtgemäße Teilnahme am politischen Unterricht überwachte. Praktisch wurden dadurch alle Gefangenen erfaßt. Im Osten wurde ein »allgemein verbindliches, geschlossenes ideologisches System« vermittelt, im Westen suchte man lediglich den Anschluß an die Weimarer Republik zu finden.

Beide Seiten bevorzugten die Jugendlichen unter den Lagerinsassen; es ging schließlich darum, die Zukunft Deutschlands in den Griff zu bekommen. Der Westen baute hierfür Brücken durch umfangreiche Sprachkurse und öffnete den Gefangenen damit zugleich den Zugang zur Zivilbevölkerung, nachdem das Fraternisierungsverbot einmal aufgehoben war. Der Osten förderte – wohl aus Sicherheitsgründen – keine Sprachkurse. Die Gefangenen blieben, von den gemeinsamen Baustellen abgesehen, ohne die Möglichkeit, mit den Einwohnern zu reden. Wie aber auch immer – der Arbeitseinsatz war fast überall vorrangig.

Fragt man nach dem Erfolg der politischen Umerziehung, so steht zunächst einmal fest, daß sie die Situation der Gefangenen infolge der damit verbundenen Simplifizierung (wer mitmacht, ist ein Verräter; wer dagegen ist, ein Faschist) und der sich hieraus ergebenden Folgen (Verdächtigungen, Denunziationen, »Radfahrertum« u. a.) oft unerträglich erschwert hat. Sie wurde zu einer Belastungsprobe für den einzelnen und führte zur Spaltung der Lagergemeinschaften. Der Vergleich zwischen dem erlebten Gefangenenalltag und den gepredigten Theorien fiel meist zuungunsten der Theorien aus. Das Lager erwies sich als schlechter Nährboden für politische Experimente. Es steht aber ebenso außer Zweifel, daß für die Zeit nach der Gefangenschaft Männer praktisch so »erzogen« wurden, daß sie den Besatzungsmächten in Deutschland als Hilfskräfte in der öffentlichen Verwaltung zur Verfügung gestellt oder als Parteifunktionäre tätig werden konnten.

Neu und typisch waren auch die Prozesse gegen Lagerinsassen wegen tatsächlicher oder angeblicher Kriegsverbrechen. Viel Böses war im Krieg und während der Besatzungszeit geschehen, es verlangte nach Aburteilung er Schuldigen. Auf die prozessualen Umstände kann hier jedoch nicht eingegangen werden. Umfang und Methodik im Osten machen aber den Einfluß der ideologischen Auseinandersetzung deutlich: die individuelle Schuld eines Gefangenen schien den in Regime-Lagern eingesetzten Gerichten 1948/50 allein durch seine frühere Zugehörigkeit zu bestimmten Truppeneinheiten erwiesen. 50000 wurden kollektiv angeklagt und fast stereotyp zu 25 Jahren Arbeitslager verurteilt, aber nur etwa die Hälfte verblieb nach Abschluß der

Repatriierung 1950 zunächst noch für weitere Jahre in der Sowjetunion. Die letzten 10000 von ihnen wurden nach dem Adenauer-Besuch in Moskau 1955/56 im Austausch gegen die Aufnahme diplomatischer Beziehungen freigelassen.

Ob mit den »Geständnissen« über angerichtete Kriegsschäden »auch Unterlagen für spätere Reparationsforderungen an Deutschland« beschafft werden sollten, wie ein Vernehmer bei den Werschetzer Prozessen (Jugoslawien, wo 1000 Gefangene, meist Offiziere, verurteilt wurden) durchblicken ließ, ist unwahrscheinlich. Viel eher dienten die Prozesse wohl dazu, dem eigenen Volk, aber auch der Weltöffentlichkeit noch einmal zu zeigen, wer die Alleinschuld am Krieg hatte.

Da die Verurteilten vorwiegend Intelektuelle waren, entfällt auch die Vermutung, man habe sich billige Arbeitskräfte auf längere Zeit sichern wollen. Andererseits sollte jedoch ein Abschreckungseffekt erzielt werden, indem man jedem potentiellen Angreifer deutlich machte, was ihn im Falle einer Niederlage erwarten würde.

Von den 2 Milliarden Arbeitstagen, die deutsche Kriegsgefangene geleistet haben, entfallen auf den Osten 70 Prozent, auf den Westen 30 Prozent. Unterstellt man, daß täglich 8 Stunden gearbeitet wurde (oft waren es mehr), so ergibt sich die eindrucksvolle Zahl von 16 Milliarden Arbeitsstunden.

Nach der heutigen Rechtsauffassung hat Gefangenschaft jedoch nur zum Ziel, den Soldaten an der Fortführung des Kampfes zu hindern. Dennoch sprach die Kontrollratsdirektive No. 18 vom 12. 11. 1945 von »Reparationsleistungen der Kriegsgefangenen«. Auf der Moskauer Außenministerkonferenz 1947 blieb die Frage offen, ob Reparationen in Form von Arbeitsleistungen gefordert werden können. Der Einwand, die Gewahrsamsmächte hätten die unterernährten und kranken Gefangenen nicht zur Arbeit befehlen dürfen, ist zwar völkerrechtlich begründet, geht jedoch an der Wirklichkeit leider vorbei. Hier ist nur von Tatsachen die Rede, und Tatsache war, daß die Gefangenen als Soldaten die Zerstörungen selber verursacht hatten, unter deren Auswirkungen sie jetzt litten.

Da es sich infolge des Totalen Krieges nicht um belanglose, sondern um sehr einschneidende Zerstörungen handelte, deren Beseitigung die Anspannung aller Kräfte erforderte, hielten sich die Gewahrsamsstaaten für berechtigt, auch die Gefangenen für den schnellen Wiederaufbau ihrer Länder zu verwenden. Wie hätten sie eine Rücksichtnahme auf deren Gesundheitszustand gegenüber ihren Völkern motivieren sollen? Darbten ihre Staatsbürger nicht selber? Waren sie nicht in großer Zahl als Zwangsarbeiter verschleppt worden und krank zurückgekehrt?

Der geschlagene Gegner hatte seinen Willen zur Wie-

Deutsche Kriegsgefangene im Osten. Wie schon über 2,5 Millionen Rotarmisten die deutsche Gefangenschaft nicht überlebten, so sollten auch Zigtausende deutsche Gefangene aus Rußland nicht mehr zurückkehren.

dergutmachung durch seine Arbeitsleistungen zu dokumentieren. Allerdings ist Wiedergutmachung Sache des ganzen Volkes, nicht eines Teiles von ihm. Insofern gilt es als umstritten, daß die Gewahrsamsstaaten ihre Gefangenen auch nach Kriegsende »stellvertretend« noch jahrelang arbeiten ließen. Dabei wurde die Erfüllung der Arbeitsnorm zum Prüfstein für den Gesinnungswandel: ob denn einer seiner »faschistischen Gesinnung« abgeschworen habe oder nicht. Die Überspitzung dieses Verfahrens ohne Rücksicht auf seine Erfüllbarkeit führte zum Raubbau an der bereits geschädigten körperlichen Konstitution des Gefangenen.

Es ist abwegig zu erwarten, der Haltestaat passe sich bei seinen Aktionen den Gewohnheiten an, die den Gefangenen von Haus aus geläufig sind. Was er von seinen Zivilarbeitern fordert, fordert er auch von den Gefangenen. Keine andere Lösung ist möglich, soll die gemeinsame Arbeit von Zivilisten und Kriegsgefangenen am gleichen Objekt nicht zu fruchtlosen Auseinandersetzungen führen. Die Kluft in den beiderseitigen Auffassungen wirkt sich stets zum Nachteil der Gefangenen aus.

Die Kriegsgefangenenarbeit hat aber auch ein gutes

Gesicht: sie war ein Beitrag zur Aussöhnung der Völker, wie er wirkungsvoller anders wohl nicht geleistet werden konnte. In der Sowjetunion etwa war fast die Hälfte der arbeitenden Kriegsgefangenen in den Bereichen Bauwesen, Holz und Verkehr eingesetzt, in der Industrie ca. 18 Prozent und bei Transportarbeiten über 20 Prozent, andere wiederum in der Landwirtschaft oder bei der Kohlenförderung. Die Schwerpunkte lagen im Donezbecken, im Ural und in Weißrußland, das unter dem Krieg besonders stark gelitten hatte. Auf der anderen Seite, so in Frankreich, waren 42 Prozent in der Landwirtschaft, 11 Prozent beim Wiederaufbau, 9,6 Prozent in der Forstwirtschaft, 8,9 Prozent bei der Mienenräumung (die nach Artikel 32 des Genfer Abkommens unzulässig war), andere im Steinkohlenbergbau, in der Industrie, beim Straßenbau und im Transportwesen tätig.

Die von den Kriegsgefangenen erbrachten Leistungen und geschaffenen Werte lassen sich in Geld nicht ausdrücken. Die Zahl der Arbeitsstunden ist dennoch Beleg genug für die Behauptung, daß die Kriegsgefangenen am Wiederaufbau Europas maßgebend beteiligt waren. Mit dem sichtbaren Wiederaufbau wuchs, bewußt oder unbewußt, der Respekt vor dem Fleiß, dem Können und dem Erfindungsreichtum der Gefangenen.

Der emotionalen Betrachtungsweise entrückt, ergibt sich zunächst eine wenig beachtete Tatsache: Im Zweiten Weltkrieg sind unter den deutschen Kriegsgefangenen im Osten zwar absolut mehr, relativ aber weniger Todesfälle eingetreten als im Ersten Weltkrieg. Und: In deutschen Lagern sind 1941–1945 absolut und relativ mehr Sowjetgefangene ums Leben gekommen als deutsche Kriegsgefangene in sowjetischem Gewahrsam.

Worauf aber ist die hohe Sterblichkeit an sich zurückzuführen? Sie hat – neben Einflüssen wie ungewohntes Klima, unzureichende Ernährung (Mißernte 1946 in der Sowjetunion) u. a. – drei grundsätzliche Ursachen: die Kriegszerstörungen, die Vernichtung jeder intersubjektiven Verständigung, und die unübersehbaren Menschenmassen. Keine der Ursachen steht für sich allein, sie addierten sich vielmehr zu einer tödlichen Bedrohung.

Die Massen ließen eine rechtzeitige namentliche Registrierung nicht zu. Erst nachdem sie in faßbare Lagereinheiten gegliedert waren, folgte die Karteikarte. Inzwischen waren Unzählige als Unbekannte gestorben. Die Massen schufen einen Notstand und stellten den Gewahrsamsstaat vor schier unlösbare Aufgaben bezüglich der Ernährung, Unterbringung und Bekleidung, der ärztlichen Fürsorge und des Postverkehrs mit der Heimat. Fielen die Soldaten nach Kesselschlachten oder bei der bedingungslosen Kapitulation dazu noch plötzlich in großer Zahl in feindliche Hand, so machten sie die Situation allein durch ihre Zahl zu einer Existenzfrage. Ihr Zustand (Geist, Körper und Seele) im Augenblick der Gefangennahme konnte daher um so mehr ihr Fortleben gefährden und sie zum Lagertod verdammen. In der Masse zu leben, wurde gleichbedeutend mit dem erzwungenen Verzicht auf das rettende Stück Brot.

Lange, harte entbehrungsreiche Kämpfe, die der Gefangennahme vorausgegangen waren, brachten körperlich erschöpfte, geistig gleichgültige und seelisch zermürbte Männer in die provisorischen Sammellager mit ihren vielfältigen Unzulänglichkeiten. Die Widerstandskraft des Menschen war bereits stark herabgesetzt, als er sich gegen die Lagerunbilden zur Wehr setzen sollte. Kamen Verwundungen hinzu, so sank die Aussicht auf Rettung auf den Nullpunkt.

Wie sehr die Masse die Überlebenschance mindern konnte, erhellt die Tatsache, daß in den östlichen Sammellagern, wo häufig Zehntausende zusammengepfercht waren, insgesamt etwa 250000 (12,4 Prozent) vor ihrem Abtransport in die Sowjetunion verstorben sind, in Rumänien (heißer Sommer, Seuchen) allein 55000 von 115000 Mann (47,8 Prozent). In Jugoslawien waren 80000 Tote zu beklagen, in Frankreich nach amtlicher französischer Darstellung 25000. Von den 1941/42 in der Sowjetunion eingebrachten Gefangenen verstarben 90 bis 95 Prozent. Für die 43er Gefangenen ergibt sich eine Todesrate von 60 bis 70 Prozent, für 1944 von 30 bis 40 Prozent und für die Kapitulationsgefangenen von 20 bis 25 Prozent. Dagegen ist das Massensterben in den berüchtigten »Rheinwiesenlagern« ausgeblieben, obwohl auch dort Zehntausende monatelang in völlig improvisierten Camps hausen mußten. »Nur« 4500 Lagertote (etwa 1 Prozent) sind nachweisbar.

Die Leichenhaufen dürfen nicht darüber hinwegtäuschen, daß der perfekte Haß – ohne das Völkerrecht – die Gefangenenbehandlung zu einem Rückfall in barbarische Zeiten gemacht hätte. Der Gefangene wäre wieder ein rechtloser Sklave geworden, ohne Aussicht auf Befreiung. Eine Zeitlang schien es auch so, als niemand davon sprach, die Eingesperrten zu entlassen. Dann jedoch siegte die Vernunft, die Gefangenen kamen nach Hause. Natürlich waren auch andere, vor allem politische Gründe mit ihrer Repatriierung verknüpft. Doch die nüchterne und zweckmäßige Überlegung, was dem Gewahrsamsland am Ende mehr nütze, die erzwungene Arbeitsleistung rechtswidrig zurückgehaltener Kriegsgefangener oder die Gewißheit, als Rechtsstaat zu gelten, war der Anstoß zur Auflösung der Lager. Dem moralischen Druck der Weltöffentlichkeit konnte sich auf die Dauer niemand entziehen, wollte er im Konzert der Nationen nicht sein Gesicht und damit seine Glaubwürdigkeit verlieren.

Inhalt der Karten

Der Feldzug in Polen   393

Die Besetzung Dänemarks und Norwegens   394

Der Angriff im Westen   395 u. 396

Die Schlacht um Frankreich   397

Krieg auf dem Balkan und in Libyen   398

Das Kräfteverhältnis im Osten   399

Der Ostfeldzug   400 u. 401

Das Ende im Osten   402 u. 403

Die Kapitulation im Süden   404

Die Kapitulation im Westen   405

Die Schlacht im Atlantik   406

Der Krieg in Ostasien und im Pazifik   407

Alliierter Bombenkrieg/Deutschland nach

dem 2. Weltkrieg   408

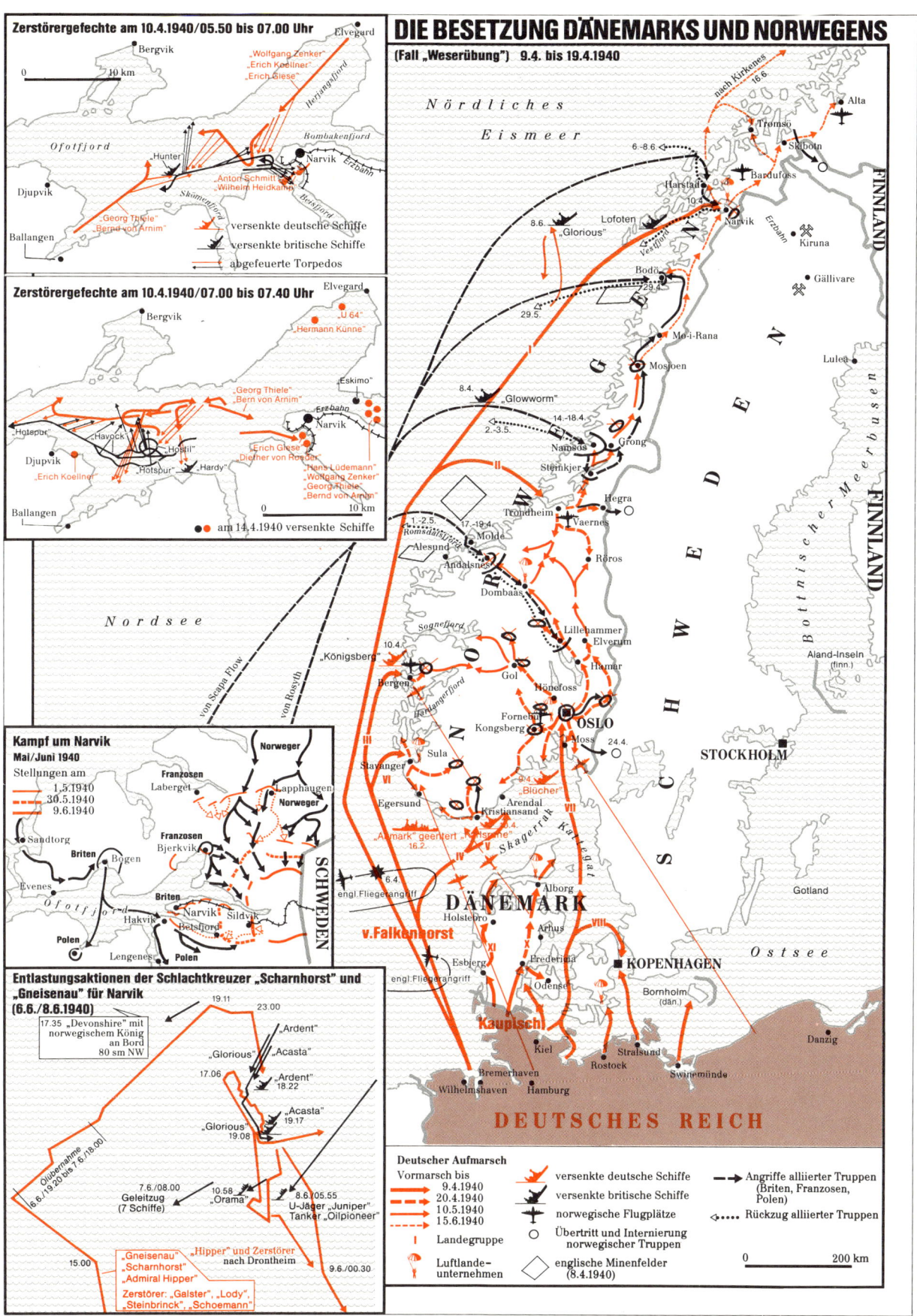

DIE BESETZUNG DÄNEMARKS UND NORWEGENS

(Fall „Weserübung") 9.4. bis 19.4.1940

Zerstörergefechte am 10.4.1940/05.50 bis 07.00 Uhr

0 — 10 km

„Wolfgang Zenker"
„Erich Koellner"
„Erich Giese"

Elvegard
Bergvik
Herjangsfjord
Ofotfjord
Rombakenfjord
Hunter
Narvik
Erzbahn
Skjomenfjord
Beisfjord
Anton Schmitt
Wilhelm Heidkamp
Djupvik
„Georg Thiele"
„Bernd von Arnim"
Ballangen

— versenkte deutsche Schiffe
— versenkte britische Schiffe
— abgefeuerte Torpedos

Zerstörergefechte am 10.4.1940/07.00 bis 07.40 Uhr

Elvegard
Bergvik
„U 64"
„Hermann Künne"
„Eskimo"
„Georg Thiele"
„Bern von Arnim"
Erzbahn
Narvik
„Hotspur"
Havock
„Hostil"
„Erich Giese"
Diether von Roeder
„Hans Lüdemann"
„Wolfgang Zenker"
„Georg Thiele"
„Bernd von Arnim"
Djupvik
„Erich Koellner"
„Hotspur"
„Hardy"
Ballangen

0 — 10 km

● am 14.4.1940 versenkte Schiffe

Kampf um Narvik
Mai/Juni 1940

Stellungen am
— 1.5.1940
— 30.5.1940
- - - 9.6.1940

Norweger
Laberget
Lapphaugen
Norweger
Franzosen
Franzosen
Bjerkvik
Sandtorg
Briten
Bogen
Evenes
Ofotfjord
Briten
Hakvik
Narvik
Sildvik
Betsfjord
Polen
Lengenes
Polen
SCHWEDEN

Entlastungsaktionen der Schlachtkreuzer „Scharnhorst" und „Gneisenau" für Narvik (6.6./8.6.1940)

19.11   23.00

17.35 „Devonshire" mit norwegischem König an Bord 80 sm NW

„Ardent"
„Glorious"
„Acasta"
17.06
„Ardent"
18.22
„Acasta"
19.17
„Glorious"
19.08

Ölübernahme 6.6./19.20 bis 7.6./18.00

7.6./08.00
Geleitzug (7 Schiffe)
10.58 „Orama"
8.6./05.55
U-Jäger „Juniper"
Tanker „Oilpioneer"

15.00

„Gneisenau"
„Scharnhorst"
„Admiral Hipper"

Zerstörer: „Galster", „Lody",
„Steinbrinck", „Schoemann"

„Hipper" und Zerstörer
nach Drontheim

9.6./00.30

Nördliches Eismeer
nach Kirkenes
16.6.
Alta
Tromsö
Skibotn
Bardufoss
FINNLAND
Harstad
10.4.
6.-8.6.
Narvik
Erzbahn
Kiruna
„Glorious"
8.6.
Lofoten
Vestfjord
Gällivare
Bodö
29.4.
29.5.
Mo-i-Rana
Luleå
Mosjöen
8.4.
„Glowworm"
Grong
14.-18.4.
2.-3.5.
Namsos
Steinkjer
Hegra
Trondheim
Vaernes
1.-2.5.
17.-19.4.
Molde
Romsdalsfjord
Alesund
Andalsnes
Röros
Dombaas
Sognefjord
Lillehammer
Elverum
Hamar
Gol
Hönefoss
Bottnischer Meerbusen
Aland-Inseln (finn.)
„Königsberg"
10.4.
Bergen
Hardangerfjord
Fornebu
Kongsberg
OSLO
Moss
24.4.
STOCKHOLM
Sula
Stavanger
„Blücher"
9.4.
Egersund
Kristiansand
Arendal
„Karlsruhe"
„Karlsruhe"
„Altmark" geentert 16.2.
Skagerrak
Kattegat
SCHWEDEN
Gotland
6.4. engl.Fliegerangriff
DÄNEMARK
Alborg
Holstebro
Arhus
v.Falkenhorst
Frederikshavn
KOPENHAGEN
Ostsee
Esbjerg
engl.Fliegerangriff
Odense
Bornholm (dän.)
Danzig
Kaupisch
Kiel
Stralsund
Bremerhaven
Rostock
Swinemünde
Wilhelmshaven
Hamburg

DEUTSCHES REICH

Deutscher Aufmarsch

Vormarsch bis
— 9.4.1940
— 20.4.1940
— 10.5.1940
- - 15.6.1940

| Landegruppe
⚓ Luftlande-unternehmen

— versenkte deutsche Schiffe
— versenkte britische Schiffe
✈ norwegische Flugplätze
○ Übertritt und Internierung norwegischer Truppen
◇ englische Minenfelder (8.4.1940)

→ Angriffe alliierter Truppen (Briten, Franzosen, Polen)
⟵ Rückzug alliierter Truppen

0 — 200 km

393

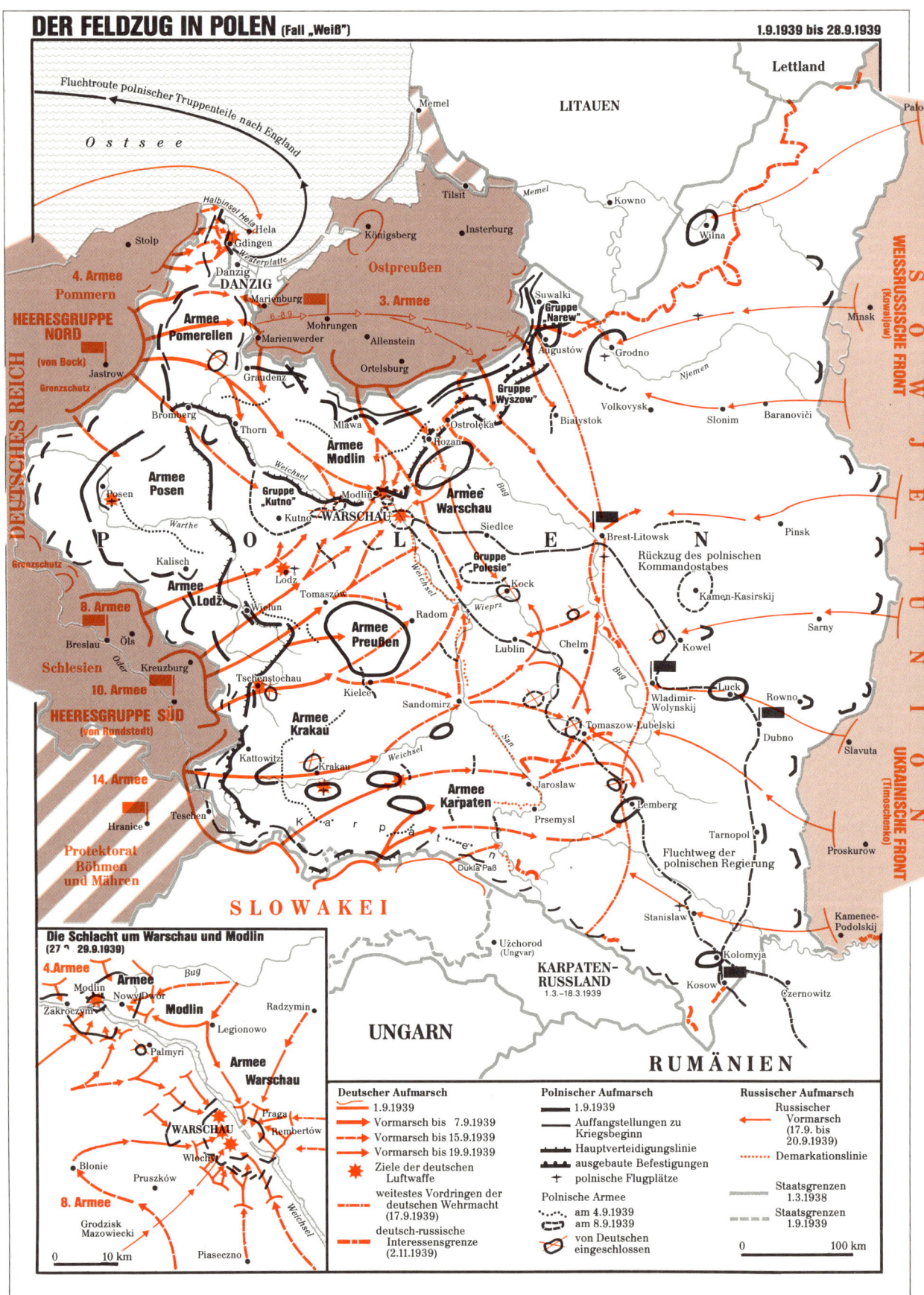

DER FELDZUG IN POLEN (Fall „Weiß") 1.9.1939 bis 28.9.1939

Fluchtroute polnischer Truppenteile nach England

Ostsee

LETTLAND

LITAUEN

Memel

Tilsit

Insterburg

Königsberg

Kowno

Wilna

Ostpreußen

Stolp

Hela

Halbinsel Hela

Westerplatte

Gdingen

DANZIG

Danzig

Marienburg

3. Armee

Mohrungen

Allenstein

Marienwerder

Ortelsburg

4. Armee
Pommern

Armee
Pomerellen

HEERESGRUPPE
NORD
(von Bock)

Grenzschutz

Jastrow

Graudenz

Bromberg

Thorn

Mlawa

Armee
Modlin

Rożane

Ostrolęka

Suwalki

Gruppe
Narew

Augustów

Grodno

Njemen

Volkovysk

Slonim

Baranoviči

Minsk

SOWJETUNION
WEISSRUSSISCHE FRONT
(Kowaljow)

Palock

Gruppe
Wyszow

Bialystok

DEUTSCHES REICH

Armee
Posen

Posen

Warthe

Kalisch

Weichsel

Gruppe
„Kutno"

Kutno

Modlin

WARSCHAU

Siedlce

Armee
Warschau

Bug

Brest-Litowsk

Pinsk

Rückzug des polnischen
Kommandostabes

Kamen-Kasirskij

Sarny

P   **O**   **L**   **E**   **N**

Armee
Lodz

8. Armee

Breslau

Öls

Kreuzburg

Schlesien

10. Armee

HEERESGRUPPE SÜD
(von Rundstedt)

14. Armee

Hranice

Teschen

Lodz

Wielun

Tomaszów

Armee
Preußen

Radom

Gruppe
Polesie

Kock

Wieprz

Lublin

Chelm

Bug

Kowel

Luck

Wladimir-
Wolynskij

Rowno

Dubno

Slavuta

Tschenstochau

Kielce

Sandomirz

Armee
Krakau

Kattowitz

Krakau

Weichsel

San

Jaroslaw

Tomaszow-Lubelski

Lemberg

Tarnopol

Proskurow

K a r p a t e n

Dukla Paß

Armee
Karpaten

Presmysl

Fluchtweg der
polnischen Regierung

Stanislaw

Kamenec-
Podolskij

Kolomyja

Kosow

Czernowitz

Protektorat
Böhmen
und Mähren

SLOWAKEI

Užhorod
(Ungvar)

KARPATEN-
RUSSLAND
1.3.–18.3.1939

UNGARN

RUMÄNIEN

UKRAINISCHE FRONT
(Timoschenko)

Die Schlacht um Warschau und Modlin (27. – 29.9.1939)

4. Armee

Armee
Modlin

Modlin

Zakroczym

Nowy Dwór

Bug

Radzymin

Legionowo

Palmyri

Armee
Warschau

Praga

Rembertów

WARSCHAU

Wlochy

Blonie

Pruszków

Grodzisk
Mazowiecki

8. Armee

Piaseczno

Weichsel

0   10 km

Deutscher Aufmarsch	Polnischer Aufmarsch	Russischer Aufmarsch
1.9.1939	1.9.1939	Russischer Vormarsch (17.9. bis 20.9.1939)
Vormarsch bis 7.9.1939	Auffangstellungen zu Kriegsbeginn	Demarkationslinie
Vormarsch bis 15.9.1939	Hauptverteidigungslinie	Staatsgrenzen 1.3.1938
Vormarsch bis 19.9.1939	ausgebaute Befestigungen	Staatsgrenzen 1.9.1939
Ziele der deutschen Luftwaffe	polnische Flugplätze	
weitestes Vordringen der deutschen Wehrmacht (17.9.1939)	Polnische Armee am 4.9.1939	
deutsch-russische Interessensgrenze (2.11.1939)	am 8.9.1939 / von Deutschen eingeschlossen	

0   100 km

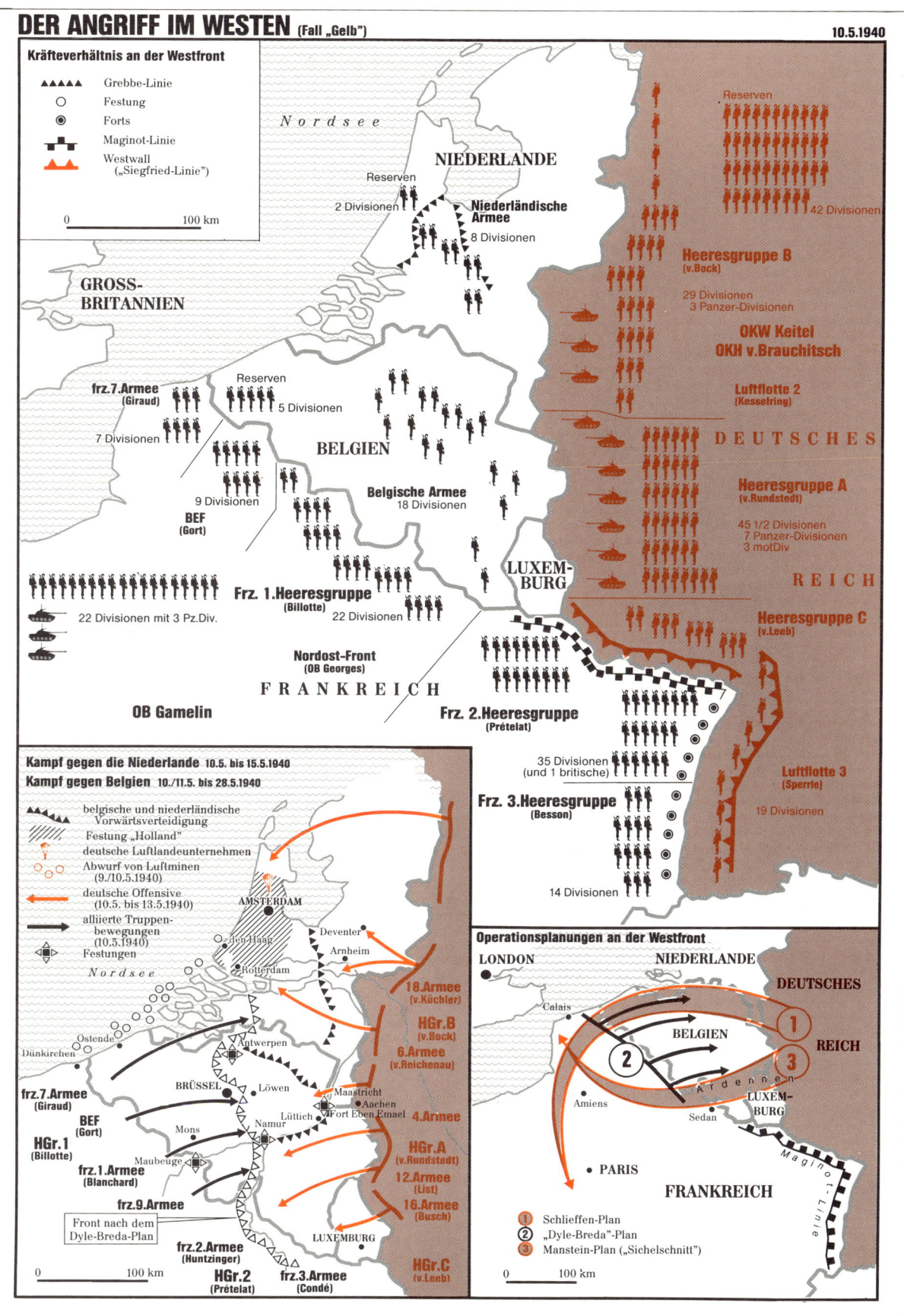

DER ANGRIFF IM WESTEN (Fall „Gelb")

10.5.1940

Kräfteverhältnis an der Westfront

▲▲▲▲▲ Grebbe-Linie
○ Festung
◉ Forts
Maginot-Linie
Westwall („Siegfried-Linie")

0 — 100 km

N o r d s e e

NIEDERLANDE

Reserven
2 Divisionen

Niederländische Armee
8 Divisionen

Reserven
42 Divisionen

Heeresgruppe B (v.Bock)
29 Divisionen
3 Panzer-Divisionen

OKW Keitel
OKH v.Brauchitsch

Luftflotte 2 (Kesselring)

GROSS-BRITANNIEN

frz.7.Armee (Giraud)
7 Divisionen

Reserven
5 Divisionen

BELGIEN

Belgische Armee
18 Divisionen

9 Divisionen

BEF (Gort)

DEUTSCHES

Heeresgruppe A (v.Rundstedt)
45 1/2 Divisionen
7 Panzer-Divisionen
3 motDiv.

R E I C H

22 Divisionen mit 3 Pz.Div.

Frz. 1.Heeresgruppe (Billotte)
22 Divisionen

LUXEM-BURG

Heeresgruppe C (v.Leeb)

Nordost-Front (OB Georges)

F R A N K R E I C H

OB Gamelin

Frz. 2.Heeresgruppe (Prételat)

35 Divisionen (und 1 britische)

Frz. 3.Heeresgruppe (Besson)

14 Divisionen

Luftflotte 3 (Sperrle)
19 Divisionen

Kampf gegen die Niederlande 10.5. bis 15.5.1940
Kampf gegen Belgien 10./11.5. bis 28.5.1940

▲▲▲ belgische und niederländische Vorwärtsverteidigung
Festung „Holland"
deutsche Luftlandeunternehmen
○ Abwurf von Luftminen (9./10.5.1940)
← deutsche Offensive (10.5. bis 13.5.1940)
→ alliierte Truppen-bewegungen (10.5.1940)
◇ Festungen

N o r d s e e

AMSTERDAM
den Haag
Deventer
Arnheim
Rotterdam

18.Armee (v.Küchler)
HGr.B (v.Bock)
6.Armee (v.Reichenau)

Ostende
Dünkirchen
Antwerpen
frz.7.Armee (Giraud)
BEF (Gort)
BRÜSSEL
Löwen
Maastricht
Aachen
Fort Eben Emael
4.Armee
HGr.1 (Billotte)
Mons
Namur
Lüttich
frz.1.Armee (Blanchard)
Maubeuge
HGr.A (v.Rundstedt)
12.Armee (List)
frz.9.Armee
Front nach dem Dyle-Breda-Plan
16.Armee (Busch)
LUXEMBURG
frz.2.Armee (Huntzinger)
HGr.2 (Prételat)
frz.3.Armee (Condé)
HGr.C (v.Leeb)

0 — 100 km

Operationsplanungen an der Westfront

LONDON
NIEDERLANDE
DEUTSCHES
Calais
BELGIEN
①
②
REICH
③
Amiens
Ardennen
Sedan
LUXEMBURG
Maginot-Linie
PARIS
FRANKREICH

① Schlieffen-Plan
② „Dyle-Breda"-Plan
③ Manstein-Plan („Sichelschnitt")

0 — 100 km

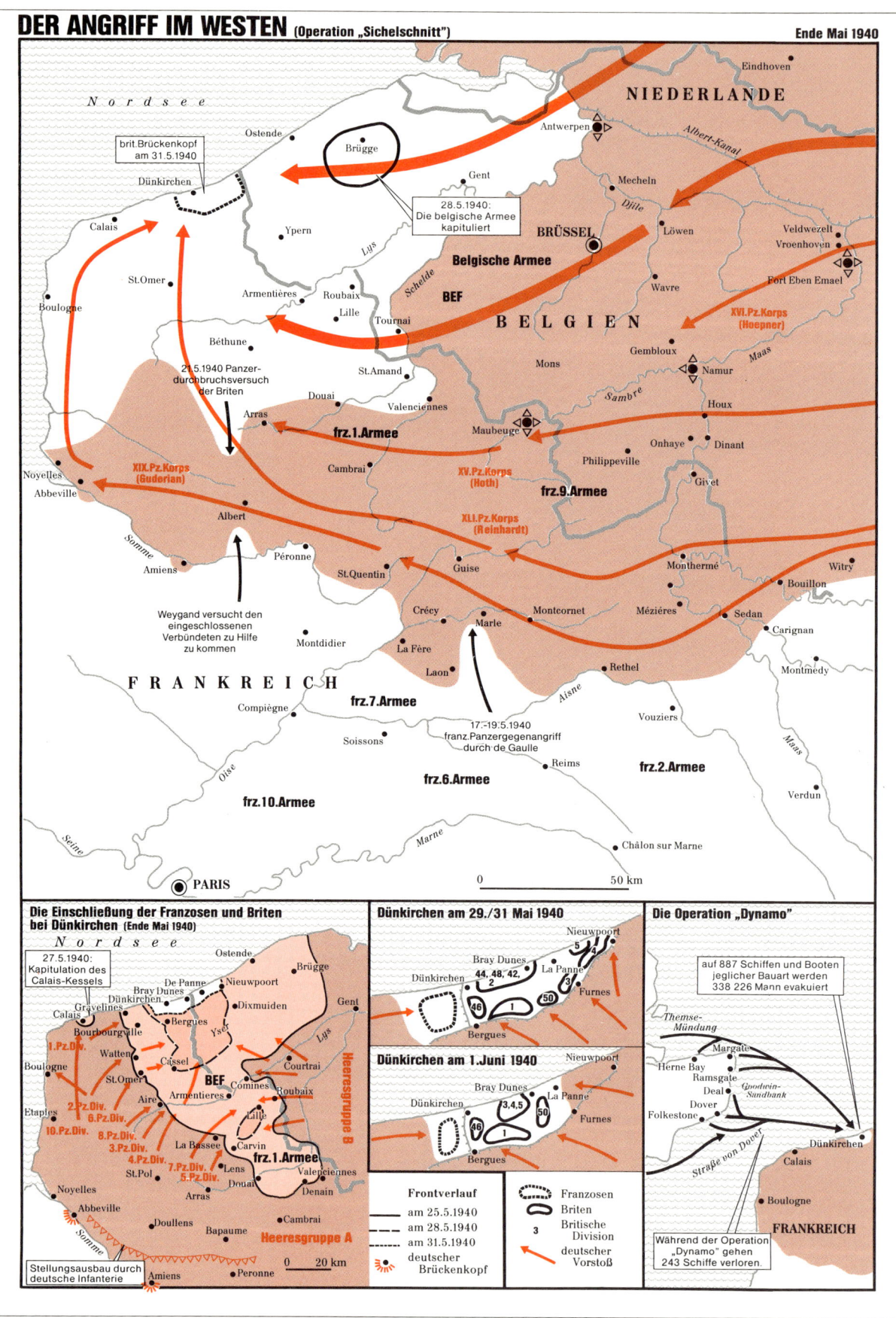

DER ANGRIFF IM WESTEN (Operation „Sichelschnitt")

Ende Mai 1940

Nordsee

NIEDERLANDE

Eindhoven

Antwerpen

Albert-Kanal

Ostende

brit.Brückenkopf
am 31.5.1940

Brügge

Gent

Mechelen

Veldwezelt
Vroenhoven

Dünkirchen

28.5.1940:
Die belgische Armee
kapituliert

Djile

Löwen

Fort Eben Emael

Calais

Ypern

BRÜSSEL

Wavre

St.Omer

Armentières

Roubaix

Scheide

Belgische Armee

XVI.Pz.Korps
(Hoepner)

Boulogne

Lille

Tournai

BEF

BELGIEN

Lys

Béthune

St.Amand

Mons

Gembloux

Namur

Maas

21.5.1940 Panzer-
durchbruchsversuch
der Briten

Douai

Valenciennes

frz.1.Armee

Maubeuge

Houx

Arras

Sambre

Onhaye

Dinant

Noyelles

Cambrai

XIX.Pz.Korps
(Guderian)

XV.Pz.Korps
(Hoth)

Philippeville

Givet

Abbeville

frz.9.Armee

Albert

XLI.Pz.Korps
(Reinhardt)

Somme

Péronne

St.Quentin

Guise

Montherme

Witry

Amiens

Montcornet

Mezieres

Bouillon

Weygand versucht den
eingeschlossenen
Verbündeten zu Hilfe
zu kommen

Crecy

Marle

Sedan

Carignan

Montdidier

La Fère

Laon

Rethel

Montmedy

FRANKREICH

Aisne

Vouziers

Maas

frz.7.Armee

17.-19.5.1940
franz.Panzergegenangriff
durch de Gaulle

Compiègne

Soissons

Reims

frz.2.Armee

Verdun

frz.6.Armee

Oise

frz.10.Armee

Seine

Marne

Chālon sur Marne

PARIS

0   50 km

Die Einschließung der Franzosen und Briten bei Dünkirchen (Ende Mai 1940)

Nordsee

27.5.1940:
Kapitulation des
Calais-Kessels

Ostende

De Panne

Nieuwpoort

Brügge

Bray Dunes

Dixmuiden

Gent

Gravelines

Dünkirchen

Bergues

Yser

Lys

Calais

Bourbourgville

Watten

Cassel

Courtrai

Boulogne

1.Pz.Div.

St.Omer

BEF

Armentieres

Cómines

Roubaix

Heeresgruppe B

Aire

Etaples

2.Pz.Div.
6.Pz.Div.
10.Pz.Div.
8.Pz.Div.
3.Pz.Div.
4.Pz.Div.   7.Pz.Div.
5.Pz.Div.

La Bassée

Lille

Carvin

Lens

Douai

Denain

Valenciennes

frz.1.Armee

St.Pol

Noyelles

Arras

Abbeville

Somme

Doullens

Bapaume

Cambrai

Peronne

Heeresgruppe A

0   20 km

Stellungsausbau durch
deutsche Infanterie

Amiens

Frontverlauf

am 25.5.1940	
am 28.5.1940	
am 31.5.1940	
deutscher Brückenkopf	

Franzosen
Briten
Britische
Division
deutscher
Vorstoß

Dünkirchen am 29./31 Mai 1940

Nieuwpoort

Bray Dunes

La Panne

Dünkirchen

44, 48, 42,
2

46

50

1

Bergues

Furnes

Dünkirchen am 1.Juni 1940

Nieuwpoort

Bray Dunes

La Panne

Dünkirchen

3,4,5

50

46

1

Bergues

Furnes

Die Operation „Dynamo"

auf 887 Schiffen und Booten
jeglicher Bauart werden
338 226 Mann evakuiert

Themse-
Mündung

Margate

Herne Bay

Ramsgate

Goodwin-
Sandbank

Deal

Folkestone

Dover

Dünkirchen

Calais

Straße von Dover

Boulogne

FRANKREICH

Während der Operation
„Dynamo" gehen
243 Schiffe verloren.

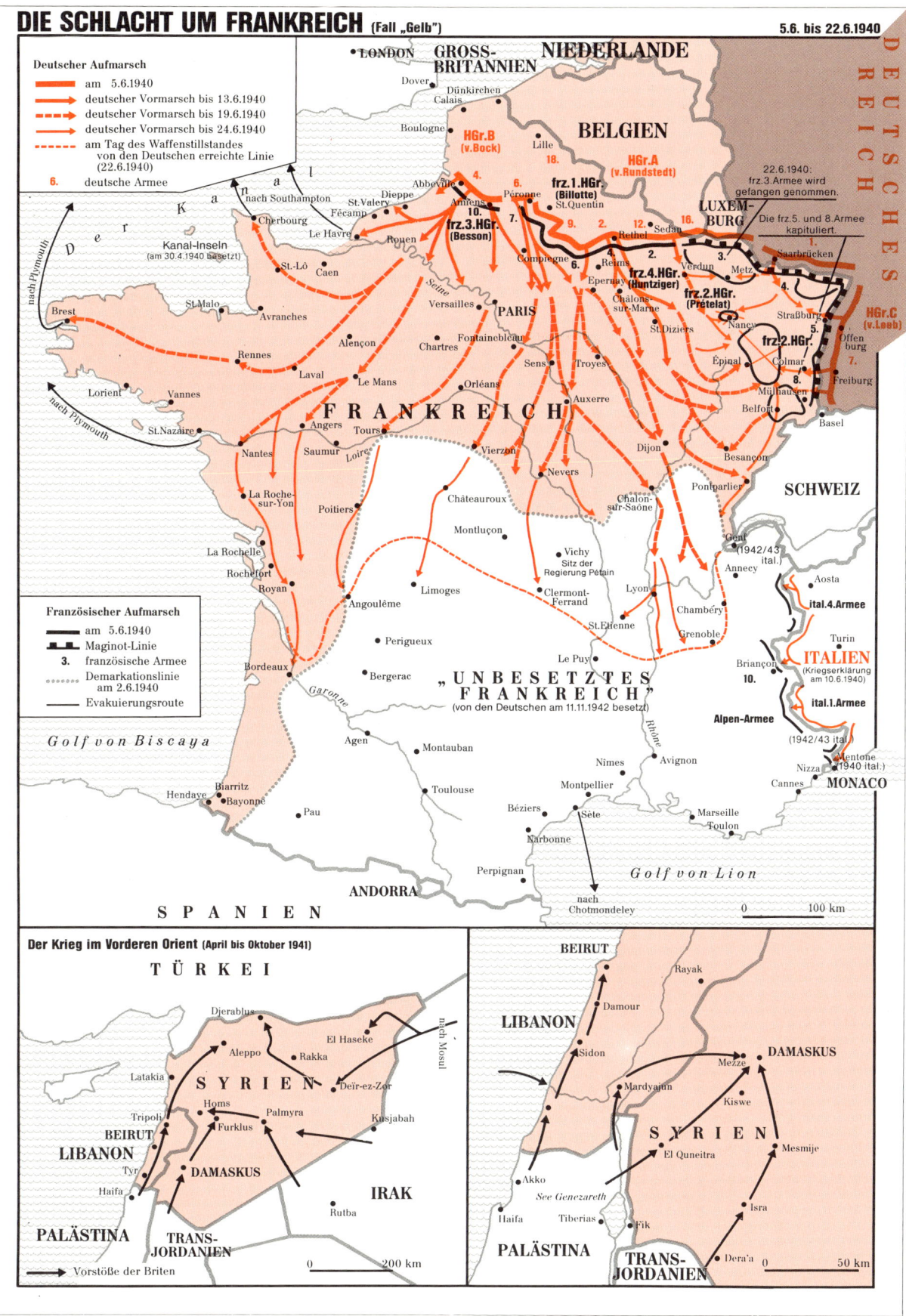

DIE SCHLACHT UM FRANKREICH (Fall „Gelb")

5.6. bis 22.6.1940

Deutscher Aufmarsch
- am 5.6.1940
- deutscher Vormarsch bis 13.6.1940
- deutscher Vormarsch bis 19.6.1940
- deutscher Vormarsch bis 24.6.1940
- am Tag des Waffenstillstandes von den Deutschen erreichte Linie (22.6.1940)
- **6.** deutsche Armee

Französischer Aufmarsch
- am 5.6.1940
- Maginot-Linie
- **3.** französische Armee
- Demarkationslinie am 2.6.1940
- Evakuierungsroute

GROSS-BRITANNIEN
NIEDERLANDE
DEUTSCHES REICH
LONDON
Dover
Dünkirchen
Calais
Boulogne
BELGIEN
Lille
LUXEM-BURG
HGr.B (v.Bock)
HGr.A (v.Rundstedt)
frz.1.HGr. (Billotte)
St.Quentin
Abbeville
St.Valery
Fécamp
Dieppe
nach Southampton
Cherbourg
Amiens
Péronne
Rouen
frz.3.HGr. (Besson)
Le Havre
Sedan
Rethel
Verdun
Metz
Saarbrücken
22.6.1940: frz.3.Armee wird gefangen genommen.
Die frz.5. und 8.Armee kapituliert.
Kanal-Inseln (am 30.4.1940 besetzt)
St.-Lô
Caen
Compiègne
Reims
frz.4.HGr. (Huntziger)
frz.2.HGr. (Prételat)
Épernay
Châlons-sur-Marne
St Dizier
Nancy
HGr.C (v.Leeb)
Straßburg
Colmar
Offen-burg
Freiburg
Strasbourg
Avranches
St.Malo
Alençon
Versailles
PARIS
Fontainebleau
Chartres
Sens
Troyes
Épinal
frz.2.HGr.
Mülhausen
Belfort
Basel
Rennes
Laval
Le Mans
Orléans
Auxerre
Dijon
Besançon
SCHWEIZ
FRANKREICH
nach Plymouth
Brest
Angers
Tours
Vierzon
Nevers
Pontarlier
Lorient
Vannes
St.Nazaire
Nantes
Saumur
Loire
Châteauroux
Chalons-sur-Saône
Poitiers
La Roche-sur-Yon
Montluçon
Vichy Sitz der Regierung Pétain
Lyon
Genf (1942/43 ital.)
Annecy
Aosta
ital.4.Armee
Turin
La Rochelle
Rochefort
Royan
Angoulême
Limoges
Clermont-Ferrand
St.Etienne
Chambéry
Grenoble
Briançon
ITALIEN (Kriegserklärung am 10.6.1940)
Bordeaux
Perigueux
Le Puy
„UNBESETZTES FRANKREICH" (von den Deutschen am 11.11.1942 besetzt)
ital.1.Armee
Bergerac
Garonne
Rhône
Avignon
Alpen-Armee
(1942/43 ital.)
Biarritz
Hendaye
Bayonne
Pau
Agen
Montauban
Nimes
Nizza 1940 ital.)
Mentone
Cannes
MONACO
Toulouse
Montpellier
Béziers
Sète
Marseille
Toulon
Golf von Biscaya
SPANIEN
ANDORRA
Narbonne
Perpignan
Golf von Lion
nach Chotmondeley

Der Krieg im Vorderen Orient (April bis Oktober 1941)

TÜRKEI
Djerablus
El Haseke
nach Mosul
Aleppo
Rakka
SYRIEN
Latakia
Deïr-ez-Zor
Tripoli
Homs
Palmyra
Kusjabah
Furklus
BEIRUT
LIBANON
Tyr
DAMASKUS
IRAK
Haifa
Rutba
PALÄSTINA
TRANS-JORDANIEN
0   200 km
→ Vorstöße der Briten

BEIRUT
Rayak
Damour
LIBANON
Sidon
Mezze
DAMASKUS
Mardjajun
Kiswe
SYRIEN
Akko
El Quneitra
Mesmije
See Genezareth
Haifa
Tiberias
Fik
Isra
PALÄSTINA
Dera'a
TRANS-JORDANIEN
0   50 km

KRIEG AUF DEM BALKAN UND IN LIBYEN
(Unternehmen „Marita", „Weisung Nr.20", Unternehmen „Sonnenblume")

(28.10.1940) 6.4.1941 bis 21.4./1.6.1941

Die Front auf dem Balkan

- Italiener am 28.10.1940
- Italiener am 6.11.1940
- Italiener am 1. 1.1941
- griechische Gegenstöße
- Aufmarsch der Deutschen, Italiener und Ungarn am 6. 4.1941
- jugoslawischer Aufmarsch
- Vormarsch der Achsenmächte vom 6. bis 18.4.1941
- Frontverlauf am 13.4.1941
- deutscher Vormarsch in Griechenland (6.4. bis 2.5.1941)
- Stellungen der Griechen und Briten am 22.4.1941
- britische Einheiten am 7.3 1941
- Evakuierung britischer Truppen
- deutsche Luftlandeunternehmen
- versenkte Schiffe

DEUTSCHES REICH
2.Armee (v.Weichs)
XLIX.Geb.Korps   LI.Korps

ital.2.Armee (Ambrosio)

WIEN

BUDAPEST

UNGARN

XLVI.Pz.Korps   ung.3.Armee

RUMÄNIEN

XLI.mot.Korps

18.4.1941: jugoslawische Armee kapituliert

Marburg
Laibach
Agram
Triest
Karlovac
Fiume
Senj
Zara
Benkopac
Šibenik
Sinj
Split
Mostar
Dubrovnik
Kotor

Bihac
Banja Luka

Osijek
Zemun
BELGRAD
Kragujevac
Kraljevo
Uzice
Sarajevo
Krusevac
Niš
Vidin

Neusatz

SCHWARZES MEER

SOFIA   BULGARIEN
12.Armee (v.List)
1.Pz.Gr.
Kjustendil
Nevrokop
Smoljan

Priština
Skopje
Veles

ital.9.

ALBANIEN (ital.) und
11.Armee

TIRANA
Elbasan
Korçe
Valone

Istanbul

TÜRKEI

Edessa
Florina
Kozani
Serre
Kavalla
Thessaloniki
Metaxas-Linie
Xanthi
Komotini
Alexandrupolis
grch.2.Armee

ITALIEN

ROM

Neapel
Bari
Tarent

Adriatisches Meer

Katerini
Janina
Trikkala
Larissa
Volos
Lamia

Verband „W" (Wilson)
Ägäisches Meer

Korfu
grch.1.Armee
GRIECHEN-
Meer
Lemnos
Lesbos

Tyrrhenisches Meer

Catanzaro

Palermo   Messina
Sizilien
Syrakus

Ionisches Meer

23.4.1941: grch.1.Armee kapituliert

Thermopylen
Theben
Patras
Korinth
Gastune
Piräus
Chalkis
ATHEN
LAND

Kalamata

Dodekanes (ital.)

VALETTA
Malta (brit.)

Kap Matapan
Kythira
Maleme
Chania
Operation „Merkur"
Rethymnon
Heraklion
Ierápetra
Sitia
Rhodos

Kreta

MITTELLÄNDISCHES MEER

nach Alexandria

Tripolis
Misurata
Bujarat al-Hudun
Surt
Naufalija
El Agheila
Marada

Derna
Barka
Bengasi   Barka   Makili
Zavijat Masus
Bir Ben Ghanija
Agedabia

Ghasala
Tobruk
El Adem   Ft. Capuzzo
Sidi Umar
Maddalena

Bardija
Sollum   Sidi Barrani
Sofafi
Marsa Matruh
El Alamein

ÄGYPTEN

Cyrenaika

LIBYEN (ital.)

Aufmarsch in Nordafrika
- Frontverlauf am 13.9.1940
- italienischer Vormarsch bis 16.9.1940
- britische Gegenstöße (9.12.1940 bis 10.2.1941)
- deutsch-italienischer Aufmarsch vom 10.2. bis 29.3.1941
- deutsch-italienischer Vormarsch (13.3. bis 15.4.1941)
- Front am 15.4.1941

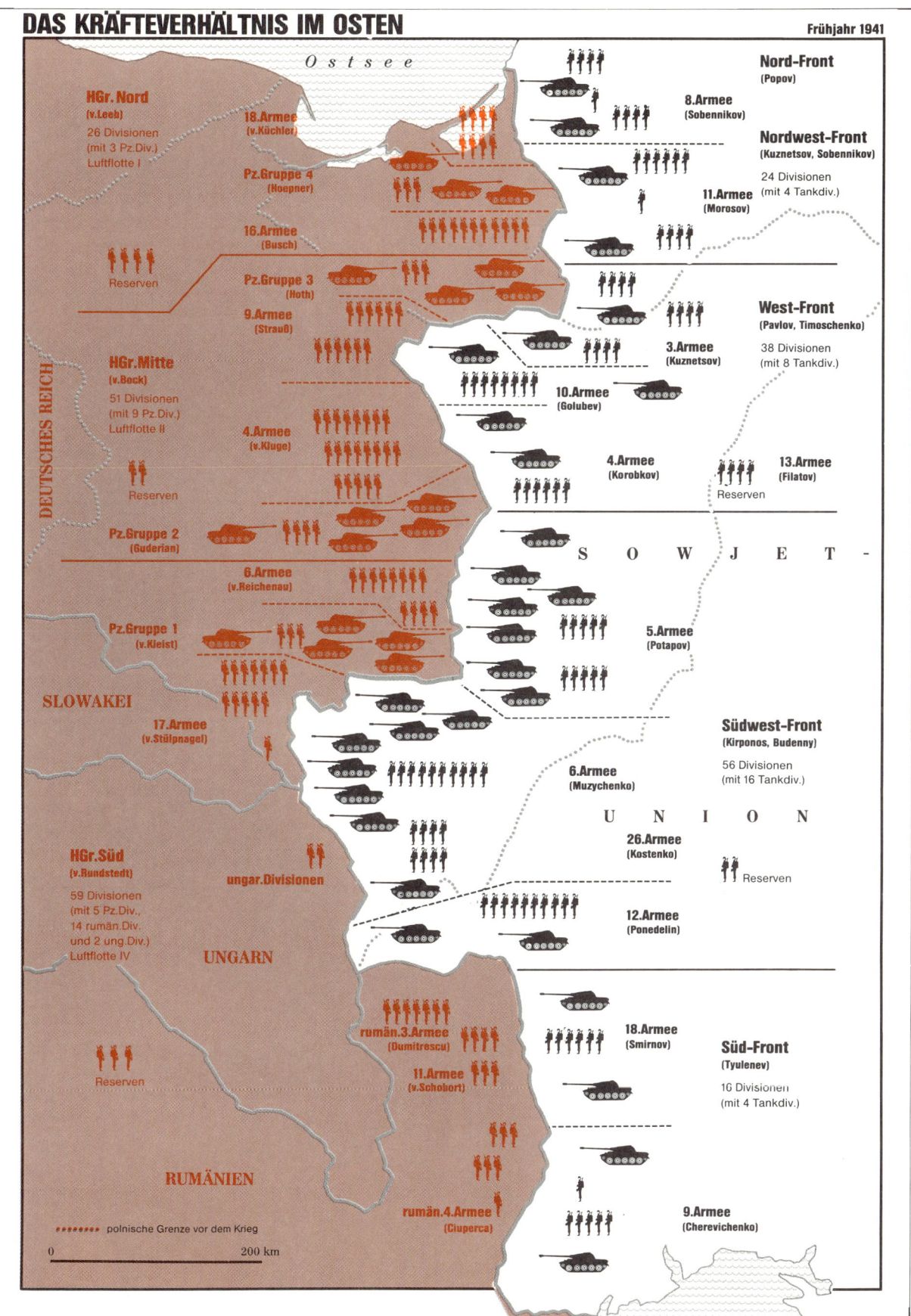

DAS KRÄFTEVERHÄLTNIS IM OSTEN

Frühjahr 1941

O s t s e e

HGr. Nord
(v.Leeb)
26 Divisionen
(mit 3 Pz.Div.)
Luftflotte I

18.Armee
(v.Küchler)

Pz.Gruppe 4
(Hoepner)

16.Armee
(Busch)

Reserven

Pz.Gruppe 3
(Hoth)

9.Armee
(Strauß)

HGr.Mitte
(v.Bock)
51 Divisionen
(mit 9 Pz.Div.)
Luftflotte II

4.Armee
(v.Kluge)

Reserven

Pz.Gruppe 2
(Guderian)

6.Armee
(v.Reichenau)

Pz.Gruppe 1
(v.Kleist)

SLOWAKEI

17.Armee
(v.Stülpnagel)

HGr.Süd
(v.Rundstedt)
59 Divisionen
(mit 5 Pz.Div.,
14 rumän.Div.
und 2 ung.Div.)
Luftflotte IV

ungar.Divisionen

UNGARN

Reserven

RUMÄNIEN

rumän.3.Armee
(Dumitrescu)

11.Armee
(v.Schobert)

rumän.4.Armee
(Ciuperca)

DEUTSCHES REICH

Nord-Front
(Popov)

8.Armee
(Sobennikov)

Nordwest-Front
(Kuznetsov, Sobennikov)
24 Divisionen
(mit 4 Tankdiv.)

11.Armee
(Morosov)

West-Front
(Pavlov, Timoschenko)

3.Armee
(Kuznetsov)

38 Divisionen
(mit 8 Tankdiv.)

10.Armee
(Golubev)

4.Armee
(Korobkov)

13.Armee
(Filatov)

Reserven

S O W J E T -

5.Armee
(Potapov)

Südwest-Front
(Kirponos, Budenny)
56 Divisionen
(mit 16 Tankdiv.)

6.Armee
(Muzychenko)

U N I O N

26.Armee
(Kostenko)

Reserven

12.Armee
(Ponedelin)

18.Armee
(Smirnov)

Süd-Front
(Tyulenev)
16 Divisionen
(mit 4 Tankdiv.)

9.Armee
(Cherevichenko)

•••••••• polnische Grenze vor dem Krieg

0 _____ 200 km

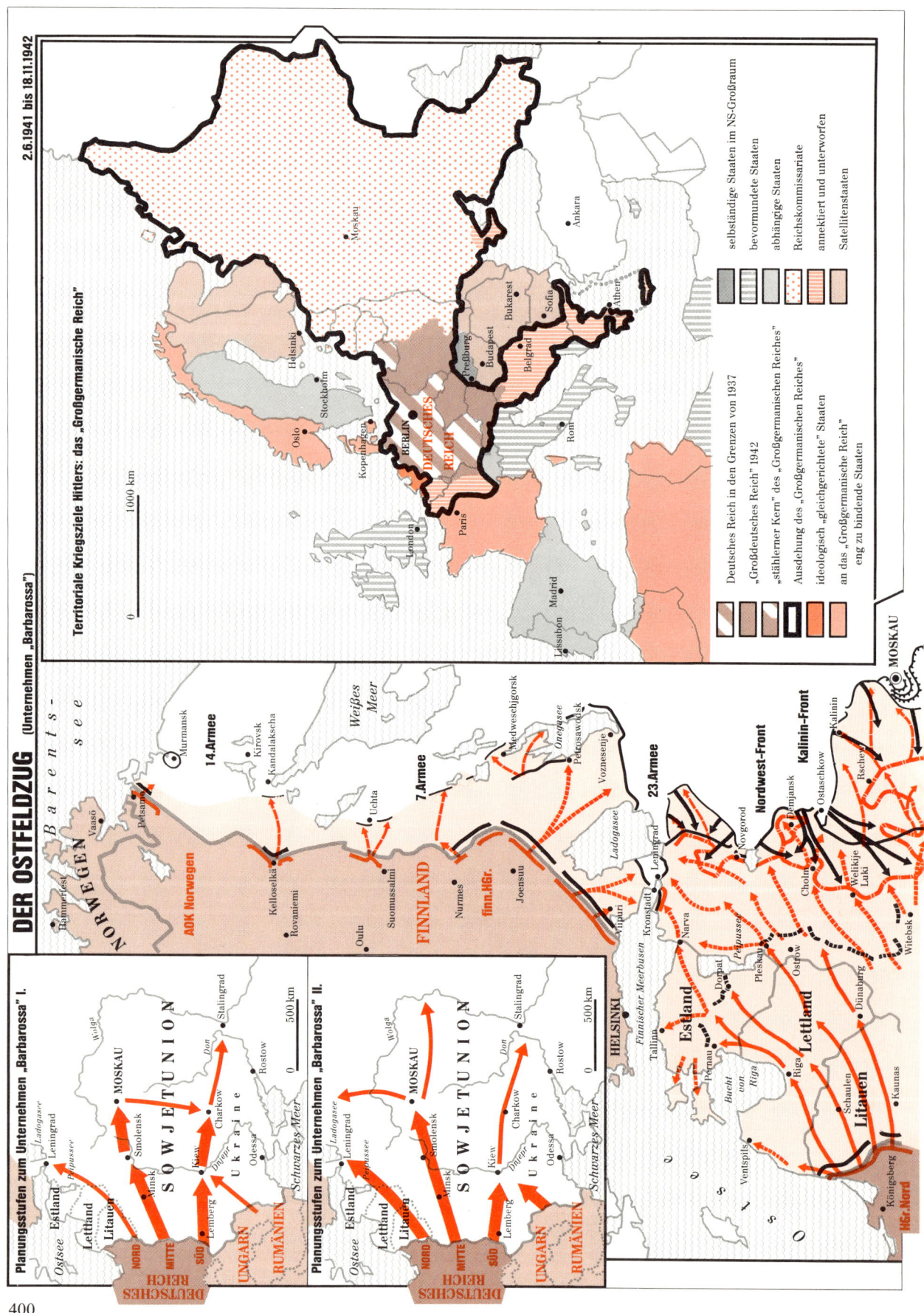

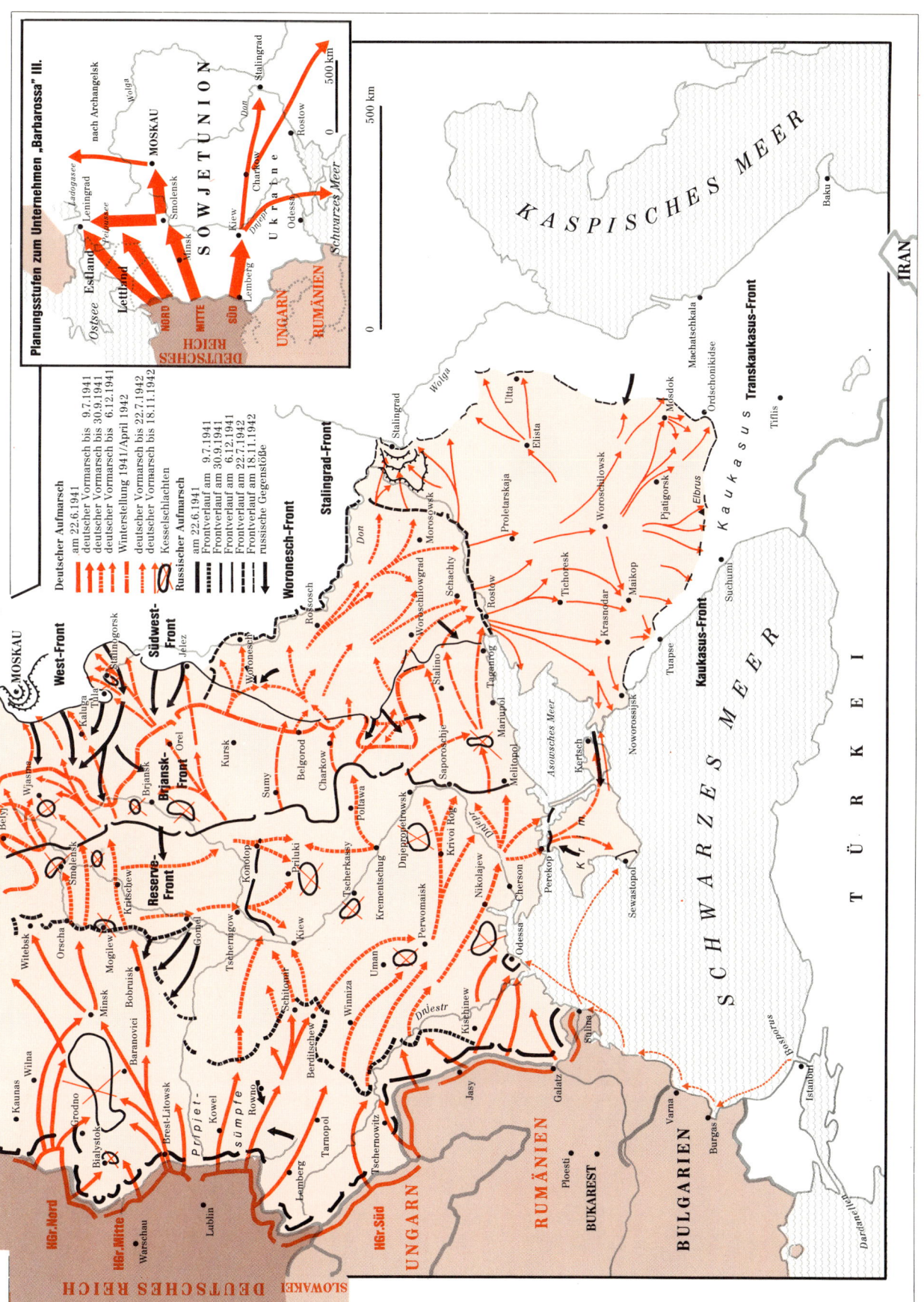

Planungsstufen zum Unternehmen „Barbarossa" III.

SOWJETUNION

nach Archangelsk

Wolga

Stalingrad

MOSKAU

Ladogasee
Leningrad
Peipussee
Smolensk
Minsk
Rostow

Ostsee
Estland
Lettland
NORD MITTE SÜD
Lemberg

Don
Charkow
Kiew
Dnjepr
Ukraine
Odessa
Schwarzes Meer

DEUTSCHES REICH
UNGARN
RUMÄNIEN

500 km
0

Deutscher Aufmarsch
am 22.6.1941
deutscher Vormarsch bis 9.7.1941
deutscher Vormarsch bis 30.9.1941
deutscher Vormarsch bis 6.12.1941
Winterstellung 1941/April 1942
deutscher Vormarsch bis 22.7.1942
deutscher Vormarsch bis 18.11.1942
Kesselschlachten

Russischer Aufmarsch
am 22.6.1941
Frontverlauf am 9.7.1941
Frontverlauf am 30.9.1941
Frontverlauf am 6.12.1941
Frontverlauf am 22.7.1942
Frontverlauf am 18.11.1942
russische Gegenstöße

KASPISCHES MEER

Baku

IRAN

Machatschkala
Ordschonikidse
Mosdok
Tiflis

Transkaukasus-Front

Kaukasus

Elbrus
Pjatigorsk
Woroschilowsk
Ulta
Elista
Proletarskaja

Suchumi

Kaukasus-Front

Tuapse
Maikop
Krasndar
Tichoresk
Krasndar

Noworossijsk

SCHWARZES MEER

TÜRKEI

Stalingrad
Wolga

Stalingrad-Front

Don
Morosowsk
Worsoschilowgrad
Stalino
Schachty
Rostow
Tagenrog

Woronesch-Front

Rossosch

MOSKAU
West-Front
Südwest-Front
Jelez
Stalinogorsk
Tula
Kaluga

Brjansk-Front
Orel
Kursk
Belgorod
Charkow
Sumy
Poltawa

Reserve-Front
Wjasma

Bely

Smolensk
Krätschew
Gomel
Tschernigow
Kiew

Witebsk
Orscha
Mogilew
Bobruisk
Minsk
Baranovici
Wilna
Kaunas
Grodno
Bialystok
Brest-Litowsk

Pripjet-sümpfe

Kowel
Rowno

HGr.Nord
HGr.Mitte
HGr.Süd

Warschau
Lublin
Lemberg
Tarnopol
Tschernowitz

Jasy

Konotop
Priluki
Tscherkassy
Kremenschug
Perwomaisk
Schitomir
Winniza

Dnjestr
Kischinew

Uman
Nikolajew
Cherson
Odessa

Perekop
Krim
Sewastopol
Kertsch

Asowsches Meer
Melitopol
Mariupol
Saporoschje
Dnjepropetrowsk
Krivoj Rog

Galatz

Stulpa

Istanbul
Bosporus
Dardanellen

RUMÄNIEN
BUKAREST
Ploesti

BULGARIEN
Varna
Bargas

UNGARN

SLOWAKEI
DEUTSCHES REICH

401

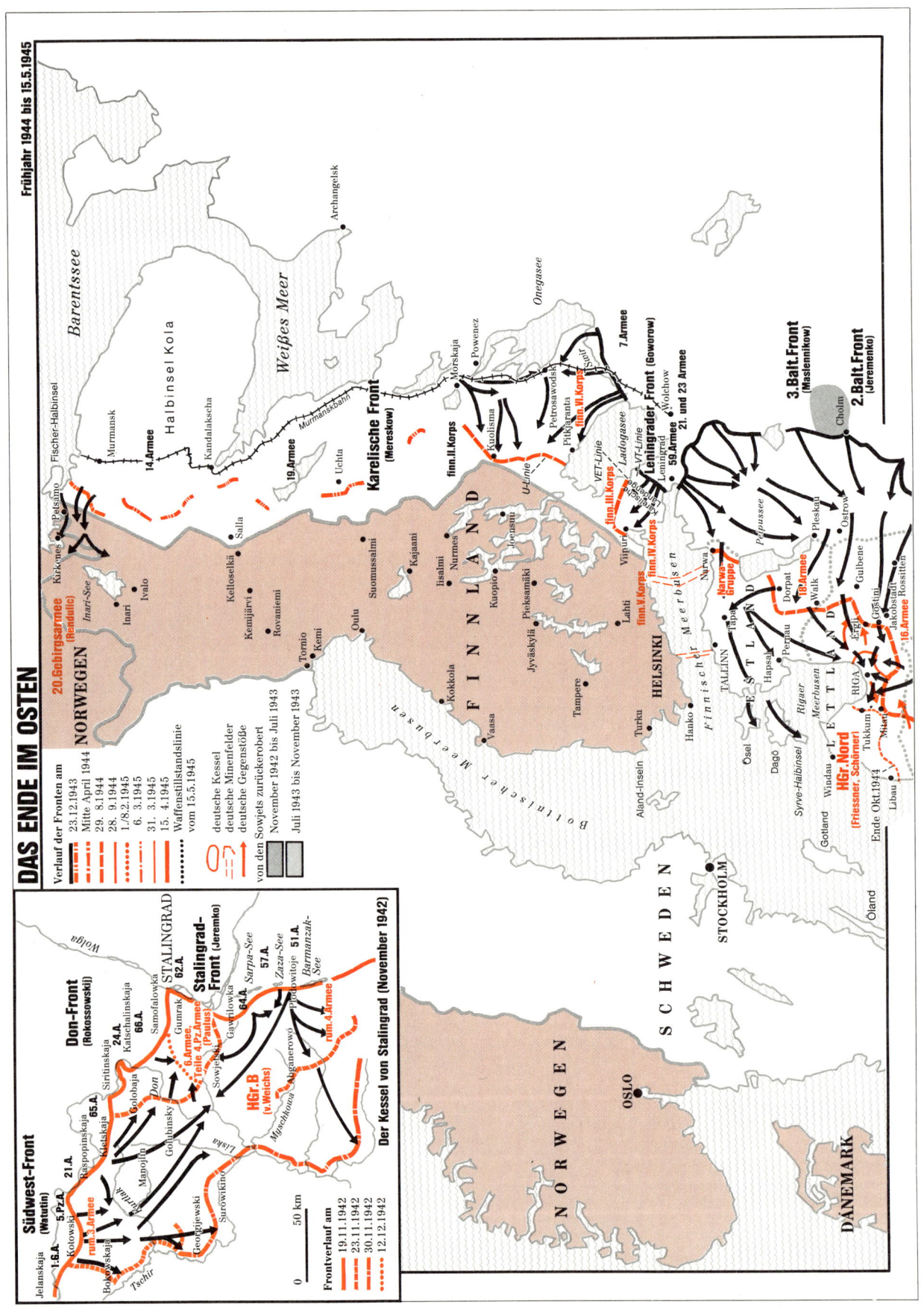

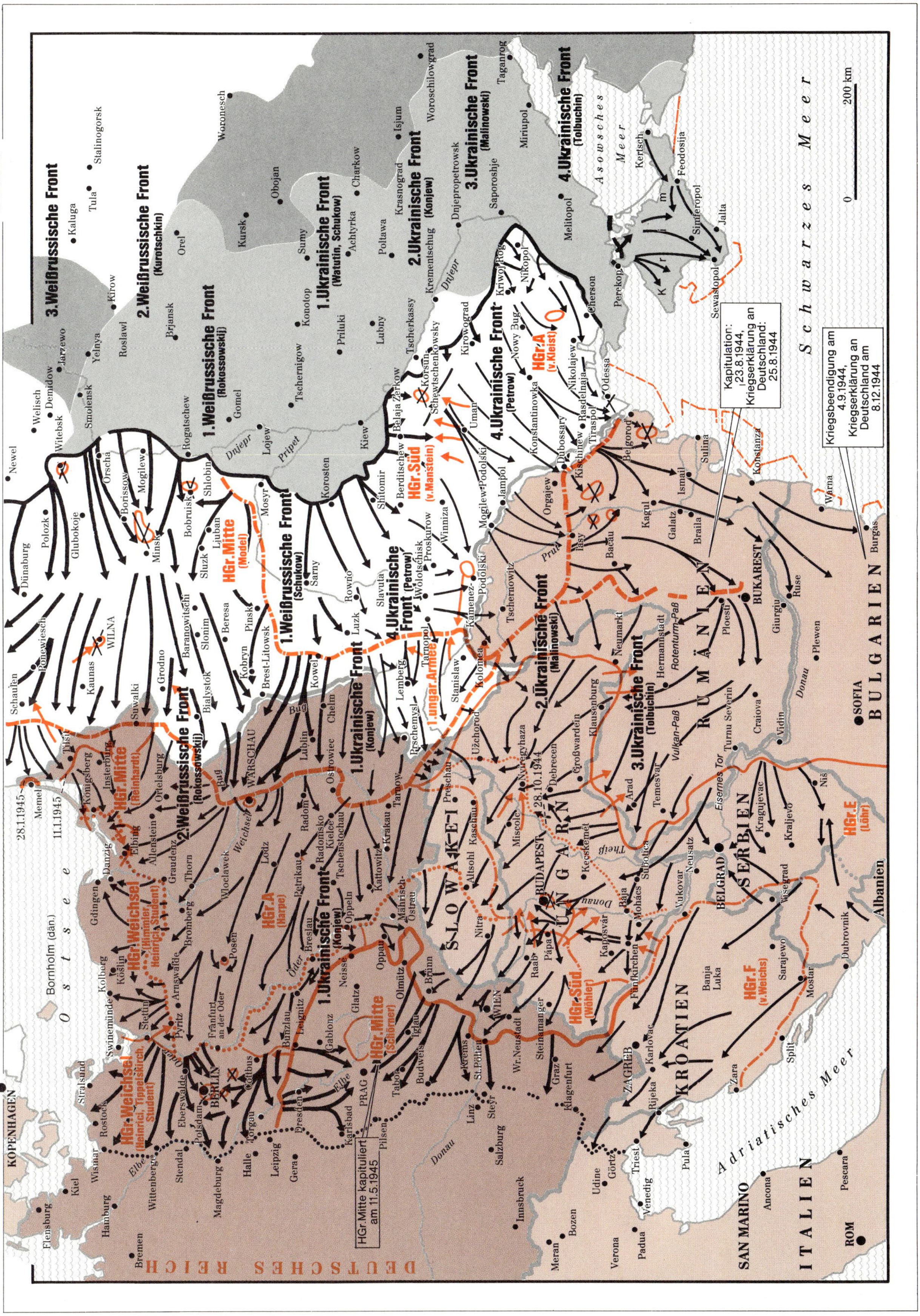

MOSKAU

Schwarzes Meer

Asowsches Meer

3.Weißrussische Front
2.Weißrussische Front (Kurotschkin)
3.Weißrussische Front (Rokossowskij)
2.Weißrussische Front
1.Weißrussische Front (Rokossowskij)
1.Ukrainische Front (Watutin, Schukow)
2.Ukrainische Front (Konjew)
3.Ukrainische Front (Malinowski)
4.Ukrainische Front (Tolbuchin)

1.Weißrussische Front (Schukow)
4.Ukrainische Front (Petrow)
4.Ukrainische Front (Petrow)
HGr.Süd (v.Manstein)
HGr.A (v.Kleist)
1.Ungar.Armee
1.Ukrainische Front (Konjew)
2.Ukrainische Front (Malinowski)
3.Ukrainische Front (Tolbuchin)
HGr.E (Löhr)
HGr.F (v.Weichs)
HGr.Süd (Wöhler)
HGr.Mitte (Schörner)
HGr.Weichsel (Heinrici Tippelskirch Student)
HGr.Nord (Heinrici)
HGr.Weichsel (Himmler Heinr Weiß...)
HGr.A (Harpe)
HGr.Mitte (Reinhardt)
2.Weißrussische Front (Rokossowskij)
HGr.Mitte (Model)

Kapitulation: 23.8.1944, Kriegserklärung an Deutschland: 25.8.1944

Kriegsbeendigung am 4.9.1944, Kriegserklärung an Deutschland am 8.12.1944

HGr.Mitte kapituliert am 11.5.1945

28.1.1945
11.1.1945
28.10.1944

KOPENHAGEN
Ostsee
Bornholm (dän.)
DEUTSCHES REICH
Adriatisches Meer

RUMÄNIEN
BULGARIEN
SOFIA
SERBIEN
KROATIEN
SLOWAKEI
UNGARN
ITALIEN
SAN MARINO
ROM
ALBANIEN

BERLIN
PRAG
WIEN
WARSCHAU
BUDAPEST
BUKAREST
ZAGREB
BELGRAD
WILNA

200 km
0

403

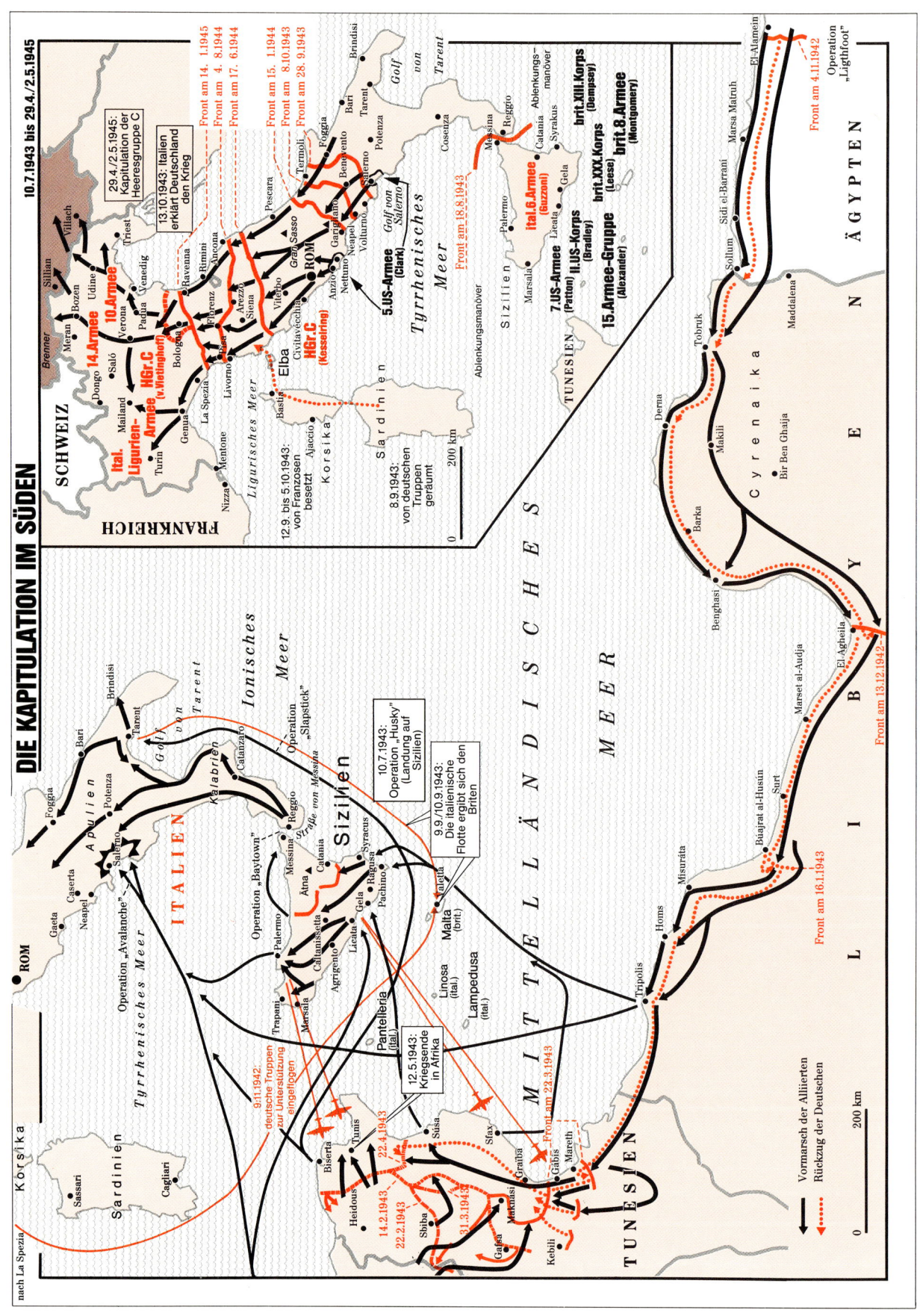

DIE KAPITULATION IM SÜDEN

10.7.1943 bis 29.4./2.5.1945

29.4./2.5.1945:
Kapitulation der
Heeresgruppe C

13.10.1943: Italien
erklärt Deutschland
den Krieg

Front am 14. 1.1945
Front am 4. 8.1944
Front am 17. 6.1944
Front am 15. 1.1944
Front am 8.10.1943
Front am 28. 9.1943

SCHWEIZ

FRANKREICH

Brenner

Villach
Sillian
Meran
Bozen
Udine
Triest

10.Armee
14.Armee

Dongo
Saló
Verona
Padua
Venedig

Mailand
Ital.
Ligurien-
Armee
HGr.C
(v.Vietinghoff)

Turin
Genua
La Spezia
Bologna
Florenz
Siena
Arezzo
Viterbo
Civitavecchia

Mentone
Nizza

ROM

Gran Sasso

Ancona
Rimini
Ravenna

Pescara
Termoli
Foggia
Benevent
Potenza
Bari
Brindisi
Tarent

Golf
von
Tarent

Golf von
Salerno

Front am 18.8.1943

5.US-Armee
(Clark)

HGr.C
(Kesselring)

Anzio
Nettuno
Neapel
Volturno
Garigliano
Gaeta

Elba
Bastia

Ligurisches Meer

Sardinien

Korsika
Ajaccio

8.9.1943:
von deutschen
Truppen
geräumt

12.9. bis 5.10.1943:
von Franzosen
besetzt

0   200 km

Tyrrhenisches
Meer

Ablenkungsmanöver

Salerno
Potenza
Cosenza

Catanzaro
Reggio
Messina

Catania
Syrakus

Palermo
Marsala
Licata
Gela

Sizilien

ital.6.Armee
(Guzzoni)

Ablenkungs-
manöver

Reggio
Messina

Front am 4.11.1942

Operation
„Lighfoot"

El-Alamein

Marsa Matruh
Sidi el-Barrani
Sollum

brit.XIII.Korps
(Dempsey)
brit.XXX.Korps
(Leese)
brit.8.Armee
(Montgomery)

ÄGYPTEN

II.US-Korps
(Bradley)
7.US-Armee
(Patton)
15.Armee-Gruppe
(Alexander)

TUNESIEN

Tobruk
Derna

Maddalena

Bir Ben Ghaija

Barka
Benghasi

C y r e n a i k a

L   I   B   Y   E   N

Marset al-Audja
El-Agheila

Front am 13.12.1942

nach La Spezia

Korsika

Sassari
Sardinien
Cagliari

Tyrrhenisches Meer

ROM

Gaeta
Caserta
Neapel

Operation „Avalanche"

ITALIEN

Foggia
Apulien
Potenza
Caserta

Bari
Brindisi
Tarent

Golf
von
Tarent

Ionisches
Meer

Operation
„Slapstick"

Catanzaro
Kalabrien
Reggio
Messina
Straße von Messina

Operation
„Baytown"

Palermo
Trapani
Marsala
Agrigento
Caltanissetta
Licata
Gela
Ragusa
Pachino
Syrakus
Catania
Ätna
Sizilien

10.7.1943:
Operation „Husky"
(Landung auf
Sizilien)

9.9./10.9.1943:
Die italienische
Flotte ergibt sich den
Briten

Malta
(brit.)

Linosa
(ital.)
Lampedusa
(ital.)

Pantelleria
(ital.)

9.11.1942:
deutsche Truppen
zur Unterstützung
eingeflogen

12.5.1943:
Kriegsende
in Afrika

M I T T E L L Ä N D I S C H E S   M E E R

Misurata
Homs
Tripolis

Surt
Buajrat al-Husun

Front am 16.1.1943

TUNESIEN

Biserta
Tunis
Súsa
Sfax
Gabis
Mareth
Gràba
Makthis
Gafsa
Kebili
Sbiba
Heidous

22.4.1943
14.2.1943
22.2.1943
31.3.1943

Front am 23.3.1943

L I B Y E N

0   200 km

Vormarsch der Alliierten
Rückzug der Deutschen

404

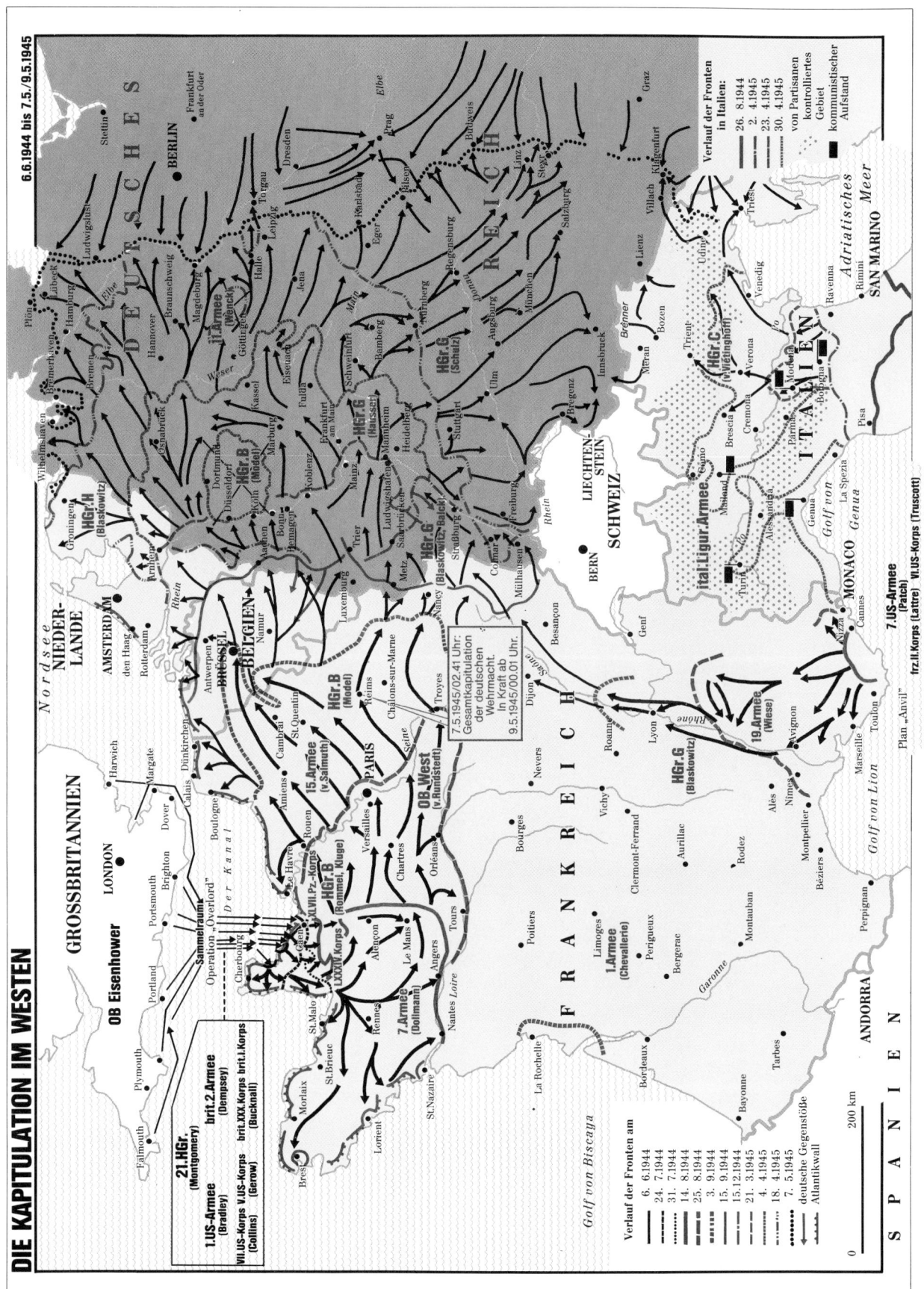

DIE KAPITULATION IM WESTEN

GROSSBRITANNIEN

OB Eisenhower

21.HGr.
(Montgomery)

1.US-Armee   **brit.2.Armee**
(Bradley)   (Dempsey)

VII.US-Korps V.US-Korps   brit.XXX.Korps brit.I.Korps
(Collins) (Gerow)   (Bucknall)

Sammelraum
Operation „Overlord"

LONDON

Nordsee

NIEDER-LANDE

AMSTERDAM

den Haag
Rotterdam

HGr.H
(Blaskowitz)

BELGIEN

BRÜSSEL

HGr.B
(Model)

15.Armee
(v.Salmuth)

HGr.B
(Rommel, Kluge)

OB.West
(v.Rundstedt)

PARIS

7.Armee
(Dollmann)

DEUTSCHES REICH

BERLIN

HGr.B
(Model)

11.Armee
(Wenck)

HGr.G
(Hausser)

HGr.G
(Schulz)

HGr.G
(Balck)

FRANKREICH

1.Armee
(Chevallerie)

7.5.1945/02.41 Uhr:
Gesamtkapitulation
der deutschen
Wehrmacht.
In Kraft ab
9.5.1945/00.01 Uhr.

SCHWEIZ
BERN

LIECHTEN-STEIN

HGr.G
(Blaskowitz)

19.Armee
(Wiese)

MONACO

7.US-Armee
(Patch)

frz.II.Korps (Lattre) VI.US-Korps (Truscott)

Plan „Anvil"

ITALIEN

SAN MARINO

HGr.C
(Vietinghoff)

ital.Ligur.Armee

Adriatisches Meer

Golf von Genua

SPANIEN

ANDORRA

Verlauf der Fronten am

6. 6.1944	
24. 7.1944	
31. 7.1944	
14. 8.1944	
25. 8.1944	
3. 9.1944	
15. 9.1944	
15.12.1944	
21. 3.1945	
4. 4.1945	
18. 4.1945	
7. 5.1945	

deutsche Gegenstöße
Atlantikwall

Verlauf der Fronten in Italien:

26. 8.1944	
2. 4.1945	
23. 4.1945	
30. 4.1945	

von Partisanen
kontrolliertes
Gebiet
kommunistischer
Aufstand

0   200 km

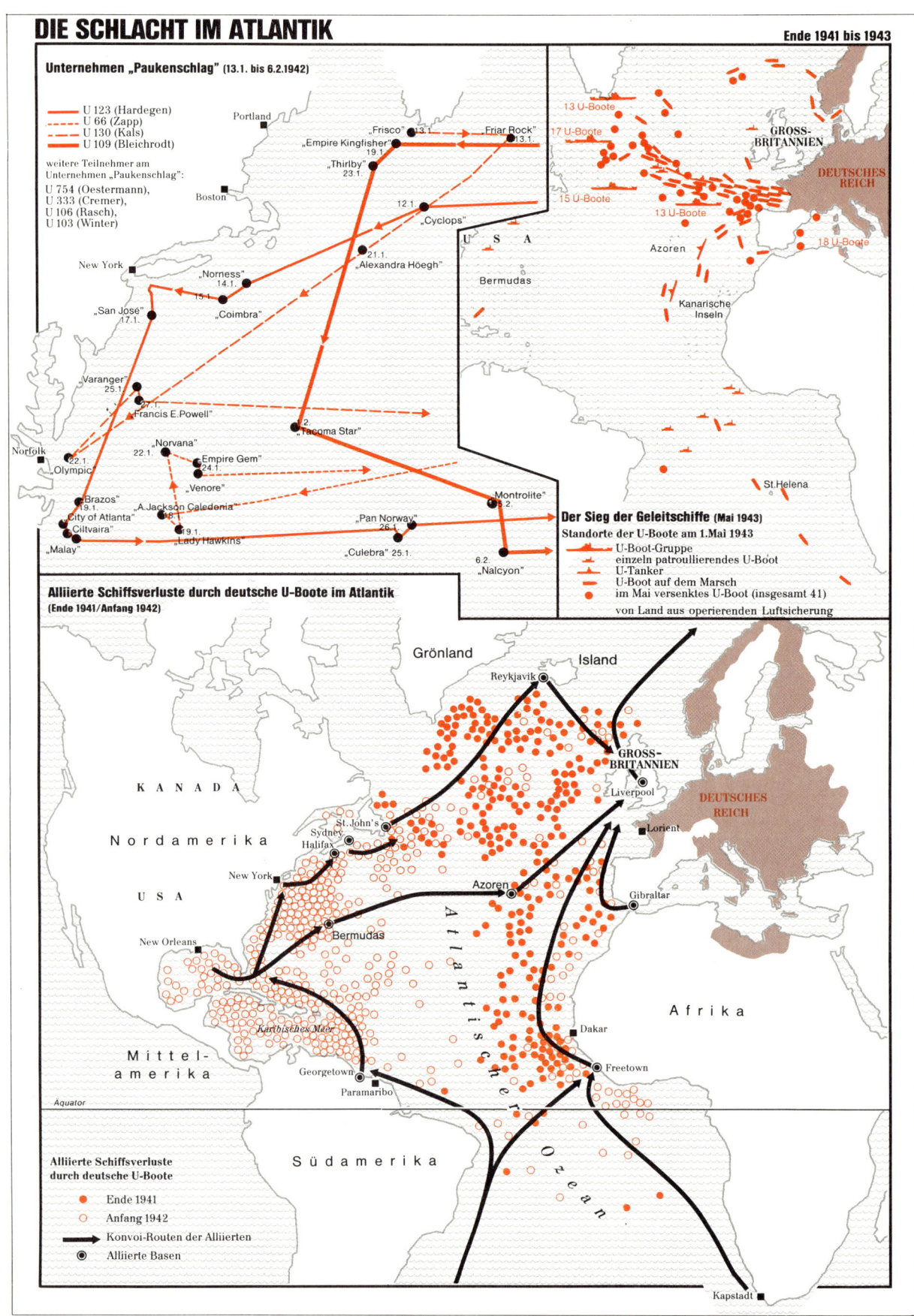

DIE SCHLACHT IM ATLANTIK

Ende 1941 bis 1943

Unternehmen „Paukenschlag" (13.1. bis 6.2.1942)

U 123 (Hardegen)
U 66 (Zapp)
U 130 (Kals)
U 109 (Bleichrodt)

weitere Teilnehmer am
Unternehmen „Paukenschlag":
U 754 (Oestermann),
U 333 (Cremer),
U 106 (Rasch),
U 103 (Winter)

Portland
„Frisco" 13.1.
„Empire Kingfisher" 19.1.
Friar Rock" 13.1.
„Thirlby" 23.1.
Boston
12.1.
„Cyclops"
U S A
21.1.
„Alexandra Höegh"
New York
„Norness" 14.1.
„San José" 17.1.
15.1.
„Coimbra"
Bermudas
Azoren
„Varanger" 25.1.
21.1.
„Francis E.Powell"
„Tacoma Star"
„Norvana" 22.1.
„Empire Gem" 24.1.
Norfolk
„Venore"
22.1.
Olympic
„Montrolite" 5.2.
„Brazos" 19.1.
„A.Jackson Caledonia" 18.1.
„City of Atlanta" „Ciltvaira" 19.1.
„Pan Norway" 26.1.
„Malay"
„Lady Hawkins"
St.Helena
„Culebra" 25.1.
6.2.
„Nalcyon"

Der Sieg der Geleitschiffe (Mai 1943)
Standorte der U-Boote am 1.Mai 1943

U-Boot-Gruppe
einzeln patrouillierendes U-Boot
U-Tanker
U-Boot auf dem Marsch
im Mai versenktes U-Boot (insgesamt 41)

von Land aus operierenden Luftsicherung

13 U-Boote
17 U-Boote
GROSS-BRITANNIEN
DEUTSCHES REICH
15 U-Boote
13 U-Boote
18 U-Boote
Azoren
Kanarische Inseln

Alliierte Schiffsverluste durch deutsche U-Boote im Atlantik
(Ende 1941/Anfang 1942)

Grönland
Island
Reykjavik
GROSS-BRITANNIEN
Liverpool
DEUTSCHES REICH
Lorient
K A N A D A
Nordamerika
St.John's
Sydney
Halifax
New York
U S A
Azoren
Gibraltar
New Orleans
Bermudas
Atlantischer
Afrika
Karibisches Meer
Dakar
Mittel-amerika
Georgetown
Freetown
Paramaribo
Äquator
Ozean
Südamerika

Alliierte Schiffsverluste durch deutsche U-Boote

Ende 1941
Anfang 1942
Konvoi-Routen der Alliierten
Alliierte Basen

Kapstadt

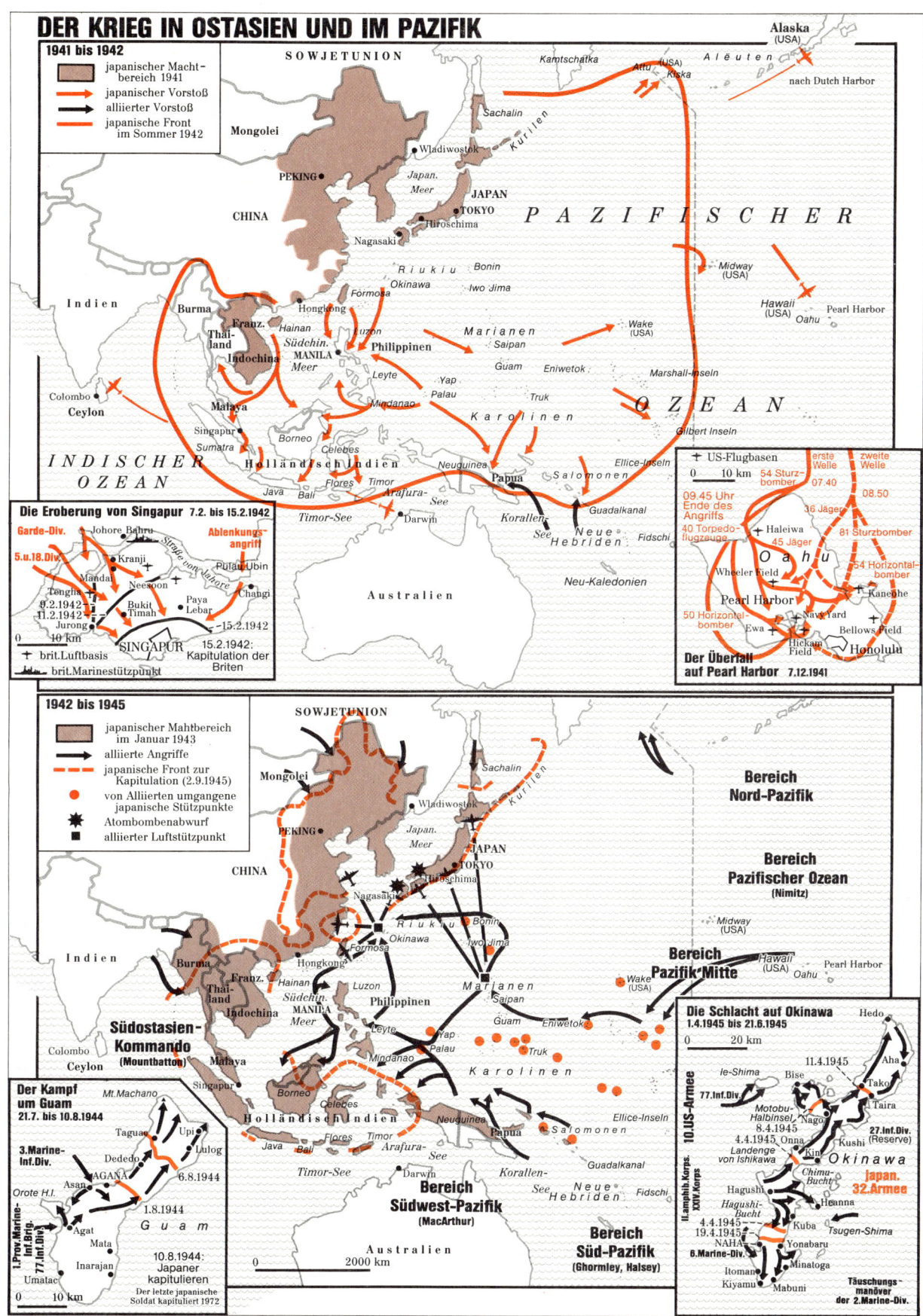

DER KRIEG IN OSTASIEN UND IM PAZIFIK

1941 bis 1942

- japanischer Machtbereich 1941
- japanischer Vorstoß
- alliierter Vorstoß
- japanische Front im Sommer 1942

SOWJETUNION

Kamtschatka

Alaska (USA)

Aleuten

nach Dutch Harbor

Mongolei

Sachalin

Kurilen

Attu (USA) Kiska

Wladiwostok

Japan. Meer

PEKING

JAPAN
TOKYO
Hiroschima

PAZIFISCHER

CHINA

Nagasaki

Riukiu
Okinawa

Bonin
Iwo Jima

Midway (USA)

Indien

Formosa

Hongkong

Hawaii (USA)
Oahu

Pearl Harbor

Burma

Hainan
Südchin.
Meer

Luzon

Philippinen

Marianen
Saipan

Wake (USA)

Franz.
Thai-
land
Indochina

MANILA

Leyte

Guam

Eniwetok

Marshall-inseln

OZEAN

Colombo

Ceylon

Malaya

Mindanao

Yap
Palau

Truk

Karolinen

Gilbert Inseln

Singapur

Sumatra

Borneo

Celebes

Neuguinea

Papua

Salomonen

Ellice-Inseln

INDISCHER
OZEAN

Holländisch Indien

Flores
Timor

Arafura-See

Guadalcanal

Java
Bali

Timor-See

Darwin

Korallen-
See

Neue
Hebriden

Fidschi

Neu-Kaledonien

Australien

Die Eroberung von Singapur 7.2. bis 15.2.1942

Garde-Div.

Johore Bahru

Ablenkungsangriff

5.u.18.Div.

Straße von Johore

Kranji

Pulau Ubin

Tengah
9.2.1942
11.2.1942

Mandai
Neesoon

Changi

Bukit
Timah

Paya
Lebar

Jurong

−15.2.1942

SINGAPUR

15.2.1942: Kapitulation der Briten

0   10 km

+ brit. Luftbasis
⚓ brit. Marinestützpunkt

Der Überfall auf Pearl Harbor 7.12.1941

+ US-Flugbasen

0   10 km

erste Welle   zweite Welle

54 Sturz-
bomber   07.40

09.45 Uhr
Ende des
Angriffs

36 Jäger

08.50

40 Torpedo-
flugzeuge
45 Jäger

81 Sturzbomber

Oahu

Haleiwa

54 Horizontal-
bomber

Wheeler Field

Kaneohe

Pearl Harbor

50 Horizontal-
bomber

Navy Yard

Ewa

Hickam
Field

Bellows Field

Honolulu

1942 bis 1945

- japanischer Mahtbereich im Januar 1943
- alliierte Angriffe
- japanische Front zur Kapitulation (2.9.1945)
- ● von Alliierten umgangene japanische Stützpunkte
- ✸ Atombombenabwurf
- ■ alliierter Luftstützpunkt

SOWJETUNION

Mongolei

Sachalin

Kurilen

PEKING

Wladiwostok

Japan.
Meer

JAPAN
TOKYO
Hiroschima

Bereich
Nord-Pazifik

CHINA

Nagasaki

Riukiu
Okinawa

Bonin
Iwo Jima

Bereich
Pazifischer Ozean
(Nimitz)

Midway (USA)

Indien

Burma

Hainan
Südchin.
Meer

Hongkong

Formosa

Luzon

Marianen
Saipan

Bereich
Pazifik-Mitte

Wake (USA)

Hawaii (USA)
Oahu

Pearl Harbor

Südostasien-
Kommando
(Mountbatton)

Franz.
Thai-
land
Indochina

MANILA

Leyte

Guam

Eniwetok

Colombo

Ceylon

Malaya

Mindanao

Yap
Palau

Truk

Karolinen

Singapur

Borneo

Celebes

Neuguinea

Papua

Salomonen

Ellice-Inseln

Holländisch Indien

Flores
Timor

Arafura-
See

Guadalcanal

Java
Bali

Timor-See

Darwin

Korallen-
See

Bereich
Südwest-Pazifik
(MacArthur)

Neue
Hebriden

Fidschi

Australien

0   2000 km

Bereich
Süd-Pazifik
(Ghormley, Halsey)

Der Kampf um Guam 21.7. bis 10.8.1944

Mt.Machano

3.Marine-
Inf.Div.

Taguag

Upi

Dededo

Lulog

AGANA

6.8.1944

Asan

1.8.1944

Orote H.I.

Agat

1.Prov.Marine-
Inf.Brig.
77.Inf.Div.

Mata

Guam

Umatac

Inarajan

10.8.1944:
Japaner
kapitulieren

Der letzte japanische
Soldat kapituliert 1972

0   10 km

Die Schlacht auf Okinawa 1.4.1945 bis 21.6.1945

Hedo

0   20 km

Ie-Shima

Bise

11.4.1945

Aha

Tako

77.Inf.Div.

Motobu-
Halbinsel

Nago

Taira

4.4.1945 Onna
Land=
von Ishikawa

Kushi

27.Inf.Div.
(Reserve)

10.US-Armee

8.4.1945

Kin

Okinawa

II.amphib.Korps.
XXIV.Korps

Hagushi-
Bucht

Chima-
Bucht

Heanna

japan.
32.Armee

NAHA

Hagushi

4.4.1945
19.4.1945

Kuba

6.Marine-Div.

Yonabaru

Tsugen-Shima

Itoman

Kiyamu

Mabuni

Minatoga

Täuschungsmanöver
der 2.Marine-Div.

407

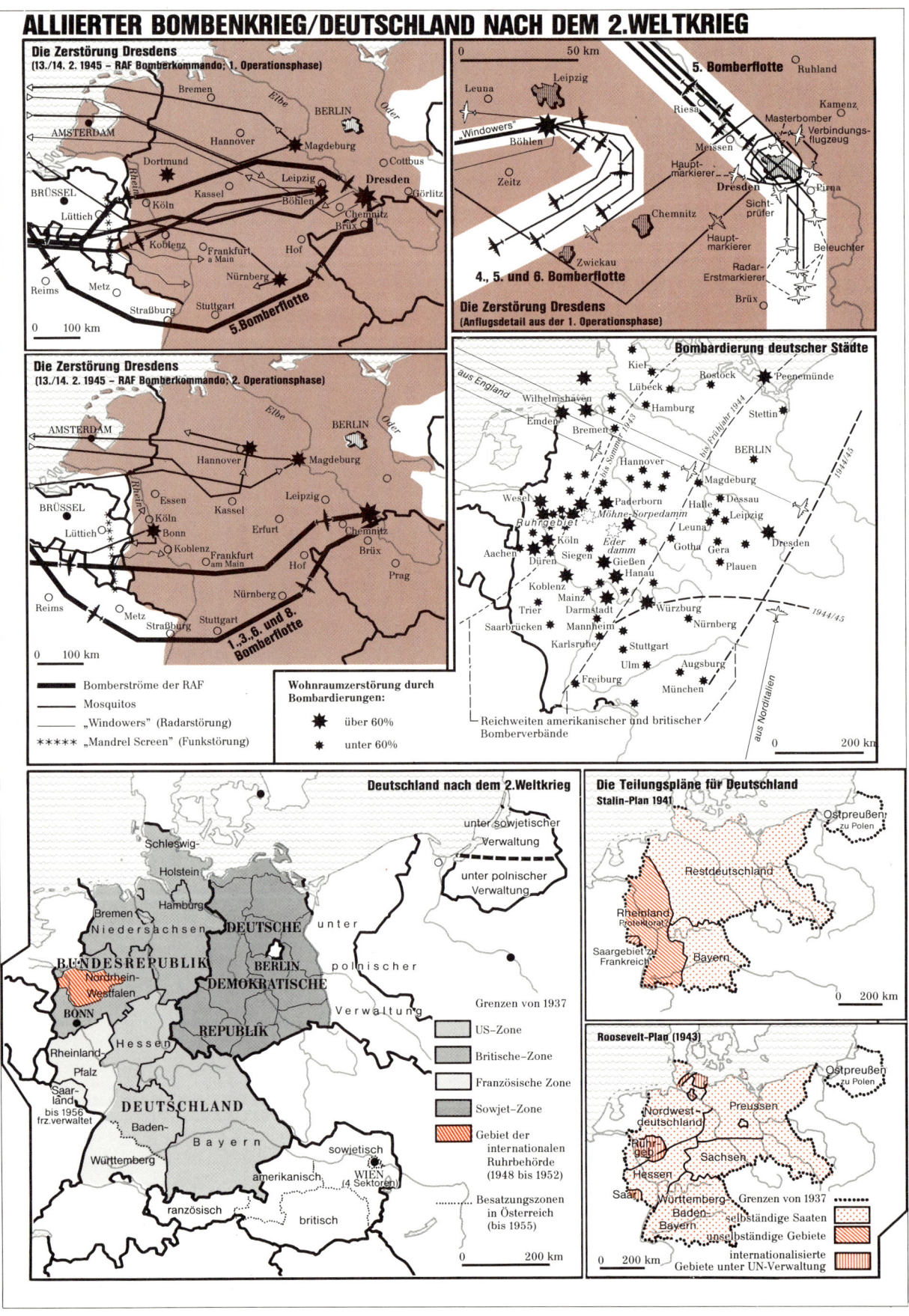

ALLIIERTER BOMBENKRIEG/DEUTSCHLAND NACH DEM 2.WELTKRIEG

Die Zerstörung Dresdens
(13./14. 2. 1945 – RAF Bomberkommando; 1. Operationsphase)

Bremen
AMSTERDAM
BERLIN
Elbe
Oder
Hannover
Magdeburg
Dortmund
Cottbus
BRÜSSEL
Leipzig
Dresden
Lüttich
Köln
Kassel
Böhlen
Görlitz
Chemnitz
Koblenz
Brüx
Frankfurt a Main
Hof
Reims
Metz
Nürnberg
Straßburg
Stuttgart
5.Bomberflotte
0   100 km

5. Bomberflotte
0   50 km
Leipzig
Ruhland
Leuna
Riesa
Kamenz
"Windowers"
Böhlen
Masterbomber
Verbindungs-flugzeug
Zeitz
Meissen
Haupt-markierer
Dresden
Sicht-prüfer
Pirna
Chemnitz
Haupt-markierer
Beleuchter
Zwickau
Radar-Erstmarkierer
4., 5. und 6. Bomberflotte
Brüx

Die Zerstörung Dresdens
(Anflugdetail aus der 1. Operationsphase)

Die Zerstörung Dresdens
(13./14. 2. 1945 – RAF Bomberkommando; 2. Operationsphase)

AMSTERDAM
BERLIN
Elbe
Oder
Hannover
Magdeburg
BRÜSSEL
Leipzig
Essen
Kassel
Erfurt
Chemnitz
Lüttich
Köln
Bonn
Brüx
Koblenz
Frankfurt am Main
Hof
Prag
Reims
Metz
Nürnberg
Straßburg
Stuttgart
1., 3., 6. und 8. Bomberflotte
0   100 km

━━━ Bomberströme der RAF
─── Mosquitos
─── "Windowers" (Radarstörung)
***** "Mandrel Screen" (Funkstörung)

Wohnraumzerstörung durch
Bombardierungen:
✸ über 60%
✶ unter 60%

Bombardierung deutscher Städte

aus England
Kiel
Rostock
Peenemünde
Wilhelmshaven
Lübeck
Emden
Hamburg
Stettin
Bremen
Hannover
BERLIN
Wesel
Magdeburg
Dessau
Ruhrgebiet
Möhne-Sorpedamm
Paderborn
Halle
Leipzig
Köln
Eder damm
Siegen
Leuna
Gotha
Gera
Dresden
Aachen
Düren
Gießen
Plauen
Hanau
Koblenz
Mainz
Darmstadt
Würzburg
Trier
Nürnberg
1944/45
Saarbrücken
Mannheim
Karlsruhe
Stuttgart
Freiburg
Ulm
Augsburg
München
aus Norditalien
Reichweiten amerikanischer und britischer
Bomberverbände
0   200 km

Deutschland nach dem 2.Weltkrieg

Schleswig-Holstein
unter sowjetischer Verwaltung
Hamburg
Bremen
Niedersachsen
DEUTSCHE
unter
BUNDESREPUBLIK
Nordrhein-Westfalen
BERLIN
polnischer
DEMOKRATISCHE
BONN
REPUBLIK
Verwaltung
Rheinland-Pfalz
Hessen
unter polnischer Verwaltung
Saar-land bis 1956 frz.verwaltet
DEUTSCHLAND
Baden-
Bayern
Württemberg
sowjetisch
WIEN (4 Sektoren)
amerikanisch
ranzösisch
britisch

Grenzen von 1937
US–Zone
Britische–Zone
Französische Zone
Sowjet–Zone
Gebiet der internationalen Ruhrbehörde (1948 bis 1952)
Besatzungszonen in Österreich (bis 1955)
0   200 km

Die Teilungspläne für Deutschland
Stalin-Plan 1941

Ostpreußen zu Polen
Restdeutschland
Rheinland Protektorat
Bayern
Saargebiet zu Frankreich
0   200 km

Roosevelt-Plan (1943)

Ostpreußen zu Polen
Nordwest-deutschland
Preussen
Ruhr-geb.
Sachsen
Hessen
Saar
Württemberg
Baden
Bayern

Grenzen von 1937
selbständige Saaten
unselbständige Gebiete
internationalisierte Gebiete unter UN-Verwaltung
0   200 km

Register

Personen

Adenauer, Konrad 387, 389
Adler, H. G. 378, 244
Antonescu, Jon 294
Auchinleck, Sir Claude 149, 150, 157

Badoglio, Pietro 239, 240
Balck, Hermann 320
Barabas, Sari 277
Baumbach, Werner 234, 236
Bayerlein, Fritz 324
Beck, Ludwig 10, 26, 47, 132, 307, 310, 314, 315
Beneš, Eduard 45
Bey, Erich 40
Bismarck, Georg von 307
Bismarck, Otto von 384
Blaskowitz, Johannes 13
Blum, Léon 43
Blumentritt, Günther 119
Bock, Fedor v. 115, 116
Bonte, Friedrich 39, 40
Bor-Komorowski, Tadeusz 214, 215, 327
Bormann, Martin 295, 311, 329, 344, 345, 349, 350, 354, 382
Bradley, Omar N. 318
Brandenberger, Erich 319, 321
Brandt, Heinz 305, 306, 308
Brauchitsch, Walther von 26, 73, 106, 115, 116, 142, 311
Braun, Eva 345
Brockdorff-Ahlefeldt, Walter Graf v. 76, 155
Buber-Neumann, Margarete 45
Burgdorf, Wilhelm 332, 344, 345

Busch, Ernst 76
Busse, Theodor 330, 335, 345
Byrnes, James 378

Canaris, Wilhelm 31, 303
Chamberlain, Neville 22, 25, 26, 32, 86
Chruschtschow, Nikita 44, 106, 207
Churchill, Winston 19, 25, 32, 39, 41, 64, 68, 70, 71, 85, 86, 87, 89, 98, 100, 101, 102, 131, 150, 171, 175, 203, 204, 217, 218, 220, 222, 224, 225, 226, 230, 247, 251, 252, 321, 322, 324, 350, 375, 376, 381
Ciano, Graf Galeazzo 71, 79, 109, 239, 243
Clostermann, Pierre 236
Crantz, Christel 283
Cremer, »Ali« 184

Daladier, Edouard 24, 32, 47
Dentz, Henri Fernand 71
Dietl, Eduard 36, 39, 40, 41, 67
Dietrich, Sepp 101, 114, 119, 319, 320, 321
Dirks, Walter 301
Dönitz, Karl 100, 169, 171, 172, 173, 174, 178, 184, 186, 191, 192, 193, 195, 344, 345, 349, 350, 353, 354, 355, 373, 374, 381, 382, 384
Doormann, Karel 359
Dulles, Allan 247

Eichmann, Adolf 293, 294, 297, 301
Eisenhower, Dwight D. 244, 253, 254, 255, 257, 317, 318, 322, 324, 326, 341, 350, 354, 381, 388

Falley, Wilhelm 255
Fellgiebel, Erich 305, 306, 307, 308
Fletcher, Frank J. 360
Forbes, George Ogilvie 26
Franco, Francisco 96, 97, 266
Frank, Hans 19, 373, 381, 382

Freisler, Roland 293, 315, 385
Freyberg, Sir Bernard 103, 104, 179, 243
Freytag-Loringhoven, Bernd v. 332
Frick, Wilhelm 381, 382
Friedeburg, Hans-Georg 350, 354, 355
Friedrich Wilhelm III. 317
Fritzsche, Hans 314, 382
Fromm, Friedrich 26, 84, 303, 306, 308, 310, 311, 314, 315
Frost, John 318
Funk, Walter 381
Furtwängler, Wilhelm 284

Galland, Adolf 234, 235, 236
Gamelin, Maurice-Gustave 22, 50, 60, 62
Gariboldi, Italo 141, 142, 144
Gaulle, Charles de 47, 60, 61, 62, 71, 79
Gehlen, Reinhardt 322, 328
Georg VI., König von Großbritannien 161
George, Lloyd 24
Gluck, Sheldon 385
Goebbels, Joseph 84, 109, 110, 136, 164, 166, 171, 172, 220, 230, 232, 233, 273, 284, 291, 311, 324, 345, 349, 350, 361, 388
Goebbels, Magda 345, 349
Goedecke, Heinz 274, 280
Goerdeler, Carl Friedrich 26
Göring, Hermann 73, 87, 88, 98, 137, 164, 169, 195, 221, 231, 234, 235, 236, 293, 304, 343, 344, 349, 373, 381, 382, 383
Gort, Lord John 47, 56
Graziani, Rodolfo 140, 141
Green, Axel Wenner 171
Greim, Robert, Ritter von 75, 344
Guderian, Heinz 47, 54, 56, 58, 61, 62, 103, 115, 116, 315, 327, 328, 329, 330, 332, 369
Gunsche, Otto 345, 349

Haas, Hyman 258
Haeften, Werner v. 304, 306, 308, 315
Halder, Franz 26, 27, 47, 56, 85, 91, 93, 106, 115, 116, 134, 142, 150, 156, 213
Halifax, Lord Edward 88
Hammerstein-Equord, Kurt Frhr. v. 26
Harpe, Josef 329
Harris, Arthur T. 217, 225, 226, 227, 230
Hart, Liddell 123
Hase, Paul von 311
Hassell, Ulrich v. 132
Hauptmann, Gerhart 284
Hayn, Friedrich 256, 260
Heinrici, Gotthard 322, 330, 332, 335, 343, 344, 345
Hellmich, Heinz 200, 255
Heß, Rudolf 381, 382, 383
Heydrich, Reinhard 292, 293, 294, 297, 301
Hilferding, Rudolf 44
Himmler, Heinrich 164, 203, 297, 301, 303, 304, 314, 329, 345, 349, 350, 354
Hindenburg, Paul von Beneckendorf und v. 154, 384
Hofacker, Caesar v. 307, 310
Hoffmann, Heinrich 258
Hoepner, Erich 115, 116, 307, 311, 314
Hörbiger, Paul 280
Horthy, Niklos 335
Höß, Rudolf 295, 296, 297
Howard, John 255, 256, 260
Hube, Hans 134
Huntziger, Charles 80, 82

Irving, David J. 225

Jahnke, Arthur 257
Jeremenko, Andrej T. 136
Jeschonnek, Hans 234
Jodl, Alfred 40, 93, 260, 305, 332, 343, 344, 350, 353, 354, 381, 382

Kaltenbrunner, Ernst 301, 381, 382
Kaminski, Mieczyslaw 327
Kammhuber, Josef 222
Keitel, Wilhelm 80, 82, 98, 107, 203, 304, 305, 306, 308, 310, 311, 315, 332, 343, 344, 350, 353, 354, 381, 382
Kennedy, John F. 171
Kennedy, Joseph P. 171
Kesselring, Albert 75, 160, 220, 244, 344
Klausen, Max 116
Kleist, Ewald v. 56, 62, 196
Kleist, Heinrich von 56
Kleist, Peter 92
Kluge, Günther v. 73, 114, 115, 116, 119, 203, 263, 307, 314
Koch, Erich 197, 274
Koenig, Pierre 41
Kogon, Eugen 301
Konjew, Iwan S. 328, 329, 335, 343, 344
Krancke, Theodor 190, 255
Krebs, Hans 332, 343, 344, 345, 349
Kummetz, Oskar 189, 190
Kuusinen, Otto Wilhelm 93

Lang, Hellmuth 261
Langsdorff, Hans 176, 177
Lawrence, Geoffrey 385
Leclerc, Jacques Philippe 317
Leeb, Wilhelm Ritter v. 19, 74
Leopold III. von Belgien 64, 67
Lewin, Ronald 252, 260
Ley, Robert 97
Lippert, Lucien 213
List, Wilhelm 91
Lohse, Hinrich 197
Lütjens, Günther 179
Lützow, Günter 234, 235

Mac Arthur, Douglas 358, 369
Manstein, Erich v., eigentl. Erich v. Lewinski 46, 47, 56, 74, 106, 137, 195
Manteuffel, Hasso v. 112, 319, 320, 321, 330, 335
Marcks, Erich 255, 256, 260, 261
Marseille, Hans Joachim 235
Mazor, Michael 298
Mertz v. Quirnheim, Albrecht 308, 314, 315
Meyer, Kurt 101, 196
Model, Walter 75, 199, 263, 317, 318, 322, 324, 344
Mölders, Werner 234, 235
Molotow, Wjatscheslaw 43, 44, 91, 93, 94, 96, 97, 106, 110, 376

Montgomery, Bernard Law 157, 162, 244, 253, 255, 257, 258, 260, 261, 263, 317, 323, 324, 350, 354
Móscicki, Ignacy 10
Mountbatten, Lord Louis 252
Müller, Heinrich 293
Murphy, Robert 354, 376, 378
Mussolini, Benito 28, 43, 46, 70, 71, 72, 79, 80, 82, 85, 96, 97, 140, 144, 147, 203, 239, 240, 241, 243, 247, 304

Napoleon III. 384
Neumann, Heinz 45
Neurath, Konstantin v. 382
Nimitz, Chester W. 359, 360, 363, 384
Nowotny, Walter 235, 236, 237

O'Connor, Sir Richard 144
Olbricht, Friedrich 303, 307, 308, 310, 314, 315
Oster, Hans 26, 27, 28, 46, 48, 50

Patton, George S. 263, 320, 322, 323
Paul, Prinzregent von Jugoslawien 98
Paulus, Friedrich 76, 133, 134, 137, 163, 191, 195, 198
Peiper, Jochen 320
Petacci, Clara 247
Pétain, Philippe 71, 78, 79, 91, 96, 97
Peter II., König von Jugoslawien 98
Philipp, Prinz von Hessen 140
Pius XII. 85, 88
Porsche, Ferdinand 275
Portol, Charles 227
Prien, Günther 172, 173, 174, 175, 358
Priller, Josef 255, 258
Prittwitz, Heinrich v. 144

Raeder, Erich 31, 88, 169, 171, 176, 178, 191, 195, 381, 382, 384
Reichenau, Walter v. 74
Reinberger, Helmuth 28, 31, 32, 46
Reitsch, Hanna 344
Remer, Ernst 311, 314
Reynaud, Paul 71, 79
Ribbentrop, Joachim v. 21, 25, 43, 46, 79, 93, 94, 97, 109, 350, 373, 381, 382
Richthofen, Wolfram Freiherr v. 133
Ritchie, Sir Neil 156
Robinson, William D. 326
Röhm, Ernst 19
Rokossowski, Konstantin K. 136, 328, 329, 335

Roll, Vera 246
Rommel, Erwin 56, 57, 73, 112, 139, 140, 141, 142, 143, 144, 146, 147, 148, 149, 150, 156, 157, 160, 162, 163, 189, 213, 240, 244, 252, 253, 256, 258, 260, 261, 263, 358
Roosevelt, Franklin D. 67, 86, 122, 131, 174, 203, 230, 252, 324, 357, 368, 375, 376, 388
Rosenberg, Alfred 293, 381, 382
Ruge, Otto 253
Rundstedt, Gerd v. 47, 62, 74, 110, 252, 253, 261, 263, 274, 315
Russell, Bertrand 378

Salmuth, Hans v. 255, 261
Sauckel, Fritz 381, 382
Scott-Bowden, Logan 251
Severloh, Hein 258
Seyß-Inquart, Arthur 382
Shaw, George Bernard 24, 25
Sikorski, Wladyslaw 45, 326
Simović, Dušan 98
Simpson, William H. 324
Skorzeny, Otto 239, 240, 322, 335
Smith, Ogden 251
Sorge, Gustav 115
Speer, Albert 114, 273, 275, 350, 353, 355, 382
Speidel, Hans 263, 274
Sperrle, Hugo 220
Sundlo, Konrad 36
Schacht, Hjalmar 294, 382
Schirach, Baldur v. 56, 381
Schlabrendorff, Fabian v. 26, 305
Schlieben, Karl Wilhelm v. 255
Schmedes, Maria v. 223
Schmidt, Rudolf 57, 58, 198
Schmundt, Rudolf 115, 306, 308
Schneider, Magda 277
Schneider, Romy 277
Schörner, Ferdinand 75, 91, 329, 330, 332, 335, 343, 350
Scholl, Geschwister 315
Schuhart, Otto 173
Schukow, Georgij K. 115, 328, 330, 332, 335, 343, 344, 350
Schulenburg, Friedrich Werner Graf v. d. 91, 308
Schulz, Friedrich 184
Schwerin v. Krosigk, Lutz Graf 350, 355, 381
Stalin, Josef 43, 44, 45, 46, 91, 94, 106, 114, 116, 136, 197, 200, 203, 204, 212, 213, 215, 243, 252, 253, 265, 266, 321, 322, 324, 326, 335, 340, 349, 350, 375, 376, 381, 384, 385, 388

Stauffenberg, Claus Graf Schenk v. 303, 304, 305, 306, 307, 310, 311, 314, 315
Steiner, Felix 343, 345
Stelzer, Hannes 277
Stieff, Helmuth 304
Strachwitz, Manfred Graf 133, 134
Strauss, Richard 284
Streicher, Julius 381, 382
Student, Kurt 57, 91, 101, 104
Stülpnagel, Karl-Heinrich v. 314
Stumme, Georg 162
Stumpff, Hans-Jürgen 350

Tanaka, Michiko 277
Taylor, Maxwell D. 385
Tenno, jap. Gottkaiser 116
Thälmann, Ernst 44
Thomas, Georg 26, 80
Tito, Josip 343
Tolbuchin, Fedor I. 335
Truman, Harry S. 376
Tschernjakowskij, Iwan D. 328
Tschiang Kai-scheck 200, 359
Tschuikow, Wassili J. 349

Udet, Ernst 234
Ulbricht, Walter 44
Ullrich, Luise 277

Verlaine, Paul 255

Wavell, Sir Archibald 140
Weichs, Maximilian Freiherr v. 335
Weidling, Helmuth 344, 350, 357
Wenck, Walther 324, 343, 344, 345
Westphal, Siegfried 149
Weygand, Maxime 62, 64, 71, 82
Wietersheim, Alfred v. 47, 133, 134
Wilson, Sir Maitland 80
Witzleben, Erwin v. 73, 132, 307, 314
Wlassow, Andrej A. 200, 203, 265
Wodarczyk, Heinz 255, 258
Wolff, Karl 247, 350

Xylander, Wolfdietrich Ritter v. 328, 330

Yamamoto, Isoroku 358, 359, 360
Yamashita, Hobun 358
Young, Desmond 149, 150, 156, 162

Zayas, Alfred Maurice de 371
Zeitzler, Kurt 134, 203

Geographische Begriffe

Aachen 222, 274, 318, 319, 322, 328
Abbéville 62
Abruzzen 239
Ägäis 335
Agedabia 139, 140, 141, 142
Agram 98
Akimowski 133
Alam-Halfa-Höhe 157, 162
Albanien 98, 101, 140, 332
Albertkanal 48, 49, 50
Alexandria 101, 148, 157
Algier 135, 162
Amblève 320
Andalsnes 41, 144
Ankara 67
Antwerpen 58, 318, 319, 321
Anzio 204, 239, 244
Apennin 242, 244
Ardennen 46, 47, 81, 246, 319, 320, 321, 322, 323, 328, 332, 343
Arnheim 317, 318
Arras 62
Artushof 14
Asmarka 35
Athen 67, 91, 101, 110, 112
Atlantikwall 252, 322
Auschwitz 295, 296, 297, 301
Avranches 262, 263, 273
Azoren 178

Bad Nauheim 75
Baku 94, 132, 135
Balkan 91, 98, 101, 104, 106, 109, 119, 140, 142, 294, 301, 319, 335
Baranow-Brückenkopf 321, 322, 327, 328
Bardia 140, 141, 149, 150
Bardufoß 48
Basel 24
Basra 156
Bastogne 320, 321
Batum 94, 132
Belfort 222, 284
Belgrad 67, 98, 112, 335
Belzec 297
Bengasi 142, 163
Berchtesgaden 85, 136, 203, 260, 261, 303, 304, 344
Bergen 32, 179, 181, 301, 341, 344

Berlin 9, 13, 14, 21, 26, 48, 72, 75, 79, 82, 84, 86, 91, 93, 94, 96, 97, 106, 109, 112, 114, 115, 116, 119, 171, 176, 190, 217, 218, 233, 241, 247, 271, 272, 273, 279, 280, 287, 293, 297, 303, 304, 305, 307, 310, 311, 314, 317, 321, 322, 324, 326, 329, 332, 335, 337, 340, 343, 344, 345, 348, 349, 350, 355, 357, 374, 375, 378
Bessarabien 91, 92, 94, 213, 373
Bessin 257
Bialystok 110
Bieville 261
Bir Hacheim 144, 150, 156
Bjelgorod 197, 199
Bologna 247
Bonn 112, 266, 322
Bordeaux 82, 187, 255
Bosporus 94
Boulogne 64
Brandenburg 378
Breisach 22, 78
Bremen 57, 227
Brenner 245
Breslau 82
Brest 178, 180, 181
Brest-Litowsk 19, 45, 110
Brighton 252
Brjansk 114, 116
Bruneval 223, 224
Brüssel 50, 58, 62, 122, 213, 273, 350
Buchenwald 301, 378
Budapest 13, 67, 329, 335, 340
Bukarest 67
Bukowina 92, 373
Burma 359

Caen 253, 256, 260
Calais 64, 110, 220, 253
Cambrai 62
Cap d'Antifer 223
Carentan 256
Carrara 244
Casablanca 135, 162, 203, 230
Cassino 243, 245
Celebes 359
Celles 321
Charkow 196, 197, 203
Chelmno 294
Chemnitz 222
Cherbourg 219, 220, 256, 261, 263, 318
Cholm 119, 150
Clervé 320
Colleville 257
Comer See 247
Consthum 320
Compiègne 80, 81, 82, 98, 163
Corregidor 358
Cotentin 252, 255, 256, 257, 261, 263

Coventry 219, 220, 223, 228, 384
Cyrenaika 140, 141, 142, 143, 144, 156

Dachau 295, 378
Dänemarkstraße 179
Danzig 14, 21, 24, 45, 60, 82, 328, 373
Dardanellen 94
Darmstadt 222
Dasburg 320
Deir el Munassil 155
Demjansk 76, 119, 150, 155
Den Haag 48, 50, 51, 382
Derna 140, 142, 144
Dieppe 223, 224
Dijon 317
Dinant 321
Dnjepr 110, 199
Don 126, 135, 137
Donau 122, 294
Donez 196
Donez-Becken 390
Dongo 247
Dormagen 227
Douvres 260, 261
Douaumont 21, 77
Dover 180, 252
Dresden 76, 229, 326, 384, 385
Drontheim 41, 182
Dschibuti 79
Düna 110
Dünaburg 110
Duisburg 75, 324
Dünkirchen 64, 68, 79, 86, 163, 350
Düsseldorf 229
Dyle 58

Eben Emael 48, 49, 50, 51, 56, 273
Eberswalde 330, 343
Eder 230
Eifel 319, 322
Eindhoven 317, 318
El Agheila 141, 147, 149, 150
El Alamein 13, 157, 163
Elbe 324, 326, 335, 342, 343
Elbing 328
El Gobi 149
Elbrus 133
Elsaß-Lothringen 14, 21, 263
Ennepe 230
Erft-Linie 322
Eritrea 140, 239
Essen 227, 228, 230
Estland 28, 67, 91, 92, 93, 94, 197, 294, 385
Evian 292

Falaise 263
Fastow 317
Ferch 345
Finkenwalde 378

Flensburg 350, 353, 354
Florenz 96
Fluberg 34
Folkestone 252
Frankfurt/Main 222, 228

Gällivara 32
Garigliano 243, 244
Gatow 324
Gazala 150, 156
Gemünd 320
Genf 32, 382, 384, 387, 388, 390
Gibraltar 80, 179
Gjövik 34
Gleiwitz 9, 329
Gomel 203
Gotenlinie 244
Graudenz 16
Gran Sasso 239, 240
Grimstadtfjord 181
Grodno 110
Grosnij 133
Großer Belt 94
Große Syrte 140, 149
Guadalcanal 363, 368, 369
Gudbrandsdal 35
Gumrak 133, 163, 195

Halfaya-Paß 147, 150
Hamar 34
Hamburg 86, 217, 229, 237, 317, 348
Hangö 29
Hannover 86
Harstadt 40, 67
Harz 324
Hasselt 49
Havel 344
Hawaii 119, 213, 357, 360
Hela 10, 13, 14
Helsinki 28
Hendaye 96, 97
Heraklion 102, 104
Hiroshima 368, 369, 385
Holm Sound 173
Holzthum 320
Hongkong 358
Hosingen 319, 320
Hürtgenwald 319, 338

Isonzofront 56
Isthmus von Korinth 101
Iwo Jima 369

Jalta 321, 322, 324, 369, 376
Javasee 192, 359
Jössingfjord 31

Kairo 149, 157
Kalatsch 132, 137
Kanal 62, 64, 180, 252, 255, 256, 257, 262
Kania 102, 104
Kap Palmas 183

Karelische Landenge 29
Karlsruhe 9, 23, 24, 222
Karpaten 213, 328
Kattara-Senke 157
Kattegat 94
Katyn 14, 210
Kaukasus 110, 132, 133, 134, 135, 137, 147, 150, 156, 196, 213, 223
Kaunas 91
Kertsch 199
Kiel 86
Kiew 110, 112, 113, 128, 131, 203
Kirk Sound 173
Kiruna 32
Kleiner Belt 94
Kock 14
Köln 28, 82, 225, 226, 227, 322, 323
Königsberg 13, 82, 328
Korallensee 363
Korsika 71, 79, 140
Kowno 110
Krakau 266, 329
Kreta 96, 101, 102, 103, 104, 105, 106, 107, 112, 119, 150, 178, 179, 243, 335, 350
Krim 132, 137, 199, 203, 213
Kristiansund 32
Krzemieniec 10
Kuban 199
Kurisches Haff 327, 328
Kurische Nehrung 329, 330
Kurland 328, 350
Kursk 132, 199
Küstrin 329, 332, 338
Kutno 12

La-Bassée-Kanal 59, 64
Lagrune 260
Laon 62
La-Plata-Mündung 176
La Spezia 244
Lausitz 330, 332
Le Havre 258
Leipzig 82, 231
Le Mans 260
Lemberg 14
Leningrad 137, 204, 266
Lettland 28, 67, 91, 92, 93, 94, 197, 294, 385
Leyte 369
Lille 255
Lillehammer 34, 35
Limburg 222
Lion 260
Lissabon 67
Litauen 28, 67, 91, 92, 93, 94, 197, 294, 385
Lodz 9, 329
Lofoten-Inseln 40
London 45, 79, 87, 122, 214, 215, 218, 219, 221, 289, 372, 376, 381, 384

Losheimer Graben 320
Löwen 58
Lübben 343
Lübeck 225
Lublin 9
Lüttich 48, 50, 56, 273
Luxemburg 23, 24, 355, 372, 388
Lyme Bai 219

Maas 47, 50, 56, 57, 58, 319, 320, 321
Maastricht 50
Madagaskar 292, 293
Madrid 67, 266
Magdeburg 324, 326
Maginot-Linie 21, 22, 46, 56, 57, 77, 78, 101, 103
Maidanek 297, 301
Maikop 133
Mailand 243, 246, 247
Malaya 252
Malemes 102, 103, 104
Malta 79, 144, 150, 234
Mareth-Linie 163
Marsa el Brega 142, 143
Marsa Matruk 157, 162
Marshall-Inseln 363
Mauerwald 304
Mecheln 28
Mechilli 142, 144
Melitopol 203
Merderet 256
Metaxas-Linie 101, 103
Metz 274
Midway 359, 360, 361, 363, 367, 369
Minsk 13, 110, 209
Miteiriya 157
Mjössasee 33, 35
Modlin 10, 13, 14
Möhne 230
Mokotow 14
Mokotowski 14
Mönchengladbach 86, 217, 226
Montcornet 62, 71
Monte Cassino 103, 243, 244
Montenegro 335
Montevideo 176
Montoire 96, 97
Montreux 122
Morosowskaja 198
Mortain 263
Moskau 43, 44, 46, 93, 94, 96, 106, 110, 113, 114, 115, 116, 117, 152, 164, 167, 200, 215, 263, 308, 324, 326, 349, 387, 389
München 27, 114, 134, 136, 326, 338, 373
Münster 28
Murmansk 32, 44, 182, 189, 190, 231, 234
My Lai 385

Nagasaki 369, 385
Nalibockawald 214
Namsos 41
Namur 58
Narew 327, 328
Narvik 31, 32, 36, 39, 40, 41, 43, 67, 68, 110, 177
Neapel 203
Neiße 330, 335, 374, 375, 376
Nettuno 204, 239, 242, 244
Newa 204
Neuss 322
New York 258
Newel 203
Nieuwe-Maas 51, 56, 57
Nimwegen 317, 318
Nizza 71, 79, 140
Noworossijsk 199
Nowotscherkask 137
Nürnberg 74, 76, 107, 222, 235, 296, 297, 301, 372, 373, 381, 382, 383, 384, 385, 387

Oahu 360
Oberhausen 317
Oder 204, 329, 330, 332, 335, 343, 374, 375, 376
Oder-Neiße-Linie 19
Odessa 213
Okinawa 369
Olymp 94
Oran 135, 162
Oranienburg 324, 343
Orel 197, 199
Orléans 70, 253
Orne 255, 257, 260
Oslofjord 32
Ostfjord 36
Ostia 109

Palästina 157
Paris 21, 22, 23, 62, 70, 71, 77, 82, 112, 122, 125, 254, 358, 369
Pas de Calais 252, 261, 263
Patras, Golf von 101, 196
Pearl Harbor 119, 252, 357, 358, 359, 360, 361, 363
Peel-Linie 56
Peenemünde 289
Peloponnes 335
Pentland-Firth 173
Persischer Golf 94
Petrograd 204
Pfälzer Wald 22, 24, 46
Philippinen 358, 369
Pjatigorsk 133
Ploesti 92, 96
Plötzensee 315
Plymouth 252
Po 246
Pola 246
Pommern 373, 375, 378
Prag 13, 265, 293, 297, 340, 378

Pripjetsümpfe 96, 203, 213, 214
Prüm 322
Pruth 111
Przemysl 14
Pulawy-Zwolen 327

Rangsdorf 307, 308
Ras Halcima 157
Rastenburg 189, 255, 261, 304, 307
Regensburg 222
Reims 68, 70, 261, 350, 353, 357
Remagen 323, 325
Reval 91
Rethymnon 102, 104, 105
Rhein 22, 23, 24, 26, 46, 48, 78, 226, 317, 319, 320, 323, 391
Rhein-Rhône-Kanal 78
Rhodos 335, 350
Riga 91
Rom 67, 70, 71, 80, 94, 96, 109, 147, 204, 239, 243, 244, 245
Rombaken-Fjord 29, 40
Ror 319
Rostock 196
Rotterdam 48, 50, 51, 52, 54, 55, 56, 57, 58, 222, 384
Rouen 72
Ruhrgebiet 26, 51, 86, 228, 317, 318, 323, 324, 343, 344
Rur 322
Rüttenscheid 230
Ruweisat 157

Saar 14, 24, 317, 318
Saarbrücken 24, 77
Saarlautern 24
Sachalin 94
Salerno 240
Saló 243
Saloniki 101
Salzburg 326
Samland 328
Scapa Flow 172, 173, 174, 175
Sedan 58
Seelower Höhen 332, 335, 343
Segeroth 230
Seine 255, 256, 257, 263
Serchio-Tal 246
Sewastopol 132, 137, 234, 360
Sibirische Meerenge 44
Sidi Barani 98
Sidi Rezegh 148, 149
Simeto 243
Singapore 150, 252, 358, 369
Sizilien 140, 144, 150, 203, 239, 240, 243
Skafia 104
Skagerrak 94, 384
Skoplje 101
Slowenien 373
Smolensk 110, 112, 199, 203, 210
Sofia 67

Sollum 144, 150, 157
Somaliland 239
Somme 62
Sotschi 110
Spandau 344, 383
Suezkanal 156, 157
Sudabucht 101, 104
Sudetenland 373, 374, 378
Schelde 263
Schlesien 373, 375, 378
Schönebeck 326
Schwarzwald 78, 223
Stalingrad 13, 76, 132, 133,
    134, 135, 136, 137, 139, 156,
    162, 163, 189, 191, 195, 196,
    198, 200, 206, 207, 223, 273,
    360, 361
Stalin-Linie 116
St. Brize 71
St. Germain 92
St. Honorîne 257
St. Hubert 321
St. James 381
St. Lô 255, 260
St. Mère Eglise 256, 261
St. Nazaire 179, 180, 186
St. Petersburg 204
Steinau 329
Stuttgart 222

Taganrog 132
Tangermünde 326
Tazinskaja 198
Teheran 203, 204, 213, 252,
    375, 381
Teltowkanal 344
Tempelhof 324, 344
Themse 221
Theresienstadt 301, 378
Thermopylen 94
Thüringen 116
Tiber 244
Tirana 67
Tobruk 140, 141, 144, 146, 147,
    148, 149, 156, 157, 234
Tokio 94, 116
Tomaszow 9
Torgau 326
Toulon 80
Treblinka 295, 297, 301
Trier 222, 320, 338
Triest 246, 343
Tripolis 141, 147, 149, 150, 163
Tripolitanien 140, 239
Tromsö 68
Troyes 317
Tscherkassy 204, 213
Tucheler Heide 9
Tunesien 139, 163

Tunis 13, 71, 139, 140, 162, 163
Turin 246

Ukraine 125, 128, 136, 197,
    203, 204, 274, 294, 335
Unterschelde 318
Ural 390
Usedom 330
Utrecht 226
Varreville 257
Verdun 21, 77, 79, 97
Verona 243
Versailles 79, 92
Vierville sur Mer 251, 257
Vogesen 78

Waal 318
Wahlhausen 320
Wake 358
Wannsee 291, 293, 294
Warndt 24
Warschau 9, 13, 14, 17, 57, 67,
    112, 214, 297, 298, 301, 326,
    327, 340
Warthegau 328, 329
Washington 45, 122, 167, 360,
    376
Wedau 324
Weichsel 13, 214, 327, 328,
    330, 343

Werschetz 389
Wesel 323
Weser 340
Westerhüsen 326
Westfjord 36
Westwall 9, 10, 22, 23, 24, 125,
    263, 322
Wien 82, 98, 283, 284, 293, 340,
    343
Wieschenhöfen 86
Wilhelmshaven 169
Wilna 110
Winniza 136
Wittenberg 343
Wjasma 114, 116
Wola 327
Wolchow 200, 266
Wolfsschanze 189, 190, 243,
    304, 307, 308, 311
Wolga 132, 133, 134, 135, 198, 206
Wollin 330
Wolokolamsk 200
Wolomin 327
Worms 222
Woronesch 196

Zehlendorf 344
Zossen 27, 332, 343
Zülpich 70

Zum Thema Zeitgeschichte.

Weitere lieferbare Bücher von Christian Zentner.

Illustrierte Geschichte des Ersten Weltkriegs

400 Seiten mit rund 450 Abbildungen (Fotos, Dokumente), 32 Seiten Farbbilder. 16 Seiten Atlasteil. Salesta.

Die gültige Dokumentation über den Ersten Weltkrieg in Texten, Bildern und Fakten. Ursachen, Verlauf und Folgen der blutigen Auseinandersetzung werden in diesem Band ausführlich dargestellt.

Illustrierte Geschichte des Dritten Reiches

Neubearbeitete Ausgabe. 400 Seiten mit rund 400 z. T. farbigen Abbildungen, Karten und Dokumenten. Gebunden.

Das präzise Lese- und Nachschlagewerk über die Zeit von 1933 bis 1945.

Kurt Zentner

Illustrierte Geschichte des Widerstandes in Deutschland und Europa 1933 – 1945

Durchgesehene Neuauflage von Christian Zentner.
Sonderausgabe. 608 Seiten mit rund 600 Fotos, Karten und Dokumenten. Paperback.

Das Buch informiert, in welchen Zusammenhängen der Widerstand in Deutschland und Europa zu sehen ist. Ein notwendiges Buch für alle, die sich umfassend und nachhaltig mit diesem Thema beschäftigen wollen.

Südwest Verlag

Die reichbebilderte Geschichte des Zweiten Weltkrieges aus der Sicht beider Seiten.

Janusz Piekalkiewicz

Krieg der Panzer 1939 – 1945

352 Seiten mit 276 Abbildungen, Karten und Rißzeichnungen. Salesta.

Seekrieg 1939 – 1945

353 Seiten mit über 300 Abbildungen, Karten und Dokumenten. Salesta.

Luftkrieg 1939 – 1945

436 Seiten mit über 400 Abbildungen, Dokumenten und Karten. Leinen.

Invasion

Frankreich 1944. 320 Seiten mit über 200 Bildern. Karten und Dokumenten. Leinen.

Stalingrad

Anatomie einer Schlacht. 480 Seiten mit über 500 Abbildungen, Dokumenten und Karten. Balacron.

Südwest Verlag